孟子的管理解析

张钢 ◎ 著

机械工业出版社
China Machine Press

图书在版编目（CIP）数据

孟子的管理解析 / 张钢著 . —北京：机械工业出版社，2019.1

ISBN 978-7-111-61745-7

I. 孟⋯ II. 张⋯ III. ①《孟子》–研究 ②儒家–管理学–研究 IV. ① B222.55 ② C93

中国版本图书馆 CIP 数据核字（2018）第 293997 号

《孟子》是儒家管理思想的集大成之作。儒家管理思想源自《论语》，经由《大学》《中庸》，再到《孟子》，其完整体系得以建立起来。本书秉承《论语》《大学》《中庸》管理思想的基本逻辑，对《孟子》进行管理解析，以期让儒家管理思想的丰富内涵得以系统呈现出来，并能融入现代管理实践，成为解决当下管理职业化过程中所面临的迫切问题的丰厚思想资源。

本书可供企业、政府和各类非营利组织的管理者阅读参考，也适合作为 MBA、EMBA、MPA及其他管理专业学习者的相关课程用书。

出版发行：机械工业出版社（北京市西城区百万庄大街 22 号 邮政编码：100037）
责任编辑：胡晓阳 责任校对：李秋荣
印　　刷：中国电影出版社印刷厂
版　　次：2019 年 1 月第 1 版第 1 次印刷
开　　本：185mm×260mm 1/16
印　　张：37.25
书　　号：ISBN 978-7-111-61745-7
定　　价：79.00 元

凡购本书，如有缺页、倒页、脱页，由本社发行部调换
客服热线：(010) 88379210 88361066　　投稿热线：(010) 88379007
购书热线：(010) 68326294 88379649 68995259　　读者信箱：hzjg@hzbook.com

版权所有·侵权必究
封底无防伪标均为盗版
本书法律顾问：北京大成律师事务所　韩光 / 邹晓东

目　录

导读 // 1

梁惠王第一 // 6

  本篇讲组织治理，提出以正确的观念统摄物质利益，才能设计出合理可行的体制机制的观点，进而阐明组织最高管理者或委托人代表所应具有的信念、价值观和角色意识，以及实行管理之道的前提条件和具体途径。

  【字词注释】【今文意译】【管理解析】

公孙丑第二 // 83

  本篇讲组织管理，在明确做管理的价值导向和成功标准的基础上，以"气"这个重要概念，将"诚"的一致性内涵具体化，进而又用"仁义礼智四端"把德性与社会性统一起来，系统阐述管理行为有效性的基础、管理者与委托人或授权者之间关系的性质。

  【字词注释】【今文意译】【管理解析】

滕文公第三 // 156

  本篇借助典型案例，详细论述如何将基于"人性"的德性前提的治理理念和管理模式付诸实施，并着重分析在这个过程中管理者所应肩负的历史使命和文化责任。

  【字词注释】【今文意译】【管理解析】

离娄第四 // 212

  本篇全面讲解儒家管理之道、管理模式和管理者素质之间的内在关系，并结合现实存在的管理问题，从信念和价值观视角，分析管理之道和管理模式对管理者素质及行为的具体要求，强调管理者建立与委托人或授权者对等互动关系的重要意义。

【字词注释】【今文意译】【管理解析】

万章第五 // 321

本篇运用历史案例分析，阐明治理理念赖以形成的价值观基础、管理权力及其转移的合法性来源、管理者获得管理授权的正当性保证，以及管理者处理与委托人或授权者之间关系的基本原则。

【字词注释】【今文意译】【管理解析】

告子第六 // 376

本篇系统论述儒家"人性"的德性前提，既将"仁义礼智"作为德性所固有的明确内涵，又把"向善"作为德性内涵所固有的内在倾向性，以此为基础，进一步阐明儒家理想与现实二分的管理思维方式，并提出解决现实管理问题的思路和方法。

【字词注释】【今文意译】【管理解析】

尽心第七 // 458

本篇讲管理者思维，以"良知"作为思维运用的前提、边界和导向，建立起"尽心""知性""知天"的管理认知路线、"存心""养性""事天"的自我管理途径、"民为贵，社稷次之，君为轻"的组织管理价值取向。

【字词注释】【今文意译】【管理解析】

参考文献 // 592

导　读

孟子对儒家管理思想贡献巨大，被尊称为"亚圣"。从孔子去世到孟子出生，相距一百年左右，其间的时代背景已由春秋步入战国。管理环境的改变，竞争学说的涌现，让儒家管理思想面临前所未有的挑战。孟子担当起迎接挑战、传承和发扬儒家管理思想的历史重任。

据说孟子曾受教于子思的弟子，接续着从孔子经曾子再到子思，一脉相承的思想精髓；而且，像孔子当年周游列国一样，孟子也有过在各诸侯国努力传播和践行儒家管理思想的经历。孟子的努力虽未成功，却让他有机会近距离观察和研究当时各诸侯国的管理问题，并在理想与现实、历史与未来的参照对比中，找到发展儒家管理思想的方向。孟子对儒家管理思想的丰富和发展，集中体现在他与部分弟子共同完成的《孟子》中。

如果说《论语》的管理思想像一颗颗璀璨的明珠，而《大学》《中庸》是将这些明珠贯串起来的红线，那么，《孟子》则是将这些贯串一体的明珠组合成完整且精美的图案，镶嵌在人类历史发展的长廊中，让熠熠生辉的儒家管理思想，时刻传递着跨时空的独特管理意义。

《孟子》由七篇二百六十章构成，直面现实的管理问题，立足"人性"的德性前提，以观念统摄利益，从治理直通管理，一气呵成。

《孟子》开篇明义，做管理，必须观念先行，治理决定管理，没有正确的治理观念及相应的管理体制设计，就不可能有志同道合的管理团队和高效运行的日常管理；第二篇聚焦于组织管理，明确提出"气"和"四端"概念，将社会规范、职业规范与"人性"的德性前提融为一体，为管理者和组织管理确立起内在一致的价值准则；第三篇则将第一篇所讲的治理主题和第二篇关注的管理问题结合在一起，借助典型案例，提出一整套基于"人性"的德性前提及核心价值观的制度方案和政策措施；第四篇以前三篇面向现实管理问题的探讨为基础，系统阐述儒家管理之道、管理模式、管理者素质及其内在关系，并结合时代特点，突出强调信任或"得民心"对于做管理的首要性,以及管理者与委托人或授权者建立一种对等互动关系的重要性;第五篇又将儒家管理思想放在历史的大背景中,运用独特的历史案例分析方法,生动而又深入地探讨了管理权力及其转移的合法性来源、管理者获得管理授权的正当性、管理者与委托人或授权者之间关系的性质等根本性的问题;第六篇专论儒家的"人性"假设,在与其他竞争学说的对比中,深刻揭示"人性"的德性内涵及其"向善"的倾向性,以此为儒家管理的价值优先序、理想与现实二分的管理思维方式,确立起更为坚实的"人性"前提;第七篇专讲管理者思维,也即"心",明确提出"良知"概念,并以"良知"作为管理者思维运用的前提、边界和导向,建立起"尽心""知性""知天"的管理认知路线、"存心""养性""事天"的自我管理途径、"民为贵,社稷次之,君为轻"的组织管理价值取向,从而完成了对儒家管理思想的再体系化。

《孟子》七篇既讲治理,又论管理,也关切现实应用,还基于时代特点来丰富儒家管理思想的内涵;不仅如此,更将儒家管理思想嵌入管理实践的历史发展之中,借此深化对"人性"的德性前提和管理者思维的理解,让儒家管理思想不仅源远流长,而且生生不息。概括地说,《孟子》七篇对儒家管理思想的丰富和发展,主要体现在以下四个方面。

第一,明确了"人性"的德性内涵及其"向善"的倾向性。儒家管理之道在于"为政以德"⊖,而德性也自然成为儒家自明的"人性"前提,《中庸》更是强调"诚"为德之本⊜。以此为基础,《孟子》用"气"这个重要概念,不仅将"诚"的一致性内涵具体化,而且还把"诚""志""心""言""行"等概念统一起来,构成以德性为根基的管理者内在一致性准则;进而以"仁义礼智四端"作为德性的固有内涵,将德性与社会性融为一体,让社会规范和管理规范有了坚实的"人性"基础;最后又将"善"视为德性内涵所固有的内在倾向性,并鲜明地提出"人性本善"的观点。至此,儒家管理的"人性"前提得以系统而牢固地确立起来,也正是"人性"的德性内涵所固有的"仁义礼智四端"及其"向善"的倾向性,让管理之道、管理模式、管理者素质三个基本维度衔接在一起,构成完整的儒家管理思想体系,即"王道"。

第二,提出了以治理理念为基础的管理模式。要实行儒家管理之道,将"人性"的德性前提贯彻到管理实践中去,还必须有一整套合理合法且可行的模式、路径和方法才行,这便是儒家管理模式。《论语》讲"道之以德,齐之以礼,有耻且格"⊜的管理模式,主要关注的是管理者和管理,预设的是周朝治理体系仍可以发挥

⊖ 张钢,《论语的管理精义》,机械工业出版社,2015年版,PP24-25.
⊜ 张钢,《大学·中庸的管理释义》,机械工业出版社,2017年版,PP143-152.
⊜ 张钢,《论语的管理精义》,机械工业出版社,2015年版,PP26-28.

作用，但到战国时期，情况已发生根本改变，周朝治理体系解构，治理理念亟待重塑。管理离不开治理，治理理念主导管理模式。《孟子》从"人性"的德性前提出发，提出"民意即天意"、民众才是终极委托人的治理理念，并分析了这种治理理念对于管理体制设计、管理者选聘、管理团队建设的基础作用，尤其强调了管理者在承担文化责任、履行管理的教育职能、实施管理模式时，正向影响委托人或授权者乃至"格君心之非"的重要意义。只有建立正确的治理理念，才能真正实施以"仁"为第一价值观的儒家管理模式，即"仁政"。

第三，建立起以管理者思维为核心的管理者素质模型。无论是实行管理之道，还是实施管理模式，都离不开高素质的管理者。《孟子》将管理者素质定位于思维或"心"，不仅为管理者思维或"心"确立起"良知"或"义理"的前提、边界和导向，而且给出了自我认知和系统训练思维或"心"的具体方法；更重要的是，还明确了管理思维决定管理思路，管理思路决定组织出路，组织出路在于创造更广大共同利益的内在逻辑。具体地说，以管理者思维为核心的管理者素质模型，由德性定向、思维能力和责任意识构成，同时还要匹配上特定的专业知识和技能。一位真正信奉儒家管理之道、践行儒家管理模式的管理者，必须在"以仁存心""以礼存心"的前提下，将历史思维、批判思维和创造思维有机统一起来，用强大的思维能力以及专业的知识和技能，肩负起组织的绩效责任和文化责任，即"尽心"。

第四，梳理出儒家管理思想的历史发展脉络。儒家管理思想深深扎根于管理实践与管理思想的悠久历史传统之中，根深才会叶茂，源远方能流长。《论语》讲，"文、武之道，未坠于地，在人。贤者识其大者，不贤者识其小者，莫不有文、武之道焉"⊖；《中庸》也说，"仲尼祖述尧舜，宪章文武"⊜；而《孟子》则在深入阐述管理之道、管理模式、管理者素质及三者之间关系的基础上，以厚重的历史使命感，运用独特的历史案例分析方法，系统地梳理了从尧、舜、禹到商汤，再到周文王、周武王，直至孔子、孟子的儒家管理思想的历史源流，由此确立起儒家管理思想的历史发展脉络。孔子曾说"吾道一以贯之"⊜，这不仅意味着儒家管理思想体系本身具有一以贯之的内在主导逻辑，而且更清楚地表明，儒家管理思想完全融入源远流长的人类管理实践和管理思想发展之中，已成为一种建立在"人性"的德性前提之上的独特社会思想文化传统，即"道统"。

孟子曾说，"孔子之谓集大成。集大成也者，金声而玉振之也。金声也者，始条理也；玉振之也者，终条理也。始条理者，智之事也；终条理者，圣之事也"。其

⊖ 张钢，《论语的管理精义》，机械工业出版社，2015年版，PP546-547.
⊜ 张钢，《大学·中庸的管理释义》，机械工业出版社，2017年版，PP175-177.
⊜ 张钢，《论语的管理精义》，机械工业出版社，2015年版，PP96-97.

实，《孟子》七篇又何尝不是对儒家管理思想的"集大成"，而孟子本人又何尝不是儒家管理思想发展史上又一位"集大成者"。这也许正是后人称儒家管理思想为"孔孟之道"的原因。

《孟子》七篇所关涉的无不是现实管理问题。对《孟子》的多元解读，又怎能缺失管理视角。或许只有立足管理视角，才能还原《孟子》思想全貌，也才能切实彰显《孟子》思想的现代价值。

延续《论语》《大学》《中庸》的管理解读思路，本书尝试对《孟子》所蕴含的丰富管理思想进行探索和发掘，以期让源自《论语》，经由《大学》《中庸》，再到《孟子》的儒家管理思想得以系统呈现，并能融入现代管理实践之中，成为用以关切当下管理职业化发展所面临紧迫议题的思想资源，而不是摆放在"文化博物馆"里供时人欣羡的"思想古董"。

本书对《孟子》的管理解读，沿用与《大学·中庸的管理释义》类似的体例，依照"本篇导读、原文、字词注释、今文意译、管理解析"的顺序，逐篇逐章进行解读。另外，考虑到《孟子》与《论语》《大学》《中庸》的管理思想一脉相承，在"管理解析"部分，特将其中与《论语的管理精义》《大学·中庸的管理释义》两书直接相关的内容，以页下注的形式标记出来，便于相互参照。

本书所依据的《孟子》原文出处，来自凤凰出版社 2005 年 5 月出版的朱熹《四书集注》。为避免在《孟子》文本理解上出现偏差，作者还参考了杨伯峻的《孟子译注》、孙芝斋的《孟子今译》、焦循的《孟子正义》（上下册）、南怀瑾的《孟子旁通》等著述。

这里需要特别说明的是，目前通行的《孟子》版本，都将七篇中的每一篇又分成上下两部分，如第一篇共有二十三章，其中前七章被合成一部分，称"梁惠王上"，后十六章则合成一部分，作为"梁惠王下"。这种对各篇内容再分为上下两部分的做法，源自东汉赵岐为《孟子》所做的注解，也许当初他将每篇分为上下两卷，只是出于保持篇幅和字数上平衡的考虑。但是，如果从管理视角仔细研读《孟子》，便不难发现，这种把每篇内容武断地分为上下两部分的做法，实际上人为阻断了每篇内容的前后联系，更有违每篇主题的内在逻辑。鉴于此，为了保持管理视角下每篇内容的完整性和主导逻辑的一贯性，本书不再沿用通行版本将每篇分为上下两部分的做法，而是直接以各篇为意义单元，对《孟子》进行管理解读。这种对《孟子》各篇进行整体编排和解读的方式，虽然可能与通例不太符合，但好在并没有影响到《孟子》七篇的完整结构，也不会损害其管理思想的内在一致性。

由于《孟子》大量引用《诗经》和《尚书》，为了防止对《诗经》和《尚书》原文理解的偏颇，作者还参阅了程俊英的《诗经译注》、程俊英和蒋见元的《诗经注析》（上下册）、周振甫的《诗经译注》、慕平译注的《尚书》。另外，《孟子》也涉及很多历史掌故和案例素材，为了更全面地理解相关历史背景，作者也参考了中华书局出版的《史记》（一二三卷）、刘利和纪凌云译注的《左传》等著作。

在对《孟子》进行管理解读的过程中，涉及"字词注释"，本书主要依据商务印书馆2005年1月出版的《古代汉语字典》，并参考上海古籍出版社2007年8月出版的许慎《说文解字》和上海辞书出版社2007年12月出版的《康熙字典》。

本书所用到的各类参考资料，均列入书后的"参考文献"中。正是前人丰富的研究成果积累，才让本书关于《孟子》的管理解读成为可能。在此，特向所有从事《孟子》及儒家管理思想研究、教育、实践的前辈和同道，真诚致谢！

梁惠王第一

【本篇导读】

《孟子》开篇关注的是组织治理问题。虽然儒家管理之道和管理模式侧重于职业化管理，但职业化管理要得以发挥作用，仍离不开组织这个平台，尤其是组织的治理理念和体制设计。在孟子所处的战国时期，由于周天子已不能发挥实际作用，各诸侯国便成了当时相互独立的、具有公共性的正式组织，因此，如果诸侯国的治理理念和体制设计同儒家管理之道不兼容，那么，无论信奉儒家管理之道的职业管理者如何努力，也无法实现管理抱负，甚至连能否找到适合的管理岗位都成问题。

在《论语》第二十篇第1章中，孔子曾专门讲了管理者选择管理服务对象的基本原则[一]，其隐含的前提是，组织的治理理念和体制设计是给定的，职业管理者只需要按照相应的原则，做出自己对特定组织的选择即可。但是，到了战国时期，孟子深切地感受到，要实行儒家管理之道，关键不在于如何选择恰当的管理服务对象，即诸侯国组织和国君，而在于改变当时各诸侯国的组织治理理念和体制设计；只有当诸侯国组织本身的性质发生改变之后，职业化管理才能有用武之地；甚至可以说，没有治理理念指导下的体制设计，就不可能有真正意义上的职业化管理。这也许正是为什么在第一篇中，孟子要不断地劝说诸侯国国君行"王道"、施"仁政"的原因。"王道""仁政"既是孟子关于儒家管理之道和管理模式的更为简明的表达方式，也是孟子要把儒家管理之道和管理模式上升到组织治理层次上的一种努力。

本篇由23章组成，大致可以分为六个部分。其中，第一部分即开篇第1章，概括全篇乃至全书的指导思想，包括治理在内的广义组织管理，必须做到观念先行。为此，组织必须建立起合理、合法、可行的信念、价值观和行为规范，以此为基

[一] 张钢，《论语的管理精义》，机械工业出版社，2015年版，PP551-553.

础，才能设计出相应的管理体制，而要做到这一点，组织的最高管理者及其管理团队，必须建立起同组织相一致的信念、价值观和行为规范，以身作则、率先垂范，这才能让组织管理发挥出保障组织和谐可持续发展的功能。值得注意的是，在本章中，孟子并非仅是立足于职业管理者来谈组织管理问题，而是从组织的最高管理者和组织的委托人视角，来讲更为根本的组织治理问题。在当时的历史条件下，这实际上就是国君与民众的关系问题，并由此决定了当时诸侯国组织中管理权力的合法性来源。这个问题在战国时期表现得更为突出。既然当时的各诸侯国在很大程度上已经切断了与周王朝之间的委托代理关系，每个诸侯国似乎都成了一个独立的组织，不必再从周天子那里获得权力的合法性，那么，这些诸侯国国君的权力合法性到底源自哪里？这个根本性的问题不解决，接下来的日常管理，尤其是要实行儒家管理之道，势必将面临严峻挑战。也许正因为如此，孟子才开宗明义，要求以梁惠王为代表的各诸侯国国君，跳出国君个体的私人利益考量，直面诸侯国共同利益的观念基础和管理权力的合法性来源。

第二部分由第2章至第6章构成，侧重于阐述作为一个独立组织的诸侯国，其赖以成立的观念前提与利益基础，并进一步强调指出，诸侯国国君这个头衔，代表的是一种管理角色而非个体角色。其中，第2章再次强调诸侯国国君建立正确的管理观念、明确角色定位、恪守角色规范的首要性；第3章阐述从管理观念到管理政策再到组织可持续竞争优势的内在逻辑；第4章进一步指出，当时各诸侯国所奉行的管理观念和执行的政策措施，无异于"以政杀人"；第5章阐明正确的管理观念才能从根本上解决"人心所向"问题，也是组织得以生存和发展的根基；第6章讲解儒家实现天下统一的独特路径。

第三部分涵盖第7章至第12章的内容，着重解说"王道"的内容、意义及具体实施条件。其中，第7章解析实行"王道"的前提条件及"王道"的具体内涵；第8章明确指出，要行"王道"、追求共同利益，国君必须做到"与民同乐"；第9章用古今对比的方式，说明管理者与被管理者利益的一致性是做好管理的根本所在；第10章阐明"王道"下诸侯国间关系的处理与诸侯国内部事务的管理在本质上一样，都在于"保民"；第11章阐述国君角色的公共性，国君切忌用个人欲求代替管理角色要求；第12章系统概述"王道""仁政"的具体内涵及其对国君的角色定位和行为规范的基本要求。

第四部分包括第13章至第18章的内容，侧重于分析实行"王道"对诸侯国内部事务及诸侯国间关系处理的具体要求。其中，第13章用个人之间的委托代理关系，来隐喻民众与国君之间的委托代理关系，从而深刻地指出，在诸侯国管理上，民众才是真正的委托人，这也是"王道"关于民众与国君之间关系的明确定位；第14章进一步阐述诸侯国组织如何才能实现基业长青；第15章通过历史案例说明，在民众、国君与大臣之间的关系中，民众才是终极委托人，这是孟子的治理理念的根本出发点；第16章用"工师""玉人"做隐喻，分析了国君与大臣之间的关系；第17章以"齐人伐燕"的典型事例，阐明民众才是管理权力合法性的真正来源，即便在处理诸侯国间关系时，也必须以此为决策的根本依据；第18章继续以"齐人伐燕"为例，分析"王道"与"霸道"在武力使用方式上的本质区别。

第五部分包括第19章至第22章的内容，用小诸侯国内部管理以及处理同大诸侯国之间的关系作为典型案例，明确指出，诸侯国管理必须从民众、国君与大臣之间关系的恰当定位出发，以正确的管理观念为指导，才能建立起有效的管理体制和运行机制。其中，第19章以邹国与鲁国的边界冲突为例，再次阐明做管理必须观念先行，没有正确的观念指导，便难以处理好与被管理者的关系，更不可能赢得被管理者的信任和奉献；第20章阐述小诸侯国管理与大诸侯国管理本质相通，都在于关注人的教育和培养，一旦有了代代相传的"组织人"，凝聚力和竞争力便水到渠成；第21章运用历史案例进一步阐明，拥有信念和价值观的"组织人"远比物质资源更重要，即便是小诸侯国，通过"组织人"的培养，也能实现自我更新和发展；第22章继续运用历史案例，论述儒家由内而外、从根本处入手解决问题的管理思路。

第六部分即第23章的内容，对全篇做总结，一方面揭示出当时各诸侯国在管理上存在问题的深层次原因，另一方面也表明，要想改变当时各诸侯国的管理观念和管理体制，必将面临来自国君和管理者的巨大阻力。

从广义上看，管理既包括自我管理和组织管理，又包括组织治理，即权力合法性来源。《论语》中虽已包含了自我管理、组织管理和组织治理三方面内容，但《大学》《中庸》主要是从自我管理到组织管理的路径展开，侧重于职业管理者的个人修养及其与委托人即国君关系的处理，进而做好组织管理。孟子则从民众、国君和大臣三方关系的处理入手，首先要在组织治理层次上解决当时各诸侯国所面临的管理难题。在本篇的各章中，孟子都是站在组织治理层次上，从权力合法性来源视角，不断提醒诸侯国国君，绝不能从个人好恶出发来考虑问题、实施管理，而一定要先明确自己所扮演的国君角色的公共性以及管理权力来源的合法性；只有认识到观念先行的重要性，才有可能建立起合理、合法且可行的治理理念和管理体制，也才有可能选择志同道合的职业管理者，进而做好诸侯国管理。

1.1 孟子见梁惠王①。王曰:"叟②,不远千里而来,亦将有以利③吾国乎?"孟子对曰:"王,何必曰利?亦有仁义④而已矣。王曰:'何以利吾国?'大夫⑤曰:'何以利吾家?'士⑥庶人⑦曰:'何以利吾身?'上下交⑧征⑨利,而国危矣。万乘⑩之国,弑其君者必千乘之家;千乘之国,弑其君者必百乘之家。万取千焉,千取百焉,不为不多矣。苟为后义而先利,不夺不餍⑪。未有仁而遗其亲者也,未有义而后其君者也。王亦曰仁义而已矣,何必曰利?"

【字词注释】

① 梁惠王:魏国国君,名罃,"惠"为谥号,公元前370年继位,公元前362年,将魏国都城由安邑迁往大梁,故又称梁惠王。

② 叟:当时对老年人的称呼。

③ 利:本义指犁地、耕地,可以引申为看得见的物质利益或好处。

④ 仁义:"仁"是会意字,表示爱自己和他人,可以引申为人与人之间以"爱"为特征的关系状态,而这种关系状态的直观且自明的体现便是亲情,即孝悌。"义"是形声兼会意字,繁体字为"義",上面的"羊"字代表收获、财富,下面的"我"字是象形字,从"戈",指一种刀形兵器;"以刀对羊"意为切开分肉;"義"字可以引申为符合公平标准的分配,也即合宜、适宜的意思,其背后隐含了一种关于公平、合宜的观念,即关于正确分配的观念或"正义"的观念。在儒家管理思想体系中,"仁"用以表征人与人之间以亲情为基础的"爱"的关系,而"义"则用以刻画组织和社会中的资源、机会、岗位及利益等得以公平分配的观念和规范;"仁"与"义"相互支撑、相互补充、不可分割,共同构成了儒家社会规范和管理原则的核心内涵。孟子将"仁义"连用,意在表明,作为一种以"亲情之爱"为基础的人与人之间的关系规范,"仁"必须通过"义"这种关于资源及利益的公平分配规范,才能真正落到实处,而"义"中所内秉的公平观念,又必须以"仁"为宗旨,才能找到一致的前提;将两者融为一体,便更能突显出儒家所强调的做管理要观念先行的核心观点。

⑤ 大夫:这里指诸侯国里有封邑的高级管理者。

⑥ 士:这里指诸侯国里的普通管理者。

⑦ 庶人:这里指诸侯国里的普通民众。

⑧ 交:这里是交相、交互的意思。

⑨ 征:这里是收取的意思。

⑩ 乘:这里是车的意思,特指由四匹马拉的兵车。春秋战国时期,用兵车的多少来表示诸侯国的规模和强弱,故有"万乘之国""千乘之国"的说法。

⑪ 餍:本义指吃饱,这里引申为满足的意思。

【今文意译】

孟子去见梁惠王。梁惠王问道:"老人家,您不远千里到这里来,能给我们魏国带来什么好处呢?"

孟子回答说:"您为什么上来就要讲好处呢?只有仁义的观念才最要紧啊。如果您总是说:'能给我们魏国带来什么好处?'那么,高级管理者就会说:'能给我们家的封邑带来什么好处?'而普通管理者和民众则会说:'能给我们个人带来什么好处?'若上下都争相捞好处,那魏国可就危险了。在拥有万辆兵车的诸侯国里,弑君篡位的人,必定是那些拥有千辆兵车封邑的高级管理者;在拥有千辆兵车的诸侯国里,弑君篡位的人,必定是那些拥有百辆兵车封邑的高级管理者。这些高级管理者,在拥有万辆兵车的诸侯国里能拥有千辆兵车的封邑,在拥有千辆兵车的诸侯国里能拥有百辆兵车的封邑,他们所拥有的物质财富,已经够多了。但是,假使人们只看重由物质财富带来的好处,而不先讲正确界定和分配物质财富的观念,那么,这些高级管理者若不弑君篡位,最终把诸侯国变成自己的,就一定不会满足。从没听说过追求仁爱境界的人,会置亲人于不顾;也从没听说过恪守正义原则的人,却不考虑国君的利益。您需要讲的,恰是仁义的观念,为什么上来就要讲好处呢?"

【管理解析】

本章讲做管理首先在于建立正确的观念。在组织管理中,关于物质资源及利益的观念,远比物质资源及利益本身更重要。尤其是对于组织的委托人或最高管理者而言,只有先建立起关于物质资源及利益的正确观念,才能从根本上界定物质资源及利益的价值属性及其结果导向和归属,进而设计出合理的规则和规范体系,以确保日常管理得以有序且有效地开展。

从组织管理的视角来看,梁惠王所扮演的角色,是魏国这个组织的最高管理者,也是委托人的典型代表。他的言行集中体现了魏国组织管理的观念基础,以及各级管理者看待物质资源及利益的方式和获取物质资源及利益的方法。因此,当梁惠王开口便问孟子,能给魏国带来什么好处的时候,也就充分表明,梁惠王及魏国的组织管理,更关心物质资源及利益本身,奉行一种赤裸裸的功利观念或以自身欲求为标准来看待"利"的观念。这与儒家建立在"仁义"基础上关于"利"的管理观念有着本质区别。

孟子用"何必曰利?亦有仁义而已矣"作答,绝不意味着儒家要从根本上抛弃"利",而只在于说明,儒家做管理,首先要在"利"本身和"仁义"观念之间建立起优先序。也就是说,做管理的第一要务,在于形成以"仁义"为核心的关于"利"

的正确观念，这样才能更合理、合法且可行地追求"利"、创造"利"、分配"利"。相反，若没有关于"利"的正确观念，而只是从纯粹的物质资源及利益本身及其给管理者自己和小圈子带来的所谓"好处"的角度看问题，也即坚持一种以管理者自己和小圈子的欲求为标准，来衡量物质资源的价值及其利益归属的观念，必将导致组织从上到下、从管理者到普通成员，都只关心个体利益和小圈子利益，不顾及整体利益和共同利益，甚至相互侵夺资源和利益，这会从根本上危及组织的存在和发展。

严格来说，人之所以为人，组织之所以为组织，其不同于动物及其群体的关键特征，不在于对物质资源及利益本身的依赖，而在于能达成一种关于物质资源及利益的正确观念共识，也正是在这种观念共识下所认知到的共同利益，引导和凝聚着一个由人构成的组织。一旦失去了这种观念共识，"上下交征利"，组织就有沦为你死我活的角斗场的危险。这在战国时期并不鲜见，正如孟子所说"万乘之国，弑其君者必千乘之家；千乘之国，弑其君者必百乘之家"。

为了避免组织成员之间互相残杀的悲剧发生，就必须建立起关于物质资源及利益的界定、创造和分配的正确观念，而所有的观念都是人的观念，哪怕是关于物质资源及利益的观念，也总是与人联系在一起，并预设了一种关于人的观念，即"人性"假设。可以说，在组织管理中，任何关于物质资源及利益的观念，都必然要以关于人的观念为基础；离开了关于人的观念，即"人性"假设，也就无从界定组织中物质资源及利益的价值属性及其归属。

梁惠王所持有的关于人的观念，是以自身欲求为标准来衡量一切，从而判断"利"与"不利"、好处与坏处的观念。这也可以说是一种以人的生物本能或欲求为基础的"人性"假设，强调的是人对物质资源本身的依赖性。的确，离开了物质资源对人的生物本能或欲求的满足，人便无法生存和发展，但问题是，在这种观念下，人及其组织又如何能与动物及其群体区别开来？

在物质资源稀缺的前提下，要建立更为复杂的人类组织，并形成不同组织之间的良性互动，就不能没有一种超越当下和局部的单纯物质利益，而更具全局性、长远性和开放性的广义利益分享机制；但是，如果管理者和组织成员普遍持有的是基于生物本能或欲求的"人性"假设，只相信看得见的物质资源及利益，那么，组织中这种广义利益分享机制又如何能形成？由谁来执行？组织成员真的会相信那些机制的设计者和执行者吗？若只是从人的生物本能或欲求出发，就资源谈资源、就利益讲利益，而不能赋予物质资源及利益以更广泛的价值内涵和意义，不仅逻辑上难以完全自洽，而且行动时更会困难重重。

针对梁惠王的问题，孟子的回答，既深刻揭示了梁惠王所持观念及其背后的

"人性"假设可能给组织带来的潜在危害,又开宗明义地提出了儒家的"仁义"观念。儒家基于"仁义"观念来看待物质资源及利益的做法,其背后的逻辑前提,恰恰在于"人性"的本质是德性的这种关于"人性"的基本认识。在儒家的"人性"假设中,德性总是与社会性相统一,由此出发,组织管理便是自"亲亲"而"亲民",最终达到共同利益,即"善"的过程。《大学》开篇用"明明德,亲民,止于至善",来阐述儒家的这种管理观念或管理之道㊀,而孟子在这里则用"仁义"两个字,更为简明地将其核心内涵表达了出来。

儒家以"仁义"为核心的管理观念,可以理解为是从"亲情"这个直观且自明的共同利益或"善"的纽带出发,形成关于人与人之间关系的观念,并基于此来看待各种物质资源及利益;进而又以共同利益或"善"为前提,建立起关于物质资源及利益的公平分配标准。以"仁义"为核心的管理观念,首先确立的是以"亲情之爱"为典型特征的人与人之间的关系状态,即"仁",而由此必然建立起共同利益或"善"的优先性;再立足于"仁"和"善",来界定物质资源及利益的价值内涵及其归属,并进行公平分配,这便是"义"。对于组织管理来说,"义"必须以"仁"为前提,而"仁"借助"义"才能更充分且有效地体现出来。

在孟子看来,基于"人性"的德性前提以及由此派生出来的管理观念,管理者和组织成员才能在物质资源及利益或好处的界定和分配上达成共识,并以正确的观念来认识利益、创造利益、分配利益;由此才会达到"未有仁而遗其亲者也,未有义而后其君者也"的结果。在这里,孟子看似分别阐述了人们奉行"仁"和"义"观念的必然结果,但实际上,这只是一种更形象化的表达方式,并不意味着在"仁"的观念指导下的行为,只能对父母亲人产生影响,也不意味着在"义"的观念指导下的行为,只会对国君利益产生影响。在现实中,"仁"和"义"的观念总是整合在一起决定行为、产生结果的。儒家历来认为,家庭管理和诸侯国管理是相通的,家庭管理中必须形成"仁义"观念,才能和睦相处,而诸侯国管理中也必须建立"仁义"观念,才能和谐发展。任何由人构成的组织,都既要有人与人之间关系的融洽合作,又要有人与人之间利益的公平分配,因此,"仁义"不可分割,共同决定着人们在家庭组织和诸侯国组织中的行为及其结果。

从以"仁义"为核心的管理观念出发,儒家所界定的"利",也就是《大学》开篇所阐明的最广大的共同利益,即"至善"㊁,这其中不仅包括了组织的整体利益、组织成员的个体利益,还包括了更为广泛的组织利益相关者的利益。正是这种以"仁义"为核心的管理观念及其对"利"的界定,才能更好地引导管理者和组织成员

㊀ 张钢,《大学·中庸的管理释义》,机械工业出版社,2017年版,PP4-7.
㊁ 张钢,《大学·中庸的管理释义》,机械工业出版社,2017年版,P4.

正确地看待各种物质资源及利益，并合理地追求、创造和分配更广大的共同利益。

这里需要再次特别强调指出的是，孟子并非不要"利"，而是秉承孔子和儒家始终坚持的管理指导思想，认为要讲"利"，就必须首先确立起以"仁义"为核心的管理观念或管理之道这个根本前提；只有用正确的观念来界定和统摄"利"，人们才不至于在"利"的理解和追求上走向偏颇，也才不会将组织导向危险境地。在《论语》第四篇第 12 章中，孔子曾明确指出，"放于利而行，多怨"[一]，而孟子则结合战国时期残酷的现实，更进一步强调，"上下交征利，而国危矣"。孟子和孔子一样，都认为，管理者不能只看重赤裸裸的物质利益，必须首先确立关于"利"的正确观念；对组织管理而言，正确的利益观念比利益本身更重要。

但是，与当年孔子主要说给一般管理者听的那句话有所不同，孟子这句话则是讲给梁惠王听的，而梁惠王是组织的最高管理者，也是组织委托人的典型代表。组织最高管理者或委托人的职责定位，不在于日常管理事务，而在于管理体制设计以及一般管理者的选择，因此，最高管理者或委托人所持有的观念，便会直接影响乃至主导着整个组织的管理观念和管理体制，而且还会通过一般管理者的选择而渗透于组织的日常管理实践之中。由此可见，孟子在这里向梁惠王阐明观念的重要性和优先性，就不仅是指向梁惠王个人的观念选择，而是指向一个组织对于管理体制设计指导思想的正确管理观念的选择。从这个意义上说，孟子所关心的问题，已不仅限于一般管理者或职业管理者所从事的日常管理事务，还包括整个组织的观念体系建设和管理体制设计。这实际上已经涉及组织的治理问题了。

组织管理有广义和狭义之分。狭义的组织管理，仅指在现有的观念体系和管理体制下，管理者履行岗位职责、运用岗位职权，通过有效决策，以辅助实现组织的价值创造；而广义的组织管理，除了狭义内涵外，更包括组织观念体系建设和管理体制设计，以及高级管理者乃至一般管理者的选择，这也被称为组织治理。也就是说，广义的组织管理既包括一般组织管理，也包括组织治理。组织治理解决的是组织赖以存在的合理性和合法性基础问题，而组织管理解决的是在组织的合理性和合法性基础上，如何实现资源配置和价值创造的有效性问题。

在《论语》第十六篇第 2 章里，孔子曾谈到，"天下有道，则礼乐征伐自天子出；天下无道，则礼乐征伐自诸侯出"。[二]这说的就是当时的组织观念体系建设和管理体制设计问题，而且，孔子认为，周天子作为委托人，代表的是天下这个最大的公共组织和最广泛的共同利益，应该成为最终的权力合法性来源，并希望借助恢复周天子的权威，来解决各诸侯国当时普遍存在的组织治理问题。《中庸》也明确指出，

[一] 张钢，《论语的管理精义》，机械工业出版社，2015 年版，PP93-94.
[二] 张钢，《论语的管理精义》，机械工业出版社，2015 年版，PP474-475.

"非天子，不议礼，不制度，不考文"①。这表明，在孟子以前，儒家更关心的是一般管理者或职业管理者的自我修养、自我管理和狭义组织管理问题，而将组织治理视为给定的前提，即便现实中确实存在急需解决的组织治理问题，仍寄希望于天子的权威。

但是，到了孟子所处的战国时期，天子已注定无法再发挥治理作用，各诸侯国也不需要再从天子那里获取管理权力的合理性和合法性。在这种情况下，诸侯国作为独立存在的组织，到底应该选择怎样的观念体系和管理体制，到底应该建立怎样的组织治理机制，就成了当务之急。这也是诸侯国里各种具体管理岗位设计、管理者选择和日常管理运行的重要前提。如果连作为诸侯国的最高管理者和委托人典型代表的国君，都不能形成正确的利益观念，又如何与高级管理者在利益观念上达成共识，更奢谈为整个组织设计出合理的观念体系和管理体制、选择符合组织需要的管理者、开展有效的日常管理。这也许正是孟子面对梁惠王这位诸侯国的最高管理者，要将"仁"和"义"融为一体，直言不讳地要梁惠王奉行"仁义"观念的根本原因。

《大学》曾明确提出"国不以利为利，而以义为利"②的观点，而孟子最后则说"王亦曰仁义而已矣，何必曰利"。两者异曲同工，都在于阐明正确的观念对于广义组织管理的首要性。

1.2 孟子见梁惠王。王立于沼①上，顾鸿雁麋鹿，曰："贤者亦乐此乎？"孟子对曰："贤者而后乐此。不贤者虽有此，不乐也。《诗》云：'经始灵台，经之营之。庶民攻之，不日成之。经始勿亟，庶民子来。王在灵囿，麀鹿攸伏。麀鹿濯濯，白鸟鹤鹤。王在灵沼，於牣鱼跃。'②文王③以民力为台为沼，而民欢乐之，谓其台曰灵台，谓其沼曰灵沼，乐其有麋鹿鱼鳖。古之人与民偕④乐，故能乐也。《汤誓》曰：'时日害丧？予及女偕亡！'⑤民欲与之偕亡，虽有台池鸟兽，岂能独乐哉？"

【字词注释】

① 沼：这里是水池、池塘的意思。
② 这是《诗经·大雅·灵台》中的诗句。其中，"经"是规划、筹划的意思；"灵台"，指周文王时期修建的园林建筑名称；"攻"是钻研、认真完工的意思；"囿"是指畜养禽兽的园林；"麀

---

① 张钢，《大学·中庸的管理释义》，机械工业出版社，2017年版，PP170-172.
② 张钢，《大学·中庸的管理释义》，机械工业出版社，2017年版，PP61-68.

鹿",即雌鹿;"濯濯",指光亮的样子;"鹤"同"翯",洁白肥美润泽的样子;"牣"是满、充满的意思。

　　这几句诗的大意是:开始筹划建灵台,筹划仔细营造快。人们齐心又协力,不用多久便建成。筹划伊始本不急,动工好像自家事。文王来到园林中,雌鹿安卧真沉静。花鹿肥美多光亮,白鸟羽毛洁无瑕。文王来到池塘边,满池鱼儿跳得欢。

③ 文王:即周文王,姓姬,名昌,继承其父的西伯侯之位,也称西伯昌,后来称王,是周朝的奠基者。

④ 偕:本义指强壮,这里是共同、一起的意思。

⑤ 这是《尚书·汤誓》中的两句话。其中,"时"是代词,相当于这、是;"害",是副词,何不的意思。这两句话的大意是:这太阳为何不消失呢?我宁愿和你一起消失!

【今文意译】

　　孟子去见梁惠王。梁惠王站在池塘边上,看着大雁麋鹿,问道:"那些德才兼备的人,也喜欢这种由珍禽异兽带来的快乐吗?"

　　孟子回答说:"只有先成为德才兼备的人,才能真正感受到这种由珍禽异兽带来的快乐;若不能先成为德才兼备的人,即便有这些珍禽异兽,也不会快乐。《诗经》上说:'开始筹划建灵台,筹划仔细营造快。人们齐心又协力,不用多久便建成。筹划伊始本不急,动工好像自家事。文王来到园林中,雌鹿安卧真沉静。花鹿肥美多光亮,白鸟羽毛洁无瑕。文王来到池塘边,满池鱼儿跳得欢。'周文王虽然让人们来建造亭台、园林,但人们都心甘情愿,而且还将亭台称为'灵台',将园林称为'灵沼',也很高兴看到周文王有这些珍禽异兽。正因为周文王能与民同乐,所以他才能真正感受到由这些珍禽异兽带来的快乐。《尚书》上说:'这太阳为何不消失呢?我宁愿和你一起消失!'人们恨不能和夏桀这样的暴君同归于尽,虽然夏桀也有园林池塘和珍禽异兽,他又怎能从中独自感受到快乐呢?"

【管理解析】

　　本章承接上章,用更为具体的事例,再次强调,做管理务必要先建立正确的观念,这才是第一位的事;否则,管理者便会丧失角色意识,陷入追求物质利益和个人享受的陷阱之中。

　　当梁惠王指着园林中的大雁麋鹿,得意地问孟子"贤者亦乐此乎"的时候,联系着上章他说"亦将有以利吾国乎"的潜台词,便更容易理解,梁惠王所谓的"利",实际上是建立在以物质资源(即"大雁麋鹿")来满足他的感官享受(即

"乐")的那种"利"。倘若用这种关于"利"的观念来做管理,管理者必定会从看得见、摸得着的物质资源及其对个人感官的刺激出发来考虑问题,而不会关心那些看不见、摸不着的,与终极目标及其价值相关的问题。更进一步,管理者也必然倾向于用这种关于"利"的观念,去推断被管理者的动机和行为;反过来,被管理者也会用同样的观念去推断管理者的动机和行为,其结果不正是上章所说的"上下交征利"的局面吗?更有甚者,那些不信奉这种观念、不以此来推断他人动机和行为的人,反倒在这样的组织氛围中无法生存。逆向选择的结果,也许恰好可以印证孟子的断言,即"上下交征利,而国危矣"。

在这里,孟子用"贤者后此乐,不贤者虽有此,不乐也",来回应梁惠王的问题,意在表明,儒家管理者或"贤者",并非不要那种由物质资源所带来的感官享乐,而是能够超越这种纯粹的物化刺激下的感官享乐,以"人性"的德性前提及其内秉的"仁义"观念为基础,赋予物质资源和感官享乐以更广泛的意义,那便是基于共同利益或"善"的由推己及人而达到的"共同快乐"。因此,一位管理者,只有认同并践行正确的管理观念,成为德才兼备的管理者或"贤者",才能真正感受到由物质资源诸如"大雁麋鹿"所带来的更持久、更广泛意义上的快乐。这种持久而广泛的快乐,是以组织的共同利益或"善"为前提的"共同快乐",而不是管理者个人及其小圈子的私人快乐。组织的"共同快乐",才是管理者所应该致力于追求的"管理之乐""组织之乐"。这也是管理者具有清醒的角色意识的充分体现。

接下来,孟子用正反两方面事例,对上述观点进行了论证。正面事例说的是当年人们心甘情愿、全力以赴地为周文王建造亭台园林的故事。这座亭台园林虽然在规划之初并不急于建成,但动工之后,人们就像在给自己家做事一样,很快便建好了。之所以会有这样的效果,不仅是因为周文王早已建立起以"仁义"为核心的管理观念,并由此形成了基于共同利益或"善"的和谐组织氛围;更重要的是,这座亭台园林本身恰是共同利益和"共同快乐"的集中体现,"灵台""灵沼"并非周文王的私家园林,而是真正意义上的"公园",民众都可以自由进入。作为公共园林而非私人园林,"灵台""灵沼"背后隐含的观念以及体现出来的现实价值和意义,当然就完全不同,由此给管理者和组织成员带来的"共同快乐"感受,便不可同日而语。

反面事例说的是夏朝末代之君夏桀众叛亲离的境遇。作为夏朝的天子,桀自然不缺乏"台池鸟兽",但他缺少的是如何正确认识并界定物质资源及利益的观念,以及如何能让这种观念为人们所认可和接受的切实行动。因此,对于夏桀,人们只有诅咒,恨不得和他同归于尽。在这种情况下,夏桀"虽有台池鸟兽,岂能独乐哉"?

做管理,当然要考虑物质资源及利益问题,但如果不先明确管理观念,没有想清楚"为什么"的问题,那么,"做什么"和"怎么做"的问题,也是注定想不清楚、做不长远的。管理者若不对"人性"假设和管理观念进行有意识地反思和选择,本能地就会以自身的欲求或感官享受为标准,来衡量物质资源的价值以确定利益,以此为指导,要做好管理,又如何可能?即便组织能迅速聚集起物质资源及利益,并吸引到很多热衷于追求物质利益的人,但由于物质资源是有限的,而欲望是无穷的,感官享受的阈值是有限的,而要突破阈值的冲动是无穷的;人们越是占有了物质资源,则越想更多地占有物质资源,越是达到了感官享受的阈值,则不突破阈值就无法再感受到快乐。如此一来,无论是在物质资源的占有上,还是在感官享受的追求上,都会陷入恶性循环,其最终结果必然是,组织往往"富不过三代",难以可持续发展,而管理者个人,又常常"乐极而生悲",残害了身心健康,古代帝王多短命,不是没有道理。

1.3 梁惠王曰:"寡人之于国也,尽心焉耳矣。河内凶①,则移其民于河东,移其粟于河内。河东凶亦然。察邻国之政,无如寡人之用心者。邻国之民不加少,寡人之民不加多,何也?"孟子对曰:"王好战,请以战喻。填②然鼓之,兵刃既接,弃甲曳③兵而走④,或百步而后止,或五十而后止。以五十步笑百步,则何如?"曰:"不可。直⑤不百步耳,是亦走也。"曰:"王如知此,则无望民之多于邻国也。不违农时,谷不可胜食也。数罟⑥不入洿⑦池,鱼鳖不可胜食也。斧斤以时入山林,材木不可胜用也。谷与鱼鳖不可胜食,材木不可胜用,是使民养生丧死无憾也。养生丧死无憾,王道⑧之始也。五亩之宅,树之以桑,五十者可以衣帛矣。鸡豚⑨狗彘⑩之畜,无失其时,七十者可以食肉矣。百亩之田,勿夺其时,数口之家可以无饥矣。谨庠序⑪之教,申之以孝悌之养,颁⑫白者不负戴于道路矣。七十者衣帛食肉,黎民不饥不寒,然而不王⑬者,未之有也。狗彘食人食而不知检⑭,涂⑮有饿莩⑯而不知发⑰;人死,则曰:'非我也,岁也。'是何异于刺人而杀之,曰:'非我也,兵也。'王无罪岁,斯天下之民至焉。"

【字词注释】

① 凶:本义指险恶之地,这里是饥荒、荒年的意思。

② 填:这里形容击鼓之声。

③ 曳:这里是拖着的意思。

④ 走:这里是逃走、逃跑的意思。

⑤ 直:这里是副词,同"特",只、只是、不过的意思。

⑥ 数罟:"数"是细密的意思,

与"疏"相对;"罟"是渔网的意思。"数罟",指网眼很细的渔网。

⑦洿:形容地势低洼、深陷。

⑧王道:即儒家管理之道,建立在"人性"的德性前提之上,强调"为政以德"和"仁义"观念的优先性,与当时各诸侯国所奉行的通过武力征服来实现扩张乃至统一天下的"霸道",有着本质区别。

⑨豚:指小猪。

⑩彘:指猪。

⑪庠序:指学校。

⑫颁:通"斑",头发斑白的意思。

⑬王:这里是动词,指通过实行"王道"而实现天下统一。

⑭检:这里是限制、约束的意思。

⑮涂:这里是道路的意思。

⑯莩:通"殍",指饿死的人。

⑰发:这里是拿出、开仓放粮的意思。

【今文意译】

梁惠王问道:"我对诸侯国管理非常用心。河内闹饥荒,我就把那里的人转移到河东,把粮食运到河内。河东闹饥荒,也是这样做。看看邻国的管理,似乎并没有像我这样用心,但是,他们的人口也没见减少,我们魏国的人口也没见增加,这是为什么呢?"

孟子回答说:"您喜欢打仗,那就让我用打仗来做比喻吧。战鼓擂响,两军开战,士兵却丢盔摞甲、拖着兵器往回跑,有的跑了一百步停下来,有的跑了五十步停下来。那些跑了五十步停下来的士兵,却要嘲笑那些跑了一百步停下来的士兵,能行吗?"

梁惠王说:"当然不行。那些士兵只不过没有跑到一百步罢了,但也是临阵逃跑呀。"

孟子说:"您既然知道这个道理,就不要希望魏国的人口比邻国多了。如果管理的政策措施不违反农耕时令,粮食就会充足;如果能要求人们到池塘里打鱼,不使用细密的渔网,鱼类就会充足;如果能要求人们到山上砍伐木材,必须遵循树木的生长周期,木材也会充足。粮食鱼类充足,木材用不完,这样人们的生老病死就不用发愁了。只有人们不再对生老病死发愁,真正的管理之道才算开始实行。在五亩大的院子里种上桑树,五十岁以上的人便可以穿丝制衣服了,再利用农闲饲养禽畜,七十岁以上的人就可以有肉吃了。一个有百亩田产的家庭,只要不干扰他们的正常生产和生活,家里几口人都可以吃饱饭了。办学校务必严谨,要培养以孝悌仁爱为核心的行为规范,这样头发斑白的老年人也就不用再吃苦受累地干重活了。七十岁以上的人能穿上丝制衣服、吃上肉,而其他人也不必忍饥受冻,在这种情况下,还不能让天下人心所向、实现统一,是不可能的。现在的问题是,有钱人家让猪狗吃着本该人吃的粮食,却不知道反省和改变,而路途上有饿死的人,竟无人关心，更不会开仓放粮；有人饿死，那些在诸侯国里做管理的人却说：'这不是我的责任，是年景不好造成的。'这与用刀杀了人，竟然说'这不是我的责任，是刀造成的'，又有什么区别？您如果能做到不将问题归咎于年景，而是从管理上去找原因，那么，天下人都会来投奔魏国，魏国的人口能不增加吗？"

【管理解析】

本章阐述从管理观念到管理政策措施再到组织可持续竞争优势的内在逻辑，而最高管理者确立起正确的管理观念，则是这一内在逻辑得以展开的基本前提。

在当时的历史条件下，像诸侯国这样的组织，其竞争优势的外部表现，主要在两个方面：一是人口，二是地盘，而地盘又与人口密切相关，没有人口，要扩展地盘也不可能。因此，像梁惠王这样的诸侯国最高管理者，所关注或者说"尽心"的，就是这两方面外显指标，迫切希望能迅速增加人口、扩大地盘。这正是梁惠王向孟子征询怎样才能增加魏国人口的原因。

当然，梁惠王在提出问题前，还不忘表白自己做得多么好，多么关心民众疾苦。从梁惠王的自我标榜中不难看出，他的管理措施不过是在荒年已经出现、民众身处饥寒交迫时的应急之策。这固然重要，若连应对饥荒的策略都没有，估计魏国离解体也不远了；但仅此还远远不够，梁惠王要真正做到"于国尽心"，便不能仅是当荒年到来时，才着手解决饥荒问题。即便应对一两次饥荒做得不错，也难以从根本上避免饥荒。与其说饥荒是"天灾"，还不如说是"人祸"更恰当。当时看上去很多由年景不好造成的饥荒，实际上都有深层次的管理原因，尤其是管理政策措施背后的管理观念和价值导向存在问题。

因此，孟子并没有直接回答梁惠王的问题，而是先举了一个士兵在两军阵前弃战逃跑的例子。值得注意的是，孟子在举例前先说了一句意味深长的话，即"王好战，请以战喻"。这句话透露出来的重要信息是，梁惠王像当时绝大多数诸侯国国君一样，热衷于通过征战来增加人口、扩大地盘，而他所谓"寡人之于国也，尽心焉耳矣"，不过是"尽心"于征战罢了，骨子里与其他诸侯国国君没有区别。如此看来，梁惠王说"察邻国之政，无如寡人之用心者"，岂不正是"五十步笑百步"吗？说到底，梁惠王所奉行的管理观念，还是赤裸裸的功利观念。在这种观念指导下，征战便是扩张规模、增加财富最简捷的手段；虽然梁惠王在饥荒应对上看似有所"尽心"，但这并没有改变他的管理观念，更不可能从根本上解决饥荒问题。这就像两军交战当逃兵，大方向已错，再纠结于是跑五十步还是跑一百步，毫无意义。

在深刻指出梁惠王的方向性错误之后，孟子便系统阐述了儒家管理观念或管理之道指导下的具体管理政策措施，以期引导梁惠王改弦更张。孟子这里所讲的管理政策措施，实际上是对《论语》第一篇第 5 章中孔子提出的"敬事而信，节用而爱人，使民以时"㊀管理思想的具体化。这也是在当时历史条件下从根本上解决人口问题的必由之路。

在农业社会，实现"农林牧副渔"同步可持续发展，是关乎国计民生的大问题，当然也是管理政策措施的基本着力点。关于"农"，关键是"不违农时"，这是对诸侯国有关劳役、兵役的管理政策的基本要求；关于"林"和"渔"，孟子强调的是"斧斤以时入山林""数罟不入洿池"，体现出对自然规律的尊重，无论鱼鳖还是林木，都有生长周期，不能只图一时之用，违背规律、竭泽而渔、砍光山林；关于"牧"和"副"，孟子提出的是"鸡豚狗彘之畜，无失其时""五亩之宅，树之以桑"，有了这种家禽家畜、种桑养蚕的家庭牧副业，人们才能吃得饱又吃得好，从而让"五十者可以衣帛""七十者可以食肉"。这既说明"农林牧副渔"同步可持续发展之后，家庭和社会的安定祥和状态，也体现了儒家管理之道的核心观念，即"仁"及其行为表现"孝"。

当然，仅有"农林牧副渔"的同步可持续发展，解决了吃饭穿衣问题，是远远不够的，还必须匹配上观念和教育体系建设，即"谨庠序之教，申之以孝悌之养"。这样才能让"颁白者不负戴于道路矣"。既建立起正确的管理观念、社会观念及教育体系，又具备了坚实的物质基础，在精神文明和物质文明齐头并进的前提下，"然而不王者，未之有也"。这充分体现出儒家所强调的从根本处入手解决问题的管理思路。

但遗憾的是，当时包括梁惠王在内的各诸侯国管理者们，却只是在追求各种看得见的人口数量、城池规模及土地面积等有形指标，丝毫也不关心那些需要长期积累、持续推进的文化和制度基础设施建设及相应的政策措施制定；由此造成的结果便是"狗彘食人食而不知检，涂有饿莩而不知发"。更有甚者，闹饥荒导致大量民众死亡，管理者们竟用年景不好来推卸责任，这就像用兵器杀了人，却将罪责归咎于兵器一样荒谬。当时那些信奉通过征战来增加人口、扩大地盘的诸侯国，实际上无异于期望用杀人来增加人口，这的确是一个莫大讽刺，而更具讽刺意味的是，像梁惠王这样的诸侯国最高管理者，竟然还自认为在"尽心"治国爱民。所以，孟子最后才说，"王无罪岁，斯天下之民至焉"。这句话意在表明，管理者必须反思自己所奉行的管理之道或管理观念及其指导下的具体管理政策措施，不要动辄便将问题都归咎于外部原因，那样做恰是管理者不负责任的典型表现。

由本章的内容不难看出，儒家并非不讲"利"，而是强调必须运用正确的管理观念，首先解决好"什么利""谁之利""如何恰当地追求、创造和分配利"这样一些基本问题。

㊀ 张钢，《论语的管理精义》，机械工业出版社，2015 年版，PP8-9.

1.4 梁惠王曰:"寡人愿安承教。"孟子对曰:"杀人以梃①与刃,有以异乎?"曰:"无以异也。""以刃与政,有以异乎?"曰:"无以异也。"曰:"庖②有肥肉,厩③有肥马,民有饥色,野有饿莩,此率兽而食人也。兽相食,且人恶之,为民父母,行政不免于率兽而食人,恶④在其为民父母也?仲尼曰:'始作俑⑤者,其无后乎!'为其象人而用之也。如之何其使斯民饥而死也?"

【字词注释】

① 梃:本义指树干,这里是棍的意思。

② 庖:这里是厨房的意思。

③ 厩:这里指马厩。

④ 恶:这里是疑问词,哪里、怎么的意思。

⑤ 俑:古时候用来殉葬的木偶或陶人。

【今文意译】

梁惠王说:"我很愿意接受您的教诲。"

孟子接着问道:"用棍杀人和用刀杀人,有区别吗?"

梁惠王说:"没有区别。"

孟子再问:"用刀杀人和用管理杀人,有区别吗?"

梁惠王说:"没有区别。"

孟子说:"管理者的厨房里堆着肥肉,马厩里养着壮马,而民众却面带饥色,野外还有饿死的人,这分明是让禽兽来吃人啊。禽兽之间相互残杀,人们尚且不愿意看到;作为管理者,在做管理时,却不能避免禽兽吃人,这又怎能配得上管理者的称号呢?孔子曾经说过:'第一个制作出木偶或陶俑来殉葬的人,定当断子绝孙啊!'因为木偶或陶俑太像人了,用它们来殉葬都觉得过于残忍,更何况让民众忍饥挨饿至死呢?"

【管理解析】

本章继续上章的对话。孟子在这里用类比的方式,更为深刻地指出,当时各诸侯国所奉行的管理观念及具体管理政策措施,无异于"杀人以政"。

在当时各诸侯国里,普遍存在着两极分化现象。一边是国君和管理者群体等有钱人家,生活优裕,用粮食来喂猪、养马,而另一边却是普通民众忍饥挨饿,甚至抛尸野外。从整个诸侯国组织的管理来说，这确实与"率兽而食人""杀人以政"没有什么不同。但问题是，那些诸侯国管理者们，在这样做的同时，却还在想着要增加诸侯国的人口数量。这当不是天大的讽刺。

根据儒家的观点，做管理的正确观念，其核心在"仁义"，而"仁"的具体表现便是"孝"及蕴含其中的广泛同情心。当人们看到禽兽类之间相互残杀，尚且不忍，要去制止，而管理者又怎么能忍心"率兽而食人""杀人以政"呢？孟子最后引用孔子的话"始作俑者，其无后乎"，意思是说，用酷似人形的木偶或陶俑来殉葬，都违背了"人性"，过于残忍，而忍心做这种事的人，在孔子看来，已经难以再配称"人"了；这种不尊重"人性"、残害"人性"价值的人，压根儿就不应该再出现，这正是"其无后乎"的含义所在。从孔子到孟子，都希望让这种错误的观念和做法绝迹、绝后，进而才能在诸侯国中建立起尊重"人性"、尊重人的价值，奉行以德性为前提的管理之道及相应的管理政策措施。这既是孔子的理想，也是孟子的理想，更是儒家管理之道的内在要求。

1.5 梁惠王曰："晋国①，天下莫强焉，叟之所知也。及寡人之身，东败于齐，长子死焉②；西丧地于秦七百里③；南辱于楚④。寡人耻之，愿比⑤死者一洒⑥之。如之何则可？"孟子对曰："地方百里而可以王。王如施仁政⑦于民，省刑罚，薄税敛，深耕易耨⑧，壮者以暇日修其孝悌忠信，入以事其父兄，出以事其长上，可使制梃以挞⑨秦、楚之坚甲利兵矣。彼夺其民时，使不得耕耨以养其父母，父母冻饿，兄弟妻子离散。彼陷溺其民，王往而征之，夫谁与王敌？故曰：'仁者无敌。'王请勿疑。"

【字词注释】

① 晋国：魏国是从晋国分立出来的。公元前403年，周天子封晋国大夫魏斯、赵籍、韩虔为诸侯，与晋国并立，但到公元前376年，魏、赵、韩联合废掉晋静公，瓜分了晋公室剩余土地，史称"三家分晋"。魏、赵、韩三国又被合称为"三晋"，这也是梁惠王自称"晋"的原因，或许也是在怀念和希望重振当年晋文公称霸诸侯的雄风。

② 这里说的是魏国和齐国的"马陵之战"。当时齐国以田忌为大将、孙膑为军师，魏国则以庞涓和太子申领军，双方在马陵交战，结果魏军中计大败，庞涓自杀，太子申被俘。

③ 这里说的是"马陵之战"后，魏国又与秦国在少梁开战，魏军屡败，献

出河西土地与上郡十五县给秦国。

④ 这里说的是魏国攻打赵国的邯郸，楚国救赵，将魏军打败。

⑤ 比：这里是替、给的意思。

⑥ 洒：通"洗"，洗涤的意思。

⑦ 仁政：即儒家管理模式，在以"仁义"为核心的管理之道或管理观念指导下，主要通过"道之以德""齐之以礼"等管理过程，以达到"有耻且格"的管理目标。

⑧ 耨：这里是锄草的意思。

⑨ 挞：这里是抗击、征讨的意思。

【今文意译】

梁惠王问道："魏国当年强大到天下没有哪个诸侯国能比得上，您老人家也是知道的。可是到了我这里，东边败给齐国，连大儿子也没了；西边败给秦国，失去七百里土地；南边败给楚国。这实在是我的耻辱，真希望能替死者报仇雪恨。您看我应该怎么做呢？"

孟子回答说："方圆百里的诸侯国，就足以让天下归心。如果您能实施仁政，减轻刑罚，降低税赋，鼓励民众全身心投入农业生产，同时如果能让行有余力的青壮年研修以孝悌为核心的社会规范、以忠信为核心的管理规范，在家里处理好同父母兄弟的关系，在家外处理好同长上的关系，那么，有了这样的民众和管理者，即便使用木制的棍棒，也能抵御秦国、楚国用坚甲利刃武装起来的军队。因为像秦、楚这些诸侯国，都在做着违背农时、不顾民生的事。它们让民众无暇从事农业生产以奉养父母，这导致父母受冻饿，兄弟难相见，妻离子又散。在他们让民众陷入水深火热之中的时候，您若去征伐它们，谁又能抵挡得住呢？所以说'追求仁爱境界是没有对手的'。请您不要怀疑这个做管理的基本前提。"

【管理解析】

在前四章论述正确观念对做管理的重要性和优先性的基础上，本章进一步阐明观念的力量要比看得见的"硬实力"更持久、更有效，因为正确的观念能从根本上解决"人心所向"的问题，这才是组织得以生存和发展的根基。

魏国在梁惠王手上连遭败绩，损失巨大，既丧人，又失地。这是梁惠王的隐痛，让他时刻图谋富国强兵，一雪前耻，重振辉煌。这恐怕也是第1章梁惠王问孟子"亦将有以利吾国乎"时，关于"利"的潜台词之一。再联系第2章梁惠王指着"鸿雁麋鹿"问孟子"贤者亦有此乐乎"，不难发现，梁惠王的"痛""利""乐"，都隐含着一个共同前提，那便是梁惠王的个人欲求，而非最高管理者的角色意识。其实，即便梁惠王在这里所道出的"痛"，看似"耻于败""图于强"，但本质上仍不过是从个人要做强国之君的角度考虑问题，并没有真正立足于民众的生存和发展，更没有关注民众的个人利益和诸侯国的整体利益所构成的共同利益，即"善"。

梁惠王或许会说，只要国君及诸侯国在竞争中有了强势地位，民众的个人利益和诸侯国的整体利益自然就能有保证，但这个因果关系并不必然成立。即便魏国在与齐、秦、楚三国的连续交战中获胜，魏国的民众也未必能免于冻饿之苦，更不可能免遭杀戮之祸。因为梁惠王追求的"乐"，显然不是"与民同乐"，而是独自享乐；哪怕在交战中获得了利益，那也只能是梁惠王及其小圈子的利益，而不可能是民众的个人利益和诸侯国的整体利益。这充分表明，梁惠王作为魏国的最高管理者，并没有从管理者的角色意识和职责规范出发考虑问题。梁惠王首先在管理观念上就已经出了偏差，以此为基础制定并实施的各项管理政策措施自然会出问题，而由这种错误的管理观念、错误的政策措施所导致的失败之"痛"，也就在所难免了。

针对梁惠王的失败之"痛"，孟子再次重申了儒家以"仁义"为核心的管理观念及其政策实践。在孟子看来，只要恪守和践行以"仁义"为核心的管理观念及其相应的管理政策措施，不要说像魏国这样的大诸侯国，哪怕是方圆百里的小诸侯国，也足以让人心所向，实现天下统一。

儒家管理不仅是一种观念，更是一种实践。只有能够真正付诸实践的观念，才能产生改变现实的力量。孟子将儒家的"仁政"实践具体化为"省刑罚，薄税敛，深耕易耨，壮者以暇日修其孝悌忠信，入以事其父兄，出以事其长上"。其中，除了注重农业生产的"深耕易耨"外，还尤其强调"省刑罚，薄税敛"，这与《论语》第二篇第3章中反对"道之以政，齐之以刑"，而提倡"道之以德，齐之以礼"㊀是一致的。要做到这一点，就必须让"壮者以暇日修其孝悌忠信，入以事其父兄，出以事其长上"，而这句话的核心要义，在于突出管理者培养及管理者以身作则、率先垂范的重要性。实际上，这句话与《论语》第一篇第6章讲"弟子，入则孝，出则悌，谨而信，泛爱众，而亲仁。行有余力，则以学文"㊁一脉相承，说的都是应该选择和培养什么样的管理者，才能更好地引导人们遵循规范，全身心地做好本职工作。

在孟子看来，如果能将以"仁义"为核心的管理观念真正付诸实践，组织自然就会有凝聚力和竞争力；有了这种团结一致、齐心协力的诸侯国组织，即便没有"坚甲利兵"，仅用自制的棍棒做武器，也足以战胜秦、楚的正规军。当然，孟子的意思绝对不是要让魏国以自制木棍来对抗秦、楚的"坚甲利兵"，而只在于说明观念的力量、人心的力量、团结的力量罢了。

㊀ 张钢，《论语的管理精义》，机械工业出版社，2015年版，PP26-28.
㊁ 张钢，《论语的管理精义》，机械工业出版社，2015年版，PP9-10.

儒家从孔子开始就没有放弃过用武力保卫国家的努力，当然也不会忽视正规军对于诸侯国的重要作用。在《论语》第十二篇第 7 章中，面对"子贡问政"，孔子曾明确提出包括"足食，足兵，民信之矣"三要素的治国理念㊀。在《论语》第十三篇第 29 章和第 30 章中，孔子又分别强调"善人教民七年，亦可以即戎矣""以不教民战，是谓弃之"㊁，这两句话都突出了"养兵"的重要性，但孔子和儒家的"养兵"，不仅限于军事训练，更侧重于共同信念、价值观和行为规范的熏陶。这也正是孟子的立论基础。孟子认为，秦、楚等诸侯国只是要人们一味地征战，寄希望于用征战来夺取财富、人口和更大的势力范围，却全然不顾本国民众的切身利益；它们征兵役、出劳役从来不考虑农时。这种以"兵"害"食"的结果，必然是"父母冻饿，兄弟妻子离散"。面对这些"陷溺其民"的诸侯国及其国君，人们自然渴望"仁义之师"，这便是孟子说"仁者无敌"的深层次原因。

儒家历来认为，一个诸侯国组织，只有解决好了自身内部问题，才能处理好诸侯国间关系；要解决好诸侯国组织的内部问题，关键又在于国君及其家人的正确观念及相应的利益定位；而国君及其家人的正确观念及相应的利益定位，关键又在于国君本人的行为修养，也即"格物、致知、诚意、正心、修身"。这正是《大学》所给出的从根本上解决问题的管理思路，其核心在于以良知信念为基础的管理观念的决定作用，尤其是最高管理者的良知信念和管理观念，不仅会直接影响个人的行为，还会影响家、国乃至天下的发展。所以，《大学》才说，"自天子以至于庶人，壹是皆以修身为本"㊂。但遗憾的是，梁惠王并没有理解孟子所阐述的儒家管理之道和管理政策措施的深意所在。

1.6　孟子见梁襄王①。出，语人曰："望之不似人君，就②之而不见所畏焉。卒③然问曰：'天下恶④乎定？'吾对曰：'定于一。''孰能一之？'对曰：'不嗜杀人者能一之。''孰能与⑤之？'对曰：'天下莫不与也。王知夫苗乎？七、八月之间旱，则苗槁⑥矣。天油然作云，沛⑦然下雨，则苗浡⑧然兴之矣。其如是，孰能御之？今夫天下之人牧⑨，未有不嗜杀人者也。如有不嗜杀人者，则天下之民皆引领⑩而望之矣！诚如是也，民归之，由⑪水之就下，沛然谁能御之？'"

㊀　张钢，《论语的管理精义》，机械工业出版社，2015 年版，PP324-326.
㊁　张钢，《论语的管理精义》，机械工业出版社，2015 年版，PP378-379.
㊂　张钢，《大学·中庸的管理释义》，机械工业出版社，2017 年版，PP4-18.

【字词注释】

① 梁襄王：梁惠王的儿子，名嗣。

② 就：这里是接近、靠近的意思。

③ 卒：通"猝"，突然、仓促的意思。

④ 恶：这里是疑问词，哪里、怎么的意思。

⑤ 与：这里是跟从、参加的意思。

⑥ 槁：本义为干枯的树木，这里指干枯的样子。

⑦ 沛：本义指水名，这里形容水奔流的样子。

⑧ 浡：这里指兴起的状态。

⑨ 人牧：这里指诸侯国国君。

⑩ 领：这里是脖颈、颈项的意思。

⑪ 由：这里是犹、好像的意思。

【今文意译】

孟子去见梁襄王，出来后对人说："他看上去不像个国君的样子，到近前又感受不到他的敬畏之心。他突然问道：'天下怎样才能安定？'我回答说：'统一就会安定。'他又问：'谁能统一天下？'我回答说：'不喜好杀戮的人能统一天下。'他再问：'谁会服从他呢？'我回答说：'天下没有人会不服从他。您了解禾苗生长的情况吗？七、八月间天旱，禾苗都干枯了。这时天空阴云密布，接着大雨倾盆，再看那禾苗，立刻又茁壮生长起来。这种状态，谁能遏制得住呢？当今的天下各诸侯国国君，没有一个不喜好杀戮的。这时如果有一位不喜好杀戮的国君出现，那么，天下人都会急切盼望着去追随他！若真有这样的国君出现，人们追随他，就像水往低处奔流，汹涌澎湃，谁能挡得住？'"

【管理解析】

本章进一步阐明儒家实现天下统一的独特路径，这完全不同于当时各诸侯国借征伐、杀戮来扩张地盘，以期统一天下的道路选择。

孟子见过梁襄王之后对人说"望之不似人君，就之而不见所畏焉"，隐含的意思是，国君作为诸侯国组织的最高管理者，除了岗位职权之外，更重要的是，要能够让人心悦诚服，因此，孟子在这里用"人君"一词，有双重含义：一是指"国君"的岗位，这是梁襄王从梁惠王那里继承来的岗位职权；二是指人们对这个国君发自内心的认可和信服。"人君"的第二重含义更重要，这也是儒家强化管理者的自我修养和自我管理，突出管理软实力的"迂回式"管理路径的核心要义所在。基于此，或许将"人君"理解为"让人信服的国君"更合适。那么，孟子为什么说梁襄王看上去不像个令人信服的国君呢？答案也许就在第二句话"就之而不见所畏焉"中，这句话也可以看成是对第一句话"望之不似人君"的解释，意思是，到近前一交流，发现梁襄王全无"敬畏之心"。这意味着，梁襄王自我感觉良好，显得目空一切，无所畏惧；更进一步，则是透露出一种生杀予夺、大权在握，想怎么做就怎么做的味道和信号；而且，这种味道和信号不仅体现在对魏国事务的君临全局、无所顾忌之感，还大有实现梁惠王未了的遗愿——扩大地盘、一统天下——的雄心。这种味道和信号最终通过他突然问孟子"天下恶乎定"，彻底表达了出来。

当孟子回答"定于一"时，梁襄王又问"孰能一之"，潜台词似乎非魏国莫属，而当孟子再回答"不嗜杀者能一之"时，他既失望，又不屑，更不服，这才会追问"孰能与之"，意思是，"一个不杀戮、不威慑、不强大的国君，谁会听从呢"。这充分反映出当时各诸侯国管理者普遍信奉"硬实力"的心态，连梁襄王这位刚继位的国君，也自然而然地倾向于相信，只有用"硬实力"去征服和杀戮，才是统一天下、让人服从的必由之路。这同时也暴露出梁惠王的错误观念及其对梁襄王根深蒂固的影响，而梁襄王"望之不似人君，就之而不见所畏焉"的更深层次原因恐怕恰在于此。当时又何止是梁襄王"不似人君""无所畏惧"，他的父亲梁惠王以及其他诸侯国国君又何尝不是如此。

当时各诸侯国普遍信奉的是富国强兵，以武力扩张来统一天下，而本国民众不过是实现这一目标的工具而已，更不要说其他诸侯国民众了，那不过是鱼肉的对象，最多也只是可争夺的财富资源。在这种管理观念和政策措施下，民众无不处于水深火热之中，恰如久旱的禾苗祈盼雨水一样，在翘首以待"不嗜杀人"的诸侯国国君出现。这正是孟子用以解释"不嗜杀者能一之"的内在逻辑。在这里，孟子并非不要富国强兵，而只是要让富国强兵服务于民众的生产、生活和诸侯国乃至天下的和谐可持续发展；更重要的是，孟子希望诸侯国组织的最高管理者直至基层管理者，都要对"人性"、对"至善"、对民众有敬畏之心，并以此确立起正确的管理观念，进而指导管理体制设计、管理政策制定和管理实践开展。

1.7 齐宣王①问曰："齐桓、晋文②之事，可得闻乎？"孟子对曰："仲尼之徒，无道桓、文之事者，是以后世无传焉，臣未之闻也。无以，则王③乎？"曰："德如何，则可以王矣？"曰："保④民而王，莫之能御也。"曰："若寡人者，可以保民乎哉？"曰："可。"曰："何由知吾可也？"曰："臣闻之胡龁⑤曰：王坐于堂上，有牵牛而过堂下者，王见之，曰：'牛何之？'对曰：'将以衅⑥钟'。王曰：'舍之！吾不忍其觳觫⑦，若无罪而就死地。'对曰：'然则废衅钟与？'曰：'何可废也？以羊易之。'不识有诸？"曰："有之。"曰："是心足以王矣。百姓皆以王为爱⑧也，臣固知王之不忍也。"王曰："然。诚有百姓者。齐国虽褊⑨小，吾何爱一牛？即不忍其觳觫，若无罪而就死地，故以羊易之也。"曰："王无异⑩于百姓之以王为爱也，以小易大，彼恶⑪知之？王若隐⑫其无罪而就死地，则牛羊何择焉？"王笑曰："是诚何心哉？我非爱其财而易之以羊也。宜乎百姓之谓我爱也。"曰："无伤⑬也。是乃仁术也，见牛未见羊也。君子之于禽兽也，见其生，不忍见其死；闻其声，不忍食其肉。是以君子远庖厨也。"王说，曰："《诗》云：'他人有心，予忖度之。'⑭夫子之谓也。夫我乃行之，反而求之，不得吾心。夫子言之，于我心有戚戚焉。此心之所以合于王者，何也？"曰："有复⑮于王者，曰'吾力足以举百钧⑯'，而不足以举一羽；'明足以察秋毫之末'，而不见舆薪。则王许⑰之乎？"曰："否。""今恩⑱足以及禽兽，而功不致于百姓者，独何与？然则一羽之不举，为不用力焉；舆薪之不见，为不用明焉；百姓之不见保，为不用恩焉。故王之不王，不为也，非不能也。"曰："不为者与不能者之形何以异？"曰："挟泰山以超北海，语人曰：'我不能。'是诚不能也。为长者折枝⑲，语人曰：'我不能。'是不为也，非不能也。故王之不王，非挟泰山以超北海之类也；王之不王，是折枝之类也。老吾老，以及人之老；幼吾幼，以及人之幼。天下可运于掌。《诗》云：'刑于寡妻，至于兄弟，以御于家邦。'⑳言举斯心加诸彼而已。故推恩足以保四海，不推恩无以保妻子。古之人所以大过人者无他焉，善推其所为而已矣。今恩足以及禽兽，而功不至于百姓者，独何与？权㉑，然后知轻重；度㉒，然后知长短。物皆然，心为甚。王请度之。抑㉓王兴甲兵，危士臣，构怨于诸侯，然后快于心与？"王曰："否。吾何快于是？将以求吾所大欲也。"曰："王之所大欲，可得闻与？"王笑而不言。曰："为肥甘不足于口与？轻暖不足于体与？抑为采㉔色不足视于目与？声音不足听于耳与？便嬖㉕不足使令于前与？王之诸臣，皆足以供之，而王岂为是哉？"曰："否。吾不为是也。"曰："然则王之所以大欲可知已。欲辟土地，朝秦、楚，莅中国而抚四夷也。以若所为，求若所欲，犹缘木而求鱼也。"王曰："若是其甚与？"曰："殆㉖有甚焉。缘木求鱼，虽不得鱼，无后灾；以若所为，求若所欲，尽心力而为之，后必有灾。"曰："可得闻与？"曰："邹人与楚人战，则王以为孰胜？"

曰:"楚人胜。"曰:"然则小固不可以敌大,寡固不可以敌众,弱固不可以敌强。海内之地,方千里者九,齐集有其一。以一服八,何以异于邹敌楚哉?盖㉗亦反㉘其本矣。今㉙王发政施仁,使天下仕者皆欲立于王之朝,耕者皆欲耕于王之野,商贾皆欲藏于王之市,行旅皆欲出于王之涂㉚,天下之欲疾㉛其君者皆欲赴愬㉜于王,其如是,孰能御之?"王曰:"吾惛㉝,不能进于是矣。愿夫子辅吾志㉞,明以教我。我虽不敏,请尝试之。"曰:"无恒产而有恒心者,惟士为能。若民则无恒产,因无恒心。苟无恒心,放辟邪侈,无不为已。及陷于罪,然后从而刑之,是罔㉟民也。焉有仁人在位,罔民而可为也?是故明君制民之产,必使仰足以事父母,俯足以畜妻子,乐岁终身饱,凶年免于死亡。然后驱而之善㊱,故民之从之也轻㊲。今也制民之产,仰不足以事父母,俯不足以畜妻子,乐岁终身苦,凶年不免于死亡。此惟救死而恐不赡㊳,奚㊴暇治礼义哉?王欲行之,则盍反其本矣。五亩之宅,树之以桑,五十者可以衣帛矣。鸡豚狗彘之畜,无失其时,七十者可以食肉矣。百亩之田,勿夺其时,八口之家可以无饥矣。谨庠序之教,申之以孝悌之义,颁白者不负戴于道路矣。老者衣帛食肉,黎民不饥不寒,然而不王者,未之有也。"

【字词注释】

① 齐宣王:齐国国君,名辟疆。

② 齐桓、晋文:"齐桓",指齐桓公,名小白;"晋文",指晋文公,名重耳;他们都曾经在春秋时期称霸。

③ 王:这里指以儒家管理之道来管理诸侯国、处理诸侯国间关系的做法,即"王道"。

④ 保:是会意字,字形像背负着孩子的样子,本义是背着孩子,这里引申为保护、使安定的意思。

⑤ 胡龁:齐宣王的近臣。

⑥ 衅:本义指祭祀时将牲畜的血涂在祭品上,这里指用牲畜来祭钟。

⑦ 觳觫:恐惧、惊恐的样子。

⑧ 爱:这里是舍不得、吝啬的意思。

⑨ 褊:这里是狭小的意思。

⑩ 异:这里是认为奇特、觉得特殊、以为惊异的意思。

⑪ 恶:这里是疑问词,哪里、怎么的意思。

⑫ 隐:这里是忧伤、可怜的意思。

⑬ 伤:这里是妨害、妨碍的意思。

⑭ 这是《诗经·小雅·巧言》中的诗句。这两句诗的大意是:他人的心思,

我能猜得到。

⑮ 复：这里是回答、答复的意思。

⑯ 钧：古代重量单位，三十斤为一钧。

⑰ 许：这里是同意、赞许的意思。

⑱ 恩：本义指好处，这里引申为由仁爱之心所产生的施以恩惠的行为。

⑲ 折枝："枝"，通"肢"，肢体的意思。"折枝"，意指鞠躬行礼。

⑳ 这是《诗经·大雅·思齐》中的诗句。其中，"刑"，这里是动词，示范、做榜样的意思；"寡妻"，即嫡妻；"御"，这里是治理的意思。这三句诗的大意是：给嫡妻做榜样，对兄弟也一样，再推广到家国管理上。

㉑ 权：这里是动词，称量、衡量的意思。

㉒ 度：这里是动词，丈量长短、计算的意思。

㉓ 抑：这里是副词，表反诘，与其、难道的意思。

㉔ 采：这里是彩色、颜色的意思。

㉕ 便嬖：这里指能说会道、受宠爱的人。

㉖ 殆：这里是副词，大概、恐怕、大约的意思。

㉗ 盖：通"盍"，何不的意思。

㉘ 反：通"返"，返回的意思。

㉙ 今：这里是连词，假如、如果的意思。

㉚ 涂：这里是道路的意思。

㉛ 疾：这里是痛恨、憎恶的意思。

㉜ 愬：同"诉"，诉说、控诉的意思。

㉝ 惛：这里是糊涂、不聪明的意思。

㉞ 志：本义是意念、心意所向的意思，这里引申为志愿、志向，尤其是指大目标、终极目标。

㉟ 罔：本义指一种捕鱼的工具，这里引申为诬陷、陷害、迫害的意思。

㊱ 善：是会意字，在金文中，由上面的"羊"字和下面的两个"言"字组成，表示"共同利益"。某个特定共同体的"共同利益"，是由该共同体所有成员的"个体利益"和共同体的"整体利益"一起构成的。"共同利益"并不必然等同于共同体的"整体利益"，即那种超越于其个体成员所拥有的"个体利益"之上的"共同体利益"；"共同"的前提是承认并尊重"个体利益"，只有在"个体利益"的基础上才会有"整体利益"和"共同利益"，而且，"共同利益"强调的恰是要架起个体与整体之间的利益桥梁。儒家认为，这种努力构建个体与整体之间的"共同利益之桥"的追求，就是求"善"，而求"善"正是管理的终极目标；说到底，管理就是通过包容和协调各种利益差异，以达至"共同利益"这个组织或社会之"善"的活动。当然，"共同利益"也并不必然意味着"共同物质利益"，而是共同体所共享的信念、价值观和物质利益的统一，因为如果没有作为内在的、稳定的价值尺度的观念体系，人们甚至都无法评判或确认"利益"，更不要说"共同利益"了。另外，根据共

同体的范围大小,"共同利益"的范围也有所不同。在儒家看来,"共同利益"至少可以分为三个层次:以家庭为基础的"共同利益"、以诸侯国为基础的"共同利益"、以天下为基础的"共同利益",它们分别对应的是"小善""大善""至善"。儒家管理之道所要追求的是最广大的"共同利益",即"至善"。

㊲ 轻:本义指轻车,这里引申为轻易、容易的意思。

㊳ 赡:这里是形容词,富足、充裕的意思。

㊴ 奚:这里是哪里、怎么的意思。

【今文意译】

齐宣王问道:"齐桓公、晋文公当年称霸的事,能讲给我听听吗?"

孟子回答说:"孔子的学生,没有人会谈论齐桓公、晋文公称霸的事,所以,关于他们的事迹,也就没有流传下来。我确实没听说过。要不,我们谈谈'王道'如何?"

齐宣王问:"要达到怎样的德行境界,才能让天下人信服,实现天下统一呢?"

孟子说:"为了让民众过上安定祥和的生活而去统一天下,就没有人能阻挡。"

齐宣王又问:"像我这样,能够让民众过上安定祥和的生活吗?"

孟子说:"能。"

齐宣王再问:"怎么知道我能呢?"

孟子说:"我听胡龁说起过:您坐在殿上,看见有人牵着牛从殿门前走过,便问:'牵牛到哪里去?'那人回答说:'用它去祭钟。'您说:'放了它吧!想象它恐惧发抖的样子,就于心不忍;没有罪,却要被杀,岂不残忍。'那人回答说:'那么,就不祭钟了吗?'您又说:'怎能不祭?换成羊吧。'不知道是否有这回事?"

齐宣王说:"有这事。"

孟子说:"有这种心思,就足以实行'王道'了。人们都认为您吝啬,而我当然知道您是不忍啊。"

齐宣王说:"是的,确实有人认为我吝啬。虽然齐国并不算大,但我又怎会舍不得一头牛呢?其实就是想到它那恐惧发抖的样子,于心不忍;没有罪,却要被杀,岂不残忍。所以用羊来替代。"

孟子说:"也怪不得人们认为您吝啬,用小羊换大牛,人们又怎能理解您的用意呢?您如果不忍那头牛没有罪却要被杀,那么,羊和牛又有什么分别呢?"

齐宣王笑着说:"这到底是怎么一种心思呢?我并不是因为牛更值钱,而用羊来替代牛的。也难怪人们说我吝啬了。"

孟子说:"没关系。这恰说明您有仁爱之心。因为您亲眼看见了那头牛,却没有见过那只羊，当然就会对那头牛产生怜惜之情了。管理者对于各种动物，只要看到它们活着时候的样子，就不忍看到它们被杀死；一旦听到它们的哀叫声，便不忍再吃它们的肉。所以，管理者总是远离厨房这种经常屠宰动物的地方。"

齐宣王听了这个解释很高兴，说："《诗经》上讲：'他人的心思，我能猜得到。'这说的就是您啊。我虽然这样做了，但回头想想，还是不能理解我当时为什么要这样做。您这么一说，确实很合乎我当时的心思。为什么说有这种心思，就能实行'王道'呢？"

孟子说："如果有人和您说，他的力量足以举起千斤重物，却拿不动一根羽毛；他的视力能够明察秋毫，却看不见一车柴草。您信吗？"

齐宣王说："不信。"

孟子说："如今您的恩惠都能遍及禽兽，却不能用到为民众谋福利上，这又是为什么呢？如果说拿不动一根羽毛是根本就不用力去拿，看不见一车柴草是根本就不用眼睛去看的话，那么，不能让民众过上安定祥和的生活，也就是根本没有把恩惠用到为民众谋福利上去呀。所以，您不实行'王道'，只是不去做，而非不能做。"

齐宣王问："不去做和不能做有什么差别吗？"

孟子说："想要一个人挟着泰山去跨过北海，他说'我做不到'，这是真做不到。想要一个人给老人鞠躬行礼，他说'我做不到'，那便是不去做而非不能做。所以，您不实行'王道'，不是像挟着泰山去跨过北海那样不能做的事，而是像不给老人鞠躬行礼那样不去做的事。敬重自己的父母长辈，再推广到敬重他人的父母长辈；爱护自己的子女晚辈，再推广到爱护他人的子女晚辈。如果能像这样去追求仁爱境界，那么，统一天下就变得很容易了。《诗经》上说：'给嫡妻做榜样，对兄弟也一样，再推广到家国管理上。'这说的就是将这种亲情之爱由内而外地推广开来的道理。所以，推广这种基于亲情之爱的恩惠，就可以让天下人过上安定和谐的生活，不推广这种基于亲情之爱的恩惠，连妻子和孩子都难以过上安定和睦的生活。古代管理者的过人之处，没有别的，只是善于推己及人、由此及彼罢了。如今您的恩惠都能遍及禽兽，却不能用到为民众谋福利上，这又是为什么呢？称一称，才能知道一件东西的轻重；量一量，才能知道一件东西的长短。对于外物尚且如此，更不要说内在思维了。请您好好想一想，难道只有发动战争，让人们冒着生命危险，去和其他诸侯国结仇积怨，您才会心满意足吗？"

齐宣王说："那倒不是。我怎会对此心满意足呢？我是要实现一个更大的目标。"

孟子说："能谈谈您的大目标吗？"

齐宣王笑而不答。

孟子说："是更可口的食物？更华丽的衣服？更鲜艳的色彩？更美妙的音乐？更

灵光的近臣？其实关于这些，您的下属都能帮您满足，难道您还要追求这些吗？"

齐宣王说："不是。我不追求这些。"

孟子说："既然如此，您所说的大目标就清楚了。您的大目标是要开疆破土，让秦国、楚国来朝贡，雄踞中原，安抚四方。不过，按照您目前的做法，要实现这个大目标，就好比要爬到树上去抓鱼一样。"

齐宣王说："有这么严重吗？"

孟子说："恐怕比这个还要严重。爬到树上去抓鱼，虽然抓不到鱼，但也不会有什么别的危害；而按照您目前的做法，要实现您的大目标，用心尽力做了之后，还一定会有灾难降临。"

齐宣王说："能给我讲讲吗？"

孟子说："如果邹国与楚国开战，您认为谁会胜？"

齐宣王说："楚国胜。"

孟子说："这说明小诸侯国打不过大诸侯国，人少的诸侯国打不过人多的诸侯国，弱诸侯国打不过强诸侯国。当今天下，方圆千里的诸侯国有九个，齐国只是其中之一。要以一个诸侯国的力量，征服另外八个诸侯国，这同邹国打楚国有什么分别？既然如此，何不回归本源。假如您下令实施'仁政'，让天下管理者都想到您的朝堂上来做管理，农民都想到您的土地上来耕种，商人都想到您的集市上来做生意，旅行者都想借道来齐国看看，其他诸侯国里那些憎恶国君的人都想到您这里来申诉。果真如此，谁又阻挡得住呢？"

齐宣王说："我已经糊涂了，想不清楚该怎么做。希望您能帮助我实现大目标，明白地教导我。虽然我不够聪明，但愿意按照您说的去做。"

孟子说："只有那些学管理、做管理的人，才能做到虽没有稳定的财产，却有稳定的心理预期。若是普通人，没有稳定的财产，就不会有稳定的心理预期。一旦人们失去对未来的合理且稳定的心理预期，各种不良的短期行为都会出现，甚至胡作非为、违法乱纪。等到人们犯了罪，再抓住进行惩罚，那就变成了有意陷害。追求仁爱境界的管理者，怎么会去有意陷害他人呢？所以，英明的国君首先要建立制度规则，明确界定财产权利，让人们既足以赡养父母老人，又能够抚养妻子儿女；年景好，能做到衣食无忧，年景不好，也不至于忍饥受冻；然后，再引导人们追求共同利益。如此一来，人们自然就容易接受各项管理政策措施了。现如今人们的财产权利得不到保障，生产所得既不足以赡养父母老人，又不能够抚养妻子儿女；年景好，也愁吃愁穿，年景不好，更免不了忍饥受冻，甚至走上绝路。在这种情况下，救命都来不及，谁还会有闲暇去从事礼仪规范建设呢？您要实施'仁政'，为什么不从根本上入手呢？那就是：让每家有五亩宅院，种上桑树，这样五十岁以上的人便可以穿丝制衣服了；再利用农闲饲养禽畜，这样七十岁以上的人就可以有肉吃了；一个有百亩田产的家庭，只要不干扰他们的正常生产和生活，家里八口人都可以吃饱饭了；办学校务必严谨，要培养以孝悌仁爱为核心的行为规范，这样头发斑白的老年人也就不用再吃苦受累地干重活了。老年人能穿上丝制衣服、吃上肉，而其他人也不必忍饥受冻，在这种情况下，还不能让天下人心所向、实现统一，是不可能的。"

【管理解析】

本章详细阐明儒家管理之道或"王道"观念的内涵及性质。具体地说，本章的长篇对话包含六层意思。

第一，儒家管理之道或"王道"观念，与当时各诸侯国所奉行的"霸道"观念有本质区别。齐宣王想听孟子讲齐桓公和晋文公在春秋时期称霸的故事，这意味着，齐宣王对称霸诸侯更感兴趣。虽然当年齐桓公在管仲的辅佐下称霸诸侯，主要是靠经济实力和"会盟"方式，这在《论语》第十四篇第 17 章和第 18 章中曾得到孔子的肯定⊖；但是，到了孟子所处的战国时期，人们一提到称霸诸侯，似乎只剩下武力征服一条路径，而"霸道"也就成了武力称霸的代名词。这一点在本篇第 1 章至第 5 章孟子与梁惠王的对话中已清楚表明。因此，孟子巧妙地避开谈论"霸道"，而将话题引向儒家所信奉的"王道"。这暗示着"王道"与"霸道"有本质区别，难以并立，必先做出选择。

第二，实行"王道"的先决条件，在于诸侯国管理者，尤其是最高管理者致力于追求仁爱境界。也许齐宣王很清楚，儒家管理之道的核心在于"为政以德"，所以才会问"德如何，则可以王矣"，言外之意是，儒家的"为政以德"太过高调，可能要管理者达到很高的德行境界才行吧？孟子应该是早已品味出齐宣王的言外之意，因而便直言不讳地说"保民而王，莫之能御也"，意思是，只要有"保民"之心即可。更进一步，为了打消齐宣王的畏难心理，也为了消除当时人们所谓"儒家是高调道德"的偏见，孟子还专门从发生在齐宣王身上的一件小事入手，借以说明"保民"之心本质上就是仁爱之心的自然表现，而仁爱之心，人皆有之，齐宣王自己也不例外。在"杀牛祭钟""以羊易牛"这件事上，就能充分体现出齐宣王所具有的仁爱之心。

孟子用这件小事做例子，意味深长。人们对那些自己付出努力的事物，都会产生爱惜之情，正所谓敝帚自珍，而对那些已见到或熟悉的事物，也会产生"移情"

⊖ 张钢，《论语的管理精义》，机械工业出版社，2015 年版，PP399-401.

作用，也即"见其生，不忍见其死；闻其声，忍食其肉"。所以，《礼记·王薄》上才讲"君子远庖厨也"。这倒不是说管理者不应下厨烧菜做饭，而是说管理者应该保持一颗未受污染的"不忍"之心，以便让仁爱之心时刻关照和主导着日常行为。虽然齐宣王"以羊易牛"的做法，容易被误解，甚至被看作吝啬小气，连齐宣王自己也想不明白、说不清楚为什么要这样做，但孟子却从中深刻地揭示出人所共有的仁爱本性。正因为具有这种仁爱本性，像齐宣王这样的管理者，或者更一般地说，任何管理者，都完全有可能以"保民"之心来实行"王道"。然而，当时包括齐宣王在内的各诸侯国管理者，却并没有认识到这一点，反倒将实行"王道"看作是"儒家高调道德"说教下遥不可及的事。

第三，不想实行"王道"与不能实行"王道"是两回事，但现实中，人们却将不想实行"王道"混淆于不能实行"王道"。为了从根本上将两者区别开来，孟子举了两个非常形象的例子，即"力足以举百钧，而不足以举一羽""明足以察秋毫之末，而不见舆薪"。前一个例子说的是有劲不想使，后一个例子则说的是有眼不想看，这与各诸侯国国君"恩足以及禽兽，而功不致于百姓"完全一样，明明在对待禽兽上都能体现出仁爱之心，却不愿意将这种仁爱之心用到民众身上。这难道不是有能力却不想去做吗？当一个人说自己不能"挟泰山以超北海"时，这的确是没有能力做到的，但是，当一个人说自己不能给老年人鞠躬行礼时，这便是不想做，而非不能做了。齐宣王和各诸侯国国君显然是不想实行"王道"，而非不能实行"王道"，究其原因，关键还在于他们不愿意从自我修养和自我管理做起罢了。

第四，儒家管理之道其实很简单，只要管理者能推己及人，从自我和家人做起，将仁爱之心由内而外地推广开来就可以了，即"老吾老，以及人之老；幼吾幼，以及人之幼"。《诗经·大雅·思齐》也说，"刑于寡妻，至于兄弟，以御于家邦"。这实际上就是《大学》所讲的"格物、致知、诚意、正心、修身、齐家、治国、平天下"的管理途径㊀，也是儒家所信奉的"王天下"的正确道路，即"王道"。若能真正实行"王道"、实施"仁政"，要统一天下，也就容易多了，甚至还能达到"天下可运于掌"的管理境界。

第五，既不想实行"王道"，却又要统一天下，那岂不是"缘木求鱼"？齐宣王一方面想称霸诸侯，求其"大欲"，另一方面却又不想实行"王道"，而热衷于武力征服，"兴甲兵、危士臣、构怨于诸侯"，这种"所为"与"所欲"之间的冲突状态，其结果要比"缘木求鱼"还糟糕。"缘木求鱼"至少不会贻害无穷，而以齐宣王、梁惠王为代表的信奉使用武力征服来统一天下的做法，不仅徒劳无功，还会

㊀ 张钢，《大学·中庸的管理释义》，机械工业出版社，2017年版，PP12-16.

后患无穷。与其要做这种比"缘木求鱼"更糟糕的事，还不如返回到根本上来解决问题，这便是实行"王道"、实施"仁政"，其结果自然是"天下仕者皆欲立于王之朝，耕者皆欲耕于王之野，商贾皆欲藏于王之市，行旅皆欲出于王之涂，天下之欲疾其君者皆欲赴愬于王"，到那时，四海归心，天下统一，又有谁能挡得住呢？

第六，阐明"王道""仁政"的具体管理政策措施。既然"仁政"的核心是让人们过上安定祥和的生活，即"保民"，那么，如何才能"保民"呢？

要"保民"，首先就要清晰地界定、有力地保护财产权利，这是实施其他各项管理政策措施的基础条件。孟子为了论证财产权利的基础性作用，特地将"恒产"与"恒心"联系在一起。"恒产"即稳定的财产权利，而"恒心"则指对未来合理且稳定的心理预期。当孟子说"无恒产而有恒心者，惟士为能"的时候，这里的"士"，既可以指学管理的人，又可以指普通管理者，既然管理就是要追求共同利益，即"善"，尤其是最广大的共同利益，即"至善"，那么，管理者当然要将组织及利益相关者的共同利益放在首位，并从这个共同利益出发，来思考全局及长远问题，对未来建立起合理预期；只有当组织及利益相关者的共同利益得到保证，管理者的个人利益才能得以实现，因此，管理者的个人利益建基于共同利益的这种管理职业特点，决定了管理者对未来的合理预期，并不是完全建立在个人的财产权利之上，而是在一定程度上超越财产权利，建立起由组织的终极目标和管理的职业规范所激发的、对未来可持续发展的合理且稳定的预期。当然，孟子这句话不应简单解读为"士不要恒产"，而应理解为先共同利益、后个人利益，是管理职业的内在规范要求。

但是，对于普通组织成员或当时诸侯国的民众来说，则是"无恒产，因无恒心"。也就是说，正是稳定的财产权利，让人们对未来有了合理且稳定的预期；没有财产权利，人们就会失去对未来的合理且稳定的预期，而一旦失去对未来的预期，人们的行为不仅会短期化，而且还会不加检点，不计后果，甚至胡作非为，违法乱纪。当人们已经犯了罪，再来处罚，不仅为时已晚，更带有故意陷害的嫌疑。追求仁爱境界的管理者当然不会这样做。因此，"制民之产"是"保民"的基本前提。

"制民之产"也可以视为儒家意义上的财产制度设计，用以界定和保护财产权，而且，这种财产制度设计还必须有一个基本底线，即"必使仰足以事父母，俯足以畜妻子，乐岁终身饱，凶年免于死亡"。这当然也是"保民"的基本要求。由此不难看出，儒家并不是不讲"利"，而是在确立了以"仁义"为核心的管理观念之后，用财产制度设计，从根本上来保证人们的生存和发展权利。儒家意义上的财产制度设计，是实行"王道"、实施"仁政"的制度基础设施；若没有这种关于财产权利的制度基础设施，儒家的"王道"观念和各项具体管理政策措施就会失去根基，难以真正落到实处。

当然，除了关于财产权利的制度基础设施之外，还必须有相匹配的文化基础设施。人之所以为人，不能只是追求吃得饱、穿得暖，还应该有更高的目标、价值和意义追求，这就需要引导人们去追求更广大的共同利益，不仅包括共同的物质利益，还包括共同的精神价值，即以"仁义"为核心的价值观念和社会规范。

但是，当时各诸侯国在界定和保护财产权利上，都根本没有达到最为基本的底线要求，甚至完全没有对财产权利的界定和保护，以至于弱肉强食，民不聊生，"仰不足以事父母，俯不足以畜妻子，乐岁终身苦，凶年不免于死亡"。在这种情况下，连活命都不容易，谁还顾得上进行与制度基础设施相匹配的文化基础设施建设呢？这也正是各诸侯国纷纷追求霸业，将国内矛盾外部化，迷信武力征服的必然结果。

在明确了关于财产权利的制度基础设施和关于追求共同利益的文化基础设施建设的重要性之后，孟子在这里讲到的如何实行"王道"、实施"仁政"的具体做法，与本篇第3章对梁惠王讲的内容是一样的，本质上都是先从解决民众的温饱入手，只有先解决了吃饭问题，才能谋求未来的可持续发展。

本章是对前面6章内容的总结。在战国时期"霸道"横行的背景下，孟子将儒家管理之道和管理模式概括为"王道""仁政"，以便与当时流行的"霸道""暴政"鲜明地区别开来，并系统阐述了行"王道"和施"仁政"的前提条件、制度和文化基础设施及相应的具体管理政策措施。从历史发展的角度来看，到了战国时期，儒家管理之道和管理模式面临着极其严峻的挑战和考验，需要结合当时的现实情况，进行更有针对性和可行性的完善与发展，而这正是孟子自觉担负起的重任。孟子清楚地认识到，要推行儒家管理之道和管理模式，必须首先让诸侯国国君这样的最高管理者和委托人的典型代表认可、接受才行。这也是为什么孟子在第一篇要与梁惠王、齐宣王等对话，竭力向他们传播儒家管理之道的原因。

1.8 庄暴①见孟子，曰："暴见于王，王语暴以好乐，暴未有以对也。"曰："好乐何如？"孟子曰："王之好乐甚，则齐国其庶几②乎！"他日见于王，曰："王尝语庄子以好乐，有诸？"王变乎色，曰："寡人非能好先王之乐也，直③好世俗之乐耳。"曰："王之好乐甚，则齐其庶几乎！今之乐犹古之乐也。"曰："可得闻与？"曰："独乐乐，与人乐乐，孰乐？"曰："不若与人。"曰："与少乐乐，与众乐乐，孰乐？"曰："不若与众。""臣请为王言乐。今④王鼓乐于此，百姓闻王钟鼓之声、管籥⑤之音，举⑥疾⑦首蹙⑧頞⑨而相告曰：'吾王之好鼓乐，夫何使我至于此极⑩也？父子不相见，兄弟妻子离散。'今王田猎于此，百姓闻王车马之音，见羽旄⑪之美，举疾首蹙頞而相告曰：'吾王之好田猎，夫何使我至于此极也？父子不相见，兄弟妻子离散。'此无他，不与民同乐也。今王鼓乐于此，百姓闻王钟鼓之声、管籥之音，举欣欣然有喜色而相告曰：'吾王庶几无疾病与？何以能鼓乐也？'今王田猎于此，百姓闻王车马之音，见羽旄之美，举欣欣然有喜色而相告曰：'吾王庶几无疾病与？何以能田猎也？'此无他，与民同乐也。今王与百姓同乐，则王矣。"

【字词注释】

① 庄暴：齐国大臣。

② 庶几：这里是差不多、近乎的意思。

③ 直：同"特"，只是、仅、不过的意思。

④ 今：这里是连词，假如、如果的意思。

⑤ 管籥："管"是用竹子做的一种吹奏乐器；"籥"也是一种乐器，形状像笛子，短管，有三孔、六孔或七孔。"管籥"，泛指吹奏乐器，与"钟鼓"这样的打击乐器相对应。

⑥ 举：这里是副词，都的意思。

⑦ 疾：这里是动词，疼痛的意思。

⑧ 蹙：这里是动词，紧缩、收紧的意思。

⑨ 頞：指鼻梁、鼻梁骨。

⑩ 极：这里指极端的状态、极点。

⑪ 羽旄：这里是旗帜、仪仗的意思。

【今文意译】

庄暴来看孟子，说："齐宣王召见我时，说他喜欢音乐，我不知道该怎样回应。"接着庄暴又问："喜欢音乐又会怎样呢？"

孟子说："如果齐宣王非常喜欢音乐，那么，齐国差不多就要管理好了！"

过了几天，孟子见到齐宣王，对他说："您曾告诉庄暴，说您喜欢音乐，有这事吗？"

齐宣王的脸色变了，说："我并不是喜欢先王传下来的古典音乐，只是喜欢流行音乐罢了。"

孟子说："如果您非常喜欢音乐，那么，齐国差不多就要管理好了！流行音乐和古典音乐的作用是一样的。"

齐宣王说："能把这里面的道理讲给我听听吗？"

孟子说："一个人独自听音乐，相比和别人一起听音乐，哪个更快乐？"

齐宣王说："和别人一起听，更快乐。"

孟子又问："和几个人一起听音乐，相比和很多人一起听音乐，哪个更快乐？"

齐宣王说："和很多人一起听，更快乐。"

孟子接着说："请让我给您讲讲快乐之道吧。假如您在这里击鼓奏乐，民众听到您这里钟鼓、管籥齐鸣的声音，都头痛皱眉，相互议论道：'我们的国君这样喜欢音乐，但为什么让我们穷困至此呢？父子不相见，兄弟妻子离散。'再假如您在打猎，民众听到您的车马声音，看到旌旗仪仗如此华美，都头痛皱眉，相互议论道：'我们的国君这样喜欢打猎，但为什么让我们穷困至此呢？父子不相见，兄弟妻子离散。'这不是因为别的，就是因为国君不能与民同乐。假如您在这里击鼓奏乐，民众听到您这里钟鼓、管籥齐鸣的声音，都高兴地相互转告：'我们的国君可能身体很好吧？要不怎能击鼓奏乐呢？'再假如您在打猎，民众听到您的车马声音，看到旌旗仪仗如此华美，都高兴地相互转告：'我们的国君可能身体很好吧？要不怎能打猎呢？'这也不是因为别的，就是因为国君能与民同乐。假如您做到与民同乐，就能让天下人心所向、实现统一了。"

【管理解析】

本章在上章基础上，进一步说明儒家管理的终极目标是最广大的共同利益，即"至善"，而要追求这个终极目标，组织的最高管理者必须做到"与民同乐"。

当然，"与民同乐"只是孟子的一种独特表达方式。严格来说，有"乐"必有"苦"，管理者与组织成员及更广泛的利益相关者之间，除了"同乐"，还须"共苦"，而"同甘共苦"背后隐喻的则是"利益共同体"。在"利益共同体"之中，人们不仅分享利益，更重要的是共享信念、愿景、价值观和行为规范；失去了共享的信念、愿景、价值观和行为规范这样的文化基础设施，以及用以界定、创造和分配共同利益的制度基础设施，管理者不可能做到"与民同乐"，更不可能与组织成员及利益相关者"同甘共苦"。

具体地说，本章阐述了两层含义。第一，用共同欣赏音乐做比喻，将管理视为一项共同的事业，必须建立起团队意识和团队精神。孟子在这里与齐宣王的对话，其内在逻辑和上章是相同的，都突显的是由此及彼、由内而外的一致性。当孟子听说齐宣王喜欢音乐时，马上将音乐与管理联系起来，找到了听音乐和做管理的内在联系，那便是由共同体的共享价值、共同利益而引出来的共同快乐。以乐理喻管理，在《论语》中就曾多次出现，例如，第三篇第23章中，孔子就用音乐演奏过程，来比喻儒家管理模式在于激发人们内在的情感和追求，以达到"有耻且格"的效果㊀。孟子在这里则运用音乐欣赏中个体快乐与共同快乐的对比，来比喻管理者

㊀ 张钢，《论语的管理精义》，机械工业出版社，2015年版，PP76-77.

与组织成员及利益相关者基于共享价值和共同利益，以实现"同甘共苦"的重要意义。

当齐宣王认可了"与众乐乐"更快乐时，实际上就相当于在音乐欣赏中明确了"共同快乐"的首要性，而这种"共同快乐"也就是音乐欣赏中的"共同利益"；一旦这种观念在音乐欣赏中建立起来，那么，也就意味着建立起一个可行的立足点；以此为基础，保持这种观念的一致性，进行合理外推，自然就可以达到这样的基本结论，即在做管理时，首先要明确共享价值和共同利益，并做到"与民同乐"。这和上章从齐宣王在"杀牛祭钟"上所表现出来的"不忍"，外推到管理上的"仁心""仁政"的推理逻辑，本质上是一致的。这种由此及彼、由内而外的推理逻辑，正是儒家管理之道的基本特征之一。

第二，对于同样的事，当选择的立足点不同，人们看问题的角度及得出的结论就会完全不同。就国君奏乐和打猎而言，如果平时国君只是考虑自己和小圈子的利益，而不顾及民众的个体利益和诸侯国的整体利益，总是独自享乐，那么，对于国君奏乐时的钟鼓齐鸣、打猎时的旌旗招展，普通民众感受到的却是自身现状与国君的巨大反差，由此激发的便是隔膜和怨气，以至于人心涣散，国将不国；反之，若国君真正认同并建立起共享价值，致力于追求共同利益，时刻关注民众的生产和生活，总是"与民同乐"，那么，同样是国君奏乐和打猎，民众的反应却会完全不同，不仅以国君的快乐为快乐，还会由此推断："吾王庶几无疾病与？何以能鼓乐也？"这表明，民众已经将自己的利益同国君和诸侯国的利益紧密交织在一起，让整个组织变成了一个真正的价值和利益共同体。在诸侯国管理中，若有了国君"与民同乐"这个前提，当然就会有民众"与君同乐"这个结果。这就像本篇第2章中所讲的那样，周文王能"与民同乐"，民众自然会"与君同乐"；而夏桀的行为恰好相反，民众则恨不得"与君偕亡"。

1.9 齐宣王问曰："文王之囿①方七十里，有诸？"孟子对曰："于传②有之。"曰："若是其大乎？"曰："民犹以为小也。"曰："寡人之囿方四十里，民犹以为大，何也？"曰："文王之囿方七十里，刍荛者③往焉，雉兔者④往焉，与民同之。民以为小，不亦宜乎？臣始至于境，问国之大禁，然后敢入。臣闻郊关之内，有囿方四十里，杀其麋鹿者如杀人之罪，则是方四十里为阱于国中，民以为大，不亦宜乎？"

【字词注释】

① 囿：本义指有矮墙护卫的园子，这里指畜养禽兽的园地。

② 传：这里指文字记载、著作等。

③ 刍荛者："刍"是割草的意思；"荛"是砍柴的意思。"刍荛者"，指割草砍柴的人。

④ 雉兔者：这里指打猎的人。

【今文意译】

齐宣王问道："周文王的猎场方圆七十里，有这事吗？"

孟子回答说："古书上有记载。"

齐宣王又问："真有这么大吗？"

孟子说："当时的人们还认为太小了呢。"

齐宣王再问："我的猎场才方圆四十里，人们还认为太大，为什么呢？"

孟子说："周文王的猎场方圆七十里，割草砍柴的人、打猎的人都可以进去，是大家公用的。在这种情况下，人们认为猎场太小，不是可以理解的吗？我初到齐国边境，先要问清楚齐国的各项重要禁忌和禁令后，才敢入境。我听说都城郊外有一处方圆四十里的猎场，谁要是猎杀了那里的麋鹿，就像犯杀人罪一样，这简直成了齐国境内一个方圆四十里的大陷阱，人们认为它太大，这不是正常的吗？"

【管理解析】

本章承接上章，再用古今对比的方式，说明管理者与被管理者利益的一致性，是做好管理的根本所在。

让齐宣王想不通的是，自己的猎场比周文王小得多，况且齐国方圆千里，远比当年周文王在岐山时的土地面积大，而齐国民众反倒认为他那只有方圆四十里的猎场太大。齐宣王之所以想不通，原因在于他只是纠结于猎场面积大小的比较，却忘记了这背后隐含着的一个更为根本的问题，即猎场是只供国君一个人享用，还是民众都可以使用？这涉及管理者的个人利益与组织的整体利益、成员的个体利益之间复杂的关系问题。不是说管理者不能有个人利益，但关键是，在设置私人利益的边界及其与共同利益的关系时，要做到一视同仁，不能厚此薄彼。就拿齐宣王的猎场来说，如果将之明确界定为齐宣王的私人财产，不允许其他人进入，那么，对于那些私自进入猎场的人的处罚，也应该视同其他侵犯私人财产行为的处罚力度，而不应该"杀其麋鹿者如杀人之罪"。作为齐宣王的私人猎场，别人可能会认为大，也可能会认为小，这并不重要，而重要的是，齐宣王要做到公私分明，既不能以私害公，更不能据公为私。

但现在的问题是，齐宣王明显已将猎场视为自己的私人财产，而且还制定了极其不合理的严厉惩罚措施，却又想着要与周文王比，希望得个好名声，让民众心甘情愿地接受这个现实。殊不知，当年周文王的猎场虽然方圆七十里，但并不专属于周文王个人，而是公共财产，砍柴打猎的人都可以自由出入，这显然代表的是整体利益和共同利益，与作为齐宣王个人财产的方圆四十里的猎场，完全没有可比性。其实，孟子这里讲周文王的猎场，就像本篇第 2 章提到周文王的"灵沼""灵台"一样，它们都不过是整体利益和共同利益的体现；对于整体利益和共同利益，民众当然希望越大越好。

由此可见，齐宣王只看到表面上的物质利益，完全没有看到在这种物质利益背后，还蕴藏着关于如何界定、创造、分配和保护物质利益的规则体系；更没有看到这套规则体系背后的管理观念，包括有关"人性"的信念、致力于追求的终极目标及相应的价值观和行为规范。做管理，若不能从根本处入手解决问题，必然像《大学》所讲的那样，"其本乱而末治者否矣"㊀。

1.10 齐宣王问曰："交邻国有道①乎？"孟子对曰："有。惟仁者为能以大事小，是故汤②事葛③，文王事昆夷④。惟智者为能以小事大，故大王⑤事獯鬻⑥，句践事吴。以大事小者，乐天者也。以小事大者，畏天者也。乐天者保天下，畏天者保其国。《诗》云：'畏天之威，于时保之。'⑦"王曰："大哉言矣！寡人有疾，寡人好勇。"对曰："王请无好小勇。夫抚剑疾视，曰：'彼恶⑧敢当我哉！'此匹夫之勇，敌一人者也。王请大之。《诗》云：'王赫斯怒，爰整其旅。以遏徂莒，以笃周祜，以对于天下。'⑨此文王之勇也。文王一怒而安天下之民。《书》云：'天降下民，作之君，作之师。惟曰其助上帝，宠之四方。有罪无罪，惟我在。天下曷敢有越厥志？'⑩一人衡⑪行于天下，武王⑫耻之。此武王之勇也。而武王亦一怒而安天下之民。今王亦一怒而安天下之民，民惟恐王之不好勇也。"

㊀ 张钢，《大学·中庸的管理释义》，机械工业出版社，2017 年版，PP16-18.

【字词注释】

① 道：这里是途径、方法的意思。

② 汤：商朝的开国之君，也称商汤，名履。

③ 葛：临近商朝都城的一个小国。

④ 昆夷：也即"混夷"，周朝初年的一个西部小国。

⑤ 大王：指周太王古公亶父。

⑥ 獯鬻：古代北方少数民族名称，也即"獫狁"，秦汉以后称为匈奴。在周太王时期，该少数民族的疆域大于周太王部落。

⑦ 这是《诗经·周颂·我将》中的诗句。其中，"时"通"是"。这两句诗的大意是：敬畏上天威力，才能保国安民。

⑧ 恶：这里是疑问词，哪里、怎么的意思。

⑨ 这是《诗经·大雅·皇矣》中的诗句。其中，"赫"是发怒的意思；"爰"是乃、于是的意思；"徂"是往、去、到的意思；"莒"是周朝时期的国名；"祜"是福、福禄的意思。这几句诗的大意是：周文王勃然大怒，于是便整军出征。阻止敌人进犯莒国，既确保了周国利益，又让天下得以安定。

⑩ 这是《尚书·周书·秦誓》中的话，引文略有出入。其中，"曷"通"何"，什么、哪、怎么的意思；"厥"在这里是代词，"其"的意思。这几句话的大意是：普天之下既有民众，也有君王，还有军队。上天赋予君王和军队的职责，就是帮助上天来保护四方民众，对有罪的人进行惩罚，对无罪的人进行安抚。天下人有谁敢违背这个根本宗旨？

⑪ 一人衡行："衡"通"横"，是祸害、祸患的意思。"一人衡行"，指商纣王倒行逆施、鱼肉民众。

⑫ 武王：即周武王，姓姬，名发，周文王的嫡次子，周朝的开国之君，伐纣成功后定都镐京，在今陕西省西安市西南部。

【今文意译】

齐宣王问道："与邻国交往，有什么好方法吗？"

孟子回答说："有。对于大诸侯国而言，只有依靠仁爱，才能处理好与小诸侯国的关系，就像当年商汤对待葛国，周文王对待昆夷那样。对于小诸侯国而言，只有凭借智慧，才能处理好与大诸侯国的关系，就像当年周太王对待獯鬻，勾践对待吴国那样。大诸侯国处理与小诸侯国的关系，关键在于事先订立规范，并以身作则，遵循规范。小诸侯国处理与大诸侯国的关系，关键在于敬畏已经确立的规范，严格按照规范行事。以身作则、遵循规范的大诸侯国，才能保持天下和谐安定；敬畏规范、依规而行的小诸侯国，才能保持本国和谐安定。《诗经》上说：'敬畏上天威力，才能保国安民。'"

齐宣王说:"这话太有道理了!但我有个毛病,喜欢勇敢行为,恐怕不容易与邻国处理好关系。"

孟子说:"请您不要喜欢那种逞个人英雄的所谓勇敢行为,手按刀剑,怒目吼道:'你敢挡我?'这种行为只是匹夫之勇,不过能抵挡一个人而已。您应该喜欢那种超越匹夫之勇的大勇行为。《诗经》上说:'周文王勃然大怒,于是便整军出征。阻止敌人进犯莒国,既确保了周国利益,又让天下得以安定。'这是周文王的勇敢行为。周文王一发怒,就让天下民众得到了安定祥和。《尚书》上也说:'普天之下既有民众,也有君王,还有军队。上天赋予君王和军队的职责,就是帮助上天来保护四方民众,对有罪的人进行惩罚,对无罪的人进行安抚。天下人有谁敢违背这个根本宗旨?'当时商纣王横行于世,周武王不能容忍商纣王的这种做法。这就是周武王的勇敢行为,而周武王一发怒,也让天下民众得到了安定祥和。假如您一发怒,也能让天下民众得到安定祥和,那么,民众还唯恐您不喜欢勇敢行为呢?"

【管理解析】

本章讲如何处理组织间关系,也即诸侯国间关系。根据儒家的观点,在处理诸侯国间关系时,同样需要观念先行。管理者必须确立起正确的观念,才能以此为指导,建立起处理诸侯国间关系的规则规范体系,进而才能立足现实,与他国构建一种和谐共赢的关系。其中,最高管理者的角色意识以及对观念及规则规范的恪守和践行,又是非常重要的前提条件。

孟子在这里提出的关于处理诸侯国间关系的"以大事小""以小事大"的基本原则,与前面几章讲到诸侯国内部管理时的指导思想是一脉相承的。儒家历来认为,无论是处理组织内部事务,还是处理组织间关系,都离不开"人性"的德性前提及以"仁义"为核心的价值观和行为规范。需要注意的是,当孟子说"惟仁者为能以大事小""惟智者为能以小事大"时,并不是说在处理与他国关系时,可以将"仁"与"智"割裂开来,大国只要讲"仁"、小国只要讲"智"即可,而是强调在"仁"与"智"相统一的基础上,大国、小国应各有侧重。

大国更需要突出"仁"的要求,在与小国交往时,能够包容和照顾到小国本身的利益诉求,不能以大欺小,随意侵占、剥夺小国利益。具体地说,就是要求大国必须要带头建立起诸侯国间关系准则及相应的交往规则规范,并以此为基础来处理与小国的关系,而不能仅凭大国的一时之需或眼前利益诉求,对小国颐指气使。小国则更需要突出"智"的要求,在与大国交往时,能够做到不卑不亢、灵活应对。毕竟诸侯国间的关系准则及相应的规则规范,主要是由大国主导建立的。虽然在建立这些规则规范时，大国也要恪守"仁"的原则，公平地考虑小国利益，但小国终究还是要靠自己对这些规则规范的灵活运用，来争取自身利益，而不能只是坐等大国恩赐。这当然就在"智"上对小国提出了更高要求。小国只有认真研究、理解和把握住各种诸侯国间的关系准则及规则规范，并能在不同情境下加以灵活运用，才能在处理与大国的关系时，确保自身的独立平等地位及利益。

但是，不管是大国还是小国，在处理诸侯国间关系时，都要有一种基本观念，即超越各自组织立场，寻求共同的观念基础；否则，只是拘泥于各自利益诉求，尤其是眼前利益诉求，是不可能建立起和谐共赢的组织间关系的。关于这个超越于各自组织立足点的共同观念基础，孟子用"天"来表示，其隐含的意思是，秉承于上天的观念，也即"天道"，而儒家经常用"天道"来代表最高意义上的共同观念体系。当《大学》要求管理者确立起"止于至善"或"平天下"的终极目标时，背后支撑"至善"或"平天下"这个终极目标的内在观念，就是这种"天"和"天道"。因此，无论是大国还是小国，要处理好诸侯国间关系，必须建立起这种关于"天"和"天道"的共同观念。只不过大国更应自觉地顺应"天意""替天行道"，孟子这里用"乐"所要表达的，就是一种自觉自愿，乐意遵从"天意""天道"的含义。只有这样，才能尽到大国的责任，即"保天下"，让天下安定和谐，也即《大学》所说的"平天下"，这与当时各诸侯国所信奉的"霸道"的观念完全不同。对于小国来说，则意味着要敬畏"天道"，只有在诸侯国间关系准则及相应的规则规范保护下，小国才能得以安定和谐；否则，在天下纷争的局面下，小国更容易受到伤害。

值得注意的是，无论是大国的"乐天"，还是小国的"畏天"，其背后的共同基点还是"畏天"，即无论大国还是小国，都要有敬畏之心。这样才能认同共享的观念基础，尊重他国的利益，实现和睦共处。这正是孟子引用《诗经·周颂·我将》中"畏天之威，于时保之"两句诗的用意所在。这首诗是祭祀上天，配祭文王的乐颂，当时周王朝正处在兴盛时期，因此，这并非仅指小国而言，其隐含的意思是，大国小国都要"畏天之威"，这样才能保国安民，天下和谐。

对于孟子所阐述的"交邻国之道"，齐宣王可能没听懂，也可能不以为然，但还是礼貌地说了句"大哉言矣"，但马上又说"寡人有疾，寡人好勇"。意思是，齐国是大国，按照您的意思，就必须注重用"仁"的原则，去处理与邻国的关系，但实在没有办法，我个人更喜欢勇敢行为，恐怕难以与邻国和睦共处。齐宣王之所以这么说，在很大程度上体现了当时各诸侯国所信奉的"硬实力"至上、"征服才能统一天下"的价值取向。也许齐宣王这句话更深层次的含义是，孟子所讲的"交邻国之道"太软弱，大有"妇人之仁"的意味。由此也可以推断，齐宣王说"大哉言矣"，可能只是一种表面上客气的说法，潜台词或许是"大道理"虽好，但不实用。其实，当齐宣王这么说的时候，恰恰暴露了他根本没有理解孟子的论述，更混淆了"个人之勇"与国君这个最高管理者角色所应有的"管理之勇"。前者不过是"小勇"，后者才是"大勇"。

"小勇"便是个人逞强争胜、好勇斗狠。齐宣王所好之勇，便是这种"匹夫之勇"，目标不过是求一时痛快、一己之利，全然不顾本国和他国民众的生存发展。对管理者而言，这种"小勇"，不仅境界很低，而且后患无穷。

相反，像周文王和周武王所具有的那种"大勇"，则是管理者角色之勇，而非管理者个人之勇；而且，在这种作为管理者角色之勇的"大勇"背后，必定蕴藏着一种信念、价值观和行为规范，因此，"大勇"也是信念之勇、观念之勇。周文王和周武王的"大勇"，其背后支撑的信念就是对"人性"的德性前提的坚信，以及由此所形成的一整套以"仁义"为核心的价值观和行为规范。由此可见，"仁者"不仅不会软弱，而恰会有"大勇"。据此推断，孟子早已听出了齐宣王"大哉言矣"的话外之音，这才用"文王之勇""武王之勇"来形象地说明"大勇"之于齐宣王的"小勇"的本质区别。

孟子这里所引用的《诗经·大雅·皇矣》的诗句，讲的就是周文王率军征伐密须国的故事。当时周文王所在的周国，到了殷商末期已成为一个大诸侯国，而密须国既侵略阮国，又侵占共国，还要图谋莒国，这些诸侯国都是周国的邻国。在这种背景下，周文王率军征伐密须国，恢复了关系平衡，既确保了周国利益、让边疆安定，又维护了当时诸侯国间关系的和谐。孟子引用《尚书》则是为了进一步说明，国君作为最高管理者的角色以及军队作为武力征服的工具或"国之利器"，都不是用来满足国君个人的所谓"勇敢"偏好，而是要保护民众的利益。真正做到了"保民"的国君，才是履行了上天赋予国君角色应有的责任，而真正用来"保民"的军队，才是"仁者之师"。国君及其军队只有履行了这种职责，才能做到"仁者无敌"。同样，武王伐纣也是以"仁者之师"来"保民"，即"武王亦一怒而安天下之民"。文王之勇和武王之勇的例子，充分说明了国君及其军队所应承担的职责，而这种职责的履行才是"大勇"，其背后必有信念和责任在支撑着。

做管理，切忌逞个人"小勇"、意气用事，而这恰是当时包括齐宣王在内的各诸侯国国君普遍存在的问题，他们既没有认清自己的角色规范和责任定位，更没有理解角色规范和责任定位背后所蕴含的深层次观念要求。可想而知，对于组织的最高管理者来说，这样的"小勇"行为，将会给自己和组织带来怎样的灾难性后果。

1.11 齐宣王见孟子于雪宫①。王曰："贤者亦有此乐乎？"孟子对曰："有。人不得，则非其上矣。不得而非其上者，非也；为民上而不与民同乐者，亦非也。乐民之乐者，民亦乐其乐；忧民之忧者，民亦忧其忧。乐以天下，忧以天下，然而不王者，未之有也。昔者齐景公②问于晏子③曰：'吾欲观④于转附、朝儛⑤，遵⑥海而南，放⑦于琅邪⑧，吾何修而可以比于先王观也？'晏子对曰：'善哉问也！天子适⑨诸侯曰巡狩，巡狩者，巡所守也。诸侯朝于天子曰述职，述职者，述所职也。无非事者。春省⑩耕而补不足，秋省敛⑪而助不给⑫。夏谚曰：'吾王不游，吾何以休？吾王不豫⑬，吾何以助？'一游一豫，为诸侯度。今也不然，师行而粮食，饥者弗食，劳者弗息。睊睊⑭胥⑮谗，民乃作慝⑯。方⑰命虐民，饮食若流，流连荒亡，为诸侯忧。从流下而忘反谓之流，从流上而忘反谓之连，从兽无厌谓之荒，乐酒无厌谓之亡。先王无流连之乐，荒亡之行。惟君所行也。'景公说⑱，大戒于国，出舍于郊。于是始兴发补不足。召大师⑲曰：'为我作君臣相说之乐。'盖《徵招》《角招》是也。其诗⑳曰：'畜君㉑何尤㉒？'畜君者，好君也。"

【字词注释】

① 雪宫：齐宣王的离宫，即临时居住的宫室，相当于度假别墅。

② 齐景公：春秋时期的齐国国君，名杵臼。

③ 晏子：春秋时期齐国名臣，名婴，字平仲，历经灵公、庄公、景公三位国君。

④ 观：这里是游览、巡游、欣赏的意思。

⑤ 转附、朝儛：齐国境内两座山的名称。

⑥ 遵：这里是顺着、沿着的意思。

⑦ 放：这里是至、到的意思。

⑧ 琅邪：齐国境内一座山的名称。

⑨ 适：这里是往、至、到的意思。

⑩ 省：这里是考察、察看的意思。

⑪ 敛：这里是收获的意思。

⑫ 给：这里是富足、富裕的意思。

⑬ 豫：这里是巡游、出游的意思。

⑭ 睊睊：因为愤怒仇恨而侧目怒视的样子。

⑮ 胥：这里是副词，都、皆的意思。

⑯ 慝：这里是邪恶的意思。

⑰ 方：这里是违反的意思。

⑱ 说：同"悦"，高兴的意思。

⑲ 大师：即太师，是乐官。

⑳ 其诗：这里指两首乐曲的歌词。

㉑ 畜君：这里是爱护国君的意思。

㉒ 尤：这里是错误的意思。

【今文意译】

齐宣王在雪宫见孟子。齐宣王问道:"那些德才兼备的人,也有这种住在离宫中的快乐吗?"

孟子回答说:"有。但是,当普通人得不到这种快乐时,就会非议他们的国君。因得不到这种快乐而非议国君,固然不对;可作为国君,不能与民同乐,也是不对的。以民众的快乐为快乐的国君,民众也会以他的快乐为快乐;以民众的忧虑为忧虑的国君,民众也会以他的忧虑为忧虑。与天下民众同快乐、同忧虑的国君,却不能让天下人心所向、实现统一,这是不可能的。过去齐景公曾问晏婴:'我想去转附、朝儛巡游,然后沿海南下,到琅邪去。到底该怎样做,才能和先王的巡游相比呢?'晏婴回答说:'您问得太好了!天子到诸侯国去,称为巡狩,所谓巡狩,就是去巡查各诸侯国的职责遵守情况。各诸侯国国君去朝见天子,称为述职,所谓述职,就是报告职责履行情况。巡狩和述职都是为了工作。春天考察耕种情况,并给贫困者以补助;秋天考察收获情况,也给收成不好者以救济。夏朝谚语说:'君王不来巡游,我们怎能休整?君王不来巡游,我们哪来补助?'天子的巡游视察,都不过是给各诸侯国立规矩、做榜样。现在的情况却不是这样,国君出游,兴师动众,耗费钱粮,饥贫者得不到补助,劳作者得不到休整。人们都愤愤不平,怨声载道,甚至被迫以恶制恶。如今这种做法,违背上天意志,虐待广大民众,肆意吃喝,挥霍浪费,简直像流水一样。这种'流连荒亡'的做法,让各诸侯国不堪其扰。所谓流,是指从上游到下游,顺流而下,乐不思返;所谓连,是指从下游到上游,逆流而上,乐不思归;所谓荒,是指田猎不节制;所谓亡,是指饮酒无限度。先王既不追求'流连'的快乐,也没有为了'荒亡'而出行的。在先王和现在国君的巡游方式中,就看您怎么选择了。'齐景公听了晏婴的话,非常高兴,不仅马上在国内颁布禁令,而且自己还搬到郊外去住,并开仓放粮,救济贫困。齐景公召见乐官说:'请给我创作有关君臣同乐主题的歌曲。'这便是《徵招》《角招》两首歌曲的由来。其中有这样的歌词:'爱护国君又有什么错?'爱护国君,就是要让国君做得更好啊。"

【管理解析】

本章继续阐明管理者必须时刻铭记角色规范,不能混淆了个人欲求与管理角色要求。

上章看上去是在讲如何处理诸侯国间关系,但实际上是在说明,作为诸侯国最高管理者的国君,必须牢记岗位职责和角色要求,不能仅凭个人意志和好恶做事,动不动就想逞"匹夫之勇"。本章延续上章的思路,进一步阐明,个人快乐与国君快乐、个人出游与国君巡游有着本质区别，从而将本篇第 2 章、第 8 章、第 9 章中关于"与民同乐"的主题，放到管理角色及其规范的背景下，更明确地揭示了国君之所以要"与民同乐"，不仅是国君个人的境界追求，更是国君这个最高管理者角色的必然要求。

齐宣王在雪宫见孟子，意味着齐宣王已离开王宫，正在"出游"。因此，孟子对他的问题"贤者亦有此乐乎"的回答，就与本篇第 2 章中对梁惠王类似问题的回答不太一样。当梁惠王望着大雁麋鹿问孟子"贤者亦乐此乎"时，孟子是用周文王造"灵台""灵沼"的例子，强调"与民同乐"背后的共同利益基础；而当齐宣王在雪宫问"贤者亦有此乐乎"时，孟子则有针对性地突出了国君基于管理者角色的"工作出游"与基于个人享乐的"观光出游"的本质区别。

作为诸侯国的最高管理者，国君的"出游"，理应超越个人享乐；否则，将心比心，国君可以为了满足个人享乐而"出游"，普通民众为什么不能？如果说普通民众因得不到"出游"的享乐而去抱怨国君，是不对的，那么，国君不能"与民同乐"，难道就对吗？因此，孟子才说："乐民之乐者，民亦乐其乐；忧民之忧者，民亦忧其忧。乐以天下，忧以天下，然而不王者，未之有也。"孟子这段话至少包含着三层含义。

首先，国君与民众、管理者与被管理者之间的关系，总是处于互动强化之中。作为管理者的国君，要想让作为被管理者的民众，理解自己的快乐与忧愁，必须要先能理解民众的快乐与忧愁，这正是将心比心、换位思考的必然要求。如果国君只想着自己个人的快乐与忧愁，不顾及民众的快乐与忧愁，却又要让民众理解自己的快乐与忧愁，不能抱怨，那是不可能的。

其次，作为管理者的国君，要具备对民众的同理心，做到"乐民之乐""忧民之忧"，关键在于牢固树立管理角色意识，超越单纯个体化的快乐与忧愁，建立起关涉整个组织乃至天下利益相关者或民众福祉的快乐与忧愁，这可以称为"大乐"与"大忧"，也即"乐以天下，忧以天下"。当然，这里讲"大乐""大忧"，并不是说国君本人不能有个体化的快乐与忧愁，而是要说，国君绝不能将个体化的快乐与忧愁，凌驾于诸侯国乃至天下民众的快乐与忧愁之上。国君这个组织最高管理角色的基本规范要求，就是必须将诸侯国乃至天下民众的快乐与忧愁放在第一位，"以民众为中心"、立足于民众的立场考虑问题。

最后，如果一位国君真能将管理角色的规范要求放在第一位，从诸侯国乃至天下民众的快乐与忧愁出发考虑问题，与诸侯国乃至天下民众同乐同忧，自然就会人心所向，实现天下的和平统一。这正是儒家"王道""仁政"的基本逻辑。

既然如此，那如何才能做到"乐以天下""忧以天下"呢？这就需要先了解天下民众的疾苦，理解他们的生存状态。因此，在当时条件下，"出游"作为了解民情的重要方式，就成为天子和诸侯国国君的岗位工作职责的基本要求。

天子"出游"到诸侯国去，称为"巡狩"，是为了深入了解各诸侯国民众的实际情况，而诸侯国国君"出游"去朝见天子，称为"述职"，是为了向天子汇报工作。这两类"出游"都是为了工作，目的在于体察民情、济贫救困，而不是为了满足个人享乐的"游山玩水"。因此，夏朝民谚才会说："吾王不游，吾何以休？吾王不游，吾何以助？"这表明，当时的民众都盼望着天子和国君"出游"，以便能帮助解决实际困难；尤其是天子"出游"，还能为天下各诸侯国立规矩、树榜样，并在诸侯国间取长补短，实现均衡发展。

但遗憾的是，到后来，基于管理角色的工作"出游"，逐渐退化为基于个人享乐的"游山玩水"。国君们已完全忘了自己所扮演的管理角色，只知道追求个人享乐，"出游"时兴师动众、挥霍浪费，还流连荒亡。这样的"出游"，不仅达不到体察民情、解决民间疾苦的目的，反而大大加重了民众负担，让民众不得安宁，无法休整，还要忍饥挨饿。这导致民怨沸腾，甚至被逼走上以暴易暴之路。在孟子看来，古今国君"出游"目的和方式的巨大反差，根本原因在于现在的国君混淆了管理角色的要求和纯粹个人的欲求，而这种混淆，不仅有来自国君自身的原因，同样也有来自大臣或管理者共同体的原因。

孟子之所以要用晏婴和齐景公对话这个典型案例，就在于说明，作为当时的职业管理者的大臣，其重要职责之一，便是要让作为委托人的国君，清醒地认识到自己所扮演的诸侯国最高管理者角色，并能恪守和践行管理角色规范。晏婴作为职业管理者的典型代表，不仅自己有清晰明确的管理角色意识和角色行为，还能时刻提醒并帮助国君认清最高管理者的角色规范和岗位职责，从而真正做到"乐以天下""忧以天下"。严格来说，只有当作为代理人的大臣，能够与作为委托人的国君做到了"君臣同心同乐同忧"，并相互提醒、共同牢记角色规范，才有可能让国君真正做到"与民同乐"。这也是孟子引述旨在颂扬"君臣同乐"的《徵招》《角招》中的歌词"畜君何尤"的用意所在。那些真正爱护委托人的代理人，既要自己做得好，更要帮助委托人做得好。

1.12 齐宣王问曰："人皆谓我毁明堂①，毁诸？已乎？"孟子对曰："夫明堂者，王者之堂也。王欲行王政，则勿毁之矣。"王曰："王政可得闻与？"对曰："昔者文王之治岐②也，耕者九一③，仕者世禄，关市讥④而不征，泽梁⑤无禁，罪人不孥⑥。老而无妻曰鳏，老而无夫曰寡，老而无子曰独，幼而无父曰孤。此四者，天下之穷民而无告者。文王发政施仁，必先斯四者。《诗》云：

'哿矣富人,哀此茕独。'⑦王曰:"善哉言乎!"曰:"王如善之,则何为不行?"王曰:"寡人有疾,寡人好货。"对曰:"昔者公刘⑧好货,《诗》云:'乃积乃仓,乃裹餱粮。于橐于囊,思戢用光。弓矢斯张,干戈戚扬,爰方启行。'⑨故居者有积仓,行者有裹粮也,然后可以爰方启行。王如好货,与百姓同之,于王何有?"王曰:"寡人有疾,寡人好色。"对曰:"昔者大王⑩好色,爱厥⑪妃。《诗》云:'古公亶甫,来朝走马。率西水浒,至于岐下。爰及姜女,聿来胥宇。'⑫当是时也,内无怨女,外无旷夫。王如好色,与百姓同之,于王何有?"

【字词注释】

① 明堂:过去周天子到齐国巡视,接受齐国国君朝拜的地方。到齐宣王时,周天子已名存实亡,不再巡视各诸侯国,所以,有人建议拆除明堂。

② 岐:指周文王的邦国,故址在今陕西省岐山县境内。

③ 耕者九一:指"井田制",将田地分为九等份,中间一块为公田,周围八块为私田,耕种私田者共同负责中间的公田,而公田的收获便作为私田的税赋,这相当于按照九分之一的税率征收田产税。

④ 讥:这里是稽核、审查的意思。

⑤ 泽梁:"泽"指沼泽;"梁"指水中修筑的用来捕鱼的坝堰。"泽梁"在这里泛指江河湖泊等捕鱼的地方。

⑥ 孥:妻子、儿女的统称。

⑦ 这是《诗经·小雅·正月》中的诗句。其中,"哿"是快乐、高兴的意思;"茕"是寂寞、孤独的意思。这两句诗的大意是:家境富裕的人自然生活快乐,应该同情那些孤苦伶仃的人。

⑧ 公刘:是后稷的后代,大约在夏末商初,为避夏桀而带领国民由邰地迁往豳地。

⑨ 这是《诗经·大雅·公刘》中的诗句。其中,"餱"是干粮的意思;"橐"是一种盛物的口袋;"囊"指有底的口袋;"戢"通"辑",和睦、一致的样子;"爰"是乃、于是的意思。这几句诗的大意是:将粮食堆满仓,再准备好干粮。装满大小口袋,共同光大家园。张好弓搭上箭,带着各种兵器,于是启程前进。

⑩ 大王:即太王,指周文王的祖父古公亶父。

⑪ 厥:这里是代词,其、他的意思。

⑫ 这是《诗经·大雅·绵》中的诗句。其中,"来朝"是第二天早晨的意思;"率"是遵循、沿着的意思;"浒"是水边的意思;"及"是跟、同、和的意思;"聿"是语助词,用在句首无实义;"姜女"指古公亶父的妻子;"胥"在这

里是察看的意思。这几句诗的大意是：古公亶父一大早便纵马疾驰，沿着渭水岸边向西去，直到岐山脚下。和他的妃子姜氏一起，来察看适合居住之地。

【今文意译】

齐宣王问道："人们都建议我拆掉明堂，您看是拆呢？还是不拆呢？"

孟子回答说："明堂象征着王道、仁政。您若要行王道、施仁政，就不要拆掉明堂。"

齐宣王说："能给我讲讲王道、仁政吗？"

孟子说："过去周文王管理岐地的时候，种地的税率是九分之一，做管理的俸禄很优厚，关隘和集市只检查不收费，江河湖泊不禁渔，只惩罚犯罪者本人，不牵连妻子儿女。年老无妻的人称为鳏，年老无夫的人称为寡，年老无子的人称为独，年幼丧父的人称为孤。这四类人是天下真正穷苦无靠的人。周文王施仁政，一定首先考虑这四类人。《诗经》上说：'家境富裕的人自然生活快乐，应该同情那些孤苦伶仃的人。'"

齐宣王说："这话说得太好了！"

孟子说："您既然认为好，那为什么不按照这样去做呢？"

齐宣王说："我有个毛病，喜欢财货，舍不得为施仁政花钱。"

孟子说："过去公刘也喜欢财货。《诗经》上说：'将粮食堆满仓，再准备好干粮。装满大小口袋，共同光大家园。张好弓搭上箭，带着各种兵器，于是启程前进。'公刘不仅让留下的人有存粮，还让出征的人有干粮，然后才启程前进。您既然喜欢财货，那就像公刘一样，同民众一起喜欢和分享财货吧。如果能这样做，行王道、施仁政又有何难呢？"

齐宣王又说："我还有个毛病，喜欢女色。"

孟子说："过去古公亶父也喜欢女色，很爱他的妃子。《诗经》上说：'古公亶父一大早便纵马疾驰。沿着渭水岸边向西去，直到岐山脚下。和他的妃子姜氏一起，来察看适合居住之地。'在古公亶父那个时候，民众家里都没有嫁不出去的怨女，外面也找不到没有妻室的旷夫。您既然喜欢女色，那就像古公亶父一样，让民众都能有幸福美满的家庭吧。如果能这样做，行王道、施仁政又有何难呢？"

【管理解析】

本章讲"王道""仁政"的具体内涵及其对管理者的基本要求。

上章讲了天子和诸侯国国君"出游"原本都是管理工作的职责要求，承载的是体察民情、扶危济困的"仁政"内涵，而不是旅游观光式的个人享乐。因此，本章便从天子"巡狩"诸侯国时修筑的"明堂"谈起。

在孟子看来，"明堂"虽然已经失去了实际作用，但它象征的却是天子"巡狩"天下、保国安民的"王道"，而"明堂"的这种象征意义背后所蕴藏的管理之道，不仅没有过时，而且还具有紧迫的现实意义。齐宣王要"毁明堂"，恰说明了当时"霸道"畅行、"王道"式微的局面。正因为如此，孟子才要借"明堂"这个具有象征意义的话题，再次详尽阐明"王道""仁政"的具体内涵，以便努力让齐宣王改变"霸道"立场，转行"王道"。

孟子在这里所阐明的"王道""仁政"的具体内容，涉及农业税率、管理者待遇、商业贸易政策、以渔业为代表的副业发展、刑法原则等诸多方面。这里尤其值得注意的是有关商业贸易、刑法原则的内容。在农业文明条件下，以低税率促进农业发展、给管理者优厚待遇，都比较容易理解；但孟子同时还强调了"关市讥而不征"，即在各个关隘口岸、农贸市场，只稽核审查而不征税，这既能鼓励商业贸易发展，又能保证消费者利益，杜绝假冒伪劣。由此可见，儒家对于商贸活动，显然是一种保护和促进并举的认识及政策导向，非常有利于早期市场的发育和发展，而在"霸道"之下，为了备战和征服，无不强化"耕战"，抑制自由的商业贸易，"关市征而不讥"，即只征税而不稽核审查，其结果便可想而知。另外，在刑法原则上，孟子倡导的是"罪人不孥"，即只惩罚当事人，不株连亲人，更不连坐亲族。这也表明，后来各王朝普遍流行的连坐制度，甚至残酷到株连九族的惩罚方式，并不属于儒家管理之道或"王道"的内容。

更重要的是，在制定和执行相关管理政策过程中，孟子所认同的基本出发点是保护弱势群体，只有当弱势群体都受到了保护，并处于一个比较满意的生存状态时，整个社会的和谐可持续发展才成为可能。周文王当年曾区分出四类弱势人群，即"鳏寡孤独"，以便运用公共资源予以救助，所以，孟子说"文王发政施仁，必先斯四者"。保护和救助弱势群体，是儒家管理之道或"王道"的基本指导原则之一。《大学》曾明确指出，"上恤孤而民不倍"⊖，讲的也是管理者对弱势群体所应有的态度和政策取向。

对于"王道""仁政"，齐宣王仍旧是口头上表示赞同，但又要找出各种理由来搪塞。这次他找的理由是"寡人有疾，寡人好货""寡人有疾，寡人好色"。前一个理由的潜台词是，"施仁政要花钱，我喜欢钱财，舍不得花这个钱，做这个投入"，而后一个理由的潜台词是，"施仁政对国君个人德行要求很高，我喜欢女色，恐怕达

⊖ 张钢，《大学·中庸的管理释义》，机械工业出版社，2017年版，PP51-54.

不到这个要求"。其实这两个理由，与本篇第 10 章中齐宣王说"寡人有疾，寡人好勇"，以抵制按照"王道"的要求来处理诸侯国间关系，其背后的思维方式完全一样，都在于混淆了国君的私人角色和管理角色，忘记了国君首先是一个诸侯国的最高管理者，更是委托人的典型代表，需要从共同利益的角度考虑问题，而不能动辄先想到的是私人好恶。

针对齐宣王的"好货"，孟子举了周部族的先祖公刘的例子。当年周部落的生存空间狭小，作为最高管理者，公刘要带领周部族探索新的家园，扩大生存空间，当然也离不开对财货或钱财的追求，但此时公刘的"好货"，乃是好部族的"公货"而非个人的私货，是要同部族成员一起共同追求和拥有财货，从而让财货真正变成周部落这个组织的共同利益。如此一来，周部落才能团结一致，开启新征程，走向新天地。所以，孟子在引用了《诗经·大雅·公刘》的诗句后总结道："故居者有积仓，行者有裹粮也，然后可以爰方启行"。若不能以现有的"公货"做基础，用未来更广大的共同利益做引领，又如何能"爰方启行"呢？以此类推，齐宣王若真能由己之"好货"，想到百姓之"好货"，进而努力寻求并建立起"公货"基础和共同利益追求的愿景及管理体制，行"王道"、施"仁政"又有何难？

针对齐宣王的"好色"，孟子又举了周文王的祖父古公亶父的例子。"好色"可能是人之常情，任何人都会喜欢美好的事物，当然也包括漂亮的人，无论是男人还是女人；但是，作为管理者，关键是要认识到，自己所扮演的职业角色代表的是一种整体性、长远性的共享价值和共同利益追求。当一位管理者认识到自己"好色"时，应自然联想到他人也会"好色"，进而就要考虑如何建立一种恰当的管理体制和环境氛围，让每个人的"好色"在得到满足的同时，又不损害共享价值和共同利益。这才是管理者应该具备的思维方式。管理者切忌只想着自己的欲求，无视他人的合理欲求，甚至将他人乃至组织都变成实现自己欲求的工具。这样做的管理者，已经不仅仅是不称职和不负责任的问题，简直可以说是组织共享价值和共同利益的直接破坏者，也是组织存在和发展的大敌。

联系着本篇第 10 章齐宣王的"好勇"，不难发现，齐宣王的"好勇""好货""好色"所体现出来的思维方式，具有一定的典型性，可以称为"退行式思维"。每当孟子引导齐宣王追求"仁义"境界，让他行"王道"、施"仁政"时，齐宣王总是会用这种"退行式思维"来搪塞，先是"好勇"，再是"好货"，后又"好色"。其实，这种"退行式思维"在管理者中普遍存在，其具体表现就是：当人们对管理者提出更高的要求，或者针对管理者以权谋私的行为提出批评时，经常会听到这样的辩解，"管理者也是人，是人都会犯这样的错误"。从孟子对齐宣王的"好勇""好货""好色"的回应中，不难体会出这种"退行式思维"的根本问题到底出在哪里。

首先，对于齐宣王的"好勇"，孟子请他要"好大勇"，不要好"匹夫之勇"。孟子的回应，意在阐明，管理者不能忘记自己的管理者角色，必须先从自己的管理职责出发来思考有勇气的行为到底意味着什么。一旦管理者忘记了自己的职业角色和职业规范，那势必就会逞"匹夫之勇"，结果是害己累人。

其次，对于齐宣王的"好货"，孟子的回应是"与百姓同之"。这讲的是，管理者作为一个组织的成员，更应该带头具有"组织人"意识，而"组织人"意识的集中体现，便是追求组织的共同利益或"善"。"好货"没有问题，"好私货"也未尝不可，但如果没有了"好公货"或共同利益这个前提，组织也就失去了存在的基础；组织都不存在了，还能有管理者存在的空间吗？作为一个孤立的个体意义上的人，完全可以单纯地"好私货"，但基于此，却难以形成有凝聚力的组织。人并非孤立的个体意义上的抽象存在，人总是要身处一个特定组织之中，即便是普通的"组织人"或组织成员，都必须具备"组织人"意识，追求共同利益而不完全是私人利益，更何况是管理者。

再次，对于齐宣王的"好色"，孟子的回应同样是"与百姓同之"，即让他想象普通民众的感受。隐含的意思是，即便是普通民众的"好色"，也要符合社会礼仪规范乃至法律规则，不能侵犯他人权利。毕竟人与动物不同，人之"好色"便不能等同于动物之"好色"。人之为人的底线，就在于人是有德性的"社会人"，人的"好色"不仅有内在德性的自律，而且还有外在社会规范的约束。当齐宣王"退行"到最后，要回到生物本能或欲望的状态，将自己混同于动物的时候，孟子还是要努力将他拉回到人之中，让他牢记人和动物的界线，继续做一回"社会人"。这正是儒家强调做管理以"做人"为基础的真谛所在。

孟子对齐宣王不断"退行"的回应和阻止，实际上深刻揭示了三个层次上的"做人"内涵。第一个层次便是做"职业人"，尤其是当专业化分工日益深化之后，每个人都必然有一个具体的职业选择，以"职业人"立足于社会，并对所在的组织、职业和社会做出贡献；同时，所谓自我实现，也更多体现为一种职业化的价值实现，严格来说，跨职业的比较是没有意义的，每个人只能在特定职业上成功。做"职业人"，是非常直观且直接的"做人"要求。管理者当然必须要恪守职业规范，做好"职业人"。管理者"好勇"，就必须"好职业之勇"。

第二个层次的"做人"内涵就是做"组织人"。当一个人选择了特定的组织之后，首先就意味着要认同这个组织的共享价值观念和共同利益基础。在组织中，人们当然可以"好货"，但只有好"组织公货"或共同利益，才能让自我利益得到更好的保障，否则又何必要加入一个组织。做"组织人"，当然也需要有角色意识和角色规范，而这种角色意识和角色规范的核心则在于对组织的共享价值和共同利益的追求。

第三个层次的"做人"内涵便是做更一般意义上的"社会人",这也是某个特定社会文化传统下对"做人"的最基本要求,或者说,用社会规范和"社会人",将人与动物区别开来。这是儒家"做人"的底线要求,也是一般意义上讲到的"做人"内涵。

上述三个层次上的"做人"合在一起,就是孟子意义上完整的"做人"内涵,也是让齐宣王无所"退行"的思维屏障。齐宣王想用"好勇"摆脱做"职业人"的责任,又想用"好货"回避做"组织人"的义务,甚至还想用"好色"放弃做"社会人"的权利,这难道不正是想要一步步退回到动物中去的思维方式吗?

如果理解了孟子提出的这种广义的"做人"内涵,并洞悉了"退行式思维"的本质特征,那么,当某位管理者出了问题,再用"他毕竟也是人"来开脱,还能说得通吗?若果真"他毕竟也是人",那就必须明白做"社会人""组织人""职业人"的意义所在和基本规范要求,而不能一路"退行"到动物中去;除非用"他毕竟也是动物"来开脱,则另当别论了。

1.13 孟子谓齐宣王曰:"王之臣有托其妻子于其友而之楚游者。比①其反②也,则冻馁其妻子。则如之何?"王曰:"弃③之。"曰:"士师④不能治士⑤,则如之何?"王曰:"已⑥之。"曰:"四境之内不治,则如之何?"王顾左右而言他。

【字词注释】

① 比:这里是及、等到的意思。
② 反:通"返",返回的意思。
③ 弃:这里是绝交的意思。
④ 士师:狱官。
⑤ 士:这里指狱官的下属,如乡士、遂士等。
⑥ 已:这里是撤职、停职的意思。

【今文意译】

孟子对齐宣王说:"假如您有一位大臣,将妻子儿女托付给朋友照看,自己到楚国去了。回来后发现,妻子儿女都在受冻挨饿。怎么办?"

齐宣王说:"绝交。"

孟子又问:"狱官管理不好下属,怎么办?"

齐宣王说:"撤职。"

孟子再问:"诸侯国管理得不好,怎么办?"

齐宣王左顾右盼,转移话题。

【管理解析】

前几章遵循的是儒家一贯主张的由内而外、由己及人、由此及彼的管理思维方式,而本章则强调的是由人及己、由彼及此、由外而内的管理思维方式,这也是一种借助外在的人和事进行自我反思,从而认识自我、警示自我、防患于未然的思维方式。尤其是对于国君这样的组织最高管理者来说,处于高度集中的权力顶峰,平时总是在要求别人、指示别人、批评别人,很少有机会听到别人对自己的批评和建议,充耳所闻、满眼所见,都是来自下属和他人的赞美、热捧,这时就更需要有一颗清醒的头脑,学会运用逆向思维,反观、反推、反思自我,进而实现自我检视、自我完善、自我提升。当然,孟子在这里强调由人及己、由彼及此、由外而内的管理思维方式,并不是要代替外在的制衡、监督、问责体制设计,而只是要说明,即便有了外在的体制设计,也还是需要管理者(尤其是最高管理者)本人建立起做管理的自觉意识,并形成自我修养和自我管理的内在动机,这恰是外部体制设计能够发挥作用的重要前提,也是外部体制设计真正发挥作用的充分表征。

孟子在这里同齐宣王的对话,实际上包含着层层递进的三重含义。

第一,孟子先用一个典型的日常事例,让齐宣王对一般意义上的"做人"进行判断。当一个人将妻子儿女托付给朋友时,基于最基本的人际交往规范,信守承诺,不辱所托,应该是最起码的"做人"要求,因此,当孟子说"比其反也,则冻馁其妻子。则如之何"时,齐宣王本能的反应自然是"绝交",这种无法履行承诺的朋友当然不值得结交。

第二,更进一步,孟子又举了一个管理例子,让齐宣王对一般意义上的做管理进行判断。那些管理不好下属的狱官显然不称职,根本没有履行委托人所赋予的管理职责,对此,作为委托人的齐宣王,当然很清楚,因此也脱口而出"撤职"。看来对于别人在"做人"和做管理上的表现,齐宣王还是能够给出恰当的判断。

第三,在这种情况下,孟子不失时机地提出"四境之内不治,则如之何"的问题,也就是说,诸侯国管理得不好,显然首要责任人是国君。齐宣王当然能意识到这一点,这才"顾左右而言他"。

作为大国国君,齐宣王整日听到的,恐怕都是对他的颂扬之辞,只有他批评、教训他人的份,哪有别人指责他的可能?当孟子用由人及己的推理方式提醒他的时候，也许能使齐宣王认识到做管理所应有的正反双向思维，既要善于由己及人，将心比心，又要善于借人思己，警示借鉴。这种双向互动的反思式思维方式，对管理者来说，非常重要，但遗憾的是，作为诸侯国的最高管理者和委托人的典型代表，齐宣王在这两方面思维上都比较欠缺，既不能将己心比人心，推己及人，又不能以人为鉴，认识自我。

1.14 孟子见齐宣王，曰："所谓故国者，非谓有乔木之谓也，有世臣之谓也。王无亲臣矣，昔者所进，今日不知其亡①也。"王曰："吾何以识其不才而舍②之？"曰："国君进贤，如不得已，将使卑逾尊，疏逾戚，可不慎与？左右皆曰贤，未可也。诸大夫皆曰贤，未可也。国人皆曰贤，然后察之；见贤焉，然后用之。左右皆曰不可，勿听。诸大夫皆曰不可，勿听。国人皆曰不可，然后察之；见不可焉，然后去之。左右皆曰可杀，勿听。诸大夫皆曰可杀，勿听。国人皆曰可杀，然后察之；见可杀焉，然后杀之。故曰国人杀之也。如此，然后可以为民父母。"

【字词注释】

① 亡：这里是失去、离开的意思。　止的意思。
② 舍：同"捨"，舍弃、放弃、停

【今文意译】

孟子见齐宣王时说："所谓历史悠久的诸侯国，并不是说那个诸侯国有古老的树木，而是说它有一种传承着共享愿景和价值观的管理团队。您已经没有这样的管理团队了，过去选用的管理者，现在都不知道到哪里去了吧。"

齐宣王说："我怎么才能发现管理者的才能不足而不用呢？"

孟子说："国君要选拔德才兼备的人，就不可避免地要打破常规，破格提拔重用，这时能不谨慎小心吗？如果您身边的人都说某人德才兼备，还不行；哪怕管理者们都说某人德才兼备，也不行；即便民众都说某人德才兼备，也还要认真考察；考察后确实德才兼备，再任用。如果您身边的人都说某人不行，不要轻信；哪怕管理者们都说某人不行，也不要轻信；即便民众都说不行，也还要认真考察；考察后确实不行，再罢免。如果您身边的人都说某人该杀，不要轻信；哪怕管理者们都说某人该杀，也不要轻信；即便民众都说某人该杀，也还要认真考察；考察后确实该杀，再予以惩处。这样，就相当于是民众惩处了这个人。如此一来，您才能像父母总是从子女角度出发考虑问题一样，做一名真正从民众角度出发考虑问题的诸侯国国君。"

【管理解析】

本章关注的是，如何才能让一个组织基业长青。这里讲的"故国"，可以理解为一个能够基业长青的组织。组织的历史悠久，与"物"的年岁长远完全不同，组织是由人组成，而不完全是其所拥有的物化资源。组织作为人的共同体，之所以能够超越个体的生命周期，成为"故国"，关键在于培养和凝聚"组织人"，并一代代传承下去。之所以能做到这一点，又取决于管理团队，这就是《中庸》说"为政在人"⊖的道理。管理团队的共同信念、共享愿景和价值观是"组织人"得以培养和凝聚，并代代相传的前提。可以说，没有组织的管理团队及其精神传统的形成和发展，也就不可能有"组织人"的培养和传承，更不可能有基业长青的组织或"故国"。

当孟子说"所谓故国者，非谓有乔木之谓也，有世臣之谓也"时，这里的"世臣"，指的就是一种有着共同信念、共享愿景和价值观的世代相传的管理团队。这种具有自己独特的精神传统的管理团队，在当时的历史条件下，往往以"家族"或"师承"的方式传承，故有"世家""道统"或"学派"的说法；但是，若从深层次上来看，将这种管理团队凝聚起来的，恰是管理者共享的信念、愿景、价值观及其传承，而"血缘"或"学派"只不过是一种载体罢了。这正是为什么孔子强调"志于道""有教无类"⊜的原因。秉承孔子的思想，孟子继续说道："王无亲臣矣，昔者所进，今日不知其亡也。"孟子这里用"亲臣"，既不是指有血缘关系的大臣，也不是指亲密或亲近的大臣，而是指那些真正与国君志同道合、休戚相关的大臣，也即上句所说的"世臣"。如果国君根本就没有从信念、愿景和价值观或"道"的角度去选拔任用管理者，而只是因一时之需，为解决某个具体的眼前问题而选拔任用管理者，当然就会出现"昔者所进，今日不知其亡也"的局面。若在同一代人中都难以形成志同道合的稳定管理团队，又奢谈管理精神传统的代际传承，这样的诸侯国又何以成为"故国"？在当时，岂止齐国和齐宣王如此，那些信奉"霸道"的诸侯国和国君，无不只从当下争霸的要求去考虑问题，又有谁认真思考基业长青的

⊖ 张钢，《大学·中庸的管理释义》，机械工业出版社，2017年版，PP134-142.
⊜ 张钢，《论语的管理精义》，机械工业出版社，2015年版，PP178-179，PP466-467.

"故国"建设问题呢？

齐宣王显然没弄明白"王无亲臣矣，昔者所进，今日不知其亡也"这句话的真正含义，还以为孟子在说他当年没有眼光，选拔任用的管理者都没有才能或才干，到后来都做不下去、离职了，因此便问"吾何以识其不才而舍之"，意思是说，既然我过去"识才"水平不够，误用了一些才能或才干不够的人，那么，您能否给我些建议，以便能预先识别出那些才能或才干不够的人而不用呢？

孟子也知道齐宣王误解了他的话，但并没有直接点明，而是通过巧妙地转换齐宣王的问题，将话题重新拉回到关于有精神追求的管理团队和"故国"建设上来。在孟子看来，国君要选拔任用德才兼备的人，就必须打破"尊卑""亲疏"，采取不拘一格、开放包容的态度和做法；而且，要建设有精神追求的管理团队，又不能仅是从才能或才干出发考虑问题，还必须关注"德"的要求。这就是为什么齐宣王的问题是"识其不才而舍之"，而孟子则巧妙地用"贤"替换了"才"，从而把齐宣王的问题转换成了"国君进贤"。这里的"贤"便超越了单纯的"才"，突出的是"德才兼备"。其实，正是儒家所强调的"德"及其与以"仁义"为核心的社会规范的结合，才从根本上保证了建设有着精神追求的管理团队的可能性。

孟子将齐宣王的问题转换成"进贤"之后，进一步明确指出，要"进贤"，就不可避免地要"使卑逾尊，疏逾戚"，即打破传统的"尊卑""亲疏"，破格"进贤"。问题是，如何才能做到这一点呢？孟子从三个层次、三个方面展开了论述。

国君要选人用人，首先要获取及时、全面、准确的信息，以便对那些将要被选择或任用的管理者进行恰当判断。一般来说，国君可以从三个层次上获取有关当事人的信息。第一个层次是身边的小圈子，即"左右"，而这里的"左右"，既可以视为国君身边的近臣，也可以看作是将要被选择的人身边关系密切的人，这两种意义上的"左右"，往往是国君选人用人的最初动议或信息来源。如果仅是依靠这两个信息来源，对于国君选人用人来说，局限性非常明显。第二个层次便是管理者共同体，即"诸大夫"，虽然管理者共同体的范围要比身边人广得多，但是，国君仅依靠这个信息来源，视野仍不免狭窄，至少这个信息来源无法完全体现"民意"。第三个层次则是民众，即"国人"，这是一个范围更为广大的共同体，而且还是管理者的服务对象，由此得到的关于当事人的信息，显然更为全面，但即便如此，也还要"然后察之"，确保信息准确无误才行。在这三个层次有关选人用人的信息来源上，孟子更强调民众这个层次的基础作用，正是基于"民意"的选人用人机制，才能从根本上保证那些被选择出来的管理者，拥有一种共享的信念、愿景和价值观，即"保民""亲民"，而不是将民众当成个人建功立业的工具和手段。这恰是儒家所信奉的"王道"与"霸道"的本质区别所在。

上述三个层次的信息来源，不仅限于"选贤"，还要用于"去不贤"，同时也要用在"惩处违法者"上。也就是说，"进贤"不仅意味着选拔任用管理者，还必然包括淘汰那些不合格的管理者，以及惩处那些滥用权力、损害共同利益的管理者。因此，只有在选人用人或"进贤"上，同时兼顾"选贤""去不贤"以及"惩处违法者"这三方面内容，才能真正建立起一种以"保民"为宗旨，以"民意"为基础，既广纳贤才，又能上能下，且赏罚分明的管理体制，从而保证管理团队和整个组织的精神传统一脉相承。

在孟子看来，没有"世臣"，就没有"故国"；建"故国"，首先要有"世臣"，而要有"世臣"，则必须确立共享的信念、愿景和价值观及相应的管理体制，这其中最为关键之处，在于确立起组织管理的根本宗旨，那就是"保民"。组织的一切观念体系和管理体制的建设，都必须围绕"保民"展开，这也是儒家管理之道或"王道"的本质所在。正像本篇第 7 章中孟子对齐宣王所说的"保民而王，莫之能御也"，本章最后孟子也说"如此，然后可以为民父母"，其含义同"保民而王"是一样的，只不过这里是用类比的表达方式，将管理者对被管理者的关系，类比于父母对子女的关系。为人父母，总是会从子女的角度出发考虑问题，时刻为子女着想，保护子女，让子女成家立业；而作为管理者，也必须从被管理者的角度出发考虑问题，时刻为被管理者着想，保护被管理者，让被管理者安居乐业。

1.15 齐宣王问曰："汤放桀①，武王伐纣②，有诸？"孟子对曰："于传有之。"曰："臣弑其君可乎？"曰："贼③仁者谓之贼，贼义者谓之残，残贼之人谓之一夫④。闻诛一夫纣矣，未闻弑君也。"

【字词注释】

① 桀：即夏桀，姓姒，名癸，谥号桀，夏朝末代君王，史上有名暴君。

② 纣：即商纣王，姓子，名受，谥号纣，商朝末代君王，也是史上有名暴君。

③ 贼：这里是动词，破坏、败坏、伤害的意思。

④ 一夫：指失掉民心、众叛亲离的君王，也称"独夫"。

【今文意译】

齐宣王问道："商汤将夏桀流放，周武王兴兵伐商纣，有这事吗？"

孟子回答说:"史书上有记载。"

齐宣王说:"作为大臣,犯上弑君,可以吗?"

孟子说:"破坏仁爱是祸害,破坏正义是残暴,那些既残暴又祸害的人,被称为独夫。只听说诛杀独夫商纣,没听说犯上弑君。"

【管理解析】

本章承接上章,进一步明确指出,儒家管理之道或"王道"的权力合法性基础在于"民意"。上章已清楚表明,管理者"贤"与"不贤",不是由上级或国君说了算,而取决于"民意"。在本篇第 10 章中,孟子曾引用《尚书》上的话"天降下民,作之君,作之师。惟曰其助上帝,宠之四方。有罪无罪,惟我在。天下曷敢有越厥志",来阐明最高管理者或君王的职责是"保民安天下"。如果一个最高管理者或君王无法履行这个职责,反而成为残害民众、让天下大乱的根源,那么,他自然就会失去权力的合法性,不再成为最高管理者或君王。这说明,在儒家管理的权力链条上,终极委托人看似是"上天",实则为"民心"和"民意",而君王也不过是民众的代理人罢了。如果君王无法顺应"民心"和"民意",更无从履行作为民众代理人的"保民"职责,那么,民众就有权利重新选择代理人。

正是建立在这种信念和价值观之上,孟子才会说"闻诛一夫纣矣,未闻弑君矣"。当夏桀和商纣破坏了以"仁义"为核心的社会规范及天下秩序,导致天下大乱,民不聊生,因而彻底丧失了"民心"和"民意"之后,他们便不再是民众的代理人,也自然就失去了本质上是代表"民心""民意"的"上天"授权。这样一来,夏桀和商汤、商纣和周武王之间的君臣关系实际上也就解体了。

根据儒家的推理逻辑,作为代理人的大臣与作为委托人的君王之间的关系,是建立在国君符合民众这个终极委托人的意愿,并得到本质上是代表"民心""民意"的"上天"授权基础上的。换句话说,君王只有从代表"民心""民意"的"上天"那里得到授权,才有可能再将权力转授或委托给大臣。一旦君王失掉"民心""民意",也就不再成其为君王,手中也不再有来自"上天"的授权,那么,君臣之间的委托与代理关系便随之解体。当君王已不再是君王,也"无权"可授予大臣时,大臣便获得了自由,并有机会从代表"民心""民意"的"上天"那里直接获得授权,以铲除那个不能"保民"反而害民的"独夫"。这便是历史上曾出现的商汤放逐夏桀、武王伐纣的情况。这种情况与当时流行的靠武力征服的"霸道"有本质区别。

首先是目的不同。"霸道"是为扩大地盘、掠夺资源而进行武力征服,将民众变成纯粹的利用和抢夺对象，一旦没有价值，便会大肆残酷屠杀，这在战国时期诸侯国之间的征战中屡见不鲜，而儒家管理之道或"王道"则不迷信武力征服，即便需要运用武力时，也强调用武力是为了"保民"而非"屠民"。武力运用的目的不同，其运用方式及相应的后果也就完全不同。

其次是方式不同。"霸道"不相信以"仁义"为核心的社会规范会起什么作用，因此，即便已占领城池，也不会遵从"仁义"去建立相应的管理体制和政策措施，实施"仁政"，基本上奉行的都是残酷镇压、威慑和掠夺为主导的管理政策，而"王道"则是要用社会规范调整人与人之间的关系，建立和谐可持续发展的组织和社会，武力只不过是服务于这种社会规范和管理措施得以建立的手段及其保障机制而已。在《论语》第十二篇第7章中，孔子论及诸侯国管理时，既没有否定武力的作用，也没有将之放在首当其冲的位置上，而是提出了"民信""足食""足兵"的优先序㊀，其中第一位的是"民信"，而一旦失去了"民信"，也就意味着失去了"民心""民意"，在这种情况下，再来谈论"足食""足兵"，还有什么意义？这正像《尚书》上所说的"天降下民，作之君，作之师"，其中"君"和"师"都是为"民"服务的，没有了"民"，"君""师"还有存在的意义吗？

因此，当"君"和"师"不是在维护"仁义""保民"，反倒在破坏"仁义""害民"时，这样的"君"及其"师"自然也就成为了"独夫""民贼"，人人可以得而诛之。这恰是孟子用"贼仁者谓之贼，贼义者谓之残，残贼之人谓之一夫"所要表达的意思。这时的"君"实际上已经不再是"君"，同一般的强盗和杀人越货之徒并无什么分别，对之进行惩罚乃至诛杀，也就没有什么不对了。

当孟子最后说，"闻诛一夫纣矣，未闻弑君也"，实际上就是用"诛"与"弑"的对比，表明作为"独夫""民贼"的商纣、夏桀，已经不能再称其为"君"了，而只不过是十恶不赦的罪犯而已。

1.16 孟子见齐宣王，曰："为巨室，则必使工师①求大木。工师得大木则王喜，以为能胜其任也。匠人斲②而小之，则王怒，以为不胜其任矣。夫人幼而学之，壮而欲行之，王曰'姑舍女所学而从我'，则何如？今有璞③玉于此，虽万镒④，必使玉人雕琢之。至于治国家，则曰'姑舍女所学而从我'，则何以异于教玉人雕琢玉哉？"

㊀ 张钢，《论语的管理精义》，机械工业出版社，2015年版，PP324-326.

【字词注释】

① 工师：官名，负责管理各类工匠。
② 斫：是动词，削、砍的意思。
③ 璞：没有经过雕琢加工的玉石。
④ 镒：古代黄金的重量单位，一镒等于二十两。

【今文意译】

孟子见齐宣王时说："您要盖大房子，就必须让管理工匠的人去找大木料。管理者找来了大木料，您很高兴，认为他有岗位胜任力。当木匠把大木料砍小了，您又生气，认为他没有岗位胜任力。人们从小就开始学习各类专业知识，到后来在工作中想运用所学时，您却说'暂且放弃你所学的东西，听我的就行'，这样可以吗？假设这里有一块尚未雕琢的玉石，虽然非常贵重，但也必须让那些专业玉匠进行雕琢后才会有价值。可是谈到做管理，您却说'暂且放弃你所学的东西，听我的就行'，这和告诉那些专业玉匠应该怎么雕琢玉石，又有什么区别呢？"

【管理解析】

上章阐明了国君、大臣和民众之间的关系，在这三者关系之中，民众是真正的终极委托人，国君不过是"民心""民意"的代表，本质上也是代理人，而大臣则是接受国君的委托或授权，作为国君的代理人，直接为民众服务的专业人员。从这三者的关系来看，作为职业管理者的大臣，既是国君的代理人，同时又是直接服务于民众这个终极委托人的专业人员，因此，从表面形式上来看，职业管理者的权力来自国君，但从深层次的终极权力合法性来源上看，职业管理者的权力终究还是来自民众的认可和信任。从这个意义上说，职业管理者运用自己的专业知识和能力并非单纯服从国君的意志，而是要更好地服务于民众，并追求更广大的共同利益。当国君和民众出现根本冲突，甚至国君违背"民意"，倒行逆施的时候，职业管理者完全可以站在民众立场上，去声讨失去"民心""民意"支持的国君。

基于上章的主导逻辑，本章则进一步说明，职业管理者是具有专业知识和能力的代理人，其职责在于服务民众、创造价值，而不能一味地迎合国君这个委托人；同样，国君也不应该无视职业管理者的专业知识和能力，而只希望他们听自己的话，顺从自己的意志。

孟子在这里以建造房子为例，来阐明国君和大臣之间的关系。建房子当然需要专业知识和技能，但是，外行只看到木料的大小，并不理解不同木料的用途及其匹配，更不理解大房子并非一定是大木料堆积起来的，而必须将大木料砍削到适用之后，才能建起房子来。所以，根本不懂造房子的国君，一旦看到负责施工的管理者找来大木料时就高兴，认为他很称职，而等到他让木匠把大木料砍小了，又生气，认为他不负责任，破坏东西。这一喜一怒显然是外行的表现。

岂止是负责施工的管理者，不管是哪一个岗位上的管理者，都必须具备专门的知识和技能，也要经过长期的学习和积累。如果国君聘用了具有专业知识和能力的职业管理者，却又想让他们完全听自己的，不要使用他们的专业知识和能力，果真如此，还要聘用这些专业的管理者干什么呢？在孟子看来，这就好比没有专业知识的国君，却想告诉那些专业玉匠应该怎样来雕琢玉石一样可笑。

但问题是，虽然人们很容易认识到雕琢玉器是一件专业性很强的工作，必须由经过专业训练的玉匠来做，外行不能随意指手画脚；然而，人们却不容易理解，实际上管理各类组织同样也是一项专业性非常强的工作，也需要具备各种专业知识和能力的职业管理者来从事。国君固然是各类管理者的直接委托人，却未必具备各种专业化的管理知识和能力，也正因为国君的知识和能力有限，才需要将权力委托给具备各种专业知识和能力的管理者。比如要施工造房子，就必须聘用负责管理工程和各类工匠的管理者，而这些管理者便是具有工程管理领域专门知识和技能的人才。国君既然聘用了他们，就要信任他们，放手让他们运用自己的专业知识和技能将工程管理好，而不应该按自己的意志和好恶去干涉他们的专业性工作。严格来说，职位高并不必然意味着知识和能力强，作为委托人的国君，并不比作为代理人的各专门岗位上的管理者高明，而恰是因为委托人缺少专业知识和技能，才需要聘用具备各种专业知识和能力的代理人。

由此可见，儒家不仅深刻地指出"民心""民意"对国君权力的制约作用，而且，也进一步强调了职业管理者的专业知识和能力对国君的制衡力量，而扮演着民众的代理人和职业管理者的委托人双重身份的国君，必须清醒地认识到这一点，既要知道自己权力的终极来源，又要理解自己的知识和能力的局限性，这样才能既时刻保持对代表"民心""民意"的"上天"的敬畏，也时刻保持对自己知识和能力局限性的自知之明。这是建立诸侯国组织的正确观念体系和有效管理体制的重要基础。

1.17 齐人伐燕①，胜之。宣王问曰："或谓寡人勿取，或谓寡人取之。以万乘之国伐万乘之国，五旬而举②之，人力不至于此。不取必有天殃，取之何如？"孟子对曰："取之而燕民悦，则取之。古之人有行之者，武王是也。取之而燕民不悦，则勿取。古之人有行之者，文王是也。以万乘之国伐万乘之国，箪③食壶浆，以迎王师。岂有他哉？避水火也。如水益深，如火益热，亦运而已矣。"

【字词注释】

① 齐人伐燕：齐宣王五年，即公元前318年，燕国国君哙将国君之位让于宰相子之，引发内乱。燕国将军市被、太子平进攻子之，结果失败被杀。齐宣王趁燕国内乱攻打燕国，很快取得胜利。

② 举：这里是攻占、占领的意思。

③ 箪：这里指盛饭的圆形竹器。

【今文意译】

齐国攻打燕国，大获全胜。齐宣王问道："当时有人说不要攻取燕国，有人又说要攻取燕国。一个大诸侯国攻打另一个大诸侯国，五十天就拿了下来，这简直不是人力可为，而是天意如此。所以，当初要是违背天意，不去攻取燕国，恐怕会带来祸患。您看攻取燕国这件事做得怎么样？"

孟子回答说："如果攻取之后，燕国民众高兴，那就应该攻取。古代早有这样做的先例，那便是武王伐纣。如果攻取之后，燕国民众不高兴，那就不应该攻取。古代也有这样做的先例，那便是周文王虽然拥有三分之二的天下，但并没有伐纣。现在一个大诸侯国去攻打另一个大诸侯国，民众都用竹篮盛着食物，用水壶装着羹汤，来欢迎您的军队，难道还有其他原因吗？这不过说明燕国国君对民众压榨太重了，人们像逃避洪水烈火一样要摆脱他罢了。如果您攻取了燕国之后，却让民众置身于更加严酷的水深火热之中，那么，您的运气也就到头了。"

【管理解析】

本章借典型案例，进一步阐明，诸侯国管理者做决策的根本依据是"民心"和"民意"，也即民众信任，即便放到当时诸侯国间关系的处理上，道理也是一样的。

据史载，齐宣王五年，燕国客卿苏代和宰相子之合谋，劝说国君模仿古代"禅让制"的做法，将君位"禅让"给了宰相子之，但子之难负众望，太子和将军市被联手反抗，引发燕国内乱。在这样的背景下，作为燕国邻国的齐国，起兵攻打燕国。面对齐国军队，燕国的士兵不仅不抵抗，甚至连城门都不关，因而，齐国军队得以长驱直入，轻松取胜。齐宣王在孟子面前自鸣得意，似乎在暗示孟子，齐国能轻松征服邻国,靠得正是强大武力。因为在齐宣王看来,燕国士兵之所以不抵抗,就是因为害怕齐国的强大武力;即便是上天,也总是偏爱有实力的一方;既然上天已经给了有实力的齐国以机会和运气,若齐国不把握住,就可能会受到上天的惩罚。这也是他说"以万乘之国伐万乘之国,五旬而举之,人力不至于此。不取必有天殃"的潜台词。尤其是再考虑到燕国之所以发生内乱,恰是因为国君模仿古代"圣君",实施"禅让制",这不正好说明"实力"对儒家"王道""仁政"的优越性吗?而且,若齐国也遵循儒家的"王道""仁政",不去攻占燕国,那岂不是错失了上天给予的机会,必将要受到上天的惩罚吗?齐宣王自以为在这个典型案例面前,孟子将无言以对。

但是,孟子并没有顺着"天意""实力"逻辑去正面回答齐宣王的问题,而是将"天意"转换成"民心所向",即"民悦",这恰是孟子一贯主张的"天意即民意"的观点。在孟子看来,并不存在抽象的"上天"和"天意";"上天"一定要通过"民心"即民众信任体现出来,而"天意"也不过表现为"民意"罢了。从孟子的"天意即民意"的观点来看,齐国是否应该攻打燕国的决策,必须建立在"天意"更直接的表现形式——"民意"上;若齐国攻取燕国能让燕国民众满意,那就应该打,若不能让燕国民众满意,那就不应该打;无论应该打还是不应该打,古代都有先例可循,周文王之所以拥有天下三分之二的土地,仍不去伐纣,关键在于时机未到,也即此时商纣王还未完全失掉"民心""民意",而到了周武王时之所以要去伐纣,是因为商纣王已彻底失掉了"民心""民意"。依照这样的逻辑,便不难理解齐国为什么能轻松攻取燕国。燕国的国君和宰相子之都没有真正得到民众的认可,民众像"避水火"一样要逃避他们的盘剥压榨,因此,燕国民众不过是希望借齐国的力量来恢复燕国秩序,这便是"箪食壶浆,以迎王师"的原因。但是,若齐国自恃武力强大,在打下燕国之后,对民众的盘剥压榨更甚,导致"如水益深,如火益热",那么,齐国的所谓"好运"也就到头了。

孟子最后用"如水益深,如火益热,亦运而已矣"作结,意在警告齐宣王,一定要认识到"天意即民意",只有顺"民意",才能得"天意",若逆"民意",必然违"天意",不仅"好运"要终结,还会受到"上天"的严厉惩罚。但问题是,包括齐宣王在内的信奉"霸道"的各诸侯国国君,更相信武力就是"天意",谁拥有强大的武力,谁就顺应了"天意",也就可以采取征服行动,而所谓攻打的时机,完全是一个军事战术层面的考量,并非管理之道下的权衡,其结果必然是只关心力量对比,胜负概率推算,全然不去分析"民心"向背问题。孟子在这里正是针对当时流行的管理思维方式,有针对性地提出儒家管理之道下决策的根本依据是"民心""民意"。

1.18 齐人伐燕,取之。诸侯将谋救燕。宣王曰:"诸侯多谋伐寡人者,何以待之?"孟子对曰:"臣闻七十里为政于天下者,汤是也。未闻以千里畏人者也。《书》曰:'汤一征,自葛始。'①天下信之。东面而征,西夷怨。南面而征,北狄怨。曰:'奚为后我?'民望之,若大旱之望云霓也。归市者不止,耕者不变。诛其君而吊②其民,若时雨降,民大悦。《书》曰:'徯我后,后来其苏!'③今燕虐其民,王往而征之,民以为将拯己于水火之中也,箪食壶浆,以迎王师。若杀其父兄,系累④其子弟,毁其宗庙,迁其重器,如之何其可也?天下固畏齐之强也,今又倍地而不行仁政,是动天下之兵也。王速出令,反其旄倪⑤,止其重器,谋于燕众,置君而后去之,则犹可及止也。"

【字词注释】

① 这是《尚书·汤征》中的话,说的是商汤从邻近的小国葛开始征伐,最终统一天下。

② 吊:这里是慰问的意思。

③ 这是《尚书·促之诰》中的话。其中,"徯"是等待、等候的意思;"后"是君王、帝王的意思;"苏"是死而复生,苏醒的意思。这两句话的大意是:盼望着我们的君王来,他来了我们才能重获新生。

④ 系累:这里是捆绑、俘获的意思。

⑤ 旄倪:"旄"通"耄",指老年人;"倪"即幼儿、小孩。"旄倪"即"老小",老人和小孩。

【今文意译】

齐国攻打燕国,很快就占领了燕国。其他诸侯国准备联合起来救燕国。齐宣王说:"其他诸侯国正谋划着要攻打我,应该如何应对呢?"

孟子回答说:"我听说一个方圆七十里的小诸侯国就能统一天下,那就是商汤;还没有听说一个方圆千里的大诸侯国会害怕其他诸侯国的。《尚书》上说:'商汤从葛国开始了征伐之路。'天下人都信任商汤,因而,当商汤向东征伐,西面的人抱怨;向南征伐,北面的人抱怨;都说:'为什么不从我们这里先开始呢?'民众盼望商汤,就像大旱之中盼望云霞雨露一样。商汤的征伐并不影响人们的工作和生活,做买卖的照做不误,种田的仍在耕作;商汤诛杀的是残暴的君王,对受虐待的民众则进行安抚,就像及时雨一样,让民众无不欢欣鼓舞。《尚书》上说:'盼望着我们的君王来,他来了我们才能重获新生。'如今的燕国也在虐待民众,您率军前往征伐,民众认为您能把他们从水深火热之中拯救出来,所以,民众才用竹篮盛着食物,用水壶装着羹汤,来迎接您的军队。然而,您却杀了他们的父兄,拘押了他们的子弟,毁掉了他们的宗庙,拿走了他们的国宝,这怎么能行呢?天下各诸侯国本来就担心齐国强大,现在齐国吞并燕国后,土地增加了一倍,还不实行仁政,其他诸侯国当然会群起而攻。您应该马上颁布命令,送回拘押的燕国老小,停止搬运燕国的国宝,并和燕国人商量,重立新君,然后就撤军,这样还来得及阻止其他诸侯国兴兵问罪。"

【管理解析】

本章承接上章,继续用齐国占领燕国的案例,阐明"王道"与"霸道"虽然都会使用武力征伐手段,但两者使用武力征伐的目的和具体做法,却有着本质区别。

虽然齐国在进攻燕国时很顺利,不仅燕国守军没有真正抵抗,燕国民众还"箪食壶浆,以迎王师",但是,齐国在占领燕国之后,却并没有致力于安抚民众、恢复秩序,即"保民",而是"杀其父兄,系累其子弟,毁其宗庙,迁其重器",这无异于让燕国民众陷入前所未有的"水深火热"之中,即上章所说的"如水益深,如火益热"。这种局面一出现,齐国的"好运"便到头了。事态的发展恰如孟子所料,其他诸侯国谋划着要联合救燕、兴兵伐齐。

当齐宣王对孟子说"诸侯多谋伐寡人者,何以待之"时,已充分说明,齐宣王之"好勇",不过是好"恃强凌弱"而已,一旦面对更强大的对手,便不再言"勇",甚至六神无主。因此,孟子先不讲该怎么办,而是有针对性地举了历史上商汤统一天下的例子。

当年商汤之国方圆仅有七十里,却能统一天下,这并不完全是靠武力征服,其背后更深层次的力量来自于"仁义",这也正是本篇第5章所讲的"仁者无敌"。商汤征伐的目的是"保民",这才会有"诛其君而吊其民,归市者不止,耕者不变"的情况出现。在这种情况下,也才会有"天下信之"的结果。也正因为商汤行"王道"、施"仁政",取信于天下,他才能做到"七十里为政于天下"。

如今齐国有方圆千里之地,且占领燕国后土地又增加了一倍,却在面对其他诸侯国兴师问罪时,仍害怕得不知所措,这又是为什么呢?根本原因在于齐国军队占领燕国之后的所作所为,既杀戮燕国的父老兄弟,又拘押其子弟,还破坏其宗庙,甚至掠夺其国宝,陷燕国民众于更加悲惨的境地,这不仅会引发燕国民众群起反抗,也给其他诸侯国兴师问罪以口实。在内外交困之下,齐国必败无疑,不仅保不住所侵占的燕国土地，说不定还会殃及自身国土安全。

基于儒家"王道""仁政"的管理逻辑，孟子并没有从军事策略的角度给齐宣王任何用兵御敌的建议，这就像当年卫灵公向孔子咨询用兵的问题，孔子不回答一样[1]。试想，若孟子在军事上给齐宣王出谋划策，那岂不是在帮助他行"霸道"吗？那样做无异于助纣为虐。因此，孟子建议齐宣王"反其旄倪，止其重器，谋于燕众，置君而后去之"。齐国只有这样做，才能充分表明，出兵燕国，不是出于征服和掠夺的目的，而是为了帮助燕国恢复秩序、实现"保民"；而一旦完成了使命，帮助燕国建立起了新的秩序，齐国当然要撤军。这样一来，其他诸侯国所谓"将谋救燕"便失去了意义，师出无名，何以兴兵？齐国的危机也就自动解除了。

其实，孟子在这里针对齐国面临的危机所给出的解决对策，与本篇第10章中提出的"交邻国之道"是一致的，都在于坚守儒家所信奉的以"仁义"为核心的价值观和行为规范。基于此，管理者处理组织内的事务和处理组织间关系，都必须做到"取信于民"。这清楚地表明了儒家管理之道的基本立足点，即权力合法性的终极来源在于"民心""民意"。在表面上看，似乎儒家管理的权力合法性的终极来源是"上天""天意"，但实际上则是民众，是"民心""民意"，而"民心""民意"的集中体现便是信任。在《论语》第十二篇第7章中，孔子主要讲的是诸侯国内部的"民信之"的首要性[2]，而到了战国时期，天下纷争，"霸道"横行，因此，孟子在诸侯国内"民信之"的基础上，进一步突出了"天下信之"的重要性。在孟子所处的战国时期，诸侯国在处理国与国关系时，使用武力可能不可避免，但问题是如何区分正义的战争和非正义的战争，这关键不在于战争的胜负，尤其不在于一两次战争或短期战争的结果，而在于战争中对待民众的一以贯之的态度和行为，以及由此所传递出来的信号，即发动战争到底是要谋取一国之利、一家之利，还是要为天下民众谋求最广大的共同利益或"至善"？这才是区分正义和非正义战争的根本标准。就像《尚书》上记载，"汤一征，自葛始"，关键是"天下信之"，因为商汤的征伐让"归市者不止，耕者不变。诛其君而吊其民，若时雨降，民大悦"。这表明，商汤在战争中传递出来的信号，让民众相信，他进行征伐是为天下民众谋利益，是要追求最广大的共同利益。

因此，正义的战争就在于让人们相信，虽然在战争中有眼前的损失，但最终是为了让民众得到更大的共同利益，建立起更加公平合理地分配机会、资源和收益，并创造更大价值的组织和社会。从这个意义上说，公平合理地分配并不是指在某一个横截面上的分配让每个人都感到公平合理，而是能够让人们建立起合理的预期，

---

[1] 张钢，《论语的管理精义》，机械工业出版社，2015年版，PP433-434.
[2] 张钢，《论语的管理精义》，机械工业出版社，2015年版，PP324-326.

相信组织管理总是努力寻求并建立一种面向未来的动态公平合理的标准，而这种面向未来的动态的公平合理的标准，要能发挥引领人们的合理预期的作用，甚至能够让人们愿意忍受眼前的损失乃至牺牲，关键就在于信任的建立，也即"民信"和"天下信之"。一旦有了这种信任，人们对管理者、对组织乃至对战争的良好预期就建立了起来。有了预期、有了信心，才会有凝聚力，才会有团结，当然，也才会有竞争力和战斗力。要让人们能够建立这种信任和预期，管理者及其管理行为和组织行为便不可不慎，因为管理者的言行以及组织的行动，无不在传递着信号，这些信号的一致性，是赢得民众信任的前提和基础。虽然对于个体而言，能够搜集、加工、处理的信号总是有局限性的，但对于广大民众来说，却有可能对各种不同来源和不同性质的信号进行相互印证、参照、核对、比较，以此便更容易判断管理者及组织的内在价值观和行为规范的一致性，进而决定是否对之建立起信任。从直观上看，正是"民信"表明了管理权力的合法性，也从根本上标志着战争的正义性质。

儒家所信奉的管理之道是建立在"民心""民意"及其最终表现"民信"基础上的，并以此确立起处理组织内事务和组织间关系的基本准则。孟子的重要贡献之一，便是将这个基本准则由组织内部事务的管理，推广到组织间关系的处理上。

1.19 邹①与鲁哄②。穆公③问曰："吾有司④死者三十三人，而民莫之死也。诛之则不可胜诛，不诛则疾⑤视其长上之死而不救。如之何则可也？"孟子对曰："凶年饥岁，君之民老弱转乎沟壑，壮者散而之四方者，几⑥千人矣；而君之仓廪实、府库充，有司莫以告，是上慢⑦而残下也。曾子⑧曰：'戒之，戒之！出乎尔者，反乎尔者也。'夫民今而后得反之也，君无尤⑨焉！君行仁政，斯民亲其上、死其长矣。"

【字词注释】

① 邹：指邹国，与鲁国相邻，曾是鲁国的附庸国。

② 哄：本义表示许多人同时发出声音，这里引申为纠纷、冲突。

③ 穆公：邹国国君。

④ 有司：这里指执行具体职能的管理者。

⑤ 疾：这里是动词，痛恨、憎恶的意思。

⑥ 几：这里是副词，几乎、差不多的意思。

⑦ 慢：这里是怠慢、懈怠的意思。

⑧ 曾子：即曾参，孔子的学生。

⑨ 尤：这里是动词，埋怨、责怪的意思。

【今文意译】

邹国和鲁国发生了边境冲突。邹穆公问道:"我们的管理者在这场冲突中死了三十三人,民众却没有一个人为保护诸侯国利益而牺牲。若要惩罚这些民众吧,人数太多,惩罚不过来;若不惩罚他们吧,又痛恨他们眼睁睁看着管理者死去而不相救。对这些人,该怎么办才好呢?"

孟子回答说:"在闹饥荒的年份,您的那些老弱病残的民众,饿死后被移尸山沟,那些青壮年民众,则四处逃荒,算起来总数差不多有上千人吧,而您的粮仓却装满粮食、库房堆满财宝,管理者们没有人向您报告真实情况,这既是作为管理者的失职惰怠,也是对民众的漠视残害啊。曾子说过:'务必小心!务必小心!你怎么对待别人,别人也会怎么对待你。'民众现如今不过是按照原来管理者对待他们的方式,来对待那些管理者罢了。您还是不要责怪民众吧!如果您能施仁政,那么,民众自然就会保护他们的管理者,甚至为他们的管理者去牺牲了。"

【管理解析】

本章再次用典型事例说明,做管理贵在用功于平常,若不能在组织的日常运行中恪守管理之道,尽到管理职责,处理好与被管理者的关系,而期望在关键时刻让被管理者为组织和管理者做出奉献乃至牺牲,那是不可能的。

在邹国与鲁国的边境冲突中,邹国的管理者付出了牺牲三十三人的代价,而邹国民众却毫发无损。对此,邹国国君很是不解,也有些愤愤不平,竟然向孟子抱怨说:"诛之则不可胜诛,不诛则疾视其长上之死而不救。如之何则可也?"孟子一针见血地指出,这不过是平时邹国自上而下所奉行的管理观念和采取的管理做法的必然结果而已。

当荒年到来时,邹国民众老弱病残冻饿而死、青壮年四处逃荒,面对这种情况,邹国管理者既不向国君报告,也不采取措施解决问题。这些管理者不仅没有尽到管理职责,简直是在漠视残害民众。如果管理者在平日里是这样对待民众,那又怎么能期望民众在关键时刻为管理者和组织做出奉献乃至牺牲呢?

为了说明这一点,孟子在这里专门引用了曾子的话"出乎尔者,反乎尔者也",意思是,你怎样对待别人,到头来别人也会怎样对待你。这就像《大学》所说的"言悖而出,亦悖而入,货悖而入,亦悖而出"⊖一样。虽然《大学》说的仅是"言"和"货",但在管理者对待"他人"的方式上,道理也一样。其实管理者对待"他

⊖ 张钢,《大学·中庸的管理释义》,机械工业出版社,2017年版,PP54-57。

人"和"他物",无不遵循着"作用力等于反作用力"的基本原理。将心比心、推己及人,即"忠恕",恰是儒家做管理的基本要求。

正是基于这样的管理逻辑,孟子才说:"夫民今而后得反之也,君无尤焉!"意思是,今天民众的做法,不过是将管理者以往对待他们的做法,回馈给了管理者而已,实在无须责怪民众,要责怪也只能责怪那些管理者,而根子却在国君本人。如果诸侯国行"王道"、施"仁政",又岂会重用那些管理者以至于出现如今这种局面?因此,孟子最后说:"君行仁政,斯民亲其上、死其长矣。"隐含的意思是,之所以会出现这种局面,关键原因还在诸侯国国君身上,因为只有最高管理者才能决定组织的信念、愿景和价值观的选择,也才能决定管理体制和机制的设计,最终决定选择什么样的管理者,并用什么样的方式培养、激励、晋升管理者。如今邹国出现这种管理者群体与民众相背离,人心涣散,民众不愿意为诸侯国和管理者做出奉献和牺牲的局面,完全是一种历史的累积效应,根源还在于诸侯国管理观念的选择、体制机制的设计以及管理团队的培养。在当时的历史条件下,这些工作只能由国君来统筹规划,这也是为什么在第一篇中,孟子要试图努力劝说诸侯国国君行"王道"、施"仁政"的原因。

1.20 滕文公^①问曰:"滕,小国也,间于齐、楚。事齐乎?事楚乎?"
孟子对曰:"是谋非吾所能及也。无已,则有一焉:凿斯池^②也,筑斯城也,与民守之。效^③死而民弗去,则是可为也。"

【字词注释】

① 滕文公:滕国国君,当时称元公。
② 池:这里指护城河。
③ 效:这里是贡献、奉献的意思。

【今文意译】

滕文公问道:"滕国是一个小诸侯国,处在齐、楚两个大诸侯国之间。到底是追随齐国呢?还是追随楚国呢?"

孟子回答说:"这个问题非我所长。实在不行,倒是有一个办法,那就是将护城河挖深,把城墙筑坚固,和民众一起守卫国家。如果民众都宁死不愿离开滕国,也就有办法了。"

【管理解析】

本章承接上章，继续阐明做管理贵在用功于平常的道理。儒家管理之道的精髓恰在于将管理过程视为"组织人"的教育和培养过程。在这个过程中，看似路径迂回，然而，一旦培养起代代相传的"组织人"，组织的凝聚力和竞争力便水到渠成。

作为一个小诸侯国的滕国，夹在齐、楚这两个奉行"霸道"的大诸侯国之间，日子的确不好过，也难怪滕国国君会纠结于"事齐乎""事楚乎"这样的两难选择。对于滕国国君所面临的难题，孟子说"是谋非吾所能及也。无已，则有一焉"，意思是，在当下要做出选择确实不容易，倒不如转换一下问题，将如何在齐、楚两国之间做出选择的问题，转变为如何提升自我能力的问题。也就是说，作为一个独立的诸侯国，依靠别人的怜悯和保护总不是长久之计，只有自我发奋图强才是正途，这不仅意味着自我防卫能力的提升，更是要将民心凝聚起来，使民众真正愿意奉献于组织。对于提升自我防卫能力，孟子的建议是"凿斯池也，筑斯城也，与民守之"，但再坚固的城池最终还是要靠人来守，如何才能做到"与民守之"，也许背后还在于行"王道"、施"仁政"，以此才能凝聚人心，将诸侯国组织真正变成共同利益的载体。若能做到这一点，即便滕国是一个小诸侯国，或许生存空间也会更加宽广。这实际上与本篇第 8 章中所讲的商汤的历史案例异曲同工。

纵观战国时期各诸侯国动荡衰微的历史，无一不是首先在诸侯国内部管理上出了问题，像前面两章提到的燕国，也是因为内乱，才招致齐国进攻，而各诸侯国在相互攻伐的时候，往往打着解救对方民众于水火之中的旗号。因此，若滕国能行"王道"、施"仁政"，让国内安居乐业，再提高自我防卫能力，即便如齐、楚这样强大的邻国，也难以找到借口来攻打滕国；即便哪个诸侯国要来攻打滕国，由于师出无名，只要滕国能先坚守住，再吁请其他诸侯国帮助解围也会更容易一些。

不管怎样，滕国要在虎视眈眈的列强中间求生存，唯一可行的途径还是从内部管理入手，包括提高防卫能力、夯实经济基础，更重要的则是凝聚"民心"、顺应"民意"、赢得"民信"。其实，《论语》第十二篇第 7 章中提到的"民信""足食""足兵"的诸侯国管理优先序㊀，无论是对于大诸侯国还是小诸侯国，同样有效；而且，要想处理好诸侯国之间的关系，前提也是把握住这三个内部管理的基本要素，先解决好诸侯国内部的问题。这也许是孟子最后说"则是可为也"的深意所在。

㊀ 张钢，《论语的管理精义》，机械工业出版社，2015 年版，PP324-326.

1.21 滕文公问曰:"齐人将筑薛①,吾甚恐。如之何则可?"孟子对曰:"昔者大王②居邠③,狄④人侵之。去之岐山之下居焉。非择而取之,不得已也。苟为善,后世子孙必有王者矣。君子创业垂统,为可继也。若⑤夫成功,则天也。君如彼何哉?强⑥为善而已矣。"

【字词注释】

① 薛:薛国,后被齐国所灭。
② 大王:指周朝先王古公亶父。
③ 邠:同"豳",地名,在陕西省旬邑县西部。
④ 狄:指獯鬻,古代北方的少数民族。
⑤ 若:这里是连词,至于的意思。
⑥ 强:这里是竭力、尽力的意思。

【今文意译】

滕文公问道:"齐国将在薛地构筑城池,我很担心。该怎么应对呢?"

孟子回答说:"过去古公亶父率周部落居住在豳这个地方,由于北方少数民族时常来犯,只好迁到岐山脚下。这并非古公亶父的主动选择,而是不得已才这样做。假如能始终追求共同利益,那么,后世子孙中就一定会出现让天下信服的人。管理者不仅要开创事业,更要建立文化传统,这样才能一代代传承下去。至于最后能否成功,还要取决于其他很多外在影响因素。如今您能把齐国怎么样?唯有自己竭尽全力追求共同利益,这才是可行的选择。"

【管理解析】

本章承接上章,继续解说在复杂多变的诸侯国间关系处理上,小诸侯国应从内部管理做起,通过行"王道"、施"仁政",追求共同利益,来实现自我更新和发展。

做管理,首先要眼睛向内,明确自己的信念和终极目标追求,尤其是对于那些处于弱势的组织来说,更要以我为主,坚定地按照自己的选择,一以贯之地去践行。在孟子看来,强弱都是相对的,关键还是要有坚守,并执着坚持做下去,事物总是在持续发展中慢慢发生变化的。像周朝的祖先,原本也是一个弱小的部落,当北方少数民族入侵时,也无力抵抗,只能从原住地豳迁到岐山脚下,但是,古公亶父并没有因此而改变对共同利益的执着追求,在一代代持续努力下,看似势力弱小的周部落,却日益发展壮大起来。一个组织得以强大的路径并不在于武力征服,而在于信念、终极目标和价值观引导下一代代"组织人"的培养。只有能培养起一代代"组织人",才能真正让一项事业和一种观念得以传承下去,最终赢得更大范围人们的认可,并形成更大的影响力。这便是"苟为善,后世子孙必有王者矣"这句话所要表达的意思。

从周部落早期发展的典型案例,不难看出,组织的成功并不只在于眼前所谓大小、强弱,而关键要看组织信念和价值观的可持续传承。当时那些奉行"霸道"的诸侯国看似能借武力征服迅速扩大规模、提高国力,像前面讲到的齐国,在吞并燕国之后,国土面积马上增加了一倍,财富也聚敛了不少,但是,当各诸侯国联合起来救燕国时,齐国又立刻面临着丧地失国的危险。即便是后来用武力征服统一天下的秦国,也难免二世而亡,都没有达到孟子所说的"创业垂统,为可继也"的要求。

无论是上章关于滕文公"事齐""事楚"的困惑,还是本章关于滕文公应对齐国"筑薛"的危机,孟子给出的建议本质上是一样的,都在于突出做管理首先要从自我的信念、愿景和价值观选择入手,既不要过分向外求,更不能迷失于外在的纷纷扰扰之中。向外求不仅难以解决眼前的困境,更无法为未来发展奠定基础。特别是对于像滕国这样身处信奉"霸道"的大诸侯国之间的小诸侯国来说,要追随那些大诸侯国实行"霸道"不现实,而要想依靠那些原本就像虎狼般觊觎着你的土地的大诸侯国,更是不可能;唯有自我奋发图强,谋求自身可持续发展才是硬道理,而组织可持续发展的关键在人;要想培养出一代代"组织人",必须有坚定的组织信念、愿景和价值观追求;以此为基础,才有望在一代代发展中由弱变强。当年周部落由小变大、由弱变强的历史案例,正好充分说明了这一点。这也许是在战国时期那种恶劣的组织关系环境下,小诸侯国唯一可行的选择。

所以,孟子最后才说,"君如彼何哉?强为善而已矣"。这句话的意思是,你能把齐国怎么样?齐国在薛地筑城,你又能如何?滕国既然无法改变齐国的行为,那就全心全意做好自己的事吧。

1.22 滕文公问曰:"滕,小国也。竭力以事大国,则不得免^①焉。如之何则可?"孟子对曰:"昔者大王居邠,狄人侵之。事之以皮币^②,不得免焉;事之以犬马,不得免焉;事之以珠玉,不得免焉。乃属^③其耆^④老而告之曰:'狄人之所欲者,吾土地也。吾闻之也:君子不以其所以养人者害人。二三子何患乎无君,我将去之。'去邠,逾梁山,邑于岐山之下居焉。邠人曰:'仁人也,不可失也。'从之者如归市。或曰:'世守也,非身之所能为也,效死勿去。'君请择于斯二者。"

【字词注释】

① 免：这里是幸免、避免的意思。
② 币：这里指用作祭祀或礼物的缯帛，即丝织品。
③ 属：这里是聚集、召集的意思。
④ 耆：指老年人。

【今文意译】

滕文公问道："滕国是一个小诸侯国。虽然竭尽全力处理与大诸侯国的关系，但还是免不了受到侵害。该怎么应对呢？"

孟子回答说："过去古公亶父率周部落居住在豳这个地方，北方少数民族时常来入侵。古公亶父给他们皮毛和丝织品，但还是免不了受侵扰；给他们狗和马匹，也免不了受侵扰；给他们珠宝和玉石，仍免不了受侵扰。于是古公亶父召集起父老们，告诉他们说：'这些北方少数民族想要的是我们的土地。我听人说：管理者不能用养育人的资源来祸害人。你们不用担心没有管理者，我要离开这里了。'古公亶父离开豳地，翻过梁山，在岐山脚下开辟了一个新的居所。豳地的人们都说：'古公亶父是一位追求仁爱境界的人啊，我们不能离开他。'于是跟着古公亶父走的人很多，就像去赶集一样。当然，也有人会说：'这块土地是祖上传下来的，不能就这么轻易放弃，宁愿牺牲生命也不能离去。'您可以在这两种做法中进行选择。"

【管理解析】

本章继续借滕国处理诸侯国间关系的事例，来阐明儒家由内而外、从根本上解决问题的管理思路。

孟子在这里用的历史案例同上章一样。上章只讲了由于"狄人侵之"，古公亶父不得不率周部离开豳地，移居岐山脚下，最终开创出周朝的事业；而这里则更详细地介绍了古公亶父离开豳地的整个过程。刚开始，古公亶父也曾反复尝试去处理好与"狄人"的关系，先送上"皮币"，后奉上"犬马"，再献上"珠玉"，却都无法免除"狄人"的侵扰。古公亶父意识到，"狄人"所贪图的是周部落的土地。开垦土地、创建家园，本来是为了养育人，但现在却因土地要引发战争、残害人，更何况，凭当时周部落的实力，还不足以抵抗"狄人"的侵犯。在这种情况下，作为周部落的管理者，古公亶父面临着艰难的选择。人和土地共存固然好，但现在只能选择其一。要保存土地，势必就要同"狄人"决战，其结果很可能是"人亡"，而要避免"人亡"，恐怕只有"失地"；但豳地是祖上开创的基业，就这么拱手让给他人，恐怕难以服众，周部落的成员不一定都能接受这样"不战而让地与人"的现实。

面对这种两难选择，古公亶父的做法是将周部落的长辈们召集起来，告诉他们"狄人"的企图以及自己坚守的原则。作为管理者，古公亶父不忍心看到本来是用以养育人的土地，现在却成了残害人的祸端。基于这样的指导原则，古公亶父选择的是自己离开，让部落长辈们重新选择管理者。当然，其潜台词也许是，我自己的去意已决，至于部落的去留，则应由长辈们决定。这充分体现了古公亶父的管理宗旨及管理智慧。

古公亶父的管理宗旨很明确，那便是"保民"永远处在第一位。作为管理者，古公亶父不能让部落成员遭到残害，更不能让部落成员因为管理者的错误决定而去送命。至于土地，那不过是为人服务的，不能为了土地而牺牲人。当古公亶父说"君子不以其所以养人者害人"时，便已充分表达出了他所坚持的"保民"第一的管理宗旨。

古公亶父的管理智慧则体现在，他并没有动用管理权力，强行要求大家将祖上传下来的豳地让给"狄人"，避迁到岐山脚下；若那样做，恐怕会遭到反对，甚至引发部落分裂。相反，古公亶父召集起有威望的部落长辈，宣布自己离开，并清晰地表明自己的原则，这便更容易引起共鸣、共识和理解，从而让离开豳地成为大家自愿的选择而非管理者强制的结果。通过这件事，周部落的凝聚力反而更强了，这不仅是因为周部落以"仁"或"保民"为核心的价值观得到了充分阐明和认同，更重要的也许是，那些追随古公亶父去岐山脚下的部落成员，都是从内心认同和践行这种价值观的人，这将使得周部落的价值观更加明晰坚定，为后来周部落培养出一代代认同并传承这种价值观的部落成员，最终从岐山脚下走向中原，统一天下奠定了坚实的文化基础。

孟子在这里详解古公亶父率周部落离开豳地的历史案例，其用意在于告诉管理者，千万不要仅是从有形的物质资源本身来做出管理的判断和选择；管理决策固然不能没有物质资源基础，但是，管理决策的根本尺度却在于深层次的信念和价值观；正是这种信念和价值观，才能赋予物质资源以意义和价值，并最终决定利益的取舍和行为的选择。在组织管理中，人与物质资源（如土地、财货等）的权衡选择，永远是摆在管理者面前的一道难题。从儒家管理之道出发，这种权衡选择的优先序必须把人放在第一位，始终恪守和践行"君子不以其所以养人者害人"的基本原则。虽然孟子在这里也给了滕文公另外一个选项，即"世守也，非身之所能为也，效死勿去"，但是，如果立足于儒家管理之道，并结合着孟子在前两章与滕文公对话的内容，就不难发现，孟子绝不会认同并推荐这种要民众去为土地城池陪葬的做法，而只是用作对古公亶父的正确做法的反衬而已。

从第 19 章至本章的内容，讲的都是小诸侯国或小组织的内外部管理问题。这表明，儒家管理之道和管理模式不仅适用于像魏国、齐国这样的大诸侯国或大组织，同样也适用于像邹国、滕国这样的小诸侯国或小组织，不仅适用于那些处在成熟阶段的诸侯国或组织，还适用于像周部落那样处于初创期的组织。儒家管理之道和管理模式之所以有如此广泛的适用性，关键在于任何规模、任何发展阶段的组织，都是由人构成的，而人之所以不同于物，就是因为人有精神。在人际互动中，正是精神上的价值追求和相互尊重，产生了相互信任，形成了组织凝聚力，进而让组织赢得了竞争力，并实现了可持续成长。没有一个组织天生强大，那些强大的组织都曾经历过一个从小到大、由弱变强的过程，而在组织成长过程中，关键在于持续培养出一代代"组织人"，让组织生命周期超越个人生命周期，避免"人亡政息"。为此，组织就离不开"精神传统"的建立和传承，而要建立和传承"精神传统"，又离不开认同和践行它的管理者，这便是上章孟子提到"君子创业垂统，为可继也"所要表达的意思。管理者要真正做到"创业垂统"，又必须时刻铭记本章所讲的"君子不以其所以养人者害人"这个管理的基本原则。

1.23 鲁平公①将出，嬖人②臧仓者请曰："他日君出，则必命有司所之。今乘舆③已驾矣，有司未知所之，敢请。"公曰："将见孟子。"曰："何哉，君所为轻身以先于匹夫者？以为贤乎？礼义由贤者出，而孟子之后丧逾前丧④。君无见焉。"公曰："诺。"乐正子⑤入见，曰："君奚⑥为不见孟轲也？"曰："或告寡人曰：'孟子之后丧逾前丧。'是以不往见也。"曰："何哉，君所谓逾者？前以士，后以大夫；前以三鼎，而后以五鼎与？"曰："否。谓棺椁衣衾之美也。"曰："非所谓逾也，贫富不同也。"乐正子见孟子，曰："克告于君，君为来见也。嬖人有臧仓者沮⑦君，君是以不果来也。"曰："行或使之，止或尼⑧之。行、止，非人所能也。吾之不遇鲁侯，天也。臧氏之子焉能使予不遇哉？"

【字词注释】

① 鲁平公：鲁国国君。

② 嬖人：这里是近臣的意思。

③ 乘舆：这里指马车。

④ 后丧逾前丧："逾"，是超过的意思。这句话指的是，孟子给后去世的母亲办葬礼，规格上超过了先去世的父亲。

⑤ 乐正子：孟子的学生，复姓乐正，名克，时任职于鲁国。

⑥ 奚：这里是何、为什么的意思。

⑦ 沮：这里是止、阻止的意思。

⑧ 尼：本义指从后面接近他人，这里引申为阻止、阻尼的意思。

【今文意译】

鲁平公要出门，近臣臧仓问道："以往您要出门，都会告知相关职能部门的管理者，您要到哪里去。今天马车都准备好了，职能部门的管理者还不知道您要到哪里去，这才要我向您请示。"

鲁平公说："我要去见孟子。"

臧仓说："您为什么要降低身份去看一个普通人呢？因为孟子是德才兼备的人吗？按理说，礼仪规范应该首先体现在德才兼备的人身上，可是孟子给母亲办丧事，在规格上却超过了先前给父亲办的丧事。您还是不要去见他吧。"

鲁平公说："那好吧。"

后来乐正子去见鲁平公，问道："您为什么不去看孟子呢？"

鲁平公说："有人告诉我说：'孟子给母亲办丧事的规格，超过了先前给父亲办丧事的规格。'所以就不去看他了。"

乐正子又问："您所说的超过是指什么呢？是指孟子给父亲办葬礼，用的是普通管理者的规格，给母亲办葬礼，用的是高级管理者的规格吗？还是指孟子给父亲办葬礼，用了三鼎，给母亲办葬礼，用了五鼎呢？"

鲁平公说："都不是。是说他给母亲置办的棺椁寿衣殓被等，太过奢华了。"

乐正子说："这并不意味着超过了应有的葬礼规格，而只是说明前后生活水平不同罢了。"

乐正子又去见孟子，说："我原已告知国君您来了，他也准备来看您，却被近臣臧仓阻止，终究还是没能如期来看您。"

孟子说："做任何事，总有人推动、有人阻止。事做成与否，自有其内在原因，并不是个别人所能改变的。我不能和鲁国国君见面，当然有其内在原因，又岂是臧仓个人所能阻止的了呢？"

【管理解析】

本章是第一篇的总结，既揭示出当时各诸侯国在管理上存在问题的深层次原因，又说明了要让当时的国君和管理者们行"王道"、施"仁政"，将会面临多么大的阻力。

臧仓以孟子不守礼制、"后丧逾前丧"为由，阻拦鲁平公见孟子，表面上针对的是孟子个人，实际上则是要以此来否定儒家管理之道。毕竟以丧礼和祭祀之礼为主要内容的礼仪规范，历来为儒家所推崇，并被视为以"仁"为核心的价值观的直接体现。《中庸》曾详细阐述了丧礼和祭祀之礼的基本要求及其管理意义，还专门强调"父母之丧，无贵贱，一也""明乎郊社之礼、禘尝之义，治国其如示诸掌乎"㊀。孟子作为当时儒家的代表人物，若公然违背礼制，又怎能让人信服儒家所提倡的"王道""仁政"？连自己都做不到，又如何去要求别人。但问题是，孟子真的违背了丧礼规范吗？答案显然是否定的。

根据当时的礼仪规范，不同级别的管理者，办丧礼的规格是不一样的，而且用于摆放祭品的鼎器数目也有所不同，天子用九鼎，诸侯用七鼎，卿大夫用五鼎，士用三鼎。无论是先前给父亲还是后来给母亲办丧礼，孟子都没有违背礼仪规范，而所谓"后丧逾前丧"，不过是说孟子在给母亲办丧礼时，所用的棺椁、殓被等，要比给父亲办丧礼时更精致一些而已。这只能说明"后丧"和"前丧"的经济条件不一样了。当初孟子安葬父亲时经济条件不好，不可能借钱举债大肆操办丧事，若那样做，反倒违背了儒家一贯奉行的"礼，与其奢也，宁俭；丧，与其易也，宁戚"㊁的准则。后来安葬母亲时，孟子已经在齐国任职，有较高的收入，完全能够担负起更精美的寿衣、棺椁等，这样做也是人之常情，完全可以理解，而臧仓之所以要借题发挥，阻止鲁平公见孟子，则另有隐情。

从根本上说，如果诸侯国要实行儒家管理之道，就必须首先从管理者自身做起，尤其是最高管理者，不仅要约束自己的行为，更要按照"仁义""保民"和"至善"的要求，从根本上改变目前的管理体制和管理模式，而这对于当时各诸侯国的最高管理者和整个管理者群体来说，无异于让他们放弃既得利益，进行自我"革命"，这显然是极其困难的。即便诸侯国的最高管理者愿意这样做，其他各层次上的管理者们也未必会接受，毕竟这些管理者都是在原有管理观念和体制下挑选出来的，并已形成了牢固且封闭的既得利益群体。如果诸侯国最高管理者受到孟子思想的影响，甚至接受了儒家管理之道，那就意味着要从根本上打破诸侯国现有的管理格局，危及在任管理者们的既得利益；更重要的是，儒家管理之道和管理模式对管理者的要求，是现任管理者们所难以达到的。由此便不难理解，臧仓为什么要竭力阻止鲁平公去见孟子了。

这里虽然只是用鲁平公的近臣臧仓作典型代表，但反映的却是当时各诸侯国的管理者们所共有的心态，而且，从臧仓阻止鲁平公见孟子所用的理由，也可以明显看出，当时各诸侯国的管理者们，习惯于从个人角度来理解儒家管理之道和管理模

㊀ 张钢，《大学·中庸的管理释义》，机械工业出版社，2017年版，PP126-133.
㊁ 张钢，《论语的管理精义》，机械工业出版社，2015年版，PP55-56.

式，试图用孟子的个人行为，来否定儒家管理之道。这种"因人废言"的做法，恰恰暴露出以臧仓为代表的管理者们的管理思维方式。在他们看来，做管理并非一种超越个人好恶的职业选择，而只不过是一种个人好恶基础上的关系构建，只要能投国君所好，成为国君的近臣，一切都好办。这正是当时各诸侯国管理问题积重难返的根本原因。在当时的历史条件下，由于诸侯国国君拥有绝对权力，在一个诸侯国里，基本上是有什么样的国君，就会有什么样的管理者群体；反过来，这样的管理者群体又会进一步强化国君的个人特点和任性的管理行为，以至于形成国君和管理者群体相互强化的正反馈。一旦信奉"霸道"的诸侯国建立起这种正反馈回路，便会日益远离"王道""仁政"，在"霸道""暴政"的道路上越走越远，直至最后崩溃，而要想在半路上改弦更张，实在是难上加难。

正因为已经深刻认识到当时各诸侯国管理的症结所在，孟子最后才会对乐正子说："行或使之，止或尼之。行、止，非人所能也。吾之不遇鲁侯，天也。臧氏之子焉能使予不遇哉？"意思是，做任何事都一样，无论做成还是做不成，表面上看，都是由于一些很偶然的因素带来的影响，做成了，好像机缘巧合，做不成，似乎又是因偶发阻力，就像鲁平公没来见孟子，只是因为恰好在出门时碰到了臧仓一样；但实际上，在那些看似偶然的因素背后，必定有一种更根本的力量在起作用，在鲁平公不见孟子背后，真正起阻碍作用的，便是当时各诸侯国内部以及诸侯国间关系氛围中所形成的一种管理者既得利益群体的力量。可以想见，孟子要对抗这种力量，将会面临多么大的挑战，又需要有多么坚定的信念和多么强大的勇气。孟子的所作所为，像当年孔子一样，充分体现出儒家以信念和原则为基础的"知其不可而为之"[⊖]的积极主动精神。

⊖ 张钢，《论语的管理精义》，机械工业出版社，2015年版，P424.

公孙丑第二

【本篇导读】

第一篇是从委托人或授权者的角度讲组织的治理问题,关注的是管理观念、管理体制和管理权力合法性的终极来源。本篇则是从职业管理者的角度讲组织的管理问题,侧重的是管理职业规范、管理权力运用以及管理者与委托人或授权者之间的关系问题。本篇首先明确了职业管理者成功的标准,以此来引领职业管理的价值导向,进而将职业管理的价值观与组织的价值观贯通起来,建立起相应的管理规范;其次进一步指出,管理行为的有效性根植于管理者的思维方式,而思维决定思路,思路决定出路,正是"不忍人之心"决定着"不忍人之政",由此形成管理者的内在一致性准则,并贯穿于管理者与委托人或授权者的关系处理之中。严格来说,作为代理人的管理者,与委托人或授权者之间的关系,并非私人关系,而是一种管理角色关系及角色规范的兼容关系。在此基础上,具有角色意识并恪守角色规范的管理者,要帮助委托人或授权者建立组织的价值观和规则规范体系,并以此来指导组织的发展,而不能只是一味地顺从、迎合委托人或授权者。

本篇共有23章,大致可以分为四个部分。第一部分由第1章至第5章的内容构成,具体阐述职业管理者的成功标准、职业规范要求及具体行为表现。其中,第1章明确指出,作为代理人的职业管理者,与委托人或授权者一样,也必须首先确立正确的管理观念,明确角色定位,而不能只追求看得见的个人功业;第2章提出"气"这个重要概念,用以阐明管理者的内在一致性,进而强调指出,管理者要确立正确的管理观念,就必须眼睛向内,努力保持内在一致性;第3章从管理者的内在一致性要求出发,分析"王道"与"霸道"的本质区别;第4章阐述管理者要从内在一致性出发施"仁政",就必须做到未雨绸缪,防患于未然;第5章论述基于"王道""仁政"的管理体制和运行机制建设的五方面具体内容。

第二部分包括第6章至第10章的内容,侧重于从管理者的内在一致性视角,来分析"仁政"的内在基础，并明确提出"人和"优先的管理价值观念。其中，第6章将"人性"的德性内涵与社会规范贯通起来，阐明"仁政"的"人性"前提以及管理者思维对管理行为的内在决定作用；第7章指出，"人性"的德性内涵要得以发扬光大，还离不开职业环境的匹配，只有将内在"四端"与外在环境匹配起来，才能实现人之为人的价值；第8章阐明管理职业的特点，明确管理者在"做人"和做管理上的一致性要求；第9章通过对比伯夷和柳下惠的行为表现，强调指出，管理职业的特点要求管理者必须在坚守内在一致性的同时，致力于影响甚至改变环境，以创造更广大的共同利益；第10章阐述"人和"在组织管理中对于"天时""地利"的优先性，由此进一步突显出信任对于做管理的基础地位，这也是儒家管理的核心指导思想之一。

第三部分涵盖第11章至第18章的内容，通过孟子在齐国任职期间的具体行为表现，阐明管理者应如何保持内在一致性。其中，第11章明确指出，管理者在处理与委托人或授权者的关系时，坚守内在行为准则和管理规范是第一位的；第12章以孟子对待国君馈赠的典型事例，说明管理者的行为一致性是建立在内在准则之上的，不能仅看外在表现；第13章阐明管理者的职责定位及其应有的行为一致性要求；第14章阐述管理者的行为一致性必须与岗位职责及相应的角色规范相符合，不能超越角色规范、自说自话地追求一致性；第15章以孟子出使滕国为例，进一步说明角色规范对于管理者保持行为一致性的重要作用；第16章用孟子葬母引发争议的典型事例，阐明个人行为一致性还要与社会规范及具体情境相结合，不能抽象地谈论一致性；第17章强调指出，管理行为是一种正式的角色行为，有其规则规范基础，违背规则规范的管理行为，必定要付出应有的代价；第18章以具体事例说明，管理者应如何正确处理与委托人或授权者的关系。

第四部分涉及第19章至第23章的内容，基于孟子从齐国离职的典型案例，分析管理者所应具有的角色意识和使命感，以及如何正确处理与委托人或授权者之间的关系。其中，第19章阐明做管理的立足点应该是追求共同利益，而非谋求管理者个人或小群体利益；第20章以鲁缪公与子思之间关系为隐喻，说明管理者与委托人或授权者之间关系的公共性，进而强调管理者具备职业角色意识、遵从职业规范的首要性；第21章继续阐明管理者与委托人或授权者之间关系的性质，管理者必须从角色规范出发考虑问题，而不能只是个体化的意气用事；第22章进一步指出，管理者不仅要从角色规范出发考虑问题，更要从自身所肩负的历史使命出发考虑问题；第23章以孟子在齐国任职和离职为例，阐明管理者不能仅从个人利益角度选择做管理或不做管理，而应该有更宽阔的视野和更广大的共同利益追求，这也是第二篇的核心主题。

本篇进一步丰富和发展了儒家关于管理者行为及其与委托人或授权者关系的思想，

尤其是借"气"的概念，将"诚"的一致性内涵加以明确化和具体化，这是对儒家管理思想的重大贡献。有了"气"这个概念，儒家管理思想的"志""诚""心"等概念便贯穿在一起，构成一个完成的概念体系，使得孔子关于"知言"与"知人"及其关系的思想更加明晰，并成为联通"志"与"诚"的重要桥梁。如此一来，作为儒家管理规范的"忠信"或"忠恕"，也就能与"志""诚""言""行"联系起来。可以说，孟子用"气"这个概念，将儒家一直强调的自我同一性与社会同一性，真正连成了一体。

另外，本篇还借助孟子在齐国做管理以及离职的典型事例，把角色意识和管理规范直观地体现出来，这也让《论语》《大学》《中庸》里的儒家管理思想有了切实可行的实现途径。

2.1 公孙丑①问曰："夫子当路②于齐，管仲③、晏子之功，可复许④乎？"孟子曰："子诚齐人也，知管仲、晏子而已矣。或问乎曾西⑤曰：'吾子与子路⑥孰贤？'曾西蹙⑦然曰：'吾先子⑧之所畏也。'曰：'然则吾子与管仲孰贤？'曾西艴⑨然不悦，曰：'尔何曾⑩比予于管仲？管仲得君如彼其专也，行乎国政如彼其久也，功烈如彼其卑也，尔何曾比予于是！'"曰："管仲，曾西之所不为⑪也，而子为我愿之乎？"曰："管仲以其君霸，晏子以其君显。管仲、晏子犹不足为与？"曰："以齐王，由⑫反手也。"曰："若是，则弟子之惑滋甚。且以文王之德，百年⑬而后崩，犹未洽⑭于天下；武王、周公⑮继之，然后大行。今言王若易然，则文王不足法与？"曰："文王何可当也！由汤至于武丁⑯，贤圣之君六七作。天下归殷久矣，久则难变也。武丁朝诸侯、有天下，犹运之掌也。纣之去武丁未久也，其故家遗俗，流风善政，犹有存者；又有微子⑰、微仲⑱、王子比干⑲、箕子⑳、胶鬲㉑，皆贤人也，相与辅相之。故久而后失之也。尺地莫非其有也，一民莫非其臣也，然而文王犹方百里起，是以难也。齐人有言曰：'虽有智慧，不如乘势。虽有镃基㉒，不如待时。'今时则易然也。夏后、殷、周之盛，地未有过千里者也，而齐有其地矣；鸡鸣狗吠相闻，而达乎四境，而齐有其民矣。地不改辟矣，民不改聚矣，行仁政而王，莫之能御也。且王者之不作，未有疏于此时者也；民之憔悴于虐政，未有甚于此时者也。饥者易为食，渴者易为饮。孔子曰：'德之流行，速于置邮而传命。'当今之时，万乘之国行仁政，民之悦之，犹解倒悬也。故事半古之人，功必倍之，惟此时为然。"

【字词注释】

① 公孙丑：孟子的学生，齐国人。
② 路：这里是官职、权位的意思。
③ 管仲：齐桓公时齐国宰相，辅佐齐桓公成就霸业。
④ 许：这里是期望、期许的意思。
⑤ 曾西：曾参的儿子。
⑥ 子路：孔子的学生，姓仲，名由，字子路。
⑦ 蹴：本义指践踏，这里引申为不安、惊恐的意思。
⑧ 先子：这里指已去世的父亲。
⑨ 艴：形容生气的神情。
⑩ 曾：这里是副词，竟然的意思。
⑪ 为：这里是动词，通"谓"，说、道的意思。
⑫ 由：同"犹"，好像的意思。
⑬ 百年：传说周文王97岁去世，这里取整数。
⑭ 洽：这里是周遍、遍及的意思。
⑮ 周公：姓姬，名旦，是周文王的儿子、周武王的弟弟，曾辅佐周武王伐纣，后又辅佐周成王安定天下。
⑯ 武丁：名昭，商朝第二十三任君王，在位期间励精图治，使商朝有更大发展。
⑰ 微子：名启，商纣王的庶兄。
⑱ 微仲：名衍，微子的弟弟。
⑲ 比干：商纣王的叔叔。
⑳ 箕子：也是商纣王的叔叔。
㉑ 膠鬲：商纣王的大臣。
㉒ 鎡基：古代农具名，指锄头。

【今文意译】

公孙丑问道："假设您在齐国身居要职，能取得像管仲和晏婴当年的功业吗？"

孟子说："你不愧为齐国人，就知道管仲和晏婴。曾经有人问曾西：'您和子路相比，谁更德才兼备？'曾西不安地说：'子路是我先父敬重的人。'那人又问：'那您和管仲相比呢？'曾西生气地说：'你竟把我和管仲相比？管仲获得国君授予如此专断的权力，做管理的时间又那么长，而取得的功业却很微薄，你怎么还把我和他相比！'"

孟子接着又说："连曾西都不愿意和管仲相提并论，你认为我愿意和管仲比吗？"

公孙丑说："管仲辅佐国君成就霸业，晏婴帮助国君名扬天下。管仲和晏婴还不值得称道吗？"

孟子说："以齐国来行王道、实现天下统一，简直是易如反掌。"

公孙丑说："如果这么讲，那我就更加不能理解了。凭周文王的德行，而且还活了近百岁，都没能统一天下；直到周武王和周公继承他的事业，才实现了天下统一。现在您却说行王道、统一天下很容易，难道周文王不值得效法吗？"

孟子说:"谁能比得上周文王啊!从商汤一直到武丁时期,共有六七位贤明国君。那时殷商统一天下已经很久了,久了就难以改变。武丁管理诸侯、治理天下,就像运于手掌中一样。商纣王距离武丁,时间并不长,各种传统和风俗、管理文化和体制都仍在发挥作用,再加上微子、微仲、王子比干、箕子、膠鬲这些德才兼备的人共同辅佐,商纣王不可能那么快就亡国。当时天下没有一块土地不归殷商所有,没有一个国民不归殷商所管;即便如此,周文王还是能仅凭方圆百里的地方起家,也实在是不容易啊。齐国俗话说:'虽然有智慧,不如乘大势;纵然有锄头,还要待农时。'如今时机已到,行王道、统一天下便容易多了。在夏商周的鼎盛时期,国土面积都没有超过方圆千里,而齐国现在却是方圆千里的大诸侯国,村落相连,鸡犬的叫声一直到边境都能听得到,人口如此之多,即便不再开疆破土、聚集人口,也完全可以行王道、统一天下,没有谁能阻挡得住。更重要的是,现在天下失去王道的时间之长,亘古未有;民众遭受暴政的摧残之苦,世所罕见。饥饿和干渴的人,对食物和饮料都不会挑别。孔子曾说过:'德行的传播,比驿站传递命令还要快。'现如今像齐国这样的大诸侯国,若要施仁政,民众当然会发自内心欢迎,这就好比是将一个被头朝下吊着的人解救起来一样。因此,相比于以往,今天行王道、施仁政,一定能达到事半功倍的效果。"

【管理解析】

本章在于阐明,作为代理人的职业管理者,与委托人或授权者一样,首先应该建立正确的管理观念,明确自己的管理角色定位,而不能一味地追求个人绩效或功业。

孟子曾在齐国任职,他的学生公孙丑是齐国人,很想看到老师在齐国取得像当年管仲、晏婴所取得的功业。公孙丑的想法,涉及衡量管理成功的标准选择问题,而其背后则是管理者所信奉的管理观念。严格来说,管理观念不同,衡量管理成功的标准便不同,当然也就很难在信奉不同管理观念的管理者之间进行比较。

因此,孟子并没有直接回应公孙丑的问题,而是用孔子学生曾参的儿子曾西的例子,说明儒家做管理,强调观念的优先性,并不热衷于结果导向的比较,尤其不赞成拿近期看得见的结果,来进行管理者之间的比较。当年曾西就既不希望别人拿他和子路相比,更反对别人拿他和管仲相比。曾西的观点,实际上与《论语》第十四篇第31章中孔子批评"子贡方人"[一],本质上是一致的。

在儒家看来,组织管理所要追求的是最广大的共同利益,即"至善";这既是一

[一] 张钢,《论语的管理精义》,机械工业出版社,2015年版,PP414-415.

项涉及组织整体利益的事业，又是一项涉及组织长远发展的事业，更是一项涉及组织内外部广泛利益相关者个体利益的事业。也正因为组织管理所致力于达成的事业具有整体性、长远性和广泛性，对于管理成功与否，也就更难以进行简单的量化比较。即便像"管仲以其君霸，晏子以其君显"，看似在短期内都取得了成功，但问题是，他们个人的成功真的对齐国的事业发展具有整体性、长久性和广泛性影响吗？历史的进程恰给出了否定答案，齐国的发展常常是因人而兴、人亡而衰。例如，在管仲去世后不久，齐国便出现了管理危机，以至于两年后齐桓公竟被圈禁于宫中活活饿死，几个儿子争夺君位，相互残杀，让齐国元气大伤；而晏婴虽然辅佐过齐灵公、齐庄公、齐景公三位国君，历时50余年，但在晏婴去世后，齐景公像当年的齐桓公一样，同样没能避免身后的宫廷内乱，更为后来田氏家族的取而代之埋下了祸根。

公孙丑显然没能理解孟子不愿意与管仲、晏婴相提并论的深意，尤其是当孟子说"以齐王，由反手也"的时候，公孙丑更是误以为孟子所认可的管理成功就是要行"王道"、统一天下，因此，他才会用周文王的例子来表达这种疑惑。公孙丑的意思是说，像周文王这样的德行和高寿，尚不能在有生之年统一天下，还要等到儿子周武王和周公来完成他的事业，如果按照行"王道"、统一天下的标准，岂不是说连周文王也不能算取得了成功吗？公孙丑这样说，恰表明他仍只是从眼前看得见的结果，来衡量管理者和管理成功。这种观点在当时乃至今天都具有普遍性。殊不知，一方面，任何管理成功都会受到环境条件因素的影响，并非管理者个人的德行和能力所能单独决定；另一方面，管理成功也并非仅体现在眼前的一时一事上，而需要从其对组织的整体、长远和广泛影响的角度来考量。从这个意义上说，武王、周公继承周文王的事业，最终统一天下，这同样也应该视为周文王的管理成功，至少说明周文王确立了组织的文化传统，培养了组织事业的继承者，没有让组织出现"人亡政息"的局面，这正是孟子在第一篇第21章所说的"君子创业垂统，为可继也"的典型表现。

当然，孟子在这里主要是从环境条件、时机形势的视角，来分析为什么周文王没有统一天下。孟子认为，"纣王去武丁未久也，其故家遗俗，流风善政，犹有存者；又有微子、微仲、王子比干、箕子、膠鬲，皆贤人也，相与辅助之"，在这种情况下，周文王能从方圆百里的地方慢慢发展起来，已经相当不容易了，不能简单地以眼前看得见的绩效或功业大小，来衡量周文王管理成功与否。

但是，在孟子看来，对于战国时期的齐国而言，情况却完全不同。不仅齐国的土地面积和人口早已超过了夏商周的鼎盛时期，而且，当时天下失去"王道""仁政"已经很久了，民众也经历了前所未有的"霸道""暴政"残害，正所谓"饥者易为食，渴者易为饮"。可以说，齐国正值内外部环境条件最为适宜的时候，能否行"王道"、施"仁政"、统一天下，关键在于管理者的观念选择和执行力。这正是孟子为什么会说"以齐王，由反手也"的原因。

遗憾的是，齐国包括国君和大臣在内的管理者们，却并没有建立起"保民"的管理观念，又如何会去体察"民意"，关心"民生"，推行"仁政"呢？虽然孔子也曾说过，"德之流行，速于置邮而传命"，但是，当管理者们都不在乎"德"，也无所谓"德"之流行与否的时候，又怎么能期待其"速于置邮而传命"呢？

由此可见，做管理，必须先从解决观念问题入手，一旦确立了正确的管理观念，其他问题才有可能迎刃而解。这也许正是《大学》特别强调"此谓知本，此谓知之至也"㊀，也即要从根本上解决问题的原因。当然，正因为观念问题是根本问题，也就往往最不容易解决；而且，管理者们即便认识到了，也不一定会相信，更不一定会身体力行地去做。因此，正像第一篇第1章中对国君的要求一样，孟子在这里也同样要求职业管理者，必须时刻牢记，做管理，一定要从反思、确立和践行正确的管理观念开始。

2.2 公孙丑问曰："夫子加齐之卿相，得行道焉，虽由此霸王，不异①矣。如此，则动心否乎？"孟子曰："否。吾四十不动心。"曰："若是，则夫子过孟贲②远矣。"曰："是不难。告子③先我不动心。"曰："不动心，有道乎？"曰："有。北宫黝④之养勇也，不肤挠⑤，不目逃。思以一毫挫于人，若挞之于市朝。不受于褐宽博⑥，亦不受于万乘之君。视刺万乘之君，若刺褐夫。无严⑦诸侯。恶声至，必反之。孟施舍⑧之所养勇也，曰：'视不胜犹胜也。量敌而后进，虑胜而后会，是畏三军者也。舍岂能为必胜哉？能无惧而已矣。'孟施舍似曾子⑨，北宫黝似子夏⑩。夫二子之勇，未知其孰贤，然而孟施舍守约也。昔者曾子谓子襄⑪曰：'子好勇乎？吾尝闻大勇于夫子矣：自反⑫而不缩⑬，虽褐宽博，吾不惴⑭焉；自反而缩，虽千万人，吾往矣。'孟施舍之守气⑮，又不如曾子之守约也。"曰："敢问夫子之不动心，与告子之不动心，可得闻与？""告子曰：'不得于言，勿求于心。不得于心，勿求于气。'不得于心，勿求于气，可；不得于言，勿求于心，不可。夫志⑯，气之帅也；气，体之充也。夫志，至焉；气，次焉。故曰：'持其

㊀ 张钢，《大学·中庸的管理释义》，机械工业出版社，2017年版，PP31-35.

志,无暴⑰其气。'""既曰:'志,至焉;气,次焉',又曰:'持其志,无暴其气'者,何也?"曰:"志壹⑱则动气,气壹则动志也。今夫蹶⑲者趋⑳者,是气也,而反动其心。""敢问夫子恶㉑乎长㉒?"曰:"我知言,我善养吾浩㉓然之气。""敢问何谓浩然之气?"曰:"难言也。其为气也,至大至刚,以直㉔养而无害,则塞于天地之间。其为气也,配义与道;无是,馁㉕也。是集㉖义所生者,非义袭㉗而取之也。行有不慊㉘于心,则馁矣。我故曰告子未尝知义,以其外之也。必有事焉而勿正,心勿忘,勿助长也。无若宋人然。宋人有闵㉙其苗之不长而揠㉚之者,芒芒然归,谓其人曰:'今日病㉛矣,予助苗长矣。'其子趋而往视之,苗则槁矣。天下之不助苗长者寡矣。以为无益而舍之者,不耘㉜苗者也。助之长者,揠苗者也,非徒无益,而又害之。""何谓知言?"曰:"诐㉝辞知其所蔽,淫㉞辞知其所陷,邪㉟辞知其所离,遁㊱辞知其所穷。生于其心,害于其政;发于其政,害于其事。圣人复起,必从吾言矣。""宰我㊲、子贡㊳善为说辞,冉牛㊴、闵子㊵、颜渊㊶善言德行。孔子兼之,曰:'我于辞命,则不能也。'然则夫子既圣矣乎?"曰:"恶㊷!是何言也!昔者子贡问于孔子,曰:'夫子圣矣乎?'孔子曰:'圣则吾不能,我学不厌而教不倦也。'子贡曰:'学不厌,智也;教不倦,仁也。仁且智,夫子既圣矣。'夫圣,孔子不居,是何言也?""昔者窃闻之:子夏、子游㊸、子张㊹,皆有圣人之一体;冉牛、闵子、颜渊,则具体而微。敢问所安?"曰:"姑舍是。"曰:"伯夷㊺、伊尹㊻何如?"曰:"不同道。非其君不事,非其民不使;治则进,乱则退:伯夷也。何事非君,何使非民;治亦进,乱亦进:伊尹也。可以仕则仕,可以止则止,可以久则久,可以速则速:孔子也。皆古圣人也。吾未能有行焉,乃所愿,则学孔子也。""伯夷、伊尹于孔子,若是班乎?"曰:"否。自有生民以来,未有孔子也。"曰:"然则有同与?"曰:"有。得百里之地而君之,皆能以朝诸侯,有天下。行一不义、杀一不辜而得天下,皆不为也。是则同。"曰:"敢问其所以异?"曰:"宰我、子贡、有若㊼,智足以知圣人;汙㊽,不至阿㊾其所好。宰我曰:'以予观于夫子,贤于尧、舜远矣。'子贡曰:'见其礼而知其政,闻其乐而知其德,由百世之后,等百世之王,莫之能违也。自生民以来,未有夫子也。'有若曰:'岂惟民哉!

麒麟之于走兽，凤凰之于飞鸟，太山之于丘垤⑤⁰，河海之于行潦⑤¹，类也。圣人之于民，亦类也。出于其类，拔乎其萃⑤²。自生民以来，未有盛于孔子也。'"

【字词注释】

① 异：这里是认为奇特，以为惊异的意思。

② 孟贲：卫国人，古代勇士。

③ 告子：名不害，相传为墨子的学生。

④ 北宫黝：姓北宫，名黝，相传为刺客。

⑤ 挠：这里是屈服、退缩的意思。

⑥ 褐宽博："褐"，指用大麻、兽毛等材料经简单加工而成的衣服，可引申为粗布衣服或穿粗布衣服；"宽博"是宽大的意思。"褐宽博"，指穿着宽大粗布衣服的人，引申为普通人或地位卑微的人。

⑦ 严：这里是害怕、敬重的意思。

⑧ 孟施舍：人名，已无从考。

⑨ 曾子：孔子的学生，曾参。

⑩ 子夏：孔子的学生，卜商。

⑪ 子襄：曾子的学生。

⑫ 反：这里是反思、反省的意思。

⑬ 缩：这里是直、正的意思。

⑭ 惴：这里是恐惧、不安的意思。

⑮ 气：是象形字。甲骨文的"气"字，像天上云漂浮的形状，为三条长短不一的横线，本义指云气，可引申为气质、气势等。孟子将"气"变成儒家管理思想体系中的一个重要概念，意指各种对象本身内在的一致性。如"语气"，乃语言本身的内在一致性；"心气"，指思维本身的内在一致性；"勇气"，指行为本身的内在一致性；"志气"则是志向信念本身的一以贯之。孟子使用"气"这个概念，是对《中庸》里提出的"诚"（即思言行一致）的"一致性"内涵的一种更为简明直观的表达。

⑯ 志：在小篆中，"志"是形声字，"心"为形，"之"为声，兼意义，表示去、往，与"心"合起来，意指"心"的归宿或目的，可引申为志向、信念、信仰的意思。

⑰ 暴：这里是乱、不一致的意思。

⑱ 壹：这里是专一的意思。

⑲ 蹶：这里是跌倒、扑倒的意思。

⑳ 趋：是形声字，本义指跑，这里是快走、跑的意思。

㉑ 恶：这里是疑问词，什么的意思。

㉒ 长：这里指长处、优点的意思。

㉓ 浩：这里是广远、宏大的意思。

㉔ 直：这里是副词，一直、径直的意思。

㉕ 馁：这里是衰减、空虚、贫乏的意思。

㉖ 集：是会意字，在甲骨文和金文

中像飞鸟停留在树上，这里引申为聚合、聚集、积累的意思。

㉗ 袭：这里是袭击、偶尔为之的意思。

㉘ 慊：这里是惬意、满足的意思。

㉙ 闵：这里是忧虑、担心的意思。

㉚ 揠：这里是拔、拔起的意思。

㉛ 病：这里是疲劳、困苦的意思。

㉜ 耘：这里是用农具除草的意思。

㉝ 诐：这里是偏颇、邪僻的意思。

㉞ 淫：这里是过度、滥的意思。

㉟ 邪：这里是不正、怪异的意思。

㊱ 遁：这里是回避、躲避、躲闪的意思。

㊲ 宰我：孔子的学生，宰予。

㊳ 子贡：孔子的学生，端木赐。

㊴ 冉牛：孔子的学生，冉耕。

㊵ 闵子：孔子的学生，闵损。

㊶ 颜渊：孔子的学生，颜回。

㊷ 恶：这里是叹词，不安的意思。

㊸ 子游：孔子的学生，言偃。

㊹ 子张：孔子的学生，颛孙师。

㊺ 伯夷：商朝孤竹国国君的长子。孤竹国国君在去世前立次子叔齐为国君，但老国君去世后，兄弟两人都不愿意继任国君，后投奔周文王。周武王伐纣时，他们曾极力劝阻；武王伐纣成功后，两人耻食周粟，饿死于首阳山。

㊻ 伊尹：夏朝末期帮助商汤伐桀，后做宰相，先后辅佐太甲、外丙、仲壬等君王。

㊼ 有若：孔子的学生。

㊽ 汙：是形声字，本义指污浊的水不流动，这里引申为水平低下。

㊾ 阿：这里是曲从、迎合的意思。

㊿ 垤：是形声字，本义指蚂蚁做窝时在洞口堆积成的小土堆，这里引申为土堆、小土丘。

㊶ 潦：原指很大的雨，这里引申为积水。

㊷ 萃：是形声字，本义指草聚集在一起，这里指聚在一起的人或物。

【今文意译】

公孙丑问道："您要是能在齐国担任高级管理者，便有机会推行儒家管理之道，那样的话，即便是最终称霸诸侯，甚至统一天下，也没有什么好奇怪的。果真如此，您会为了在齐国任职而改变自己内在思维一致性，去迎合外界需要吗？"

孟子说："不会。我从四十岁开始，就能保持内在思维一致性，不为外界所动了。"

公孙丑说："那您可比孟贲强多了。"

孟子说："这不难。告子比我更早就能保持内在思维一致性，不为外界所动了。"

公孙丑问："要保持内在思维一致性，不为外界所动，有什么方法吗？"

孟子说："有。要像北宫黝训练自己的勇敢行为那样，首先做到不为外界所动，即便皮肤被扎，也不退缩，眼睛遇刺，也不逃避。其次还要保持在各种场合下行为的一致性，哪怕是在某个人面前的一点挫败，也就好像是在大庭广众之下受鞭挞一样；既不能忍受来自普通人的羞辱，也同样不能忍受来自大国国君的羞辱；把刺杀大国国君，看得像刺杀普通人一样；不畏惧任何诸侯国国君；遭到诽谤，必然反击。这就是北宫黝训练个人行为一致性的方法。孟施舍训练勇敢行为的方法则有所不同，他说：'要把那些不能战胜的对手，看的像能战胜的对手一样。如果总是先分析对手，然后才前进，总是先预计能否取胜，然后再交锋；那样的话，对于那些强大的对手，就一定会害怕。我怎么可能每战必胜？只不过能做到无所畏惧罢了。'孟施舍像曾子，北宫黝像子夏。对于他们俩的勇敢行为，很难说谁的更好，但是，孟施舍则坚持了一种更简明的内在原则。从前曾子对子襄说过：'你真的喜欢勇敢行为吗？我曾听孔子谈论过大勇行为，其简明的内在原则就是：反思自己的行为，若发现不正直，即便面对的就是一个普通人，也感到惶恐不安；反思自己的行为，若发现正直，虽然面对的是千万人，照样能勇往直前。'当然，孟施舍所坚持的内在原则，还只是一种具有个体化色彩的一致性原则，而不像曾子坚持的是一种更加具有普遍性的简明原则。"

公孙丑问："能讲讲您和告子在保持内在思维一致性、不为外界所动上的具体做法吗？"

孟子说："告子曾讲过：'如果还没有说清楚，就不必强求想清楚。如果还没有想清楚，就不必强求一致性。'如果还没有想清楚，就不必强求一致性，这是可以的；但是，如果还没有说清楚，就不必强求想清楚，这就不行了。志向信念是一致性的前提；而一致性则是人得以存在的基本要求。志向信念起着根本的决定作用，而一致性则起着从属的辅助作用。所以说：'既要坚持志向信念，又不能扰乱一致性。'"

公孙丑问："既然说'志向信念起着根本的决定作用，而一致性则起着从属的辅助作用'，那为什么又说'既要坚持志向信念，又不能扰乱一致性'呢？"

孟子说："如果专注于志向信念，就能从根本上确保一致性，但是，如果只是专注于一致性，却可能抑制甚至扭曲志向信念。这就像人在跌倒和奔跑时，全部注意力都用在保持身体行为的一致性和平衡上，反而会抑制乃至左右思维原本的内容一样。"

公孙丑问："那请问您在保持内在思维一致性、不为外界所动上，有什么和告子不一样的地方吗？"

孟子说："我能理解语言，善于培养一种更为宏大的一致性。"

公孙丑问："请问什么叫作更为宏大的一致性？"

孟子说："这很难用语言表达。这种一致性，最为广大，也最为坚定，需要持续培养，而且不能伤害；人们一旦培养起这种一致性，就能超越自我，立于天地之间。更重要的是，这种一致性，又能同正义和管理之道相匹配；如果不能匹配于正义和管理之道，这种一致性就会衰减以至于丧失。这种一致性，是在正义原则指导下，通过做应该做的事，一点点培养起来的，而不是靠投机取巧获得的。如果人们的行为不能和思维保持一致，这种一致性也会衰减以至于丧失。我之所以要说告子不能理解正义的内在价值，就是因为他将正义的原则外在化了。这种一致性，一定要体现在日常做事的行动中，但又不能刻意去追求，尤其不能为了满足外界需要而刻意去追求这种一致性；思维要时刻注意保持内在一致性，但也不能人为地去表现出这种一致性。千万不要像那个宋国人一样。宋国有个人担心禾苗不长，就去田里将它们拔高，然后疲惫地回来对家人说：'今天可累坏啦，我去帮助禾苗长高了。'他儿子跑到田里一看，禾苗都枯萎了。天底下不去帮助禾苗长高的人实在太少了。那些认为没有好处而不去做的，只是些连给禾苗除草都不愿意做的人，而那些去帮助禾苗长高的人，非但对禾苗没有好处，反倒是祸害了禾苗。"

公孙丑问："怎样才算能理解语言呢？"

孟子说："对于那些偏颇的话，知道它们哪里有片面性；对于那些过头的话，知道它们哪里存在缺陷；对于那些怪异的话，知道它们哪里偏离正轨；对于那些闪烁的话，知道它们哪里出现理亏。这四类话若源自于管理者的思维，就会危害组织管理行为；这四类话若出现在组织管理行为中，就会危害组织任务完成。即使世上再有伟大管理者出现，也一定会认同我的观点。"

公孙丑说："宰我、子贡善于表达，冉牛、闵子、颜渊善于阐明和践行德性。孔子两者兼备，却还说：'我不太善于表达。'既然您能理解语言，又善于培养一种更为宏大的一致性，这意味着您已经达到伟大管理者的境界了吧？"

孟子说："哎呀！这是什么话！过去子贡曾问孔子：'您已经是伟大管理者了吧？'孔子说：'伟大管理者达不到，我只不过是坚持不懈地学习和不知疲倦地培养人罢了。'子贡说：'坚持不懈地学习，就是有智慧；不知疲倦地培养人，就是有仁爱。既有仁爱，又有智慧，您已经是伟大管理者了。'对于伟大管理者，孔子都不敢自居，你说的这是什么话呢？"

公孙丑说："过去我听说：子贡、子游、子张都有孔子的某一方面长处；冉牛、闵子、颜渊则表现得更全面，但还不够深刻。请问您属于哪一种情况呢？"

孟子说："还是暂且不要谈论这个话题吧。"

公孙丑说："那就请您谈谈伯夷、伊尹怎么样？"

孟子说："他们俩不一样。对于那些不是他所认同的国君，就不去服务，对于那些不是他所认可的下属，就不去管理；国家兴旺发达、治理有方，就出来做管理，国家治理无方、混乱衰落，就隐居起来，这就是伯夷。从来没有不可以服务的国君，也从来没有不可以管理的下属；国家治理有方、兴旺发达，出来做管理，国家治理无方、混乱衰落，也出来做管理，这就是伊尹。可以做管理，就做管理；可以不做管理，就不做管理；可以做得久，就做得久；可以做得短，就做得短，这就是孔子。他们都是古代伟大管理者。我还没能做到这样，但我愿意学习孔子。"

公孙丑说："既然伯夷、伊尹和孔子一样都是伟大管理者，那他们之间能相比吗？"

孟子说："不能。自有人类以来，也只有一个孔子啊。"

公孙丑说："那么，他们是否有相同的地方呢？"

孟子说："有。只要让他们做一个方圆百里的诸侯国国君，他们都能让其他各诸侯国信服，并统一天下。而且，让他们用不正当的手段、杀无辜者来统一天下，他们都不会做。这就是他们相同的地方。"

公孙丑问："请问他们不同的地方在哪里呢？"

孟子说："宰我、子贡、有若的智慧足以理解孔子，而且，即便他们的水平还达不到孔子的高度，也不至于过分曲意逢迎。宰我说：'在我看来，孔子甚至比尧、舜还要更加德才兼备。'子贡说：'看看礼仪规范，就能理解其管理水平，听听音乐演奏，便能明白其德行教化，即便从百世这样长远的角度来看，也没有谁能违背孔子的管理之道。因此，自有人类以来，也只有一个孔子啊。'有若说：'难道只是人和人之间有所不同吗？麒麟和走兽，凤凰和飞鸟，泰山和土丘，河海和溪流，都是同类。伟大管理者和普通人也是同类。来自同一类，又汇聚了这一类的典型特征，就能成为同类的杰出代表。自有人类以来，还没有谁能像孔子一样成为如此杰出的代表。'"

【管理解析】

上章讲职业管理者同样首先要树立正确的管理观念，不要过分受眼前利益驱动，更不应盲目进行横向比较，而本章则进一步明确指出，管理者要树立正确的管理观念，必须眼睛向内，努力保持内在思维的一致性。具体地说，本章的长篇对话，从以下四个层次上展开：

一、不动心

本章仍是记述孟子和公孙丑的对话。公孙丑想知道，孟子如果有机会在齐国做管理，得以推行儒家管理之道，甚至有可能实现天下统一，是否会因此而改变自己内在思维的一致性，去迎合乃至屈从外部条件的要求，以达到目的，或者说，孟子是否会因此而"动心"。在这里，"动心"指的恰是一种因适应外部条件的要求而改变自己内在思维一致性的状态。其中，"心"的含义，与《大学》中讲"正心"㊀时的含义一样，都是指思维而言。"动心"，便是因外界影响而扰动甚至打乱了内在思维的一致性，以至于有可能丧失对内在准则的坚守；相反，"不动心"，则是不管外界影响如何，都能保持自己内在思维一致性，一以贯之地去追求自己的志向信念。

孟子说"吾四十不动心"，意思是，到四十岁时，孟子已形成了自己结构化的思想体系，达到了内在思维的一致性，不再会被外界影响所诱惑和左右。孟子的"四十不动心"，其实和《论语》第二篇第4章中孔子讲"四十而不惑"㊁，本质上是一样的。孔子在十五岁确立志向信念，到三十岁形成自己结构化的思想体系，而到四十岁，则可以保持内在思维的一致性，不为外界影响所惑。

也许是因为公孙丑用孟贲这位古代勇士来类比孟子的"不动心"，容易让人误以为"不动心"只是指外部行为的一致性，反而忽略了内在思维的一致性，所以，孟子才有针对性地说"是不难。告子先我不动心"。这句话的意思是，如果只是在行为一致性上去理解"不动心"，就像古代勇士孟贲那样，能够始终保持一种坚定的行为一致性，即"勇敢"，那么，这种行为上的一致性并不难达到，不仅告子更早的时候就能做到这一点，而且，也有具体的训练方法，比如刺客北宫黝、带兵打仗的将军孟施舍，经过训练，他们都能达到这种坚定的行为一致性。

作为刺客，北宫黝不管是面对大诸侯国的国君，还是面对普通人，都能始终保持行为的一致性，睚眦必报，既不害怕国君，也不轻视普通人，刺杀什么人都一样。为了达到这种"勇"或行为上的一致性，北宫黝需要经过严格训练，必须做到"不肤挠，不目逃"，即针刺皮肤不退缩，物扎眼睛不躲避；而且，还必须做到"思以一毫挫于人，若挞于市朝，不受于褐宽博，亦不受于万乘之君"。也就是说，在任何情况下，都要保持始终如一的尊严敏感性，无论来自谁的、哪怕是一丝一毫的羞辱，都不能忍受。这种尊严敏感性也是一种个体行为一致性的典型表现。

作为带兵打仗的将军，孟施舍所要训练和培养的行为一致性，并非单纯个体行为上的一致性，而主要是群体或团队行为上的一致性，即军事行动上的一致性，这更像是管理者所希望达到的组织行为一致性。要达到组织行为上的一致性，前提是管理者首先需要具备内在思维、思路和原则坚守上的一致性。因此，孟施舍强调指出，不管遇到什么样的对手，都不要太过在意对手的实力强弱、交战能否取胜；太过在意这些，反而会产生畏惧心理；军队要想勇往直前，就必须"无所畏惧"。带兵打仗的将军只有恪守了这个"无所畏惧"的一致性原则，才能让军队产生一致性

㊀ 张钢，《大学・中庸的管理释义》，机械工业出版社，2017年版，PP12-16.
㊁ 张钢，《论语的管理精义》，机械工业出版社，2015年版，PP28-30.

的行为，这也才称得上是"大勇"，而非个体行为一致性的"小勇"。

虽然团队行为上的一致性和个体行为上的一致性分属不同的主体层次，难以相互比较，也无所谓优劣，但是，团队行为上的一致性，却需要管理者恪守内在的一致性原则，即"守约"。当然，管理者所守之"约"也会有所不同。在孟子看来，孟施舍守的"约"，只不过是他自己带有个体化色彩的内在原则的一致性，或称为"气"，而曾子所守之"约"，则是将自我内在原则的一致性匹配于外部社会规范，实现了内在自我同一性与外在社会同一性的融合，这便是孔子所强调的"守约"，即："自反而不缩，虽褐宽博，吾不惴焉；自反而缩，虽千万人，吾往矣"。在这里，"自反"即自我反思的意思，"缩"是符合社会规范的意思，而"不缩"则是不符合社会规范的意思。经反思发现，行为符合社会规范，才能保持这种行为的一致性。经反思发现，行为不符合社会规范，就必须马上改正，而不能一味地坚持错误，还强词夺理说要保持行为的一致性；这时即便面对的不是上级或长辈，而只是普通下属，也要感到恐惧羞愧才对。实际上，曾子以"自反"为基础的"守约"，也正是他在《论语》第一篇第4章中所讲的"吾日三省吾身"㊀的要求。

一旦理解了孟子的"不动心"是指将社会规范内在化，以实现自我同一性与社会同一性的融合，便不难发现，孟子的"不动心"与告子的"不动心"有着本质区别。虽然告子在更早的时候就做到了"不动心"，但是，告子的"不动心"，还主要侧重于保持行为上的一致性，并没有实现自我内在原则的一致性与社会规范的真正融合。告子曾说过，"不得于言，勿求于心。不得于心，勿求于气"，意思是，如果没有真正理解和把握住语言，连说都说不清楚，就不要勉强去追求想清楚、实现对思维的理解和把握；而如果不能理解和把握住思维，还没有想清楚，也就不要太过强求一致性。

在孟子看来，告子关于"言"与"心"以及"心"与"气"关系的观点，恰好说明，他没有理解内外部一致性之间的关系。虽然不能理解和把握住思维得以运用的前提，而要强求一致性是不现实的，但是，没有理解和把握住语言，却并不意味着不能致力于去厘清思维；相反，恰是先厘清了思维，才能表达或说得更清楚。思维的一致性并不必然依赖于语言的一致性，而是要依赖于志向信念。志向信念是让思维得以有效运用，并保持一致的基本前提。当孟子说"夫志，气之帅也；气，体之充也"的时候，也就意味着，正是"志"，确立起一致性（即"气"）的基本前提，而一致性应首先体现在思维上，然后才有可能一以贯之地表现在言语和行为上。在孟子的思想体系中，"心"是思维能力，"志"是志向信念，"气"则是一致性。

㊀ 张钢，《论语的管理精义》，机械工业出版社，2015年版，PP6-8.

"气"既可以用来指思维的一致性，如"心气"，又可以用来指言语的一致性，如"语气"，还可以用来指行为的一致性，如"勇气"，而恰是思言行整体上的一致性，即"诚"，确立起人之为人的根本存在性，这正是《中庸》为什么会强调"诚者，天之道也；诚之者，人之道也"⊖的原因，也是孟子在这里要说"气，体之充也"的用意所在。

二、养气

既然一致性或"气"对人之为人如此重要，那么，如何才能确立并保持这种一致性呢？答案便在于"志"，也即"夫志，气之帅也"。这里说的便是，要确立并保持一致性，必须先明确志向信念这个基本前提；有了志向信念这个基本前提，思维才能保持一致，并得以有效运用，而思维有效运用的结果便是思路，对思路的一种表达形式就是言语，另一种表达形式则是行为，因此，以志向信念为基本前提，思言行才有可能一以贯之地达到整体上的一致性。反过来，透过言语和行为，也可以推断内在思维的一致性，正所谓"言为心声""知行合一"。言语的一致性（即"语气"）和行为的一致性（即"勇气"），是思维的一致性（即"心气"）的外在表现，而借助思维的一致性，又可以进一步深究到志向信念的专一性（即"志气"）。

由此可见，孟子所讲的"气"，作为一致性，构成了思维、言语、行为背后的一种只可意会、却难以言说的内在"脉络"。孟子意义上的"气"，与常说的逻辑或规律有一定的相似性，但又有本质区别。逻辑或规律是可表达的，也相对容易学习、理解和把握，但是，"气"却难以表达，只能体会、感受和领悟，这就是为什么当公孙丑问孟子"何谓浩然之气"时，孟子要说"难言也"的原因。

对于保持一致性或"气"来说，志向信念的确立，具有决定性作用。这正是《大学》开篇讲到管理者的修炼路径时，要先讲"格物致知"，再讲"诚意、正心、修身"⊖的道理所在。孟子这里说"持其志，无暴其气"，也在于强调，只有保持志向信念专一，才能确立起人之为人的整体上的一致性；反之，若只是刻意地去追求某个方面的一致性，反倒有可能扰动志向信念，让志向信念游移不定。这就像将要跌倒或努力奔跑的人，为了保持身体行为的一致性和平衡，而无法运用思维，只能靠本能采取行动一样，这时思维已经完全受制于行为，失去了对行为的主导作用。同样道理，当人们过于关注某个方面的一致性时，也会抑制乃至左右志向信念，让志向信念无法起到定位、引导和主导的作用，结果反而会失去整体上的一致性，无法实现自我同一性，更无法达到自我同一性与社会同一性的融合。

因此，管理者要善于超越外在化、碎片化的局部一致性，追求由内而外的整体

⊖ 张钢，《大学·中庸的管理释义》，机械工业出版社，2017年版，PP143-152.
⊖ 张钢，《大学·中庸的管理释义》，机械工业出版社，2017年版，PP12-16.

一致性。这种整体一致性更多体现为内外贯通的、由志向信念主导的思言行一致性,而并非单纯的言语上或行为上的一致性。这正是孟子"不动心"与告子"不动心"的本质区别所在,也是孟子说"我知言,我善养吾浩然之气"的深层次原因。在《论语》第二十篇第 3 章中,孔子曾说"不知言,无以知人也"㊀。"知人"必先"知言"。虽然"知言"不一定能保证"知人",但"不知言"肯定"无以知人"。毕竟言语上的一致性,是人之为人的整体一致性的重要侧面。孟子在这里不仅说自己"知言",而且还着重强调自己善于培养"浩然之气",其隐含的前提也许是,要真正"知言",就必须从人之为人的整体一致性培养入手,进而才能由己及人,以自我的整体一致性来认识、理解和判断他人的整体一致性及其在言语上的表现。当然,要深入理解孟子这句话,关键还在于把握住"浩然之气"的内涵及其培养方式。

首先,孟子所说的"浩然之气",具有最为广大和最为坚定的特点,也就是说,它是一种真正意义上的整体一致性,涉及的内容及其影响范围都非常广泛,也正因为它是整体一致性,一旦形成,便更为坚定。这便是"至大至刚"的含义所在,其中,"至大"表明这种一致性无所不在,而"至刚"则表明这种一致性无比坚定。因此,要达到这种"至大至刚"的整体一致性,就必须持续不断地培养,即"直养",而不能有所损害。基于这种一致性,管理者才能真正立于天地之间,成为社会规范和管理规范的坚定信奉者、践行者、捍卫者和发扬者。

其次,这种"浩然之气"并非管理者个体意义上单纯的自我同一性,而是还要与社会规范、管理规范相匹配,这也是管理者及其组织能在天地之间、社会之中得以存在并发展的基本前提。如果管理者的自我同一性不能与社会规范、管理规范相匹配,实现自我同一性与社会同一性的融合,这种"浩然之气"便会衰竭。

再次,要培养这种"浩然之气",管理者必须从日常行为的点点滴滴入手,努力做符合社会规范和管理规范的事,一步步积累起这种更广大、更坚定的整体一致性,而不能寄希望于投机取巧或毕其功于一役的方式。这意味着,日常管理行为必须与内在志向信念及思维相一致,"行有不慊于心,则馁矣",说的就是,若知行不一,"浩然之气"也会衰竭下去。王阳明的"知行合一""事上磨炼",就是要将自我同一性与社会同一性融为一体,并真正落实到日常行为情境之中,而《中庸》强调"致中和""行中庸",讲的也是同样道理㊁。

最后,在日常行为的点滴积累中培养"浩然之气",还必须坚守一个基本原则,即"必有事焉而勿正,心勿忘,勿助长也"。一方面,虽然"浩然之气"乃"集义所生",也就是说,"浩然之气"是通过做事、做管理来培养的,并不存在一种凭空

㊀ 张钢,《论语的管理精义》,机械工业出版社,2015 年版,PP556-557.
㊁ 张钢,《大学·中庸的管理释义》,机械工业出版社,2017 年版,PP86-88.

或专门的为"养气"而从事的活动；但是，在通过日常做事、做管理来培养"浩然之气"过程中，又不能过分苛求眼前功效，甚至完全受制于外部标准，一头扎进具体事务之中，向外求结果、求功利、求满意，而完全忘记了整体一致性的要求。所以，"必有事焉"固然重要，但同时还要防止为外物所"正"或束缚，不要把自己变成外物的组成部分，而要时刻铭记自己是具有一致性的、完整的、堂堂正正的人。这便是"必有事焉而勿正"的含义所在。另一方面，在时刻铭记人之为人的整体一致性时，又不能急于求成，想人为地加快"浩然之气"的形成进程，结果像那个宋国人一样去"揠苗助长"。"心勿忘，勿助长也"，所要表达的正是这层意思。

三、知言

培养起"浩然之气"，便意味着从根本上建立起思言行的整体一致性，以此为基础，推己及人，自然就能认识、理解和把握不同言语方式背后所蕴含的意义。孟子有针对性地阐述了"知言"的四类表现。

第一，"诐辞知其所蔽"，指的是面对偏颇或片面的语言，知道其不完全在哪里，这样就不会被蒙蔽。尤其是对管理者而言，要做出有效决策，信息非常重要；虽然别人说出的话或提供的信息并非虚假，但若是片面的真话或极不完全的信息，那更有可能误导管理者的决策。因此，管理者要确保决策信息的完全性，就必须能够及时准确地判断别人提供信息的片面性程度，以及在哪里缺失了关键信息。

第二，"淫辞知其所陷"，指的是面对过分或过度的言语表达，知道其不足或夸张的地方在哪里，这样就不会被忽悠。对管理者本人的过分溢美逢迎之辞，对管理方案的不实过头评价，对他人或他事的过度指责批评，都是管理者在日常组织管理中不可避免要碰到的情况。如果管理者不能切实理解和把握这些语言现象背后的症结所在，也就很容易被蛊惑，导致管理决策失误。

第三，"邪辞知其所离"，指的是面对怪异的说法，知道其之所以偏离正规的原因在哪里，这样就不会被误导。这也是组织管理中经常出现的情况，而且，这种"邪辞"在现实中还往往打着"创新"的幌子，但实际上只不过是语言包装上的"创新"而已，毫无实质内容可言。这尤其需要管理者能够及时辨别，透过表面上新奇、怪异的言辞，看到其背后脱离实际的问题所在。

第四，"遁辞知其所穷"，指的是面对闪烁其词时，知道其到底在哪里会出现理屈词穷，这样就不会被欺骗。在管理问责中，这种情况表现得尤为突出，多数"遁辞"都不过是在为推卸责任做掩饰罢了。因此，如果要问责，却又不能适时地把握各种闪烁其词背后的责任推卸之实，就很可能会导致问责流于形式。

正所谓"言为心声"。在组织的日常管理中，管理者的语言使用方式，发端于其内在的思维方式，而思维方式决定思路产生，思路又决定出路。因此，管理者不恰当的语言使用方式，反映的正是其不一致性的思维方式，而这种不一致的思维方式又必然通过管理思路，对现实组织管理活动产生负面影响；更进一步，由于各级管理者对组织各项事务起着决定性作用，一旦在管理活动中频繁出现不恰当的语言使用，便一定会危害组织中各项具体活动的有效开展，最终则可能从根本上危及组织的和谐可持续发展。这正是孟子在讲过"知言"的四类表现之后，用"生于其心，害于其政；发于其政，害于其事"所要表达的意思。由此可见，管理者思言行的整体一致性多么重要，而且，这种整体一致性，也是管理者能做到"知言"，进而"知人"的内在基础。

四、伯夷、伊尹与孔子

接下来，孟子用伯夷、伊尹、孔子作为管理者的典型代表，在于说明，虽然保持一致性是对管理者的基本规范要求，但是，保持一致性在不同管理者身上的具体表现形式却有所不同。像伯夷的一致性，就表现在"非其君不事，非其民不使；治则进，乱则退"，这说明，伯夷是用内在一致性做尺度，对外在环境进行选择，从而确保内外一致；而像伊尹的一致性，则表现在"何事非君，何使非民；治亦进，乱亦进"，这表明，伊尹是用内在一致性去适应并逐渐改变外在环境，最终也能达到内外一致。至于孔子的一致性，又有所不同。孔子是"可以仕则仕，可以止则止，可以久则久，可以速则速"，这显示出，孔子的内外一致更具有"时中""权变"特色，也即达到《中庸》所说的"君子之中庸也，君子而时中"⊖的要求。

这里需要注意的是，当孟子说伯夷、伊尹、孔子"皆古圣人也"时，其隐含的意思是，他们代表了理想状态下达到完全一致性要求的管理者形象。这就像《论语》《大学》《中庸》里讲到尧、舜、禹时所要表达的意思一样，都是在用历史上的伟大管理者来更形象地刻画一种理想状态；不论是"中庸"的理想状态，"诚"的理想状态，还是"浩然之气"的理想状态，都可以借助这些历史上的伟大管理者更清晰地表达出来。虽然孔子在世时反对将自己视为"圣人"，但百年之后，孟子在谈论理想状态下的"浩然之气"时，还是不可避免地要用孔子作为典型代表，但孟子这样做，只是在使用一种儒家区分理想状态和现实状态的表达方式，而并不是要将孔子本人"神化"。所以，正像当年孔子反对子贡等学生称自己为"圣人"一样，孟子也反对公孙丑将自己视为"圣人"，并明确表示，"吾未能有行焉，乃所愿，则学孔子也"。这意味着，身处现实世界中的管理者，只能从局部的一致性开始，不断进行自我修养，向着理想世界中的完全一致性持续努力。虽然孟子说"我善养吾浩然之气"，但并没有说自己养成了"浩然之气"，因为培养"浩然之气"，本质上就是修养"中庸

⊖ 张钢，《大学·中庸的管理释义》，机械工业出版社，2017年版，PP89-91.

之德",是一个需要终生持续努力的过程。

当然,在本章对话的最后,孟子也说"自有生民以来,未有孔子也",并分别引用了宰我、子贡、有若称颂孔子的话。孟子之所以这么说,正像《论语》第十九篇中孔子学生们所说的一样,一方面表达了对孔子的敬仰之情、怀念之意;另一方面,也表明孟子对孔子思想和儒家管理之道的理解、阐述和发扬光大㊀。透过这些言论和表达方式,人们所应看到和理解的是孔子思想的独特性和儒家管理之道的一以贯之,而并非要刻意拔高孔子和儒家管理之道。

2.3 孟子曰:"以力假①仁者霸,霸必有大国。以德行仁者王,王不待大。汤以七十里,文王以百里。以力服人者,非心服也,力不赡②也。以德服人者,中心悦而诚服也,如七十子③之服孔子也。《诗》云:'自西自东,自南自北,无思不服。'④此之谓也。"

【字词注释】

① 假:这里是借助、凭借的意思。
② 赡:这里是满足、充裕的意思。
③ 七十子:指孔子的七十多位学生,这里以整数概说。
④ 这是《诗经·大雅·文王有声》中的诗句。其中,"思"是语助词,无实义。这几句诗的大意是:从西方到东方,由南面到北面,没有一国不信服。

【今文意译】

孟子说:"靠武力征服来称霸诸侯,却又打着仁的旗号,这种方式一定要有大诸侯国的实力才行。靠德行影响,通过施仁政来统一天下,这种方式不必要有大诸侯国的实力。当年商汤的诸侯国不过方圆七十里,周文王拥有的土地也才方圆百里。靠武力征服,不能让人从内心服从,只是因为实力不够而不得不服从。靠德行让人信服,那才是心甘情愿的真信服,就像七十多位学生信服孔子一样。《诗经》上说:'从西方到东方,由南面到北面,没有一国不信服。'说的就是这种真信服。"

【管理解析】

上章讲一致性所具有的重要管理意义,本章则从一致性的角度,进一步分析

㊀ 张钢,《论语的管理精义》,机械工业出版社,2015年版,PP527-549.

"王道"与"霸道"的本质区别。

在当时的历史条件下，各诸侯国都热衷于富国强兵，力图靠武力征服来称霸诸侯，但与此同时，为了能让其他诸侯国民众服从，又不得不打着仁爱的旗号。这样一来，"霸道"必然要"以力假仁"。

与"霸道"不同，儒家的"王道"从"人性"的德性前提出发，通过施"仁政"来实现天下统一，并不刻意炫耀武力，也不一定非要有大诸侯国的硬实力。像当年商汤以方圆七十里的小诸侯国而统一天下，周文王也只不过以方圆百里的地方就产生了广泛影响，最终赢得天下三分之二的土地，都说明"王道"更注重的是管理软实力的培育，而管理软实力的背后，则是管理者及其群体所坚守的一致性。

严格来说，当信奉"霸道"的诸侯国不得不"以力假仁"时，便已经说明其言行不一致了，而这种不一致的情况是注定维持不久的。另外，那些由于实力不济，不得不表面上服从的诸侯国，同样存在不一致。这种知行不一的所谓服从，不过是权宜之计，暂时委曲求全而已。由此可见，靠武力征服来称霸诸侯的方式，是建立在征服者的不一致和被征服者的不一致基础上的，而不一致的情况或许能暂时存在，但不一致终归还是要趋于一致。因此，奉行以不一致为基础的"霸道"，无异于企图在沙滩上建起高楼大厦。

如果说"霸道"是以不一致为基础的，那么，"王道"则是建立在一致性基础上的。"王道"首先要求管理者必须保持一致性，而且，"王道"并不是"以力服人"，而是"以德服人"，这就会让信服者由内而外达到一致性，即"以德服人者，中心悦而诚服也"。这种"心悦诚服"的状态，自然符合一致性的要求，也更容易持久，就像孔子的学生们愿意追随孔子，终生服膺儒家管理思想一样。可以说，"王道"是建立在管理者和被管理者各自的一致性以及双方的一致性基础上的，从而让人们在观念和利益上达成一致，成为真正意义上的志同道合者。当年周文王之所以能赢得天下众多诸侯国的认同和信服，既不是靠武力，也不是凭职权，而是以德行和"仁政"。孟子最后引用《诗经·大雅·文王有声》，说的恰是这个道理。

2.4 孟子曰："仁则荣，不仁则辱。今恶辱而居不仁，是犹恶湿而居下也。如恶之，莫如贵德而尊士，贤者在位，能者在职。国家闲暇①，及②是时明其政刑③。虽大国，必畏之矣。《诗》云：'迨天之未阴雨，彻彼桑土，绸缪牖户。今此下民，或敢侮予？'④孔子曰：'为此诗者，其知道乎！能治其国家，谁敢侮之！'今国家闲暇，及是时般乐⑤怠敖⑥，是自求祸也。祸福无不自己求之者。《诗》云：'永言配命，自求多福。'⑦《太甲》曰：'天作孽，犹可违。自作孽，不可活。'⑧此之谓也。"

【字词注释】

① 闲暇：即"闲暇"，这里指诸侯国没有内忧外患的时候。

② 及：这里是趁、趁着的意思。

③ 刑：这里指刑法、法规等相关规则体系。

④ 这是《诗经·豳风·鸱鸮》中的诗句。其中，"迨"是趁着、利用某时机的意思；"彻"，通"撤"，这里是剥取的意思；"桑土"，即"桑杜"，指桑树根部的皮；"绸缪"是缠绕的意思，这里引申为修补；"牖户"，即窗和门。这几句诗的大意是：趁着天晴没下雨，剥点桑树根的皮，赶紧修好窗和门。从今往后树下人，有谁还敢欺负我？相传这首诗为周公所作，用鸱鸮未雨绸缪做隐喻，告诫周成王要行仁政，用功于平常。

⑤ 般乐：这里是享乐的意思。

⑥ 敖：这里是遨游、游逛的意思。

⑦ 这是《诗经·大雅·文王》中的诗句。其中，"言"是语助词，无实义。这两句诗的大意是：永远和天命保持一致，幸福总要靠自己追求。

⑧ 这是《尚书·商书·太甲》中的话。其中，"违"是避开、躲避的意思；"孽"是灾难、罪过的意思。这几句话的大意是：上天降下的灾难，还可以躲避。自己犯下的罪过，哪能逃得掉。

【今文意译】

孟子说："诸侯国若施仁政，就会被人们所认可，得到荣誉；若不施仁政，就会被人们所不耻，招致辱没。但是，现在的各诸侯国，却是既讨厌被辱没，又不施仁政。这就像人们既讨厌潮湿，却偏要居住在低洼的地方一样。如果诸侯国真的讨厌被辱没，就应该崇尚德行，尊重有德行的管理者，让那些德才兼备的人担任各种职位。在诸侯国无内忧外患的时候，管理者应趁机明确和健全管理体制及各项规则。即便是大诸侯国，也要在这些事情上谨慎小心。《诗经》上说：'趁着天晴没下雨，剥点儿桑树根的皮，赶紧修好窗和门。从今往后树下人，有谁还敢欺负我？'孔子说：'写这首诗的人，一定深刻理解了管理之道啊！能将自己国家管理好，有谁还敢来欺负呢！'如今的情况却是，在诸侯国无内忧外患的时候，管理者们都趁机追求享乐，怠慢松懈，游玩自娱。这简直就是在追求和制造灾祸啊。灾祸和幸福无不都是自己求来的。《诗经》上说：'永远和天命保持一致，幸福总要靠自己追求。'《太甲》也说：'上天降下的灾难，还可以躲避。自己犯下的罪过，哪能逃得掉。'说的都是这个道理。"

【管理解析】

本章继续从一致性出发，论述施"仁政"对管理者的基本要求。孟子在这里分四个层次展开论证。

第一，保持一致性是做管理的基础。任何管理者都期望自己的管理工作能得到别人的认可，包括组织成员和外部利益相关者，进而赢得声誉；没有哪位管理者期望得到否定，以至于被组织内外部的人所耻笑。但问题是，管理者怎样才能赢得声誉，避免羞辱呢？在孟子看来，只有以一致性为基础来施"仁政"，才能获得声誉，避免羞辱。

但是，当时各诸侯国的实际情况却是，管理者们讨厌羞辱，想获得声誉，却又不施"仁政"，甚至还"以力假仁"，根本就没有履行"保民"的管理职责。这种期望与行为的不一致，恰是当时各诸侯国管理混乱的内在原因。如果连管理者的思维和思路本身都难得一致，又怎能寄希望于组织的道路选择和行为方式保持一致呢？

第二，施"仁政"的关键在得人、用人，即"贵德而尊士，贤者在位，能者在职"。其中，"贵德而尊士"讲了两层意思。首先，施"仁政"，必须从"人性"的德性前提出发，建立相应的观念体系和规则规范，这就是"贵德"的内涵，也即要"以德为贵"，注重以德性为基础的观念体系和规则规范建设；其次，要想让这样的观念体系和规则规范真正落地，还离不开贯彻和执行它们的人，即管理者或"士"，为此，还必须尊重那些有德行的管理者，给他们以充分信任和授权，这便是"尊士"的内涵。

做到了"贵德而尊士"，才有可能为施"仁政"而得人，但是，得人还离不开用人，得而不用等于未得。因此，还必须做到"贤者在位，能者在职"，也就是说，要让那些德才兼备的人，能够在各种管理岗位上充分发挥他们的才能。在这里，虽然"贤"与"能"以及"职"与"位"是被分开来表述的，但是联系上文，则不难理解，"贤"与"能"不应分离，正像"职"与"位"不宜分割一样，这里只不过是一种表达上的修辞考虑，而实际上讲的是让有"贤能"的人在各种"职位"上充分发挥作用。

第三，要施"仁政"，除了得人、用人之外，还要强化一个重要的管理指导原则，即居安思危，防患于未然。这恰好体现出儒家管理的优先序思维。在《论语》第十二篇第 7 章中，孔子给出了儒家做管理的优先序，即"民信""足食""足兵"[一]。其中，"民信"或取信于民，关键在于确立起德性前提，并以此为基础建立起观念体系和规则规范，进而得人、用人；而"足食""足兵"则在于经济基础和武装力量的储备、建设及发展，这正是在居安思危、防患于未然指导原则下所要致力于开展的工作。

因此，孟子说，"国家闲暇，及是时明其政刑，虽大国，必畏之矣"。其中，"国家闲暇"，指的是诸侯国处在较为安定和谐的状态中，既没有外部侵略的危险，也没有内部的天灾人祸。在这种情况下，管理者往往容易自我满足，沾沾自喜，以为已经取得了很好的管理成效，便开始自我懈怠乃至放纵，这反而可能为接下来的衰败埋下隐患。为此，孟子告诫管理者要"及是时明其政刑"，即趁着这个时机来明确和健全管理体制及各项规则，这里的"政"指管理体制而非具体管理活动，"刑"则指规则体系或制度。这些涉及经济基础和武装力量等方面的体制及规则，才是未来发展的坚实基础；只有真正夯实了这些制度基础设施，才能从根本上做到防患于未然；否则，等内忧外患一起到来的时候，应对眼前危机都来不及，哪还有可能再去完善制度基础设施？

为了进一步说明这一点，孟子引用了《诗经·豳风·鸱鸮》中的诗句。这首诗相传为周公姬旦所做，周公用猫头鹰都懂得"未雨绸缪"做隐喻，告诫年轻的周成王，一定要居安思危，防患于未然。孟子在这里引用的诗句，主语都是"猫头鹰"，是用拟人的手法，表达了一种关于"未雨绸缪、自强不息"的内在意识和外在行为的一致性，而有了这种一致性，才能做到不管外界环境怎么变化，都能自主应对，不受制于环境。这便是"今此下民，或敢侮予"所要表达的意思，其中，"下民"指"树下的人"，引申为各种外部环境的威胁和侵扰。孔子从这首诗体会出深刻的管理意义，明确指出，"能治其国家，谁敢侮之"。孟子引用这首诗和孔子的评论，则是为了说明本章的核心观点，即"仁则荣，不仁则辱"。一个组织的竞争力，看上去是来自于经过"未雨绸缪"积累起来的资源和能力基础，而实际上这些看得见的竞争力来源，又离不开看不见的基于"人性"德性前提的观念体系和管理体制建设，尤其是以此为基础所获得的内部成员及外部利益相关者的认可、认同和信任，也即"民信"。这恰是儒家管理的优先序思维的集中体现。

第四，组织与个人一样，福祸并非完全由环境决定。表面上看，是外部环境变化给组织带来了自身的机会或威胁，但是，在同样的环境变化面前，为什么有的组

[一] 张钢，《论语的管理精义》，机械工业出版社，2015 年版，PP324-326.

织能将这种变化转变为机会,而有的组织却看到的是威胁呢?实际上,环境变化本身无所谓祸或威胁,也无所谓福或机会,只有当这种变化匹配上特定的组织时,才会成为福祸或机会与威胁。因此,组织自身的准备或"未雨绸缪",就变得非常重要。

在孟子看来,如果一个诸侯国能在"国家閒暇,及是时明其政刑",那么,当环境变化到来时,就有可能把握住机会,即"求福";反之,如果一个诸侯国在"国家閒暇,及是时般乐怠敖",那么,当环境变化到来时,就只能面对威胁,即"求祸"了。因此,"祸福无不自己求之者"。这个结论正好与本章开篇所讲的观点呼应了起来。其实,"荣辱"又何尝不是"自己求之者"?关键还在于管理者确立起一种什么样的管理观念,采取的是什么样的管理行为,并能否保持一致,这才是"荣辱""祸福"的真正源头所在。为了说明这一点,孟子还分别引用了《诗经·大雅·文王》中的诗句以及《尚书·商书·太甲》里的话。

《诗经》上的这首诗,讲的是周文王清晰地认识到管理者对自我和组织的理解及把握的首要性;只有先理解和把握住自己,才能更好地认知、把握和适应环境,并将环境变化转变为有利于自身发展的机会。在"永言配命,自求多福"中,"配命"说的就是组织及其管理者与环境的匹配,这里的"命"指"天命",在当时的人们看来,"天命"所代表的就是环境不确定性背后的一种神秘力量,这种力量虽然非人力所能左右,但管理者却可以通过自我修养、自我管理以及组织管理的持续努力,来更好地适应于环境变化,以至于能时时将环境变化转变为有利于自身发展的机会,这便是"自求多福"所要表达的意思。

在《尚书》这段话中,"天作孽,犹可违",意思是,纯粹的环境变化带来的灾祸,总会有办法避开,毕竟人在环境面前具有主动性和可选择的空间,环境可以为人所用。但是,如果自身出了问题,无论是个人还是组织,要想避开这个问题,就不可能了。"自作孽,不可活"中的"活",在这里可以理解为逃开、躲避,也就是说,自身造成的灾祸,想避也避不开,只能直面,自作自受。若将这句话引申到管理上,就意味着,由管理者造成的问题,即便能推卸责任,可以暂时瞒过去,但由此给组织带来的损害,是抹不掉的;这种自求之祸,终归要在组织发展上反映出来。

2.5 孟子曰:"尊贤使能,俊杰在位,则天下之士皆悦而愿立于其朝矣。市,廛①而不征,法而不廛,则天下之商皆悦而愿藏于其市矣。关,讥②而不征,则天下之旅皆悦而愿出于其路矣。耕者助③而不税,则天下之农皆悦而愿耕于其野矣。廛④，无夫、里之布⑤，则天下之民皆悦而愿为之氓⑥矣。信能行此五者，则邻国之民仰之若父母矣。率其子弟，攻其父母，自生民以来未有能济⑦者也。如此，则无敌于天下。无敌于天下者，天吏⑧也。然而不王者，未之有也。"

【字词注释】

① 廛：是会意字，由表示房屋的广，表示居住的里，表示分开、划分的八和表示土地的土四部分组成，本义指平民一家所居的房地。这里引申为集市中的店铺、货栈等。

② 讥：这里是检查、审核的意思。

③ 助：这里指帮助耕种公田。在"井田制"下，八户农家各耕私田，并共同耕种一块公田，用公田的收成来抵税，而不再征收私田的税赋。

④ 廛：这里指人们居住的地方。

⑤ 夫、里之布："布"是形声字，本义指麻布，这里指古代的一种货币；"夫布"，指劳役税；"里布"，指桑麻税。"夫、里之布"，泛指苛捐杂税。

⑥ 氓：指百姓、农民。

⑦ 济：这里是成功、完成的意思。

⑧ 天吏：指符合"天意"和"民意"的管理者。

【今文意译】

孟子说："如果能尊敬和重用德才兼备的人，让德才出众的人担任各种管理职位，那么，天下管理者自然都高兴到这个诸侯国来做管理。如果能做到在市场上对存货不征税，而且当货物积压卖不出去时，还依法进行征购，那么，天下生意人自然都高兴到这个市场上来做生意。如果能做到在各种关口都只是检查而不收税，那么，天下旅行者自然都高兴到这里来旅行。如果能让种地的人只需要帮助耕种公田，而不征收私田的税，那么，天下农民自然都高兴到这里来种地。如果能做到在人们居住的地方没有各种苛捐杂税，那么，天下人自然都高兴到这里来定居。如果确实能做到这五个方面，那么，邻国人都会像对待父母一样仰慕这个诸侯国。在这种情况下，万一邻国国君要率军队来攻打，那就好比让子女去攻打父母一样，自有人类以来，这种事还从没有成功过。如此一来，这个诸侯国便能做到在天下没有对手了。在天下没有对手的人，当然就是符合天意和民意的管理者。这样的管理者还不能行王道、实现天下统一，从来就不曾有过。"

【管理解析】

本章承接上章，详解以一致性为基础的"王道""仁政"的五方面具体内容，其中，涉及市场（即"市"）与关口及交通（即"关"）两方面的内容，可以合并为激活市场或促进商业贸易活动。

首先，要吸引管理人才。在当时诸侯国间相互竞争的背景下，管理者的职业色彩比较浓，可以在不同诸侯国之间进行工作选择，而各诸侯国也都在努力吸引天下管理人才，不少诸侯国也正是因为引进了杰出管理者，才得以在短期内迅速崛起。当然，诸侯国要能吸引天下管理人才，必须先建立起良好的管理体制和稳定的规则体系，并传递出"尊贤使能"的信号，进而通过"俊杰在位"的优秀管理团队的影响力，才能让天下管理者都有意愿前来应聘。在当时的历史条件下，管理在诸侯国中所起的作用举足轻重，直接决定着其他各项工作的开展。

其次，要激活市场。借助商业活动来互通有无，发展经济。在当时条件下属于诸侯国间的贸易问题，涉及市场秩序管理、口岸关隘管理以及交通运输管理三个方面。依据"仁政"的要求，在市场秩序管理上，必须做到合理征税，既不能对存货征税，又要对积压商品及时征购，能做到切实保护商人利益，市场自然会繁荣起来；在口岸关隘和交通运输管理上，则要做到只检查以确保安全，而不征收过路钱，这样就会使物流和运输成本大大降低，既活跃了商业贸易活动，也能吸引天下旅行者前来，从而进一步繁荣各项经济事业。这充分说明，儒家不仅不反对商业贸易活动，而且还将商业贸易活动放在非常重要的位置，并强调要建立起合理且可行的制度规则和政策措施。

再次，要重视农业生产。在当时的历史条件下，农业生产是诸侯国的经济命脉和主要财富来源，因此，如何对农业生产活动征税，才能既保护农民的生产积极性，又保证税源税收稳定，就变得非常关键。在这个问题上，孟子一直倡导"井田制"。当然，这并不意味着孟子要倒退回原初的社会状态，而是在孟子看来，"井田制"允许农民通过帮助耕种公田来完成纳税，这让农民的个体利益和诸侯国的整体利益得到兼顾，尤其是当考虑到年景因素的重要影响时，让农民通过耕种公田来完成纳税，就更加具有合理性；至于农民在公田上劳动投入度的监督，则可以借助公田和私田的收成比较来实现。实际上，孟子倡导"井田制"，只不过是用"井田制"作案例，意在提醒管理者，要大力发展农业生产，必须致力于建立一种激励相容的有效机制，而不能只是一味地收税，却不考虑农民本身的生存状态和发展前景。在孟子的"井田制"案例启发下，若诸侯国管理者能设计出一种更合理且有效的激励相容机制，以吸引天下农民都愿意前来耕种，那岂不是更好。

最后，要实现人口积聚。在当时的各诸侯国，影响人口积聚的一个重要因素是苛捐杂税。由于诸侯国间连年战争，各诸侯国的军费开支都高居不下，再加之国君及各级管理者的花费日益增加，以至于各种临时摊派的费用，对民众来说竟成了家常便饭，人们不堪其扰，只好躲藏、逃避甚至举家远迁。这反过来又进一步消减了税源，诸侯国为了弥补收入缺口，便又会增加新的苛捐杂税，由此陷入恶性循环，不能自拔，其结果自然难以实现人口积聚。在当时的环境条件下，一个诸侯国若没有人口优势，就不可能有竞争力。正是针对这种情况，孟子才提出"廛，无夫、里之布，则天下之民皆悦而愿为之氓矣"。

如果一个诸侯国能够做到施"仁政"所要求的上述内容，那么，这个诸侯国不仅内部会和谐安定，人心凝聚，经济发展，军力增强，而且还能产生正向的外部影响力，让邻国民众羡慕和向往，用孟子的话说则是"邻国之民仰之若父母矣"。这句话的深意在于，"仁政"的宗旨是"保民"，并和民众一起追求并创造更广大的共同利益，即"至善"；由"保民"而强国，不仅不会对邻国构成威胁，还能给邻国树立榜样，让邻国民众看到合理、合法且有效的管理体制及其效果是怎样的。如此一来，这个诸侯国及其管理者与国内民众乃至国外民众的关系，就如同父母与子女的关系一样，不仅观念和利益一致，而且情感相连。在这样的前提下，即便邻国的国君和个别管理者想要发兵来攻打，也必将面临失败，这就好比要让子女去打自己的父母，当然不会成功一样。

在第一篇第5章中，孟子曾说"仁者无敌"，而本章又讲"无敌于天下者，天吏也"。这两种表达方式背后的含义是一样的，都不是说某个诸侯国靠武力战胜了天下所有诸侯国，以至于打遍天下无敌手，而是说当某个诸侯国真正能够行"王道"、施"仁政"之后，天下民众都不愿意与之为敌，又有谁愿意与自己的父母为敌呢？一旦天下民众都不愿意与之为敌，并心向往之，那么，这样的诸侯国及其管理者不就符合"天意"，成了"天吏"吗？结合前述论证便不难理解，孟子的"天意"，实际上就是"民意"；符合"天意"，自然也就符合"民意"，这样的诸侯国及其管理者当然能"王天下"了。

2.6 孟子曰："人皆有不忍人之心。先王有不忍人之心，斯有不忍人之政矣。以不忍人之心，行不忍人之政，治天下可运之掌上。所以谓'人皆有不忍人之心'者，今人乍①见孺子将入于井，皆有怵②惕③恻④隐⑤之心，非所以内交⑥于孺子之父母也，非所以要⑦誉于乡党朋友也，非恶其声而然也。由是观之，无恻隐之心，非人也；无羞恶之心，非人也；无辞让之心，非人也；无是非之心，非人也。恻隐之心，仁之端⑧也；羞恶之心，义之端也；辞让之心，礼之端也；是非之心，智之端也。人之有是四端也，犹其有四体也。有是四端而自谓不能者，自贼⑨者也。谓其君不能者，贼其君者也。凡有四端于我者，知皆扩而充之矣，若火之始然⑩，泉之始达。苟能充之，足以保四海；苟不充之，不足以事父母。"

【字词注释】

① 乍：这里是猝然、突然的意思。
② 怵：这里是恐惧、害怕的意思。
③ 惕：这里是惊动的意思。
④ 恻：这里是悲痛、忧伤的意思。
⑤ 隐：这里是忧伤、伤痛的意思。
⑥ 内交："内"是接纳的意思。"内交"，即结交。
⑦ 要：这里是需求、需要的意思。
⑧ 端：是形声字，本义指植物萌发出土的顶部。这里是开头、发端的意思。
⑨ 贼：这里是败坏、伤害的意思。
⑩ 然：即"燃"，燃烧的意思。

【今文意译】

孟子说："人都具有一种无法克制的、出于人性的德性本能的思维方式。古代最高管理者因为有这种无法克制的、出于人性的德性本能的思维方式，便采取了一种无法克制的、出于人性的德性本能的管理方式。如果能用这种无法克制的、出于人性的德性本能的思维方式，去推行一种无法克制的、出于人性的德性本能的管理方式，那么，天下的管理就会变得非常容易。之所以说'人都具有一种无法克制的、出于人性的德性本能的思维方式'，是因为存在这样一个明显的事实，那就是当人们突然看到一个小孩将要掉到井里时，都会触发一种惊恐恻隐的思维意识；人们产生这种思维意识，并不是因为想要结交孩子的父母，也不是为了赢得乡亲朋友们的赞誉，更不是由于讨厌孩子的哭叫呼喊之声。由此可见，思维中若没有恻隐的内涵，恐怕不是人性所应有的状态；思维中若没有羞恶的内涵，恐怕也不是人性所应有的状态；思维中若没有辞让的内涵，恐怕还不是人性所应有的状态；思维中若没有是非的内涵，恐怕同样不是人性所应有的状态。思维中恻隐的内涵，应该是仁的发端；思维中羞恶的内涵，应该是义的发端；思维中辞让的内涵，应该是礼的发端；思维中是非的内涵，应该是智的发端。人性中有这四方面内涵，就像身体有四肢一样。只要是人，他的思维中就会具有这四方面内涵；当一个人说自己不能按照这四方面内涵的要求来行动时，就是在自我残害，这好比有四肢却不用，就等于让四肢退化至残废一样。当一个人说他的国君不能按照这四方面内涵的要求来行动时，就是在祸害国君。既然人性中原本就有这四方面内涵，那么，只要能让这四方面内涵得以发扬光大，其结果便会像火一旦开始燃烧，定能达到燎原之势一样，也像源泉一旦开始喷涌，终将汇集奔流到海一样。假如能把这四方面内涵发扬光大，则一定会使四海之内安定和谐；假如不能把这四方面内涵发扬光大，就连侍奉父母都做不好。"

【管理解析】

本章深入分析了"仁政"的"人性"前提，进而将"人性"的德性内涵与社会规范贯通起来，全面发展了儒家管理思想。

孟子在这里首先提出了"人皆有不忍人之心"的核心观点。这里的"人"，并非指个体意义上的人，而是特指一般意义上的"人性"。在本章中，凡涉及"人"的地方，主要都是从"人性"的角度来讲的；而且，儒家的"人性"假设是德性，由于德性与社会性的内在同一性，"人性"中就必然存在一种基于德性与社会性相统一的思维本能，也即一种以"仁"为核心的固有思维方式。

如果说思维方式决定管理方式，那么，这种以"仁"为核心的固有思维方式，就会决定一种以"仁"为核心的管理方式，那便是"仁政"。正是"仁心"或"不忍人之心"，决定了"仁政"或"不忍人之政"。孟子在这里用"先王有不忍人之心，斯有不忍人之政"，概括总结了"仁政"的"人性"前提，同时也从管理者的内部视角分析了施"仁政"的前提条件，这与第一篇第7章中孟子认为齐宣王有施"仁政"的内在条件呼应了起来。有了"不忍人之心"这个前提条件，通过实施"不忍人之政"，自然就能达到"治天下可运之掌上"的结果。但问题是，人真的都具有"不忍人之心"吗？

在孟子看来，"人皆有不忍人之心"是非常明显的。当人们猛然见到小孩要掉到井里时，都会本能地产生一种惊恐、恻隐的情绪反应和思维意识。这种瞬间的情绪反应和思维意识，并不是经过前因后果、利弊得失的权衡分析后才出现的，当事人不可能在那么短的时间内想到要结交孩子的父母才有了这种情绪反应和思维意识，也不可能想到要用这种情绪反应和思维意识去博得乡亲朋友的赞美，更不可能是预期到小孩掉到井里会哭喊而产生厌恶，才会有这样的反应。由此可见，这种惊恐恻隐的情绪反应和思维意识，完全是出于本能，应该是"人性"中固有的内涵。正是这种"人性"中固有的内涵，构成了日常思维得以运用的内在前提和边界，决定着日常思维的定位和走向，并成为人们思考、表达和践行各种社会规范的内在根据，更是各种社会规范赖以产生的内在源泉或发端。

基于此，孟子进一步梳理出这种"人性"中固有的思维本能的具体内涵，从而将儒家"人性"的德性前提进一步细化，并把社会规范与德性前提贯通起来，最终实现了德性前提、社会规范、管理模式和管理实践的内在统一。

孟子把儒家"人性"的德性前提区分为四方面内涵，即：恻隐之心、羞恶之心、辞让之心、是非之心。这四方面内涵既是德性的具体内容，也是思维的前提和边界。人们常说理性思维是有限的，而理性思维的限度，一方面表现为理性思维得以运用的前提，这是超越理性思维本身而存在的。简单地说，理性思维总是要追问为什么，但是，针对理性思维的前提，却又无法回答为什么，这就如同"乍见孺子将入井"，人们无法回答为什么会产生惊恐恻隐的情绪反应和思维意识一样。这种用理性思维本身难以回答为什么的理性思维的前提，便是"人性"中固有的内涵。对这种"人性"中固有内涵的认识，就是信念，而信念是直观且自明的，不需要也不能回答为什么，只能坚定地相信。儒家关于"人性"中固有内涵的坚定信念，就是德性，其具体内容便是"恻隐之心""羞恶之心""辞让之心""是非之心"。另一方面，也正是这种关于"人性"中固有内涵的坚定信念，为理性思维的运用确立起边界，让人们有了关于理性思维和知识体系的一致性及局限性的清晰认识，也才会有"知之为知之，不知为不知，是知也"[⊖]的自知之明。

理解了孟子所给出的德性的四方面内涵的意义所在，就更容易理解孟子说"无恻隐之心，非人也"中"非人也"的真实含义。这里的"人"，并不是指某个具体个人，这句话也不是说若某个人没有"恻隐之心"，就不是人，而是从一般意义的"人性"角度来说，"恻隐之心"是"人性"的德性内涵的固有成分，一旦失去，"人性"就不完整了，所以，若没有"恻隐之心"，那便不是"人性"所应有的状态。不仅是"恻隐之心"，还包括"羞恶之心""辞让之心""是非之心"，都是"人性"的德性内涵不可分割的组成部分，缺失了任何一个，都不是"人性"所应有的状态。

孟子正是通过明确地提出德性的四方面内涵，既厘清了理性思维的德性边界，从而为思言行一致确立起内在的"人性"根据；同时也把作为社会规范的"仁义礼智"内在化，并与"人性"的德性前提融为一体。孟子进一步指出，"恻隐之心，仁之端也；羞恶之心，义之端也；辞让之心，礼之端也；是非之心，智之端也"。在这里，"端"，即内在根据、源泉、萌芽、发端的意思。也就是说，"仁义礼智"并非纯粹的外部社会规范，更不是刻意强加到人身上的外在束缚，而是发端于"人性"中固有的德性内涵。正是"恻隐之心""羞恶之心""辞让之心"

⊖ 张钢，《论语的管理精义》，机械工业出版社，2015年版，PP42-43.

"是非之心",为"仁义礼智"奠定了天然合理的内在"人性"根基。孟子的"四端"也是后来人们将包括"仁义礼智"在内的社会规范视为"天理"的思想源头。

《论语》曾在不同情境下,从社会规范及其所要求的管理行为表现的角度,反复阐述了"仁义礼智"及其管理意义,而《大学》则明确提出了"人性"的德性前提,并从直观且自明的"仁"出发,对德性前提进行了阐述。《中庸》则深刻揭示了"仁""智""诚"之间的关系,具体分析了"三达德"和"五达道"以及它们之间的互动。以此为基础,孟子用"四端"进一步细化了德性的具体内涵,明确了德性与理性思维之间的关系,阐明了"仁义礼智"的内在"人性"发端。可以说,正是借助孟子的"四端","人性"的德性前提才能更加一以贯之地渗透到管理之道、管理模式和管理实践之中。

孟子认为,对人而言,"四端"具有更为根本的源头或起点作用,直接决定着人之为人的言语和行为。虽然表面上看四肢是具体行为表现的直接载体,但是,真正决定着四肢怎么行动的内在机制,却存在于思维之中,而思维又受制于信念及其具体内涵,即"四端"。因此,"四端"比四肢对行为具有更为根本的决定作用。由此便不难理解,当孟子说"有是四端而自谓不能者,自贼者也。谓其君不能者,贼其君者也"时,其含义恰在于,无论是作为一般代理人的管理者,还是作为委托人的国君,他们的管理行为都不是靠自己的四肢来完成的,而是靠激发团队行为和组织行为实现的;要激发团队行为和组织行为,关键在于管理者的思维方式以及由思维方式所决定的管理方式,而其背后则是主导思维方式的"四端",以自己的"四端"为基础,才有可能去激活组织成员的"四端"及其主导下的思维方式和行为方式。管理者明明有"四端",却又说自己不行,难以产生推动团队和组织追求共同利益的思维,甚至还说上级或委托人不行,不能产生有效的思维方式和管理思路,去激发团队行为和组织行为。这其实恰说明管理者不作为,不仅不作为,而且简直可以说就是在自我残害,同时也是在祸害上级或委托人乃至整个组织。

因此,孟子最后才明确指出,"凡有四端于我者,知皆扩而充之矣,若火之始然,泉之始达。苟能充之,足以保四海;苟不充之,不足以事父母"。这意味着,既然"人性"中必然有"四端",那么,只要精心培育、呵护并发扬光大,终将体现在思言行的各个方面,就像火一经点燃,必定要燎原,泉水一旦喷涌,也定当奔流那样自然而然。既然"人性"如此,那么,做管理当然要顺应"人性"的要求,将"四端"发扬光大,实施"仁政",由此实现天下统一必将水到渠成;否则,违背"人性",连堂堂正正做个人、侍奉好父母都困难,更遑论做管理了。

2.7 孟子曰:"矢人①岂不仁于函人②哉?矢人惟恐不伤人,函人惟恐伤人。巫③、匠④亦然。故术不可不慎也。孔子曰:'里仁为美。择不处仁,焉得智?'夫仁,天之尊爵也,人之安宅也。莫之御⑤而不仁,是不智也。不仁、不智、无礼、无义,人役也。人役而耻为役,由⑥弓人而耻为弓,矢人而耻为矢也。如耻之,莫如为仁。仁者如射,射者正己而后发,发而不中,不怨胜己者,反求诸己而已矣。"

【字词注释】

① 矢人:"矢",这里是箭的意思。"矢人",指造箭的人。

② 函人:"函",这里是铠甲的意思。"函人",指造铠甲的人。

③ 巫:这里指巫医,通过替人祈祷消除疾病。

④ 匠:这里指做棺椁的木匠。

⑤ 御:这里是抵挡、阻止的意思。

⑥ 由:同"犹",好像的意思。

【今文意译】

孟子说:"难道造箭的人会比造铠甲的人更没有仁爱吗?造箭的人就怕造出的箭不能伤到人,而造铠甲的人又怕造出的铠甲不能保护人。巫医和制作棺椁的木匠也一样。巫医担心祈祷不灵,病人不能痊愈,而制作棺椁的木匠又担心病人都治好了,棺椁卖不出去。所以,从事具体职业,不可不谨慎啊。孔子说:'邻里充满仁爱风气,居住环境就会和美。不以仁爱的标准来选择居住环境,怎么可能获得社会知识和判断力呢?'仁爱是第一价值观,就像上天确立的最高层次的标准一样,也是人们最稳固可靠的精神家园。虽然没人阻止,却不追求仁爱境界,这就是没有智慧。既没有仁爱,也没有智慧,还不讲礼仪规范,这样的人岂不是将自己变成了纯粹的工具,甚至是动物吗?成为工具甚至动物,又以此为耻,就像造弓的人以变成弓为耻,造箭的人以变成箭为耻一样。如果真的以变成工具甚至动物为耻,那还不如去追求仁爱境界。追求仁爱境界就如同射箭一样,射箭的人要先端正身体姿势,然后才能放箭,放箭之后没有射中,不怨恨那些胜过自己的人,而是反思自己在哪些方面没有做好。"

【管理解析】

上章明确了德性的具体内涵,即"四端",本章则进一步指出,要让"四端"得以发扬光大，又离不开环境，尤其是职业环境的匹配；只有实现了内外部环境条件的协调匹配，"四端"才能得以持续修养和发扬光大。孟子在这里讲了四层含义。

第一，职业环境的影响非常重要。人既是一般意义上的社会人，也是从事某个具体职业的职业人。这两种角色之间的关系及其优先序，是每个成年人都必须面对的选择，尤其是当这两种角色还有一定冲突的时候。孟子专门列举了在当时的社会条件下具有对立性的两组职业，即"矢人"与"函人"以及"巫"与"匠"。"矢人"造箭，"函人"造甲；箭要伤害人，甲要保护人。看似两种产品对人的影响正好相反，难道"函人"因造甲就变成了甲，"矢人"因造箭就变成了箭，也因所造产品对人有利还是不利，区分出了"函人"与"矢人"的"仁"与"不仁"吗？

同样，当时从事巫医这个职业的人，总是期望借助祈祷给别人治好病，这样才有职业声誉，也会有更多病人找上门；而制作棺椁的木匠，又担心病人都被治好了，棺椁生意不好做，职业前景堪忧。难道巫医和木匠也会因其工作的性质而变得"仁"与"不仁"吗？

这两组职业的从业者都是人，是人在从事某个职业，而人之为人，本身就具有以"仁"为核心的"人性"的德性内涵，不能仅是从职业的角度来界定乃至框定人本身。这也许正是孟子在对比这两组职业的时候，用的是反问句的原因。孟子并没有直接说"矢人不仁于函人"，而是说"矢人岂不仁于函人哉"。显然，孟子的答案是否定的。一个人不能因为从事了某种职业，就不再是社会人，丢失了"社会人"的"人性"前提和角色规范，而变成了他所从事的那个职业本身，尤其是产品本身。人们一定要记住的是，无论从事什么职业，其主体都是堂堂正正的人，是具有德性的"社会人"。因此，孟子才告诫说："故术不可不慎也。"

第二，既然是具有德性的"社会人"在从事某个职业，那么，在做某个职业的工作之前以及过程中，就不能忘记"做人"的重要性。这也是儒家反复强调的"做人"先于做事和做管理的核心要义。即便没有将事做好，甚至没有机会做管理，也要堂堂正正做个人。

为了阐明"做人"的基础性以及"做人"除了内在的德性要求外，还离不开生活和工作环境的匹配，孟子专门引用了孔子的话"里仁为美。择不处仁，焉得智"。这句话出现在《论语》第四篇第 1 章中[一]，孔子说这句话，意在表明，"做人"是从事一切职业活动的根本所在，而"做人"实际上又是对社会规范这类社会知识的学习和实践，其核心在于处理各种类型的人与人之间的关系，并由此阐明、培育和发扬光大"人性"的德性内涵。但是，这种本质上是阐发、培育和发扬光大"人性"，

[一] 张钢，《论语的管理精义》，机械工业出版社，2015年版，PP82-83.

同时也是习得社会规范的"做人"过程，不可能脱离特定社会环境在真空中完成，因此，孔子非常看重邻里的仁爱风气，只有居住和工作在符合社会规范要求、有仁爱风气的环境里，人们才能更有效地进行社会学习，在完成自身的社会化过程中，形成内在的标准和社会判断力，而这才是真正的智慧。

在孟子看来，"仁"不仅是"人性"的德性内涵之一，也是社会价值观和行为规范的核心内容，可以视为儒家社会价值观体系中的第一价值观，在"仁义礼智"中起到引领作用。一方面，"仁"是"人性"中最为直观且自明的德性前提，从亲情之爱出发，可以更清晰地理解这一点；另一方面，"仁"也是社会规范的真正基础，并直接体现在孝悌之中，内在的"仁"与行为上的孝悌密不可分，共同构筑起儒家价值观体系的第一根桩基。因此，孟子才说，"夫仁，天之尊爵也，人之安宅也"，意思是，"仁"是上天确立的最高层次的标准或尺度，而"尊爵"便代表了一种最为尊贵的标准或尺度，这恰是对第一价值观的形象化表达。价值观本来就是一种关于什么有价值、什么没有价值的带有原则性的标准体系。在这个原则性的标准体系中，最重要的是第一价值观。正因为有了第一价值观，才能统领其他价值观，并赋予整个价值观体系以内在逻辑，使之保持一致性。因此，当孟子说"仁"是"天之尊爵"的时候，也就是明确地把"仁"放在了儒家第一价值观的位置上。有了这种带有根本性的第一价值观标准，人的精神才会有依托，并形成自己内在的一定之规，对各种外在事务给出恰当的判断和选择，而不会为外物所役，把自己变成外物或工具。这样的人才称得上是具有精神家园和归宿的人，也才是真正意义上的人。这正是孟子将"仁"视为"人之安宅"的原因。

第三，当一个人明知道"仁"是第一价值观及其对"做人"的意义，也没有人阻止他去追求"仁"，而自己却不愿意追求"仁"的境界，也不想为自己营造出精神家园，甚至都不想把自己变成一个真正意义上的人，那又如何能称为有智慧呢？一个不追求仁爱，没有智慧，也不讲究礼仪规范的人，又怎么能算是一个真正意义上的人呢？放弃了"人性"，不认同社会价值观，那不就成了外物、工具，甚至是动物了吗？这就相当于造弓箭的人把自己变成了弓箭本身，养牛羊的人将自己变成了牛羊一样。人是主体，当然不愿意变成客体，变成工具乃至动物；人都以成为工具乃至动物这样的客体为耻，是人都想将自己与动物区别开来。所以，孟子又说，"人役而耻为役，由弓人而耻为弓，矢人而耻为矢也"，这里的"人役"，指的就是被别人驱使的工具。在农业社会，动物是农业生产中非常重要的工具，因此，成为"人役"，不仅意味着成为工具，还意味着成为动物，这是任何人都不愿意看到的，更不愿意自己成为的。"弓人"毕竟还是造弓的人，当然不愿意成为弓；"矢人"毕竟还是造箭的人，当然不愿意成为箭。既然人们都耻于成为工具乃至动物，那就必须首先要成为人，即"做人"，而要做一个"社会人"，就必须努力践行以"仁"为核心的社会价值观。这便是"如耻之，莫如为仁"所要表达的意思。

第四，既然要"为仁"，要修养德行，要践行社会价值观，那么，到底应该怎么做呢？孟子用射箭做比喻，阐明了"为仁"的基本要求。

在这里，孟子讲射箭，实际上是将射箭比喻为一种广义的职业。当孟子说"仁者如射"时，隐含的意思是，当一个注重修养德行的人从事射箭这个职业时，首先是一个人在射箭而不是一台机器或某个动物在射箭，因此，射箭的人要先端正身体的姿势，才能开弓放箭，而"正己"实际上隐喻的是做一个堂堂正正的人，只有将自己先修养成一个有德性的"社会人"，这样在各种职业中才能有作为人的一定之规，而不至于完全迷失在职业对象或活动之中，更不会将自己物化为工具乃至动物。即便在职业中没有取得成功，即"发而不中"，也不会去埋怨工具，更不会去憎恨对手，而只会从自身去找原因。若回到开篇所举的"函人""矢人"的例子上，便不难理解，作为人来造箭和造甲，并不是要刻意用箭或甲去伤人或保护人，而是遵从社会规范和职业规范，做着应该做的事情，毕竟箭还可以用来狩猎，也可以用来保卫家园；当然，造箭的人只能保证自己不用箭去伤及无辜，以及不把箭卖给那些用箭来伤害好人的人，但不一定能保证箭的使用者一定会符合"人性"、遵从规则规范来使用箭。这就是说，造箭的人和造甲的人一样，本质上都首先是"社会人"，在"做人"的基础上，遵从社会规范和职业规范做好自己职业分内的事，并时刻自觉警惕并预防职业行为对"人性"和社会规范的违背。

同样，巫医和木匠也首先是"社会人"，然后才是特定职业的从业者。巫医治病救人自不待言，制作棺椁的木匠在"做人"的基础上要尽到职业责任，制作出高品质的棺椁，至于这样的棺椁有多大的市场需求，则不是制作棺椁的木匠所能人为强求的。如果木匠为了棺椁的销量而诅咒病人，甚至有不法行为，那不仅是"做人"的问题，更是触犯了刑律，自当领受应有的惩罚。

2.8 孟子曰："子路，人告之以有过，则喜。禹闻善言，则拜。大舜有大焉：善与人同，舍己从人，乐取于人以为善；自耕稼、陶、渔，以至为帝，无非取于人者。取诸人以为善，是与[①]人为善者也，故君子莫大乎与人为善。"

【字词注释】

①与：这里是帮助、参与的意思。

【今文意译】

孟子说:"子路听到别人指出他的过错,就会高兴。禹听到有利于共同利益的意见和建议,就要拜谢。伟大的舜则更进一步,善于发现人们的共同诉求,超越自我、换位思考,乐于听取别人的意见和建议,以实现共同利益;舜从种地、制陶器、打鱼,直到做最高管理者,都无不善于听取别人的意见,汲取别人的优点。善于听取别人的意见、汲取别人的优点,以实现共同利益,也就是在帮助别人,并和别人一起创造共同利益。所以,管理者最重要的工作就是帮助别人,并和别人一起创造共同利益。"

【管理解析】

本章侧重于讲管理职业的特点,着重强调管理者在"做人"和做管理上的一致性要求。

孟子用三位代表人物及其行为表现,分别阐述了管理职业对管理者"做人"和做管理的三方面要求。

首先,孟子用子路闻过则喜的行为表现,说明管理者在"做人"上要有开放包容的心态,要善于认识自己。只有切实做到了这一点,才能像子路一样闻过则喜。难以想象,一个刚愎自用、完全听不进不同意见的人,能够恰当地认识自己,尤其是清醒地认识自己的错误,在别人指出时,还能高兴。若一个人在"做人"上难以达到开放包容,也无法正确认识自己,不能闻过则喜,而要期望他在做管理时能做到这一点,几乎是不可能的。

其次,仅在"做人"上像子路一样闻过则喜还不够,毕竟做管理与"做人"的重要区别在于,管理者并非仅是个体行动者,而是必须组织、引导、激励大家一起追求和创造共同利益。由于共同利益具有整体性、长远性和广泛性的特点,很难说谁能够洞悉并把握住共同利益的内涵、性质和方向,再加上环境的不确定性和管理者本人的能力局限性,要想单靠管理者本人及管理团队去考虑和筹划关于共同利益的追求及创造,是远远不够的。因此,管理决策必须保持开放性,管理者在决策中要做到兼听则明。这也是做好管理决策,确保共同利益实现的基本要求。为此,孟子又举了禹的例子,即"禹闻善言,则拜",意思是,禹非常善于听取各种有利于共同利益实现的意见和建议,每每听到这样的言论都会拜谢。由此可见,作为管理者,以共同利益为准绳,善于广泛吸纳不同观点,是做好管理决策的前提。当然,要做到这一点,同样需要管理者具有开放包容的心态,也要有清醒的自我认识,认识到自我能力的局限性,而这一点又和子路在"做人"上的闻过则喜是相通的。可以想见,若在平时"做人"上达不到闻过则喜,要想在做管理时达到"闻善言,则拜"的境界也是不可能的。孟子以子路为"做人"上的典型代表,基于此,才有禹在做管理上的典型做法。但是,做管理正像"做人"一样,关键在"做",而不仅仅是"言",管理者固然要善于听取不同意见,但更要适时且恰当地将这些不同意见转化为创造共同利益的实践。在这一点上,舜是榜样。

最后,孟子之所以说"大舜有大焉",意在表明,舜不仅善于听取别人的意见和建议,更善于将这些意见和建议转化为创造共同利益的行动,即"为善"。要做到这一点,关键在于三个方面。第一要"善与人同",即能发现人们的共同兴趣、共同利益、共同关怀的交集在哪里,没有这个共同的立足点,要想发展出共同的观念和共同的追求是不可能的。第二还要能做到"舍己从人",这里的"舍己"指的是超越自己的观念、思维和利益等的局限性,而"从人"则是指站在对方的立场上考虑问题;只有做到了换位思考,才更容易理解人们的诉求,把握住各种不同意见和建议的内在根据,这是进一步理解和整合大家的意见和建议的前提。当然,"舍己从人"并不是无原则地迎合别人,而是强调要以共同观念和共同利益为准绳。第三更要"乐取于人以为善"。这句话说的就是,要让"乐取于人"服务于"为善",即创造共同利益,而且,正因为有了"舍己从人"的超越自我和换位思考,管理者不仅能够理解大家的意见和建议背后的真实诉求,更能真正把握住每个人的独特之处,即专长和优势,从而更有效地将各种好的意见和建议以及专长和优势,都引导到创造共同利益上去。

舜不仅在种地、做陶工、打鱼时,即便后来做了最高管理者,也都能做到"善与人同,舍己从人,乐取于人以为善",这充分说明舜在"做人"和做管理上所具有的一致性。正是基于此,孟子提炼出做管理的一般准则,即"取诸人以为善,是与人为善者也,故君子莫大乎与人为善"。这表明,管理者最重要的职责,便是组织、引导和激励人们一起追求并持续创造共同利益。

《中庸》也曾用舜做例子,说他"好问而好察迩言,隐恶而扬善,执其两端,用其中于民"[一],以表明舜对"中庸之德"的执着追求。如果将本章孟子对舜的评论与《中庸》里的表述相互参照,便更容易理解儒家对管理职业以共同利益为终极目标的突出强调,以及对从业者恪守一致性的特殊要求。

[一] 张钢,《大学·中庸的管理释义》,机械工业出版社,2017年版,PP97-99.

2.9 孟子曰:"伯夷,非其君不事,非其友不友,不立于恶人之朝,不与恶人言。立于恶人之朝,与恶人言,如以朝衣朝冠坐于涂炭。推恶恶之心,思与乡人立,其冠不正,望①望然去之,若将浼②焉。是故诸侯虽有善其辞命而至者,不受也。不受也者,是亦不屑就已。柳下惠③,不羞污④君,不卑小官,进不隐贤,必以其道。遗佚⑤而不怨,阨⑥穷而不悯⑦,故曰:'尔为尔,我为我。虽袒裼裸裎⑧于我侧,尔焉能浼我哉!'故由⑨由然与之偕而不自失焉,援而止之而止。援而止之而止者,是亦不屑去已。"孟子曰:"伯夷隘⑩,柳下惠不恭。隘与不恭,君子不由⑪也。"

【字词注释】

① 望:这里是埋怨、怨恨的意思。

② 浼:是形声字,本义指污染,这里是玷污的意思。

③ 柳下惠:鲁国大夫展禽,所在邑的名称为柳下,谥号为惠,故称柳下惠。

④ 污:这里是贪腐、不廉洁的意思。

⑤ 遗佚:"佚",通"逸",隐遁的意思。"遗佚",指遗弃不被重用。

⑥ 阨:是形声兼会意字,本义指狭窄之处、险要的地方,这里引申为苦难、灾祸的意思。

⑦ 悯:这里是忧愁的意思。

⑧ 袒裼裸裎:"袒"是裸露的意思;"裼",指脱掉上衣,裸露身体;"裎"是裸体的意思。"袒裼裸裎",即赤身裸体。

⑨ 由:这里是随心、自主的意思。

⑩ 隘:这里指器量小、心胸不宽阔。

⑪ 由:这里是经过、跟从的意思。

【今文意译】

孟子说:"对伯夷来讲,不是他认可的国君,就不去服务,不是他认可的朋友,就不去结交,坚决不到那些损害共同利益的人中间去做管理,甚至不同那些损害共同利益的人说话。到那些损害共同利益的人中间去做管理,和那些损害共同利益的人去交流,就像穿着朝服、戴着朝冠坐在土堆黑炭上一样。伯夷讨厌损害共同利益的思维方式是一以贯之的,即便同那些帽子没有戴端正的人站在一起,也会不高兴地走开,仿佛自己受到了玷污一样。所以,有些诸侯国派能说会道的人来劝说他去任职,他也不接受。之所以不接受,就是因为不屑于和他们接近。柳下惠却不同,他不觉得服务于不够廉洁的国君是耻辱的事,也不认为做个小官就卑贱,有机会做管理,便从不掩饰自己的德才兼备,而且一定会遵从管理之道。柳下惠哪怕被埋没,不被重用,也不怨恨,面对灾难和穷困,也不忧愁,他常说:'你是你,我是我。即便你在我身边赤身裸体,又怎能玷污到我呢?'所以,他会悠然自得地与人相处而不迷失自我,别人挽留,就留下来。之所以别人挽留就留下来,是因为他觉得根本就没必要刻意躲开。"

孟子又说:"伯夷显得器量不够大,柳下惠又显得不够庄重。器量不够大和不够庄重,都不是管理者所应该有的表现。"

【管理解析】

本章承接上章,用两个比较极端的典型案例,进一步说明,管理职业的特点在于追求和创造共同利益,为此,管理者应致力于影响甚至改变环境。

无论伯夷还是柳下惠,都坚持了自我同一性或一致性,并以此为基础来践行管理之道,但是,两人却代表了两种坚守一致性的比较极端的方式;他们都能自始至终坚守一致性,却又或多或少地带有为一致而一致的特点,反而忽略了管理者为了追求和创造共同利益,不仅要选择和适应环境,更要影响乃至改变环境的职业要求。

正像本篇第2章所讲的那样,伯夷为了保持自我同一性、践行管理之道,爱憎分明、疾恶如仇,"非其君不事,非其友不友,不立于恶人之朝,不与恶人言",甚至都不愿意同那些衣冠不整的人站在一起,唯恐被玷污;在环境不好的情况下,即便有机会做管理,也坚决不做,甘做隐士。这充分表明伯夷不屑于同那些损害共同利益的人为伍,也不愿意屈就不良的外部环境条件,也即孟子所说的"不受也者,是亦不屑就已"。

柳下惠则刚好相反,"不羞汙君,不卑小官,进不隐贤,必以其道",意思是,不管什么样的国君,哪怕是不廉洁的国君也可以去服务,管理职位再低也不觉得卑微,有机会就去做管理,而且从不掩饰自己的德才兼备,坚决恪守和践行管理之道。在这一点上,柳下惠同本篇第2章中提到的伊尹有点像,但是,这里之所以不再举伊尹的例子,而用柳下惠,很可能是因为,虽然柳下惠和伊尹的行为方式相似,但两人所处环境及行为结果却反差很大,伊尹最终遇到了明君商汤,得以实现管理抱负,辅佐过三代君王,为殷商的创立及稳定发展做出巨大贡献,而柳下惠却没有机会实现管理抱负,更没能改变环境,创造出更大的共同利益。孟子在这里用柳下惠作为一类极端一致行为的典型代表,恰是要提醒管理者,即便在不良的环境条件下,管理职业的特点决定了,管理者也不能仅是洁身自好,而必须努力影响乃至改变环境,才能创造出更大的共同利益。因此,孟子认为,柳下惠的"尔为尔,我为我，虽袒裼裸裎于我侧，尔焉能浼我哉"，在"做人"上固然值得提倡，也为后人树立了榜样，但若从做管理的角度来看，这种"援而止之而止者，是亦不屑去已"的做法，本质上同伯夷的"不受也者，是亦不屑就已"的做法一样，都无法影响和改变环境，更无法创造条件去实现共同利益，实际上并没有真正履行管理职责。

在儒家看来，管理者既不能仅满足于避嫌自保，隐居明志，也不能仅是做到不同流合污，洁身自好就可以。这样做固然不容易，但仅是如此，也不过是做了一个"好人"而已，还不能满足管理职业对管理者的职责要求。既然选择做管理，就必须直面各种人和环境，努力影响他人，改变环境。其实，孟子从管理职业的视角对伯夷和柳下惠的评价，即"伯夷隘，柳下惠不恭。隘与不恭，君子不由也"，与孔子在《论语》第十八篇第 8 章对包括伯夷、柳下惠在内的各种不同类型的隐士们的评价是一致的[一]，都在于强调，管理者必须致力于创造条件、改变环境，实现共同利益。这才是管理职业的本质特征，也集中体现在孟子上章提到的禹、舜等古代杰出管理者身上，他们都是改变环境、实现共同利益的典型代表，禹致力于改变自然环境，舜则努力改变社会环境。

2.10 孟子曰："天时不如地利，地利不如人和。三里之城，七里之郭①，环②而攻之而不胜。夫环而攻之，必有得天时者矣；然而不胜者，是天时不如地利也。城非不高也，池非不深也，兵革③非不坚利也，米粟非不多也，委④而去之，是地利不如人和也。故曰：域⑤民不以封疆之界，固国不以山溪之险，威天下不以兵革之利。得道者多助，失道者寡助。寡助之至，亲戚畔⑥之；多助之至，天下顺之。以天下之所顺攻亲戚之所畔，故君子有不战，战必胜矣。"

【字词注释】

① 郭：这里指外城，即在城的周围加筑的一道城墙。

② 环：这里是包围的意思。

③ 兵革："革"，这里指用革制成的甲盾；"兵"，这里指武器。"兵革"，泛指武器装备。

④ 委：这里是放弃、抛弃的意思。

⑤ 域：是形声字，本义指邦国，这里做动词，限制的意思。

⑥ 畔：通"叛"，背叛、叛变、背离的意思。

[一] 张钢，《论语的管理精义》，机械工业出版社，2015 年版，PP522-523.

【今文意译】

孟子说:"天时不如地利,地利不如人和。假设有一个方圆三里的小城,外城也不过方圆七里,早已经被包围了,却久攻不下。既然这座小城被长期围攻,必定有适合进攻的时机,但仍没有被攻破,这说明天时不如地利。再假如有一座城,城墙不可谓不高,护城河不可谓不深,城中的武器装备不可谓不强,粮食储备也不可谓不多,但人们却弃城而去,这说明地利不如人和。所以,要想限制人们的行为,不能只是用城墙或边界;要想保卫诸侯国的安全,也不能只是靠地势险要;要想威震天下,更不能只是凭武器装备强大。只要遵从管理之道,就很容易得到人们的帮助,而不遵从管理之道,则很少能得到人们的帮助。那些很少得到人们帮助的人,到头来连亲戚都会离开;而那些很容易得到人们帮助的人,到最后全天下的人都会追随。率领全天下的追随者,去攻打那些连亲戚都离开的人,其结果便可想而知。所以,遵从管理之道的管理者要么不战,战则一定能胜。"

【管理解析】

本章在上章基础上,从组织管理的有效性角度,阐述了儒家管理"以人为本""与人为善"的根本宗旨。

本章的核心观点是"天时不如地利,地利不如人和"。其中,"天时"可以理解为环境中涌现出来的各种机会,"地利"可以视为组织所拥有的物质资源条件,而"人和"则指组织内部的凝聚力和外部的影响力或声誉,也即"人心所向",其本质是内部信任和外部信任,有了内部信任,才会有凝聚力,有了外部信任,才会有外部影响力或声誉。这表明,"人和"关键在于内部和外部信任的建立。

明确了"天时""地利""人和"的含义,便不难理解,孟子在这里给出了关于做管理的三个关键要素的优先序,即:做管理,首先关注的要素是"人和",其次是"地利",最后才是"天时"。换句话说,只有那些能够赢得内部和外部信任、具有内部凝聚力和外部影响力的组织,才能充分利用物质资源条件,进而更好地把握住各种环境机会;离开了人们对组织和管理者的信任,物质资源条件和各种环境机会都将失去意义。严格来说,物质资源条件是为人服务的,各种环境机会也是针对人而言的,若连人都忘记了,却又想获得物质资源条件和各种环境机会,那岂不正像第一篇第 7 章中齐宣王一样是在"缘木求鱼"吗?

其实,孟子在这里所给出的"人和""地利""天时"的优先序,本质上同《论语》第十二篇第 7 章中子贡问政时,孔子给出的"民信""足食""足兵"[⊖]的优先序是一

⊖ 张钢,《论语的管理精义》,机械工业出版社,2015 年版,PP324-326.

致的，只不过孟子用"人和"来表达"民信"，用"地利"来代表"食""兵"等物质资源条件，并增加了一个代表各种环境机会的"天时"而已。孔子强调"民信"第一，代表物质资源条件的"食"和"兵"次之，而孟子则强调"人和"第一，代表物质资源条件的"地利"第二，代表各种环境机会的"天时"第三，其内在逻辑一脉相承。

孟子为了论证儒家做管理的优先序，使用了战争中攻城的例子。在当时的武器装备条件下，即便要攻打一座小城，进攻方也要付出很大代价。毕竟守城一方具有包括城墙、护城河、粮食储备等方面的物质资源优势，这便是"地利"。即便进攻方占有良好的攻城时机，即"天时"，也未必能克"地利"。但是，就算一座城堡有高大的城墙，有很深很宽的护城河，也有充足的武器装备和粮食储备，守城者却弃城而去，这等于将如此有利的物质资源条件拱手让给了进攻方。原因很简单，守城者并非有凝聚力的组织，不过一群乌合之众而已。这表明，"人和"要比"地利"更重要。

孟子由此得出结论："域民不以封疆之界，固国不以山溪之险，威天下不以兵革之利。得道者多助，失道者寡助"。意思是，地理空间上的边境线或围墙虽然能限制人们的行为，却无法束缚人们的思想意识，有凝聚力的组织不是靠围墙和疆界建立起来的；同样，要保卫诸侯国也不能仅靠天然险阻，再险要的关隘也会被那些有组织、有智慧的人攻破，因此，诸侯国要真正在天下有影响力，便不能只靠武器装备这样的硬实力，而必须要有吸引人、得人心的软实力。这里的"道"，指的就是儒家管理之道或"王道"。一个诸侯国若能行"王道"，不仅能得到诸侯国内部民众的认可和信任，还能得到天下人的认可和信任；而一个诸侯国若不行"王道"，却用"霸道"去迫害民众，其管理者不仅会失掉人心，甚至连自己的亲戚都会远离他们。一边是天下人都愿意追随的诸侯国及其管理者，另一边却是众叛亲离的诸侯国及其管理者，它们一旦交战，胜负显而易见。那些奉行"王道"的管理者并不想通过武力和战争解决问题，若实在没有别的办法，只能动用武力、卷入战争，也一定会取得最终胜利。这便是"君子有不战，战必胜"所要表达的意思，其内在含义同第一篇第 5 章所讲的"仁者无敌"一样。

2.11 孟子将朝王①，王使人来曰："寡人如②就见者也，有寒疾，不可以风。朝将视朝，不识可使寡人得见乎？"对曰："不幸而有疾，不能造朝。"明日，出吊③于东郭氏④。公孙丑曰："昔者辞以病，今日吊，或者不可乎？"曰："昔者疾，今日愈，如之何不吊？"王使人问疾，医来，孟仲子⑤对曰："昔者有王命，有采薪之忧⑥，不能造朝。今病小愈，趋造于朝，我不识能至否乎？"使数人要⑦于路，曰："请必无归而造于朝。"不得已而之景丑氏⑧宿焉。景子曰："内则父子，外则君臣，人之大伦也。父子主恩，君臣主敬。丑见王之敬子也，未见所以敬王也。"曰："恶！是何言也！齐人无以仁义与王言者，岂以仁义为不美也？其心曰'是何足与言仁义也'云尔，则不敬莫大乎是。我非尧、舜之道不敢以陈于王前，故齐人莫如我敬王也。"景子曰："否，非此之谓也。《礼》曰：'父召，无诺。'⑨'君命召，不俟驾。'⑩固将朝也，闻王命而遂不果，宜与夫礼若不相似然。"曰："岂谓是与？曾子曰：'晋、楚之富，不可及也。彼以其富，我以吾仁，彼以其爵，我以吾义。吾何慊⑪乎哉？'夫岂不义而曾子言之？是或一道也。天下有达尊三：爵一，齿一，德一。朝廷莫如爵，乡党莫如齿，辅世长民莫如德。恶得有其一以慢其二哉？故将大有为之君，必有所不召之臣；欲有谋焉，则就之。其尊德乐道，不如是不足与有为也。故汤之于伊尹，学焉而后臣之，故不劳而王。桓公之于管仲，学焉而后臣之，故不劳而霸。今天下地丑⑫德齐，莫能相尚，无他，好臣其所教，而不好臣其所受教。汤之于伊尹，桓公之于管仲，则不敢召。管仲且犹不可召，而况不为管仲者乎？"

【字词注释】

① 王：这里指齐宣王。

② 如：这里是应当、应该的意思。

③ 吊：这里是吊丧、慰问的意思。

④ 东郭氏：齐国大夫东郭牙。

⑤ 孟仲子：孟子的学生，也有说是孟子的堂弟。

⑥ 采薪之忧：这里是身体有疾病的委婉说法。

⑦ 要：这里是半路拦截的意思。

⑧ 景丑氏：齐国大夫景丑。

⑨ 父召，无诺："诺"指应答声。这句话的意思是：父亲召唤，不等答应就要起身前往，表示行动迅速，充满敬意。

⑩ 君命召，不俟驾："俟"是等待的意思。这句话的意思是：国君有命令下达，召唤前往，不等马车备好，就要徒步前去，表示急切的心情和对国君的尊敬。

⑪ 慊：这里是缺憾、不满足的意思。

⑫ 丑：这里是类、相当、相似的意思。

【今文意译】

孟子正要到朝廷上去见齐宣王,恰巧齐宣王派人来传话说:"我原本想来看您,但偶感风寒,不能再受风。不知您能否到早朝上来见个面呢?"

孟子回答道:"不幸的是,我也生病了,不能去早朝。"

第二天,孟子要去东郭牙家吊丧。公孙丑说:"昨天您以生病为由,拒绝去见齐宣王,今天又去吊丧,恐怕不太好吧?"

孟子说:"昨天生病,今天好了,为什么不能去吊丧?"

齐宣王派人来问候孟子,还有医生随行。孟仲子给对方解释说:"昨天齐宣王传命召见,正赶上他生病,不能去早朝。今天病稍好些,他就到朝廷去了,不知道这会儿是否已经到了?"孟仲子随后又吩咐几个人分头去半路上拦孟子,告诉他:"请不要回家,直接去朝廷吧。"

孟子没办法,只好暂时到景丑家住下。景丑说:"家里的父子关系,家外的君臣关系,是人与人之间最重要的两种关系。父子关系关键在于感情,君臣关系关键在于尊敬。我看齐宣王对您很尊敬,却没看见您尊敬齐宣王。"

孟子说:"啊!这是怎么说话呢!齐国人没有谁和齐宣王谈论仁义,难道齐国人都认为仁义不好吗?当然不是,只不过是因为他们都在心里嘀咕着'哪里值得和这位齐宣王讲仁义'这样的话罢了。对齐宣王不尊敬,还有比这更严重的吗?我在齐宣王面前,除了尧、舜的管理之道,不敢讲别的话题。所以,齐国人没有谁像我这样尊敬齐宣王啊!"

景丑说:"不对,我说的不是这个意思。《礼》上说:'父亲召唤,不等答应就要起身前往。''国君召唤,不等马车备好,就要徒步前去。'您本来要去朝廷,听到齐宣王的召命,就不去了。这应该和礼仪要求不相符吧?"

孟子说:"原来您讲的是这回事啊。曾子说:'晋国、楚国都很富有,没有谁赶得上,但他们有他们的财富,我有我的仁爱,他们有他们的爵位,我有我的正义。我有什么好缺憾的呢?'曾子这样讲,难道没有道理吗?这或许正体现了儒家一以贯之的管理之道。天下公认的值得尊敬的原因有三个:爵位、年龄、德行。在朝廷这样的公共领域,要论爵位;在乡间这样的私人场合,要论年龄;若讲辅助国君、服务民众,就要论德行。怎么能因为具备其中一个就怠慢另外两个呢?那些有大作为的国君,一定会有他不能随意召来唤去的大臣;如果有事要商量,国君就要到大臣那里去。国君必须尊重德行,乐于实行管理之道,不这样做,就没有办法行王道、施仁政。所以,商汤对待伊尹,就是先跟着他学习,然后才聘为大臣,结果商汤没有费什么力气,便统一天下。齐桓公对待管仲,也是先跟着他学习,然后才聘为大臣，结果齐桓公也没有费什么力气，便称霸诸侯。现在天下各诸侯国的地盘差不多大，德行上也没有什么分别，没有哪个诸侯国占有明显优势。之所以如此，没有别的原因，就是因为国君只喜欢大臣听话，而不喜欢向大臣学习。商汤对待伊尹，齐桓公对待管仲，都不敢召来唤去。管仲尚且不能被召来唤去，更何况那些不屑于做管仲那样的管理者的人呢？"

【管理解析】

本章用孟子的言行，具体说明，作为职业管理者的大臣，应如何处理同作为委托人的诸侯国国君之间的关系。这是做好管理的重要基础条件之一。作为代理人的管理者，若处理不好与委托人的关系，便难以做好管理；但是，管理者在处理与委托人的关系时，也不能只是一味地顺从和迎合，而是要恪守管理之道，保持自身的原则性、一致性和独立性。

孟子到齐国后，没有马上任职。为了表达对孟子这位年长德高的贤达人士的敬意，齐宣王原计划要到孟子的住处登门拜访，而孟子也出于对齐宣王的尊敬，正准备到朝廷上去见齐宣王。恰在此时，齐宣王派使者来传话，说由于生病不能前来拜访孟子，希望孟子到朝廷上去见面。由此或许可以推断，齐宣王既想要"礼贤下士"之名，又不想屈尊前来拜访孟子，便想出这样的办法来召见孟子。

孟子当即也用称病不去朝廷做回应。表面上看，孟子的行为前后不一致，先是要去，后又不去，还假托生病；但是，若理解了社会行为的互动性，并联系着本篇第 2 章孟子讲北宫黝"养勇"的做法，便容易理解，孟子这样做，恰是保持了行为上的一致性，即不管对方是谁，是"万乘之君"也好，是"褐宽博"也罢，只要你用"称病"来对待我，我便用"称病"来反击你。这也正是北宫黝所表现出的那种"无严诸侯。恶声至，必反之"的行为一致性或"勇气"。更何况，此时孟子并不是齐宣王正式任命的管理者，也不是齐国人，即便从管理规范和社会规范的角度看，孟子也没有义务一定要应齐宣王之召。

当然，孟子这样做的更深层次的原因，则借着与齐国大夫景丑的对话表达了出来。景丑从自己作为管理者的立场出发，认为齐宣王对孟子很尊敬，而孟子不够尊敬齐宣王，有违"君臣主敬"的要求。但是，孟子却认为，真正的"敬"不在于表面上每召必应的行为，而在于能否帮助国君认识自己，明确自己的信念、价值观和管理之道；更重要的是，"敬"关键在于心中所想与表现出来的言行是否一致。包括景丑在内的齐国大臣们，都不与齐宣王谈论"仁义"这个话题，难道是因为"仁义"本身不好吗？当然不是，不过是因为他们在心里认为齐宣王压根儿就不配谈"仁义"

而已。这种内心蔑视国君,表面上又顺从国君的做法,才是真正的不尊敬,而孟子正好相反,只要有机会与齐宣王见面,则言必称尧、舜的管理之道。这种发自内心来帮助齐宣王认识自己、认同管理之道的做法,才是真正尊敬齐宣王。

当景丑援引"父召,无诺""君命召,不俟驾",来强调他说的不是关于"敬"的理解问题,而是关于"君臣关系"问题时,孟子则引用曾子的话来说明,"君臣"关系不过特指的是"朝廷中的上下级关系"而已,即"爵"。景丑是齐宣王的大臣,当然与齐宣王有"君臣"关系,但孟子当时只不过是客居齐国,与齐宣王并没有"君臣"关系。所以,正像当年曾子说"晋、楚之富,不可及也。彼以其富,我以吾仁,彼以其爵,我以吾义。吾何慊乎哉"一样,孟子现在面对齐宣王,也不会因为他拥有巨大的财富和国君的尊位,自己就显得低人一等,必须屈从于他。

在孟子看来,衡量人和人之间关系的尺度是多元的,难以用同一个尺度对所有人进行高低尊贵的区分和评价;一个人之所以值得尊敬,其原因是多种多样的,概括地说,至少有三个,即爵位等级、年龄长幼、德行修养,而且它们适用的情境也不一样。在朝廷上,可能主要考虑的是爵位等级,因而,对于像景丑这样的齐国大臣来说,遵从"君命召,不俟驾"的规范要求,来处理"君臣"关系,当然没有问题。但是,对于像孟子这样的客居者来说,爵位等级就未必重要,更何况,孟子还年长于齐宣王,这在私人场合而非像朝廷那样的公共领域,就成为处理人与人之间关系的更重要的准则;而且,若依据儒家管理规范,要想处理好组织管理中的人与人之间的关系,仅靠爵位等级是远远不够的,还必须借助德行修养。由此可见,当时齐宣王在与孟子的交往中,只是凭借所拥有的爵位等级,就要怠慢既年长又德高的孟子,这本身就是有问题的,而孟子这样做并无不当之处,倒是以此来启发和警示齐宣王,应如何恰当地处理与他人的关系。

这再次表明,孟子从来都不是只从上下等级的角度来理解人与人之间的关系,而是将人与人之间的关系放在不同情境下,并明确指出,"君臣"关系仅限于国君和大臣之间,不能泛化到组织之外,更不能泛化到所有民众。国君与民众的关系,阐明的是国君权力的合法性来源,正如第一篇第10章所讲的那样,民众是"天意"的直接代表,"民意"即"天意",而国君必须顺应"民意"和"天意",为民众服务,即"保民"。严格来说,民众并非国君的"臣",只有那些应聘了朝廷的职位、做了管理者的人,才是国君的"臣";国君虽然可以召唤、命令这些做管理的"臣",却不能随意驱使民众。

更进一步,依据儒家的管理之道和管理规范,即便是对国君直接任命的管理者或"臣",也不能随心所欲地呼来唤去;若那样的话,国君所能聘到的一定只是些听话顺从的管理者;以这样的管理者群体,诸侯国和国君要想有大作为,简直是天方夜谭。所以，孟子才说，"将大有为之君，必有所不召之臣；欲有谋焉，则就之"。正是这种"不召之臣"，不仅有学识才干，更有内在准则、独立人格，也才能帮助诸侯国和国君成就大事业。像伊尹和管仲这两位"不召之臣"，一个帮助商汤统一天下，一个帮助齐桓公成就霸业，而商汤和齐桓公的可贵之处，都在于能够摆正"君臣"关系，认可大臣作为职业管理者所具有的独特价值和独立人格，更能够虚心向他们学习。商汤和齐桓公都是先把伊尹和管仲当老师，然后才聘为管理者，这正是"大有为之君"所应有的胸襟和器量，也是"君臣关系"超越于单纯的爵位等级关系的"主敬"内涵所在。

但遗憾的是，当时的"君臣"关系，已经蜕变成纯粹的爵位等级关系。国君只想要大臣听话，而大臣也只想一味地迎合国君，唯君命是从。如此一来，各诸侯国又怎么可能聘请到真正德才兼备的管理者呢？其结果必然是天下诸侯国之间半斤八两，难分伯仲，恶性纷争，也即"今天下地丑德齐，莫能相尚"。其中，"地丑"，即地盘大小相似，小诸侯国已逐渐被吞并殆尽，而"德齐"，即德行水平相类，各诸侯国在聘用管理者时已不再看重德行，以至于德行水平都低到了不能再低的同等水平。在这种情况下，各诸侯国只能拼命发展武力，期望借武力称霸诸侯，而这条"霸天下"之路，岂止是要"缘木求鱼"，简直是要"自求其祸"。

2.12　陈臻①问曰："前日于齐，王馈兼②金一百而不受；于宋，馈七十镒③而受；于薛，馈五十镒而受。前日之不受是，则今日之受非也；今日之受是，则前日之不受非也。夫子必居一于此矣。"孟子曰："皆是也。当在宋也，予将有远行。行者必以赆④，辞曰'馈赆'，予何为不受？当在薛也，予有戒心。辞曰：'闻戒，故为兵馈之'，予何为不受？若于齐，则未有处⑤也。无处而馈之，是货⑥之也。焉有君子而可以货取乎？"

【字词注释】

① 陈臻：孟子的学生。

② 兼：这里指金属的成色，是上等的意思。

③ 镒：古代黄金的重量单位，一镒等于二十两。

④ 赆：指临别时赠送的礼物。

⑤ 处：是会意字，本义是暂时停下来，这里引申为理由。

⑥ 货：是形声兼会意字，表示财物在交易过程中形态发生变化，这里引申为收买。

【今文意译】

陈臻问道:"前些日子在齐国时,齐国国君送给您一百镒上等金,您不要;在宋国时,国君送给您七十镒金,您却要了;在薛国时,国君送给您五十镒金,您也要了。如果不接受齐国国君的馈赠是对的,那么,接受宋、薛两国国君的馈赠就是不对的;如果接受宋、薛两国国君的馈赠是对的,那么,不接受齐国国君的馈赠就是不对的。在这两种情况下,必然有一种选择是错的。"

孟子说:"都没错。在宋国的时候,我要出远门,对要远行的人,送些盘缠很正常,他说的也是'临别馈赠',我有什么理由不接受?在薛国的时候,我正面临危险,需要做些防备,他说:'听说您要预防危险,拿些钱去置办点儿防身武器吧',我又有什么理由拒绝?而在齐国的时候,送钱给我则没有什么具体理由。没有理由却送钱,这不明摆着是收买吗?管理者又怎么可以被收买呢?"

【管理解析】

本章承接上章,用孟子对待国君馈赠的典型事例,再次清楚地表明,行为一致性要有内在的一定之规,不能仅看外在表现。

孟子没有接受齐国国君馈赠的一百镒上等好金,却接受了宋、薛两国国君馈赠的七十镒和五十镒金。这种不一致的行为表现,让孟子的学生陈臻很难理解。但是,在孟子看来,接受与不接受的关键在于要有正当的理由,并不是说要接受馈赠,就必须在任何情况下都接受,而要不接受馈赠,就必须拒绝一切馈赠。这种一刀切的做法,看似简单明了,也在行为表现上遵从了一致性,但实则从根本上违背了儒家所倡导的"中庸之德"的内在要求。在《论语》第四篇第 10 章中,孔子讲"君子之于天下也,无適也,无莫也,义之与比"㊀,意思是说,真正决定什么该做、什么不该做,什么样的馈赠该接受,什么样的馈赠不该接受的标准,不在外部情境和行为本身,而在内心的准则,即"义";正是因为有了这种内在的什么该做、什么不该做的标准,也即恪守了内在的"中"或"中和",才能在不同的情境下做出恰当的选择,采取适当的行为,而不过分受外在情境的影响。这恰是"中庸之德"所强调的用"中"于平常的直接体现㊁,也是决定行为一致性的根本尺度。

孟子在宋、薛两国接受国君的馈赠,都有正当的理由。一旦有了正当或符合"义"的理由,接受馈赠就是合理的、应该的行为选择,而不管馈赠本身的贵贱,是"兼金"还是普通"金",是一百镒还是七十或五十镒,也不管馈赠者是大诸侯国的

㊀ 张钢,《论语的管理精义》,机械工业出版社,2015 年版,P91.
㊁ 张钢,《大学·中庸的管理释义》,机械工业出版社,2017 年版,PP86-88.

国君还是小诸侯国的国君。这恰表明，孟子对于是否接受馈赠的判断标准，是来自内部的准则，而不是来自外部馈赠本身及馈赠者的身份地位；否则，若仅从外部因素做出接受与否的判断，百镒"兼金"总要好过七十镒、五十镒普通"金"，而像齐国这样的大诸侯国国君的馈赠，其象征意义也要超过宋、薛两个小诸侯国国君的馈赠。在当时的社会规范下，宋、薛两国国君的馈赠都有正当理由，按"礼"应该接受，却之反倒不恭；但齐国国君的馈赠却没有任何理由，若接受这种馈赠，倒是有一种接受恩赐甚至是被收买的味道。正所谓"无功不受禄"，对于那些立志成为管理者的人来说，这种透露着恩赐甚至收买味道的馈赠，是要时刻当心的。

当然，对于接受馈赠的正当理由中的"正当性"标准的具体内涵，在不同时代是不一样的，而且，这种"正当性"也不完全来自管理者内在的德性要求，同时还有特定的社会、职业和组织的规则规范要求，而两者的结合，正是儒家所倡导的"致中和"。只有将德性之"中"与特定规则规范之"和"有机统一起来，管理者才能在各种不同的日常工作和生活情境中有内在的一定之规；一旦有了这种内在的一定之规，并时刻践行，管理者才能在不同行为情境中真正做到具体问题具体分析。虽然在具体行为表现上看似千差万别，但实际上又万变不离其"宗"，各种千差万别的行为表现，无不具有内在的一致性。这种内在的一致性，是建立在德性与特定规则规范相统一的基础上的一致性，也是孟子用"气"所表征的一致性。管理者追求这种内在的一致性，培养"浩然之气"，也就意味着要将德性转化为德行，持续追求"中庸之德"的境界。

2.13 孟子之平陆①，谓其大夫②曰："子之持戟之士，一日而三失伍，则去之否乎？"曰："不待三。""然则子之失伍也亦多矣。凶年饥岁，子之民，老羸转于沟壑，壮者散而之四方者，几千人矣。"曰："此非距心之所得为也。"曰："今有受人之牛羊而为之牧之者，则必为之求牧③与刍④矣。求牧与刍而不得，则反诸其人乎？抑亦立而视其死与？"曰："此则距心之罪⑤也。"他日，见于王，曰："王之为都⑥者，臣知五人焉。知其罪者，惟孔距心。为王诵⑦之。"王曰："此则寡人之罪也。"

【字词注释】

① 平陆：齐国边境上的一个城邑。
② 大夫：即"邑宰"，这里指平陆城邑的管理者，也就是下文提到的孔距心。

③ 牧：这里指放养牲畜的地方，即牧场。

④ 刍：这里是草料的意思。

⑤ 罪：这里是错误、过失的意思。

⑥ 都：这里指城邑。

⑦ 诵：这里是讲述、述说的意思。

【今文意译】

孟子到齐国城邑平陆，对管理者孔距心说："假如你的持戟卫士一天三次失职，你会开除他吗？"

孔距心说："不用等到三次，早就开除了。"

孟子说："那么，按照这种说法，你失职的地方也很多啊。荒年时，城邑的民众，老弱之人被弃尸山沟，青壮年人则四处逃荒，该有几千人吧。"

孔距心说："这种情况不是我所能左右的。"

孟子说："假如有人接受别人委托，替别人放牧牛羊，那就必须给牛羊找到牧场和草料。若找不到牧场和草料，是埋怨牛羊的主人呢？还是眼看着牛羊饿死呢？"

孔距心说："这是我的过失啊。"

过了些时候，孟子见到齐国国君，对他说："您的城邑管理者，我认识五位，只有孔距心认识到了自己的错误，让我给您讲讲他吧。"

国君听完后说："这也是我的过失啊。"

【管理解析】

本章立足于管理者视角，再次阐述国君、大臣和民众之间的关系，并借具体事例，说明管理者的职责定位及其所应有的行为一致性要求。

作为平陆城邑的管理者，孔距心非常清楚他的下属，像持戟卫士，所应该担负的职责，因而，那些下属不用说一天有三次失职，哪怕只有一次失职，也会被开除。虽然孔距心很清楚下属所应该担负的职责，却未必理解自己的职责所系。在荒年到来时，平陆城邑的民众冻饿而死，流离失所者不下千人，而孔距心却并没有认识到这是自己的失职。这在一定程度上表明，作为管理者，孔距心尚未达到内在一致性的要求。

考虑到孔距心的代理人身份，当他说"此非距心之所得为也"时，便不仅意指这是年景造成的，也许还有更深一层含义，即我也无能为力，这是由国君这位委托人以及他确立的诸侯国和城邑管理体制及其运行机制所决定的，我无法改变。用年景和国君及体制机制做借口，也许是当时作为代理人的管理者推卸责任、搪塞过失的通行做法，因此，孔距心这样说时，丝毫也没有感觉到他对"持戟之士失职"的态度及要求，与对自己失职的态度及要求，是完全不同的。

为了揭示孔距心这种内在态度及外在要求上的不一致，孟子举了一个既形象又深刻的例子。在这个例子中，牛羊的主人隐喻作为委托人的国君，替别人放牧的人则隐喻像孔距心这样的管理者，而牛羊则隐喻国君和大臣共同的服务对象，也是终极权力合法性的来源。放牧的人接受了委托，为牛羊寻找牧场和草料，服务于牛羊的成长；如果找不到牧场和草料，放牧的人还能将责任推卸给牛羊的主人和自然环境吗？同样道理，孔距心作为代理人，既然接受了平陆城邑管理者的任命，就要对平陆民众的生存和发展负责；当平陆民众受冻挨饿、流离失所的时候，却埋怨年景和国君，这难道不是管理者不负责任的典型表现吗？若依照孔距心对待下属"持戟之士"的要求，他自己也早该被解职了。

最终孔距心还是认识到了自己的失职，而且，当孟子将这事讲给齐国国君听之后，国君也从中认识到自己的失职之处。当包括平陆在内的齐国城邑的民众受冻挨饿、流离失所时，作为委托人，齐国国君的失职至少体现在三个方面。

其一，国君没有履行好"保民"的职责。国君的根本责任在"保民"，而且，这个"保民"的责任，并不能随着向作为代理人的管理者授权，便完全转移到管理者那里，国君仍必须通过激励和约束管理者，从根本上保证民众生存和发展的权利得到保护及实现。如今包括平陆在内的齐国城邑，大量出现民众忍饥挨饿、四处逃荒的情况，国君难道没有责任？

其二，国君没有履行好"用人"的职责。选择恰当的代理人，以实现"保民"，并创造更广大的共同利益，也是国君的重要职责之一。现在齐国聘用的城邑管理者不仅存在严重失职的问题，而且竟然不知其失职之所在。用孟子的话说就是"王之为都者，臣知五人焉，知其罪者，惟孔距心"。孟子抽样调查了齐国的五位城邑管理者，都有严重失职之处，而且，能够认识到自身失职的，只有一位，才占五分之一，这难道不是国君在"用人"上的严重失职吗？

其三，国君没有履行好"监督"职责。设计并维系对管理者的监督和激励机制，同样是国君不可推卸的责任。当齐国的城邑管理者出现了如此严重的失职而不自知的情况时，恰暴露出齐国缺乏应有的管理体制及其运行机制的设计及维护。对此，齐国国君当然难辞其咎。

在当时的历史条件下，诸侯国有什么样的国君，就会有什么样的管理体制及运行机制，进而选用什么样的管理者；反过来，由这样的国君及管理体制及其运行机制所选择和培养出来的管理者，又会不断强化国君的理念、价值观和现有的管理体制及其机制，从而形成一种正反馈的强化效应。这种正反馈的强化效应既可能是正向的，走向良性循环，也可能是负向的，走向恶性循环。当时各诸侯国都已开始出现恶性循环的趋势，典型的如第一篇第 23 章所揭示的鲁国的情况，与本章所讲的齐国的情况非常类似。在孟子看来，要跳出这种恶性循环，关键在于启发管理者，眼睛向内，自我反思，认识到问题的症结在管理者尤其是最高管理者的"人性"前提和管理观念，而孟子持续不懈的努力，都在于从不同的侧面来启迪、说服、警示管理者们。

2.14 孟子谓蚔蛙①曰："子之辞灵丘②而请士师③，似也，为其可以言也。今既数月矣，未可以言与？"蚔蛙谏于王而不用，致为臣而去。齐人曰："所以为蚔蛙，则善矣，所以自为，则吾不知也。"公都子④以告。曰："吾闻之也：有官守者，不得其职则去；有言责者，不得其言则去。我无官守，我无言责也，则吾进退岂不绰绰然有余裕哉？"

【字词注释】

① 蚔蛙：齐国大夫。
② 灵丘：齐国边境上的一个城邑。
③ 士师：狱官，在诸侯国国都任职，靠近国君，容易进谏。
④ 公都子：孟子的学生。

【今文意译】

孟子对蚔蛙说："您辞去灵丘城邑的管理职位，转任狱官，看来是不错的，这样就有机会向国君进言了。如今您做狱官已有几个月，还没有机会进言吗？"

后来，蚔蛙向国君进谏，却没被采纳，于是辞职而去。齐国就有人说："孟子给蚔蛙出的主意还真是不错，但他自己是怎么做的，我们就不知道了。"

公都子将这些话转告给孟子。孟子说："我听说：有管理岗位的人，若不能履行岗位职责，就得离职；有进谏责任的人，若不能履行进谏责任，也得离职。我既无管理岗位，又无进谏责任，因此，我的进退不就完全自由了吗？"

【管理解析】

本章再次阐明，管理者的行为一致性，必须与岗位职责及其所扮演的角色相符合。

故事发生的背景是，孟子在齐国尚未正式任职，而齐国管理者蚔蛙恰好由灵丘城邑的地方长官转任都城的狱官，有更多机会与国君见面。或许是因为孟子想用各种方式说服齐国施"仁政"，便寄希望于蚳蛙能履行岗位职责，建议他抓住时机向齐国国君进谏，这就像上章中孟子提醒平陆城邑的管理者孔距心认清自己的岗位职责一样。也许蚳蛙非常认同孟子的"王道""仁政"观念，也愿意接受孟子的建议，于是就去向国君进谏。但遗憾的是，齐国国君不能接受蚳蛙的进言，蚳蛙便离职了。

蚳蛙的离职让一些齐国人对孟子心生怨气，认为孟子的行为不一致，出主意让蚳蛙去进谏，结果被迫离职，而孟子自己也屡屡向国君进言施"仁政"，同样没被采纳，却待在齐国，这不仅说明孟子自己不能保持行为一致性，也说明孟子是在坑蚳蛙，因为在这些齐国人看来，孟子明明知道对国君进谏没有效果，却还怂恿蚳蛙进谏，这不是明摆着让蚳蛙去触霉头、跳火坑吗？

齐国人之所以对孟子产生误解，关键在于没有认识到，行为一致性并非完全由个人意愿决定，还同一个人所担负的岗位职责及所扮演的角色密切相关。一个有管理岗位职责的人，没能履行职责，当然要离职，而一个有进言责任的管理者，没能尽到责任，当然也得离职。这种行为上的一致性，不完全由内在的德性准则所决定，还必须同岗位职责和角色规范相符合。也就是说，是内在的德性准则和特定的规则规范共同决定着行为的一致性状态。这样一来，人们行为的自由空间就会变小，而一致性要求也会更强。当时孟子在齐国没有正式管理职位，也没有相应的进言责任，孟子的行为一致性在很大程度上只是由内在的德性准则和一般性社会规范所决定，因而，孟子便可以做到"吾进退岂不绰绰然有余裕哉"。

既然有着更大的行动自由空间，孟子的行为当然也就没有违反一致性要求。或者说，从这个更大的行动自由空间来看，孟子的行为仍然是一致的，而且，即便综合考虑当时孟子和蚳蛙的关系性质，孟子的言行也没有违背一致性要求。孟子给蚳蛙出的主意，是针对有岗位职责的管理者的建议，而当时孟子自己尚无管理职权，当然也就不能像蚳蛙那样去做，因此，孟子要求蚳蛙做的事，并不能推广到自己身上。这与上章讲到的孔距心对自己的下属或"持戟之士"的要求，自己要先做到，国君对自己的管理者或大臣们的要求，自己要先做到，那是完全不同的。孔距心和国君本身都是管理者，当然需要符合推己及人或"恕"这一基本管理规范的要求，而孟子和蚳蛙的关系则不是这种有着正式岗位职责的管理者之间的关系。

2.15 孟子为卿于齐，出吊于滕。王使盖①大夫王驩②为辅行③。王驩朝暮见，反齐、滕之路，未尝与之言行事④也。公孙丑曰："齐卿之位，不为小矣。齐、滕之路，不为近矣。反之而未尝与言行事，何也？"曰："夫既或治⑤之，予何言哉？"

【字词注释】

① 盖：齐国的一个城邑。
② 王驩：齐国大夫。
③ 辅行：即随行的副使。
④ 行事：这里指出使滕国的公事。
⑤ 治：这里是办理、处理、安排的意思。

【今文意译】

孟子在齐国任高级管理者，出使滕国吊丧。国君派盖城邑的管理者王驩做随行副使。王驩和孟子在往返路上朝夕相处，孟子却没有同他议论过出使的事。

公孙丑说："齐国高级管理者的职位，已不算小了，齐国到滕国的路途，也不算短了。在往返行程中，您都没和他议论过出使的事，这是为什么呢？"

孟子说："既然相关部门已经将整个出使的事宜都安排妥当了，我还有什么好说的呢？"

【管理解析】

本章用孟子出使滕国的典型事例，说明管理者必须用管理职责及其相应的规范来约束自己的行为，真正做到公私分明、言行一致。

孟子在本章中的角色及行为与上章形成鲜明对比。在齐国时，孟子先是做国君的宾客，后来又被聘为高级管理者，即"卿"。孟子做了高级管理者后，曾代表国君出使滕国，参加葬礼，和孟子一起出行的副使，是齐国盖城邑的地方长官王驩。王驩是国君的宠臣，而且对儒家管理之道似乎并不认同。

在出使滕国期间，孟子和王驩虽朝夕相处，但从来没有议论过"公事"，也就是说，没有议论过同这次出使相关的事。这在很多人看来似乎不容易理解，既然孟子和王驩是正副使关系，却为什么在整个行程中都没有谈论"公事"呢？正像公孙丑所表示的疑惑那样，"齐卿之位不为小矣。齐、滕之路，不为近矣。反之而未尝与言行事，何也？"其中，"齐卿之位，不为小矣"，指的是孟子和王驩都是齐国的高级管理者，没有明显的等级差别，完全可以平等而自由地谈论"公事"，而"齐、滕之路，不为近矣"，则指的是路程长，时间充裕。这表明，外部条件都很充分，但孟子却没有和王驩谈论"公事"，这让公孙丑大感不解。

孟子的回答非常简捷，"夫既或治之，予何言哉"。意思是，出使事宜早已由相关部门安排得非常妥帖，还需要议论什么呢？这说明，在当时的诸侯国间关系中，出国吊丧是常规出使任务，已有成熟惯例，只要按照既定规格、流程、规矩来做即可，没有什么特别的问题需要正副使再来协商讨论，临时决定。因此，在孟子看来，这趟公差，并没有什么"公事"可讨论；如果要将"公事"的范围扩大，超出这次出使的内容，那便成了私下议论朝廷上的其他"公事"。严格来说，这对于同为高级管理者的孟子和王驩都是不适宜的。

理解了孟子出使滕国的"公事"性质，便不难发现，孟子和王驩这趟公差，在"公事"上，只需公事公办即可，没有什么特别需要讨论的问题；至于他们在整个行程中是否就某些"私事"聊一聊，或者谈谈异国风情，便不得而知了，毕竟这里只是说"未尝与之言行事"，却没有说他们是否就"私事"进行交流。人在旅途，闲聊以打发时光是必然的，但作为管理者，却必须具有角色意识和规则规范意识，这样才能公私分明，做应该做的事，说应该说的话，以保持言行一致。

2.16　孟子自齐葬于鲁。反于齐，止于嬴①。充虞②请曰："前日不知虞之不肖，使虞敦③匠事，严④，虞不敢请。今愿窃有请也，木若以美然。"曰："古者棺椁无度。中古棺七寸，椁称之，自天子达于庶人。非直⑤为观美也，然后尽于人心。不得，不可以为悦；无财，不可以为悦。得之为有财，古之人皆用之，吾何为独不然？且比⑥化⑦者，无使土亲肤，于人心独无恔⑧乎？吾闻之也：君子不以天下俭其亲。"

【字词注释】

① 嬴：齐国的一个城邑。
② 充虞：孟子的学生。
③ 敦：这里是督促、督办的意思。
④ 严：这里是紧急、急促的意思。
⑤ 直：同"特"，只、只是的意思。
⑥ 比：这里是为、为了的意思。
⑦ 化：这里是对"死"的一种委婉说法。
⑧ 恔：这里是畅快的意思。

【今文意译】

孟子从齐国回鲁国安葬母亲。返回齐国时，在嬴城邑停留。充虞对孟子说："前几天，承蒙您信任，让我负责督办做棺椁事宜，由于事情紧急，来不及请教您一个问题。今天想问一下，您给母亲置办的棺椁是否有点儿太奢华了呢？"

孟子说："上古时期，棺椁的厚度没有明确规定；到了中古时期以后，规定棺厚七寸，椁与之匹配，从天子到普通人都是这样。这不只是为了看上去美观，更是为了尽孝心。若置办的棺椁达不到这个规格，当然不能称心；若财力不够，无法置办，更不会称心。若有财力能置办达到这个规格的棺椁，古人都会这样做，为什么唯独我不能这样做呢？况且，能为去世的人着想，不让泥土玷污了躯体，这不正是对孝心的快慰吗？我听说：管理者无论如何都不应在父母身上省钱。"

【管理解析】

本章用孟子葬母的典型事例，再次阐明管理者达到行为一致性的内外部条件要求。

孟子葬母所引发的议论，在第一篇第23章也曾讲到过，因有人说孟子"后葬逾前葬"，还造成鲁国国君对孟子的误解。充虞是孟子的学生，随孟子回鲁国葬母，负责操办棺椁事宜。在充虞看来，孟母的棺椁有些奢华，似乎与《论语》第三篇第4章中孔子倡导的"礼，与其奢也，宁俭；丧，与其易也，宁戚"㊀的要求不一致，这才有了他和孟子的对话。

孟子对此的解释，从三个方面展开。首先涉及葬礼的规定，即"度"。在上古时候，对棺椁的尺寸、用料等并没有明确规定，但中古以后，即周公制礼之后，棺和椁有了相匹配的尺寸规格，从天子到普通人都开始讲究棺和椁的规格。孟子认为，关于棺椁尺寸规格的规定，不完全是为了美观，更体现出子女的尽孝之心。毕竟在当时，尽孝心的重要表现之一就是父母的葬礼安排。若没有关于棺椁的规格规定，也就罢了；若有了规格规定，却又不能按照规格规定办，当然难以尽到孝心，也不可能称心。

其次还涉及家庭条件限制。虽然有关于棺椁尺寸规格的规定，但若要按照这样的规格置办棺椁，还会受到家庭财力条件的限制。也就是说，并不是每户人家都能按照这样的规格，置办得起相应的棺椁。如果有财力支撑，能置办符合规格要求的棺椁，人们当然会这样做，孟子也不例外。当时孟子已经是齐国的高级管理者，在财力上完全可以支撑他按照这样的规格要求来置办棺椁，安排葬礼。

最后则涉及更深层次的社会价值观和行为规范的根本要求。根据儒家的观点，社会价值观和行为规范的坚实基础是"孝"，即《中庸》所讲的"仁者，人也，亲亲为大"㊁；若离开了承载"仁"的"孝"，一切人与人之间的关系及相应的规范便失去了根基。孟子这样做，恰是从自我信念定位及对管理之道的执着追求出发，并

㊀ 张钢，《论语的管理精义》，机械工业出版社，2015年版，PP55-56.
㊁ 张钢，《大学·中庸的管理释义》，机械工业出版社，2017年版，PP134-142.

没有违背内在的行为准则。这也正是孟子最后特别强调指出"君子不以天下俭其亲"的原因。这句话的深刻含义在于，管理者不管做到多么高的职位，都不应忘记他首先是一个具有"人性"的人，而"人性"的德性前提的直观且自明的体现便是"孝"，因此，管理者在任何情况下都不能忘记父母之恩，不能在父母身上省钱。

2.17 沈同①以其私问曰："燕可伐与？"孟子曰："可。子哙②不得与人燕，子之③不得受燕于子哙。有仕④于此，而子悦之，不告于王而私与之吾子之禄爵。夫士也，亦无王命而私受之于子，则可乎？何以异于是？"齐人伐燕。或问曰："劝齐伐燕，有诸？"曰："未也。沈同问'燕可伐与？'吾应之曰：'可。'彼然而伐之也。彼如曰：'孰可以伐之？'则将应之曰：'为天吏，则可以伐之。'今有杀人者，或问之曰：'人可杀与？'则将应之曰：'可。'彼如曰：'孰可以杀之？'则将应之曰：'为士师，则可以杀之。'今以燕伐燕，何为劝之哉？"

【字词注释】

① 沈同：齐国大夫。
② 子哙：燕国国君。
③ 子之：燕国宰相。
④ 仕：同"士"，指管理者。

【今文意译】

沈同私下问孟子："可以攻打燕国吗？"

孟子说："可以。燕国国君不应该将燕国送给别人，而燕国宰相也不应该接受。这就像有位管理者，您很喜欢他，便不禀告国君，就私下里将您的管理职位和俸禄让给了他；而他呢，也在没有国君任命的情况下，就接受了您的馈赠。这样行吗？燕国发生的事和这有区别吗？"

齐国后来果真攻打了燕国。有人问孟子："您劝齐国攻打燕国，有这回事吗？"

孟子说："没有。沈同问我：'可以攻打燕国吗？'我回答他说：'可以。'齐国随后攻打了燕国。如果当时他问：'谁有资格攻打燕国？'我将会回答他说：'是符合天意的管理者，就可以攻打燕国。'假如有个人杀了人，有人问道：'这个杀人者可以杀掉吗？'我将回答他说：'可以。'如果他再问：'谁有资格杀了他？'那我将回答他说：'是狱官，才可以杀了他。'如今像燕国一样的齐国去攻打燕国，怎么会是我劝说的呢?"

【管理解析】

本章一方面说明,管理者要注意区分正式场合与非正式场合的言行,由于这两种场合的规范要求是不一样的,不能将这两种场合的言行进行简单化地直接比较;另一方面则强调,管理者必须清醒地认识到,管理行为是一种正式的角色行为,必定有基于特定规则规范的合法性基础,无视甚至违背规则规范的管理行为,则会付出应有的代价。

本章的对话,也是有关第一篇第17~18章曾提到的燕国内乱,齐国借机攻打燕国的事。在齐国攻打燕国前,不仅齐宣王曾征求过孟子的意见,而且,齐国的大臣像沈同,也曾私下里向孟子请教过。

在孟子看来,燕国国君和宰相竟然把诸侯国当作私人物品一样进行私下授受,这种行为完全违背了诸侯国管理的合法性,尤其是考虑到国君权力的合法性来源在于"天意""民意",就更容易理解燕国国君这种私下授受行为的不合法之处。为了进一步说明这一点,孟子还专门举了一个更为直观的例子。任何一位管理者,都不可能因为自己喜欢某位下属,就自说自话式地将自己的管理岗位私下里赠予那位下属,而那位下属也不可能在没有正式任命的情况下就获得管理权力。如果说对于作为代理人的管理者的权力交接,必须有法定的程序而不能私下授受的话,那么,对于作为委托人的国君的权力交接,难道就可以私下授受而不需要经过法定程序吗?国君的权力交接,实际上涉及的是诸侯国的组织治理,而一旦诸侯国的组织治理出了严重问题,就会造成整个诸侯国的权力关系和运行秩序混乱。在这种情况下,一个诸侯国要想维持正常管理秩序都困难,更遑论"保民"了。所以,孟子才得出结论说"燕可伐"。

孟子虽然给沈同分析了"燕可伐"的理由,但并没有说明具备什么样资格的诸侯国才能"伐燕";更何况,沈同只是私下里和孟子讨论,也不是代表齐国国君正式听取孟子的意见。因此,当后来传言孟子"劝齐伐燕"时,孟子坚决否认,并做了专门澄清。既然燕国内乱的根源在于国君的权力交接和新任国君都没有合法性,那么,要"伐燕"并帮助燕国恢复国君权力的合法性,自己就必须要先具备合法性,也就是要能符合"天意"、代表"民意",那便是"天吏"。也就是说,只有那些真正能够行"王道"、施"仁政"、得"民心"的诸侯国及其管理者,才有资格去"伐燕",帮助燕国重建管理秩序。为了进一步说明这一点,孟子又举了一个更加明显的例子。杀人固然要偿命,但在一个有着正常秩序的社会里,并不是随便哪一个人都可以去杀掉杀人犯,只有那些经过正式授权,职责在于执行刑律的"士师",才有资格依法惩处杀人犯。这个例子，同前面举的那个关于管理权力私相授受的例子一样，都在于强调管理权力的合法性及角色行为的重要性。基于这样的分析，便可以很自然地提出这样的问题：齐国真的符合"天吏"的要求，有资格去"伐燕"，并帮助燕国重建管理秩序吗？

结合第一篇第17～18章中孟子和齐宣王关于"伐燕"的对话，不难发现，答案是否定的。齐国本质上和燕国一样，权力合法性也同样存在严重问题，并不符合"天意""民意"，更没有履行"保民"的职责。既然如此，孟子又怎么会劝说一个自身同样存在权力合法性问题的诸侯国，去攻打另一个存在权力合法性问题的诸侯国呢？这便是孟子最后说"今以燕伐燕，何为劝之哉"所要表达的意思。其中，"以燕伐燕"，说的是齐国本质上像燕国一样，也存在着严重的权力合法性问题，齐国"伐燕"，难道不正是"五十步笑百步"吗？

在这里，孟子从管理者的视角来审视诸侯国的权力合法性问题，意在表明，无论对于委托人还是代理人，权力合法性都是做管理的必要前提；若不能理解并明确权力的合法性来源，必将导致组织的权力关系和运行秩序混乱，最终危及整个组织的生存和发展；而权力合法性首先体现在观念上，只有建立起正确的管理观念，才有可能设计出相应的管理体制和运行机制；没有"王道"观念，便不可能设计出"仁政"体制。

2.18　燕人畔①。王曰："吾甚惭于孟子。"陈贾②曰："王无患焉。王自以为与周公，孰仁且智？"王曰："恶！是何言也！"曰："周公使管叔③监殷，管叔以殷畔。知而使之，是不仁也；不知而使之，是不智也。仁、智，周公未之尽也，而况于王乎？贾请见而解之。"见孟子，问曰："周公何人也？"曰："古圣人也。"曰："使管叔监殷，管叔以殷畔也。有诸？"曰："然。"曰："周公知其将畔而使之与？"曰："不知也。""然则圣人且有过与？"曰："周公，弟也。管叔，兄也。周公之过，不亦宜乎！且古之君子，过则改之；今之君子，过则顺④之。古之君子，其过也如日月之食，民皆见之；及其更也，民皆仰之。今之君子，岂徒顺之，又从为之辞。"

【字词注释】

① 畔：通"叛"，背叛、叛变、背离的意思。

② 陈贾：齐国大夫。

③ 管叔：周武王的弟弟，周公的哥哥。

④ 顺：这里是任随、放纵的意思。

【今文意译】

燕国人叛乱,反抗齐国。齐宣王说:"我真是愧对孟子。"

陈贾说:"您不用担心。您觉得自己和周公相比,谁更有仁爱和智慧呢?"

齐宣王说:"哎呀!这是什么话!"

陈贾说:"周公让管叔监管殷地,而管叔却带着殷人叛乱。周公若事先知道管叔要叛乱,还派他去,那就是没有仁爱;周公若事先不知道管叔要叛乱,那就是没有智慧。要兼具仁爱和智慧,连周公都没有完全达到,更何况您呢。请让我去见孟子,解释一下这件事。"

陈贾来见孟子,问道:"周公是怎样的人呢?"

孟子说:"古代伟大管理者。"

陈贾又问:"周公派管叔去监管殷地,而管叔却带着殷人叛乱,有这事吗?"

孟子说:"有。"

陈贾再问:"周公事先知道管叔会叛乱,才派他去的吗?"

孟子说:"周公事先并不知道管叔会叛乱。"

陈贾说:"既然这样,看来伟大管理者也会犯错误嘛。"

孟子说:"周公是弟弟,管叔是哥哥。周公的错误,不也是在情理之中吗?况且,古代的管理者,有了错误,就马上改正;如今的管理者,有了错误,还任性放纵。古代管理者的错误,就像日食、月食一样,人们都能看到;等到改正了,人们照样信赖。如今的管理者,哪里只是任性放纵,还要强词夺理、文过饰非。"

【管理解析】

本章继续从管理者视角出发,讲解如何处理与委托人或授权者的关系。

本章对话发生的背景是,齐国占领燕国后,燕国国君子哙和宰相子之先后被诛杀,而赵国则挟持燕国公子职,立为国君,即后来的燕昭王,燕国人也纷纷起来反抗齐国,拥护新君。在内外夹击之下,齐国只好撤军。齐国攻打燕国最终是无功而返,反倒还让燕国成了仇敌而非盟友,为后来燕昭王重用乐毅,差点灭掉齐国埋下了隐患。在这种情况下,齐宣王才说"吾甚惭于孟子"。若联系第一篇第18章中孟子给齐宣王的建议,便容易理解齐宣王的惭愧到底在哪里。在齐国攻占燕国之后,当各诸侯国准备要联合起来解救燕国时,齐宣王很紧张,曾问计于孟子,孟子建议他"速出令,反其旄倪,止其重器,谋于燕众,置君而后去之",也就是说,在帮助燕国解决了权力合法性危机之后,就要马上撤兵。但当时齐宣王并没有采纳孟子的建议,以至于最后落得极其被动的局面,所以,事后齐宣王才有愧对孟子之感。

齐宣王有这种惭愧之心，恰是他进行自我反思，改弦更张，从根本上梳理自己的管理观念，改革管理体制的良好契机；而作为代理人的管理者，原本可以利用这个机会，帮助作为委托人的国君，认清自己的观念和思路，进而更好地实现管理体制和运行流程的再造。但遗憾的是，齐国大夫陈贾不仅没有帮助齐宣王分析这次事件失败的原因，并从中汲取教训，推动改革，反倒帮着齐宣王找借口，文过饰非；更糟糕的是，陈贾找的借口竟然是古代伟大管理者周公也还犯过错误，更何况齐宣王了。陈贾不仅用周公当年错用"管叔监殷"来宽慰齐宣王，还想用这个历史案例去说服孟子，希望孟子不必在意齐宣王的过错。

　　针对陈贾替齐宣王辩解的理由，孟子一方面明确指出，周公的过错和齐宣王的过错在性质上完全不同，另一方面也深刻阐明，管理者对待错误的态度应该是正视和改正，而不是任性放纵，更不能文过饰非。

　　表面上，周公面对殷人叛乱，与齐宣王面对燕人叛乱很类似，但是，叛乱的性质及其深层次原因却完全不同。由于周公与管叔是亲兄弟，周公不可能事先就去推断兄长要叛乱谋反，而且，周朝立国之初，对商纣王的儿子武庚及相关亲属近臣也是采取了宽厚政策，将他们封在殷人发迹的地方，这便是宋国，并让管叔监国，而管叔带着殷人叛乱，则是周公事先无法预料的。这与齐宣王面对燕国人的所谓叛乱有着本质区别。其实，说燕国人叛乱是不恰当的，这只不过是从齐国这个占领国的角度来看的结果，而若从燕国人的视角来看，这恰是一种反击齐国吞并，争取自身独立的抗争。由此可见，这两件事根本就没有可比性。

　　更重要的是，即便承认周公有错误，而周公面对错误的态度和行为，也与齐宣王完全不同。做管理，谁能不犯错误？犯错误不要紧，关键是怎样认识错误，能否改正错误。孟子在这里讲的"古之君子，其过也如日月之食，民皆见之；及其更也，民皆仰之"，也是当年子贡在《论语》第十九篇第21章中说过的话[一]，只不过在个别字词上略有变化。意在表明，管理者要光明磊落，即便犯错误，也是光明正大，而非遮遮掩掩；管理者一旦有了错误，既不回避，也不掩饰，敢于正视，并及时改正。但是，像齐宣王、陈贾这些所谓"今之君子"，却完全不同，既然已经犯了错误，不仅不正视和承认，还要将错就错，任性放纵，更严重的是，还要找理由为自己的错误辩解。这种文过饰非的做法，势必会让管理者在错误的道路上越走越远，最终危害的是整个组织的生存和发展。

　　当孟子说"今之君子，岂徒顺之，又从为之辞"的时候，其焦点还不在于齐宣王的错误本身，而在于作为代理人的陈贾是怎样面对作为委托人的国君的错误。到

[一] 张钢，《论语的管理精义》，机械工业出版社，2015年版，PP545-546.

底是纵容、顺从，甚至想方设法替委托人掩饰错误，以至于颠倒黑白，将错误变成正确；还是帮助委托人认识、分析、改正错误，以有利于未来组织的可持续发展，这才是作为代理人的管理者，在处理与委托人关系上必须首先考虑的问题。齐国以陈贾为代表的管理者群体，表现出来的却是一味地迎合作为委托人的国君，千方百计地找理由替国君掩饰错误，以讨好国君，其结果不仅蒙蔽了国君，而且还会导致逆向选择，让那些勇于批评国君的管理者被淘汰出局。下章讲到孟子辞职离开齐国，在很大程度上就是源于这种逆向选择。

2.19 孟子致为臣而归。王就见孟子，曰："前日愿见而不可得，得侍，同朝甚喜。今又弃寡人而归，不识可以继此而得见乎？"对曰："不敢请耳，固所愿也。"他日，王谓时子①曰："我欲中国②而授孟子室，养弟子以万钟③，使诸大夫国人皆有所矜式④，子盍为我言之？"时子因陈子⑤而以告孟子。陈子以时子之言告孟子。孟子曰："然。夫时子恶知其不可也？如使予欲富，辞十万而受万，是为欲富乎？季孙⑥曰：'异哉子叔疑⑦！使己为政，不用，则亦已矣，又使其子弟为卿。人亦孰不欲富贵？而独于富贵之中，有私龙断⑧焉。'古之为市者，以其所有易其所无者，有司者治之耳。有贱丈夫焉，必求龙断而登之，以左右望而罔⑨市利。人皆以为贱，故从而征之。征商，自此贱丈夫始矣。"

【字词注释】

① 时子：齐国大夫。
② 中国：指齐国的中心，即国都。
③ 钟：古代容量单位，六石四斗为一钟。
④ 矜式："矜"是同情、尊敬的意思；"式"是榜样、楷模的意思。"矜式"，指让人尊敬的楷模。
⑤ 陈子：即孟子的学生陈臻。
⑥ 季孙：人名，已无从考。
⑦ 子叔疑：人名，已无从考。
⑧ 龙断：即"垄断"，原意为断而不连的冈垄，这里引申为操纵、独占市场。
⑨ 罔：是形声字，本义指一种捕鱼的用具，这里引申为谋取。

【今文意译】

孟子辞职后准备回乡。齐国国君来看孟子，说："当年想见到您不容易，后来幸得能同朝共事，很是高兴。如今您又要离开我回家乡，不知道以后还有机会相见吗？"

孟子回答说："岂敢，我也希望能有机会再见到您。"

过了几天，国君对时子说："我想在都城中给孟子一座宅院，支付给他和弟子们万钟粟，以便让齐国的管理者和民众有一个可尊敬的楷模，您能替我去说说吗？"

时子通过陈臻传话给孟子。陈臻把时子的话转告孟子。孟子说："原来是这样啊。时子又怎么会知道这是不可能的呀？如果我想求富贵，那么，辞掉十万钟粟的俸禄而接受万钟粟，这是为了求富贵吗？季孙曾说：ّ子叔疑真是奇怪啊！自己想做管理，没成功，也就罢了，又要让自己的儿子、兄弟都去做管理者。谁不想求富贵？而他是想在求富贵中私下采取垄断做法啊。'古时候做买卖，是以物易物，互通有无，而相关部门只要对之实施管理、维持秩序就行了。但是，有个卑贱的人，在市场上找个高冈登上去，左右观望人们的买卖行为，找到机会，便进行倒买倒卖，以谋取利益。人们都认为他卑贱，所以就要征他的税。对商人征税，就是从这个卑贱的人开始的。"

【管理解析】

本章用孟子辞去齐国管理职位的典型事例，说明做管理就是要追求更为广大的共同利益，而不能仅是考虑个人或小群体的利益。

孟子在齐国任高级管理者期间，有机会近距离地观察齐国的管理体制、运行机制和管理者群体，也更清楚地认识到齐国国君所奉行的管理观念与儒家管理之道的巨大反差。正所谓"道不同，不相为谋""以道事君，不可则止"⊖，孟子辞去了齐国的管理职位，准备返乡，而齐国国君却想挽留孟子，尤其是考虑到孟子在天下的声望，还想在齐国都城专门划出一块地方，让孟子和弟子们居住，并给予万钟薪俸，以便向齐国民众和其他诸侯国传递出齐国国君开明包容的信号。孟子并没有接受齐国国君的"好意"。

根据儒家管理之道，做管理不是为了个人发财致富。如果孟子一边劝国君不要"以利为利"，而要以"仁义"立国，一边却又想着如何借做管理而发财致富，这种言行不一致的状态，又如何能让人相信儒家管理之道。其实，齐国国君要是真想挽留孟子，莫过于改弦更张，行"王道"、施"仁政"，但这又是不可能的，不仅齐国国君压根儿没有认识到这一点，即便他认识到了，在齐国现有的管理体制和管理者群体面前，也无能为力。这也正是为什么孟子要从齐国这样富有的大诸侯国年薪

⊖ 张钢，《论语的管理精义》，机械工业出版社，2015年版，PP467-468，PP310-311。

十万钟粟的高级管理岗位上辞职的根本原因。齐国国君要用"万钟粟"来挽留孟子，恰说明他确实无法理解孟子和儒家管理之道。

更进一步，孟子还用商业活动中"垄断"及征税的起源做隐喻，一方面讽刺了以做管理来谋求富贵，尤其是想借管理垄断来谋求更大的私人利益的做法，另一方面也暗示了齐国想垄断天下"人才市场"，以谋求声名的企图。

首先，在孟子看来，季孙所讲的，子叔疑想借做管理发财致富没成功，便又千方百计让自己的"子弟"也做管理，以谋求更大财富的做法，在当时各诸侯国的管理者群体中普遍存在。管理者们为了自身利益，为了从国君那里谋求更多财富，便不讲原则、没有底线、不择手段，一味地顺从、迎合、纵容国君，以至于造成各诸侯国的管理都是一团糟的局面。更严重的是，那些企图借做管理来发财致富的管理者，还想方设法垄断管理岗位，以便让做管理能获得更大的垄断利益，为此，他们不仅利用各种亲缘关系结成利益群体，更以利益群体的力量排斥异己，把像孟子这样奉行儒家管理之道，致力于追求更广大共同利益的管理者排除在外。这种管理垄断和私人利益群体的形成，恰是阻碍各诸侯国行"王道"、施"仁政"的根本原因。

其次，孟子认为，像齐宣王这样想借武力称霸诸侯的国君，也无不期望实现自身权力的垄断，不仅想在齐国内垄断权力，更想在诸侯国间关系上垄断权力，为此，便试图控制各种资源，尤其是人才资源。也许齐宣王正像古人所说的那个"贱丈夫"一样，环顾天下"人才市场"，企图将天下"人才之利"一网打尽，这样一来，虽然天下人才不一定都能为齐国所用，但至少也无法被其他诸侯国所用。由此便不难理解，齐宣王企图将孟子留在齐国的做法，恰是一种针对人才的垄断行为。但问题是，在天下"人才市场"中，谁能扮演征税的"有司"，而人才又如何能超越一己之私，去追求更广大的共同利益呢？这也许正是孟子孜孜以求，所要解决的核心问题之一。

2.20 孟子去齐，宿于昼①。有欲为王留行者，坐而言。不应，隐几②而卧③。客不悦，曰："弟子齐④宿而后敢言，夫子卧而不听，请勿复敢见矣。"曰："坐。我明语子。昔者鲁缪公⑤无人乎子思⑥之侧，则不能安子思。泄柳⑦、申详⑧，无人乎缪公之侧，则不能安其身。子为长者虑，而不及子思。子绝长者乎？长者绝子乎？"

【字词注释】

① 昼：齐国的一个城邑。
② 几：指古人坐时凭靠的几案。
③ 卧：这里是睡觉的意思。
④ 齐：通"斋"，斋戒的意思。
⑤ 鲁缪公：鲁国国君，名显。
⑥ 子思：孔子的孙子，名伋。
⑦ 泄柳：鲁国人，鲁缪公时的贤人，也称子柳。
⑧ 申详：孔子的学生子张的儿子。

【今文意译】

孟子离开齐国，在昼城邑过夜。有位想替国君留住孟子的人，坐着与孟子说话。孟子没有回应，靠在几案上要睡着了。那人不高兴地说："我头一天就斋戒沐浴，今天才敢与您说话，而您却睡觉，不听我说。这样的话，以后再不敢见您了。"说完，起身要走。

孟子说："请坐下。让我明白地告诉你。过去鲁缪公为了能让子思安心留下，就要派人在子思身边以表达诚意，而泄柳、申详为了能让自己心安，才想尽办法让鲁缪公身边能有像子思这样德才兼备的人。你既然要为我考虑，为什么不去想想鲁缪公是怎样对待子思的呢？是你对我做的绝，还是我对你做的绝呢？"

【管理解析】

本章承接上章，继续用"孟子去齐"的事例，说明管理者要善于理解和把握现象背后深层次的原因，充分认识到价值观才是决定做管理能否成功的关键所在。

孟子之所以表面上怠慢那位挽留者，根本原因在于，那位挽留者并没有真正理解孟子为什么要离开齐国，而且，可以想见，那位挽留者既然不是齐国国君派来的，而是自己想替国君挽留孟子，这其中或许还添加了几分功利色彩，那位挽留者是否想借此在国君面前邀功请赏，也未可知。

通过与当年鲁国国君是怎样挽留子思，而鲁国的管理者们如泄柳、申详又是怎样帮国君挽留住子思相对比，便不难理解，如今的齐国国君及其身边的管理者们，只想着让孟子顺应他们，满足他们的要求，甚至与他们一样，而丝毫也没想着如何才能认识自己，寻求改变。孟子离开齐国，问题的关键不在于孟子，而在于齐国国君及其身边的管理者们所信奉的管理观念和他们的管理行为。如果齐国国君要真心挽留孟子，就要从自我改变做起，起码也要先传递出改变的信号。如果齐国的管理者们要真心挽留孟子，也应该先去说服国君改变，而不是只来劝说孟子留下。试想，齐国国君劝说孟子留下，也不过只是承诺了"万钟粟"的利益，而那位挽留者又能用什么理由或向孟子承诺什么呢？难怪孟子最后会说："子为长者虑，而不及子思。子绝长者乎？长者绝子乎？"

2.21 孟子去齐，尹士①语人曰："不识王之不可以为汤、武，则是不明也。识其不可，然且至，则是干泽②也。千里而见王，不遇故去，三宿而后出昼，是何濡滞也？士则兹不悦。"高子③以告。曰："夫尹士恶知予哉？千里而见王，是予所欲也。不遇故去，岂予所欲哉？予不得已也。予三宿而出昼，于予心犹以为速，王庶④几改之；王如改诸，则必反予。夫出昼而王不予追也，予然后浩然有归志。予虽然，岂舍王哉？王由⑤足用为善。王如用予，则岂徒齐民安，天下之民举⑥安。王庶几改之，予日望之。予岂若是小丈夫然哉？谏于其君而不受，则怒，悻悻⑦然见⑧于其面，去则穷日之力而后宿哉？"尹士闻之，曰："士诚小人也。"

【字词注释】

① 尹士：齐国人，姓尹，名士。
② 干泽："干"，求取、谋求的意思；"泽"，好处、恩泽的意思。"干泽"，指求取名利。
③ 高子：孟子的学生。
④ 庶：这里是副词，表示推测、或许的意思。
⑤ 由：同"犹"，好像的意思。
⑥ 举：这里是副词，都的意思。
⑦ 悻悻：恼怒不平的样子。
⑧ 见：通"现"，出现、显露的意思。

【今文意译】

孟子离开齐国，尹士对人说："如果没有认识到国君不能成为商汤、周武王那样的人，就说明自己不够明智。如果认识到了这一点，还要来，就说明是要追求功名利禄。不远千里来见国君，因不能合作共事而离开，却在昼城邑住了三晚才走，为什么要停留这么长时间呢？我对此很不以为然。"

高子把这话转告给孟子。孟子说："尹士怎么能理解我呢？不远千里来见国君，自有我的期望所在。因不能合作共事而离开，又怎么会是我所期望的呢？这只是不得已罢了。在我看来，在昼城邑住三晚才走，还显得有些快了，国君或许会改变主意，国君如果改变主意，就一定会让我回去。离开昼城邑，国君都没有派人来追赶我，这时我才有了彻底离开的心思。虽然如此，我又怎么会抛弃国君呢？国君还是有可能改变主意，追求天下共同利益的。国君如果能重用我，岂止是齐国民众会得到安宁，就是天下民众都会得到安宁。国君或许能改变主意，我时刻盼望着那一天到来。我怎么会像器量狭小的人那样，如果给国君进言，不被采纳，就生气，面带怒色，而一旦要离开，也是走得精疲力竭才休息呢？"

尹士后来听说了孟子这番话，便说道："我实在是没有从管理者的角度考虑问题啊。"

【管理解析】

本章继续用"孟子去齐"的事例，来说明管理者必须具有角色意识，而不能只是个人化的意气用事。

孟子从齐国离职，引发了很多误解和传言，尹士的风凉话颇具代表性。在一些人看来，孟子既然要推行"王道""仁政"，首先就要能够辨别哪些国君会像古代圣君那样愿意接受并践行这种管理观念；若连孟子自己都无法判断一名国君是否能够接受这种管理观念，那又有谁会相信孟子具备足够的聪明才智去帮助国君行"王道"、施"仁政"呢？这便是尹士质疑孟子"不识王之不可以为汤、武，则是不明也"的地方。

其次，若孟子早已认识到齐国国君不可能成为像商汤、周武王那样的圣君，却还要到齐国来任职，那不就是明摆着要追求功名利禄吗？如此一来，就更是同孟子所倡导的儒家管理之道大相径庭了。所以，尹士又说"识其不可，然且至，则是干泽也。"

最后，如果说孟子事先并不知道齐国国君是怎样的人，来齐国后，尤其是共事了一段时间，才真正了解，那也情有可原；但问题是，一旦认识到齐国国君不可能成为像古代圣君那样，要辞职而去，就应该毅然决然，而孟子为什么又恋恋不舍，磨磨蹭蹭，要在昼城邑停留三个晚上呢？尹士说"千里而见王，不遇故去，三宿而后出昼，是何濡滞也"，所要表达的正是这个意思。

尹士对孟子行为的不以为然，在当时恐怕很有典型性。毕竟孟子所信奉并致力于发扬光大的儒家管理之道，非常强调管理者的"诚"或思言行一致，孟子本人也专门用"气"的概念，将这种一致性加以具体化和明确化，而"孟子去齐"的行为表现，在很多齐国人看来，并没有很好地体现出一致性来。

孟子之所以不远千里来到齐国，当然有自己的抱负和期望。这不仅是因为齐国是当时的大国、富国，具备行"王道"的良好条件，还是因为齐国国君广招天下名士，延续"稷下学宫"传统，有着"贤明国君"的声誉，这也许是孟子晚年实现儒家管理理想的最好时机，也是最后时机。但遗憾的是，通过合作共事才发现，齐国国君、管理者群体及管理体制，都难以改变，从上到下热衷于追求的是"霸道"而非"王道"。在这种情况下，孟子才不得不选择离开。这种结局哪里是孟子所能想到的，又岂能是他所期望的呢？

当然，孟子刚离职时，还没有对齐国国君彻底失望，尤其是国君还到孟子处探望，并托时子传话，希望孟子和学生们仍留在齐国。这里面虽然可能有垄断人才之嫌，但也让孟子看到了一线希望，或许国君还会回心转意，改弦更张，重用孟子，推行"王道"。所以，孟子才会在昼城邑停留了三个晚上，以期盼着齐国国君改变主意，派人来追赶他。但是，直到孟子离开昼城邑，国君也没有派人来，这才让孟子最终下定了一去不复返的决心。

在春秋战国时期，由于诸侯国之间的激烈竞争，各诸侯国都普遍比较重视吸引、网罗天下人才，因而，孟子在昼城邑停留三晚，期待齐国国君派人来追赶他，这种想法在当时并没有什么好奇怪的，而且，这也恰好说明，当时的管理职业化水平比较高，职业管理者市场也已基本形成，作为委托人的诸侯国国君的确很难垄断管理人才市场。

虽然齐国国君终究还是没有派人来追赶孟子，但孟子仍没有彻底放弃在齐国推行"王道"的梦想。因为在孟子看来，齐国国君已具有行"王道"的潜在基础，即"王由足用为善"，至少他能保持对孟子和儒家管理之道的敬重，并能说出"吾甚惭于孟子"这样的话，更何况，齐国的国力条件也非常有利于行"王道"、施"仁政"。所以，即便到了这个时候，孟子对齐国国君仍抱有一丝希望，"王如用予，则岂徒齐民安，天下之民举安。王庶几改之，予日望之"。

孟子这样想、这样做，完全都是从管理角色意识出发的，而非个人的意气用事。做管理，一定要将管理角色与个人角色区别开来，不能因个人的利益、情绪乃至恩怨，影响了管理角色所代表的共同价值和共同利益的实现。孟子在离开齐国的过程中所做的一切，都不是立足于个人得失，而是立足于儒家管理之道和管理职业规范以及齐国乃至天下共同利益，来考虑他和国君的关系。这种关系绝不意味着个人之间的私人情感和恩怨，而是意味着共享价值观和最广大的共同利益。这也是齐国人对孟子误解的根源所在。人们更习惯于从看得见的个人及其关系的角度来考虑问题。

所以，孟子最后才说："予岂若是小丈夫然哉？谏于其君而不受，则怒，悻悻然见于其面，去则穷日之力而后宿哉？"其中，"小丈夫"指的是那些没有角色意识的管理者，完全凭个人的意气用事，行为看上去很一致，若进谏不被采纳，便怒形于色，而一旦辞职离去，恨不能一天时间就远走高飞，再也不回头。这样的管理者恰恰混淆了个人角色和管理职业角色，完全没有认识到管理职业角色需要有一种建立在管理之道和职业规范基础上的内在一致性。实际上，正是这种管理角色的内在一致性，让管理者得以超越私人利益得失和个人恩怨情仇，能从更广大的共同价值和共同利益出发考虑问题。这也就是《论语》第四篇第10章讲"君子之于天下也，无適也，无莫也，义之与比"㊀的道理所在。

当尹士后来惭愧地说"士诚小人也"时，其中的"小人"，正像孟子所说的"小丈夫"一样，都是指没有建立起真正的角色意识的管理者，其境界同被管理者没有分别。

2.22　孟子去齐，充虞路问曰："夫子若有不豫①色然。前日虞闻诸夫子曰：'君子不怨天，不尤人。'"曰："彼一时，此一时也。五百年必有王者兴，其间必有名世者②。由周而来，七百有馀岁矣。以其数，则过矣；以其时考之，则可矣。夫天未欲平治天下也，如欲平治天下，当今之世，舍我其谁也？吾何为不豫哉！"

【字词注释】

① 豫：这里是愉快、舒适的意思。
② 名世者："名"，通"命"。"命世者"，即像周公那样辅佐君王的人。

【今文意译】

孟子离开齐国，在返乡的路上，充虞问道："您的脸色看上去不太愉快。过去我曾听您说过：'管理者不抱怨天，不责怪人。'"

孟子说："那时是那时，现在是现在。从历史的角度看，每过五百年左右就会出现一位统一天下的圣明君王，这中间也会有辅佐君王的人涌现出来。自周武王统一天下以来，已经过去七百多年了。按年数来算，已经超过五百年，依时机来看，正好该是圣明君王和良相贤臣涌现出来的时候。除非上天不想让天下太平，否则，今天这个时候，离开我，还有谁能辅佐明君呢？我怎么会不愉快呢？"

㊀ 张钢，《论语的管理精义》，机械工业出版社，2015年版，P91.

【管理解析】

本章承接上章，进一步说明，管理者不仅要从角色意识和职业规范出发考虑问题，更要从肩负的历史使命出发考虑问题。

孟子从齐国离职返乡，一路上心情不太愉快，也许是人之常情。但是，孟子之所以有不愉快或忧虑，却并非完全因为个人的利益得失和情绪起伏，而是有着自感肩负重大历史使命的深层次原因。当然，孟子的学生充虞未必能够完全理解孟子面有不豫之色的深层次原因，因而，仍是从人之常情的角度，试图用孟子过去曾讲过的"君子不怨天，不尤人"的话来开导孟子。这句话出自《论语》第十四篇第37章[一]，是孔子对子贡说的话。孔子用这句话要表达的意思是，即便不被人理解，即便孤独地前行，也不必抱怨上天，责怪他人，而只需自己执着前行，矢志不渝地追求。想必孟子平时也经常用孔子这句话去激励学生们，所以，当充虞看到孟子面有不豫之色，又联想到齐国人对孟子的误解，便也想用孔子这句名言来宽慰孟子。但孟子却说"彼一时，此一时也"，意思是，平时说这句话的语境，同现在的语境是不一样的。平时孟子引用这句话，针对的是别人不能理解自己的情况，而现在孟子所思所想所忧虑的，却是更大的问题，是关于如何行"王道"、施"仁政"，以便实现天下太平的大问题，这也是孟子自感所肩负的重大历史使命。

孟子深谙历史。从历史发展的角度来看，"五百年必有王者兴，其间必有名世者"。这是孟子所坚信的历史发展的周期性，也是儒家管理之道得以成立的历史根据，用《中庸》的话说即"仲尼祖述尧舜，宪章文武；上律天时，下袭水土"[二]。在这样的历史周期中，一定会有像尧、舜、周文王、周武王那样的明君出现；当然，明君还离不开贤臣辅佐，即"其间必有名世者"。从上一次周武王这位明君和周公等一大批"名世者"出现，到孟子所处时代，已经过去七百多年了，早已超过五百年；而且，从孟子当时的时势来看，恰逢天下大乱，民心思治；因此，孟子一直坚信，是该到"有王者兴"的时候了，而明君一定要有贤臣辅佐，孟子有一种强烈的历史使命感，认为"夫天未欲平治天下也，如欲平治天下，当今之世，舍我其谁也"。

孟子在离开齐国的路上，一直思考的正是这样的大问题，早已超越了他在齐国辞职以及他和齐国国君之间关系的范围。由这种历史视野和历史使命感所引发的忧虑和不豫之色，即便是一直跟随在孟子身边的学生，也未必能完全理解。

基于这种历史视野和历史使命感，便不难理解孟子在齐国期间的种种行为表现。

[一] 张钢，《论语的管理精义》，机械工业出版社，2015年版，PP420-421.
[二] 张钢，《大学·中庸的管理释义》，机械工业出版社，2017年版，PP175-177.

在很大程度上，孟子是将齐国和他在齐国的任职，看成一种历史机遇，是上天让他在齐国完成"保民""安天下"的历史使命的难得机会。虽然齐国国君未必能够符合历史上的明君要求，但是，孟子始终坚信他自己是"名世之臣"，有能力帮助齐国改变管理观念和管理体制，顺应历史发展周期的大趋势，重新实现天下统一。即便最后的事实证明，孟子在齐国难以创造历史，似乎历史发展周期的拐点尚未到来，但是，孟子并没有因此而灰心丧气，他仍坚信历史发展的周期性和儒家管理之道得以实施的必然性，以及完成自己所肩负的重大历史使命的可行性。

当孟子有了如此坚定的信念和"舍我其谁"的气概之后，又怎么会计较个人得失，因一次失败而不愉快、不开心呢？所以，孟子说"吾何为不豫哉"。这里的"吾"，已不再是代表孟子个人，而是代表一种超越个人的"名世者"的职业责任感和历史使命感。

2.23 孟子去齐，居休①。公孙丑问曰："仕而不受禄，古之道乎？"曰："非也。于崇②，吾得见王。退而有去志，不欲变，故不受也。继而有师命③，不可以请。久于齐，非我志也。"

【字词注释】

① 休：地名，距孟子家乡已不远。
② 崇：地名。
③ 师命："师"，是军队的意思；"师命"，指军事行动，即齐伐燕。

【今文意译】

孟子离开齐国，在休这个地方暂住。公孙丑问道："做管理，却不要俸禄，这是古时候的规矩吗？"

孟子说："不是。当时在崇这个地方，我第一次见到了齐国国君。回来后便有了离开的想法，既然不想改变离开的想法，当然不能接受俸禄。后来因为有了齐国攻打燕国的战事，不宜请求离开。长期在齐国任职，非我所愿。"

【管理解析】

本章从另一个侧面说明，孟子在齐国任职，并不是基于个人角度的选择。这既呼应了第一篇的主题，即诸侯国不能以"利"为目标，而应该建立以"仁义"为核心的共享价值，追求更为广大的共同利益或"善"；同时也明确指出，作为代理人的职业管理者，也不能仅是从个人利益角度去选择诸侯国和管理岗位，而应该有更宽阔的视野和更广大的共同利益追求，这也恰是第二篇的核心主题。

孟子初到齐国任职时，并没有接受俸禄。谈起此事，公孙丑想了解，这种做管理又不要俸禄的做法，是否为古时候的规矩，以至于时下人们都不能再理解了。孟子明确指出，这不是古代的规矩，只不过是因为他在"崇"这个地方初见齐国国君之后，就萌发了离开的想法，这也可能就是通常所说的第一感觉或直觉；既然有"去志"，又不想改变，比较柔和而又不失礼貌的做法便是不接受俸禄。但不巧的是，后来突发战事，便不宜再谈离开的事了。

在《论语》第十五篇第 31 章中，孔子曾说"君子谋道不谋食"[1]。对于信奉儒家管理之道的孟子来说，选择到齐国任职，首先考虑的是能否推行"王道""仁政"，而非职务高低和俸禄大小。后来虽然由于战事延续，孟子还是在齐国待了下来，并接受了齐国的正式管理职位和俸禄，但这并非孟子选择在齐国任职的初衷；而且，孟子留在齐国，也从未停止过说服国君和管理者群体改弦更张、实行"王道"的努力，直到努力无果的最后一刻，才毫不犹豫地放弃了"十万钟粟"的俸禄，辞职离开。

以本章来结束第二篇有关职业管理者的主题探讨，其寓意或许在于，职业管理者要实现自己的职业理想，创造更为广大的共同利益，首先必须选择志同道合的委托人和组织，正像《论语》第二十篇第 1 章[2]专门分析的那样。所以，孟子最后也不得不感叹，"久于齐，非我志也"。

---

[1] 张钢，《论语的管理精义》，机械工业出版社，2015 年版，PP460-461.
[2] 张钢，《论语的管理精义》，机械工业出版社，2015 年版，PP551-553.

滕文公第三

【本篇导读】

本篇阐述如何行"王道"、施"仁政",以及施行"王道""仁政"对管理者的具体要求。如果说第一篇阐明了组织治理及其对委托人的要求,第二篇阐明了组织管理及其对代理人的要求,那么,本篇则通过案例分析,更为详尽地说明如何将有关治理和管理的观念付诸实施,以及在实施过程中不同类型的管理者所应肩负的责任,尤其是在更宽广的历史视野下,管理者所应承担的历史使命和文化责任。

本篇共有15章,大致可以分为四个部分。第一部分包括第1章至第4章的内容,以滕国为典型案例,详细解说如何行"王道"、施"仁政"。其中,第1章把终极目标"善"融入"人性"的德性内涵之中,提出"性善"观点,并明确指出,要行"王道"、施"仁政",必须首先确立"性善"这个根本前提;第2章阐明如何以"性善"为基础,确立核心价值观,培育相应的文化氛围;第3章提出一整套基于核心价值观的制度设计方案,包括以激励农业生产为基础的经济制度和有利于文化传承的教育制度;第4章阐述社会劳动分工的意义,分析管理劳动存在的合理性及其独特贡献,为接下来论述"王道""仁政"下管理者的职责定位埋下伏笔。

第二部分涵盖第5章至第9章的内容,详细探讨"王道""仁政"下管理者应如何履行职责,才能确保管理体制机制有效运行。其中,第5章通过与墨家学说对比,进一步阐述儒家"人性"前提的自明性,这也是管理者必须首先确立的信念和内在行为准则;第6章强调指出,管理者只有确立起信念和内在行为准则,才能行得正、做得端,并正确处理与国君或委托人的关系,这也是做管理的基本出发点;第7章通过与纵横家的对比,进一步明确儒家管理者的立身之本和做管理的内在要求;第8章以管理者找工作为例,说明管理者所应遵循的职业规范;第9章明确指出,管理者并不是在依附于国君或委托人,而是通过履行管理职责,为组织和社会做出独特的职业贡献,做管理也不是在为特定个人或小群体服务,而是要推行管理之道、创造更广大的共同利益。

第三部分由第10章至第13章的内容构成，着重阐明管理者必须真诚地协助乃至推动国君或委托人行"王道"，而不能打着"王道"的旗号，另有图谋。其中，第10章以宋国为例，说明行"王道"绝不是一种旗号，只有真正行"王道"，才能达到"仁者无敌"的境界；第11章继续以宋国为例，进一步指出，管理者若要正向影响国君或委托人，就必须致力于良好氛围的营造，否则，仅靠一两个人的努力，短期内很难从根本上改变现状；第12章从管理者个人修养的角度，再次阐述管理者应如何遵循职业规范，处理与国君或委托人之间的关系；第13章再举宋国的例子，说明管理者往往会从既得利益出发，对于那些明知道不符合规则规范、不应该做的事，却又不愿意放弃，还要找借口来为错误的行为辩护，这恰是实行"王道""仁政"的阻碍所在。

第四部分包括第14章和第15章的内容，侧重于论述儒家管理者应具备的历史使命感和文化责任担当。其中，第14章通过详述儒家管理之道的历史渊源，明确管理者所应具备的大视野、大格局以及由此而形成的历史使命感，这也是做管理要观念先行的原因所在；第15章用具体事例进一步说明，管理者不能只是从个人角度出发考虑问题，而必须从更宽广的社会职业和历史传统的视角，来理解自己所肩负的使命和责任，并以此来规范自己的管理行为。

本篇通过一系列案例，将管理者与管理之道、管理模式、管理行为之间的一体化共生、互动关系，生动地呈现了出来，进而又将之放在更深远的历史发展背景中进行分析，这让儒家管理思想不仅有了厚重的历史感，也因融入文明长河之中而源远流长。

3.1 滕文公为世子①，将之楚，过宋而见孟子。孟子道②性善，言必称尧、舜。世子自楚反，复见孟子。孟子曰："世子疑吾言乎？夫道③一而已矣。成覸④谓齐景公曰：'彼丈夫也，我丈夫也，吾何畏彼哉？'颜渊曰：'舜何人也？予何人也？有为者亦若是！'公明仪⑤曰：'文王，我师也。周公岂欺我哉？'今滕绝长补短，将五十里也，犹可以为善国。《书》曰：'若药不瞑眩，厥疾不瘳。'⑥"

【字词注释】

① 世子：即太子。

② 道：这里是说、言的意思。

③ 道：这里指道理，即儒家管理

之道。

④ 成覸：齐景公时期的著名管理者。

⑤ 公明仪：复姓公明，名仪，鲁国

人，曾子的学生。

⑥ 这是《尚书·商书·说命》中的话。其中，"瞑"，通"眠"，睡觉、头昏的意思；"厥"，这里是代词，其、那的意思；"瘳"，这里指伤病痊愈。这两句话的大意是：若吃药不能让你头昏目眩，那疾病又如何能痊愈。

【今文意译】

滕文公还是世子的时候，要到楚国去，路过宋国，来见孟子。孟子和他谈论人性原本就有追求共同利益的内在倾向，言必称尧、舜。滕文公从楚国返回时，又去见孟子。孟子说："世子不相信我说的话吗？管理之道一以贯之。成覸谈到齐景公时就说：'他是大丈夫，我也是大丈夫，我为什么要惧怕他呢？'颜回也说：'舜是什么人？我是什么人？想要有所作为，就要像舜那样。'公明仪则说：'周文王就是我学习的榜样，周公怎么会欺骗我呢？'如今的滕国，虽然是小诸侯国，但算起来也有方圆五十里了，在各诸侯国中，完全可以成为一个追求共同利益的典范。《尚书》上说：'若吃药不能让你头昏目眩，那疾病又如何能痊愈。'"

【管理解析】

本章讲国君或委托人只有确立起正确的"人性"前提和管理观念，才有可能建立适当的管理体制。

滕国是一个小诸侯国，在滕国国君滕文公还是世子的时候，就开始对儒家管理之道产生兴趣，想尝试了解，去楚国途中，还顺路拜访了当时在宋国的孟子。见面后，孟子首先与滕文公谈论的是"人性"问题，而且，在儒家历史上，第一次将共同利益或"善"的追求，内化为"人性"的固有倾向性，并用尧、舜做榜样，来启发滕文公，让他认识到组织的最高管理者确立正确的"人性"前提是多么重要。

"人性"前提是一切管理观念体系得以建立起来的逻辑起点。儒家的管理观念体系立足于"人性"的德性前提，正如《大学》开篇所讲"大学之道，在明明德，在亲民，在止于至善"㊀。孟子在这里不仅再次重申了"人性"的德性前提，而且，更是鲜明地将"人性"的德性前提与"善"联系起来，从而把《大学》所确立的"明德"这个"人性"的德性前提与"至善"这个终极目标融为一体。

在孟子看来，"人性"的德性前提本身就具有社会性，"人性"是德性与社会性的统一，其中自然就内秉着追求共同利益或"善"的倾向性。基于此，作为儒家管

㊀ 张钢，《大学·中庸的管理释义》，机械工业出版社，2017年版，PP4-7.

理的终极目标的"至善",便与作为"人性"自明前提的"明德"是相通的、同一的。因而,孟子才在儒家历史上第一次明确提出了"性善"观念,而"性善"则意味着,不仅"人性"的德性前提体现在人们对共同利益或"善"的追求之中,而且,人们之所以会追求共同利益或"善",恰是源于"人性"的德性前提中原本就有的"向善"的内在倾向性。可以说,没有对共同利益或"善"的追求,就不可能有"人性"的德性前提,而没有"人性"的德性前提,也不可能有对共同利益或"善"的追求。"德"与"善"本为一体,人是"德性人",也就意味着人是社会人,即"向善"的人。

孟子在第二篇第6章中把"仁义礼智"内化为"德性"的四方面内涵,即"四端",在本章中又用"性善"观念,将"善"内化为"人性"所固有的倾向性,由此,便完成了对儒家的"人性"前提的系统阐述,从而使得儒家"人性"的德性前提不仅有了明确的内涵,而且也有了一种潜在倾向性,为儒家管理思想体系奠定了更为坚实的"人性"立足点。

孟子向滕文公"道性善,言必称尧、舜",而滕文公未必能完全理解和接受。或许正因为还心存疑惑,滕文公从楚国返回滕国时,又专程到宋国再次拜会孟子。这次孟子则更明确地指出,任何管理之道都要从"人性"开始,才能一以贯之,而儒家管理之道立足于"性善",既强调观念和行为的一致性,也更强调在一以贯之的观念体系下的平等意识。例如,虽然成覸是齐国的管理者,是代理人,但在谈到齐景公这位国君或委托人的时候,他却说"彼丈夫也,我丈夫也,吾何畏彼哉",这恰是有关代理人和委托人之间关系的平等观念;颜回曾说"舜何人也?予何人也?有为者亦若是",意思是,任何立志做管理的人,都可以像舜一样,致力于追求和创造更广大的共同利益;公明仪也说"文王,我师也。周公岂欺我哉",这意味着,后世的管理者完全可以把周文王、周公等先辈管理者作为学习的榜样,因为他们的思想、行为和贡献已由历史做出了选择和检验,足以启发后人,而历史选择正像自然选择一样,是不会欺骗人的。

孟子引用成覸、颜回、公明仪的话,意在打消滕文公的顾虑,告诉他,要认同并践行儒家管理之道,这些先辈管理者们既是思想上伟大的精神导师,也是实践中可行的行为标杆,因此,滕国实行"王道",不仅不会孤独,还具有可行性。正如《论语》第四篇第25章所言"德不孤,必有邻"[一]。个人是如此,组织也一样。当然,滕国要进行管理变革,也不是没有阵痛,正所谓良药苦口。

[一] 张钢,《论语的管理精义》,机械工业出版社,2015年版,PP106-107.

3.2 滕定公薨①。世子谓然友②曰:"昔者孟子尝与我言于宋,于心终不忘。今也不幸至于大故,吾欲使子问于孟子,然后行事。"然友之邹,问于孟子。孟子曰:"不亦善乎!亲丧固所自尽③也。曾子曰:'生,事之以礼;死,葬之以礼,祭之以礼:可谓孝矣。'诸侯之礼,吾未之学也。虽然,吾尝闻之矣:三年之丧,齐、疏之服④,飦⑤粥之食,自天子达于庶人,三代共之。"然友反命,定为三年之丧。父兄百官皆不欲,曰:"吾宗国鲁先君莫之行,吾先君亦莫之行也。至于子之身而反之,不可。且《志》曰:'丧祭从先祖。'曰:'吾有所受之也。'"谓然友曰:"吾他日未尝学问,好驰马试剑。今也父兄百官不我足也,恐其不能尽于大事,子为我问孟子。"然友复之邹,问孟子。孟子曰:"然。不可以他求者也。孔子曰:'君薨,听于冢⑥宰,歠⑦粥,面深墨,即位而哭。百官有司,莫敢不哀,先之也。上有好者,下必有甚焉者矣。君子之德,风也;小人之德,草也。草尚之风必偃。'是在世子。"然友反命。世子曰:"然。是诚在我。"五月居庐,未有命戒。百官族人,可谓曰知。及至葬,四方来观之,颜色之戚,哭泣之哀,吊者大悦。

【字词注释】

① 薨:诸侯国国君去世,称为"薨"。

② 然友:滕国人,滕文公的老师。

③ 自尽:"尽",这里是用尽全部、达到极限的意思。"自尽",指因父母去世,真情用尽,悲痛至极。

④ 齐、疏之服:这里指用粗布做成的丧服。

⑤ 飦:同"饘",指稠的粥。

⑥ 冢:这里是大、地位高的意思。

⑦ 歠:这里是喝、吃的意思。

【今文意译】

滕定公去世。世子对然友说:"过去孟子在宋国曾与我交流过,心中仍念念不忘。今天不幸遭遇亲人去世这样的大变故,我想请你去咨询孟子,然后再办丧事。"

然友去邹国问孟子。孟子说:"这样做不是很好嘛!父母去世本来就是悲痛欲绝的事。曾子说过:'父母健在,要依礼侍奉;父母去世,要依礼安葬,还要依礼祭祀:

这才可以说是孝。'诸侯国国君的丧礼，我没有专门学过。不过，我曾听说，要守孝三年，这期间穿的是粗布丧服，吃的是稠粥，从天子直到普通人，夏商周三代都是这样。"

然友返回滕国，将孟子的话转告给世子，世子决定守孝三年。但是，世子的宗亲和朝廷的管理者们都不愿意这样做，他们说："我们的宗主国鲁国国君去世，都没有守孝三年，我们过去也没有这样做。到了您这里，却要违反惯例，这不可行。况且《志》上说：'丧礼祭祀要遵从先辈的做法。'又说：'做任何事都要有依据。'"

世子便对然友说："我平时没有好好学习各种礼仪规范，只喜欢跑马舞剑。如今宗亲和管理者们都不同意我的做法，这样的话，恐怕不能将丧事办好，因此，还要请您再去帮我问问孟子。"

然友再次到邹国请教孟子。孟子说："是啊。这事不能先要求别人怎样做。孔子说：'国君去世，让宰相负责日常管理，继任国君吃的是粥，面色深沉，到祭祀的位置上就痛哭。各级管理者没有不悲痛的，就是因为继任国君带头这样做。在上位的人有所喜好，在下位的人一定会喜好得更厉害。管理者的德行就像风，被管理者的德行就像草。草一定会随风而倒。'这件事关键在于世子本人。"

然友回滕国复命。世子说："是啊。这件事的确关键在我。"接着，世子便结庐而居五个月，没有发布任何命令和指示。宗亲和管理者们都赞许世子的做法，认为他懂得礼仪规范。等到下葬的时候，四面八方的人都来观看，世子满面悲戚，哀伤哭泣，所有参加吊唁的人都很满意。

【管理解析】

上章孟子向还是世子的滕文公讲解"人性"的德性前提，本章孟子则通过对滕国办丧礼的建议，说明如何把"人性"的德性前提融入核心价值观的选择，进而形成基于核心价值观的行为规范和文化氛围。

根据孟子的"四端"观点，德性的核心内涵之一是"仁"，而"仁"的直观且自明的体现便是"亲亲"或孝悌。要将"人性"的德性前提落到实处，就必须将"仁"这一核心价值观或第一价值观，同具体的礼仪规范联系起来，从而形成围绕核心价值观的文化氛围。葬礼历来被认为是体现"仁"这一核心价值观的重要礼仪规范，所以，孟子才对世子的老师然友说"亲丧固所自尽也"。这里的"固"，便是指"人性"中原本就具有的一种真情表达。既然如此，那么，这种"人性"中固有的真情，应该用什么样的形式来表达呢？

孟子引用曾子的话，"生，事之以礼；死，葬之以礼，祭之以礼"，对此做出说明。这句话出现在《论语》第二篇第 5 章中⊖，原本是孔子向学生樊迟解释"孝"的"无违"内涵时所说的话，很可能后来被曾子反复引用过。孟子借用这句话，是为了说明，以"仁"为核心的价值观，总是要与特定的社会规范联系在一起，才能落实到具体行为上。因此，滕国要给去世的国君办葬礼，就要依据有关诸侯国国君的葬礼规范进行，也即孟子所讲的"三年之丧，齐、疏之服，飦粥之食，自天子达于庶人，三代共之"。这种"三年之丧"的社会规范，是当时的历史条件下将核心价值观转化为行为规范，形成相应的文化氛围，进而影响人们行为的基本做法。这种做法本身虽然具有鲜明的时代特色，但其所蕴含的管理思维方式，即如何把"人性"前提、核心价值观、行为规范、文化氛围和具体行动有机统一起来，对于今天的组织管理仍不乏深刻的启发意义。

孟子的建议，在滕国遭到了来自世子的宗亲和各级管理者的反对，理由是"祖制"并无"三年之丧"的规范要求。滕国和鲁国当年在周初分封时都是姬姓，但鲁国的先祖是周公，居长，故滕国称鲁国为"宗国"。不仅滕国先君没有实行"三年之丧"，而且"宗国"鲁国也没有。来自宗亲和各级管理者的反对，既可以视为对儒家管理之道和核心价值观的挑战，更涉及怎样才能让一种价值观和行为规范为人们所接受的问题。

孟子再次给出的建议，其核心要点在于"不可以他求者也"。也就是说，要让一种价值观变成人们的行为规范，进而由内而外地影响人们的具体行动，就必须从管理者尤其是最高管理者自身做起，而不能先要求别人怎么做；如果管理者尤其是最高管理者本人，都不相信某种"人性"前提以及由此派生出来的核心价值观，也不能将这种价值观落实到自己的各种具体管理行动中，让其变为一种管理行为规范，又如何期望其他管理者和一般组织成员能认同并践行这种价值观，自觉地将其变成各种组织行为的规范呢？

为了阐明这一核心观点，孟子还引用了孔子的一段话，"君薨，听于冢宰，歠粥，面深墨，即位而哭。百官有司，莫敢不哀，先之也。上有好者，下必有甚焉者矣。君子之德，风也；小人之德，草也。草尚之风必偃"。这段话分别出现在《论语》第十四篇第 43 章和第十二篇第 19 章里⊜，文字略有出入，但含义没有变，强调的都是最高管理者从自我做起，才能上行下效，让"人性"前提和价值观真正变成人们的行为规范，进而营造正向文化氛围，潜移默化地影响人们的行动。正因为存在"上有好者，下必有甚焉者"，管理者对自己的价值观及相应的行为选择才不能不慎，这不仅意味着存在正向的"上有好者，下必有甚焉者"，而且还会出现负向的"上有好者，下必有甚焉者"，正所谓"楚王好细腰，民多饿死者"。因此，管理者尤其是

⊖ 张钢，《论语的管理精义》，机械工业出版社，2015 年版，PP30-31.
⊜ 张钢，《论语的管理精义》，机械工业出版社，2015 年版，PP426-427，P340.

最高管理者的自我修养和自我管理，就变得极其重要。

滕国世子按照孟子的建议，从自身做起，谨遵规范，葬礼办得很成功，不仅"百官族人，可谓曰知"，即各级管理者和亲族都赞许他懂"礼"，而且，"吊者大悦"，即那些来吊唁的人也无不称赞他是一个孝子。这个案例再次表明，一种价值观要真正影响人们的行为，关键在于管理者首先要发自内心认同这种价值观，并能切实将之落实在自己的日常行为上。

3.3 滕文公问为①国。孟子曰："民事不可缓也。《诗》云：'昼尔于茅，宵尔索绹。亟其乘屋，其始播百谷。'②民之为道也，有恒产者有恒心，无恒产者无恒心。苟无恒心，放辟邪侈，无不为已。及陷乎罪，然后从而刑之，是罔民也。焉有仁人在位，罔民而可为也？是故贤君必恭俭、礼下，取于民有制。阳虎③曰：'为富不仁矣，为仁不富矣。'夏后氏五十而贡④，殷人七十而助⑤，周人百亩而彻⑥，其实皆什一也。彻者彻⑦也，助者藉⑧也。龙子⑨曰：'治地莫善于助，莫不善于贡。'贡者，校数岁之中以为常。乐岁，粒米狼戾⑩，多取之而不为虐，则寡取之；凶年，粪其田而不足，则必取盈焉。为民父母，使民盻⑪盻然，将终岁勤动，不得以养其父母，又称贷⑫而益之，使老稚转乎沟壑，恶在其为民父母也？夫世禄，滕固行之矣。《诗》云：'雨我公田，遂及我私。'⑬惟助为有公田。由此观之，虽周亦助也。设为庠序学校以教之：庠者养也，校者教也，序者射也。夏曰校，殷曰序，周曰庠，学则三代共之，皆所以明人伦也。人伦明于上，小民亲于下。有王者起，必来取法，是为王者师也。《诗》云：'周虽旧邦，其命维新。'⑭文王之谓也。子力行之，亦以新子之国。"使毕战⑮问井地⑯。孟子曰："子之君将行仁政，选择而使子，子必勉之！夫仁政，必自经界⑰始。经界不正，井地不均，谷禄不平。是故暴君污吏必慢其经界。经界既正，分田制禄，可坐而定也。夫滕，壤地褊小，将为君子焉，将为野人⑱焉。无君子莫治野人，无野人莫养君子。请野九一而助，国中什一使自赋。卿以下必有圭田⑲，圭田五十亩。馀夫二十五亩。死徙无出乡，乡田同井，出入相友，守望相助，疾病相扶持，则百姓亲睦。方里而井，井九百亩，其中为公田。八家皆私百亩，同养公田，公事毕，然后敢治私事，所以别野人也。此其大略也。若夫润泽之，则在君与子矣。"

【字词注释】

① 为：这里是治理、管理的意思。

② 这是《诗经·豳风·七月》中的诗句。其中，"尔"是语助词；"于"，这里是取的意思；"绹"是绳索、绳子的意思；"乘"，这里是加、盖的意思。这几句诗的大意是：白天去割草，晚上来搓绳。抓紧盖房屋，赶快种百谷。

③ 阳虎：鲁国正卿季氏的家臣，姓阳，名虎，字货。

④ 贡：相传为夏代的税赋制度，具体内容已不可考。

⑤ 助：相传为商代的税赋制度，具体内容已不可考。

⑥ 彻：周代的税赋制度，按照农田收成的十分之一征税。

⑦ 彻：这里是贯通、通达、一致的意思。

⑧ 藉：这里是凭借、依靠的意思。

⑨ 龙子：古代的一位贤人。

⑩ 狼戾：即"狼藉"，形容粮食多，遍地都是。

⑪ 盻：这里是怒视的意思。

⑫ 称贷：这里是借贷、举债的意思。

⑬ 这是《诗经·小雅·大田》中的两句诗。大意是：雨水降到公田里，也能惠及私田。

⑭ 这是《诗经·大雅·文王》中的两句诗。大意是：周部落虽是一个历史悠久的邦国，但因追求自明的德性而永葆活力。

⑮ 毕战：滕国大夫。

⑯ 井地：即"井田制"。

⑰ 经界：指划分田界。

⑱ 野人：指在田野里劳作的人，即农民、平民的意思。

⑲ 圭田：这里指用于出产祭祀贡品的田地。

【今文意译】

滕文公询问关于诸侯国管理问题。孟子说："民众的事刻不容缓。《诗经》上说：'白天去割草，晚上来搓绳。抓紧盖房屋，赶快种百谷。'民众的生存之道是，那些有恒产的人就会对未来有良好预期，而那些没有恒产的人就会对未来没有良好预期。假如对未来没有良好预期，人们就会放荡不羁，无所不为。等到人们犯了罪，再去惩罚，那就变成了陷害民众啊。具备仁爱之心的管理者，怎么会去做陷害民众的事呢？所以，贤明的国君必定会恭敬节俭，礼贤下士，从民众那里收取税赋，也一定会有明确的规定。阳虎曾说过：'要想发财致富，就不能有仁爱之心；要有仁爱之心，就别老想着发财致富。'夏代每五十亩田按'贡'的方式收税，商代每七十亩田按'助'的方式收税，周代每一百亩田按'彻'的方式收税。其实三代的税率都是十分之一，即按照农田收成的十分之一收税。'彻'的意思就是一样、共同，'助'

的意思就是让人们出劳役来帮助耕种公田。龙子说过：'管理土地最好的方式是助，最不好的方式是贡。'贡的方式就是在比较了几年的收成基础上，算出一个确定的税赋数，不管年景好坏，都按照这个数征收。年景好，粮食丰收，多收些税也不算是暴虐，但还要按原定的数量收取；年景不好，粮食歉收，连成本都收不回来，却也要按原定的数量收足。既然做了管理者，却又让民众怨不可遏，终年劳作，竟连自己的父母都赡养不起，还得靠借贷来交税，以至于老弱年幼冻饿而死，被抛尸于荒野沟壑，这样的管理者怎么能称得上是像民众的父母一样的管理者呢？让管理者们享受优厚的俸禄待遇，现在滕国已经做到了，但对民众生活的考虑还远远不够。《诗经》上说：'雨水降到公田里，也能惠及私田。'只有'助'的方式，才能让公私兼顾。这样看来，虽然周代实行的是'彻'的方式，但实际上也是'助'的方式。在建立起基本经济制度，以确保民众生活无忧之后，还要设立各种学校来培养教育民众：'庠'是培养的意思，'校'是教化的意思，'序'是训练的意思。夏代注重教化，殷代注重训练，周代注重培养，而本质上都是要让民众通过学习成为社会人，也就是让人们明白人与人之间的关系准则。明白了人与人之间的关系准则，人们才能相互信任，和睦共处。那些信奉王道、推行仁政的国君，一定会按照这种方式来做，因为这就是行王道、施仁政的典型做法啊。《诗经》上说：'周部落虽是一个历史悠久的邦国，但因追求自明的德性而永葆活力。'这说的就是周文王呀。您若能按照这种方式去做，滕国一定会因此而焕发出新气象。"

　　滕文公又让毕战询问关于井田制的问题。孟子说："你们国君将要推行仁政，选择你来负责具体实施，你一定要努力做好！若要推行仁政，一定要从划分田界开始。田界划分得不公正，井田制施行起来就会不公平，而各种基于田地的俸禄和收入的分配就更不可能公平了。所以，残暴的国君和贪官污吏们一定会在划分田界上做文章，故意让田界划分得不准确。一旦田界划分得公正了，田地的分配、俸禄标准的制订，自然就容易了。滕国虽然土地面积狭小，但也需要有分工，起码要有管理者和农民的分工。没有管理者，就不可能让民众凝聚成一个组织，而没有农民，也不可能存在管理者。我建议，在农村采用九分之一的'助'的方式收税，在都城则采用十分之一的'贡'的方式收税。高级管理者以下的各级管理者，都要给他们分配用于祭祀的圭田，每家五十亩，家里的剩余劳动力，每人再分配二十五亩田。无论是丧葬还是迁徙，都不能离开所在的乡村，在同一个井田下的各家，友爱互助，共同保证安全，生了病也可以互相照顾，这样一来，民众自然就会亲近和睦。井田制的具体做法是，每个地方的土地都按井田来划分，每个井田为九百亩，中间的一百亩为公田，外围的八百亩为私田，分配给八户人家，这八户人家共同耕种中间的一百亩公田，只有公田种好了，才能种自己的私田。这便是用公田和私田来区分管理者和被管理者的做法。这里讲的井田制，只是个大概。若要具体化并付诸实施，还需要国君和你共同努力。"

【管理解析】

如果说上章是在讲包括价值观和行为规范在内的文化建设的内容，那么，本章则专讲制度设计问题，尤其是有关经济制度和教育制度的设计。具体地说，本章讲了四方面内容。

第一，要进行制度设计，必须先明确指导思想。这便与前面两章所讲的"人性"前提及由此派生出来的核心价值观和行为规范联系了起来。对滕国而言，既然已经明确了"人性"的德性前提，并确立起以"仁"为核心的价值观和行为规范，那么，在进行经济制度设计时，就必须将"民事"放在第一位，而不能只是考虑管理者群体（尤其是国君本人）的利益。这就是为什么孟子上来就说"民事不可缓也"的原因所在。为了阐明"民事"的重要性，孟子引用了《诗经·豳风·七月》中的诗句，其中讲的都是民众的基本生存需要，尤其是像房屋和田地这样的"恒产"，对于民众生存的重要意义，也即"民之为道也，有恒产者有恒心，无恒产者无恒心"。关于这个道理，在第一篇第7章中，孟子也曾与齐宣王讲过。这是设计经济制度的基本原则和指导思想，若在制度设计上不遵循这个基本原则和指导思想，必将扭曲民众对未来的合理预期，其结果自然是"苟无恒心，放辟邪侈，无不为已。及陷乎罪，然后从而刑之，是罔民也"，而"罔民"的做法，则是儒家一贯反对的。

在儒家看来，既然要奉行以"仁"为核心的价值观和行为规范，就不可能去做"罔民"的事。当孟子说"是故贤君必恭俭，礼下，取于民有制"时，意在表明，那些认同并践行以"仁"为核心的价值观的贤明国君，一定会在自己厉行节约的同时，尊重民众的需要，而国君和管理者们厉行节俭，当然就能给民众以更大的利益，毕竟国君和管理者们的利益是靠民众利益的实现来保证的。也就是说，国君和管理者们必须有效约束自己的行为，合理有度地对待下属和民众，用明确的制度规则，使征收税赋的行为规范化。从这个意义上说，做管理与个人发财致富是不相容的。如果国君和管理者们只是一心想着自己发财致富，那就一定不会认同和践行以"仁"为核心的价值观和行为规范，而如果要真正行"王道"、施"仁政"，也绝不可能是因为国君和管理者们想要发财致富。这就是孟子引用阳虎的话"为富不仁矣，为仁不富矣"所要表达的意思。这句话更为直白地阐明了儒家的"王道""仁政"并不是为国君和管理者个人发财致富服务的，这也是为什么像梁惠王、齐宣王那样的国君不愿意接受儒家的"王道""仁政"的深层次原因。

第二，在明确了指导思想之后，还需要有针对性地设计合理且可行的制度规则。与"民事"关系极为密切的制度规则，也许就在税赋方面，因为税收和劳役直接关乎整体和个体、公共和私人的利益边界，也是确保共同利益得以实现的制度基础设施。为了选择合理且可行的税赋制度设计方案，孟子首先回顾夏商周三代的税收方式，这恰是《中庸》里所倡导的"考诸三王而不缪"[一]的历史思维。以史为鉴，才能让当下的制度设计更为合理且可行。

在孟子看来，夏代用的是"贡"法征税，商代用的是"助"法征税，而周代用的是"彻"法征税；虽然在具体做法上有所不同，但指导思想是一致的，都是征收农田收成的十分之一。即便都是"什一"税制，但在具体做法上，孟子更倾向于"助"法和"彻"法，而不是"贡"法。因为按照"贡"法征税，往往不考虑农业生产的实际情况，特别是年景变化，只是按照固定税率来征税。这样一来，年景好时，粮食丰收，按"什一"税率收税没有问题，甚至还可能显得税率偏低，但年景不好时，粮食歉收，仍按"什一"税率收税就可能有问题，税率显得偏高，便可能造成"民怨"。因此，孟子认为，若要兼顾诸侯国的整体利益和民众的个体利益，就必须对"什一"税的征收方式进行合理且可行的设计，而"井田制"则是一种比较理想的备选方案。

"井田制"是让民众通过帮助耕种公田的方式，来完成纳税，由此达到公私兼顾、利益均衡的目的。年景好时，公私田收成都好，公私收入同步增加，而年景差时，公私田收成都不好，公私收入同步减少。这种公田和私田均等变化调节的结果，能更好地满足公私利益的一致性以及共同利益的实现。这也是孟子为什么要说"夫世禄，滕固行之矣"的原因。也就是说，在给管理者以优厚待遇方面，滕国已经做到了，但在如何保证民众的私人利益及其与诸侯国公共利益的一致性上，却远没有做到位，必须认真思考和设计。孟子引用《诗经·小雅·大田》中的诗句"雨我公田，遂及我私"，意在说明，"井田制"能够实现公私兼顾，让私人利益和公共利益同步增长，进而从根本上保证共同利益，即"善"。孟子认为，不仅商代实行的"助"法征税是"井田制"，周代实行的"彻"法征税，本质上也是"井田制"，因为这两种方法都在于兼顾私人利益和公共利益。

第三，经济制度固然重要，但同样也不能忽视教育制度。教育制度关乎认同并践行以"仁"为核心的价值观和行为规范的"社会人"的培养，因而也是一项影响更为深远的制度设计。针对教育制度设计，孟子同样运用历史思维，首先梳理了夏商周三代的学校设置，进而明确了学校教育的目标在于培养认同并践行以"仁"为

[一] 张钢，《大学·中庸的管理释义》，机械工业出版社，2017年版，PP172-175.

核心的价值观的"社会人",即"夏曰校、殷曰序、周曰庠,学则三代共之,皆所以明人伦也"。只有通过一代代这样的"社会人"和管理者的培养,组织和社会才能实现可持续发展,否则,难免"人亡政息"㊀的命运。这正是为什么孟子要特别引用《诗经·大雅·文王》中的两句诗"周虽旧邦,其命惟新"的原因,而这两句诗在《大学》里也曾被引用过㊁,其用意都在于强调,通过培养具有共享价值观的"社会人"和"组织人",才能让一个组织和社会真正实现和谐可持续发展。

第四,"井田制"不仅是一种税赋制度,更蕴含着一种内在价值,成为儒家管理之道的直观表现形式。在孟子看来,"井田制"是"仁政"的必然要求。为了有效推行"井田制",就必须先梳理清楚土地资源存量,准确测量和界定井田的面积,这被称为"经界",也即土地划界。没有准确的土地测量和划界,便无法掌握现有资源存量,在这种情况下,要想进行公平分配,以满足"仁政"要求是不可能的;而暴君和贪官污吏为了盘剥民众,中饱私囊,也总是要从土地划界开始动手脚,在源头处损公肥私。因此,如果能先解决土地划界问题,确保每块"井田"的面积测量准确、地力定位清楚,那么,接下来无论是分配田地,还是确定收益,并以此为基础来核算管理者的俸禄,都变得容易多了。《论语》第四篇第 16 章指出,"君子喻于义"㊂。也就是说,管理者的首要职责是公平的分配。为了在管理中做到对广义的资源、机会和收益的公平分配,就必须从源头上确保涉及广义资源、机会和收益的信息准确、公开、透明,这恰是孟子强调"经界既正,分田制禄,可坐而定也"的原因所在。

就滕国这个小诸侯国而言,虽然土地面积不大,但也要进行合理的社会分工,起码要先将体力劳动和脑力劳动区分开来。在当时的历史条件下,农业生产是典型的体力劳动,而管理工作则主要体现为脑力劳动,因此,居住在乡村的广大农业生产者或农民,就成为体力劳动者的典型代表,而主要居住在国都城市里的管理者群体,则成为脑力劳动者的代表。在税赋上,农业生产者以"井田制"的方式,实行"九一而助";管理者或国都城市居民则按"什一"税率,实行"贡"法纳税。

在乡村实行"井田制",除了解决公平税赋,兼顾公私利益,夯实经济基础之外,还有三个非常重要的功能,即:实施乡村自治,解决社会保障,培养公私兼顾、追求共同利益的文化氛围。当孟子说"死徙无出乡,乡田同井,出入相友,守望相助,疾病相扶持,则百姓亲睦"的时候,实际上讲的就是乡村形成以"井田制"为基础的共同体,相互帮助,相互扶持,从而既解决了社会基层组织的管理问题,又

㊀ 张钢,《大学·中庸的管理释义》,机械工业出版社,2017 年版,PP134-142.
㊁ 张钢,《大学·中庸的管理释义》,机械工业出版社,2017 年版,PP22-24.
㊂ 张钢,《论语的管理精义》,机械工业出版社,2015 年版,PP97-99.

解决了最基本的社会保障问题。从这个意义上说,"井田制"也是一种具有综合性的制度设计,可以解决很多涉及社会基础设施建设的问题。

更重要的是,"井田制"还能从根本上确保共同利益或"善",进而培育起一种向"善"的文化氛围。孟子说"方里而井,井九百亩,其中为公田。八家皆私百亩,同养公田,公事毕,然后敢治私事,所以别野人也",实际上指的就是,在公私兼顾、公私一体的"井田制"下生产和生活,人们更有可能养成公私分明、先公后私、追求共同利益而非单纯私人利益的良好氛围。

这里需要特别指出的是,"井田制"代表的是一种理想状态,即便在夏商周三代时期也未必完全实现,但是,孟子之所以要提倡"井田制",或许是将"井田制"视为一种隐喻,用来更直观地阐明儒家的管理目标追求,即对共同利益或"善"的追求。作为儒家管理所要追求的目标,"善"以及孟子将"善"与"人性"融为一体所提出的"性善",都需要一个直观的示例,以便让人们更容易理解和把握其内涵,并能切实感受到"善"所蕴含的共同利益到底意味着什么?"井田制"恰好能够形象地表达出"善"所代表的共同利益的应有内涵。

在"井田制"中,中间的公田相当于诸侯国的整体利益或公共利益,而国君和管理者们的利益直接同公田所代表的整体或公共利益联系在一起;围绕中间公田的外围八块私田,则代表的是农家的个体利益;整个"井田",包括私田和公田在内,才代表着共同利益或"善"。国君和管理者们不能只是追求公田所代表的整体或公共利益,若没有对农户私田的个体利益的保护,也就不可能有公田的收成以及整体或公共利益的实现;同样,农户也不能只是关注私田的个体利益,若没有公田的整体或公共利益的支撑,诸侯国也难以有效履行秩序维护和安全保卫职能。因此,无论是管理者还是民众,在"井田制"下,都能更直观地感受到追求共同利益或"善"而非单纯的私人利益和单纯的整体或公共利益的重要性。

尤其是对于管理者来说,由于他们的私人利益往往是与由公田所代表的整体或公共利益联系在一起的,因此,管理者经常会借口整体或公共利益而损害民众的个体利益,这就表现为各种苛捐杂税。但是,在"井田制"下,人们更容易清楚地看到,整体或公共利益并不能代表共同利益或"善",而只不过占了共同利益或"善"的九分之一而已,更大的共同利益或"善"的组成部分则来自于民众的私田所代表的个体利益的满足,这恰是孟子在本章开宗明义先讲"民事不可缓也"的更深层次原因。严格来说,没有了八家农户的私田所代表的个体利益的实现,就不可能有中间公田所代表的整体或公共利益的达成。在"井田制"下,整体或公共利益与个体利益密不可分,一起构成了共同利益或"善"。

因此,正是借用"井田制"这个隐喻,孟子更清晰地呈现出"向善"到底意味着什么。也正是基于此，才更有可能从根本上认清并避免管理者刻意模糊共同利益与整体或公共利益之间关系的做法。由此也许不难理解，孟子并不一定是将"井田制"视为一种必须在任何时代都要严格推行的经济制度，而更可能是将"井田制"看作一个生动贴切的示例，让人们能够将"井田制"所内秉的价值观念而非"井田制"本身，恰当地引申借鉴到不同类型组织的目标追求和激励机制设计之中。

3.4 有为神农①之言者许行②，自楚之滕，踵③门而告文公曰："远方之人闻君行仁政，愿受一廛④而为氓⑤。"文公与之处。其徒数十人，皆衣褐，捆屦⑥、织席以为食。陈良⑦之徒陈相与其弟辛，负耒耜⑧而自宋之滕，曰："闻君行圣人之政，是亦圣人也。愿为圣人氓。"陈相见许行而大悦，尽弃其学而学焉。陈相见孟子，道许行之言曰："滕君则诚贤君也，虽然，未闻道也。贤者与民并耕而食，饔飧⑨而治。今也滕有仓廪府库，则是厉⑩民而以自养也，恶得贤？"孟子曰："许子必种粟而后食乎？"曰："然。""许子必织布而后衣乎？"曰："否。许子衣褐。""许子冠乎？"曰："冠。"曰："奚⑪冠？"曰："冠素⑫。"曰："自织之与？"曰："否。以粟易之。"曰："许子奚为不自织？"曰："害于耕。"曰："许子以釜甑⑬爨⑭，以铁耕乎？"曰："然。""自为之与？"曰："否。以粟易之。""以粟易械器者，不为厉陶冶。陶冶亦以其械器易粟者，岂为厉农夫哉？且许子何不为陶冶，舍⑮皆取诸其宫⑯中而用之？何为纷纷然与百工交易？何许子之不惮烦？"曰："百工之事，固不可耕且为也。""然则治天下独可耕且为与？有大人之事，有小人之事。且一人之身，而百工之所为备，如必自为而后用之，是率天下而路⑰也。故曰：或劳心，或劳力。'劳心者治人，劳力者治于人。治于人者食人，治人者食于人。'天下之通义也。""当尧之时，天下犹未平。洪水横流，氾⑱滥于天下；草木畅茂，禽兽繁殖，五谷不登⑲；禽兽逼人，兽蹄鸟迹之道交于中国。尧独忧之，举舜而敷⑳治焉。舜使益㉑掌火，益烈山泽而焚之，禽兽逃匿。禹疏九河，瀹㉒济、漯，而注诸海；决汝、汉，排淮、泗，而注之江。然后中国可得而食也。当是时也，禹八年于外，三过其门而不入；虽欲耕，得乎？后稷㉓教民稼穑，树艺五谷，五谷熟而民人育。人之有道也，饱食、暖衣、逸居而无教，则近于禽兽。圣人有忧之，使契㉔为司徒，教以人伦；父子有亲，君臣有义，夫妇有别，长幼有序，朋友有信。放勋㉕曰：'劳之来之，匡之直之，辅之翼之，使自得之，又从而振德之。'圣人之忧民如此，而暇耕乎？尧以不得舜为己忧，舜以不得禹、皋陶㉖为己忧。夫以百亩之不易㉗为己忧者，农夫也。分人以财谓之惠，教人以善谓之忠，为天下得人者谓之仁。是故以天下与人易，为天下得人难。孔子曰：'大哉尧之为君！惟天为大，惟尧则之。荡荡乎，民无能名焉。君哉舜也！巍巍乎，有天下而不与焉。'尧、舜之治天下，岂无所用其心哉？亦不用于耕耳。吾闻用夏变夷者，未闻变于夷者也。陈良，楚产也，悦周公、仲尼之道，北学于中国。北方之学者，未能或之先也。彼所谓豪杰之士也，子之兄弟事之数十年，师死而遂倍㉘之。昔者孔子没，三年之外，门人治任㉙将归，入揖于子贡，相向而哭，皆失声，然后归。子贡反㉚，筑室于场，独居三年，然后归。他日子夏、子张、子游以有若似圣人，欲以所事孔子事之，强㉛曾子。曾子曰：'不可。江汉以濯之，秋阳以暴之，皜皜㉜乎不可尚已！'今也南蛮鴃㉝舌之人非先王之道，子倍子之师而学之，亦异于曾子矣。吾闻出于幽谷迁于乔木者㉞，未闻下乔木而入于幽谷者。《鲁颂》曰：'戎狄是膺，荆舒是惩。'㉟周公方且膺之，子是之学，亦为不善变矣。""从许子之道，则市贾㊱不贰，国中无伪。虽使五尺之童适市，莫之或欺。布帛长短同，则贾相若。麻缕丝絮轻重同，则贾相若。五谷多寡同，则贾相若。屦大小同，则贾相若。"曰："夫物之不齐，物之情也。或相倍蓰㊲，或相什伯㊳，或相千万。子比而同之，是乱天下也。巨屦小屦同贾，人岂为之哉？从许子之道，相率而为伪者也，恶能治国家？"

【字词注释】

① 神农：上古传说中发明农业生产方式的人，后用其代表对农业生产的重视。

② 许行：人名，已无从考。

③ 踵：这里是至、到的意思。

④ 廛：这里是住所、民居的意思。

⑤ 氓：即农民。

⑥ 捆屦："捆"，这里指在编织时敲打使牢固。"捆屦"，即"打草鞋"。

⑦ 陈良：楚国人，信奉并传授儒学。

⑧ 耒耜："耒"，一种翻土用的农具；"耜"，一种像锹的农具。"耒耜"，泛指

农具。

⑨饔飧:"饔",指早餐;"飧",指晚餐。"饔飧",泛指烹饪、做饭。

⑩厉:这里是危害、剥削的意思。

⑪奚:这里是什么的意思。

⑫素:这里指未染色的生绢。

⑬釜甑:"釜",指烹饪用的锅;"甑",指用来煮饭的陶制器具。"釜甑",泛指炊具。

⑭爨:这里是烧火做饭的意思。

⑮舍:这里是什么的意思。

⑯宫:这里是房屋、住宅的意思,引申为自己家里。

⑰路:这里指终日奔波于路途之中的意思。

⑱氾:通"泛",水向四处溢的意思。

⑲登:这里是五谷成熟的意思。

⑳敷:这里是广泛施行的意思。

㉑益:舜时代的大臣。

㉒瀹:这里是疏通、疏导的意思。

㉓后稷:周朝的始祖,尧时代负责农业事务的大臣。

㉔契:商朝的始祖,尧时代负责教育事务的大臣。

㉕放勋:尧的名号。

㉖皋陶:舜时代负责司法事务的大臣。

㉗易:这里是治理、管理的意思。

㉘倍:这里是背叛、背弃的意思。

㉙任:这里是名词,担子、负荷的意思。

㉚反:通"返",返回的意思。

㉛强:这里是强迫、强求的意思。

㉜皜皜:洁白的样子。

㉝鴃:指杜鹃鸟,也称伯劳。

㉞语出《诗经·小雅·伐木》,原诗句为"出自幽谷,迁于乔木",意思是鸟儿从幽暗的深谷飞出来,迁徙到光明的大树上。

㉟这是《诗经·鲁颂·閟宫》中的两句诗。其中,"膺"是抵抗、抗拒的意思;"荆",指楚国;"舒"是楚国的附属国。这两句诗的大意是:抗击西戎和北狄,严惩楚国和舒国。

㊱贾:通"价",价格的意思。

㊲蓰:指五倍。

㊳伯:通"百",指百倍。

【今文意译】

有位信奉神农学说的人叫许行,从楚国来滕国,到滕文公那里说:"听说国君施仁政,想请求一处住所,在这里做农民。"滕文公给他安排了住处。许行的学生有数十人,都穿着粗麻衣服,靠打草鞋、编席子为生。

陈良的学生陈相和弟弟陈辛,背着农具从宋国来到滕国,对滕文公说:"听说国君实施古代伟大管理者的管理模式,那国君也就是伟大管理者了,愿意做伟大管理者的农民。"陈相见到许行,非常兴奋,彻底抛弃了原来所学的东西,开始跟着许行学习。

陈相来看望孟子时，转述了许行的话："滕国国君的确算是贤明的国君，即便如此，他也还没有真正理解管理之道。真正贤明的国君，要与民众一起种地打粮食，也要自己做饭打理生活。如今滕国既有储藏粮食的仓廪，又有存放财物的府库，这不就是靠剥削为生嘛，怎么能称得上是真贤明呢？"

孟子问："许行一定是自己种地打粮食吃吧？"

陈相说："是的。"

孟子又问："许行一定是自己织布做衣服穿吧？"

陈相说："不是的。许行只穿粗麻衣服。"

孟子再问："许行戴帽子吗？"

陈相说："戴。"

孟子问："戴的是什么帽子呢？"

陈相说："戴的是生绢帽子。"

孟子又问："是自己织的吗？"

陈相说："不是。是用粮食换的。"

孟子再问："许行为什么不自己织帽子呢？"

陈相说："那会影响种地。"

孟子问："许行是用炊具做饭、用农具种地吗？"

陈相说："是的。"

孟子又问："那些炊具、农具都是自己制作的吗？"

陈相说："不是。都是用粮食换的。"

孟子说："既然要用粮食换这些器具，那不也是在剥削制作这些器具的人吗？而制作这些器具的人，用这些器具去换粮食，怎么就成了在剥削农民呢？而且，许行为什么不自己制作这些器具，把什么东西都放家里储存着，以备随时取用呢？他为什么非要和那些制作各种器具的手艺人交换呢？这样做就不嫌麻烦吗？"

陈相说："那些手艺人做的事，原本就不是一边种地，一边能干得了的。"

孟子说："既然这样，那么，为什么唯独做管理这件事，是一边种地，一边能干得了的呢？管理者有自己的事要做，被管理者也有自己的事要做。况且，要满足一个人的多种需要，就必须使用不同手艺人制作的各种产品才行；如果这些产品都必须自己制作，才能用以满足需要，那岂不是让天下人都终日奔忙，也还是无法满足需要吗？所以说：'有的人使用脑力，有的人使用体力。脑力劳动者从事管理工作，体力劳动者从事被管理工作。被管理者用体力生产粮食，管理者靠管理服务来换取粮食为生。'这是天下通用的劳动分工原则。"

孟子又说："在尧那个时候，天下还没有和谐安定。洪灾严重，四处泛滥；草木茂盛，鸟兽繁殖，而粮食却没有收成；鸟兽满哪儿都是，严重威胁着人的生存。尧对此忧心忡忡，任用舜来全面负责解决这些问题。舜让益负责用火事宜，益则用火焚烧山野沼泽中的草木，驱走鸟兽。禹负责疏浚九条河流，疏导济水、漯水，让它们流到大海；挖掘汝水、汉水，疏通淮水、泗水，让它们都流到长江。这以后中原地区才能发展农业，改善生存状况。在那时，禹在外工作八年，三过家门而不入；即便想自己种地，能做得到吗？后稷教人们种植庄稼，培育五谷，当五谷成熟了，人们才有粮食吃。人之为人，一定要有不同于动物的生存和发展之道；如果只是吃饱、穿暖、居安，却没有教育，那就和动物没有分别了。尧正是担心这一点，才让契负责教育事务，用人与人之间的关系准则来教育人们，让父子之间有亲情，让君臣之间有规范，让夫妇之间有分工，让长幼之间有次序，让朋友之间有信任。尧说：'对人们要激励和引导，纠正和培养，帮助和扶持，这样才能激发人们的潜能，进而实现人性中德性的价值。'伟大管理者如此为民众着想，还有时间种地吗？尧因得不到舜这样的人才而烦恼忧心，舜也因得不到禹、皋陶这样的人才而忧虑。只是因为种不好百亩田地而忧虑的人，那就是农民。对管理者而言，能分给人们钱财，称得上是乐于助人；能教导人们追求共同利益，才称得上是尽己尽责；能为天下培养具有德行的人，才称得上是仁爱。因此，把天下交给别人容易，但为天下发现和培养有德行的人却很难。孔子说：'尧真是一位伟大的君王！只有上天是伟大的，也只有尧能取法上天。宽广啊，人们竟没有办法称颂他。舜也是真正的君王！崇高啊！舜是靠自己的德行和才能得到天下，而不是刻意索求！'尧、舜做管理又怎么可能不尽心竭力呢？只不过是没有把这份尽心竭力用到种地上罢了。我早就听说过有人用华夏的做法，去改变周围落后地区的面貌，却还没有听说过有人想用周围落后地区的做法，来改变华夏的现状。陈良是土生土长的楚国人，由于喜欢周公、孔子的管理之道，专门北上到华夏学习，以至于连北方的学者都没有能超过他的。陈良就是人们所说的豪杰之士啊。你们兄弟俩跟随他学习了数十年，没想到，他一去世，你们就背叛了他。当年孔子去世后，学生们都守孝三年，三年之后才收拾行囊准备离开；大家到子贡处告别，面面相对，失声痛哭，然后各自回去，而子贡又返回墓地，在那里筑屋独自居住了三年才离开。过了些时候，子夏、子张、子游因为有若长得像孔子，便想用当年对待孔子的礼数来对待有若，还要求曾子也这样做。曾子说：'不能这样做。打个比方，一件东西用江汉之水洗过，又在太阳底下晒过，已经洁白得不能再洁白了，还有什么东西能白过它吗？孔子也一样，又有谁能替代他呢？'如今可好，一位说着南方话的人，来指责先王的管理之道，而你却背叛了自己的老师，跟着他学，这同曾子的表现，该有多么大的反差啊。就算是一只鸟儿，也知道要从幽暗的深谷中飞出来，迁徙到光明的大树上，而不会从光明的大树上飞下来，钻进幽暗的深谷里去。《诗经》上说：'抗击西戎和北狄，严惩楚国和舒国。'周公那时尚且要抗击这些落后地区的侵略，你倒好，还要跟着他们学，这不是在朝着无视共同利益的方向上走吗？"

陈相说："如果按照许行的做法，那么，市场中货物的价格就会都一样，而人们也不会造假欺骗。即使小孩去市场，也没有人会欺骗。这就是说，假如布匹、丝绸的长短一样，价格就应该一样。假如麻线、丝絮的轻重一样，价格也应该一样。假如五谷的多少一样，价格也应该一样。假如鞋子的大小一样，价格也应该一样。"

孟子说："不同东西的品质当然会不一样，这才是常态。相应地，在价格上就会有两倍或五倍的差异，也可能有十倍或百倍的差异，甚至可能相差成千上万倍。你却硬要让这些不同品质的东西，只要数量相同，价格就一样，这不是要扰乱天下的市场嘛。品质好的鞋子和品质一般的鞋子价格相同，还有谁会去做品质好的鞋子呢？如果真的按照许行的做法，人们反倒要相互欺骗了，又如何能做好管理呢？"

【管理解析】

本章承接上章，继续阐明劳动分工的必要性以及管理职责的独特性。

基于"井田制"的隐喻，便不难理解，农民在耕种私田的基础上，还要共同耕种公田，以公田的收成来纳税，用于支撑诸侯国的公共事务和管理者群体的生活所需，因此，直观地看，管理者群体并不直接从事农业生产，好像未能做到自食其力。这也许就是信奉神农学说的许行，要批评滕文公和管理者们"厉民而以自养"的直接原因。在许行看来，真正的"贤君良臣"，应该是完全意义上的自食其力者，必须做到"与民并耕而食，饔飧而治"。这种无视劳动分工的极端观点，甚至迷惑了原本信奉儒家学说的陈相兄弟。也难怪孟子要予以深入分析、彻底驳斥了。

其实严格来说，许行本人也并未做到完全意义上的自食其力。许行虽然亲自种地打粮食，但并没有自己编织帽子，更没有自己制陶冶铁、打造炊具和农具，而是用粮食来交换帽子、炊具和农具。既然如此，如果说许行用粮食交换这些物品，并没有因此而盘剥那些编织帽子、制作炊具和农具的工匠，那么，反过来，工匠用他们生产的产品交换粮食，当然也不可能是在盘剥农民；更进一步，难道管理者不是在用他们所提供的管理服务，如观念、制度、教育、秩序、安全等，来交换粮食和其他必需品吗？这又怎么能说管理者是在盘剥农民和工匠呢？

更何况，正像陈相所言"百工之事，固不可耕且为也"。工匠们的工作不可能边耕种边完成，必须经过专门训练，专心致志才能做好。如果说工匠是一种职业，农民也是一种职业，都必须专注的话，那么，做管理为什么就不是一种职业呢？若真的将许行的极端观点贯彻到底，恐怕只能退回到更原始的、完全没有劳动分工和职业分化的生存状态去。因此，孟子才说，"有大人之事，有小人之事。且一人之身，而百工之所为备，如必自为而后用之，是率天下而路也"。其中，"大人"和"小人"，是对那些从事管理工作和被管理工作的人的俗称，并没有高低、贵贱之分。也就是说，在任何组织和社会，都必然会有管理者做的事和被管理者做的事，而且，即便是个体生存和发展需要的满足，也离不开由不同职业的从业者所提供的产品和服务。如果这些产品和服务都只能自给自足，那势必让每个人都终日劳碌，疲于奔命，到头来也还是无法满足哪怕是最基本的生存和发展需要。

孟子由此得出这样的结论，即"或劳心，或劳力。'劳心者治人，劳力者治于人。治于人者食人，治人者食于人'"。其中，"心"指思维而言，即脑力；"力"则指体力而言。这意味着，基本的劳动分工便是脑力劳动和体力劳动的分工，而在当时的历史条件下，管理工作主要体现为脑力劳动，被管理工作主要体现为体力劳动，农业生产和各种工匠的工作都以体力劳动为主。孟子在这里关于劳动分工的阐述，与《论语》第四篇第16章中"君子喻于义，小人喻于利"㊀的观点一脉相承。为了进行公平分配，尤其是涉及资源、机会、工作、收益以及观念和意义的广义分配，管理者必须恰当运用自己的思维能力而不单纯是体力；而为了高效率地从事生产劳动，多打粮食，多出产品，农民和工匠必须有良好的体力，并接受以体力为基础的技能训练。因此，在当时历史条件下，这种作为脑力劳动的管理工作和作为体力劳动的被管理工作之间的社会分工，在孟子看来，就是"天下之通义也"。

为了进一步论述管理职责的独特性以及脑力劳动和体力劳动分工的必然性，孟子又专门从历史视角，运用历史案例分析方法，对尧、舜的管理思想和管理做法进行了深入分析。在尧、舜时期，自然环境条件还不适宜高效率的农业生产，人们的生活状况并不理想，在这种情况下，以尧、舜为代表的管理者们，做了一系列开创性的工作，如"益烈山泽而焚之，禽兽逃匿""禹疏九河""后稷教民稼穑""契为司徒，教以人伦"等。这些活动表面上看是一些具体事项，但背后却离不开管理者的观念、思路、方案以及引导、指挥、激励等管理工作支撑。像"益烈山泽而焚之"，不可能是益自己去点火烧山，而禹也不可能一个人去疏浚九条河流，后稷同样不一定会亲自去示范种地，他们实际上都是作为管理者来创造各种条件，才能让人们更有效地

㊀ 张钢，《论语的管理精义》，机械工业出版社，2015年版，PP97-99.

完成这一系列事项。

正如孟子借用尧的话所总结的那样,"劳之来之,匡之直之,辅之翼之,使自得之,又从而振德之"。这五句话可以视为对上面提到的各项管理工作的简要概括。这种通过激励、引导、培养、纠正、帮助、扶持,来激发每个人的潜能,彰显和培养每个人的"人性"中固有的德性本能的工作,都需要投入大量的脑力,也即"劳心"。伟大的管理者必定都是伟大的"劳心者"。像尧、舜那样"劳心",关键在于发现和培养人,这也是管理者和被管理者在注意力投放上的差别所在。"尧以不得舜为己忧,舜以不得禹、皋陶为己忧。夫以百亩之不易为己忧者,农夫也"。农民的心思用在种地上才是对的,这也是一种职业意识,而管理者的心思则必须用在发现和培养人上,这才符合管理职业要求。

做管理,当然必须关注人们生存和发展的物质基础,这恰是"益掌火""禹治水""后稷教稼穑"所要达到的目的,但是,做管理仅有"惠",即"分人以财"是不够的,还必须有"忠",即"教人以善",这才是更高层次的管理职责要求。"忠",也就意味着尽己尽责,而管理者的尽己尽责,不仅在于自己追求共同利益或"善",更要和大家一起追求共同利益或"善",也就是这里讲到的"教人以善"或第二篇第8章所讲的"与人为善"。要想做到这一点,又一定离不开贯穿管理工作始终的核心价值观"仁";只有用以"仁"为核心的价值观来发现人和培养人,做管理才算达到了应尽的职责要求。在孟子看来,管理职责的独特之处恰在于"惠""忠""仁"的三位一体。

也正因为如此,孟子才说,"是故以天下与人易,为天下得人难",意思是,如果管理者仅仅将"天下"看成是一种物质资源的集合,那么,将这种物质资源分给别人,并不难做到;但是,如果管理者将"天下"看成是一种社会存在,即由一群有着共同"人性"基础的人所组成的社会,那么,就必须致力于阐明、发扬"人性"的德性前提,培养出一代代"社会人",从而让这个社会得以和谐可持续发展,这个工作就不那么容易了。这种广义的"得人"工作,才是管理工作的本质所在,而历史上像尧、舜这些伟大的管理者,实际上都是在做着这样的工作。孟子在这里引述的孔子称赞尧、舜的话,"大哉尧之为君!惟天为大,惟尧则之。荡荡乎,民无能名焉。君哉舜也!巍巍乎,有天下而不与焉",出自《论语》第八篇第18-19章㊀,文字稍有出入,但意思没有改变。

孟子运用历史案例,分析完管理职责的独特性之后,话锋一转,直指陈相替许行辩护的不合理性。在孟子看来,陈相的老师陈良,虽然是南方楚国人,但因喜爱

㊀ 张钢,《论语的管理精义》,机械工业出版社,2015年版,PP230-232.

儒家管理之道，专门到中原地区来学习，到后来甚至连中原地区的学者都相较逊色，成为公认的"豪杰之士"，而陈相兄弟也曾追随陈良数十年，却在陈良去世后转投到许行门下。这恰说明管理学习关键不在于知识和学识本身，而在于"得人"，即阐明和培养内在德性，并付诸行动；否则，学的时间再长，知识和学识再好，转眼就可能会改变。其实，孟子又何尝不是在用陈相的现实例证，进一步说明管理职责的独特性。

为了与陈相"师死而遂倍之"的行为作对比，孟子列举了孔子的学生们在孔子去世后的行为表现。孔子去世后，其他学生守孝三年，而子贡竟守孝六年，这也从另外一个角度反映出学生们对儒家学说的坚定信念和执着践行。当子夏、子张、子游等因为有若貌似孔子，而要以对待孔子的礼数来对待有若时，曾子则明确指出孔子的不可替代性，以此坚定学生们的信念，提醒大家不宜将信念外在化和形式化。那样做不仅极易导致偶像崇拜，严重偏离儒家管理之道的真谛，而且还容易养成向外求的思维习惯，以至于离开做管理对内在一致性的要求越来越远。与曾子对比，陈相的差距确实太大了。

陈相竟然还要继续为许行辩护，说"从许子之道，则市贾不贰，国中无伪。虽使五尺之童适市，莫之或欺。布帛长短同，则贾相若。麻缕丝絮轻重同，则贾相若。五谷多寡同，则贾相若。屦大小同，则贾相若"。当然，若从另外一个侧面去推断，陈相这样说也许恰表明，当时社会上存在着较为严重的坑蒙拐骗、假冒伪劣等问题。但遗憾的是，陈相要解决假货横行的现实问题，以达到"童叟无欺"的理想状态，却建议了一种完全抹杀"质"的区别，只考虑"量"的差异的极端做法。这实际上与本章开头陈相奉行许行的观点，要摈弃劳动分工，让每个人都自食其力、自给自足的极端做法，本质上是一样的。

正像孟子一针见血指出的那样，"夫物之不齐，物之情也。或相倍蓰，或相什伯，或相千万。子比而同之，是乱天下也"。物之所以为物，关键在于"质"而不是"量"，正因为有了"质"的分别，才会有价值和价格上的千差万别。这都是自然常理，而若要人为抹杀"质"的差别，只从"量"的角度来定价，看似简单了，实则破坏了物自身固有的"质"的规定性。这样做的结果不仅严重扰乱市场，让交换无法进行，还会让假冒伪劣横行。就像做鞋子，假如只依据鞋子的尺寸大小来定价，只要尺寸大小一样，不管质地如何，都是同样的价格；那么，还有谁会生产高品质的鞋子呢？其结果不正是劣币驱逐良币，到最后市场上充斥的必定都是用劣质材料、偷工减料做出的鞋子。

所以，孟子最后明确指出，"从许子之道，相率而为伪者也，恶能治国家"，意思是，许行的主张分明是在鼓励人们追求"量"上的一致性，而牺牲"质"上的差异性，其结果不仅会导致人们竞相造假，甚至还会抹杀职业差别，没有分工，也不需要管理者和被管理者，这样一来，市场与交换当然也随之消失了。果真消解了劳动分工，取消了管理职业和管理工作，无论是组织、社会抑或市场，都将难以存在了。

3.5 墨者夷之①因徐辟②而求见孟子。孟子曰："吾固愿见。今吾尚病，病愈，我且往见。夷子不来！"他日，又求见孟子。孟子曰："吾今则可以见矣。不直，则道不见③；我且直之。吾闻夷子墨者，墨之治丧也，以薄为其道也。夷子思以易天下，岂以为非是而不贵也？然而夷子葬其亲厚，则是以所贱事亲也。"徐子以告夷子。夷子曰："儒者之道，古之人'若保赤子'④，此言何谓也？之则以为爱无差等，施由亲始。"徐子以告孟子。孟子曰："夫夷子，信以为人之亲其兄之子，为若亲其邻之赤子乎？彼有取⑤尔也。赤子匍匐⑥将入井，非赤子之罪也。且天之生物也，使之一本，而夷子二本故也。盖上世尝有不葬其亲者。其亲死，则举而委之于壑。他日过之，狐狸食之，蝇蚋⑦姑⑧嘬之。其颡⑨有泚⑩，睨而不视。夫泚也，非为人泚，中心达于面目。盖归反蘽⑪梩⑫而掩之，掩之诚是也，则孝子仁人之掩其亲，亦必有道矣。"徐子以告夷子。夷子怃⑬然为间⑭，曰："命⑮之矣！"

【字词注释】

① 墨者夷之：夷之，人名，信奉墨家学说。

② 徐辟：孟子的学生。

③ 见：通"现"，出现、显露的意思。

④ 语出《尚书·康诰》，原话是"若保赤子，惟民其康乂"。其中，"乂"是治理的意思。这句话的意思是：像对待婴儿一样，只把民众的安定和谐放在管理的中心位置。

⑤ 取：是会意字，指古代抓到战俘时割取其左耳，这里引申为偏颇的意思。

⑥ 匍匐：指在地上爬行。

⑦ 蚋：指蚊子。

⑧ 姑：通"盬"，咂、吸的意思。

⑨ 颡：指额。

⑩ 泚：这里指流汗的样子。

⑪ 蘽：指盛土的笼子。

⑫ 梩：指像锹一类的工具。

⑬ 怃：怅然失意的样子。

⑭ 间：这里是一会儿的意思。

⑮ 命：这里是指教、教诲的意思。

【今文意译】

信奉墨家学说的夷之，请徐辟传话，求见孟子。孟子说："我本来很愿意相见，但如今还在病中，等病好了，我就去看他。请夷之不要来了。"

过了几天，夷之又请求拜会孟子。孟子说："今天可以见面了。但若不直言，恐怕道理讲不清楚。我听说夷之信奉墨家学说，而墨家办丧事，以简单节俭为准则。夷之想用这个准则改变天下的风气，这难道不是意味着，若不按照这个准则办，就不好吗？然而，夷之为自己的父母办丧事，却很隆重，这岂不是在用不好的东西去对待父母吗？"

徐辟将孟子的话转告给夷之。夷之说："儒家管理之道崇尚古人所说的'爱民如子'，这话是什么意思呢？我认为就是指对所有人的爱都是一样的，只不过具体实施起来，要先从自己的亲人开始罢了。为了表达对父母的爱，厚葬父母也未尝不可。"

徐辟将夷之的话转告给孟子。孟子说："夷之真的认为人们爱侄子，会像爱邻居的孩子一样吗？他只不过是看到了那么一种现象，就以偏概全地得出结论罢了。假如有个婴儿在地上爬，快要掉到井里了，人们看到后都会本能地去救，这当然不是婴儿的错。夷之认为，这种相救的行为就表明爱无差等，但这不过是人们的恻隐之心在起作用。况且，任何有生命的存在，其父母都是唯一的，而夷之却主张爱无差等，实际上就是将别人的父母和自己的父母等同了，这岂不是说人有两个来源了吗？大概上古的时候，曾经有过人们不埋葬父母的情况。父母去世，就抬到山沟里扔掉。过几天从那里经过，看到狐狸在吃，蚊蝇在叮，人们的额头便开始冒汗，斜着眼不敢看。人们在这时额头会冒汗，不是要做给别人看，而是内心油然而生的不忍和愧疚在外部的自然表现。正因为如此，人们才赶紧回去拿了土筐和锹将父母埋葬。由此可见，埋葬父母肯定是对的。既然如此，那么，有仁爱之心的孝子们，在埋葬父母时，就必然会遵循特定的葬礼规范来做了。"

徐辟将孟子的话转告给夷之。夷之怅然若失了一会儿，说道："受教了！"

【管理解析】

本章通过与墨家学说对比，进一步阐述儒家的"人性"前提，进而为管理者的行为确立起内在准则。

墨家的理想是"爱无差等"，也即"兼爱"或无差异地爱所有人。但是，墨家这个理想却并不自明，也难以直观。除非作为另外的前提下的一个推论，否则，"爱无差等"便无法作为一个立论前提而独立存在。例如，当人们追问为什么会"爱无差等"的时候，墨家便无法在现实世界中直观地呈现出明确的事实根据。虽然墨家会说"施由亲始",即实施"爱无差等",要先从自己的亲人开始,但是,这并非现实中一个自明的事实,而不过是在承认"爱无差等"这个前提下的一种具体行为选择。更重要的是,恰是"施由亲始"这种具体行为选择,却有否定"爱无差等"这个前提的危险。正如孟子针对墨者夷之"厚葬其亲"的做法所深刻指出的那样,在办丧事上,墨家主张"薄葬",以体现"爱无差等",并希望在天下推广,因此,从墨家的主张出发,"薄葬"好,"厚葬"不好,但是,墨者夷之却又"厚葬其亲"。对于这种不一致的行为表现,只能有两种解释,一是孟子所明确指出的,用自己认为不好的"厚葬"做法,来对待自己的父母;二是孟子并未明说,但暗含其中的,夷之这种行为与价值观主张的不一致,恰说明"爱无差等"这个墨家学说的立论前提不成立,连墨家学说的信奉者都不可能做到"爱无差等",像夷之以"厚葬"所表达出来的对父母的爱,就明显超出了对普通路人的爱。

很显然,夷之听出了孟子的话外音,也深切地感受到孟子直指墨家学说的立论前提的犀利之处,故而期望以其人之道还治其人之身,这才说,"儒者之道,古之人'若保赤子',此言何谓也?之则以为爱无差等,施由亲始"。意思是,儒家学说不也崇尚古代管理者像对待自己婴孩一样对待民众或"爱民如子"吗?这难道不意味着"爱无差等"吗?

其实夷之所说的"若保赤子",并非儒家学说的自明且直观的立论前提,只不过是由"亲亲为仁"这个自明且直观的立论前提,自然得出来的推论而已,即由"亲亲"而推己及人,以达到"亲民"的延伸。这也就是《大学》开篇所阐明的儒家管理之道"明明德,亲民,止于至善"⊖的内在逻辑。其中,"明德"的自明且直观的现实体现恰在于"亲亲",由此便可以推出一系列具体而可行的儒家"亲民"的管理模式和管理措施,进而更清晰地定位"至善"这个终极目标。由此可见,夷之期望用"若保赤子"来反驳孟子,并以此来为自己的"爱无差等,施由亲始"辩护,是不成立的。

严格来说,凡是涉及自明且直观的立论前提的问题,是无法用语言逻辑来证明的;那些能用语言逻辑证明的命题,也不可能是某个特定知识体系的立论前提。因此,恰如《论语》第十七篇第 21 章孔子面对宰我质疑守孝三年的合理性时,所给予的回应"予也有三年之爱于其父母乎"⊜一样,孟子在这里同样是用非常直观且具体的问题来回应,"夫夷子,信以为人之亲其兄之子,为若亲其邻之赤子乎"。实际上,只要能理解这个直观且具体的问题,墨家"爱无差等"这个立论前提便难以成立。既然如此,那么,在现实中,人们为什么又会见"赤子匍匐将入井"而本能地

⊖ 张钢,《大学·中庸的管理释义》,机械工业出版社,2017 年版,PP4-7.
⊜ 张钢,《论语的管理精义》,机械工业出版社,2015 年版,PP509-510.

去救呢？这便是由"亲亲"自然衍生出来的"老吾老以及人之老，幼吾幼以及人之幼"，这种推己及人的"仁爱之心"，也即"恻隐之心"，恰是德性本能中的"亲亲"种子自然萌发出来的结果，也是以"仁"为核心的价值观和社会规范的开端或肇始。夷之没能真正理解这种"恻隐之心"和相救之行所共有的"亲亲为仁"的根本前提，要么以偏概全，要么刻意狡辩，所以，孟子才说"彼有取尔也"，这里的"取"有双重含义，一是偏颇，二是取舍，前者可能是无意而为的认知偏差，而后者恐怕就是有意而为的口舌之辩。

为了进一步说明问题，孟子又指出，"且天之生物也，使之一本，而夷子二本故也"。意思是，天下包括人在内的任何有生命的存在物，都只能有一个来源，那便是生身父母，这是自明且直观的事实，不需要论证，这便是"一本"的含义，而夷之强调"爱无差等"，要求人们爱路人如同爱父母一样，除非附加一个另外的前提，如"神创造万物"，否则，这本身并非一个不言自明的事实。如果硬要说这是一个自明且直观的事实，那不就相当于说路人和父母一样，都是自己的来源了吗？这便是"二本"的含义。在当时还没有形成关于超越的造物之"神"的观念以及还没有追问"人和世界的本源"这样更根本的问题的背景下，不能不说，墨家关于"爱无差等"这个立论前提是难以自明且直观地建立起来的。即便有了基于造物之"神"这个立论前提，可以对"爱无差等"给予合理说明，但这恰表明，"爱无差等"并非一个知识体系的立论前提，只不过是一个具体推论罢了，而造物之"神"的存在才是更根本的立论前提。与墨家的"爱无差等"不同，儒家的"亲亲为仁"这个立论前提，无论在当时还是今天的背景下，仍是直观且自明的。在现实中，人不可能有超越父母的第二个来源，即便使用现代生殖技术手段，人仍不能没有父母；难以想象，那个用干细胞克隆技术"制造"出来，又在非人的环境中成长起来的"存在"，还能称为人吗？

理解了儒家"亲亲为仁"这个自明且直观的立论前提，就不难认识到人们为什么要按照特定的规范来安葬父母，这恰是一种自然而然的真情流露，同时也是一种重要的社会信号传递机制。作为一种以"仁"为核心的价值观和社会规范的具体表现形式，葬礼传递出来的重要社会信号便是，对父母的真情或"亲情之爱"远远超越了任何物质财富。由此才能更鲜明地呈现出儒家价值观的优先序，即基于亲情之爱的"仁"是第一价值观。在信奉儒家价值观的人看来，没有什么能比"亲情之爱"更重要、更有价值了。明白了这一点，也就能理解孟子用一个"假想的远古事例"所要表达的深刻含义，以及儒家倡导在力所能及的前提下"厚葬其亲"的重要意义。这里的"厚"，严格来说，并非是物质财富之"厚"，而是真挚亲情之"厚"。

3.6 陈代①曰:"不见诸侯,宜②若小③然。今④一见之,大则以王,小则以霸。且《志》曰'枉尺而直寻'⑤,宜若可为也。"孟子曰:"昔齐景公田⑥,招虞人⑦以旌⑧。不至,将杀之。'志士不忘在沟壑,勇士不忘丧其元⑨。'孔子奚取焉?取非其招不往也。如不待其招而往,何哉?且夫枉尺而直寻者,以利言也。如以利,则枉寻直尺而利,亦可为与?昔者赵简子⑩使王良⑪与嬖奚⑫乘,终日而不获一禽。嬖奚反命曰:'天下之贱工也。'或以告王良。良曰:'请复之。'强而后可。一朝而获十禽。嬖奚反命曰:'天下之良工也。'简子曰:'我使掌与女乘。'谓王良,良不可,曰:'吾为之范⑬我驰驱,终日不获一;为之诡⑭遇,一朝而获十。《诗》云:不失其驰,舍矢如破⑮。我不贯⑯与小人乘,请辞。'御者且羞与射者比⑰,比而得禽兽,虽若丘陵,弗为也。如枉道而从彼,何也?且子过矣,枉己者,未有能直人者也。"

【字词注释】

① 陈代:孟子的学生。

② 宜:这里是副词,似乎、大概,表示推测。

③ 小:这里指小节、小事。

④ 今:这里是连词,假如、如果的意思。

⑤ 枉尺而直寻:"枉",这里是屈、屈就的意思;"直",这里是伸、张的意思;"寻",这里是长度单位,八尺为一寻。这句话的意思是:屈就一尺而伸张八尺,失小得大,岂不划算。

⑥ 田:同"畋",打猎的意思。

⑦ 虞人:当时负责山林水泽管理的人。

⑧ 旌:古代一种用五色羽毛装饰的旗。当时诸侯国国君要召见不同的人,都要用到不同的信物,召见高级管理者或大夫,用的是"旌";召见副将勇士,用的是"弓";召见管理山林水泽的"虞人",则用的是"皮冠"。若国君使用的信物不当,那么,被召见的人可以拒召。这既是当时的制度规范,也体现了管理者在职业上的独立性和操守。

⑨ 元:是会意字,本义为人头,这里即人头的意思。

⑩ 赵简子:晋国大夫赵鞅,简是他的谥号。

⑪ 王良:是当时著名的驾车手。

⑫ 嬖奚:"奚"是人名,"嬖"是被宠信者,"嬖奚",即被赵简子宠信的名叫奚的人。

⑬ 范:这里是动词,使…符合规范,约束的意思。

⑭ 诡:这里是动词,违背、违反的

意思。

⑮ 这是《诗经·小雅·车攻》中的诗句。其中，"驰"，指驾车的规范；"舍矢"，即放箭。这两句诗的大意是：驾车符合规范，放箭必定能中。

⑯ 贯：这里是习惯、惯常的意思。

⑰ 比：这里是依附、勾结的意思。

【今文意译】

陈代说："不去求见诸侯国国君，大概只能算是守小节吧。假如去求见，往大处说，则有可能行王道，即使往小里讲，也有可能称霸诸侯。况且，《志》上说：'屈就一尺而伸张八尺，失小得大'，大概像这样做，还是划得来的。"

孟子说："过去齐景公要去打猎，用旌旗召见负责看守猎场的管理者，却没有招来，便要处死他，他却不害怕。'有志向信念的人，不在乎穷困潦倒、抛尸野外；有勇敢行为的人，也不在乎危难艰险、身首异处'。孔子为什么用这样的话来赞扬这位负责看守猎场的管理者呢？孔子看中的就是他坚守规范，对不符合规范的召见，坚决不去这一点。如果我不等国君召见，就自己要求去见国君，这又算什么呢？况且，人们在讲屈就一尺而伸张八尺的时候，完全是从个体看得见的利益角度去考虑问题。如果只是考虑个体看得见的利益，那么，屈就八尺而伸张一尺有利可图，也可以这样做吗？过去赵简子让王良给他宠信的奚这个人驾车打猎，结果一整天也没有猎获一只飞禽。奚回来复命说：'王良是天下水平最差的驾车手。'有人将这话告诉了王良。王良说：'请允许我给他再驾一次车。'这次经王良再三要求之后，才成行。结果一个早上就猎获了十只飞禽。奚回来复命说：'王良是天下水平最高的驾车手。'赵简子说：'那我就让王良专职为你驾车。'赵简子将这个决定告诉王良，王良却不干，说：'我按照规范驾车，结果整天也打不到一只飞禽，我不按照规范驾车，反倒一个早上就猎获十只飞禽。《诗经》上说：驾车符合规范，放箭必定能中。我不习惯给那些像被管理者一样只追求看得见的结果的人驾车，请不要让我给他驾车。'驾车手尚且不愿意依附于射手，即使依附于射手所猎获的飞禽走兽，能堆积如山，驾车手也不会这么做。像屈就管理之道而去迎合对方这样的事，你说能做吗？更何况，你的错误在于，那些屈就自己的人，从来就不可能去伸张别人。"

【管理解析】

本章承接上章，更明确地指出，只有将管理之道建立在自明的德性前提之上，才能让管理者有内在的信念和价值观坚守；也只有坚守内在信念和价值观，管理者才会行得正、做得端，不至于为了达到某种看得见的结果而丧失原则，屈从别人。

在别人看来，或许正是因为孟子不主动请求进见诸侯国国君，才错失了很多做管理的机会。虽然不主动求见国君也是一种"做人"、做事的基本规范，但恪守这种规范，相比于有机会在诸侯国做管理、施展抱负来说，毕竟只能算是"小节"。在"做人"、做事上不应该因小失大；必要时，"枉尺而直寻"，为了更大的发展机会，稍微屈就一点，也是可以的。

但是，孟子却不这么看。在当时的历史条件下，职业管理者与国君交往，有着各种明确的规范要求。例如，国君若要召见不同职能岗位上的管理者，需要有相应的信物，以体现诏命的可信性，召见高级管理者用"旌旗"，召见武将用"弓"，召见猎场负责人则用"皮冠"。当信物不对时，被召之人可以认为这是假传君命，不接受诏命。据《左传》记载，昭公二十年，齐国国君要去打猎，却没有使用正确的信物"皮冠"来召见猎场负责人，而是错误地使用了原本用于召见高级管理者的"旌旗"，结果猎场负责人不应召，国君一怒之下将他抓起来要杀头，他竟然毫不畏惧，据理力争。孔子当年也曾对这位猎场负责人的行为赞赏有加，说"志士不忘在沟壑，勇士不忘丧其元"，意指有信念坚守和勇敢行为的管理者，才能真正超越物质利益乃至生命，义无反顾地践行职业规范。孔子之所以赞赏那位猎场管理者，也正是看中他对信念和规范的坚守，对于不符合规范的事，哪怕是国君的诏命，哪怕有杀头的危险，也坚决不做。

更进一步，孟子又具体分析了"枉尺而直寻"这句话。"枉尺而直寻"，说的是一种成本与收益之间的权衡，屈一尺而伸八尺，看上去当然很划算，这就是孟子说"夫枉尺而直寻者，以利言也"所要表达的意思。如果真的只是从"利"上来考虑，假如别人让你用原则、规则、规范做交易，来换取利益，岂不是也会做吗？即"如以利，则枉寻直尺而利，亦可为与"。在这句话里，"枉寻直尺"中的"寻""尺"，已不完全是"量"的概念，而有了"大节""小节"之意，也就是说，让你牺牲"大节"，成全"小节"，但给你附加更多的利益，难道就做吗？

为了说明这一点，孟子举了当年晋国的著名驾车手王良，替赵简子宠信的奚驾车打猎的例子。在当时，无论是驾车打猎还是作战，都需要驾车手和弓箭手密切配合，而且，驾车和射箭是两个不同的职业，各有自己的职业规范，驾车手和弓箭手都不能只顾迎合对方，而忘记了自己的职业规范和职责定位，双方应在遵从各自职业规范的基础上形成合作的默契，这样才能更长远地相互配合，以获取更大、更稳定的绩效。这也正隐喻着国君和大臣需要在遵从各自角色规范基础上密切配合，才能实现诸侯国的和谐可持续发展。

王良给奚驾车，两人合作出猎一整天，却一无所获。奚没有反思自己作为弓箭手的职责履行，却将一无所获的责任都推到王良头上，说他是天下最差劲的驾车手。王良听到这话后当然不服气，要求再次出猎，奚勉强同意。两人这次出猎，竟然一个早上就猎获十只飞禽。这次回来，奚马上改口说王良是天下水平最高的驾车手。这种完全只看结果而不管过程的思维方式，恰是儒家所坚决反对的。如果只注重结果而不管过程，尤其是无视价值观和行为规范的形成以及对人的培养过程，即便暂时达到了某种结果，也难免"兴勃亡忽""人亡政息"的命运。这也正是《大学》最后要讲"国不以利为利，以义为利也"㊀，而孟子在第一篇第1章开宗明义"何必曰利，有仁义而已"的重要原因。

在很大程度上，那些只追求看得见的利益结果，"以利为利"的管理者，实际上所具有的还是以完成任务、快速达成结果为导向的被管理者思维。这也许恰是王良坚决不做奚的专职驾车手的原因。在王良看来，奚是一个只看结果，不注重过程和规范的人，尤其是不善于反求诸己，不能从自己的角色规范履行的角度分析不同结果产生的原因，而只是从看得见的结果出发对他人进行评判，这显然不符合一个好射手的基本要求，更不符合做管理者的根本要求，无法与之合作。驾车手和射手之间的合作，就像《诗经·小雅·车攻》所说的那样，"不失其驰，舍矢如破"，即驾车手和射手各自遵从角色规范，配合默契，出神入化，才能无往而不胜；否则，只是为了达成一时的结果，要驾车手放弃自己的职业规范，完全屈从于射手，即便一时成功，所猎获的飞禽走兽堆积如山，那些真正有水平、有原则、有职业规范坚守的驾车手也不会去做。这岂不正象征着作为代理人的管理者和作为委托人的国君之间的关系吗？驾车手尚且耻于屈从射手，孟子又怎么可能让自己所信奉的管理之道去屈就于国君呢？

更何况，管理之道和管理规范还同个人正直和管理公正联系在一起。管理者怎么可能以牺牲个人正直和管理公正为代价，去屈从于他人呢？而且，即便能这样做，一个丧失了个人正直和管理公正的管理者，又怎么可能去正国君、正国事呢？即便有机会，也根本做不到。在《论语》第十二篇第17章中，孔子曾说，"政者，正也，子帅以正，孰敢不正"㊁，而孟子在这里讲"枉己者，未有能直人者也"，两人从正反两面，表达了同样的意思。

3.7　景春①曰："公孙衍②、张仪③岂不诚大丈夫哉？一怒而诸侯惧，安居而天下熄④。"孟子曰："是焉得为大丈夫乎？子未学礼乎？丈夫之冠⑤也，父命之。女子之嫁也，母命之，往送之门，戒之

㊀　张钢，《大学·中庸的管理释义》，机械工业出版社，2017年版，PP61-68.
㊁　张钢，《论语的管理精义》，机械工业出版社，2015年版，PP337-338.

曰：'往之女家，必敬必戒，无违夫子⑥。'以顺为正者，妾妇之道也。居天下之广居，立天下之正位，行天下之大道。得志，与民由⑦之；不得志，独行其道。富贵不能淫⑧，贫贱不能移，威武不能屈。此之谓大丈夫。"

【字词注释】

① 景春：人名，已无从考。
② 公孙衍：魏国人，著名纵横家，善于游说，在秦国任职时，还同时配五国相印。
③ 张仪：魏国人，著名纵横家，曾游说六国连横服从秦国，瓦解了齐楚联盟。
④ 熄：这里是平息的意思。
⑤ 冠：这里指男子二十岁时举行的一种仪式，结发戴冠，标志成年。
⑥ 夫子：这里指丈夫。
⑦ 由：这里是经过、通过的意思。
⑧ 淫：这里是迷惑、祸乱的意思。

【今文意译】

景春说："公孙衍、张仪难道不是真正的大丈夫吗？他们一旦发怒，各诸侯国国君都害怕，他们一旦安静，天下纷争也就平息了。"

孟子说："这怎么能称得上是大丈夫呢？你没有学过礼吗？男子在举行成年加冠礼时，父亲要给予教导。女子在出嫁时，母亲要给予教导，送出门，告诫说：'到你夫家去，一定要恭敬谨慎，不要违背丈夫的意愿。'以顺从为核心的行为规范，是妻子所应遵循的。以己之心怀天下人之心，以己之力树天下之正气，让管理之道得以畅行天下；若能实现自己的志向，就和民众一起朝着这个方向前进，若不能实现自己的志向，则独自追求管理之道；在富贵面前不迷惑，在贫贱面前不改变；在威武面前不屈服。这样做的人，才称得上是大丈夫。"

【管理解析】

本章承接上章，继续说明管理者要有内在信念和价值观坚守，不能只是追求眼前一时风光。

在孟子所处的战国时代，善于游说诸侯的纵横家曾风行一时，像公孙衍、张仪、苏秦等纵横家代表人物，都无不给人以风光无限之感。当时已被刺身亡的苏秦曾同时佩戴六国相印，大有左右天下时局于一身之势；公孙衍也曾佩戴五国相印；而张仅仅凭三寸不烂之舌，便说服六国连横服从秦国，瓦解了齐楚联盟。他们在当时的很多人看来，有权、有势、有名，作为管理者，很是成功，"诚大丈夫哉"！

但是，时人并没有真正理解，这些纵横家之所以能同时佩戴几国相印，貌似成功地游说了各诸侯国国君，关键恰在于他们没有自己内在的信念和价值观坚守，而是完全从利益角度去投各诸侯国国君所好，因此，便容易得一时之利，取得短期可见的效果。正是由于缺乏一以贯之的内在坚守，纵横家虽能纵横一时，却难以持续。

为了说明这一点，孟子先从"大丈夫"的日常定义和内在要求说起。从当时的礼仪规范角度看，"丈夫"指成年男子，而成年男子不仅是年龄上满二十岁，更重要的是一种"做人"之道的内在要求。这便体现为继承了广义的"父命"，也即社会对"丈夫"或成年男子角色的规范期许。与男性角色的社会规范相对应的女性角色的社会规范，也即广义的"母命"，其内涵是"往之女家，必敬必戒，无违夫子"。由此可见，即便社会对妻子或成年女性角色的规范期许是"顺从"，这种女性角色的社会规范要求，也强调的是由内而外、一以贯之的"顺"，而不仅是外表上一味地低眉顺眼、无原则地迎合。所以，孟子才说，"以顺为正者，妾妇之道也"。也就是说，妻子或成年女性的"做人"之道，同样突显的是"正"，而不是无原则的屈和从。

虽然社会对男女角色的规范期许不一样，但都强化了坚守由内而外的原则的重要性。孟子认为，"大丈夫"的内涵要求在于，"居天下之广居，立天下之正位，行天下之大道"。这里的"广居""正位""大道"，都不是从外在的、有形的物理意义上来说的，而指的是内在的信念、价值观、社会规范和管理之道。其中，"广居"就是以"仁"为核心的价值观和社会规范，"正位"则是社会规范对人的角色定位和行为要求，而"大道"则是"做人"和做管理之道。只有恪守了这三方面的内涵要求，才能真正做到"得志，与民由之；不得志，独行其道"。"得志"，意味着有机会去做管理，实现自己的理想和抱负，这时就必须和民众一起追求和创造共同利益或"善"；而"不得志"，则意味着没有机会去做管理，无法实现自己的理想和抱负，那就要坚定不移地独自追求和践行管理之道。其实这种行为表现，与孔子在《论语》第七篇第 10 章中讲颜回"用之则行，舍之则藏"[一]本质上是一样的。

也只有在"得志"和"不得志"情况下都能不偏离管理之道，一个人才能经受得住各种考验，真正做到"富贵不能淫，贫贱不能移，威武不能屈"。在孟子看来，只有这种时刻以我为主，有坚守、有定力、有准则、有操行的人，才配得上称"大丈夫"。实际上，孟子意义上的"大丈夫"，也就是真正的"君子"或管理者的意思，

[一] 张钢，《论语的管理精义》，机械工业出版社，2015 年版，PP182-183.

是指在当时的历史条件下，超越于一般"丈夫"或成年男子，能够担当组织的管理重任的人。

如果按照孟子的"大丈夫"标准来审视公孙衍、张仪等纵横家的行为表现，便不难发现，他们缺乏内在坚守，行为不正，别说是"大丈夫"，即便是一般的"丈夫"或成年男子，哪怕是妻子或成年女性的"做人"和做事的基本要求，都还没有达到。

3.8 周霄①问曰："古之君子仕乎？"孟子曰："仕。《传》曰：'孔子三月无君，则皇皇②如也。出疆③必载质④。'公明仪曰：'古之人三月无君则吊⑤。'""三月无君则吊，不以急乎？"曰："士之失位也，犹诸侯之失国家也。《礼》曰：'诸侯耕助，以供粢⑥盛。夫人蚕缫⑦，以为衣服。牺牲不成，粢盛不洁，衣服不备，不敢以祭。惟士无田，则亦不祭。'牲杀、器皿、衣服不备，不敢以祭，则不敢以宴，亦不足吊乎？""出疆必载质，何也？"曰："士之仕也，犹农夫之耕也。农夫岂为出疆舍其耒耜哉？"曰："晋国亦仕国也，未尝闻仕如此其急。仕如此其急也，君子之难仕。何也？"曰："丈夫生而愿为之有室，女子生而愿为之有家。父母之心，人皆有之。不待父母之命、媒妁之言，钻穴隙相窥，逾墙相从，则父母国人皆贱之。古之人未尝不欲仕也，又恶不由其道。不由其道而往者，与⑧钻穴隙之类也。"

【字词注释】

① 周霄：魏国人，已无从考。
② 皇皇：这里是恐惧、惊慌的意思。
③ 疆：这里指边境、国界。
④ 质：通"贽"，初见尊长时准备的礼物。
⑤ 吊：这里是安抚、安慰的意思。
⑥ 粢：供祭祀用的黍稷等谷物。
⑦ 缫：指抽茧出丝。
⑧ 与：这里是副词，皆、都的意思。

【今文意译】

周霄问道："古代的管理者要找工作吗？"

孟子说："要找工作。《传》上讲：'孔子三个月没有被聘用，就非常着急。出境时一定会带上找工作用的见面礼。'公明仪也说：'古人若三个月没有被聘用，就要去安慰他一下。"

周霄又问："三个月不被聘用，就要去安慰，不是太急了点吗？"

孟子说："学管理、做管理的人，失去了管理岗位，就像诸侯国国君失去了自己的诸侯国一样。《礼》上讲：'诸侯国国君用来祭祀的谷物，要自己亲自耕种；祭祀时穿的衣服，也要由国君夫人亲自养蚕抽丝来制作。祭祀用的牲畜不符合要求、谷物不干净、衣服不整齐，都不敢祭祀。学管理、做管理的人，如果没有了祭祀用的圭田，也就不能祭祀了。'牲畜、器具、衣服都不齐备，既不能祭祀，又无法宴请，这还不值得去慰问吗？"

周霄再问："出境时一定要带上找工作的见面礼，这是为什么呢？"

孟子说："学管理、做管理的人去找工作，就像农民去种地一样。农民怎么会因为出境就丢掉农具呢？"

周霄说："魏国也是可以去找工作的诸侯国，却没有听说找工作要这么着急的。既然找工作这么着急，而管理者又很难找到工作，这是为什么呢？"

孟子说："男子出生后，父母都盼着他早日成家，女子出生后，父母都希望她能有个婆家；为人父母，都有这样的心愿。但是，若没有父母同意，也不经过媒人介绍，男女就私下里窥探来往，必然会让父母和外人都讨厌。古代人不是不想去找一份管理工作，但更讨厌不经由正道而去找工作。不经由正道而去找工作，同男女不正当交往完全一样啊。"

【管理解析】

本章借探讨古代管理者找工作的情形，意在说明，管理者选择去特定组织做管理，首先要遵循职业规范；即便因一时找不到工作，迫切需要一个工作岗位，也不能无视职业规范的要求。

在春秋战国时期，管理的职业化程度比较高，各诸侯国都会聘用来自不同诸侯国的管理者，而管理者也可以比较自由地到不同诸侯国任职，再加上有不同管理学说和流派之间的竞争，当时职业管理者市场已具雏形。在这种背景下，从孔子开始，儒家就一直致力于培养认同并践行儒家管理之道的职业管理者，尤其强调恪守内在信念、价值观和职业规范的首要性，这与上章提到的纵横家培养出来的管理者形成了鲜明对比。

既然当时已存在具有竞争性的职业管理者市场，那么，对于管理者来说，找工作和暂时失业，都是正常的，像孔子本人也有在不同诸侯国之间奔波求职的经历，即"孔子三月无君，则皇皇如也。出疆必载质"。当时包括孔子在内的管理者，急于找一份管理工作，既有施展抱负、实现理想的内在需求，也有养家糊口的现实需要。孟子并不隐讳这一点，而是直截了当地说，"士之失位也，犹诸侯之失国家也"。国君失去了诸侯国，便意味着失掉了生存的根基；管理者或学管理、做管理的人，若失去了管理岗位，也同样意味着失去了生存的根基。就拿祭祀来说，这是当时极其重要的社会活动，为了体现诚敬，无论国君还是管理者抑或普通民众，都要亲自动手，保质保量地准备各种祭祀用品。所以，国君拥有专门供祭祀用的田地，用以出产祭祀用品，而且，国君还必须象征性地耕种祭田，国君夫人也要亲自养蚕抽丝织绸做祭服。当然，管理者也由于拥有国君授予的专门供祭祀用的"圭田"，同样可以亲自耕种"圭田"，来准备祭祀用品。但是，一旦管理者失业了，便没有了"圭田"，也就无法亲自准备祭祀用品，甚至连日常宴请这样的社交活动都难以为继，这对管理者而言，无疑是一个巨大打击。所以，孟子才说，"牺牲、器皿、衣服不备，不敢以祭，则不敢以宴，亦不足吊乎？"

至于离境到其他诸侯国找工作，必须带上见面礼，即"出疆必载质"，这也许是当时管理者找工作的惯例，用孟子的话说，就像农民去别的诸侯国定居也要带上农具一样。既然管理者这么急切地要找工作，那为什么又这么难就业呢？或者更直白地说，找工作这么难，为什么还要挑三拣四呢？能有个工作岗位就很不错了，为什么还那么挑剔呢？这也正是周霄的疑惑所在。

孟子没有直接回答周霄的问题，而是先举了男婚女嫁的例子。在当时的历史条件下，男女结婚成家一定要经过"父母之命，媒妁之言"，明媒正娶才行，这也是当时有关男婚女嫁的社会规范。父母当然愿意看到自己的子女早日结婚成家，而男女双方也都希望能找到意中人，但是，因为急切着要成家，难道可以不顾社会规范，男女之间私下里就结婚成家吗？"不待父母之命、媒妁之言，钻穴隙相窥，逾墙相从，则父母国人皆贱之"，好事反而做成了坏事。管理者做管理，道理也一样。若管理者为了求得某个管理职位，不惜违背规范，低三下四，不顾一切，其结果虽然可能会得到这个管理职位，但也免不了为人们所唾弃。

孟子在这里用男女婚姻之事，来隐喻做管理的光明正大，意在表明，管理者的内在职业操守非常重要，正是因为有了这种内在坚守，管理者虽急于求职，但求职必由其道，"不由其道而往者，与钻穴隙之类也"。

3.9　彭更①问曰："后车数十乘，从者数百人，以传②食于诸侯，不以泰③乎？"孟子曰："非其道，则一箪食不可受于人。如其道，则舜受尧之天下，不以为泰。子以为泰乎？"曰："否。士无事而食，不可也。"曰："子不通功易事，以羡④补不足，则农有馀粟，女有馀布。子如通之，则梓⑤、匠、轮⑥、舆⑦皆得食于子。于此有人焉，入则孝，出则悌，守先王之道，以待后之学者，而不得食于子。子何尊梓、匠、轮、舆，而轻为仁义者哉？"曰："梓、匠、轮、舆，其志将以求食也。君子之为道也，其志亦将以求食与？"曰："子何以其志为哉？其有功于子，可食而食之矣。且子食志乎？食功乎？"曰："食志。"曰："有人于此，毁瓦画墁⑧，其志将以求食也，则子食之乎？"曰："否。"曰："然则子非食志也，食功也。"

【字词注释】

① 彭更：孟子的学生。
② 传：这里是轮流、转移的意思。
③ 泰：通"太"，表示程度大、过分。
④ 羡：这里是丰裕、有余的意思。
⑤ 梓：指木工、木匠。
⑥ 轮：指做轮子的工匠。
⑦ 舆：指做车厢的工匠。
⑧ 墁：这里指墙壁上的装饰画。

【今文意译】

彭更问道："您后面跟着数十辆车、几百人，在各诸侯国轮流吃喝，这是否有点过分呢？"

孟子说："若不符合规范，即便是一篮子食物，也不能从别人那里拿。若符合规范，即便舜从尧那里接受天下，也并不过分。你认为过分吗？"

彭更说："我要讲的不是这个意思。我想说的是，学管理、做管理的人，不做事就想有饭吃，是不可以的。"

孟子说："如果不能建立起分工和交换体系，用有余去补不足，那么，农民就会有余粮卖不出去，女性织了布也卖不出去。如果建立了流通体系，那么，各种工匠都能因此而有饭吃。假如有个人，在家里家外都能恪守孝悌原则，遵循管理之道，致力于培养管理人才，在你这里却没有饭吃。为什么你能尊重各种工匠，反而轻视致力于追求仁义境界的人呢？"

彭更说："各种工匠的志向就是用手艺谋生、挣口饭吃。管理者践行管理之道，其志向也是用管理谋生、挣口饭吃吗？"

孟子说："你为什么要根据他们的志向做判断呢？只要他们对你有贡献，你认为可以给他们饭吃，就给他们饭吃好了。你到底是因为志向才给他们饭吃呢，还是根据贡献才给他们饭吃呢？"

彭更说："是因为志向才给他们饭吃。"

孟子说："假设这里有个人，将好好的房瓦毁掉，在装饰好的墙上乱画，他的志向是靠这个行为挣口饭吃，你会给他饭吃吗？"

彭更说："不会。"

孟子说："这就说明，你不是因为志向，而是根据贡献，决定是否给别人饭吃的。"

【管理解析】

本章延续上章，继续讲管理职业的性质及其贡献，从而明确管理职业像其他各种职业一样，都有其存在的合理性。

首先，管理职业同样是建立在分工、协调及交换基础上的。正是借助"通功易事，以羡补不足"，男耕女织才得以产生更大的整体价值，而且，也恰是在这种分工与交换体系下，像"梓、匠、轮、舆"等各种工匠的职业才有了存在的合理性。这正是本篇第 4 章中孟子评论神农学说时所阐述的观点。

其次，管理职业存在的合理性，除了维系分工与交换体系的顺畅运行外，更重要的是传承一种价值观和社会规范，从而能为社会和组织培养出一代代的"社会人"和"组织人"，以实现社会和组织的可持续发展，即"于此有人焉，入则孝，出则悌，守先王之道，以待后之学者"。因此，当彭更说"士无事而食，不可也"时，恰表明他只看到体力劳动是在做事，如工匠和农民在用体力，做着看得见的事。但是，管理者无论是在维系分工、协作和流通体系，还是在传承文化、培养人，用的都是不易看见的脑力，做着不一定有当下看得见结果的事，这往往容易被人们所忽略。也难怪彭更只看到孟子带着一群学生在各诸侯国轮流吃喝，却没有看到他们对诸侯国所产生的正向影响。

更何况，在彭更看来，像木匠、车工这样的手艺人，他们的志向就是学门手艺，靠手艺吃饭，即"其志将以求食也"，而管理者学习管理之道，难道不是像《论语》第七篇第 6 章中孔子所说的"志于道"[⊖]，却是要"志于食"吗？

严格来说，彭更在这里混淆了工作动机与职业目标或志向。即便是工匠，其职业志向也不一定就是单纯挣口饭吃，而彭更去推断别人的职业志向的做法是不恰当的；况且，他还人为地设定工匠就是"志将以求食"，而"君子之为道也，其志亦将以求食与"，隐含的意思是，管理者不应该像工匠那样去"求食"。这种区分本身

⊖ 张钢,《论语的管理精义》,机械工业出版社, 2015 年版, PP178-179.

也是不恰当的。一方面，管理职业和各种工匠及农民职业一样，都有自己的职业规范，各自职业规范的内涵虽有不同，但并无贵贱之分，而且，作为不同职业从业者的个体，虽然其行为要符合特定职业规范的要求，但是其内在志向和动机，却难以从外部直接观察到；另一方面，即便是同一种职业中的不同从业者，他们的职业志向和工作动机也可能相差很大。因此，若期望基于内在职业志向和工作动机给予相应的报酬，那也是不可能的。

正因为如此，孟子并没有直接回应彭更关于"君子之为道也，其志亦将以求食与"的问题，而是反问道，"子何以其志为哉"，意思是，你为什么要牵涉到职业志向问题呢？如果你要请别人来干活，难道是因为别人的志向而给他报酬吗？当彭更竟然回答说是因为别人的志向而给他报酬时，孟子又举了一个有职业志向却没有实际贡献甚至有破坏行为的工匠的例子，而彭更当然说不能给予他报酬。这种前后矛盾的回答，非常具有典型性，恰说明人们在对管理者的认知上存在严重混乱。

一方面，人们希望管理者有着更高的志向追求，超越眼前的功利诉求，另一方面又嫌看不到管理者的实际贡献，觉得管理者是在"无事而食"。这种矛盾的心态之所以存在，关键就是前后的立足点并不一致。首先，志向是一种自我的内在追求，别人无法直接观察到；委托人虽然可以对管理者有期望、有要求，但并不能以此为依据，来衡量管理者的行为或现实贡献，否则，就只能是听凭管理者怎么说以及委托人自己的感觉，但是，委托人难以直接感觉到对方的志向和动机，而管理者自述的志向和动机也未必可信，以此为基础如何能够恰当地衡量管理者的行为或现实贡献？其次，对管理者的实际贡献的衡量，不能只是参照以体力劳动和可见结果为主的各种工匠职业，而必须针对管理工作的特点，从管理者所负责的组织或团队的整体和长远的视角，更有针对性地进行评价。

孟子在这里关于管理职业的性质及其贡献的论述，在很大程度上是对本篇论述劳动分工思想的进一步深化，以期让人们看到管理者和管理职业对组织和社会的意义所在。

3.10 万章①问曰："宋，小国也。今将行王政，齐、楚恶而伐之，则如之何？"孟子曰："汤居亳②，与葛③为邻。葛伯放④而不祀，汤使人问之曰：'何为不祀？'曰：'无以供牺牲也。'汤使遗⑤之牛羊。葛伯食之，又不以祀。汤又使人问之曰：'何为不祀？'曰：'无以供粢盛也。'汤使亳众往为之耕，老弱馈食。葛伯率其民，要其有酒食黍稻者夺之，不授者杀之。有童子以黍肉饷⑥，杀而夺之。《书》曰：'葛伯仇饷。'⑦此之谓也。为其杀是童子而征之，四海之内皆曰：'非富天下也，为匹夫匹妇复雠也。'汤始征，自葛载⑧。十一征而无敌于天下。东面而征，西夷怨；南面而征，北狄怨。曰：'奚为后我？'民之望之，若大旱之望雨也。归市者弗止，芸者不变。诛其君，吊其民，如时雨降，民大悦。《书》曰：'徯我后，后来其无罚。'⑨'有攸⑩不惟臣，东征，绥⑪厥士女。匪⑫厥玄黄，绍⑬我周王见休⑭，惟臣附于大邑周。'其君子实玄黄于匪，以迎其君子；其小人箪食壶浆，以迎其小人。救民于水火之中，取其残⑮而已矣。《太誓》曰：'我武惟扬，侵于之疆，则取于残，杀伐用张，于汤有光。'⑯不行王政云尔；苟行王政，四海之内皆举首而望之，欲以为君。齐、楚虽大，何畏焉？"

【字词注释】

① 万章：孟子的学生。

② 亳：汤的国都。

③ 葛：诸侯国名，是汤的邻国。

④ 放：这里是放纵、放任的意思。

⑤ 遗：这里是赠送、送给的意思。

⑥ 饷：指给在田间耕作的人送饭。

⑦ 这是《尚书·商书·仲虺之诰》中的一句话，大意是：葛的国君仇恨送饭的人。

⑧ 载：这里是开始的意思。

⑨ 这是《尚书·周书·武成》中的一句话，大意是：盼望我们周武王，武王来了不受苦。

⑩ 攸：诸侯国名。

⑪ 绥：这里是安慰、安抚的意思。

⑫ 匪：通"篚"，指竹筐，这里作动词，用竹筐盛着。

⑬ 绍：这里是介绍、推荐的意思。

⑭ 休：这里是美好的意思。

⑮ 残：这里指残害民众的暴君。

⑯ 这是《尚书·周书·太誓》中的话，大意是：我们的武力多么雄壮，攻入对方的疆域，铲除残害民众的暴君，战功成就比当年的商汤还辉煌。

【今文意译】

万章问道："宋是小诸侯国，如今要行王道、施仁政，齐国和楚国都很反感，要出兵攻打，怎么办呢？"

孟子说："汤还在亳地的时候，葛是邻国。葛的国君任性不祭祀，汤派人去询问：'为什么不祭祀？'回答说：'没有祭祀用的牺畜。'汤便赠送牛羊。但葛的国君却将牛羊宰杀吃肉，而不用来祭祀。汤又派人去询问：'为什么不祭祀？'回答说：'没有祭祀用的谷物。'汤便派亳地的民众去给他们种地,年老体弱的人负责给种地的人送饭。葛的国君便率众拦截送饭的人,夺下他们的食物和酒菜,不给就杀。有个小孩去给种地的人送饭,结果人被杀死,食物被夺走。《尚书》上说:'葛的国君仇恨送饭的人。'说的就是这件事。汤因为这个小孩被杀而征伐葛,天下人都说:'汤不是要掠夺天下财富,而是为民众报仇。'汤的征伐,从葛开始,共征战十一次,天下无人能抵挡。向东征伐,西面的人抱怨;向南征伐,北面的人抱怨。都说:'为什么不从我们这里先开始?'民众翘首以盼,就像大旱之日渴望下雨一样。做买卖的人不用关门歇业,种地的人继续下田干活。汤诛杀残暴的国君,安抚受苦的民众,就像下了一场及时雨,大快人心。《尚书》上说到武王伐纣时,也是一样:'盼望我们周武王,武王来了不受苦。''攸国不想臣服,还要助纣为虐,便向东征讨它,安抚该国民众。民众都用竹筐盛满黑色、黄色的丝绸,希望见到周武王,并以能见到周武王为荣,只希望做周朝的臣民。'这说的就是当年周武王东征的盛况。各地管理者用竹筐盛着黑色、黄色的丝绸,来迎接东征队伍中的管理者,民众则用竹篮盛饭,用水壶盛汤,来迎接东征队伍中的士兵。这表明,周武王拯救民众于水火之中,只是铲除了残害民众的暴君而已。《太誓》上说:'我们的武力多么雄壮,攻入对方的疆域,铲除残害民众的暴君,战功成就比当年的商汤还辉煌。'不行王道、不施仁政也就罢了;假使真要行王道、施仁政,天下民众都会翘首以盼,想拥戴他做天下的君王。齐国和楚国虽然强大,但又有什么好怕的呢?"

【管理解析】

本章同第一篇第5章所讲的"仁者无敌"观点相呼应,并用历史案例说明,行"王道"、施"仁政",关键在于管理者具有内在信念和价值观坚守,而且要能将之贯彻到管理体制和管理措施之中,实现自治治人;否则,只想打着"王道""仁政"的旗号,反而会自取其亡。

据记载,当时宋国的国君偃,打着行"王道"、施"仁政"的旗号,先灭掉了滕国,又去攻打薛国,并同齐国、楚国、魏国交兵,意欲称霸诸侯。这才引发了各大诸侯国的不满,准备联合起来征伐宋国。面对这种形势,万章才有此问。

孟子没有对宋国与齐楚的实力进行分析,并给出相应的对策,而是再次引用历史案例,以引发深度思考。当年商汤伐桀,是从征伐邻国葛国开始的,周武王伐纣也是用自身的"仁政"与商纣的"暴政"形成鲜明对比。这两个历史案例在前述篇章中已反复提到过,在这里不过是将汤伐葛的起因讲的更详细。无论是商汤还是周武王,他们的征伐都有一个共同前提,即在自己的疆域内早已广泛施"仁政",并获得了内在凝聚力和外在声誉。换句话说,商汤和周武王都已赢得了"民心"或民众信任，占据了"人和"这个比"天时""地利"更重要的有利条件，以此为基础，他们才真正达到了"仁者无敌"的境界。

明白了这两个历史案例的共同前提和内在逻辑之后，再回过头来看宋国的所谓行"王道"、施"仁政"，便不难发现其中的问题所在。宋国只不过是"今将行王政"，那么，宋国又是在怎样的背景下准备行"王道"、施"仁政"呢？是在先灭了滕国，又攻打薛国，还要同齐、楚、魏交兵的情况下。这表明，宋国并不是先在国内行"王道"、施"仁政"，然后再去拯救邻国或他国的民众，铲除暴君；相反，却是先灭掉周边的小诸侯国，还要同大诸侯国交恶，在遇到大诸侯国将要联合讨伐的威胁时，才打出要行"王道"、施"仁政"的旗号。这显然是将"王道""仁政"作为幌子，以掩盖其称霸诸侯的野心，并意欲缓解眼前的危机。孟子在第二篇第3章中曾指出，"以力假仁者霸，霸必有大国"，也就是说，以往采取这种"以力假仁"做法的都是大诸侯国，而宋国只不过是个小诸侯国，却想"以力假仁"，其结果恐怕只能是自取灭亡。后来的形势发展也印证了这一点，此后不久宋国便被齐国所灭，国君偃也被杀。

正因为孟子早已洞悉宋国所谓"行王政"背后"以力假仁"的本质，因此，自始至终都没有正面回答万章的"如之何"或怎么办的问题，而只是通过历史案例分析，得出了这样的结论，即："不行王政云尔；苟行王政，四海之内皆举首而望之，欲以为君。齐、楚虽大，何畏焉？"答案再清楚不过了，"仁者无敌"关键得是真"仁者"，那些假"仁者"，又岂能无敌，自保都难。

3.11 孟子谓戴不胜①曰："子欲子之王之善与？我明告子。有楚大夫于此，欲其子之齐语也，则使齐人傅②诸？使楚人傅诸？"曰："使齐人傅之。"曰："一齐人傅之，众楚人咻③之，虽日挞④而求其齐也，不可得矣。引而置之庄岳⑤之间数年，虽日挞而求其楚，亦不可得矣。子谓薛居州⑥，善士也，使之居于王所。在于王所者，长幼卑尊皆薛居州也，王谁与为不善？在王所者，长幼卑尊皆非薛居州也，王谁与为善？一薛居州独如宋王⑦何？"

【字词注释】

① 戴不胜：宋国大夫。
② 傅：这里是动词，教导、教育的意思。
③ 咻：这里是动词，喧扰、吵闹的意思。
④ 挞：指用鞭、杖等打人。
⑤ 庄岳：指齐国繁荣的街区。
⑥ 薛居州：宋国大夫，有贤名。
⑦ 宋王：即宋国国君偃。

【今文意译】

孟子对戴不胜说:"你想让你们的国君追求共同利益吗?让我给你举个例子,就明白了。假设有位楚国管理者,想让自己的儿子学说齐国话,那么,是找个齐国人教他呢?还是找个楚国人教他呢?"

戴不胜说:"要找个齐国人教他。"

孟子说:"一个齐国人在教他说齐国话,而一群楚国人在周围叽叽喳喳地说着楚国话,即便天天用鞭子抽他,让他说齐国话,也是不可能的。相反,如果让他到齐国繁华的街区住上几年,虽然天天用鞭子抽他,让他说楚国话,又怎么可能呢。你说薛居州是一位追求共同利益的管理者,假如让他和国君在一起,而且,在国君周围的人,无论年龄地位,都和薛居州一样追求共同利益,国君怎么可能不去追求共同利益呢?相反,假如在国君周围的人,无论年龄地位,都和薛居州不一样,甚至反对追求共同利益,国君又怎么可能去追求共同利益呢?只是一个薛居州,怎么可能改变宋国国君呢?"

【管理解析】

本章承接上章,明确指出,宋国并没有真正行"王道"、施"仁政",因为宋国管理者群体根本没有形成追求共同利益的氛围,而宋国国君本人也并没有确立起追求共同利益的目标。

从孟子的话可以推断,戴不胜和薛居州是宋国仅有的希望能真正行"王道"、施"仁政"的管理者,但明显感到势单力薄,无力改变宋国的管理局面,更无力改变宋国国君的观念和做法。这或许正是戴不胜向孟子请教的原因。

孟子没有直接告诉戴不胜如何才能改变宋国国君的观念和做法,而是先举了一个语言学习的例子。学语言当然要有语言环境,环境本身就是最好的老师。这个道理早已尽人皆知。问题是,人们虽然对语言学习中环境的重要性非常清楚,却不懂得举一反三,忘记了在改变人的观念和行为时,也要善于营造环境,用环境去改变人,反倒是经常想凭借个人之力就能达到对人和组织的彻底改变,其结果必然事与愿违。毕竟宋国只有一个薛居州,即便加上戴不胜,也才两位管理者真正信奉"王道""仁政"。以两个人的努力,就想立刻改变宋国国君的观念和行为,乃至宋国的管理体制和管理做法,困难可想而知,但也并非没有可能,关键要有耐心,从长远着眼,慢慢影响和改变其他人,当越来越多的人发生了改变之后,变革的环境氛围自然就会形成。不过,能这样做的前提是,要有足够的时间和信心,而宋国还能维持多久,却是一个不确定的大问题。这正是孟子用"薛居州独如宋王何"所要表达的隐忧。

3.12 公孙丑问曰:"不见诸侯,何义?"孟子曰:"古者不为臣不见。段干木①逾垣而辟之,泄柳闭门而不内②,是皆已甚。迫,斯可以见矣。阳货欲见孔子,而恶无礼。大夫有赐于士,不得受于其家,则往拜其门。阳货瞰③孔子之亡④也,而馈孔子蒸豚。孔子亦瞰其亡也,而往拜之。当是时,阳货先,岂得不见?曾子曰:'胁⑤肩谄笑,病于夏畦⑥。'子路曰:'未同而言,观其色赧⑦赧然,非由之所知也。'由是观之,则君子之所养可知已矣。"

【字词注释】

① 段干木:魏国人,魏文侯时期的贤人。

② 内:这里是接纳、收容的意思。

③ 瞰:这里是窥探、窥视的意思。

④ 亡:这里是不在家、出门在外的意思。

⑤ 胁:这里是紧缩、耸起的意思。

⑥ 畦:原指菜园中分出的小区,这里引申为在菜园中干活。

⑦ 赧:指因羞愧、惭愧而脸红。

【今文意译】

公孙丑问道:"不主动去求见诸侯国国君,这是一种什么样的规范要求呢?"

孟子说:"古人若不做某个诸侯国的管理者,就不主动去求见这个诸侯国的国君。当年段干木翻墙逃走,避而不见魏文侯;泄柳紧闭房门,不接纳鲁缪公。这样做是有点过了。如果国君迫切想见面,也是可以相见的。当年阳货想见孔子,又不想失礼。按照礼仪规范,高级管理者给普通管理者或卸任的管理者送礼物,若本人不在家不能当面拜谢,就要亲自到高级管理者家拜谢。因此,阳货打听到孔子不在家的时候,便送去一只蒸小猪。孔子也探听到阳货不在家时去拜谢,结果却路遇阳货,只能相见。当时阳货有礼在先,孔子在路上又怎么能躲开不见呢?曾子说:'耸起肩膀,献媚地笑,要比夏天在菜园里干活还累。'子路也讲:'说不到一块,还要勉强去说,看他面红耳赤的样子,我真是理解不了,他为什么要去说呢?'这些事例表明,管理者平日的自我修养水平,在见国君与否以及怎么交流的方式上,便能一目了然。"

【管理解析】

可以将本章与本篇第 6 章联系起来看。在本篇第 6 章中,孟子是联系着管理者对内在信念的坚守和外在功利的权衡来探讨"不见诸侯"问题，强调的是管理者要依据职业规范做出选择，而本章侧重于从管理者个人修养或"做人"的视角来探讨"不见诸侯"背后所蕴含的规范要求。

孟子在这里首先说明"古者不为臣不见"，意思是，若不是某个诸侯国的管理者，也不想去这个诸侯国求职，就不必主动去求见该诸侯国的国君。这与本篇第6章所讲的内容稍有不同。在第6章中，隐含的前提是去特定诸侯国找工作，以实现职业理想和抱负，但本章则明确的是"不为臣"这个前提，也即不存在"君臣"之间的工作关系及相应的规范要求。在这种情况下，便没有必要去主动求见国君，甚至像段干木还要"逾垣而辟"魏文侯，泄柳则"闭门而不内"鲁缪公。当然，孟子认为这两个人的做法有些过了，若国君急切想见面，也还是可以见的。在孟子看来，比较恰当的做法，就是当年孔子对阳货要求见面的处理方式。

据《论语》第十七篇第1章记载㊀，阳货想见孔子，而孔子当时已不再担任鲁国管理者，完全有理由不见。阳货知道孔子不想见他，便故意利用当时的礼仪规范，送给孔子一只蒸小猪，让孔子不得不登门答谢，这样就可以相见了。孔子也认识到这一点，便趁阳货不在家时去登门答谢，这样既不违礼，又能不见阳货。但不巧的是，孔子在去阳货家时，却路遇阳货，这时孔子并没有像段干木或泄柳那样再次想法避开，而是与阳货坦然相见并交流，不卑不亢，既没有因人废言，也恪守了礼仪规范。

孔子的做法，恰体现了孟子所说的"君子之所养可知已矣"。在见与不见诸侯国国君或当权者，以及怎么见或以什么样的姿态见的问题上，恰能体现出一个人平日里的自我修养水准。在当时的历史条件下，诸侯国国君或如阳货那样的"权臣"，扮演着职业管理者的雇主角色，"见诸侯"则有可能获得任用；但是，若只一心想着被任用而丧失原则，甚至失去自我，一味地逢迎谄媚，在儒家看来，这实在是比夏天在菜园里干活还辛苦的事，即曾子所说的"胁肩谄笑，病于夏畦"，而子路更是明确指出，"未同而言，观其色赧赧然，非由之所知也"。在根本就没有共同语言的国君面前，却强颜欢笑的管理者，的确让直率的子路无法理解。这再次表明，没有"做人"上的自我修养，要做好管理，谈何容易。

3.13 戴盈之①曰："什一，去关市之征，今兹②未能。请轻之，以待来年然后已，何如？"孟子曰："今有人日攘③其邻之鸡者，或告之曰：'是非君子之道。'曰：'请损④之，月攘一鸡，以待来年然后已。'如知其非义，斯速已矣，何待来年？"

㊀ 张钢，《论语的管理精义》，机械工业出版社，2015年版，PP489-490.

【字词注释】

① 戴盈之：宋国大夫。
② 兹：这里是年的意思。
③ 攘：这里是偷盗、窃取的意思。
④ 损：这里是减少、削减的意思。

【今文意译】

戴盈之说："按照十分之一的税率征收田产税，并停止对关口和市场征税，今年难以做到。可以先降低一些，等到明年再停止，怎么样？"

孟子说："假如有人每天都偷邻居家一只鸡，别人告诉他说：'这不是一位管理者所应该做的事情。'那人却说，'那我就少偷点，每个月偷一只鸡，等到明年再停止'。如果知道一件事、一项政策是不对的，那就要马上停止，为什么还要等到明年？"

【管理解析】

本章在于说明，管理者对于那些不符合规范的事，应该坚决不做，而不能找所谓暂缓或渐进改变这样的借口。这是做管理的原则问题。

依据"仁政"要求，田产税率应该是"十分之一"，即"什一"税制，而对于各种口岸关隘，则应"讥而不征"，即只检查、不征税。若要行"王道"、施"仁政"，就必须这样做，而不能找借口予以推迟、拖延。"王道""仁政"与"霸道""暴政"有着本质区别，在这样两套有着本质区别的体制和政策的切换中，渐进的程度变化或量上的改变，并不能必然引发所谓"质"的变化。这与日常所说的渐进变革以及所谓"量变到质变"并不是一个概念。

为了说明这一点，孟子举了一个极其形象的例子。如果有个人每天都去偷邻居家的一只鸡，而且也明明知道这是一种违法行为，却还狡辩说，"请损之，月攘一鸡，以待来年然后已"。这岂不是一件很滑稽的事吗？孟子用这个例子所要说明的是，对于那些有着明确的规则规范、是非对错很清楚的事项或政策，就应该是当做则做，当止则止，而不应找各种借口拖延或用所谓渐进变革来搪塞，其实这种拖延或搪塞的背后，往往都是个体利益或小群体利益在作祟。如果真能从共同利益或"善"出发，超越个体利益和小群体利益，那么，对于很多事项或政策，反而更容易看清楚其中的是非曲直。

值得注意的是，孟子在这里所讲的"如知其非义，斯速已矣，何待来年"，专指那些有着明确的规则规范的管理决策而言；若管理者面对的是那些尚没有明确的规则规范，又难以判断其后果及影响范围的管理决策，则又另当别论。

3.14 公都子①曰:"外人皆称夫子好辩,敢问何也?"孟子曰:"予岂好辩哉!予不得已也。天下之生久矣,一治一乱。当尧之时,水逆行,氾滥于中国,蛇龙居之。民无所定,下者为巢,上者为营窟。《书》曰:'洚水警余。'②洚水者,洪水也。使禹治之。禹掘地而注之海,驱蛇龙而放之菹③。水由地中行,江、淮、河、汉是也。险阻既远,鸟兽之害人者消,然后人得平土而居之。尧、舜既没,圣人之道衰,暴君代作。坏宫室以为污池,民无所安息。弃田以为园囿,使民不得衣食。邪说暴行又作,园囿、污池、沛泽多而禽兽至。及纣之身,天下又大乱。周公相武王,诛纣伐奄④,三年讨其君,驱飞廉⑤于海隅而戮之;灭国者五十;驱虎、豹、犀、象而远之。天下大悦。《书》曰:'丕显哉!文王谟。丕承哉!武王烈。佑启我后人,咸以正无缺。'⑥世衰道微,邪说暴行有作,臣弑其君者有之,子弑其父者有之。孔子惧,作《春秋》。《春秋》,天子之事也。是故孔子曰:'知我者其惟《春秋》乎!罪我者其惟《春秋》乎!'圣王不作,诸侯放恣,处士⑦横议。杨朱⑧、墨翟⑨之言盈天下。天下之言,不归杨,则归墨。杨氏为我,是无君也。墨氏兼爱,是无父也。无父无君,是禽兽也。公明仪曰:'庖有肥肉,厩有肥马,民有饥色,野有饿莩。此率兽而食人也。'杨、墨之道不息,孔子之道不著,是邪说诬民,充塞仁义也。仁义充塞,则率兽食人,人将相食。吾为此惧,闲⑩先圣之道,距⑪杨、墨,放淫辞,邪说者不得作。作于其心,害于其事;作于其事,害于其政。圣人复起,不易吾言矣。昔者禹抑洪水而天下平,周公兼夷狄、驱猛兽而百姓宁,孔子成《春秋》而乱臣贼子惧。《诗》云:'戎狄是膺,荆舒是惩。则莫我敢承。'⑫无父无君,是周公所膺也。我亦欲正人心,息邪说,距诐⑬行,放淫辞,以承三圣者。岂好辩哉?予不得已也。能言距杨、墨者,圣人之徒也。"

【字词注释】

① 公都子:孟子的学生。
② 这是《尚书·虞书·大禹谟》中的一句话,"洚",指大水泛滥的样子。这句话的意思是:大洪水警示着我们。
③ 菹:这里指沼泽。
④ 奄:古国名,是一个助纣为虐的

诸侯国。

⑤ 飞廉：人名，是一个助纣为虐的人。

⑥ 这是《尚书·周书·君牙》中的话，"丕"，这里是宏大的意思；"谟"，这里是谋划的意思；"烈"，这里是功业、伟业的意思；"佑"，这里是帮助的意思。这几句话的意思是：多么伟大的开创者！周文王的谋划。多么伟大的继承者！周武王的功业。帮助启发我们后人，都能走上正确而没有偏颇的发展道路。

⑦ 处士：尚没有被聘用，在家里待业的管理者或学管理的人。

⑧ 杨朱：早于孟子的思想家，魏国人。

⑨ 墨翟：墨家的创始人，鲁国人，一说宋国人。

⑩ 闲：是会意字，本义指设在门口的木栅栏，这里引申为保卫、捍卫的意思。

⑪ 距：通"拒"，抵御、抗拒的意思。

⑫ 这是《诗经·鲁颂·閟宫》中的诗句。其中，"膺"是抵抗、抗拒的意思；"荆"，指楚国；"舒"是楚国的附属国；"承"这里是抵挡的意思。这几句诗的大意是：抗击西戎和北狄，严惩楚国和舒国。没有谁能抵挡我。

⑬ 诐：偏颇、邪僻的意思。

【今文意译】

公都子说："外面的人都说您好辩论，请问这是为什么呢？"

孟子说："我哪里是好辩论啊！我是不得已而为之啊。自有天下民众以来，已经有很长的历史了，期间既有治理有方的时候，也有混乱无序的时候。在尧那个时候，洪水四溢，在中原地区泛滥成灾，到处都是吃人的爬行动物。人们居无定所，在地势低的地方，只好在树上筑巢，在地势高的地方，又只好在山上打洞。《尚书》上说：'大洪水警示着我们。'洚水就是洪水。禹被安排去治理洪水。禹在陆地上开渠，引导洪水流入海中，又将各种爬行动物驱赶到沼泽地带。这样一来，水在陆地上按照河道流动，这就是长江、淮河、黄河、汉水。危险和阻碍已经远去，飞禽走兽也不能再危害人们的生活，这时人们才能平整土地，定居下来。等尧、舜时代日益久远之后，伟大的管理之道开始衰微，而一个个暴君又出现了。他们将人们的居所夷为池塘，让民众没有了安居的家园；又将农田改为园林，使民众没有了衣食的来源。各种异端邪说和暴政也横行起来。园林、池塘、沼泽日益增多，飞禽走兽又开始出来危害人们的生活。到了商纣王的时候，天下又大乱起来。这时周公辅佐周武王，诛杀纣王，讨伐奄国，用三年的时间打败了商纣王，将他的残部和支持者驱赶到海角之后，彻底剿灭。这期间，周武王共灭掉助纣为虐的诸侯国五十个，同时也将各种害人的野兽赶得远远的。天下民众无不为此欢欣鼓舞。《尚书》上说：'多么伟大的开创者！周文王的谋划。多么伟大的继承者！周武王的功业。帮助启发我们后人，都能走上正确而没有偏颇的发展道路。'从周文王、周武王发展到今天，时代又发生了变化，伟大的管理之道又开始变得衰微，各种异端邪说和暴政再次横行起来，大臣谋害国君的事时有发生，儿子谋害父亲的事也不断出现。孔子非常担心这种情况，因此才写了《春秋》。《春秋》中所记录的，本来应该是像尧、舜、周文王、周武王那样的天子，在世道衰微时所做的事啊。所以，孔子说：'只有通过《春秋》，才能真正理解我啊！也只有利用《春秋》，才能诽谤我啊！'没有伟大的君王出现，各诸侯国国君就恣意妄为，而没有得到聘用的管理者也怨声载道，乱发议论。杨朱和墨翟的言论充斥天下。可以说，天下流行的各种观点，要么来自杨朱，要么来自墨翟。杨朱的观点讲的是，一切都要从自我利益出发，完全没有对国君这样的委托人的服务意识。墨翟的观点则强调爱无差等，对路人的爱就像对亲人的爱一样，完全忽略了对父母这样的至亲所应有的亲情之爱。一旦没有了基于父母亲情之爱的社会规范，一旦失去了源于国君授权的管理责任，人们又何以能结成组织和社会共同体，而人之为人，又怎么能与动物区别开来呢？公明仪说：'管理者的厨房里堆着肥肉，马厩里养着壮马，而民众却面带饥色，野外还有饿死的人。这分明是让禽兽来吃人啊！'如果杨朱和墨翟的学说得不到清算，孔子的管理之道就不能彰显；如果任由异端邪说误导民众，通往仁义之路就会被阻塞。一旦孔子的管理之道得不到彰显、通往仁义之路被阻塞，其结果必然是让禽兽来吃人，甚至是人与人互相残杀。我为此而忧心忡忡，所以，才要奋起捍卫伟大的管理之道，抗拒杨朱和墨翟的观点，清算各种过分渲染、混淆视听的言辞，让那些异端邪说彻底销声匿迹。如果各种异端邪说从人们的思维中产生了，就一定会影响做事的行为；而如果各种异端邪说体现在人们的做事行为中，便一定会危害管理体制设计和管理政策制订。即便历史上那些伟大管理者重新出现，也一定会认同我的这种说法。当年禹制服了洪水，让天下安定太平，周公兼容同化了周边少数民族，将害人的猛兽赶走，民众才得以安居乐业，孔子写成《春秋》，才让那些乱臣贼子们感到恐惧害怕。《诗经》上说：'抗击西戎和北狄，严惩楚国和舒国，没有谁能抵挡我。'没有亲情之爱，失去管理责任，这都是周公所要坚决反对的。我也是想端正人们的思维，清算异端邪说，抗拒偏颇的做法，纠正过分的言辞，以此来继承和发扬这三位伟大管理者的志向和管理之道。这怎么能说是喜欢辩论呢？我这是不得已而为之啊。能致力于抵御杨朱和墨翟观点的人，就是历史上那些伟大管理者的学生啊。"

【管理解析】

本章阐明管理者所应担负的文化责任。

时人不理解孟子，竟给孟子贴上"好辩"的标签。"好辩"看上去是一种个体化的偏好，由一个人的个性特点所决定，因此，当人们说孟子"好辩"时，便有意无意地忽略了孟子所要辩护的内容，也不去考虑孟子之所以要辩护的原因，更不去关心孟子所扮演的角色，只是将这种"好辩"的行为归因于孟子的个人特征，从而在根本上抹杀了孟子"好辩"的合理性与必要性。

实际上，孟子并不是为辩论而辩论，更不是单纯地喜欢辩论，而是不得不去辩论。要理解孟子不得不进行辩论的深层次原因，就必须跟随孟子的思维逻辑，进入到华夏文明的演进历程之中。

在孟子看来，人之所以不同于动物，关键在于人群不是弱肉强食的一盘散沙或乌合之众，而是因观念和管理所结成的组织和社会共同体。人之所以能结成组织和社会共同体，去追求和创造更广大的共同利益，原因就在于"人性"的德性前提中原本就蕴含的"仁"的观念萌芽，以及由此所产生的"亲亲"行为和由"亲亲"外推而来的"亲民"行为。"亲亲"是"做人"的根本，而"亲民"则是做管理的根本。正是以"仁"为核心的价值观念体系及其指导下所形成的管理体制和运行机制，将人们凝聚成追求更广大的共同利益的组织和社会共同体，并从根本上与动物群体区别开来。但是，人类共同体并不是一直处在理想的和谐状态，而是处在一种混乱和秩序交替演进的过程中。混乱和秩序的交替，既有天然的原因，更受人力的影响。

在尧、舜时期，混乱的主要原因是天然的力量，即"水逆行，氾滥于中国，蛇龙居之。民无所定，下者为巢，上者为营窟"。面对天灾，涌现出了尧、舜、禹这样伟大的管理者。但是此后，人类共同体重陷混乱的主要原因却变成了人祸，即"尧、舜既没，圣人之道衰，暴君代作"。这时不仅有暴君"坏宫室以为污池，使民无所安息。弃田以为园囿，使民不得衣食"，而且还有各种为暴君张目的异端邪说出现，等到了商纣王的时候，天下大乱已不亚于当年洪水猛兽的肆虐。面对人祸，又涌现出了周文王、周武王、周公等伟大管理者。

自周公以后，人类共同体又经历了一次由治而乱的变化。到孔子所处时代，再次出现"世衰道微，邪说暴行有作，臣弑君者有之，子弑父者有之"的局面。面对这种局面，孔子非常担忧，但孔子并非天子或君王，没有办法凭借管理的权力扭转局面、重建秩序，也只好借助观念的力量，培养人才、影响君王。这便是孔子作《春秋》，阐明并弘扬管理之道、培养管理人才的意义所在。

但遗憾的是，尽管有孔子"知其不可而为之"的持续努力，却始终没有再出现像尧、舜、文、武那样的"圣王",而没有"圣王",即便有孔子,也难以发挥作用。人类共同体仍然处在混乱之中,且愈演愈烈,"诸侯放恣,处士横议"。尤其是在观念层面,孟子认为,有两种极具蛊惑力的学说流行起来,一种是杨朱的"为我"之学,另一种是墨翟的"兼爱"之说。

根据杨朱的"为我"之学,管理者之所以选择做管理,就是为了自己的飞黄腾达,实现自我利益最大化,为此,无论是授权者如国君,还是权力合法性的终极来源如民众,都可以变成管理者实现自我利益的工具。因而,管理者既没有对终极权力合法性来源的敬畏,也没有对授权者的尊重,更不会有对民众的服务意识。如果将这种观点推到极致,那么,管理者和管理职能无异于被消解了,每一个人,包括国君、管理者和民众,都将沦为一个个相互独立的个体存在,由此,基于共同利益的人类共同体,便有退化为个体之间争夺稀缺资源的动物的危险。换句话说,当杨朱将管理者的"为我"推广开来之后,每个人都可以因"为我"而无视他人的存在,也可以无视管理者的存在,如此一来,恰是由管理者的极端"为我"而消解掉了管理者,最终使人类共同体退化成动物群体。这也就是孟子说"杨氏为我,是无君也"的内在逻辑。杨朱从根本上否定了"亲民"的必要性和合理性,每个管理者都不必"亲民",只需利用民众,来实现自我利益最大化;若考虑到管理与被管理的互动性,既然管理者在利用被管理者,那么被管理者也可以利用管理者,这样一来,管理者与被管理者之间的信任关系便解体了。没有了信任,还能有人类共同体存在吗?

当然,杨朱的"为我"之学,与《论语》第十四篇第 25 章中孔子所讲的"古之学者为己"⊖是不一样的。孔子所倡导的"为己"之学,侧重的是德行修养,讲的是管理者要从自身修养和自我管理入手,才能带领大家一起去追求共同利益;而杨朱的"为我"之学,关注的只是个体利益,讲的是管理者要从自我的个体利益出发考虑问题,丝毫没有自我修养和自我管理的内涵。

墨翟的"兼爱"或"爱无差等",正像孟子在本篇第 5 章分析墨者夷之的观点时所指出的那样,会消解掉亲情之爱,进而从根本上取消"亲民"的直观且自明的"亲亲"前提,让做管理失去"做人"的根基,最终让追求和创造更广大的共同利益这个管理目标,变得遥不可及。其结果同样有让人类共同体退化成动物群体的危险。因此,孟子说,"墨氏兼爱,是无父也",这里的"无父",指的是失去了"做人"的根基。由此可见,墨翟和杨朱的学说,两极相通,最后都不可避免地混淆人与动物的本质区别。这便是孟子说"无父无君,是禽兽也"所要表达的

⊖ 张钢,《论语的管理精义》,机械工业出版社,2015 年版,PP408-409.

意思。

当人类共同体退化为动物群体时，结果必然是"庖有肥肉，厩有肥马，民有饥色，野有饿莩，此率兽而食人也"。在第一篇第 4 章孟子与梁惠王对话时说这句话，是为了说明管理者所肩负的"保民"责任，而在这里再次引用这句话，则意在表明，一旦没有了组织和管理，人人为自我利益而争夺稀缺资源时，同样会导致"率兽而食人"，甚至"人将相食"的结果。因此，在孟子看来，异端邪说可能产生的危害，不亚于尧、舜时期的洪水猛兽，也不逊于周文王、周武王时期的暴君商纣王。正是在这样的背景下，孟子才挺身而出，同以杨朱、墨翟为代表的各种观点进行辩论。

孟子和孔子一样，都坚信管理变革是恢复天下秩序的关键环节，而管理者又是推动管理变革的主导力量。当孟子说"作于其心，害于其事；作于其事，害于其政"的时候，意在表明，思路决定出路，思维决定行为，而思维又会受观念的影响，正确的观念会导致正确的思维方式，错误的观念则会导致错误的思维方式；对管理者而言，正确的管理观念会决定正确的思维方式和管理方式，进而决定组织、社会乃至天下的发展方向和道路选择。这也是为什么从孔子到孟子，都极其重视管理者的观念，并反复强调做管理要观念先行的根本原因。

孟子因为深谙孔子和儒家管理思维方式的精髓，才会自信地说，"圣人复起，不易吾言矣"。而且，孟子还将自己"正人心，息邪说，距诐行，放淫辞"的努力，同"昔者禹抑洪水而天下平，周公兼夷狄、驱猛兽而百姓宁，孔子成《春秋》而乱臣贼子惧"联系起来，从而让自己在管理观念上所做的一系列正本清源的工作，有了更为坚实的管理思想传统的支撑。

在对管理思想传统进行梳理时，孟子概括出三个秩序与混乱交替的关键时期，一是尧、舜时期，二是周文王、周武王时期，三是孔子时期，而孟子自己仍处在孔子时期。对于每个时期的代表人物，孟子分别选择的是大禹、周公和孔子。这三位代表人物在由混乱向秩序转变中，都扮演的是管理者而非君王角色，即便大禹后来做了君王，但在治水时，仍是管理者而非君王。这三位代表人物也是孟子为自己树立的榜样，就像当年孔子以周公为榜样一样㊀。孟子要继承大禹、周公、孔子的事业，弘扬管理之道，培养管理者，以推动天下由"乱"达"治"。这正是孟子超越了个人好恶所具有的历史使命感和文化责任感。儒家做管理，不仅要观念先行，更要将管理观念放到更大、更长远的历史背景中去审视，从而将管理观念同更悠久的历史文化传统接续起来，这样才能让管理观念和管理实践源远流长。

㊀ 张钢，《论语的管理精义》，机械工业出版社，2015 年版，P177.

3.15 匡章①曰:"陈仲子②岂不诚廉士哉?居於陵③,三日不食,耳无闻,目无见也。井上有李,螬④食实者过半矣。匍匐往将食之,三咽,然后耳有闻,目有见。"孟子曰:"于齐国之士,吾必以仲子为巨擘⑤焉,虽然,仲子恶能廉?充仲子之操,则蚓而后可者也。夫蚓,上食槁壤,下饮黄泉。仲子所居之室,伯夷之所筑与?抑亦盗拓⑥之所筑与?所食之粟,伯夷之所树与?抑亦盗拓之所树与?是未可知也。"曰:"是何伤哉?彼身织屦,妻辟纑⑦,以易之也。"曰:"仲子,齐之世家也。兄戴,盖⑧禄万钟。以兄之禄为不义之禄而不食也,以兄之室为不义之室而不居也,辟⑨兄离母,处于於陵。他日归,则有馈其兄生鹅者,己频顣⑩曰:'恶用是鶂鶂⑪者为哉?'他日,其母杀是鹅也,与之食之。其兄自外至,曰:'是鶂鶂之肉也。'出而哇之。以母则不食,以妻则食之;以兄之室则弗居,以於陵则居之:是尚为能充其类也乎?若仲子者,蚓而后充其操者也。"

【字词注释】

① 匡章:齐国人,战国时期的齐国将军。

② 陈仲子:齐国人。

③ 於陵:地名,属齐国。

④ 螬:金龟子的幼虫,俗称"地蚕""土蚕",生活在土里,以植物的根茎为食。

⑤ 巨擘:"擘"是大拇指。"巨擘",指在某个领域中非常杰出的人。

⑥ 盗拓:春秋时期著名大盗,姓展,名拓。

⑦ 辟纑:"纑"是麻线。"辟纑",指纺麻线。

⑧ 盖:地名,是陈仲子的兄长陈戴的采邑。

⑨ 辟:同"避",躲避的意思。

⑩ 频顣:"频",同颦,皱眉的意思;"顣",皱额的意思。"频顣",指不高兴的样子。

⑪ 鶂鶂:形容鹅叫的声音。

【今文意译】

匡章说:"陈仲子难道不是一个真正廉洁的人吗?他住在於陵,三天没吃东西,饿得耳鸣眼花,井台上有只李子,已让地蚕吃了一半,他爬过去拿来吃,咽下三口,才恢复了听觉和视觉。"

孟子说:"在齐国这个地方,我一定会把陈仲子看作杰出人士,但是,他又怎么能称得上廉洁呢?陈仲子的操守,充其量像蚯蚓一样。蚯蚓吃干土,喝浊水,一无所求,该有多么廉洁?陈仲子倒是还要吃住,他住的房子是像伯夷那样廉洁的人造的呢?还是像盗拓那样的大盗造的呢?他吃的粮食,是像伯夷那样廉洁的人生产的呢?还是像盗拓那样的大盗生产的呢?其实并不清楚。"

匡章说:"这有什么妨碍呢?陈仲子自己编草鞋,他妻子纺麻线,是用这些换来的。"

孟子说:"陈仲子家在齐国是管理世家。他的兄长陈戴,在盖地的采邑收入就有万钟粟,而陈仲子却认为他兄长的收入不符合规范,他兄长的房屋也不符合规范,因此,他就躲开兄长,远离母亲,住在於陵这个地方。有一天回来,看到有人给兄长送了只活鹅,便不高兴地说:'要这种会叫的东西干什么呢?'过了几天,他母亲把这只鹅杀了给他吃,他兄长从外面回来,对他说:'这就是那只会叫的东西的肉啊。'陈仲子赶紧出去吐了出来。母亲做的饭不吃,妻子做的饭就吃;兄长的房屋不住,於陵的房屋就住:这种做法能推而广之吗?像陈仲子这样的人,也只有变成蚯蚓,才能真正体现他的操守啊。"

【管理解析】

本章作为第三篇的总结,运用典型案例,再次阐明管理者的历史使命感和文化责任感的重要意义。这不仅呼应了本篇第一章首次提出的"性善"观点,而且,也同上章孟子解释自己为何"好辩"联系在一起。

齐国自春秋时期齐桓公称霸诸侯开始,便以商业繁荣著称,并一直是富国,社会风气也偏奢华,在《论语》第三篇第22章中,孔子就曾说"管氏有三归,官事不摄,焉得俭"⊖。或许正是在这样的背景下,齐国名将匡章才举出陈仲子这个廉洁之人的例子,用以反驳人们对齐国的成见。

然而,在孟子眼里,如果仅是将陈仲子放在齐国这块特殊的重商土地上来看,那么,陈仲子的表现的确难能可贵,也不愧是齐国在廉洁自律方面的杰出代表;但是,如果将陈仲子的行为表现放到更具广泛性的管理职业规范下来审视,便不难发现,陈仲子的所谓廉洁并不具有可行性,打一个形象的比喻,那便是"充仲子之操,则蚓而后可者也。夫蚓,上食槁壤,下饮黄泉"。这句话的意思是说,陈仲子的所谓廉洁行为,像蚯蚓一样,无求于环境,钻土而居,隐匿不见天日。

⊖ 张钢,《论语的管理精义》,机械工业出版社,2015年版,PP75-76.

假如真按蚯蚓般严苛标准来审视陈仲子,又不得不说,陈仲子还达不到蚯蚓的"廉洁"水平,他仍离不开这个社会的分工和交换体系;虽然他和妻子可以用自己编的草鞋、纺的麻线来换粮食和住房,但是,他又如何能保证换来的粮食和住房是"干净"的,也即是由像伯夷一样廉洁的人种植和建造的,而不是由像盗拓那样的江洋大盗种植和建造的呢?所以,陈仲子想要达到像蚯蚓一样"廉洁"是不可能的。

更重要的是,陈仲子忘记了他是齐国管理世家的子弟,完全没有从管理者所应有的职业规范和职业操守的角度来考虑问题,甚至连"做人"的基本社会规范所要求的孝悌都完全抛弃了。陈仲子的母亲健在,兄长陈戴也是齐国的管理者,有"万钟"俸禄,但他却"以兄之禄为不义之禄而不食也,以兄之室为不义之室而不居也,辟兄离母,处于於陵"。如果兄长的收入和房屋真像他所认为的那样"得来不义"或不符合规范,他也应该设法去改变而不是逃避,况且还有母亲在,既要侍奉母亲,也可以通过母亲去规劝改变兄长,而不能抛弃母亲,一走了事。更有甚者,陈仲子连别人送给兄长的一只活鹅都不能接受,吃了还要再吐出来。这难道不正好印证了孟子前面的话,即陈仲子在换粮食和住房的时候,一定要保证粮食的来源是"干净"的,住房也不是由大盗建造的,但这又如何才能保证得了呢?陈仲子要在这个世界上生存,真的能保证一切生存所需,一切交流互动,按照他个人的标准来说都是"廉洁"的吗?即便能做到这一点,又如何能保证他个人的"廉洁"标准是合理的、可推广的,具有普遍性呢?

严格来说,廉洁并不是一个完全从个体出发的、黑白分明的概念,廉洁的标准深深根植于特定的社会规范和职业规范之中。对于一般意义上的"社会人"来说,廉洁与否关键在于是否符合社会的规则规范,是否在与人的交往互动中保持行为的合规性,是否能从与互动者的共同利益出发考虑问题;人们只要能在家庭和社会活动中恪守规则规范,行为合规,关注共同利益,就能达到廉洁标准的要求。对于管理者来说,除了社会规则规范的要求之外,还有管理职业的规则规范以及所在组织和岗位的规则规范的要求,这就使得管理者所要遵从的廉洁标准更为具体、明确和严格。

但是,管理者也不能因为有了更严格的廉洁标准要求,就走向另一个极端,为了保持洁身自好而离群索居,完全隔绝一切可能的"污染"源,企图在真空中生活。果真如此,管理者又如何能履行管理职责?更何况,管理者还肩负着历史使命和文化责任,要不断完善现有的环境状况,将管理之道发扬光大。像陈仲子那样的管理者,显然无法担当这样的使命和责任。因此,孟子最后才会说"若仲子者,蚓而后充其操者也"。这意味着,像陈仲子一样的管理者只能与蚯蚓为伍了,而这与儒家对管理者的要求简直是天悬地隔。

在《论语》第十八篇第 6 章中，孔子曾说过，"鸟兽不可与同群，吾非斯人之徒与而谁与？天下有道，丘不与易也"⊖。这早已清楚地表明，管理者绝不能与鸟兽为伍，必须时刻同天下人站在一起，努力去改变现状，追求和创造更广大的共同利益；如果天下已经和谐太平，管理工作反而容易了，管理者也用不着去改变了。孟子借评论陈仲子的"廉洁"行为而给予管理者的忠告，与当年孔子借对隐士行为的评价所阐明的观点，本质上是一样的。

⊖ 张钢，《论语的管理精义》，机械工业出版社，2015 年版，PP519-521.

离娄第四

【本篇导读】

本篇全面论述儒家管理之道、管理模式和管理者素质之间的内在关系。在孟子看来，管理职业区别于其他职业的本质特征，便在于要从"人性"的德性前提出发，建立起以"仁义"为核心的价值观，进而用这种价值观来主导思维意识的运用，确立判断行为优先序的内在尺度。这也就是孟子所说的"存心"，而"存心"与"中庸之德"是同一的，既强调了"人性"之"中"与社会规范的统一，又突出了这种统一对具体管理行为的内在决定作用。

本篇共有61章，大致可以分为六个部分。第一部分由第1章至第14章的内容构成，主要阐明管理之道、管理模式和管理者素质三者之间的关系，并以此为基础，重点分析管理者素质中价值观的内涵。其中，第1章是全篇的总纲，全面论述儒家管理之道与管理模式之间的相辅相成关系，以及它们对管理者素质的基本要求；第2章阐明以"仁"为核心的价值观是联结儒家管理之道、管理模式和管理者素质的纽带，管理者只有遵循价值观和行为规范，才能处理好同上下级的关系；第3章用历史案例，从正反两方面说明以"仁"为核心的价值观融入管理实践、施"仁政"的重要意义；第4章从以"仁"为核心的价值观出发，分析管理的有效性问题；第5章重述儒家从根本处入手解决问题的管理思路，从而进一步强化以"仁"为核心的价值观对做管理的基础作用；第6章阐明自我管理与"天下国家"管理之间的关系；第7章将儒家管理之道推广到诸侯国间关系处理上，再次阐述"仁者无敌"观点；第8章强调指出，只有管理者追求仁爱境界，才能将组织引领到追求仁爱境界的轨道上；第9章明确提出"得民心者得天下"的观点，以此为基础，分析诸侯国管理问题的症结所在；第10章进一步指出，诸侯国管理问题的症结，主要还在管理者身上，若管理者自暴自弃，连"做人"都有问题，又如何能做好管理；第11章阐明儒家管理之道和管理模式的立足点是"明德"前提下的"亲亲"；第12章进一步强调做管理要从自我修养和自我管理做起这一儒家管理的基本要求；第13章以伯夷、姜太公投奔周文王的历史案例，说明一旦建立起以"仁"为核心的价值观，并形成相应的文化氛围，便能产生巨大的向心力；第14章强调指出，管理者不能违背价值观和职业规范，去一味地迎合委托人或授权者，更不能助纣为虐。

第二部分包括第15章至第25章的内容，侧重于探讨儒家管理之道和管理模式对管理者素质的基本要求。其中，第15章具体说明如何判断一位管理者是在追求共同利益，还是在假公济私；第16章进一步阐明如何判断管理者的思和行的一致性；第17章探讨管理者怎样在更高层次上保持行为一致性，做到具体问题具体分析；第18章以角色冲突为例，进一步说明管理者如何避免行为不一致；第19章以服务父母为例，阐述管理者所应恪守的行为一致性原则；第20章将"事亲"推广到"事君"上，进而提出管理者服务于委托人或授权者的基本原则；第21章指出，当管理者拥有了内在价值尺度之后，才不会被外在名利所左右；第22章强调问责体系建设的重要性，只有将内在准则和外在规则规范结合起来，才能确保管理者对说话负责任；第23章强调指出，儒家虽然将管理过程视为教育过程，但这并不意味着管理者可以随意教导别人，管理者切忌"好为人师"；第24章用典型案例阐明管理者确立内在价值尺度的重要意义；第25章继续通过典型案例表明，儒家管理者首先要恪守内在价值尺度，而不能只是考虑看得见的个人物质利益。

第三部分涵盖第26章至第33章的内容，着重说明恪守内在价值尺度的管理者应有怎样的具体行为表现。其中，第26章以"舜不告而娶"为例，说明真正恪守内在价值尺度的管理者，才能超越具体规则规范，进行合理地权衡选择；第27章全面分析儒家以"仁""义"为核心的价值尺度在行为上的具体表现及其与各种规则规范之间的关系；第28章以舜为例，阐明第一价值观对人们的态度和行为的根本决定作用；第29章用舜和周文王所恪守的内在价值尺度的一致性，说明以"仁"为核心的价值观具有跨时空的普遍性；第30章以子产为例，论述管理者坚守内在价值尺度做管理，绝不意味着个体化的施恩行为，而是在一视同"仁"基础上，通过体制机制和政策措施，来激发更广泛和长远的组织行为；第31章明确提出作为委托人的国君，在处理与作为代理人的大臣之间关系时所应遵循的准则；第32章从委托人与代理人间平等互动视角出发，具体说明作为代理人的大臣在什么情况下可以辞职；第33章指出，若最高管理者能恪守以"仁""义"为核心的价值观，便能产生示范效应，让人们更自觉地追求共同利益。

第四部分包含第34章至第45章的内容，侧重于分析管理者应该如何恪守和践行内在价值尺度。其中，第34章指出，管理者应注意辨别各种似是而非的情况，避免打着"礼""义"的旗号损害"礼""义"；第35章阐明管理者的职责在于引导、帮助人们共同提升德行和才能；第 36 章明确提出，管理者选择不做什么，比选择做什么更重要，选择不做什么是底线，底线明确了，才能有进一步选择做什么，从而实现增量发展的可能；第 37 章强调管理者更要善于发现那些有利于共同利益的言行，时刻做到"抑恶扬善"；第 38 章以孔子为例，说明管理者应如何把握"不为"与"有为"的界限；第 39 章明确指出，管理者只有立足于内在价值尺度和角色规范，才能在"不为"与"有为"之间做出合理选择；第 40 章阐明管理者"言不必信，行不必果"并非一种工具化策略选择，而是面向共同利益的"赤子之心"使然；第 41 章以"事亲"为隐喻，区分管理中的常规工作和非常规工作，进而强调恪守内在价值尺度的重要性；第 42 章论述管理者如何形成内部动机，并以内部动机来学管理、做管理；第 43 章说明管理者拥有内部动机，才能在学管理和做管理上化繁为简、抓住要害；第 44 章阐明做管理的本质在于正向影响、吸引和培养人，而不只是让人服从；第 45 章强调信息内容的准确性和全面性是不可分割的，共同决定着管理决策的信息有效性。

第五部分涉及第 46 章至第 52 章的内容，着重说明管理者如何才能做到从根本处入手解决问题。其中，第 46 章用有源之水和无源之水作为隐喻，意在表明，做管理要善于从根本处入手解决问题；第 47 章明确指出，"人性"才是做管理的根本，管理者必须牢记人与动物的本质区别在于以"仁义"为核心的德性；第 48 章以历史上伟大管理者为例，具体分析人与动物的区别在做管理上的表现方式；第 49 章阐明语言文字既体现了人与动物的本质区别，也是做管理的重要载体和手段；第 50 章继续说明语言文字对于管理学习和价值观传承的重要意义；第 51 章从动态角度分析做管理所应遵循的底线原则，进一步明确做管理中"不为"的具体内涵；第 52 章通过历史案例，探讨看得见的技巧与看不见的价值观在影响行为选择上的重要区别，从而揭示出培养人要从信念和价值观熏陶入手的重要性。

第六部分由第 53 章至第 61 章的内容构成，全面阐述儒家管理的根本入手处便在人心中所固有的"仁义"内涵，即"存心"，也只有从"存心"出发，才能将管理职业与其他职业区别开来。其中，第 53 章阐明遵从社会规范是做管理的基本前提；第 54 章明确指出，看得见的行为背后看不见的观念，才是"人性"的根本所在，不能洞悉"人性"的德性前提，便无法理解人之为人的行为表现；第 55 章用典型事例说明，仅是从利害关系来推断动机、解释行为，可能会导致严重误解；第 56 章详细阐明"存心"观点，管理者必须"以仁存心""以礼存心"，才能在与他人互动中超越个人好恶，从共同利益出发看问题；第 57 章以禹、稷、颜回在不同情境下的不同行为表现为例，说明"存心"对行为的重要影响；第 58 章用具体事例阐明，只有从"存心"出发，才能透过表象把握本质；第 59 章以曾子和子思在相似情境下看似相反的行为表现为例,表明只有立足于"存心",才能真正理解各种不同行为;第60章进一步说明,人与人之间的差异不在于外部行为表现,而在于内在价值观坚守或"存心"上;第61章用一个典型事例总结全篇,明确指出,一个没有内在价值观坚守或"存心"的管理者,一定会自欺欺人,既自私又得过且过,还不负责任,这恰是当时各诸侯国普遍存在的管理问题的症结所在。

本篇在前述三篇基础上,将儒家管理之道、管理模式和管理者素质融为一体,全面阐述了儒家做管理致力于从根本处入手解决问题的基本思路,从而为下篇进行更为深入的历史案例分析奠定了基础。

4.1 孟子曰:"离娄①之明,公输子②之巧,不以规矩,不能成方员③。师旷④之聪,不以六律⑤,不能正五音⑥。尧、舜之道,不以仁政,不能平治天下。今有仁心仁闻⑦,而民不被其泽、不可法于后世者,不行先王之道也。故曰:徒善不足以为政,徒法不能以自行。《诗》云:'不愆不忘,率由旧章。'⑧遵先王之法而过者,未之有也。圣人既竭目力焉,继之以规矩准绳,以为方员平直,不可胜用也;既竭耳力焉,继之以六律,正五音,不可胜用也;既竭心思焉,继之以不忍人之政,而仁覆天下矣。故曰:为高必因丘陵,为下必因川泽。为政不因先王之道,可谓智乎?是以惟仁者宜在高位,不仁而在高位,是播其恶于众也。上无道揆⑨也,下无法守也,朝不信道,工不信度⑩,君子犯义,小人犯刑,国之所存者幸也。故曰:城郭不完⑪,兵甲不多,非国之灾也;田野不辟⑫,货财不聚,非国之害也;上无礼,下无学,贼民兴,丧无日矣。《诗》曰:'天之方蹶,无然泄泄。'⑬泄泄,犹沓沓⑭也。事君无义,进退无礼,言则非先王之道者,犹沓沓也。故曰:责难于君谓之恭,陈善闭⑮邪谓之敬,吾君不能谓之贼。"

【字词注释】

① 离娄:人名,相传为黄帝时期的人,视力非常好。

② 公输子:姓公输,名班,鲁国人,也称鲁班,著名工匠。

③ 员:通"圆",指圆形。

④ 师旷:姓师,名旷,著名音乐家,听力非常好。

⑤ 六律:用以校正音准的工具,以竹管制成,各管内径相同,用长短区分声音的清浊高低,从低音管开始,成奇

数的六个管所发出的声音称"六律",成偶数的六个管所发出的声音叫"吕",合称"律吕"。"六律"就是奇数管所发出的六个音律,又称"阳律"。

⑥ 五音:即音阶的名称,分别是宫、商、角、徵、羽。

⑦ 闻:这里是名声、声望的意思。

⑧ 这是《诗经·大雅·假乐》中的诗句。其中,"愆"是过失、过错的意思;"章",这里是典章制度的意思。这两句诗的大意是:不犯过错不忘本,遵循传统及规章。

⑨ 揆:这里是法度的意思。

⑩ 度:这里指计量长短的标准或工具。

⑪ 完:这里是坚固的意思。

⑫ 辟:这里是开垦、开拓的意思。

⑬ 这是《诗经·大雅·板》中的诗句。其中,"蹶"是动、摆动的意思;"泄泄",指多言多语的样子。这两句诗的大意是:上天开始运动,岂可多言多语。

⑭ 沓沓:指话语多的样子。

⑮ 闭:这里是阻塞、阻挡的意思。

【今文意译】

孟子说:"纵然有离娄那样的视力,公输班那样的灵巧,若不用圆规和尺子,也画不好方形和圆形图案。凭借师旷那样的听力,若不用六律,也不能校正五音。尧、舜的管理之道再好,若不同仁政管理模式及具体做法相结合,也不可能用和平的方式来治理天下。假如只有仁爱之心和追求仁爱境界的好名声,而不能使民众真正获益,也不能为后世所效法,这说明,还是没有真正实行先王的管理之道。所以,只是确立起共同利益这个目标,还不足以做管理,即便有制度规则,也不可能自动执行。要做好管理,就必须将认同先王管理之道的管理者与制度规则结合起来。《诗经》上说:'不犯过错不忘本,遵循传统及规章。'在做管理过程中,遵循先王流传下来的制度规则,却因此而犯大错误,那是不可能的。伟大管理者既充分运用视力,也会辅以圆规、尺子、水准仪、墨线等工具,来制作方形、圆形、平的、直的东西,这样才能做出各种不同的东西来;既充分运用听力,又使用六律,来校正五音,这样才能将各种音阶组合出来;既充分运用思维能力,又施行仁政管理模式,这样一来,以仁为核心的社会规范才能为人们所普遍认同和践行。所以,想建造高台,一定要凭借山陵高地,想挖掘深池,一定要凭借沼泽低地。要做管理,不凭借先王的管理之道,这能说是有智慧吗?所以,只有那些致力于追求仁爱境界的人,才适合担任高级管理者;如果让那些不追求仁爱境界的人担任高级管理者,那就是在传递损害共同利益的信号啊。如果管理者不遵循管理之道和制度规则,那么,被管理者也就不会遵守各种规章刑法。当朝廷不信奉管理之道,工匠不相信规矩尺度,管理者触犯规范,被管理者触犯刑法时,这样的诸侯国还能存在,那纯属侥幸。所以，城墙不够坚固，武器装备不够充足，并不算是一个诸侯国的灾难；田地没有得到充分开垦，货物财富也还没有积累起来，也不算是一个诸侯国的危害；而在上位的人没有规范，在下位的人得不到培养教育，各种残害民众的事层出不穷，这样的诸侯国离灭亡就不远了。《诗经》上说：'上天开始运动，岂可多言多语。'无论对待上级还是具体做事，都没有规范，一说话就诋毁先王的管理之道，这就是多言多语的典型表现。所以，真正敢于指出国君的错误，才叫恭，能够阐述共同利益、堵塞邪说，才叫敬，而总是说国君不可能追求共同利益，那就是祸害了。"

【管理解析】

本章概述全篇要旨，阐明管理之道必须与管理模式相结合，管理者的个人特质必须匹配于制度规则。具体地说，孟子在这里主要讲了五层含义。

第一，用类比的方式阐明了管理之道与管理模式相结合的重要性。离娄、公输班和师旷都是古代在某方面具有独特才能的代表人物，像离娄的视力、师旷的听力、公输班的手艺，都被认为几乎达到了一种极限状态，但是，即便如此，离娄和公输班仅靠他们的视力和手艺，也没有办法时刻保证准确地画好方形和圆形，而师旷仅靠他的听力，也没有办法始终如一地校正五音，他们都必须借助各种专用工具，才能做好本职工作。同样道理，尧、舜是历史上伟大管理者的典型代表，他们的管理之道再好，若不能与确保管理之道有效实施的社会规范、制度规则及具体措施相结合，也无法产生好的结果。

在这里，孟子明确地将"王道"与"仁政"区别开来，并强调两者相结合的重要性。"王道"，即"先王之道"或"尧、舜之道"，也就是儒家所信奉的管理之道，这是一种做管理的根本指导思想，其核心就是《论语》第二篇第1章所讲的"为政以德"㊀，但是，要做好管理，仅有指导思想是不够的，还必须具备一整套将指导思想贯彻执行的规范、规则和措施才行，这便是管理模式，也即孟子所说的"仁政"。孟子之所以用"仁政"来指代儒家管理模式，是因为这种管理模式建基于以"仁"为核心的价值观之上，更强调做管理要"道之以德，齐之以礼，有耻且格"㊁，其中，无论是"德"，还是"礼"，抑或"有耻且格"的内在尺度，都是"仁"这个儒家第一价值观。或者说，儒家做管理的各种规范、规则和具体措施，都是围绕着"仁"建立起来的，这便是"仁政"的本质内涵。在孟子看来，只有将"尧、舜之道"或"王道"，贯彻于"仁政"之中，才能"平治天下"。这就像离娄、公输班、师旷

㊀ 张钢，《论语的管理精义》，机械工业出版社，2015年版，PP24-25.
㊁ 张钢，《论语的管理精义》，机械工业出版社，2015年版，PP26-28.

的个人才能,只有体现在"规矩""六律"等专用工具的有效运用之中,最终才能达到"成方员""正五音"的效果一样。

第二,分析了割裂管理之道和管理模式所可能产生的后果,以此来进一步说明实现两者结合的重要意义。孟子认为,一位管理者只有仁爱之心和仁爱之名,却无法让他所在组织的利益相关者获得实实在在的收益,即"民不被其泽",也没有留下什么让后任乃至后世足以延续和效法的东西,也即"不可法于后世",那么,这样的管理者实际上并没有真正践行管理之道、履行管理职责。作为个体,他可能是一个"好人",但作为管理者,他并不是一位称职的"好管理者"。

这里需要强调指出的是,实行"先王之道"绝不是单纯的个体行为,而是个体行为与组织行为的结合。管理行为本质上就是一种组织行为。这不仅意味着管理者往往代表组织,更意味着管理者只有将个体行为转化为组织行为,才能体现出管理的价值。或者说,管理行为的有效性,总是要借助组织行为而非管理者的个体行为来衡量的。在激发组织行为时,管理的指导思想或观念固然要先行,但是,若徒有管理指导思想或观念,却无法将之与特定的规范、规则、措施相结合,那也是无法让管理指导思想或观念落地,并发挥作用的。所以,孟子才说,"徒善不足以为政,徒法不能以自行"。也就是说,只有追求共同利益的目标和信念,是不足以做好管理的,还必须有"法度",也即规范、规则和措施,这便是管理模式;但是,若没有认同管理之道或管理指导思想的管理者,管理模式也不可能自动实行,毕竟让规范、规则、措施得以运转和实施的是管理者,而管理者若不认同管理之道,没有内在准则,又如何去一以贯之地执行规范、规则和措施,尤其是在管理者还拥有比较大的自由裁量权的情况下。从某种意义上说,要将管理之道与管理模式有机结合在一起,关键还在于管理者的培养;正是认同管理之道的管理者,让管理之道融入管理模式和管理实践之中。正像《诗经·大雅·假乐》所讲"不愆不忘,率由旧章",意思是,那些在先王之道下培养出来的一代代有着内在准则和目标追求的管理者,由他们来执行规范、规则和各项具体政策措施,出现方向性错误是不可能的。

第三,要做好管理,则必须做到"圣人既竭目力焉,继之以规矩准绳,以为方员平直,不可胜用也;既竭耳力焉,继之以六律,正五音,不可胜用也;既竭心思焉,继之以不忍人之政,而仁覆天下矣"。这里的"圣人",既是指像离娄、公输班、师旷那样具有特殊才能的人,也是指像尧、舜那样的伟大管理者。这些在各个领域中有着伟大成就的人物,都能清醒地认识到个人能力的局限性。个人能力既包括像目力、耳力及肢体技能等身体能力或感官能力,也包括像"心思"这样的思维能力。他们既然认识到个人能力的局限性,就努力寻求各种专用工具,如"规矩准绳""六律"等，去弥补和延伸身体或感官能力，这样才能超越个人能力的局限性，产生各种各样原本不可想象的成果。

同样道理，管理者若能借助制度工具，也可以大大延伸自己的思维能力或"心思"，从而超越个人能力的局限性，让"仁爱"在更大范围内取之不竭、用之不尽，即"仁覆天下"。这意味着，管理者要做好管理，仅凭个人的"仁心仁闻"和"竭尽心思"，是远远不够的，还必须将管理之道和管理模式有机结合起来，借助制度工具以实现更大、更稳定、更可持续的管理有效性。

第四，正因为在管理中经常出现第三篇第2章所讲的"上有好者，下必有甚焉者"的局面，因此，一旦"上无道揆"，必然是"下无法守"。在某个诸侯国里，若果真出现所谓"朝不信道""工不信度""君子犯义""小人犯刑"的局面，这个诸侯国还可能有秩序，可能存在下去吗？即便能存在下去，也不过一时侥幸而已，总不免要走向衰亡。从这个意义上说，对于一个诸侯国来说，"城郭不完，兵甲不多，非国之灾也；田野不辟，货财不聚，非国之害也；上无礼，下无学，贼民兴，丧无日矣"。

在当时的历史条件下，诸侯国赖以存在的前提条件，无外乎有三个，即：武力（城郭和兵甲，用以自卫）、经济（粮食生产和财富积累）、信任（凝聚力的来源）。在这三个前提条件中，武力和经济固然重要，但儒家历来认为，更为根本的却是信任。这种以信任为第一要件的管理优先序思维，不仅体现在《论语》第十二篇第7章对"民信之"[1]的突出强调中，也反映在孟子前述对"人和""地利""天时"之间关系的阐述里。在本章，孟子则进一步明确指出，"上无礼，下无学，贼民兴，丧无日矣"。也就是说，诸侯国若不信奉以"仁"为核心的价值观，没有了一定之规，那么，教育制度的设计以及教育内容的选择都会出现问题，也就无法一以贯之地培养一代代"组织人"和"社会人"，更为糟糕的是，国君和管理者群体还不断残害民众，其结果必然让民众彻底丧失对诸侯国和管理者的信任。一个丧失了"民意""民心"的诸侯国，还能存在吗？这再次清楚地表明，儒家管理的核心观点是：诸侯国赖以存在和发展的根本前提在于信任或"民心"，而要赢得信任，关键又在于那些能将管理之道和管理模式有机结合起来的管理者。

第五，那些能将管理之道和管理模式有机结合起来的管理者，首先要有内在的敬畏，即《论语》第十六篇第8章中孔子所讲的"畏天命，畏大人，畏圣人之言"[2]。管理者若没有内在敬畏，自然也就会无视外在规范，即便有各种规则规范的条文，也会形同虚设，其结果必然是"事君无义，进退无礼，言则非先

---

[1] 张钢，《论语的管理精义》，机械工业出版社，2015年版，PP324-326.
[2] 张钢，《论语的管理精义》，机械工业出版社，2015年版，PP480-481.

王之道"。那些没有内在敬畏的管理者，在处理与国君或委托人的关系时，要么曲意逢迎，阿谀奉承，极尽谄媚之能事，要么则可能"犯上作乱""僭越篡位"；在做管理上，往往又全凭个人意志和好恶，一厢情愿，有权就是任性，根本无视各种规则规范；当面对前任乃至前人的工作和思想时，又常常自以为是，诋毁有加，把管理之道和管理模式都视为嘲弄的对象，似乎只有自己的想法和经验才是最有价值的。充斥着这样的管理者的诸侯国，还能赢得"民心"，并实现可持续发展吗？

因此，孟子最后才突出强调了管理者"恭敬"的重要性。孟子在这里所讲的"恭敬"，实际上就是儒家以"忠信"为基础的管理规范的"忠"的内涵，也即《论语》中第一篇第4章所说的"为人谋而不忠乎"㊀。这实际上讲的就是管理者在处理与国君或委托人的关系、做管理时所必须恪守的"尽己尽责"的规范要求。在这里，孟子结合当时诸侯国管理的具体情况，专门强调了"忠"所应该具有的两方面内涵，即"责难于君谓之恭，陈善闭邪谓之敬"。意思是，敢于依据管理之道、管理规范和事实基础，明确指出国君的错误，并引导国君树立正确的管理观念、走正确的发展道路，这才是真正的"恭"，而敢于对各种危害管理的异端邪说进行批评，堵塞其传播途径，这才称为"敬"。"忠"的这两方面内涵，正是管理者面对国君或委托人时所应恪守的职业规范的根本要求，也是管理者做管理所应具有的内在原则性。在国君面前，管理者绝不能只是拣好听的说，一味迎合，当面一套，背后一套，总是在背后为自己阿谀奉承的言行找借口，竟说国君根本就不行，不过是个昏君，也只能这样对待他。这种当面奉承、背后诋毁的做法，才是对诸侯国管理的最大危害。这充分表明，当时各诸侯国管理上所存在的问题，其根本原因还在管理者身上，尤其是管理者群体普遍失去了共同的信念、价值观和愿景目标追求。

4.2 孟子曰："规矩，方员之至①也；圣人，人伦之至也。欲为君尽君道，欲为臣尽臣道，二者皆法尧、舜而已矣。不以舜之所以事尧事君，不敬其君者也。不以尧之所以治民治民，贼其民者也。孔子曰：'道二，仁与不仁而已矣。'暴②其民甚，则身弑国亡；不甚，则身危国削。名之曰'幽'③'厉'④，虽孝子慈孙，百世不能改也。《诗》云：'殷鉴不远，在夏后之世。'⑤此之谓也。"

㊀ 张钢，《论语的管理精义》，机械工业出版社，2015年版，PP6-8.

【字词注释】

① 至：这里是极、最、达到了极点的意思，可引申为最佳准则。

② 暴：这里是残害、侵害的意思。

③ 幽：指周幽王，姓姬，名宫涅，是周朝的暴君之一，死后谥号为"幽"，属于恶谥。

④ 厉：指周厉王，姓姬，名胡，也是周朝的暴君之一，早于周幽王，死后谥号为"厉"，也属于恶谥。

⑤ 这是《诗经·大雅·荡》中的诗句。其中，"鉴"，指镜子。这两句诗的大意是：殷商的借鉴不是太远，就在夏桀残暴亡国时。

【今文意译】

孟子说："圆规和尺子是画方形和圆形的最佳准则；伟大管理者则是处理人与人之间关系的最佳准则。如果想要按照做国君的规范，做好国君，想要按照做大臣的规范，做好大臣，那么，都需要向尧、舜学习。不按照舜服务于尧的方式去服务国君，那就是不尊重国君。不按照尧服务于民众的方式去服务民众，那就是残害民众。孔子说：'管理之道的运用方式只有两种，施仁政和不施仁政。'若残害民众太过分，那就一定会导致诸侯国灭亡、国君丧命；若残害民众还不太过分，那也会导致诸侯国削弱、国君危险。周幽王和周厉王因为残害民众，死后被给予'幽''厉'这样代表邪恶的谥号，后世即便有孝顺的子孙，也永远无法再更改了。《诗经》上说：'殷商的借鉴不是太远，就在夏桀残暴亡国时。'说的就是这个道理。"

【管理解析】

本章承接上章，继续说明管理者应怎样遵循规则规范，处理与上下级的关系。

孟子在这里仍是先用规矩与方圆的关系来设喻，以引申出古代伟大管理者对于处理好同国君和民众的关系、做好管理的榜样作用。如果说规矩是画出方圆的最佳准则的话，那么，像尧、舜那样的伟大管理者，就是处理好各类关系、做好管理的最佳准则。

这里需要特别指出的是，孟子之所以用尧、舜作为一般管理者的榜样，而不仅是国君或委托人的榜样，原因或许是，在上古的管理体制下，君王的权力转移实行"禅让制"，像舜在做君王之前，便是由尧任命的管理者，而且，舜还是从基层管理岗位一步步做上去的，因此，舜既可以视为一般管理者或代理人的杰出代表，也可以看作国君或委托人的杰出代表，对于后世的国君和大臣，都具有榜样作用。这也正是孟子为什么会说"欲为君尽君道，欲为臣尽臣道，二者皆法尧、舜而已"的原因。

　　反之，如果国君和大臣不以尧、舜为榜样去做管理，甚至于背道而驰，那么，其结果便很可能是"不敬其君""贼其民"。既然国君和大臣没有形成对管理之道的认同和践行，不去追求和创造更广大的共同利益，只是从自身和小群体利益出发考虑问题，那么，由此导致"暴其民甚，则身弑国亡；不甚，则身危国削"的结局，便不难想象了。

　　为了说明这一点，孟子还专门列举了周王朝历史上两个有名的暴君周幽王和周厉王的例子。这两位君王在位时都背离了周文王、周武王、周公开创的"仁政"传统，残暴民众、诛杀贤良，以谋求一己私利，其结果不仅大大削弱了国力，使周朝开始走向四分五裂，而且也让自己落得身败名裂的下场，以至于"幽""厉"这样代表邪恶的谥号万世不改，留下千古骂名。这样的反面历史教训，难道不值得后世管理者认真汲取吗？正所谓"殷鉴不远，在夏后之世"。

　　孟子在这里再次清楚地表明，儒家管理之道建立在"人性"的德性前提之上，由此所形成的具体管理模式，就生动地体现在像尧、舜那样伟大管理者的伟大管理实践中，这正是后世管理者所拥有的一笔极其宝贵的管理财富，从中可以获得做管理的深刻启迪。

4.3　孟子曰："三代之得天下也以仁，其失天下也以不仁。国之所以废兴存亡者亦然。天子不仁，不保四海。诸侯不仁，不保社稷①。卿大夫不仁，不保宗庙②。士庶人不仁，不保四体。今恶死亡而乐不仁，是犹恶醉而强酒。"

【字词注释】

　　① 社稷："社"，用以祭祀土地神；"稷"，用以祭祀谷神。古代建国时必立"社稷"，以保佑国土安全，五谷丰登，因此，"社稷"也用来指代诸侯国的疆土。

　　② 宗庙：即家祠，这里指代高级管理者的封地。

【今文意译】

　　孟子说："夏商周三代都是靠施仁政得到天下，也都是因不施仁政而失去天下。一个国家之所以会衰落和兴起，存在和消亡，道理就在这里。天子不施仁政，无法维持天下。诸侯国国君不施仁政，无法保持疆土。高级管理者不施仁政，无法维系封地。普通管理者和普通民众没有仁爱之心，也无法保持身体的健康和安全。如今人们都讨厌死亡，却又不喜欢仁爱之心，这就像讨厌喝醉，却又要拼命喝酒一样。"

【管理解析】

本章承接上章，用历史案例，继续从正反两方面论述施"仁政"的合理性。

在孟子看来，夏商周三代兴衰的历史，能非常好地说明管理之道和管理模式对一个组织乃至国家存在和发展的影响。无论是夏初的禹，还是商初的汤，抑或周初的文王、武王，无不是通过确立以"仁"为核心的价值观和社会规范而获得天下人的认可，并通过施"仁政"让天下得以和平发展；而不管是夏桀、商纣，还是周厉王、周幽王，又都是因施"暴政"，残害民众，走向衰微乃至灭亡。历史已再清楚不过地表明，组织乃至国家兴旺发达、衰败灭亡的关键，都在于"民心"，而"民心"本质上就是人们对组织或国家及其管理者的信任。

正如《大学》所讲的那样，"自天子以至于庶人，壹是皆以修身为本。其本乱而末治者否矣。其所厚者薄，而其所薄者厚，未之有也"⊖。从个体到家庭，再到诸侯国，直至天下，道理是一样的，关键都在于将"人性"的德性前提一以贯之地渗透于自我管理和组织管理之中，从而将以"仁"为核心的价值观和社会规范落到实处，以实现人与人、家庭与家庭、诸侯国与诸侯国之间的和平共处、互利共赢、可持续发展。否则，便会出现"天子不仁，不保四海。诸侯不仁，不保社稷。卿大夫不仁，不保宗庙。士庶人不仁，不保四体"的结果。

在这里，孟子从天子到庶人的"不仁"所可能产生后果的反向论证，同《大学》里所讲的"自天子以至于庶人，壹是皆以修身为本"的正面论证，其内涵是一致的，都在于说明，以"仁"为核心的价值观和社会规范，不仅限于做管理、施"仁政"，即便是在自我管理和"做人"中也是一样的，而且，从根本上说，既然"仁"是一种价值观和社会规范，那么，践行它就需要从自我做起，不仅是天子、诸侯国国君、卿大夫、士这样的管理者，需要由内而外的自我修养和自我管理，即便是普通人，也需要由内而外地认同和践行这种价值观，这也正是儒家管理模式所强调的"道之以德，齐之以礼，有耻且格"的意义所在。严格来说，价值观和社会规范都不应只是一种来自外部强加的要求，而应成为内部自我认同和自主选择的结果；外部所能起到的作用应该是昭示、辅助、引导，这正是各级管理者以身作则、率先垂范所应发挥的作用。

⊖ 张钢，《大学·中庸的管理释义》，机械工业出版社，2017年版，PP16-18.

另外，孟子在这里虽然使用了"不仁"就会"不保"的表达方式，包括"不保四海""不保社稷""不保宗庙""不保四体"，但是，必须注意的是，孟子使用这种表达方式，绝不意味着"仁"只是达到"保四海""保社稷""保宗庙""保四体"的手段，是为达到这些目的服务的。如果将"仁"看成是为这些目的服务的手段，那么，"仁"就不再是儒家所信奉的第一价值观，反倒"天下""社稷""宗庙""四体"都成了比"仁"更重要的价值，而"仁"不过是服务于这些更重要价值的一种工具或手段而已。这种理解显然不符合儒家管理之道的要求，更不可能是孟子所要表达的意思。孟子之所以会这样说，意在表明，如果管理者和普通组织成员不将"仁"作为第一价值观，不追求仁爱境界，那么，连他们想要的"四海""社稷""宗庙""四体"都保不住，更不要说其他东西了；而如果人们能将"仁"作为第一价值观，努力追求仁爱境界，那么，反倒可以超越对"四海""社稷""宗庙""四体"的纠结困扰；当真正超越了之后，既能看得更清楚，想得更明白，也能处理得更好，还会有什么"不保"之虞呢？

从逻辑上讲，"不仁"就必然会"不保"，但反过来，有了"仁"，却不一定能"保"；而要"保"，除了"仁"之外，还必须匹配上其他条件。这恰好说明，"仁"是必要条件，是底线，是第一价值；若没有了这个必要条件，这个底线，这个第一价值，当然就会"不保"；但是，有了"仁"这个必要条件，这个底线，这个第一价值，也不一定能"保"，因此，人们追求"仁"这个第一价值，就不再是为了"保"，而是为了找到自己的价值立足点，让人得以成为人，让组织得以成为组织，从而与动物及其群体严格区别开来。当然，这里有必要再次明确指出的是，即便有了人之所以为人、组织之所以为组织的价值立足点，也不一定就能自动发展出有竞争优势的个人和组织，毕竟这个价值立足点只是必要条件，还必须匹配上其他的内部资源、能力以及外部环境条件，一个人和一个组织才有可能发展出独特的竞争优势。

孟子也许正是因为担心人们对"仁"作工具化理解，才专门强调指出，"今恶死亡而乐不仁，是犹恶醉而强酒"。意思是，人们都惧怕死亡，也都讨厌喝醉酒，但在现实生活中，却又不喜欢讲仁爱，还拼命喝酒。恐惧死亡是人之常情，讨厌醉酒失态也属社会交往的基本规范；但是，人们却没有从自我修养的角度去超越对死亡的恐惧，去避免"强酒"的危害。要想避免死亡是不可能的，虽然很多人想长生不老，但这只不过是误入歧途罢了；唯一能做的便是超越对死亡的恐惧，建立起高于生命价值的第一价值观，这恰是让人得以超越对死亡的恐惧的正确方式。这就像要避免醉酒失态，不二的途径只有自我克制，训练意志力，而不能寄希望于外部监督的力量一样。在《论语》第十二篇第 1 章中，孔子曾说，"为仁由己，而由人乎哉"⊖，意在强调，"仁"是需要自我从内部确立起来的第一价值观，而一旦确

⊖ 张钢，《论语的管理精义》，机械工业出版社，2015 年版，PP317-319.

立起这个内在的第一价值观，一个人便有了比生命更重要的价值追求，由此也就超越了对死亡的恐惧。当然，这种内在的第一价值观的确立，并没有超越死亡本身，而只是让人们认识到有比生命更重要的价值，以超越对死亡的恐惧。这种认识和超越本质上都源于对第一价值观的坚定信念。

4.4 孟子曰："爱人不亲，反其仁。治人不治，反其智。礼人不答，反其敬。行有不得者，皆反求诸己，其身正而天下归①之。《诗》云：'永言配命，自求多福。'②"

【字词注释】

① 归：这里是归附、归属的意思。
② 这是《诗经·大雅·文王》中的诗句。其中，"言"是语助词，无实义。这两句诗的大意是：永远和天命保持一致，幸福总要靠自己追求。

【今文意译】

孟子说："如果自己对别人恭敬，而别人却不愿意接受，那就要反思自己是否真正坚守了仁爱价值观。如果在做管理时，能带领大家完成任务，并为别人服务，而别人却并不认可，那就要反思自己是否真正遵循了管理规范、采取了恰当做法。如果自己按照社会规范的要求来对待别人，而别人却不愿意搭理，那就要反思自己是否真正保持了对别人的内在尊重。在行为没有达到预期结果的时候，都要从自身找原因。如果自己做管理的行为公正，那么，天下人都会信服、追随。《诗经》上说：'永远和天命保持一致，幸福总要靠自己追求。'"

【管理解析】

本章承接上章，继续从管理者确立内在第一价值观的视角，来探讨管理的有效性问题。

根据儒家管理之道的要求，管理者首先要"明明德"，也即确立并阐明"人性"的德性前提及由此派生出来的价值观，然后才能"亲民""止于至善"，即引导人们追求最广大的共同利益㊀。其中，"明明德"是管理前提，"亲民"是管理过程，而

㊀ 张钢，《大学·中庸的管理释义》，机械工业出版社，2017年版，PP4-7.

"至善"是终极目标。管理者在"亲民"、追求"至善"的过程中,总会有达不到预期结果的时候,此时该如何对出现的各种问题进行归因呢?孟子认为,分析问题、寻找原因、解决问题的总原则是"行有不得,皆反求诸己。"

具体地说,"亲民"无外乎三个方面,一是管理者要确立起人与人之间的恰当关系准则,进而按照社会规范的要求来处理人与人之间的关系,这便体现在"爱人"之中,也即由"亲亲"外推而来的"爱人"或"亲民",这也是以"仁"为核心的价值观在处理人与人之间关系上的集中体现。若管理者在处理人与人之间关系上没有达到预期效果,不应该归因于他人,而应该从自身对"仁"的价值观的理解和践行上去找原因。

二是管理者要引领大家一起做事,共同完成任务,这时就需要理解做事或完成任务的内在原理、原则和方法,进而高效率地做事或完成任务,这又是"智"的要求。这时如果事做得不好,任务完成得不理想,也同样要从自身找原因,而不能归因于事或任务本身,更不能归因于他人。归因于事或任务本身没有实际意义,事或任务本身无法担责,归因于他人也不能从根本上解决问题,反而会诱使人们去逃避责任。事没有做好或任务没有完成,管理者首先要自我反思,勇于担责。这也是孟子说"治人不治,反其智"所要表达的意思。

三是管理者还要带头践行各种规范,并按照规范要求来对待别人,这时若出现规范不被人们认可,甚至人们都不遵循规范,规范形同虚设的状况,管理者也要反思自己的行为,以确保自己在恪守和践行规范上遵循了内在的诚敬准则。如果人们看到管理者仅是表面上高调讲规范,而实际上并不尊重和敬畏规范,那么,规范被形式化和表面化也就不可避免了,其结果必然是"礼人不答"。在这种情况下,管理者若仅是从别人那里找原因,甚至去埋怨规范本身,都是没有意义的。管理者必须从自己对待规范的态度和行为上去找原因,即"礼人不答,反其敬"。

无论是"爱人不亲",还是"治人不治",抑或"礼人不答",究其原因,都在于管理者内在的"做人"和做管理的前提,即"明明德";只有从这个深层次根源上去分析问题,也才能从根本上解决问题,而这个分析问题和解决问题的过程本身,也恰可以视为一个持续自我修养、"干中学"的过程。管理者只有向内反思得深入,才能向外产生更持久的影响。这也正是孟子讲"其身正而天下归之"的原因。在这里,当孟子讲"其身正"时,其实要表达的就是孔子在《论语》第十二篇第 17 章中所讲的"政者,正也,子帅以正,孰敢不正"⊖的意思,而"身正"的前提恰是"省深",即"行有不得者,皆反求诸己",也就是《论语》第一篇第 4 章中曾子所讲的"吾日三省吾身"⊜。如此一来,组织和管理的可持续发展,才可能具备内在的根基

⊖ 张钢,《论语的管理精义》,机械工业出版社,2015 年版,PP337-338.
⊜ 张钢,《论语的管理精义》,机械工业出版社,2015 年版,PP6-8.

和源泉，根深自然叶茂，源远才能流长。

所以，孟子最后再次引用《诗经·大雅·文王》中的诗句"永言配命，自求多福"，意指管理成败的内因，关键在于价值观的确立以及管理者对价值观的执着坚守。这与孟子在第二篇第 4 章中引用这两句诗时所要表达的含义是一样的。

4.5 孟子曰："人有恒言，皆曰'天下国家'。天下之本在国，国之本在家，家之本在身。"

【今文意译】

孟子说："人们常说一句话，那就是'天下国家'。天下的基础在诸侯国，诸侯国的基础在家，家的根本在人的行为。"

【管理解析】

本章延续上章的思路，再次明确阐述了儒家从根本处入手解决问题的管理思路。

虽然"天下国家"是人们都能看到的管理者赖以做管理的舞台，似乎没有了"天下国家"，管理者也就失去了用武之地，但是，看得见的管理舞台，却建立在为人们所忽视的基础之上；若没有稳固坚实的基础，"天下国家"这个看得见的管理舞台，是不可能建立起来的，而家庭和个人行为恰是"天下国家"稳固坚实的基础。所以，儒家做管理，更强调从根本处入手解决问题，而不仅是着眼于那个看得见的管理舞台，即"天下国家"。

孟子在这里所要表达的思想，实际上就是《大学》开篇所讲的"八条目"，即"格物、致知、诚意、正心、修身、齐家、治国、平天下"㊀。其中，"治国、平天下"就是在那个看得见的管理舞台上做管理，而"格物、致知、诚意、正心、修身"，却是人们所忽略的自我管理，这恰是正式组织管理的真正起点，也是根本入手处，只不过孟子在这里用"身"来指代它，就像《大学》中说"自天子以至于庶人，壹是皆以修身为本"㊁中的"修身"也是指代完整的"格物、致知、诚意、正心、修身"一样。只有在自我管理的基础上，又管理好家庭，才有可能真正把"天下国家"管理好。

在这里，孟子用更简洁的语言，结合着上章对管理者自我反思的强调，重新阐

㊀ 张钢，《大学·中庸的管理释义》，机械工业出版社，2017 年版，PP12-16.
㊁ 张钢，《大学·中庸的管理释义》，机械工业出版社，2017 年版，PP16-18.

明了《大学》里所提出的儒家管理者从自我管理到组织管理的基本修炼途径，以此来纠正当时人们只看到"天下国家"的管理而忽视自我管理之弊。

4.6 孟子曰："为政不难，不得罪于巨室①。巨室之所慕②，一国慕之；一国之所慕，天下慕之。故沛然德教溢乎四海。"

【字词注释】

① 巨室：即世家，指有着一以贯之的价值观追求的管理者及其传承的共同体。

② 慕：是形声字，本义指因喜爱而研习模仿，这里是敬佩、敬仰的意思。

【今文意译】

孟子说："要使诸侯国管理得好并不难，关键是不要同已有的管理传统和管理共同体发生根本冲突。具有悠久历史传统的管理共同体所尊重的价值观，代表的是该诸侯国所共同尊重的价值观；而这种为诸侯国所共同尊重的价值观，也就是天下所共同尊重的价值观。因此，只有借助管理者的德行所发挥出来的教育功能，这种价值观才能产生更加广泛而深远的影响。"

【管理解析】

本章承接上章，继续阐述管理者的自我管理与"天下国家"管理之间的关系。

在孟子看来，既然"天下之本在国，国之本在家，家之本在身"，那么，在实施"天下国家"管理的时候，为了从根本处入手做好管理，就必须牢牢抓住管理者共同体这个关键少数。在"天下国家"中，如果管理者都不能从自我管理和家庭管理做起，那么，其他人就更不可想象了。在管理共同体中，影响力更大的是那些在诸侯国里有着较长的管理经历，并已形成稳定的价值观念和管理风格的高级管理者。这样的高级管理者共同体，在当时被称为"巨室"或"世家"，他们既是诸侯国里职业管理共同体的典型代表，也在诸侯国民众中有着巨大影响力。国君或委托人同这些高级管理者志同道合，才是保证"天下国家"管理走上正轨的前提。既然这些高级管理者已经形成了稳定的价值观念和管理风格，那么，国君若只是企图用武力威胁和金钱利诱，就想让他们为自己提供更有效的管理服务，往往不一定能奏效，而"君臣"之间共享价值观的作用也就变得非常突出。用孟子的话说就是"为政不难，不得罪于巨室"。毕竟在诸侯国里做管理的是管理者共同体而非国君本人。

一旦国君与高级管理者拥有共享价值观，进而又通过高级管理者与整个管理团队形成了志同道合者关系，这种共享价值观便会借助管理者的昭示和引领作用，最终影响更大范围的民众，从而实现"天下国家"管理的良性循环。其实，当孟子说"巨室之所慕，一国慕之；一国之所慕，天下慕之"的时候，其内涵与孔子在《论语》第二篇第1章中对儒家管理之道的概括，即"为政以德，譬如北辰，居其所而众星共之"㊀是一致的。如果诸侯国的管理能够遵行"为政以德"的管理之道，并通过"道之以德""齐之以礼"，达到"有耻且格"的目标，那么，其结果不正是"沛然德教溢乎四海"吗？孟子这里所讲的"德教"，实际上就是"道之以德"的含义，也即管理者的以身作则、率先垂范。《中庸》开篇讲"天命之谓性，率性之谓道，修道之谓教"㊁，也在于阐明"人性"、管理之道和管理教育的三位一体。这便是儒家将管理过程同时视为一种教育过程的根本原因。

4.7 孟子曰："天下有道，小德役①大德，小贤役大贤。天下无道，小役大，弱役强。斯二者天也，顺天者存，逆天者亡。齐景公曰：'既不能令，又不受命，是绝物②也。'涕出而女③于吴。今也小国师大国而耻受命焉，是犹弟子而耻受命于先师也。如耻之，莫若师文王。师文王，大国五年，小国七年，必为政于天下矣。《诗》云：'商之孙子，其丽不亿。上帝既命，侯于周服。侯服于周，天命靡常。殷士肤敏，祼将于京。'④孔子曰：'仁不可为众也。夫国君好仁，天下无敌。'今也欲无敌于天下而不以仁，是犹执热而不以濯⑤也。《诗》云：'谁能执热，逝不以濯？'⑥"

【字词注释】

① 役：这里是命令、使唤的意思。

② 物：这里指众人、人的意思。

③ 女：这里是嫁女儿的意思。

④ 这是《诗经·大雅·文王》中的诗句。其中，"丽"，这里是数目的意思；"亿"，这里指十万；"肤"，这里是美好的意思；"祼"，指一种祭礼，把酒洒在地上，用来祭神。这几句诗的大意是：商朝的子孙，数目不下十万。上天既已授命，只好臣服周朝。商朝臣服周朝，说明天命无常。殷商的子孙虽俊美聪慧，还是要在周朝都城祭祀。

㊀ 张钢，《论语的管理精义》，机械工业出版社，2015年版，PP24-25.
㊁ 张钢，《大学·中庸的管理释义》，机械工业出版社，2017年版，PP82-84.

⑤ 濯：这里是洗涤的意思。
⑥ 这是《诗经·大雅·桑柔》中的诗句。其中，"逝"，这里是语助词，无实义。这两句诗的大意是：有谁能遭遇炽热，却不用冷水冲洗？

【今文意译】

孟子说："天下兴旺、治理有方的时候，做管理，靠的是德行和才能。天下衰落、治理无方的时候，做管理，靠的是力量。这两种情况的出现都是必然的，遵循这种必然趋势就能生存，违背这种必然趋势就会消亡。当年齐景公曾说：'既不能命令别人，又不想听命于别人，这简直就是自绝于人啊。'在当时的情况下，齐景公也只好流着眼泪，将女儿嫁给强大的吴国国君。如今小诸侯国要以大诸侯国为师，却又耻于听大诸侯国的号令，这就像学生以听命于老师为耻一样啊。如果小诸侯国觉得听命于大诸侯国是一件耻辱的事，那还不如以周文王为学习的榜样。学习周文王，大诸侯国用五年时间，小诸侯国用七年时间，就一定会在天下成为管理上的杰出代表，并用自己的示范作用来和平地治理天下。《诗经》上说：'商朝的子孙，数目不下十万。上天既已授命，只好臣服周朝。商朝臣服周朝，说明天命无常。殷商的子孙虽俊美聪慧，还是要在周朝都城祭祀。'孔子也说：'仁爱不在于人数多少。只要国君喜爱并追求仁爱境界，就会无敌于天下。'如今很多国君也想无敌于天下，却不想追求仁爱境界，这就像遭遇炽热，却不用冷水冲洗一样。《诗经》上说：'有谁能遭遇炽热，却不用冷水冲洗？'"

【管理解析】

本章承接上章，进一步将儒家的管理之道推广到诸侯国之间关系的处理上，从而呼应了第一篇第10章所讲的"交邻国之道"。具体地说，孟子在这里讲了三层含义。

首先，阐明了"王道"和"霸道"各自适用的外部条件及其必然结果。"王道"强调管理者的德才兼备，以及在此基础上诸侯国间和睦共处、相互尊重的关系；而"霸道"则突出的是用强力或武力来实施管理，并以此处理诸侯国间关系，热衷于相互压服和盘剥。也就是说，"王道"的管理权力基础是软实力，以德行和才能为核心，而"霸道"的管理权力基础是硬实力，以武力和财力为核心。因此，"王道"和"霸道"赖以实行的前提条件不一样，其结果也必定不同。由"王道"的"小德役大德，小贤役大贤"，必定带来的是天下兴旺、治理有方，可持续发展。这句话中的两个"役"字，都是"役于"的意思。由"霸道"的"小役大，弱役强"，则必然导致的是天下衰落、治理无方、弱肉强食。这句话中的两个"役"字，也都是"役于"的意思。在孟子看来，"王道"和"霸道"所带来的两种完全不同的结果，是不以个人的意志为转移的，即"斯二者天也，顺天者存，逆天者亡"。这表明，若一个诸侯国想求"王道"的结果，却实行"霸道"，不仅不可能达到欲求的结果，反而会带来灾难性后果。这与孟子在第一篇第7章中对齐宣王说"缘木求鱼，虽不得鱼，无后灾；以若所为，求若所欲，尽心力而为之，后必有灾"的含义是一样的。

其次，进一步分析了当时各诸侯国崇尚"霸道"所造成的巨大危害，其典型表现就是，昨日之强国，转眼又成了今日之弱国，今日之弱国，明日强大起来又会去欺压昨日的强国，以至于弱肉强食，恶性循环。典型的例子也许就是齐国，当年是何等风光，但面对迅速崛起的吴国，却又不得不俯首听命。在一个武力横行、弱肉强食的世界，既然不能去命令别人，就必须听命于别人，否则，就有被消灭、自绝于这个世界的危险。这就是齐景公无奈的表白，即"既不能令，又不受命，是绝物也"。为了防止被强吴所灭，昔日强大的齐国，也只能用联姻的方式去"受命"于吴国，上演了一幕"涕出而女于吴"的悲剧。其实，吴国也好景不长，很快又被卧薪尝胆的越王勾践所灭。

基于齐景公这个典型案例，孟子总结到，"今也小国师大国而耻受命焉，是犹弟子而耻受命于先师也"。意思是，当时的小诸侯国以大诸侯国为师，学的只不过是"霸道"而已，想的也是有朝一日能凭借武力崛起，进而将今日的大诸侯国变成自己的奴役对象，报昔日之仇，就好像越国之于吴国那样。在这种心态驱使下，小诸侯国向大诸侯国学习，不过是卧薪尝胆、权宜之计罢了。这充分表明，小诸侯国向大诸侯国学习，并非心悦诚服，而是迫不得已。这种所谓"学习"，能有好效果吗？势必是越学越崇尚武力，每一个新崛起的所谓强国，都只会比上一代强国更残忍，更肆无忌惮地欺压弱国。这就像"弟子而耻受命于先师"，又怎么可能学得好，是一样的道理。出现这种情况的原因，无外乎三个方面，要么是"老师"出了问题，要么是"学生"出了问题，要么是"老师"和"学生"都出了问题。在当时的情况下，作为"老师"的大诸侯国和作为"学生"的小诸侯国，显然都出了问题，这才导致诸侯国间以暴制暴的恶性循环。那么，该如何跳出这种恶性循环呢？

最后，既然"老师"和"学生"都出了问题，要解决问题，当然要先从"老师"的选择入手，也即"如耻之，莫若师文王。师文王，大国五年、小国七年，必为政于天下矣"。在孟子看来，只有转而以像周文王这样的伟大管理者为师，才能跳出当时诸侯国间以暴制暴的恶性循环。虽然孟子这里用了"大国五年""小国七年"这样的具体时间周期来预测学习效果，但这并非实指五年或七年，而只是用这样的数字代表一种战略视野，意在超越眼前，引导人们用战略眼光看问题；更重要的是，要告诫人们，必须超越那种以战胜、压倒甚至吞并其他诸侯国为核心的目标定位，确立起"为政于天下"的目标追求，也即让自己的管理模式成为天下效法的榜样，并以此达到"平治天下""止于至善"的目标。

为了说明这一点,孟子专门引用了《诗经·大雅·文王》中的诗句。这首诗讲的是殷商在臣服于周朝之后,并没有受到欺压,反而能和睦共处的原因。当时殷商的人数并不少,也不是不聪明或没有才能,但他们之所以愿意臣服于周朝,关键在于周朝实行的是"仁政"。为此,孔子曾说,"仁不可为众也。夫国君好仁,天下无敌"。意在表明,追求仁爱境界并不以人数多少为前提,一个组织的最高管理者若能追求仁爱境界,必定会吸引更多人共同追求仁爱境界,而又有谁愿意与那些追求仁爱境界的人为敌呢?"仁者"之所以能"无敌",并不是说追求仁爱境界的人一定会有强大的武力和财力,一定能够打败天下所有人,而是说"人性"中原本就具有德性和追求共同利益或"善"的倾向性,有着这种良知的人们,又有谁愿意与追求仁爱境界的人为敌呢?

基于此,孟子才总结道,"今也欲无敌于天下而不以仁,是犹执热而不以濯也"。意思是,那些想无敌于天下的诸侯国,都没有搞明白,真正的"无敌",并不是凭借武力让别人害怕,以至于别人不敢与之为敌,而是由于追求仁爱境界,让别人向往,以至于别人不愿为敌。那些凭借武力暂时达到"无敌"的诸侯国,必定会被新崛起的拥有更强大武力的诸侯国打败,这就像"以火攻热",会越来越热一样。要想解除炽热,在当时,用水才是正道。这恰是《诗经·大雅·桑柔》讲"谁能执热,逝不以濯"的道理所在。

4.8 孟子曰:"不仁者可与言哉?安其危而利其菑①,乐其所以亡者。不仁而可与言,则何亡国败家之有!有孺子歌曰:'沧浪②之水清兮,可以濯我缨③。沧浪之水浊兮,可以濯我足。'孔子曰:'小子听之:清斯濯缨,浊斯濯足矣。自取之也。'夫人必自侮,然后人侮之;家必自毁,而后人毁之;国必自伐,而后人伐之。《太甲》曰:'天作孽,犹可违;自作孽,不可活。'④此之谓也。"

【字词注释】

① 菑:通"灾",灾祸的意思。
② 沧浪:水名。
③ 缨:系冠的带子。
④ 这是《尚书·商书·太甲》中的话。其中,"违",这里是避开、躲避的意思;"孽",这里是灾难、罪过的意思。这几句话的大意是:上天降下的灾难,还可以躲避。自己犯下的罪过,哪能逃得掉。

【今文意译】

孟子说:"一个不追求仁爱境界的人,能和他讲什么呢?这种不追求仁爱境界的人,总是将危险视为安全,以为灾祸有利可图,将灭亡看作快乐。如果这种人能听得进别人的劝诫,也就不会有那么多亡国败家的事发生了!曾经有首儿歌唱到:'沧浪的水是清的,可以用来洗我的冠带。沧浪的水是浑的,可以用来洗我的脚。'孔子说:'同学们听到了吧:水清可以洗冠带,水浑只能来洗脚。有什么样的水,人们就会用它做什么样的事啊。'所以,一个人一定是先自己不自重,才会被别人侮辱;一个家庭也一定是先从内部出了问题,才会被别人毁掉;一个诸侯国同样一定是先出现内部纷争,才会被别人攻打。《尚书》上说:'上天降下的灾难,还可以躲避。自己犯下的罪过,哪能逃得掉。'说的就是这个意思。"

【管理解析】

本章进一步说明,施"仁政"应该成为管理者内在的选择,只有管理者致力于追求仁爱境界,才能将组织带到追求仁爱境界的轨道上。

如果管理者没有从内心认识到追求仁爱境界的意义,要靠别人说服他追求仁爱境界,那将是非常困难的。换句话说,追求仁爱境界应该是一种良知信念或信仰,需要发自内心的认同和坚信,进而落实在行动上;否则,若只是凭借言语说服就能追求仁爱境界,那么,行"王道"、施"仁政"岂不是太容易了。这恰是孟子一上来就说"不仁者可与言哉"的用意所在。

在孟子看来,那些不追求仁爱境界的人,大部分早已与"做人"、做管理的正道相悖而行了,他们将危险视作安全,将灾祸看成利益,把灭亡当成快乐;如果对这种人讲关于追求仁爱境界的道理有用的话,那么,世上就不会有如此多"亡国败家"的案例了。

当年孔子曾借儿歌"沧浪之水清兮,可以濯我缨。沧浪之水浊兮,可以濯我足"来教导弟子们。孔子用"沧浪之水"的清与浊,来比喻一个人和组织本身是否追求仁爱境界,而其结果也就完全不一样。沧浪之水清,则会被用于洗冠带,象征着一个人和组织追求仁爱境界,一定会被他人和其他组织所尊重,进而共同追求仁爱境界,这也是上章所讲的"夫国君好仁,天下无敌"的含义。沧浪之水浊,则会被用来洗脚,象征着一个人和组织不追求仁爱境界,必然会被他人和其他组织所唾弃,进而带来不和谐乃至危险。其实,对于沧浪之水而言,无论是被人用于"濯缨",还是"濯足",完全取决于水本身的清还是浊;同样道理,对于一个人和组织来说,到底是被别人认可尊重还是侮辱攻伐,也完全是由自身内在的信念、价值取向以及由此形成的凝聚力和竞争力所决定的。这便是孔子说"自取之也"的意义所在，而孟子则进一步将孔子的观点引申开来，说"夫人必自侮，然后人侮之；家必自毁，而后人毁之；国必自伐，而后人伐之"。这意味着，如果个人、家庭、诸侯国不能从自身的信念、价值观的正确选择入手，先解决好内部问题，则必然会招致外部的侵害。外因总是通过内因起作用，正向的外部影响如此，负向的外部影响亦如此；而且退一步说，外部的影响再大，也还是可以想办法避免，但内部出了问题，往往自己都认识不到，更别说克服了。

为了强调这一点，孟子再次引用《太甲》里"天作孽，犹可违；自作孽，不可活"这句话，正像第二篇第 4 章中引用这句话一样，都是为了说明，自身出问题的人和组织，往往还自以为是，根本认识不到自身的问题所在，别人再怎么说也听不进去，那又如何能逃得掉由此带来的灾难呢？这也正是为什么本章开头要说"不仁者可与言哉"的原因。

4.9　孟子曰："桀纣之失天下也，失其民也。失其民者，失其心也。得天下有道：得其民，斯得天下矣。得其民有道：得其心，斯得民矣。得其心有道：所欲与①之聚之，所恶勿施尔②也。民之归仁也，犹水之就下、兽之走圹③也。故为渊驱④鱼者獭也，为丛驱爵⑤者鹯⑥也，为汤、武驱民者桀与纣也。今天下之君有好仁者，则诸侯皆为之驱矣，虽欲无王，不可得已。今之欲王者，犹七年之病求三年之艾⑦也。苟为不畜，终身不得。苟不志于仁，终身忧辱，以陷于死亡。《诗》云：'其何能淑？载胥及溺。'⑧此之谓也。"

【字词注释】

① 与：这里是介词，为、替、给的意思。

② 尔：通"耳"，用在句尾，表示限制，相当于而已、罢了。

③ 圹：这里是原野、旷野的意思。

④ 驱：通"驱"，驱使的意思。

⑤ 爵：通"雀"，指小鸟。

⑥ 鹯：一种像鹞鹰的猛禽。

⑦ 艾：一种草本植物，又名艾蒿，可做药，而且，据说储藏得越久越好。

⑧ 这是《诗经·大雅·桑柔》中的诗句。其中，"淑"是好的意思；"载"是就的意思；"胥"，这里是皆、都的意思。这两句诗的大意是：这又怎么能做好？彼此拉扯共溺亡。

【今文意译】

孟子说:"夏桀和商纣之所以会失掉天下,就是因为失去了民众支持。他们之所以会失去民众支持,就是因为失去了民众信任。要得到天下,也就意味着要得到民众支持,而要得到民众支持,就必须赢得民众信任。要赢得民众信任,就必须做到:民众希望什么,就为他们创造什么,而民众不希望得到的,也不要强加给他们。民众追求仁爱境界、向往仁政,就像水往低处流、野兽要奔向旷野一样。所以,在水塘里驱赶鱼群的是水獭,在丛林中驱赶鸟群的是猛禽,而将民众都驱赶到商汤和周武王那里去的,正是夏桀和商纣。假如天下有一位国君追求仁爱境界,那么,其他各诸侯国国君都会像夏桀、商纣一样,将民众驱赶过来;如此一来,即便这位追求仁爱境界的国君不想以王道统一天下,都是不可能的。但是,今天那些想统一天下的国君们,却像是得了七年的重病,反而要找三年的草药一样,根本就没有对症下药。假使平日里不注意储存这种草药,也就永远不可能得到这种需要长时间存储才有疗效的草药。同样道理,如果不尽早立志追求仁爱境界,那么,终身都可能处在忧虑和羞辱之中,甚至陷入绝境。《诗经》上说:'这又怎么能做好?彼此拉扯共溺亡。'说的就是这个意思。"

【管理解析】

本章进一步阐述儒家管理之道的核心内涵,并明确提出"得民心者得天下"的观点。

在《论语》第二篇第1章中,孔子确立起儒家管理之道的核心内涵,即"为政以德",而"为政以德"的必然结果是"譬如北辰,居其所而众星共之"[一],孔子用"北辰"比喻管理者,用"众星"比喻民众,管理者和民众之间是用"德"联结起来的。正是因为有了"德"这个纽带,民众才会更加信任诸侯国和管理者,从而让诸侯国具有更强的凝聚力和竞争力。这也是孟子在第二篇第10章强调"人和"比"天时""地利"更重要的内在原因。正是以此为基础,孟子才更为明确地提出了"得民心者得天下"的观点。

为了论证这一观点,孟子首先说明夏桀和商纣之所以失去天下的原因。当孟子说"桀纣之失天下也,失其民也。失其民者,失其心也"时,其中的"其心"或"民心",即指民众信任而言,具体来说就是人们对组织和管理者的信任,因为信任要发乎内心,是一种认知主导下的行为选择,当人们失去了对组织和管理者的内在认

[一] 张钢,《论语的管理精义》,机械工业出版社,2015年版,PP24-25.

同和理解，信任也就不存在了。孟子观点的核心要义，在于管理的合法性是建立在被管理者的信任之上的。这在根本上改变了以往用"上天"来抽象乃至神秘地确立管理的合法性的做法。孟子在第一篇第 10 章中虽然将"上天"和民众联系在一起，提出"民意"即"天意"的观点，但这里则更为直接地将管理合法性建立在民众的信任之上。

以此为基础，孟子将儒家管理之道更具体地表述为"得天下有道：得其民，斯得天下矣。得其民有道：得其心，斯得民矣。得其心有道：所欲与之聚之，所恶勿施尔也"。其中，关键在于"所欲与之聚之，所恶勿施尔"，这其实也就是"为政以德"的具体化。做管理，必须与民众同好恶，要有共同追求、共享信念和价值观，这才是"得民心"的关键所在。没有这种共同追求、共享信念和价值观，要建立信任是不可能的。问题是，管理者与民众所拥有的共同追求、共享信念和价值观应该是什么？这便涉及对"人性"的理解。正是从儒家"人性"的德性前提出发，孟子明确提出，民众的追求是"仁"，即"民之归仁也，犹水之就下，兽之走圹也"。其中，"水之就下""兽之走圹"，都是从本性的角度来讲的。在古人看来，水的"本性"是"就下"，即水往低处流，故名"流水"，而兽的"本性"是"走圹"，即奔走在旷野，故名"野兽"。以此设喻，人之为人，不同于"流水""野兽"的本性又是什么？在儒家看来，当然是"仁"，因而"归仁"便是人之为人的自然倾向或自发的内在需求，这也是"人性"原本就有的良知信念。

从"归仁"的本性出发，如果有哪个组织和管理者致力于追求仁爱境界，那么，自然就会与人们的内在本性相一致，也就更容易赢得人们的信任。这时如果存在明显违背"人性"的"暴政"，那便与"仁政"形成鲜明对比。这种鲜明对比，就如同水里的水獭在驱赶鱼群，丛林中的猛禽在驱赶鸟群一样，必然让人们更为迅速地聚集到那个追求仁爱境界的组织和管理者周围。这实际上就是"人心向背"的力量，也是汤武和桀纣拥有不同命运的根本原因。当时各诸侯国多奉行"霸道"，严重违背"人性"，就像"桀纣"一样，而此时如果能出现像商汤、周武王那样弘扬"人性"，追求仁爱境界的管理者，自然就会人心所向，由此实现天下统一，也就轻而易举了。

但是，正如本篇第 7 章所说的那样，各诸侯国想"无敌于天下"，却又不施"仁政"，"犹执热而不以濯"一样。孟子在这里进一步用"犹七年之病求三年之艾"来加以阐明。这两个比喻各有侧重。"犹执热而不以濯"，侧重的是不使用正确的方法，而"犹七年之病求三年之艾"，则说的是没有长远眼光，平时不注重积累，却又期望一朝见效，这是典型的只要结果、不看过程的思维方式。更重要的是，若因为某件东西（如"七年之艾"）积累的过程太漫长，没有眼前紧迫性就不去做，那就永远不可能有像"七年之艾"这种需要长期积累的东西了，这便是"苟为不蓄，终身不得"所要表达的意思。其实对仁爱境界的追求，道理一样，也是一个需要立志而长期坚持的过程，若只是因其过程漫长、不能立竿见影而不开始做，那么，也就永远不可能走上追求仁爱境界的道路，更不可能在仁爱境界上有所积累和提升，其结果可想而知，很可能就是"终身忧辱，以陷于死亡"。这里的"死亡"，也即本篇第2章所讲的"身弑国亡"，毕竟对于管理者来说，其行为结果不仅是个人的事情，还关系到组织的命运，到头来无异于大家相互拉扯着共同走向灭顶之灾，这就是《诗经·大雅·桑柔》的诗句"其何能淑？载胥及溺"所要表达的意思。

4.10　孟子曰："自暴①者，不可与有言也；自弃②者，不可与有为也。言非③礼义，谓之自暴也。'吾身不能居仁由义'，谓之自弃也。仁，人之安宅也。义，人之正路也。旷安宅而弗居，舍正路而不由，哀哉！"

【字词注释】

① 暴：这里是动词，残害的意思。
② 弃：这里是抛弃、舍弃的意思。
③ 非：通"诽"，诽谤、诋毁的意思。

【今文意译】

孟子说："对于那些要自我残害的人，还能和他们去说什么呢；对于那些要自我放弃的人，还能和他们一起做什么呢。一说话就诋毁礼仪规范，这就是在自我残害。总是说'我的行为既不能立足仁，也不能遵循义'，这就是在自我放弃。仁是人之为人的最稳固的家园，义是人之为人所应该遵循的正确道路。有些人偏偏放着稳固的家园不去住，抛开正确的道路不去走，真是可悲啊！"

【管理解析】

本章对前面几章的内容进行概括，再次清楚地表明，管理者首先要从"做人"入手，才能做好管理；一个自暴自弃，压根儿连最起码的"人"都不想去做的管理者，哪能期望他会做好管理呢？

孟子在这里明确地界定了"自暴"和"自弃"的内涵，并一针见血地指出，"自暴者，不可与有言也；自弃者，不可与有为也"。"自暴"，是针对思想和言语来说的，一个自暴者，从言语上看，总是要对"礼"和"义"进行诋毁，而在儒家看来，"礼"是最基本的社会规范，"义"又内在地确立了广义的资源、机会、工作和意义的分配标准，即公平的标准或规则体系，从而明确人们应该做什么不应该做什么。无论是作为基本社会规范的"礼"，还是作为正式规则体系的"义"，在很大程度上，都是保证社会和组织得以有秩序，并和谐可持续发展的基础设施；更重要的是，"礼"和"义"也是确保"自然人"成长为"社会人"的重要前提条件，离开了这些基本的社会文化和制度基础设施，一个人又如何能成长为一个真正意义上的"社会人"？

当一个人动辄就要诋毁这些社会文化和制度基础设施的时候，难道不是在残害自己作为"社会人"赖以存在的基本前提吗？虽然这样做并没有残害自己的身体，但身体不过是一种"自然人"意义上的存在，而人之为人，更重要的是"社会人"意义上的存在，"社会人"又总是植根于特定的社会文化和制度传统之中。如果一个人总是要从根本上否定他赖以存在的社会文化和制度基础，这难道不是在从根本上否定自身的"社会人"意义上的存在吗？这同一个人残害自己的身体并没有什么不同，甚至是有过之而无不及。对于这样的人，还能和他谈论什么呢？换句话说，能和他进行有意义的沟通交流吗？

同样，说一个人"自弃"，也不是说他要抛弃自己的身体，而是说他要抛弃作为"社会人"所应遵循的价值准则和规范要求，想完全从"自然人"的欲望出发采取行动。这难道不是一种抛弃人之为人的社会性而退回到动物性上去的行为表现吗？对于这种"自弃"的人来说，又怎能期望和他一起去做那些真正有社会意义的事呢？

在儒家看来，具有社会性的人，总是处在人与人之间的关系中，而人与人之间的关系既有价值观的内涵，即"仁"，又有广义的分配所必然要求的规则规范，即"义"。这表明，"社会人"不是一个抽象的概念，而是嵌入在特定价值观和规则规范之中的现实存在。孟子认为，正是作为价值观核心内涵的"仁"和作为规则规范核心内涵的"义"，界定了人之所以为人。只有先堂堂正正地做一个由"仁义"界定的"社会人"，才有可能做好包括管理在内的某个具体职业。在第二篇第 7 章讲到"矢人"和"函人"时，孟子已经阐述了"仁"所具有的"人之安宅"的含义。在本章，孟子不仅重述了"仁"的重要意义，还进一步补充论述了"义"的重要性，即"义，人之正路也"。只有将以"仁"为核心的价值观，与以"义"为核心的公平分配的规则规范结合起来，才能将管理者的"做人"真正落到实处。

但遗憾的是，自暴自弃者"旷安宅而弗居，舍正路而不由"，简直是不想去堂堂正正地做个人。对于一个压根儿就不想"做人"的人，又能怎么办呢？既不能"与有言"，也不能"与有为"，最后也只能剩下感叹了。所以，孟子才不能不发出"哀哉"的叹息，而这一声叹息中的深意或许是，如果这位不想"做人"的自暴自弃者又恰好是管理者，那么，可悲的就不仅是这个人，而是他所在的组织了。

4.11 孟子曰："道在尔①而求诸远，事在易而求诸难。人人亲其亲、长其长而天下平。"

【字词注释】

①尔：通"迩"，近的意思。

【今文意译】

孟子说："管理之道近在咫尺，有人却偏要向远处去求；管理之事简捷明了，有人却偏要往复杂里做。实际上，人们只要能亲近父母、尊敬长上，天下自然就会和谐可持续发展。"

【管理解析】

本章再次阐明儒家管理之道、管理模式的立足点是"明德"前提下的"亲亲"。

在儒家看来，做管理要从"做人"开始，而"做人"的根本在孝悌，这一点在《论语》第一篇第2章就已经明确阐述过了⊖，并成为儒家管理之道的立足点。无论是《大学》还是《中庸》，都曾反复强调以孝悌为本、从"做人"到做管理的基本逻辑。当《大学》讲"上老老而民兴孝，上长长而民兴弟，上恤孤而民不倍，是以君子有絜矩之道也"⊜时，说的就是这个基本逻辑，而当《中庸》讲"君子之道，辟如行远必自迩，辟如登高必自卑"⊜，同样强调的是以孝悌为本的"做人"对于做管理的奠基作用。这无不在于说明，儒家管理之道就在管理者身边，做管理，完全可以从对待父母、长上的态度和言行出发，去用心体会和"事上磨炼"。

孟子在这里再次明确指出，"道在尔而求诸远，事在易而求诸难"，意思是，做管理千万不能舍近求远，更不能化简为繁；这种好高骛远、人为复杂化的管理方式，恰是对儒家管理之道的最大误解和误用。一位真正的儒家管理者，一定会从自身和家庭做起，并通过自己的日常言行去影响他人，最终在组织和社会中形成"人人亲

⊖ 张钢，《论语的管理精义》，机械工业出版社，2015年版，PP4-5.
⊜ 张钢，《大学·中庸的管理释义》，机械工业出版社，2017年版，PP51-54.
⊜ 张钢，《大学·中庸的管理释义》，机械工业出版社，2017年版，PP119-120.

其亲、长其长"的良好环境氛围。这种环境氛围的形成，才是保证组织和社会和谐可持续发展的根本所在。其实，一个人真正做到了"亲其亲、长其长"，在儒家看来，即便不学管理，也能做好管理，即便没有担任管理岗位，也是在做管理。

4.12 孟子曰："居下位而不获乎上，民不可得而治也。获于上有道：不信于友，弗获于上矣。信于友有道：事亲弗悦，弗信于友矣。悦亲有道：反身不诚①，不悦于亲矣。诚身有道：不明乎善，不诚其身矣。是故诚者，天之道也。思诚者，人之道也。至诚而不动②者，未之有也。不诚，未有能动者也。"

【字词注释】

① 诚：是形声字，本义指真实不欺，与伪、诈相对。"真实不欺"，指的是"人之为人"原本的存在状态。从自我与他人互动的"社会人"角度来看，一个人的存在，主要体现在"思""言""行"三个方面，因此，一个"真实不欺"的人，应该是一个完全意义上的思言行一致的人。这种完全意义上的思言行一致，包括"思""言""行"各自的一致性、两两的一致性以及三者的一致性。儒家意义上的"诚"，指的就是思言行一致，尤其是"至诚"，更是指这种完全意义上的思言行一致。

② 动：这里是感动、感触、触动的意思。

【今文意译】

孟子说："作为代理人的管理者，若不获得委托人的信任和授权，就不可能遵循管理之道，培养组织人，实施管理。管理者获得委托人的信任和授权是有途径的，即不获得同事朋友的信任，是不可能获得委托人或上级信任和授权的。获得同事朋友的信任是有途径的，即不能让父母满意，是不可能获得同事朋友信任的。让父母满意是有途径的，即反观自我，做不到思言行一致，是无法做到让父母满意的。要做到思言行一致是有途径的，即不能明确共同利益这个终极目标，是无法做到思言行一致的。所以，思言行一致是管理之道的最高理想境界。努力追求思言行一致，是管理之道对从事管理的人的基本要求。如果能够完全做到思言行一致，却又不能感动和影响别人，那是不可能的。如果做不到思言行一致，也就不可能感动和影响别人。"

【管理解析】

本章在上章基础上，详细阐述做管理要从自我修养和自我管理做起这一儒家管理的基本逻辑。

孟子这段话出自《中庸》㊀，只在个别字词上有改动。在这里，孟子用这段话进一步说明，管理者必须从自我做起，才能引领组织和社会走向追求仁爱境界的道路。正所谓"至诚而不动者，未之有也。不诚，未有能动者"。难以想象的是，一个连自己都把握不住，也难以让自己信服自己的人，又如何能去打动别人，让别人信服呢？没有信任，谈何管理。

4.13 孟子曰："伯夷辟①纣，居北海之滨，闻文王作②，兴③曰：'盍④归乎来⑤！吾闻西伯⑥善养老者。'太公⑦辟纣，居东海之滨，闻文王作，兴曰：'盍归乎来！吾闻西伯善养老者。'二老者，天下之大老也，而归之，是天下之父归之也。天下之父归之，其子焉往？诸侯有行文王之政者，七年之内，必为政于天下矣。"

【字词注释】

① 辟：同"避"，躲避、避开的意思。

② 作：这里是兴起的意思。

③ 兴：是会意字，本义是起、起来，这里引申为出来、出山的意思。

④ 盍：这里是副词，何不、何为的意思。

⑤ 来：这里是语助词，用于句尾，无实义，相当于咧、吧。

⑥ 西伯：指周文王，当时被商朝封为伯。

⑦ 太公：指姜太公。

【今文意译】

孟子说："伯夷为躲避商纣王，住在北海边，听说周文王兴起，便出来说：'何不投奔西伯去！我听说西伯善待老人。'姜太公为躲避商纣王，住在东海边，听说周文王兴起，也出来说：'何不投奔西伯去！我听说西伯善待老人。'这两位老人，都是当时天下著名人物，他们去了周文王那里，就相当于天下的父老都去了。天下的父老都去了周文王那里，这些父老的子女们又会去哪里呢？对于一个诸侯国来说，

㊀ 张钢，《大学・中庸的管理释义》，机械工业出版社，2017年版，PP143-152.

若能像周文王那样做管理，七年之内，就一定会在天下成为管理上的杰出代表，并用自己的示范作用来和平地治理天下。"

【管理解析】

本章使用历史案例分析方法，对上章的观点做出说明，突出了做管理从"孝"以及由此外推而来的"善待老人"做起的重要意义。

在商纣王时期，周文王的贤名已广为人知，尤其是他从"亲其亲、长其长"做起，尊重、善待老人，更是为天下有识之士所认可。虽然周文王当时还只是商朝的"西伯"，但他治理下的地方已经迅速崛起。孟子在这里只举了一个事例，即当时的两位著名老人或"大老"伯夷和姜太公，"闻西伯善养老者"而投奔周文王。由这个事例便不难理解，"西伯善养老"在当时所传递出来的重要管理信号。

第一，周文王所奉行的是以"仁"为核心的价值观和社会规范，而"仁"的具体表现就是"亲亲"或孝悌。周文王不仅大力倡导这种价值观和社会规范，更重要的是能身体力行，而"西伯善养老"恰体现了周文王的知行合一，由此人们才更容易形成对管理者及其组织的信任。

第二，在当时社会保障体系还很不完善的情况下，"养老"主要依靠家庭。由于家境的差异和变故，完全由家庭来负担"养老"，会存在很大的不确定性，尤其是对第一篇第12章曾提到的"鳏寡孤独"来说，"养老"更是成了大问题。当周文王借助集体的力量，用明确的政策措施来帮助家庭解决"养老"问题时，也就在很大程度上解除了人们的后顾之忧，让人们对未来有了良好预期。这种非常有吸引力的信号传递出去，便会吸引更多人来投奔周文王。

第三，在当时识字率很低，教育基础设施欠发展的情况下，生产、生活和管理过程中，个人经验的积累就变得非常重要，而年长者往往就是各方面经验和智慧的拥有者，以其丰富的人生阅历和感悟成为当时的稀缺人才，再加之农业文明条件下组织和社会相对稳定，也更进一步突显出老年人所拥有的经验和智慧的巨大优势。在当时的历史条件下，可以不夸张地说，谁能赢得老年人，谁就赢得了知识、经验和人力资源优势。

第四，从当时社会交往和人际联结的实际情况来看，以血缘为纽带的家族扮演着极其重要的角色。在这种情况下，人际互动网络的纽带或网结上的关键人物就是"老人"。正是借助"老人"这样的纽带人物，一个更大的人际网络才能联系起来，并不断得以扩展。因此，尊重、善待和吸引"老人"，对于整个社会的人际互动网络来说，也就起到了纲举目张、牵一发而动全局的作用。

第五，在以"老人"为核心所结成的人际互动网络中，更有代表性的"老人"

则是"大老",即那些极有知名度和影响力的"老人",他们往往成为天下"老人"的代表和代言人,谁能赢得这些"大老",也就相当于赢得了天下"老人",而如果赢得了天下"老人",那么,这些"老人"的子弟们也就自然会被吸引来。所以,孟子才说,"二老者,天下之大老也,而归之,是天下之父归之也。天下之父归之,其子焉往?"

基于此,孟子认为,谁能赢得"老人"的心,也就赢得了天下人的心,而"得人心者得天下","人和"胜于"天时""地利",由此必然得出的结论是:"善养老者,天下归心"。实际上,"天下归心"的背后,是"天下归仁",也即孔子在《论语》第十二篇第1章所讲的"克己复礼为仁。一日克己复礼,天下归仁焉"㊀,而"仁"的具体表现便是"亲亲"或孝悌,因此,当周文王能够做到"克己复礼""善养老者",自然就能产生"天下归仁"和"天下归心"的效果。或者说,"天下归心"并非归于周文王本人及其组织,而是归于经由"善养老者"所传递和代表的"仁"。人们趋向于"仁",正像"水之就下,兽之走圹"一样。

这种由"归仁"而"归心"所激发出的强大力量,会使一个哪怕是在偏远边陲的小诸侯国都能迅速崛起。所以,孟子最后才说"诸侯有行文王之政者,七年之内,必为政于天下矣"。这里之所以讲"七年",是指哪怕是小诸侯国,也只要七年便能达到这样的效果,更何况大诸侯国呢?这与本篇第7章讲"大国五年,小国七年,必为政于天下矣"并不矛盾。

4.14 孟子曰:"求①也为季氏宰,无能改于其德,而赋粟倍他日。孔子曰:'求非我徒也。小子鸣鼓而攻之可也。'由此观之,君不行仁政而富之,皆弃于孔子者也。况于为之强战?争地以战,杀人盈野;争城以战,杀人盈城。此所谓率土地而食人肉,罪不容于死。故善战者服上刑,连②诸侯者次之,辟③草莱④、任⑤土地者次之。"

【字词注释】

① 求:孔子的学生冉有,当时任季氏的家臣。

② 连:这里是联合的意思。

③ 辟:这里是开垦、开拓的意思。

④ 莱:一种草名,即藜,这里引申为杂草。

⑤ 任:这里是承担职责、接受任务的意思。

㊀ 张钢,《论语的管理精义》,机械工业出版社,2015年版,PP317-319。

【今文意译】

孟子说:"冉有做季氏的家臣,不仅没有帮助季氏改进德行,反而让赋税加倍,帮他聚敛财富。所以,孔子说:'冉有这样做,不是我的学生应该做的。你们可以起来声讨他。'由此可见,国君不施仁政,管理者还帮他聚敛财富,这是为孔子所唾弃的。更何况那些为国君拼命征战的管理者呢?用打仗来争夺土地,必然是杀人遍野;用打仗来争夺城池,必然是杀人满城。这就相当于是在用土地城池来吃人,其罪过就是死了也赎不尽。所以,那些善于征战的管理者,要处以最重的刑罚;那些联合诸侯的管理者,要处以次之的刑罚;那些强迫民众开荒种地的管理者,要处以再次之的刑罚。"

【管理解析】

本章举例说明,管理者不能违背职业价值观和职业规范,一味地去迎合国君或委托人,甚至帮助他们盘剥民众、聚敛财富。

孟子在这里引用的冉有的事例,出自《论语》第十一篇第16章[一]。当年冉有在季氏家里做家臣,不仅不能规劝季氏修养德行,追求仁爱境界和共同利益,反而帮他加倍收税,聚敛财富,这曾引起孔子极大愤慨。孟子借此明确指出,"君不行仁政而富之,皆弃于孔子者也"。在这里,孟子用"孔子"代表的是儒家管理之道,意在说明,信奉儒家管理之道的管理者,都必须帮助国君或委托人施"仁政",不能这样做的管理者,严格来说,就不是儒家管理者;如果国君或委托人无法接受儒家管理之道和"仁政"管理模式,那么,真正的儒家管理者宁可离职,也不会委曲求全,更不会助纣为虐,帮助国君或委托人聚敛财富。

当年那些替国君或委托人聚敛财富的管理者,都为孔子所不耻,而到了孟子所处的战国时期,某些管理者又何止是替国君或委托人聚敛财富,简直到了残害生灵的地步。管理者通过武力征服、暴力战争,看似为国君或委托人挣得了土地、城池,却付出的是"杀人盈野""杀人盈城"的代价,这显然是"率土地而食人肉",同第一篇第4章和第三篇第14章所说的"率兽而食人"本质上一样。因此,在孟子看来,这种无视人的尊严、生命、财产权利的管理者,不仅不应该被视为功臣,反而应看作罪犯,他们的罪过即便处以极刑都赎不掉。当时那些所谓声名显赫、功勋卓著的管理者,都应该因他们对生命的蔑视而付出应有的代价,得到应有的惩罚,即"善战者服上刑,连诸侯者次之,辟草莱、任土地者次之"。

[一] 张钢,《论语的管理精义》,机械工业出版社,2015年版,PP303-304.

在孟子所痛斥的三种管理者中，前两种受到应有的惩罚比较容易理解，毕竟"善战者"直接杀人，当然不能容忍，而"连诸侯者"，无异于"间接杀人"，他们在诸侯国间进行连横合纵，最后仍不可避免地让诸侯国走向战争，实际上同直接杀人没有什么分别。但是，为什么"辟草莱、任土地者"，也要受到惩罚呢？其实，这里所讲的"辟草莱、任土地"，并不是为了增加民众和诸侯国的共同利益而开垦荒地，拓展生存空间，反倒是为了穷兵黩武，增加国君收入，扩大税源，强迫民众背井离乡，去开荒种地。这种做法严重违背了民众意愿，大大增加了民众负担；特别是那些在战争中丧城失地的诸侯国，为了保证国库收入，又强迫本已负担很重的民众，去开荒垦殖，这势必让有限的劳动力苦不堪言；即便那些在战争中胜利的一方，虽然攻城略地，但也杀人"盈野""盈城"，导致劳动力严重短缺，同样不得不加重现有劳动力的负担。因此，"辟草莱、任土地"不可能成为一项给民众带来福祉，给诸侯国创造共同利益的事业，反而变成强化对民众盘剥的手段，这当然是孟子要坚决反对的。那些违背民众意愿、强迫民众开荒种地的管理者，同样逃脱不了历史的审判和严厉的惩罚。

4.15　孟子曰："存①乎人者，莫良于眸②子。眸子不能掩其恶。胸中正，则眸子瞭③焉；胸中不正，则眸子眊④焉。听其言也，观其眸子，人焉廋⑤哉？"

【字词注释】

① 存：这里是看、观察的意思。
② 眸：指瞳仁、眼珠。
③ 瞭：这里是发亮、明亮的意思。
④ 眊：这里指眼睛浑浊。
⑤ 廋：这里是隐匿、藏匿的意思。

【今文意译】

孟子说："观察人，最好观察他的眼睛。眼睛无法掩饰内心里那些损害共同利益的想法。思维意识端正，眼睛就明亮；思维意识不端正，眼睛就浑浊。听人说话，同时观察他的眼睛，他又如何能隐藏呢？"

【管理解析】

本章在上章基础上，进一步说明，如何辨别一位管理者是在追求共同利益，还是在假公济私。

的确，在现实中，管理者都会说自己致力于追求共同利益，在为民众着想，即便像上章提到的那三种应该受到惩罚的管理者，即"善战者""连诸侯者""辟草莱、任土地者"，他们在那样做的时候，也必定会说那是为了诸侯国和民众的利益，而不可能有任何一位管理者会公开表明，他那样做是为了追求个人利益或小群体利益，更不会大张旗鼓地声明，他就是喜欢杀人或"率土地而食人肉"。既然如此，那么，又如何能判断出一位管理者所言和所思是否一致呢？这实际上涉及的是对管理者的"诚"或思言行一致性的检验问题，这也是儒家一直致力于探讨的问题。

在《论语》第二篇第 10 章里，孔子曾说过，"视其所以，观其所由，察其所安。人焉廋哉？人焉廋哉？"㊀孔子所说的"以""由""安"，更多地侧重于由外在的事项和行为表现，来推断当事人内在的想法，属于对行与思之间一致性的观察，而孟子在这里讲的是对言与思之间一致性的观察方法。虽然孔子在《论语》第五篇第 9 章中也曾讲过"听其言而观其行"㊁，即从言和行相结合的角度对思进行推断，但由于行对言往往具有滞后性，尤其是管理者，经常是先说而后做，如果只是从言和行相结合的角度去推断其内心的真实想法，恐怕为时已晚，因此，最好是在言的同时，就能判断出管理者的言是其真实想法的表达，即"言为心声"，还是一种高调说教，即"口是心非"或"言不由衷"。对于言与思之间一致性的现场观察，孟子给出的方法是"存乎人者，莫良于眸子"。

俗话说"眼睛是心灵的窗户"。透过眼睛，可以部分地窥见一个人的真实想法，用孟子的话说即"眸子不能掩其恶"。这里的"恶"，指的是"恶念"，也即损害共同利益和他人利益的想法。一旦有了这种"恶念"，虽然言语上还在"巧言令色"，表白自己要追求仁爱境界和共同利益，但眼睛不会骗人，会将其内心损害共同利益的想法暴露出来，从而映衬出语言的荒谬之处。问题是，怎样才能在眼睛中看出一个人的思维意识活动呢？

孟子给出的原则是，"胸中正，则眸子瞭焉；胸中不正，则眸子眊焉"。也就是说，用眼睛瞳仁的明亮和昏暗程度，来判断一个人的思维意识的端正程度。值得注意的是，这里的"胸中"，也即"心中"，指的就是思维意识，而"正"，按照儒家管理之道的要求，指的就是追求仁爱境界和共同利益、依据社会规范和管理规范做事的内在状态。所以，"胸中正"，指的是具有追求仁爱境界和共同利益的"正念"或端正的思维意思。基于此，便不难推断，当一个人在讲着仁爱境界和共同利益时，若有"正念"，则言语和思维是一致的，眼睛必定是正视和明亮的，根本不需要

㊀ 张钢，《论语的管理精义》，机械工业出版社，2015 年版，PP35-36.
㊁ 张钢，《论语的管理精义》，机械工业出版社，2015 年版，PP119-121.

刻意躲闪；相反，若没有"正念"，却又要口口声声仁爱境界和共同利益，则不可避免地要有所回避，有所掩饰，在这种情况下，眼睛又如何能透彻明亮？"听其言也，观其眸子"，人们的真实想法便无处隐藏了。

4.16　孟子曰："恭者不侮人，俭者不夺人。侮夺人之君，惟恐不顺焉，恶①得为恭俭？恭俭岂可以声音笑貌为②哉？"

【字词注释】

① 恶：这里是疑问词，哪里、怎么的意思。

② 为：这里是做的意思，可引申为做作、假装。

【今文意译】

孟子说："谦恭的人不会去侮辱别人，节俭的人不会去掠夺别人。既侮辱别人、又掠夺别人的国君，唯恐别人不听命于自己，又怎么会谦恭和节俭？谦恭和节俭岂是通过外表的声音和笑脸，就能装得出来的呢？"

【管理解析】

本章延续上章，继续探讨如何判断管理者的思和行的一致性。

孟子以"恭"和"俭"为例，说明由内在之思到外在之行是一个自然而然的过程，即"恭者不侮人，俭者不夺人"，但反过来，由外在之行，却不一定能准确地把握住人们内在的真实想法。

比如说，很多国君一方面常常以各种吸引人的个人外在行为表现，让人们觉得他们似乎具有内在的"恭""俭"之思，另一方面，又会对别人进行侮辱和掠夺。那么，像这样具有两类完全不同的行为表现的国君，到底哪一类行为表现才更能准确地反映其内在之思呢？

这就需要从更根本的角色规范和职责要求的角度去分析问题。国君是最高管理者和委托人，基于这种角色的管理行为表现，远比基于单纯个人角色的行为表现更重要，因此，"侮夺人之君，惟恐不顺焉"，也就是说，那种运用强权，侮辱和掠夺别人，迫使别人服从的行为，才更能从根本上反映出国君的真实想法，而"声音笑貌"这种个人外表的言谈举止，反倒有可能迷惑甚至误导人们对他的真实想法的判断，也即"恭俭岂可以声音笑貌为哉"。对此，人们的确需要时刻保持警觉。

4.17 淳于髡①曰："男女授受②不亲，礼与？"孟子曰："礼也。"曰："嫂溺，则援③之以手乎？"曰："嫂溺不援，是豺狼也。男女授受不亲，礼也。嫂溺援之以手者，权④也。"曰："今天下溺矣，夫子之不援，何也？"曰："天下溺，援之以道。嫂溺，援之以手。子欲手援天下乎？"

【字词注释】

① 淳于髡：姓淳于，名髡，齐国人，是当时的著名辩士。

② 授受："授"，交给的意思；"受"，接受的意思。"授受"，指传递、交接东西。

③ 援：这里是牵引、拉的意思。

④ 权：这里是权衡、变通的意思。

【今文意译】

淳于髡说："男女之间不能亲手传递东西，这是一种礼仪规范吗？"

孟子说："礼仪规范是这样要求的。"

淳于髡又说："如果嫂子落水，那么，用手去拉她吗？"

孟子说："嫂子落水不去拉，那简直是豺狼啊。男女之间不能亲手传递东西，这是礼仪规范的要求，而嫂子落水用手去拉她，这恰是礼仪规范的权变运用。"

淳于髡说："既然如此，如今天下人都落水了，您却不去解救，这是为什么呢？"

孟子说："天下人都落水，要用管理之道去解救。嫂子落水，可以用手去拉。您也想用手去解救天下人吗？"

【管理解析】

本章讲管理者如何才能在更高层次上保持行为一致性，真正恪守权变原则，做到具体问题具体分析。

齐国辩士淳于髡向孟子提出了一个遵循社会规范的行为悖论。根据当时的礼仪规范，男女之间不能亲手传递东西，即"男女授受不亲"，但是，当出现如嫂子落水这种特殊情况时，一个行为悖论就出现了：若用手去拉嫂子，则违背了礼仪规范；若不用手去拉，又是见死不救，更违背了仁爱要求。

面对这个表面上的行为悖论，孟子的回答简洁明快，即"嫂溺不援，是豺狼也"。意思是，若不伸手去拉嫂子，那简直就不是人了。"嫂溺援之以手"，恰是人之为人的"仁爱"本性的集中体现，就像第二篇第6章讲到"人乍见孺子将入于井"

时本能地要去解救一样。虽然"男女授受不亲"是一般情况下的行为规范，但规范的运用还应具体问题具体分析。一般情况下的"授受不亲"，并不能排除特殊情况下的"援之以手"。更何况，任何行为规范背后都蕴含着核心价值观，行为规范恰是价值观的具体表现形式，对儒家来说，"礼"不过是"仁"的表现形式而已，正如孔子在《论语》第二篇第3章中所说的"人而不仁，如礼何"㊀。

由此不难理解，在"嫂溺"这种特殊情况下，当具体行为规范和"仁"的要求出现不一致时，就必须以"仁"为更高指导原则，来灵活运用行为规范，也即孟子所说的"男女授受不亲，礼也。嫂溺援之以手者，权也"。具体行为规范的权变运用，也就是在核心价值观指导下，对行为规范的更具有灵活性的运用，体现的是一种更高层次上的行为一致性，也即行为与核心价值观的一致性。

其实，淳于髡是想用"男女授受不亲"与"嫂溺援之以手"的冲突，引申出一个更为根本的管理问题，即"今天下溺矣，夫子之不援，何也"。意思是，当今全天下的人都已经陷入水深火热之中，你为什么不去解救呢？难道是因为要拘泥于什么管理的具体行为规范吗？既然儒家倡导以"仁"为核心的价值观，那么，在这种"天下溺"的特殊情况下，是否也应该恪守权变原则，在以"仁"为核心的价值观指导下，去超越那些具体的管理行为规范的束缚呢？

这里需要说明的是，权变原则并不是说只要在特殊情况下，就可以不要规则规范；更不是说只要当事人认为正面临特殊情况，就可以弃规则规范于不顾。任何具体的规则规范的制定和运用，其背后都必然以更高层次的信念和价值观作为指导，这也可以理解为一种更高层次的规则规范，或称为原则性的规则规范，它们才是用来指导那些具体的操作性规则规范得以制定和运用的准则。在一般情况下，那些具体的操作性规则规范往往就能很好地发挥作用，但是，当环境发生变化时，特别是在某些极端情况下，那些具体的操作性规则规范就不一定能有效指导行为，这时若能深刻理解那些具体的操作性规则规范背后更高层次的原则性规则规范或信念和价值观，就能够更准确地理解和把握变化了的环境条件对于那些操作性规则规范运用的意义，进而对之加以更灵活地运用。因此，权变原则是在更高层次的信念和价值观指导下，面临环境条件的变化或特殊情况，对具体操作性规则规范的灵活运用，而不是不要任何规则规范，想怎么做就怎么做。

从管理的角度看，淳于髡最后提出的这个问题很有深意，但是，这个问题的深意倒不在于指向孟子本人是否在诸侯国做管理，而是关涉儒家管理之道的立足点，即如何才能达到"平治天下"或"至善"这个终极目标。孟子的回答非常睿智。要

㊀ 张钢，《论语的管理精义》，机械工业出版社，2015年版，PP54-55.

解救一个落水的人，完全可以凭借个人的一己之力，也许用手拉就行，但是，要解救天下人于水深火热之中，又如何能只靠个人的力量呢？"天下溺，援之以道"。要解救天下人，就必须选择一种管理之道，用以改变现行的管理体制和运行机制才行。做管理，必须观念先行，这与个人做事不完全一样。因此，管理者的行为既要同规则规范保持一致，更要同信念、价值观相一致。这才是更高层次的行为一致性，也是孟子所说的"养吾浩然之气"。

4.18 公孙丑曰："君子之不教子，何也？"孟子曰："势①不行也。教者必以正。以正不行，继之以怒。继之以怒，则反夷②矣。'夫子教我以正，夫子未出于正也。'则是父子相夷也。父子相夷，则恶矣。古者易子而教之，父子之间不责善。责善则离，离则不祥莫大焉。"

【字词注释】

① 势：本义指可以压制或控制别人的力量，这里引申为人与人之间关系的差异状态。

② 夷：这里是伤害的意思。

【今文意译】

公孙丑问："管理者不亲自教育自己的子女，这是为什么呢？"

孟子说："父子关系与教育本身的要求不一致。教育者必须从正直和公正的立足点出发。当正直和公正不起作用时，教育者往往会发怒，而一旦发怒，就会彼此伤害。子女也许会说：'您用正直和公正的道理教育我，而您自己还没有做到正直和公正呢？'这就是父子间彼此伤害。父子间彼此伤害，则会严重损害父子间天然具有的共同情感和共同利益基础。古人都是相互交换子女进行教育，父子间不宜相互劝勉责备，来追求共同利益，那样做，反倒会造成人为隔阂，而一旦父子间人为隔阂，危害就更大了。"

【管理解析】

本章以角色冲突为例，意在表明，管理者避免行为不一致的重要策略之一，也许是自觉回避这种不一致行为可能产生的场景。

依据儒家管理之道，管理过程同时也是一种教育过程，即管理者借助自己对价值观和行为规范的践行，昭示和引领组织成员不断内化各种规范要求，达到"有耻且格"的过程。在这个过程中，管理者同样肩负着培养一代代"组织人"的重任。但问题是，当管理者的下属和实施教育的对象是自己的子女时，情况就变得复杂起来。管理者与被管理者或教育者与被教育者之间的关系，同时还交织着父子关系。前者具有公共性，强调的是正直与公正，后者具有私人性，突出的是亲情，而父子亲情原本就与共同利益交织在一起。也就是说，父子亲情与父子共同利益是完全一致的，不可分割的。这样一来，在父亲既是管理者且又是教育者的前提下，父亲要想完全用正直和公正的管理或教育规范来要求子女，则会因为不可避免地要运用惩罚措施而伤害了父子亲情；反过来，若用父子亲情的原则来实施管理或教育，又会损害正直和公正。这正是孟子说"势不行也"的原因。既然如此，那么，应该如何处理这种双重角色、两种关系条件下所必然存在的冲突呢？

孟子给出的解决方案是"易子而教之"。也就相当于说，不要让子女在自己手下工作和学习，这样才能从根本上回避这种纠缠不清的双重角色和两种关系。孟子进一步解释说，"父子之间不责善。责善则离，离则不祥莫大焉"。这说的是，父子亲情本身已经内含着根本利益的一致性，而这种父子根本利益的一致性就是一种"善"，也可以说是"善"的根源所在，正像"仁"源于"亲亲"一样。但是，在这种天然的"善"或"仁"面前，若再去人为刻意地彼此劝勉责备，以追求共同利益，反而显得生分和隔膜了，甚至还有可能损害"善"赖以扎根其中的父子亲情。也就是说，这种由人为刻意"责善"所带来的隔膜，对于扎根在父子亲情中的"善"来说，反而是最大的破坏力量，这便是"离则不祥莫大焉"所要表达的意思。

另外，父子间所要达到的"善"，毕竟是"小善"，即家庭范围内的"善"，而管理所要追求的"善"，则是"大善"和"至善"，即组织范围内的"善"和天下范围的"善"。当父子之间"责善"时，又很容易混淆"善"的范围，模糊了共同利益的边界，这不仅可能损害父子间所要达到的"善"，还有可能危及更大范围内的"善"。因此，从避免伤害父子亲情，避免以公害私，以及避免损害更大范围内的共同利益，避免以私害公这两个角度来看，"古者易子而教之"是非常明智的。当然，孟子这里用"古者"正像当年孔子一样，都是一种以古喻今，甚至以古讽今的表达方式，言外之意是明智的管理者都应该这样做。

不难看出，虽然儒家管理之道以"仁"为核心价值观，而"仁"的直观且自明的体现便是父子亲情，但是，儒家仍然要在亲情与公理、私事与公事之间划出一条清晰的界限，以确保两者不相互干扰，更不相互侵害。

4.19 孟子曰:"事孰为大?事亲为大。守孰为大?守身为大。不失其身而能事其亲者,吾闻之矣。失其身而能事其亲者,吾未之闻也。孰不为事?事亲,事之本也。孰不为守?守身,守之本也。曾子养曾晳①,必有酒肉。将彻②,必请'所与'。问:'有馀?'必曰:'有。'曾晳死,曾元③养曾子,必有酒肉。将彻,不请'所与'。问:'有馀?'曰:'亡④矣。'将以复进也。此所谓养口体者也。若曾子,则可谓养志也。事亲若曾子者,可也。"

【字词注释】

① 曾晳:曾参的父亲,名点,也是孔子的学生。

② 彻:通"撤",撤去的意思。

③ 曾元:曾参的儿子。

④ 亡:通"无",没有的意思。

【今文意译】

孟子说:"服务谁最重要?服务父母最重要。恪守什么最重要?恪守行为准则最重要。不丧失行为准则而能服务好父母的人,我听说过。但丧失了行为准则,却能服务好父母的人,我从未听说过。谁又能不为别人服务呢?服务好父母,是做好一切服务的根本。谁又能不恪守各种规则规范呢?恪守住内在行为准则,是恪守一切规则规范的根本。当年曾子奉养父亲曾晳时,每顿饭都有酒有肉。吃完饭,将要撤席前,曾子一定会向父亲请示'剩下的酒肉送给谁?'父亲问:'还有剩余吗?'曾子一定会回答说:'有。'曾晳去世后,曾元奉养父亲曾子,也是每顿饭都有酒有肉,但吃完饭,将要撤席前,曾元却不向父亲请示'剩下的酒肉送给谁?'父亲问:'还有剩余吗?'曾元却回答说:'没有。'他是想下顿饭再给父亲吃。这就是人们常说的只奉养父母的身体和吃喝。像曾子那样,才可以说是奉养父母的志向和意愿。服务父母,要像曾子那样做才行啊。"

【管理解析】

本章以服务父母为例,来分析管理者在管理过程中所应该恪守的行为一致性。

管理就是服务,而且是一个双向服务过程,既要服务委托人或授权者,又要服务被管理者。尤其是孟子明确提出诸侯国权力合法性的终极来源是"民意",这就更加突出了管理者的服务意识和服务行为,特别是管理者对民众的服务,更要体现出一种由内而外的一致性。

孟子秉持儒家由内而外、从家庭到组织的管理逻辑，以"事亲"和"守身"之间的内在一致性为例，来说明管理服务所应具有的内在一致性。根据儒家管理之道，以"仁"为核心的价值观和行为规范的直接体现，便是"亲亲"或孝悌，而"亲亲"不仅在于外部的行为表现，更要有内在的良知信念所激发出的认同以及对行为准则的自我坚守。严格来说，对父母的"孝"，既不在父母那里，也不只是在顺从父母的行为中，而是首先要有一个"孝"的良知信念，以及由此生发出来的一系列如何"孝"的行为准则。这种基于良知信念的内在行为准则，就是在行"孝"中必须恪守的行为一致性的内在根据。因此，服务父母的行为表现，同恪守内在的行为准则是一体两面的关系，而且，外在行为表现要以内在行为准则为根据。若没有内在行为准则，也就很难由内而外地产生自发的、真诚的行为表现。

在孟子这段话里，"事"，就是"侍奉、服务"的意思，而"守"，则是"恪守、坚守"的意思；相应地，"事亲"，就是侍奉、服务父母，而"守身"则指对内在行为准则的坚守。人作为"社会人"，总是要同别人互动，在互动中总是要为他人提供服务，并接受他人的服务，尤其是对于管理者来说，服务更是管理工作的鲜明特点。在人与人的相互帮助、互相服务过程中，服务意识非常重要，而服务意识又源自内在行为准则；若没有从内在行为准则出发的服务意识，一个人要一以贯之地做好服务是不可能的，即便想服务好自己的父母都不容易，更不要说向他人和组织提供服务了。一个连自己的父母都服务不好的人，能给别人提供好的服务是难以想象的。同样，在组织和社会中，谁能不遵守各种各样的规则规范？但是，只有恪守住派生于良知信念的内在行为准则才是根本。一个连内在行为准则都恪守不住的人，又怎能真正遵守各种各样的规则规范呢？这充分表明，人之为人，必须由内而外，只有恪守住良知信念以及由此派生出的内在行为准则，才能服务好父母，进而服务好他人，并和大家一起追求共同利益。这也正是儒家一贯坚持的"亲亲"是做好一切事情的根本，确立良知信念才是做管理的根本入手处的管理思路。

为了更深入地阐明这一点，孟子还举了曾子和曾元在行"孝"上的差别的例子。曾子服务父亲，正像《论语》第二篇第5章到第8章所讲的那样㊀，是将"孝心""孝敬""孝礼""孝行"融为一体，由内而外地行"孝"，而曾元服务父亲，同样有"孝行"，也可能有"孝心"，但未必真正恪守了"孝礼"，也未必真正做到了由内而外的"孝敬"。也就是说，曾元可能还没有将自己的"孝心""孝行"同更深层次的"仁"这种良知信念融合起来，建立起一以贯之的内在行为准则，并将这种内在

㊀ 张钢，《论语的管理精义》，机械工业出版社，2015年版，PP30-34.

行为准则与外在社会规范结合在一起，由内而外地体现在"孝行"上。表面上看，曾元与曾子对待父亲的"孝行"是一样的，但实际上，他们内在的行"孝"意识或对父亲的服务意识，却有很大差别。曾元不过只是"养口体"而已，曾子才是真正"养志"，也即能让父亲在接受服务中实现自我的志向和意愿，这也是一种更高层次上的服务或行"孝"。所以，孟子才说"事亲若曾子者，可也。"

如果将这种"养志"意义上的"事亲"，外推到"事上""事民"的管理服务中；那么，管理者也必须像曾子首先理解了父亲的"志"一样，去努力理解委托人或授权者的"志"和民众的"志"；然后，还要让自己的"志"和他们的"志"相融合，进而达到"志同道合"；这样才能从根本上保证管理者由内而外地服务于这种共同的"志"和"道"的实现。只有这样做，才能真正达到管理服务中的"养志"要求，而不只是满足于完成管理业绩的考核要求，仅保证委托人和民众的"口体"之需。在管理服务过程中，像"养口体"一样创造绩效固然重要，但仅有此还远远不够，这不过只是满足了做管理的基本条件要求而已，管理者还必须在满足基本条件要求的基础上，像曾子"养志"一样，用心实现由内在良知信念的发扬光大而达致的"有耻且格"以及"组织人"的培养，从而让组织得以和谐可持续成长。这才是管理服务的真谛所在。

4.20　孟子曰："人不足①与适②也，政不足间③也。惟大人为能格④君心之非。君仁，莫不仁。君义，莫不义。君正，莫不正。一⑤正君而国定矣。"

【字词注释】

① 足：这里是副词，足够、能够、值得的意思。

② 适：通"谪"，谴责、惩罚的意思。

③ 间：这里是离间、挑拨、非议的意思。

④ 格：这里是纠正的意思。

⑤ 一：这里是副词，一旦的意思。

【今文意译】

孟子说："人们不能总是相互谴责，管理更不能离间非议。只有真正的管理者，才能当面纠正国君思维意识上不正确的地方。国君追求仁爱境界，没有谁会不追求仁爱境界。国君做应该做的事，没有谁会不做应该做的事。国君公正，没有谁会不公正。一旦能够让国君保持公正，诸侯国就会安定和谐。"

【管理解析】

本章承接上章，将子女对父母的服务或"事亲"，外推到"事君"上，进而提出儒家关于管理者服务上级或授权者的基本原则。

既然选择了做管理，就必须立足对"人性"的认识，明确对上下左右所应持有的态度，并以此为基础，在规则规范下采取合理、合法且可行的管理行为。儒家做管理立足的是"人性"的德性前提，追求最为广大的共同利益或"至善"。既然如此，那么，信奉儒家管理之道的管理者，在做管理时，就不能随意拿"人性"说事，动辄"人性"怎样怎样。这样做，实际上就是在质疑管理的"人性"前提。不是说管理的"人性"前提不能质疑和讨论，而是说一旦选择了做管理，并成为信奉儒家管理之道的管理者，若质疑"人性"的德性前提，甚至动辄以谴责"人性"的德性前提来为自己的管理失误找理由，那只能说明，管理者共同体并没有真正认同并接受这种"人性"的德性前提。在这种情况下，又如何能说管理者信奉儒家管理之道？缺乏共享信念和价值观认同的管理者共同体，要在根本利益诉求上达成一致，做好管理，创造出更广大的共同利益，是不容易的。

更严重的后果也许是，缺乏对"人性"前提、信念和价值观认同共享的管理者们，在管理体制、机制和政策的选择上，也往往难以达成一致，即便表面上达成一致，背后也可能因利益分歧而出现离间非议的情况。这种背后的离间非议不仅起不到正向改进作用，反而会影响管理氛围乃至组织氛围，造成上下级之间以及不同管理群体之间的不信任，最终危害整个组织的凝聚力和竞争力。所以，孟子才明确指出，"人不足与适也，政不足间也"。

既然如此，那么，是否意味着作为代理人的管理者只能一味地顺从国君或授权者，对管理体制机制乃至政策措施，只有执行而没有质疑呢？显然不是。当孟子说"惟大人为能格君心之非"的时候，其中的"大人"，指的便是"真正的管理者"，也即恪守儒家管理之道，堂堂正正做管理的人。这样的管理者是以恪守管理之道、遵循职业规范为准绳来做管理，而不只是完全听命于国君或授权者，而且，当国君或授权者在思维意识上出偏差时，还要努力予以纠正。在这里，孟子之所以特别强调"君心之非"，而不仅是"君行之非"，原因或许在于，国君作为诸侯国的最高管理者，实际上是通过管理观念来实施管理的；他所持有的"人性"前提、信念和价值观，直接决定着组织的管理体制、机制和政策的定位以及组织发展方向的选择。如果说做管理需要观念先行的话，那么，首先需要最高管理者的观念正确合理，否则，组织的整个管理体系都会走偏。更重要的是，最高管理者的观念偏颇，必然会导致组织在选人、用人、培养人上出现偏颇，以至于让组织走上完全不同的发展道路。这也正是孟子说"君仁，莫不仁。君义，莫不义。君正，莫不正"的意义所在。

对于儒家管理者来说，既然要"以道事君"，就不可能不用儒家管理之道和管理模式去"格君心之非"，让国君致力于追求仁爱境界，做国君应该做的事，在规则规范制定以及选人、用人、培养人等关键管理环节中保持公正。只有国君能真正恪守"仁""义""正"，诸侯国的"社会人""组织人"的培养和各项事业的发展才能符合管理之道、管理模式的要求，走向可持续发展的轨道。这样一来，儒家管理者在"事君"中才算尽到了自己的管理职责。

如果管理者在"事亲"上要"养志"，那么，在"事君"上，更要勇于"格君心之非"，从而达到"正君"的效果。因为在当时的历史条件下，确实是"一正君而国定矣。"管理者要做好管理，必须先"正君"。这也是为什么孟子到魏国、齐国、滕国等诸侯国后，都要首先改变国君的观念，"正君"并"格君心之非"的深刻原因。

4.21 孟子曰："有不虞①之誉，有求全之毁。"

【字词注释】

① 虞：这里是意料、预料的意思。

【今文意译】

孟子说："有没料到的称赞，也有追求完美招致的诋毁。"

【管理解析】

本章讲管理者很可能会面临外部的不实评价，因而更需要有内在的一定之规。

在日常生活中，由于信息不准确、不完全、不及时、不对称，在人与人的互动中，经常会出现所谓"不虞之誉，求全之毁"；那些本不该得到赞誉的人和事，却一夜走红，爆得大名，而另一番景象却是，当事人明明是处处小心、事事谨慎，意在完美，却偏偏诽谤诋毁如影随形。面对这种意料不到的毁誉，应对之道只能是超脱、看淡，别人有说话和评论的权利，自己说出去的话，做完的事，表现出来的行为，便由不得自己。这应该已成为常识，才会有所谓"世事无常"之说。

对于管理者而言，这种"不虞之誉，求全之毁"更容易出现，原因就是管理工作具有整体性、长远性，其结果并不一定那么清晰可见、明确唯一。对于一项具有整体性和长远性的管理工作的评价,"仁者见仁、智者见智"再正常不过。更何况,管理工作往往还会牵涉到多方面利益,也有可能带来利益调整的不确定性。这都会导致各种非预期的毁誉评价。因此,管理者更需要对管理评价有正确认识,建立起内在一定之规,不为外界一时的毁誉所动。

在《论语》第十二篇第 20 章中[一],孔子曾明确指出,管理者应致力于"求达",而非孜孜以"求闻"。"求达"在己,而"求闻"在人。当然,"求达"并不意味着无视外部声誉,而是要让"闻"与"达"相符。管理者切忌过于在意外部的诽谤;若要避免诽谤,刻意追求完美,反而可能带来更加苛求的诋毁。既然外部毁誉非己所能改变,那么,管理者唯一能做的就是坚定信念,勇往直前,做应该做的事。

4.22 孟子曰:"人之易[①]其言也,无责耳矣。"

【字词注释】

① 易:这里是轻易的意思。

【今文意译】

孟子说:"没有问责,人们就会信口开河。"

【管理解析】

本章阐明管理者说话不负责任的原因,从而突出了问责体系建设的重要性。

儒家历来强调管理者要谨言慎行。管理者的"言"之所以如此受重视,关键在于语言是一种重要的管理工具,管理者的日常决策和沟通无不借助语言完成,若管理者滥用语言,尤其是说了不算,轻易改口,既无法让管理的方针、政策、指令等为人们所理解和执行,更会让人们失去对管理者的信任,涣散组织的凝聚力和竞争力,危害巨大。

问题是,管理者为什么会"易其言",说话不负责任呢?可能最为根本的原因在于组织没有建立起有效的问责体系。如果说当年孔子要求管理者"谨言",不要信口开河、大言不惭,还主要是从个人自我修养和自我管理的角度来讲的,那么,孟子在这里则主要是从问责体系设计的角度,进一步发展了孔子的思想。

[一] 张钢,《论语的管理精义》,机械工业出版社,2015 年版,PP341-342.

问责与一般意义上的责任有所不同。责任是针对特定行为的结果而言，突出的是一种结果导向的追责机制，而问责却是针对特定的行为过程而言，侧重的是一种过程导向的追责机制。也就是说，在问责中，管理者需要向委托人或授权者以及更广泛的利益相关者，说明自己是怎样运用管理权力完成任务的，这中间不仅要说明结果是怎样的，是否达到预期目标，还要说明为什么会有这样的结果，是怎样完成这样的结果的。只有建立起结果导向和过程导向的双重追责机制，才能让管理者慎用权力，并有可能从根本上做到谨言慎行。也正是在这种问责体系下，管理者的语言运用才会变得有章可循，其中既有源于信念和价值观的管理逻辑，又有涉及权力运用各个环节的相应事实依据。当管理者必须在逻辑和事实基础上运用语言时，信口开河和大言不惭才有可能被遏制住。

4.23 孟子曰："人之患①，在好为人师。"

【字词注释】

① 患：这里是弊端、毛病的意思。

【今文意译】

孟子说："人们都有一种不良倾向，那就是喜欢教导别人。"

【管理解析】

本章指出，虽然儒家将管理过程同时视为一种教育过程，但并不是说要让管理者去教导被管理者，而恰是要管理者以身作则、率先垂范。

人们似乎都有一种倾向，喜欢教导别人。至于要求别人做到的，自己是否已做到了，则另当别论，不去考虑了。管理者尤其会犯这种错误，也更容易自以为是；而且，还往往将权力与见识、权力与知识、权力与能力等同起来，以为有了权力就有了教导别人的资本；即使面对专业性非常强的工作，管理者也常常忘记自己在专业知识上的局限性，习惯于指手画脚，要求被管理者应该这样，不应该那样，而自己却是一样也没有做到。正因为这种情况在管理者中普遍存在，也就让管理者得了个"好为人师"的雅号。

为了避免"好为人师"，管理者是否就必须放弃管理的教育职能呢？显然不是。虽然按照儒家管理之道的要求，管理者必须承担教育职能，但这并不必然意味着管理者要"好为人师"。管理者完全可以将"组织人"的培养，同专业人员的培养区别开来。管理者必须承担的教育职能，应该聚焦在"组织人"的培养上。为此，管理者自己首先要成为名副其实的"组织人"，然后，管理者所要做的教育工作，既不是去教导，更不是去说教，而是要以身作则、率先垂范，将"组织人"的信念、价值观和行为规范，落实到日常管理工作的点点滴滴之中，用自己做管理的切实行动，将"组织人"的样子昭示出来。至于组织中各个领域的专业人员在专业知识和技能上的培养及教育，则应该交给专业人士和专业机构完成，管理者在这方面所扮演的角色，只能是支持者、辅助者、服务者，而绝不是命令者、主导者和教育者。

4.24 乐正子从于子敖之齐。乐正子见孟子。孟子曰："子亦来见我乎？"曰："先生何为出此言也？"曰："子来几日矣？"曰："昔者③。"曰："'昔者'，则我出此言也，不亦宜乎？"曰："舍馆未定。"曰："子闻之也，'舍馆定，然后求见长者'乎？"曰："克有罪。"

【字词注释】

① 子敖：即王驩，子敖为字，曾任齐国盖邑大夫，后任右师。
② 昔者：这里指"前日"。

【今文意译】

乐正子跟着王驩到了齐国，去看望孟子。孟子说："你是来见我的吗？"

乐正子说："老师为什么要这么说呢？"

孟子说："你来齐国几天了？"

乐正子说："前天到的。"

孟子说："既然前天就到了，那么，我这么说还不应该吗？"

乐正子说："是因为住的地方还没有找好。"

孟子说："你听说过'一定要等住的地方找好了，才去看望长辈'的吗？"

乐正子说："是我错了。"

【管理解析】

本章以师生关系为例，进一步说明管理者确立内在行为准则和价值优先序的重要意义。

乐正子是孟子早期弟子。当孟子在齐国时，乐正子已经学成出师，先是在鲁国任职，后又随时任齐国高级管理者的王驩来到齐国，待安顿好之后，才去见孟子，由此便引发了这场对话。

按照当时的师生之礼，乐正子作为孟子的学生，应视孟子如父亲，视孟子的住处如同自己的家。尤其是考虑到乐正子是鲁国人，自己的亲生父母都在鲁国，而自己只身到了齐国，那么，最亲近的长辈便是老师孟子，因此，从师生情感和社会规范的角度来看，乐正子到齐国后，应该第一时间去看望孟子。孟子当时在齐国先为"客卿"，后又做高级管理者，住宿条件一定不会差，乐正子完全可以选择住在孟子那里。更何况，孟子身边还有很多"师弟"，也可以多有交流和照应。

但是，乐正子由于各种原因，到齐国后，并没有第一时间去看望孟子，而是第三天才去，还借口"舍馆未定"，这当然引发了孟子的不快和批评。第一时间没有去见长辈，看似小事，但背后却反映了价值观的优先序。这件事表明，在乐正子的时间表上，见师长不仅没有排在第一位，而且还排在比较后面，一直到第三天才安排出时间来。即便考虑到当时的交通条件和其他辅助条件下办事效率不高，假设一天只能处理一件事，那么，乐正子直到第三天才去见孟子，至少说明师长的重要性被排在了第三位，而这对于一名曾跟随孟子学习儒家管理之道的学生来说，显然是不应该的。按照儒家管理之道的要求，如果乐正子的父母在齐国，那么，他到齐国后的第一要事，便是去见父母；现在他的父母不在齐国，而老师孟子在齐国，那么，去见孟子就应成为到齐国后最重要的事，应该在第一天便去看孟子才对。

即便没能在第一时间去看望师长，乐正子也应该坦诚地说出真实理由，而不应该用"舍馆未定"来搪塞。假设乐正子的父母在齐国，去看望父母不就是回家吗？难道在回家看望父母前还要先找好另外的住处吗？既然乐正子的父母不在齐国，那么，孟子作为师长，就像父母一样；更何况，孟子完全可以解决乐正子的住宿问题，难道乐正子真的需要找好"舍馆"再来见孟子吗？乐正子不过是在用"舍馆未定"来为自己找理由罢了。这恰说明他已经淡忘了儒家以"仁"为核心的价值观，需要重新反思并确立起自己的内在行为准则和价值优先序才行。乐正子也意识到了自己的问题，这才内疚地说"克有罪"。

4.25 孟子谓乐正子曰："子之从于子敖来，徒餔啜①也。我不意子学古之道，而以餔啜也！"

【字词注释】

① 餔啜："餔"，是吃的意思；"啜"，是喝的意思。"餔啜"，在这里是找份差事、混口饭吃的意思。

【今文意译】

孟子对乐正子说："你跟着王驩到齐国来，只是想找份差事、混口饭吃啊。我不希望你学了儒家管理之道，就只是用来找份差事、混口饭吃！"

【管理解析】

本章紧接上章，再次阐明，管理者要恪守信念和价值观，遵循职业规范做管理，而不能只是为个人谋出路。

将本章与上章联系起来，便不难推断，乐正子跟随王驩到齐国来，可能是因为王驩为乐正子在齐国找到一份管理工作，而乐正子可能也很在意这份工作，因此，到齐国后的主要精力和时间安排，都放在这份工作或王驩交代的事情上，便把去看望孟子推后了。这似乎是人之常情，找份好的管理工作不容易，当然要把这份工作和介绍这份工作的人放在优先序的前列，但是，这恰违背了儒家管理之道关于"君子谋道不谋食"⊖的基本要求。

更何况，孟子当时也在齐国任职，即便乐正子要到齐国找工作，或者王驩给他介绍了一份齐国的管理工作，他也应该在到达齐国后，第一时间来征求一下孟子的意见才对，而不应该在已接受了这份工作，甚至都找好了住处，安顿下来之后，才来看望孟子。这一系列行为所传递出来的信号，似乎乐正子并不是一位学习过儒家管理之道的人。孟子这才会毫不客气地对他说，"子之从于子敖来，徒餔啜也。我不意子学古之道，而以餔啜也"。孟子这句话说得再明白不过了，乐正子跟着王驩来齐国，就是为了找份工作、混口饭吃。这恰是让孟子感到失望的地方。作为一名学习过儒家管理之道的人，如果在这样一些根本问题上都模糊了认识，不能恪守内在信念和价值观，那么，在一旦拥有管理权力之后，面对组织内外部各种诱惑，又如何能坚守底线、遵从规则规范，做好管理呢？

⊖ 张钢，《论语的管理精义》，机械工业出版社，2015年版，PP460-461.

4.26 孟子曰:"不孝有三,无后为大。舜不告而娶,为无后也,君子以为犹告也。"

【今文意译】

孟子说:"不孝的情况有三类,其中,没有子嗣最为严重。舜当年没有禀告父母就娶妻,就是怕没有子嗣啊。从管理者的角度看,这同禀告是一样的。"

【管理解析】

本章以"舜不告而娶"为例,再次说明,对各种行为规范的遵从,要有更高层次的信念和价值观做指导,才能进行合理权衡;否则,只是僵化地遵从规范,反而事与愿违,看似在遵从规范,实则是在更为根本的意义上违背规范。

相传尧帝将女儿嫁给舜时,舜并没有禀告父母,这在当时和后世的人们看来,算是严重违背社会规范的行为。但是,根据传说,舜的父亲非常不喜欢舜,甚至到了意欲致舜于死地而后快的地步。基于这样的父子关系状况,若舜将娶妻的事禀告父亲,恐怕结果是无法娶妻,而如果不能娶妻,则注定不能有子嗣,这又违背了一个有关"孝"的更重要的规范,即不能没有子嗣。

根据东汉赵岐的注释,当时认为"不孝"的行为有三类,即"阿意曲从,陷亲不义,一也;家贫亲老,不为禄仕,二也。不娶无子,绝先祖祀,三也。三者之中,无后为大"。在这三种"不孝"行为中,"无后"是最严重的,而且,其中也没有明确地将"不告而娶"列为"不孝"行为。虽然当时的社会规范有"父母之命,媒妁之言"的规定,这在第三篇第8章中也曾提到过,但是,若拿"不告而娶"同"无后"相权衡,显然,"无后"是更严重的"不孝"行为。因此,在孟子看来,"舜不告而娶"是在遵循更高的价值观原则基础上,对"父母之命,媒妁之言"的娶妻规范的灵活运用。这同本篇第17章孟子与淳于髡对话时谈到的"嫂溺援之以手"的情况,本质上是一样的。

虽然"舜不告而娶"看上去仅涉及婚姻规范运用上的权变选择,但仍不失管理启发意义。在现实的管理决策中,如何进行灵活而又有原则的权变选择,关键不在于是否遵循某个具体的规则规范本身,而在于能否恪守更高层次的信念和价值观指导原则。因此,也许正是考虑到当年舜所扮演的管理者角色,以及该案例本身所具有的管理启发意义,孟子最后才说"君子以为犹告也"。

4.27 孟子曰:"仁之实,事亲是也;义之实,从兄是也。智之实,知斯二者弗去是也;礼之实,节①文②斯二者是也;乐③之实,乐④斯二者,乐⑤则生矣;生则恶⑥可已也,恶可已,则不知足之蹈之、手之舞之。"

【字词注释】

① 节:这里是动词,节制的意思。
② 文:这里是动词,修饰的意思。
③ 乐:这里是音乐的意思。
④⑤ 乐:这里都是喜欢、喜爱的意思。
⑥ 恶:这里是疑问词,哪里、怎么的意思。

【今文意译】

孟子说:"仁的直观表现,就是服务父母;义的直观表现,就是听从兄长。智的直观表现,就是理解了这两者而恪守不放弃;礼的直观表现,就是用礼仪规范来对这两者进行调整和修饰;乐的直观表现,就是喜爱这两者,并由此产生快乐;快乐一旦产生,又怎么可能停止,不能停止,便不自觉地手舞足蹈起来。"

【管理解析】

本章详细阐述了儒家核心价值观的具体表现形式,并建立起它们之间的内在逻辑关系。

在《论语》中,"仁义礼智"主要是被作为一种社会规范和管理规范来阐述的,而且,"仁"所处的核心地位及其对"义礼智"的主导作用,也得到了充分论述。虽然《大学》《中庸》已开始侧重于从"人性"的德性前提来阐明"仁义礼智"及相互关系,但是,还没有明确地将"仁义礼智"视为一种内在的信念和价值观。正是孟子将"仁义礼智"内在化为德性内涵的组成部分,即"四端",进而又将"善"与"人性"的德性倾向性联系起来,直接提出了"人性本善"的观点,从而让儒家的"仁义礼智"不仅是一种社会规范,更进一步内化为与"人性"的德性前提和"善"的目标不可分割的信念和价值观。只有将"仁义礼智"内在化之后,儒家的管理之道和管理模式才能真正达到由内而外、从自我管理到组织管理的全面贯通,最终实现孔子在《论语》第四篇第15章中所说的"吾道一以贯之"⊖的理想。

⊖ 张钢,《论语的管理精义》,机械工业出版社,2015年版,PP96-97.

在本章中，孟子进一步由内而外地阐明了"仁义礼智"的直观表现形式以及它们之间的内在关系。孟子从孝悌乃"做人"之本出发，对"仁义礼智"的直观表现形式进行了论述。当孟子说"仁之实，事亲是也；义之实，从兄是也"时，实际上讲的就是"仁义"的直观且自明的行为表现是孝悌。其中，"实"指的是看得见、摸得着，直接而又明确的行为表现，而"事亲"的基本要求便是"孝"，"从兄"的核心内涵则是"悌"。如此一来，"仁义"的直观且自明的行为表现自然就是孝悌。

明确了"仁义"这两种不可分割的、在先的价值观及其直观行为表现，接下来，便能更好地理解"智"和"礼"的定位及其与"仁义"的关系。在孟子看来，"智之实，知斯二者弗去是也；礼之实，节文斯二者是也"。意思是，"智"的直观表现就是能真正理解"仁"和"义"这两种根本价值及其在具体行为上的要求，从而能坚守并践行它们。也就是说，所谓"智"，并不仅是抽象的思维能力，而且同时还包含着思维内容，也即思维赖以加工处理信息的基本准则，而在思维用以加工处理信息的众多准则中，最根本的，也是最高层次的价值准则就是"仁"和"义"，对此，孟子在前述篇章中也曾反复论证过。因此，一个具有"智"或"是非之心"的人，一定是首先恪守住"仁"和"义"这两种价值准则，并在具体行为上践行它们的人。

至于"礼"，在孟子看来，不过是用以进一步将"仁"和"义"这两种价值准则明确化的具体行为规范而已，也可以视为对这两种价值准则的更为具体的规范性条文表达。但是，若失去了"仁"和"义"这两种价值准则，"礼"也许就会变成徒有其表的形式，正如孔子在《论语》第三篇第3章中所讲的"人而不仁，如礼何？人而不仁，如乐何？"[一]，孟子从"礼"与"乐"的密切联系出发，专门论述了"乐"同"仁义"的关系，这也是对音乐的社会功能和管理作用的再次阐明。

在《论语》第三篇第25章中，孔子论述音乐时，曾提出"尽善尽美"[二]的评价尺度，而孟子在这里则进一步将音乐之"美"看作"善"的表现形式，并将"善"与"仁义"贯通起来，认为"乐之实，乐斯二者，乐则生矣"，也就是说，音乐所要表现的恰是对"仁"和"义"的喜爱，而真正喜爱和追求"仁义"，也一定会用音乐来表达"仁义"，由于"仁义"是"人性"的固有内涵，因此，充分表现"仁义"的音乐，也就更容易激发共鸣，产生更大范围的共同快乐。这种更大范围的共同快乐，本质上与更大范围的共同利益或"善"是一致的，由此自然就能达到"生则恶可已也，恶可已，则不知足之蹈之、手之舞之"的境界。这不正是"尽善尽美"的音乐所具有的伟大力量吗！

在儒家看来，音乐的力量恰来自于对"仁义"的表达，进而又能引导人们去喜爱

[一] 张钢，《论语的管理精义》，机械工业出版社，2015年版，PP54-55.
[二] 张钢，《论语的管理精义》，机械工业出版社，2015年版，PP79-80.

"仁义"，执着地追求"仁义"境界。这也是孔子常常用乐理喻管理的深刻之处。做管理，正是要通过对信念和价值观的恰当表达，让人们发自内心认同、喜爱、践行它们，进而一起追求和创造更广大的共同利益。在这里，孟子阐述了"仁义礼智"的直观表现及其相互关系之后，继续讲"乐之实"，实际上也是在用乐理喻管理，告诫管理者们，要努力将"仁义礼智"的信念和价值观落实到自己的日常管理行为上，并通过自己管理行为的昭示和引领作用，让被管理者和更广泛的组织利益相关者真正喜爱、认同和践行这种信念和价值观，从中获得物质和精神上的满足。能做到这一点，做管理反而容易了。这恰是儒家管理模式"道之以德，齐之以礼，有耻且格"的要义所在。

4.28　孟子曰："天下大悦而将归己。视天下悦而归己，犹草芥①也，惟舜为然。不得乎亲，不可以为人；不顺乎亲，不可以为子。舜尽事亲之道，而瞽瞍②厎③豫④。瞽瞍厎豫，而天下化。瞽瞍厎豫，而天下之为父子者定。此之谓大孝。"

【字词注释】

① 芥：是形声字，本义指芥菜，这里泛指小草。

② 瞽瞍：舜的父亲。

③ 厎：这里是致、使的意思。

④ 豫：这里是舒适、安乐的意思。

【今文意译】

孟子说："天下人都从内心认同自己，并愿意服从自己，这是多么不容易的事啊。但是，能将天下人都从内心认同并愿意服从自己，看得很轻，也只有舜能做到。不能让父母认可和满意，也就没有达到做人的要求；不能让父母实现他们的志向和意愿，也就没有达到做子女的要求。舜在服务父母上，完全符合孝道的要求，最终让父亲瞽瞍感到满意和顺心。瞽瞍感到满意和顺心了，天下的风气就会发生改变。瞽瞍感到满意和顺心了，天下的父子关系及相应的社会规范便得以建立起来。舜这样做，才称得上是大孝。"

【管理解析】

本章以舜为例，再次阐明了第一价值观对人们的态度和行为的决定作用，以及管理者践行第一价值观远比直接运用权力会产生更大、更持久的影响。

在上古的"禅让制"下，管理者是靠德才兼备获得认可而被授予权力的，像舜就是因为德才兼备而被帝尧和天下人所认可，最终成为最高管理者。在儒家看来，像舜这样德才兼备的管理者，一定有自己的第一价值观坚守，这让他们有了比管理权力、甚至个人生命更为重要的东西，而儒家认为，舜的第一价值观就是"仁"，其具体行为表现则是"孝"，如《中庸》里曾说"舜其大孝也与"㊀。因此，从舜的价值优先序来看，"孝"要比"得天下"更重要。这也是《论语》第八篇第 18 章孔子说"巍巍乎！舜、禹之有天下也，而不与焉"㊁的原因所在。当时，也许恰是因为舜能恪守第一价值观，表现出真诚的孝行，才更能赢得天下人的认可；相反，如果他为了得到天下而放弃孝行，或故意做出有孝行的样子，那反而会让天下人不再信任他。或许正是基于此，孟子认为，若让舜在孝行和天下人的认可及服从之间做出选择，舜一定会选择孝行，这是由他的第一价值观所决定的。

在上章中，孟子曾说"仁之实，事亲是也"，而在"事亲"中，若不能让父母认可和满意，又谈何"做人"？也即"不得乎亲，不可以为人"。孟子在这里所要表达的意思，实际上与《论语》第一篇第 2 章中讲"孝弟也者，其为人之本与"㊂是一样的。试想，若是一个连"做人"的要求都达不到，"不顺乎亲，不可以为子"的人，又如何能"顺乎民意"、做好管理呢？其实，正是因为舜有了第一价值观坚守，才能真正看清楚管理权力合法性的终极来源及其有效运用的合理性和可行性要求，也才会坦然淡定地看待"天下悦而归己"这样的权力转移所带来的使命和责任。孟子在这里用"视天下悦而归己，犹草芥也"所要表达的，一方面是舜对待管理权力的淡定态度，另一方面也是借古讽今，讽刺那些过于看重管理权力，想尽一切办法、不择手段地要获取管理权力的诸侯国国君及各级管理者，正因为他们缺失了像舜那样的第一价值观坚守，也就根本不可能达到舜面对管理权力的超然而又负责任的境界，他们也只能拜倒在管理权力面前，为获得管理权力不惜放弃一切，哪怕是"为人""为子"都可以不要。

舜坚守第一价值观，以身作则、率先垂范，"尽事亲之道"，其结果不仅正向影响了父亲，从根本上改变了原本紧张的父子关系，而且，也在天下产生了示范效应，让孝悌蔚然成风，更重要的是，一种以"仁"为核心的价值观和社会规范也得以建立起来，为"平治天下"奠定了坚实基础。从这个意义上说，舜的"孝"已远远超出了个人之"孝"的范围，具有了将"孝"变成一种社会的价值观和行为规范的更为广泛的意义。这也正是孟子最后说"此之谓大孝"的原因。由此可见，对于

㊀ 张钢，《大学·中庸的管理释义》，机械工业出版社，2017 年版，PP123-126.
㊁ 张钢，《论语的管理精义》，机械工业出版社，2015 年版，PP230-231.
㊂ 张钢，《论语的管理精义》，机械工业出版社，2015 年版，PP4-5.

任何组织而言，要建立一种价值观和行为规范，没有什么推广、宣贯、传播方式，能比得上管理者从自我做起所产生的昭示和引领作用，效果更加明显了。

4.29　孟子曰："舜生于诸冯①，迁于负夏②，卒于鸣条③，东夷之人也。文王生于岐周④，卒于毕郢⑤，西夷之人也。地之相去也千有馀里，世之相后也千有馀岁，得志行乎中国，若合符节⑥。先圣后圣，其揆⑦一也。"

【字词注释】

① 诸冯：古地名，一说在今山东省诸城市北部，也有说在今山东省菏泽市西北部。

② 负夏：古地名，在今山西省垣曲县新城北部。

③ 鸣条：古地名，在今山西省安邑县西部。

④ 岐周：地名，在陕西岐山县北部。

⑤ 毕郢：地名，在陕西咸汤县东部。

⑥ 符节：古代用来做凭证的东西，双方各执一半，以验真假。

⑦ 揆：这里是法度、道理的意思。

【今文意译】

孟子说："舜出生在诸冯，迁居到负夏，在鸣条去世，属于东部少数民族人。周文王出生在岐周，在毕郢去世，属于西部少数民族人。舜和周文王在空间上相距一千多里，在时间上相隔一千多年，但他们都能在中原华夏之地实现自己的信念和志向，就像符节一样吻合。先辈伟大管理者和后世伟大管理者，他们所恪守的管理之道是一样的。"

【管理解析】

本章承接上章，说明舜所恪守的管理之道，并未过时，仍在指引着后世的管理行为。

传说舜来自东方，而周文王来自西方，似乎都不属于中原主流文化范围内，而且，时间上也相距一千多年，但是，他们所恪守的管理之道却是一致的，不仅适用于东方、西方，同样也"行乎中国"。这表明，管理之道具有普遍性，不会因地理位置的变化和历史时代的更迭而发生改变。管理之道以"人性"为前提，而"人性"在人类文明发展的有限时间尺度内是不会发生根本变化的，况且，由于人的同源性，不管是东方人、西方人，还是中原人，在"人性"上都是相通的，正如孔子所言"性相近也，习相远也"㊀。

舜和周文王的志向及行为，之所以会惊人相似，"若合符节"，原因恰在于他们所恪守的管理之道是一致的，是建立在"人性"所固有的德性前提之上的。在"先圣后圣，其揆一也"这句话中，"揆"即"道"的意思。孟子用这句话，实际上表达了双重含义：一方面是指舜和周文王这两位相去一千余年的伟大管理者所恪守的管理之道是一致的；另一方面则旗帜鲜明地指出，管理之道具有跨越时空的普遍性，后世的管理者们必须继承和发扬先辈伟大管理者所致力于追求的管理之道。

最后值得注意的是，孟子讲舜和周文王"得志行乎中国"，意指他们都是由边缘慢慢变为主流的，当他们的信念和志向有了追随者，才逐渐在中原大地的更大范围内得以变成人们的共识。

4.30 子产①听②郑国之政，以其乘舆③济人于溱、洧④。孟子曰："惠而不知为政。岁十一月徒杠⑤成，十二月舆梁⑥成，民未病涉也。君子平⑦其政，行辟⑧人可也，焉得人人而济之？故为政者每人而悦之，日⑨亦不足矣。"

【字词注释】

① 子产：春秋时期郑国大夫公孙侨。
② 听：这里是治理、处理的意思。
③ 舆：这里指车。
④ 溱、洧：均指水名，发源于河南省境内。
⑤ 徒杠：指走人的小桥。
⑥ 舆梁：指走车的大桥。
⑦ 平：这里是动词，使公平、公正的意思。
⑧ 辟：同"避"，使躲避、避开的意思。
⑨ 日：这里是光阴、时间的意思。

【今文意译】

当年子产在郑国做管理的时候，曾用自己乘坐的车子，帮助人们渡过溱水和洧水。孟子说："子产这样做，说明他只知道帮助个别人而不知道如何做管理。假使那年十一月建起走人的小桥，十二月建起走车的大桥，人们就不用为过河而发愁了。管理者做好了管理，哪怕自己出行要让别人回避，也未尝不可，又怎么能去帮助每

㊀ 张钢，《论语的管理精义》，机械工业出版社，2015年版，PP491.

个人渡河呢？所以，做管理的人，要想去逐个满足人们的需要，让每个人都高兴，首先时间上就不允许。"

【管理解析】

本章对上几章的内容进行总结，运用历史上的典型案例，说明"仁政"绝不等于个体化的恩惠。

春秋时期，子产曾在郑国主政，取得了很好的管理成效，也有良好声誉。在《论语》中，孔子曾两次提到子产。一次是在第五篇第15章中，孔子评论子产"有君子之道四焉：其行己也恭，其事上也敬，其养民也惠，其使民也义"；另一次是在第十四篇第10章中，有人问子产是怎样的人，孔子说"惠人也"[一]。两次提到子产时，孔子都用了"惠"的评价。这说明子产在郑国做管理，经常施惠于人，甚至还曾用自己乘坐的车子，帮助民众渡河。

但是，如果从管理者的职责定位，尤其是从高级管理者所能调动的资源、制定规则所能影响的范围来看，子产用自己的车子帮助他人渡河的做法，也许并不值得称道。按理说，作为郑国宰相的子产，所应思考的首要问题是如何从根本上解决民众渡河难的问题，而不仅是帮助个别人渡河。为此，就应该做出计划，调用人力和物力资源来修桥，可以先修简易的行人桥，再修更方便的行车桥，这样才能从根本上解决民众的渡河问题。当然，在行人桥和行车桥建成之前，子产用自己的车子帮助人们过河也未尝不可，但作为管理者，绝不能因此就不做计划、不造桥。回望历史，子产很可能确实没有在溱水、洧水之上造过大小桥，所以，孟子才说"惠而不知为政。岁十一月徒杠成，十二月舆梁成，民未病涉也"。

从这个典型案例出发，孟子进一步引申出管理者的职责定位及其行为要求，那便是："君子平其政，行辟人可也，焉得人人而济之？故为政者每人而悦之，日亦不足矣"。"平"，在这里做动词，意指"使其政公平、公正"；而"辟"，则是让人们避开的意思。这里说的是，如果管理者做到了公平公正地履行管理职责，即便其个人风格不够贴近民众，一出行就让民众回避，也没有什么不可以。这表明，"平其政"才是管理职责定位的根本要求，本质上是"非人格化"的，是做管理的大节，而管理者个人风格如何，是否贴近民众，是"以其乘舆济人"，还是"行辟人"，却属于个体化的特征，是做管理的小节，只要不违反管理的规则规范就可以。按照当时的管理规范，管理者尤其是高级管理者出行，可以让行人回避。在孟子看来，管理者只有在公正地履行好管理职责的基础上，个人的管理小节，才能起到锦上添花

[一] 张钢，《论语的管理精义》，机械工业出版社，2015年版，PP126-127，PP390-391。

的作用；否则，没有大节，徒见小节，只能说管理者作为个人还是很有爱心的，但并不能因此说他是一位合格的管理者。

值得注意的是，孟子在这里既不是像孔子那样评价子产这个人怎么样，也不是要从个人风格的角度来论述管理，而是从管理职责定位的角度来阐明管理者的履责行为，因此，孟子自始至终说的都是"君子""为政""为政者"，而没有具体评述子产这个人怎么样。正是基于此，孟子才进一步明确了管理者所应具备的"非人格化"意识，强调管理者应该从普遍化和一般化的视角出发，针对"非人格化"的民众而非具体化的个人如张三、李四，努力建立起公平公正的规则规范及相应的资源使用计划，既要从根本上解决民众所面临的问题，又要和民众一起创造更为广大的共同利益。

管理者若没有这种"非人格化"意识，要想履行管理职责、做好管理是不可能的。这不仅是因为管理者仅从个人特征出发考虑问题，很容易走向极端化，而且还因为管理者即便有良好的愿望，想给别人以帮助，但由于时间和精力的限制，又能帮得了几个人呢？在时间和精力有限的情况下，管理者到底是应该首先致力于"非人格化"的规则规范和政策措施的公正制定及实施，还是首先运用资源去帮助某几个具体化的个人？答案是显见的。孟子在这里用子产帮人渡河的历史案例，可能恰在于深刻揭示，儒家的"仁政"并不是要帮助个别人渡过其人生之河，而是要帮助"组织人"乃至"天下人"解决具有普遍性的"渡河"问题。

4.31 孟子告齐宣王曰："君之视臣如手足，则臣视君如腹心。君之视臣如犬马，则臣视君如国人。君之视臣如土芥，则臣视君如寇雠①。"王曰："礼，为旧君有服②。何如斯可为服矣？"曰："谏行言听，膏泽下于民；有故而去，则君使人导之出疆，又先于其所往；去三年不反，然后收其田里。此之谓三有礼焉。如此，则为之服矣。今也为臣，谏则不行，言则不听，膏泽不下于民；有故而去，则君搏执③之，又极④之于其所往；去之日，遂收其田里。此之谓寇雠。寇雠何服之有？"

【字词注释】

① 雠：同"仇"，仇敌、敌人的意思。

② 服：这里是丧服的意思，可以引申为穿丧服、守孝。

③ 搏执："搏"，这里是抓、捉的意思；"执"，这里是捉拿、拘捕的意思。"搏执"，是抓起来的意思。

④ 极：这里是穷困，使……穷困的意思。

【今文意译】

孟子对齐宣王说:"若国君将大臣看作像自己的手足一样,大臣就会将国君看作像自己的腹心一样。若国君将大臣看作像犬马一样,大臣就会将国君看作像路人一样。若国君将大臣看作像泥土、小草一样,大臣就会将国君看作像强盗、仇敌一样。"

齐宣王说:"按照礼仪规范,大臣要为过去服务过的国君守孝。怎样做才能让大臣为过去服务过的国君守孝呢?"

孟子说:"大臣劝谏,国君就要改正,大臣建言,国君也要采纳,而且还要让管理成效惠及广大民众;若大臣有特殊原因不得不离职,国君则专门派人护送出境,还让人先行前往大臣要去的地方察看、布置和安排;大臣离职三年都没有回来,才收回原来给他的田地和房产。这就是常说的国君对大臣的三重礼遇。国君做到了这三重礼遇,离职的大臣当然会为过去的国君守孝。如今的情况却是,大臣劝谏,国君却不改正,大臣建言,国君也不采纳,管理成效也没有办法惠及广大民众;若大臣有特殊原因不得不离职,国君则要派人去把大臣抓起来质问,还要想办法让大臣在要去的地方穷困潦倒;而且,在大臣离职的当日,便收回原来给他的田地和房产。这就是常说的国君对大臣的强盗仇敌式做法。对于那些像强盗仇敌一样的国君,为什么要给他们守孝呢?"

【管理解析】

本章开始讲国君和大臣的关系。在《论语》中,孔子主要是从作为代理人的大臣角度,来讲管理者应如何处理同委托人或授权者之间的关系,而孟子则侧重于从双方互动视角来看待这种关系,并深刻地揭示出这种关系的本质在于平等和互敬,而且还基于平等和互敬,明确提出了对作为委托人或授权者的国君在处理这种互动关系时的具体要求。

当孟子对齐宣王说"君之视臣如手足,则臣视君如腹心。君之视臣如犬马,则臣视君如国人。君之视臣如土芥,则臣视君如寇雠"时,恰在于表明,国君和大臣之间是一种基于平等和互敬的对等互动关系。对此,齐宣王显然不满意,也不能接受,在他看来,国君应该居于绝对优势地位才对,而大臣则应无条件服从国君,甚至离职的大臣也要为旧君守孝,也就是说,即便某个大臣已离开齐国到其他诸侯国任职,听到齐国国君去世的消息,也要替齐国国君守孝。

但是,孟子认为,大臣为昔日雇主国君守孝是有条件的,那便是国君对待大臣要做到"三有礼"。第一,在日常管理工作中,国君对于大臣合理的劝谏和进言,要接受和采纳，并能通过君臣合作，让管理成效惠及广大民众，从而让大臣能实现自己的管理抱负，也能为诸侯国做出贡献，这可以叫作"一有礼"。第二，如果因为种种原因，某位大臣不得不离职，国君也要宽宏大量，好合好散，不仅要派人将大臣护送出境，以免路遇不测，还要先行到大臣将去的地方察看安排，以确保大臣在新的地方有好的环境，这可以叫作"二有礼"。第三，对于任职期间分配给大臣的田地和房产，在大臣离职后并不马上收回，而是等待三年，以确认他不会再回来之后，才收回，这可以叫作"三有礼"。如果国君能够对离职的大臣做到这三重礼遇，那么，离职的大臣当然也会为旧君守孝。这表明，即便要求离职的大臣为旧君守孝的礼仪规范，其约束也是双向的，不仅指向大臣，同时也指向国君，绝不只是单方面、无条件地对大臣的要求。

问题是，以齐宣王为代表的诸侯国国君，既不能善待大臣，恪守对大臣的"三有礼"，却又想着要大臣对自己无条件服从，即便离职后，也会为国君守孝，这又如何可能呢？在孟子所处的战国时期，作为代理人的大臣完全可以选择在不同诸侯国做管理，而某个诸侯国国君也根本无法垄断职业管理者市场，在这种双向可选择、可替代的情况下，一种平等、互敬、互助的君臣关系，才有可能建立起来。这也是孟子能够向齐宣王直言不讳地揭示出这种关系的本质特征的根本原因。但是，在秦汉大一统之后，由于君权的垄断，君臣关系的性质却发生了质的变化，君可以选择臣，而臣却失去了选择君的自由。如此一来，只有君对臣的种种要求，而臣则完全没有了对于君的对等谈判地位，只能是无条件地服从君，除非不想做管理。即便如此，那些真正信奉儒家管理之道的管理者，还是能够在心中孕育一种职业平等意识，超越现实中存在的权力等级，用平视和尊重的目光来审视组织管理中人与人之间的关系。

4.32 孟子曰："无罪而杀士，则大夫可以去；无罪而戮民，则士可以徙。"

【今文意译】

孟子说："一般管理者无罪而被杀，高级管理者就可以辞职离开；民众无罪而被杀，一般管理者就可以离职。"

【管理解析】

本章承接上章，从君臣之间平等互动关系的视角，说明管理者在什么情况下可以离职。

孟子说这两句话时，隐含了一个共同的主语，那便是国君。如果国君滥用权力，特别是滥用以武力为基础的生杀予夺的权力，那么，受雇于国君的各级管理者都可以选择离开。在当时的历史条件下，诸侯国国君的重要权力基础就是武力，这种以武力为基础的权力，也是国君区别于大臣的管理权力特征。这自然就要求国君必须慎用这种生杀予夺的权力，否则，这样的诸侯国岂不成了人间地狱。

问题是，如何判断一个国君是否滥用武力呢？孟子给出的判断依据是，对于高级管理者来说，若发现国君无缘无故诛杀普通管理者，就应辞职，一方面，普通管理者是高级管理者的下属，而下属无罪却被国君处以极刑，既然高级管理者没能尽到保护下属的职责，当然应该引咎辞职，同时也可以用辞职来表达对国君滥杀无辜的强烈不满；另一方面，这样滥用武力的国君，今天能"无罪而杀士"，说不定明天就会"无罪而杀大夫"，与其等着明天被杀，还不如今天就选择辞职。

同样道理，对于普通或低级管理者来说，他们的下属就是广大民众，一旦国君无故杀戮民众，普通管理者也一样应该因为没有尽到保护民众的职责而引咎辞职，这既是对国君的强烈抗议，也是普通管理者不得不避开这样残忍国君的一种自保选择。

孟子在这里虽然举的是国君杀人的极端例子，但意在表明，国君与大臣，乃至更为一般的上级与下级，在管理中都是一种平等的互动关系，而不是一方完全顺从另一方面的非对等关系；即便大臣或下级实在没有办法改变国君或上级，也还是拥有选择离开的权利；选择离开既是一种对国君或上级的抗议，也是对没能保护下属的自责。

4.33 孟子曰："君仁，莫不仁；君义，莫不义。"

【今文意译】

孟子说："国君追求仁爱境界，没有谁会不追求仁爱境界。国君做应该做的事，没有谁会不做应该做的事。"

【管理解析】

本章这句话曾出现在本篇第 20 章的后半部分，不过用在这里所要表达的意思略有不同。在第 20 章中，孟子讲的是管理者要努力去改变国君，即"格君心之非"，而为了论证管理者为什么要这样做，才说了这句话，用以阐明国君在树立正确观念，引领诸侯国风气中所起的重要作用。本章再次引用这句话，是为了进一步说明君臣之间的平等互动关系，也就是说，在第20章中，这句话是讲给管理者听的，而在本章中，这句话是讲给国君听的。

孟子意在告诫国君，国君的信念和价值观直接影响着大臣乃至民众的信念和价值观；国君想让大臣和民众做到的，自己必须首先要做到；国君若不能首先从自我做起，一切对他人的要求都将无从谈起。

4.34 孟子曰："非礼之礼，非义之义，大人弗为。"

【今文意译】

孟子说："看似符合规范，实则违反规范；看似符合正义，实则违反正义，这样的事，真正的管理者是不会去做的。"

【管理解析】

本章进一步说明，管理者应注意辨别各种似是而非的情况，避免打着"礼义"的旗号来损害"礼义"。这种似是而非的情况，在处理与国君这样的委托人的关系中也屡见不鲜。

比如，明知道国君或授权者要自己做的事、执行的政策，是不符合规范的，却又打着服从命令的"合理"名义，去不折不扣地执行。这样做，不仅违背了管理者所应恪守的管理之道和职业规范，更无异于助纣为虐，是一种典型的"非礼之礼，非义之义"的行为表现。另外，像当年阳货送孔子蒸小猪，看似"循礼"，却是为了另外的目的，而这个目的又并不合于"仁"的价值要求，这同样是"非礼之礼"。

在管理过程中，滥竽充数、鱼目混珠的情况非常普遍，特别是当涉及诸如"仁义礼"这种看不见的观念和规范的时候，更容易出现对之加以工具化、策略化运用的现象。这不仅会导致言行不一，而且还容易倒置手段和目的，让原本作为目的而存在的价值观和社会规范，变成了实现某种眼前利益的手段。一旦这种言行不一、目的和手段倒置的情况反复出现，价值观和社会规范便形同虚设，更严重的是会造成表里不一的环境氛围。真正的管理者对此不能不保持时刻警惕。

4.35 孟子曰："中①也养不中，才也养不才，故人乐有贤父兄也。如中也弃不中，才也弃不才，则贤不肖之相去，其间不能以寸。"

【字词注释】

①中：在甲骨文和金文中，"中"像一面旗子，有一旗杆竖立中间，上面有多条旗子的飘带，旗子中央有一点或一个圆圈，本义是一种特殊旗子，作为氏族的族徽或标志，可以引申为本性、天命的意思。在儒家看来，作为人的本性、天命的"中"，也就是"人性"的德性前提的基本内涵，因此，这里的"中"也可以理解为德性及其修养，即德行。

【今文意译】

孟子说："追求中庸之德的人，就应该努力去影响和熏陶那些还没有开始追求中庸之德的人，而在某方面有才能的人，也应该努力去帮助和培养那些在这方面才能还不够的人，所以，人们都希望能有德才兼备的父辈和兄长。如果追求中庸之德的人，反而嫌弃那些还没有开始追求中庸之德的人，在某方面有才能的人，却要抛弃那些缺乏这方面才能的人，那么，所谓德才兼备和欠德少才的差距，也不过是方寸之间了。"

【管理解析】

本章深刻指出，在真正的管理者眼里，并无欠德和少才之人，正因为"人性本善"，一切都可以努力改变，关键在于管理者本人是否真正在努力修养自己的德才，并确立起"人性"的德性前提。

"中庸"是德行的最高境界，需要管理者终生追求。也就是说，真正信奉和践行儒家管理之道的管理者，必须确立起执着追求和修养"中庸之德"的理想；而一旦确立了这种理想，在日常管理工作中，管理者还肩负着一个非常重要的管理职责，那便是教育。管理过程同时也是一种教育过程，是正向影响和辅助他人在德行和才能上持续成长的过程。因此，真正执着追求"中庸之德"并具有某方面专长的管理者，绝不会无视管理的教育功能，而一定会努力去正向影响他人一起追求"中庸之德"，并辅助他人提升才能。这也是孟子说"中也养不中，才也养不才"所要表达的含义。

值得注意的是，在这句话里，不能将"中"和"不中"以及"才"和"不才"

对立起来，绝对地理解为达到"中庸"境界和没有达到"中庸"境界、有某种才能和没有某种才能。因为"中庸"作为德行的最高境界，需要人们终生修养，很难说谁已经达到了"中庸之德"境界，因此，"中"在这里更宜理解为那些已经开始追求"中庸之德"境界，并有所感悟的管理者，而"不中"则是指那些刚起步甚至还没有开始追求"中庸之德"境界的人们。同样，"才"与"不才"也只是一个程度和类型的差异，管理者或某些组织成员已经具备了组织所需要的某方面才能，而另外的人可能刚开始学习某种才能或者拥有的才能还没有找到贡献于组织存在和发展的合理途径。

如果在组织里，能够做到"中也养不中，才也养不才"，那么，一种积极向上、相互正向影响的持续学习氛围自然就能建立起来。组织之所以能成为具有持续自我提升能力的学习型组织，关键在于各级管理者以及在某方面有特殊才能的组织成员所发挥出的榜样带头作用，由此激发出一种社会学习力量，而社会学习是组织中最具激励效应的学习方式。这也是"人乐有贤父兄也"的原因。如果家里有德才兼备的父辈和兄长，晚辈和弟妹不仅有了社会学习的榜样，更重要的是，在这样的父辈和兄长有意识地引导和培育下，一种良好的家风便形成了，从而让这样一个广义的学习型家庭得以代代相传。家庭如此，组织也是一样。

相反，若那些所谓在追求"中庸之德"的管理者，竟然看不起其他还没有开始追求"中庸之德"或刚起步的组织成员，说他们境界太低，不仅不去帮助他们，反而要抛弃他们，而那些所谓在某方面有专长的管理者，也不能容忍别人缺少或达不到同样的才能，不仅不去主动培养他们，反而要蔑视他们；果真如此，这样的管理者真的是在追求"中庸之德"，并达到了德才兼备要求吗？在孟子看来，这样的管理者根本就没有尽到做管理的教育职责，因而，同那些明显欠德少才的管理者其实没有本质区别。

孟子在这里再次突出强调了儒家的"迂回式"管理途径，其中，管理的教育功能主要体现在对组织成员的德与才两方面的培育之中。管理者既肩负着培养人们在服务于组织的共同利益创造的同时，实现自我价值和提升自我能力的重任，更肩负着昭示和引领人们追求"中庸之德"境界的重任；前者可以更好地帮助人们在组织中做事、完成任务，后者则能够更好地帮助人们在组织中"做人"、成长为一代代"组织人"，将做事转化为更为持续的事业，从而让个人和组织真正融为一体，实现和谐可持续发展。管理者所肩负的这两方面责任缺一不可。遗憾的是，在现实中，管理者眼中往往只看到绩效目标、资源分配和考核指标，只希望组织成员能高效率地运用资源、实现目标、完成任务，而完全忽略了"组织人"的培养及其潜能的激发。一旦组织成员没有达到其预期的满意结果，这样的管理者便会埋怨他们素质低、能力差，而丝毫没有反思自己是否承担起管理者应尽的双重责任，尤其是教育职责。

4.36 孟子曰："人有不为也，而后可以有为。"

【今文意译】

孟子说："人们只有先做到有所不为，才能做到有所为。"

【管理解析】

本章进一步阐述管理的优先序思维。具体地说，孟子这句话包含了三层意思。

首先，"不为"是"有为"的前提。或者说，对于"不为"与"有为"的权衡，必须先明确不做什么，才能更好地去做什么。这是管理者在做决策时不得不面对的优先序抉择。

其次，之所以说"不为"是"有为"的前提，根本原因在于，做任何事都离不开资源，既包括物质资源，更包括时间和精力资源，而资源总是稀缺的，尤其是时间和精力资源，稀缺程度更高。在资源稀缺的情况下，要做好任何事，都必须集中资源、全力以赴、全神贯注。为了让时间、精力和物质资源得以聚焦，就必须懂得取舍。只有懂得放弃那些分散精力、浪费时间、消耗物质资源的活动，做到了"不为"，才能更有效地集中各种资源，将必须做的事做好，从而真正做到"有为"。孟子这里说的"有为"，不仅是指做一件事，更是指"有作为"乃至"有大作为"，也就是将一件事乃至一项事业做得好、做得出色、做到极致。为此，不先释放出资源，再积聚起资源，是不可能的。从这个意义上说，"不为"就是保存资源、释放资源的过程，而"有为"则是将资源集中于做特定的事以达到极致的过程。

再次，怎样才能恪守"不为"和"有为"的优先序，真正做到立足于"不为"，实现"有为"呢？关键在于要有内在的一定之规，也就是良知信念和终极目标的定向作用。《大学》在讲"八条目"的时候⊖，已经从精力或注意力资源使用的角度，深入分析了良知信念和终极目标的定向作用。一个人若没有良知信念和终极目标，根本不可能在"不为"和"有为"之间做出清晰划界，也一定会跌进什么都想要、什么都想做，结果却是什么都要不到、什么也做不成的陷阱之中。因此，严格来说，正是良知信念和终极目标这个来自内心的声音，告诉你什么不可以要、什么

⊖ 张钢，《大学·中庸的管理释义》，机械工业出版社，2017年版，PP12-16。

不能够做,从而让一个人将注意力、时间和物质资源集中到那些符合良知信念、有利于终极目标实现的事情上。

当然,"有为"也并非只是做一次、完成一件事或一项事业。"有为"也有很多选项,"有为"也需要再次确立优先序,而这个"有为"的优先序得以确立的标准,则是由终极目标派生出来的战略目标和战术目标。也就是说,终极目标决定了"不为"和"有为"的边界,明确先"不为",再"有为"的优先序;而战略目标和战术目标,则决定着"有为"本身的优先序,包括其内部各个具体阶段、各个不同事项的优先序。

既然"有为"要以"不为"做前提,而"有为""不为"的边界要靠良知信念和终结目标来划定,那么,人们又如何能够自觉地确认自己的良知信念和终极目标呢?根据《大学》的观点,良知信念和终极目标需要借助"格物"即"事上磨炼"之后的反思,去认识和把握,而这个"格物"的过程,实际上又是一个"有为"过程。也就是说,人们先借助自己在日常做事中的"有为",反思和把握住良知信念和终极目标,然后再做到在"有为"和"不为"之间划定界限,甚至于原本的"有为",在后来明确了良知信念和终极目标之后,又可能被放弃、退出,进而归于"不为"。从这个意义上说,"有为"又成为"不为"的前提。其实,孟子说这话的前提是,当人们已经确认了良知信念和终极目标之后,自然以"不为"做前提,但是,对于那些尚没有自觉地认识到良知信念和终极目标的人来说,"有为"很重要,只不过这时的"有为"是为了更好地向内反思认识自己,从而达致良知信念和终极目标,而不是平常意义上的"有为"。

4.37 孟子曰:"言人之不善,当如后患何!"

【今文意译】

孟子说:"若总是说别人不追求共同利益,而一旦不好的结果出来了,又该怎么办呢?"

【管理解析】

本章指出,管理者不应该从负面去看待别人、议论别人,这也是儒家认为管理者应"不为"的重要内容之一。

在现实中,管理者容易事先对人、对事进行负向判断,尤其是对人,总是习惯于先去推断别人的动机、态度和能力,动辄说这个人不行,那个人私心太重,好像别人都不愿意追求共同利益，不想为组织付出更大努力。管理者习惯于这样做，看似要把丑话说在前面，实则乃推卸责任的典型表现。若真如管理者所言，因某人的不恰当行为而产生了不利于共同利益的结果，虽然管理者看上去好像有先见之明一样，但严格来说是管理者没有负起应尽的责任，既然知道会有这个结果，为什么事先不采取预防措施？更重要的是，为什么在平时不去帮助这个人改变呢？管理者岂能成为站在局外说"风凉话"的人。管理职责不仅在于保证任务的完成，达成预期目标，更要在事先、事中和事后进行全过程的"组织人"培养，让人们有机会通过"事上磨炼"体认和感悟良知信念，这也是儒家对管理者更根本的要求。因而，一个真正信奉儒家管理之道，并按照儒家管理模式做管理的人，一定会将"言人之不善"，纳入到"不为"的范畴中。这样才能更"有为"地去做"中也养不中，才也养不才"的"组织人"激发和培养工作。《中庸》曾讲"舜其大知也与！舜好问而好察迩言，隐恶而扬善，执其两端，用其中于民，其斯以为舜乎！"㊀像舜那样"抑恶扬善"，才是一位儒家管理者应该做的。

况且，管理者若总是说别人不追求共同利益，埋怨别人境界低，也容易形成一种不良的暗示氛围，给人们的感觉好像是，在组织里，只有管理者境界高，被管理者境界都不够。一旦这种氛围形成了，不仅容易造成管理者和被管理者之间的人为隔阂，管理者总是指责被管理者，而被管理者背后也会埋怨管理者；更严重的是，被管理者在这种暗示氛围下也许会"破罐子破摔"，习惯于置身组织之外来看问题，将组织看成是管理者的组织，和自己没有什么关系，自己不过是来找份工作、混口饭吃罢了。如此一来，各种预期不到的不良后果都会出现，而当各种不良结果涌现出来的时候，管理者还能说什么呢？反正连"人之不善"的话都说尽了，说别的话还有用吗？如果管理者说什么话都没人听，或更有甚者，人们总是从反面去解读管理者，这样的组织还能有发展前途吗？所以，对于管理者而言，说话也是一种行为，管理者必须把"不说什么"作为"不为"的重要内容之一来考虑，只有真正做到了不说什么，才能更好地说什么，也才能让说出来的话产生更大的正向效果。

4.38 孟子曰："仲尼不为已①甚者。"

【字词注释】

① 已：这里是副词，尤其、特别、太的意思。

㊀ 张钢，《大学·中庸的管理释义》，机械工业出版社，2017年版，PP97-99。

【今文意译】

孟子说:"孔子不做过分的事。"

【管理解析】

本章以孔子为榜样,进一步阐明管理者对"不为"与"有为"的界限把握。

这句话隐含的意思是,即便是那些需要"有为"的事,也不可以做过了头。正所谓"过犹不及",做过了头的事,会适得其反。这实际上说的就是"有为"中的"不为",而这种"有为"中的"不为",比本篇第 36 章所说的以良知信念和终极目标为准绳,来判断什么应该"不为"、什么应该"有为"更难。因为在现实中,既然已经选择了"有为"或要做什么,特别是已经在战略目标和战术目标下明确了"有为"的优先序,当然要把这些"有为"的事项做好,而且还要做到极致,但是,对极致的把握非常难,极致很容易过头或过分,毕竟极致就在那个恰到好处和过分的边界点上。问题是,如何才能做到极致而又不过分或过头呢?

从根本上说,管理者必须用良知信念和终极目标来统领战略目标和战术目标,而不能一味地追求战略目标和战术目标,忘记了原本的终极目标。忘记了终极目标,也就是人们常说的"忘了初心"。那些过头或过分的行为,大都与"忘了初心"有关。当人们只盯着战略目标,甚至只盯着战术目标的时候,往往容易忘记战术目标是为战略目标服务的,而战略目标又是为终极目标服务的;缺失或忘了终极目标,战略目标和战术目标就会失去意义。在这种情况下,人们便容易走极端,原本再好的事,过了极致点,都可能带来意想不到的负面效果,甚至比原本不去做还要糟糕。因此,在《论语》第二篇第 16 章中,孔子才说,"攻乎异端,斯害也已"[⊖]。孔子这句话主要是针对管理者说的,毕竟管理者做过分或过头的事,远比一般组织成员危害大得多,而且,专业人员走极端,有时还会产生意想不到的创新结果,但管理者走极端、做过头事,却有百害而无一利。

孟子在这里用孔子做榜样,意在告诫管理者,必须时刻牢记"不为"与"有为"的界限是动态变化的,只有明确了良知信念和终极目标,才能在各种纷繁复杂的情况下不迷失方向,也不会被看似"有为"地实现战略目标和战术目标的极端行为所左右,而能时刻把握住大方向,在各种"有为"的事项和行为上以及不同战略目标和战术目标的权衡中,都能把握住一个适当的"度",既将目标的实现和任务的完成做到极致,又不超过极致的边界走向过头或过分。

⊖ 张钢,《论语的管理精义》,机械工业出版社,2015 年版,PP41-42.

4.39 孟子曰："大人者，言不必信，行不必果，惟义所在。"

【今文意译】

孟子说："真正的管理者，说出来的话不一定都要兑现，做过的事不一定都要有结果，而只要符合管理角色和岗位职责的要求就可以了。"

【管理解析】

本章承接上章，继续阐明管理者要从角色规范出发，以良知信念和终极目标为内在准则，在"不为"与"有为"之间做出选择。

在管理过程中，管理者言而有信，行必有果，即"言必信、行必果"，是做管理的基本要求。但是，任何事都不能绝对化，因为不仅环境条件在不断变化，而且管理者本人的知识、能力以及信息的可获得性，也都不可避免地存在局限性。在这种情况下，管理者的错误判断和不合理承诺在所难免，若是为了维护言行一致的形象，管理者硬要刻意兑现承诺，反而会给组织带来更大损害。因此，管理者承认错误、终止承诺，甚至个人为此付出相应的代价都是必要的。同样，在行动或项目已经开始的情况下，若已有比较可靠的信息线索反馈，表明该行动或项目会带来较大损失，甚至会导致失败，管理者也应该及时终止行动或项目，而不必等到真正产生了不良后果，实在无法挽回了再终止。

在这两种情况下，表面上看管理者都没有做到"言必信、行必果"，似乎没有履行管理者应尽的责任，但是，若从更高层次的管理角色规范和终极目标要求来看，管理者恰恰是尽到了自己的职责。一方面，管理者没有走极端，另一方面，也没有为了博得言行一致的声誉而无视管理角色规范的要求，更重要的是，管理者没有因个人利益的考量而在管理决策上出现"承诺升级"。这充分体现了管理者不计个人得失、从组织的整体和长远利益考虑的胆识。毕竟承认错误，及时终止承诺，停止行动，是需要勇气的。

在《论语》第四篇第 10 章中，孔子曾说过，"君子之于天下也，无适也，无莫也，义之与比"⊖。管理者的个人角色与管理角色是有严格区别的，正因为管理角色规范建立在组织的共同利益之上，管理者在面对变化的环境时，就必须超越个人角色，立足于组织的共同利益和岗位职责，对自己的言行进行权衡，不能仅是因为要维护个人的面子，保持个人角色行为的一致性，而牺牲组织的整体和长远利益。这

⊖ 张钢，《论语的管理精义》，机械工业出版社，2015 年版，P91。

同时也再次说明了物极必反、过犹不及的道理。虽然管理者言行一致、恪守承诺、坚持到底等行为表现，在一般情况下都是做管理的基本要求，但在特殊情况下或走向极端化，却又可能向相反的方向转化，给组织带来意想不到的损失。

4.40　孟子曰："大人者，不失其赤子之心者也。"

【今文意译】

孟子说："真正的管理者，不会失去像婴孩一样纯粹且一致的思维意识。"

【管理解析】

本章承接上章，继续说明，管理者"言不必信，行不必果"，并不是一种策略选择，而是一颗面向组织共同利益的"赤子之心"使然。

虽然上章强调指出，管理者之所以能"言不必信，行不必果"，关键在于"惟义所在"，但是，这种表述也可能引起误解，让人以为管理者这样做只是源于管理角色规范的要求，甚至可能是一种策略选择，并非由内而外的自然行为表现。为了防止这种误解，孟子在这里用类比的方式，明确表达了管理者所应具有的内在思维意识状态。

婴孩的思维意识是单纯且专注的。从"人性"的德性前提出发，婴孩思维意识的单纯且专注，恰表明他的良知信念纯粹；或者说，在婴孩的思维意识上，正好直观地呈现出人之为人原本应有的纯粹状态。婴孩的思维意识虽然还没有被赋予具体的社会规范内容，但其中已经具备了能够接受社会规范的、纯然的内在深层结构，也正因为具备这种深层结构，婴孩才有可能在后来的社会化过程中逐渐成长为特定的"社会人"和"组织人"。另外，婴孩具有的这种纯粹直观的思维意识，也使他对整个世界充满了好奇，从而产生一种内在的学习动机，也正是这颗不断萌动的好奇心，让婴孩得以借助亲历学习、社会学习和符号学习，不断成长为特定文化传统和社会规范下的"社会人"和"组织人"。人在婴孩阶段所具有的这种丰富乃至无穷的可塑性，恰是组织和社会得以生生不息、可持续发展的真正动力源泉。

因此，孟子这里所说的"赤子之心"，既是指人所具有的一颗以良知信念为基础的德性之心，也是指人所具有的一颗以不断探索的思维能力为基础的好奇之心。如果管理者能保有这样的"赤子之心"，也就意味着管理者既具备管理的责任心，又不失管理的好奇心，能够在组织管理中实现常规工作和创新工作的平衡。也正是源于

"赤子之心"的责任心和好奇心的平衡，管理者才有可能由内而外地保持"言必信、行必果"和"言不必信、行不必果"之间的平衡。因为在大多数常规工作中，"言必信、行必果"都是必须达到的管理责任要求，而且也是"赤子之心"对管理者的基本德行要求；但是，在变化了的环境条件下，组织为了更好地适应环境，就必须持续探索，而要探索就会有不可预计的改变乃至失败，在这个探索过程中，表面上看管理者可能没有做到"言必信、行必果"，但实际上仍是一颗"赤子之心"在起主导作用，恰是基于良知信念和终极目标的好奇心和探索行为，让管理者在更高层次上坚守了内在的一致性。

由此可见，如果失去了一颗"赤子之心"作为内在的准则或万变不离之"宗"，管理者的言和行很可能都会变成纯粹的策略选择，而"言不必信、行不必果"反倒有蜕变成管理者的"任性"乃至谋略的危险。

4.41 孟子曰："养生者不足以当大事，惟送死可以当大事。"

【今文意译】

孟子说："平日里侍奉供养父母，还不能够当作大事来看，只有给父母送终才能算得上是大事。"

【管理解析】

本章延续上章的思路，继续讲管理中常规和非常规工作的区别，进而强调保持"赤子之心"的重要性。

儒家经常用家庭管理来隐喻组织管理，用处理同父母的关系来隐喻处理同委托人或授权者的关系。如《论语》第二篇第 5 章到第 8 章便是借谈论"孝"，来比喻管理者同委托人或授权者的关系⊖，而孟子在这里也是用侍奉父母来隐喻做管理。

父母健在的时候，依据"孝道"的要求侍奉供养父母，当然非常重要，在本篇第 19 章中，孟子将之视为最重要的事，而且关键还要像曾子那样能"养志"。但是，当父母健在时，侍奉供养毕竟还是常规的、日常的、做在父母当面的事，虽然能做到内外一致、始终如一，也很不容易，不过由于父母健在，还可以不断进行互动调整，在这种情况下，想必不太会出现多么大的偏差。然而，父母去世却是一个大变故，就相当于管理的内外部环境发生了巨大改变一样，这才是对管理者良知信

⊖ 张钢，《论语的管理精义》，机械工业出版社，2015 年版，PP30-34.

念和行为一致性的大考验，也才能真正检验出管理者是否有一颗始终如一的"赤子之心"。管理者只有在类似于"养生"和"送死"这样的常规和非常规工作上都能有一以贯之的内在坚守，才能真正培育起恪守价值观和行为规范的良好组织氛围。

4.42　孟子曰："君子深造①之以道，欲其自得之也。自得之，则居之安。居之安，则资②之深。资之深，则取之左右逢其原③。故君子欲其自得之也。"

【字词注释】

① 造：是形声字，本义指达到、前往，这里是达到一定境界，造就、培养的意思。

② 资：这里是积蓄、准备的意思。

③ 原：是会意字，金文中的"原"字像泉水从石头下流出，这里是源泉、本源、根源的意思。

【今文意译】

孟子说："管理者若能用管理之道来引领自己的管理学习和管理实践，就会确立起学管理、做管理的内部动机。出于内部动机来学管理、做管理，才能真正做到全神贯注。只有真正做到了全神贯注，才会有更深厚的积累。有了更深厚的积累，在做管理时才能取之不尽、融会贯通。所以，管理者一定要从内部动机出发，来学管理、做管理。"

【管理解析】

本章旨在说明，管理者要以内部动机来学管理、做管理。

人们做任何事都会有动机。正是动机在一定程度上从内部决定了一个人做事的行为有效性。一般来说，动机可以分为内部动机和外部动机。外部动机是为了获得某种外在的对象，如特定的奖励、职位、声誉等，去做特定的事；内部动机则是源自内在的信念或兴趣而做特定的事。外部动机下的行为，虽然能产生有效的结果，并使自身能力得到提升，但是，由于外部动机依赖于外在环境中的特定对象，如激励机制、外部认可等，自然就会因外部环境条件的变化而变化，难以全神贯注，自始至终。更有甚者，人们在外部动机下做某件事，往往不是为了做好某件事本身，而是为了得到特定的外部回报，由此造成针对某件事的努力反而可能会减少，如果能走捷径，甚至不用做某件事也能得到同样的回报，就会选择走捷径，甚至放弃做某件事。这样一来，只有借助"干中学"才能形成的特定能力和素养，就不容易培育起来。长此以往，在外部动机下，便难以塑造出真正的职业意识、专业素养和独特能力，而对于管理这种需要借助长期学习和实践才能做好的职业，外部动机的潜在危害可能会更大。尤其是考虑到管理职业还有示范效应，如果管理者自己都是因外部动机而工作，那就更不要说被管理者了。

与外部动机相反，内部动机是基于内在信念或兴趣。在内部动机下，人们不会太过在意外部环境条件的变化，而会一以贯之地做符合内在价值准则的事。其实，当儒家强调管理者自我修养和自我管理时，也就是在强化管理者内部动机的培养，以及从内部动机出发来做管理。在《论语》第十四篇第25章中孔子讲"古之学者为己，今之学者为人"，以及儒家管理者所追求的"下学上达"而不过于在意"闻"⊖，都强调的是内部动机在学管理和做管理中的重要性，只不过在《论语》《大学》《中庸》里都还没有明确提出内部动机这个概念罢了。

正是孟子明确提出了"君子深造之以道，欲其自得之也"，其中，"自得之"，便是对内部动机的一种清晰表达。不仅如此，孟子还清楚地表明，要产生内部动机，即"自得之"，必须用"道"来引领或指引；没有"志于道"，即良知信念的确立，并用"道"来指引自己的"深造"过程，管理者是不会产生内部动机的。这就像《大学》中所讲的，只有经过"格物致知"，即"事上磨炼""致良知信念"之后，才能做到"诚意、正心、修身"⊖。其中，"诚意"也就是孟子这里所说的"自得之"的意思。虽然用语略有不同，但《大学》在"格物致知"基础上讲的"诚意"，同孟子这里在"深造之以道"基础上讲的"自得之"，本质上是一样的，都突出了良知信念和终极目标的确立对形成内部动机的至关重要性。难以想象，没有对内在良知信念的坚守，没有对管理之道的追求，一名管理者会产生学管理、做管理的内部动机？像管理这种以权力为基础的职业，更容易让从业者陷入外部动机而不能自拔。

在孟子看来，一旦建立起内部动机，无论是学管理还是做管理，都会静下心来，从管理之道的内在要求出发，全神贯注、脚踏实地学好管理、做好管理，而不会为了外在要求，只是做表面文章，追求形式好看。这便是"自得之，则居之安"所要表达的意思。

管理者果真能做到"居之安"，便一定会"心安理得"，而且，也会更执着且长期地浸润在这种管理之道和管理模式的研究及实践之中，自然就会"资之深"，也即积累起雄厚的管理素养、管理知识和管理实践能力。管理者有了这种雄厚的积累，

⊖ 张钢，《论语的管理精义》，机械工业出版社，2015年版，PP408-409，PP420-421，PP341-342.

⊖ 张钢，《大学·中庸的管理释义》，机械工业出版社，2017年版，PP12-16.

在处理具体管理问题时，自然就会取之不尽、融会贯通，即"取之左右逢其原"。当管理者真正具备了内部动机，能够执着坚守、长期坚持下去之后，必然会产生这种厚积薄发的效果。

孟子认为，管理者必须培养起这种"自得之"的内部动机，尤其是对于自我德行修养来说，如果没有内部动机，只想借着外部的激励和反馈而坚持下去，几乎是不可能的。更何况，《大学》《中庸》都曾提出管理者自我修养和自我管理中的"慎独"要求㊀，若没有内部动机，要做到"慎独"，更是不可想象的。因此，可以毫不夸张地说，要成为一名儒家管理者，首先就要从培养内部动机做起；而做管理若没有内部动机，则很难说是合格的儒家管理者。这正是为什么孟子最后要说"故君子欲其自得之也"的原因。

4.43 孟子曰："博学而详说之，将以反说约①也。"

【字词注释】

① 约：这里是简约、简明的意思。

【今文意译】

孟子说："虽然一定要广泛学习、详尽说明，但最终还是得简明扼要地说到点子上才行。"

【管理解析】

本章承接上章，强调做管理关键在于化繁为简，抓住要害，而不在于博取声誉，炫耀自己。

儒家所讲的管理学习，既包括自我德行修养的持续磨砺式学习，也包括对各种管理知识和技能的终生学习，而且正如上章所说的那样，这种管理学习必须建立在内部动机之上。在《论语》第七篇第18章中，孔子说自己"发愤忘食，乐以忘忧，不知老之将至"㊁。孔子这种完全从内部动机出发，将学习作为终生自觉追求的事业而不是为了达到某种外在要求的做法，恰是儒家管理学习的典范。

㊀ 张钢，《大学·中庸的管理释义》，机械工业出版社，2017年版，PP36-39，PP84-86.
㊁ 张钢，《论语的管理精义》，机械工业出版社，2015年版，P191.

管理者需要广泛学习，不能将学习仅局限在某个狭小的领域里，毕竟管理涉及范围非常广泛，内容也具有综合性；但是，在广泛学习中，管理者又不能只是浅尝辄止，蜻蜓点水，而要深入钻研，详尽阐明，真正做到心领神会，融会贯通。这样不仅使自己能够更好地理解和把握某个领域，而且还能引导其他被管理者进入并更深入地钻研该领域，由此才可能培养出组织所需要的各个专门领域中的专业人才。做管理，不是要管理者亲力亲为地去做某件事，而是要管理者吸引和指导他人来理解、热爱、投入和完成某件事，因此，管理者若不能对特定领域和任务给予详尽说明和有力论证，则无法影响和说服其他组织成员进入该领域、完成该任务。这就是孟子用"博学而详说之"所要表达的意思。

但是，管理者对特定领域和任务的详尽说明本身不是目的，管理者更不能用夸夸其谈式的"详说之"，去博取个人所谓"知识渊博""博古通今""上知天文、下晓地理"的美名。管理者必须时刻牢记的是，管理职责在于解决问题、创造价值，而管理者的能力和素养实际上是通过解决问题、创造价值的组织过程和结果体现出来的。管理者绝不能本末倒置，为了追求自己的声誉，却忘记了组织问题解决和价值创造的根本要求。

各种知识对于组织解决问题和创造价值的意义，不在于数量多少。单纯的知识广博、知识丰富，对组织而言，未必有意义；知识对组织的真正贡献，是能帮助组织成员在解决问题、创造价值中化繁为简、直指要害、透过现象看本质。因此，管理者固然要用"博学而详说之"来引领和吸引人们对某个特定业务领域感兴趣，进入到该领域的某项具体任务完成之中，以便组织有事业的立足点和关于具体任务目标的共识；但是，这不过是组织进入某个特定业务领域的前提，而要使组织能在这个业务领域中做得和别的组织不一样，并创造出更大的价值，关键还在于组织解决具体问题时的独特表现，这才是一个组织的竞争优势所在。

一般来说，无论对个人还是组织，要做到知识广博，相对容易一些，但是，要能有效运用知识解决具体问题，特别是能够针对纷繁复杂的现象，洞悉到问题的本质，找到恰当的切入点，以简洁的方式，用最少的资源投入来解决问题，却并不容易，而这恰体现的是一种综合运用知识的能力，其本质在于思维的洞察力，这正是管理者的核心能力所在。当孟子说"将以反说约也"时，这里的"约"，便是一种透过现象看本质，并能将之简明扼要地表达出来的能力，也就是管理者所应具备的核心能力。当然，这并不意味着"博学而详说之"不重要，而是说"博学而详说之"要为"以反说约也"服务。做管理，最终还是要达到"约"才行。

4.44　孟子曰："以善服①人者，未有能服人者也。以善养人，然后能服天下。天下不心服而王者，未之有也。"

【字词注释】

① 服：这里是使投降、制服、战胜的意思。

【今文意译】

孟子说："想用追求共同利益来制服别人，是不可能让人真心服从的。只有用追求共同利益来培养和陶冶人，然后才能让天下人心悦诚服。天下人不心悦诚服而能实现天下统一，从来不曾有过。"

【管理解析】

本章阐明做管理的本质在于培养人，而不只是让人服从。

管理者必须认识到，"善"是一种终极目标，也是一种信念，而不是具体的、物化的利益或工具；而且，既然"善"是终极目标，也就意味着它不能做手段或工具来使用，它只是一种引领人们思维意识的信念，即思维意识得以运用的原点或自明且直观的前提，也是儒家管理之道的本质特征。既然孔子强调"志于道"㊀，实际上就是要求儒家管理者将"善"或共同利益作为一种信念或信仰。

理解了"善"的信念或信仰内涵，尤其是孟子意义上的"善"，更是同"人性"内在地联系在一起，成为"人性"的德性内涵所固有的倾向性，便不难看出，"善"严格来说是不能用作说服或制服别人的工具的，那些打着追求"善"的旗号，力图制服乃至战胜别人的管理者和组织，是无法让人信服的。所以，孟子深刻地指出，"以善服人者，未有能服人者也"。

"善"虽然不能用来制服乃至战胜别人，却可以用来培养和陶冶人，进而将"人性"的德性内涵所固有的倾向性开发和弘扬出来，这才是"善"作为信念和终极目标的意义所在。因为围绕着"善"这个终极目标，可以形成相应的价值观和行为规范，通过管理者对信念和终极目标的坚守，对价值观和行为规范的身体力行，才有可能形成良好的组织和社会氛围，从而培养和熏陶出一代代"组织人"和"社会人"。这些"组织人"和"社会人"是由于信念、价值观和行为规范的认同，

㊀ 张钢，《论语的管理精义》，机械工业出版社，2015 年版，PP178-179.

而不是因为外在力量的压服,对管理者、组织和社会产生信任,并致力于追求共同目标、创造共同利益。这种行为上的服从,并非只是要遵从管理者的意志,更不只是对管理者本人的服从,而是一种在"主人翁"意识驱动下,对组织和管理的心悦诚服。这恰体现的是儒家"道之以德,齐之以礼,有耻且格"的管理模式。

孟子在这里用"以善养人,然后能服天下"所要表达的,正是儒家独特管理模式的核心思想。只不过孟子将"善"与德性融为一体,直接用"善"来指称"德"的内涵及其派生出来的"礼"的规范,并将其放在当时各诸侯国希望统一天下的背景下予以阐明。其实,孟子这里所讲的"能服天下",并不是指从外部强制别人服从,而是指在"善"的培养和熏陶下,人们都能"有耻且格"之后,由内而外自我选择的结果。儒家历来强调,没有"心服"的口头和行为服从是不可持续的,而孟子在第二篇第3章也曾明确提出"中心悦而诚服"的观点。因此,面对当时各诸侯国总想着"以力服人""以利服人"的现状,孟子最后才一针见血地指出,"天下不心服而王者,未之有也"。

4.45 孟子曰:"言无实不祥①。不祥之实,蔽②贤者当之。"

【字词注释】

① 祥:这里是好的意思。
② 蔽:是形声字,本义是遮盖、障住,这里是遮挡、遮蔽的意思。

【今文意译】

孟子说:"说话没有实质内容当然不好。但是,也有一种虽有实质内容,却不好的话,那就是为了压制德才兼备的人,而故意只说他的某个方面的实际情况。"

【管理解析】

本章进一步阐明信息内容的准确性和全面性不可分割。

管理决策不能没有信息,在一定程度上说,正是信息的有效性保证了管理决策的有效性。但是,在现实中,相比信息内容的全面性,人们会更看重信息内容的准确性,因此,在从别人那里获取信息时,人们更在意其说话是否有实质内容,总认为"言之有物""言语实在"是好的,正所谓"言无实不祥"。

但是,为了获取有效信息,管理者却不能只是看到"言无实不祥"这一面,实际上还存在另一面，那便是"不祥之实"。如果割裂了"实"和"全"或准确性和全面性，那么，一些虽真实但片面的信息，更会误导判断，产生不良后果。典型的如管理中用人和评价人的时候，有人为了排挤、打压别人，在委托人或授权者面前评价某人时所说的，虽然都是"实话"，也的确提供了关于某人的真实或准确的信息，但是，这些所谓"实话"，只是某人的非常片面的或个别情况，对全面认识这个人并不具有典型性，更别说普遍性了，但正是这些片面而非典型的所谓"真实"信息，却有可能产生极其严重的负面影响，甚至会因此改变一个人、一个组织的命运。

正像第一篇第23章中所讲的那样，鲁平公本来要去见孟子，而"嬖人臧仓"提供了一条关于孟子的"真实"信息，即"后丧逾前丧"。这条信息虽然确凿无疑，但又非常片面，并不能反映孟子在这件事上的全面情况，更别说由此认识孟子这个人了，而恰是这条信息，在很大程度上阻隔了鲁平公与孟子相见，由此既可能让孟子失去一次施展管理抱负的机会，更有可能扼杀鲁国发生变革的可能性。这不能不说是一种非常典型的"不祥之实"，而这种"不祥之实"的直接后果便是"蔽贤者"，让那些像孟子一样德才兼备的管理者被排挤掉，最终导致组织的逆向选择。因此，管理者在获取信息上不能不慎重，切不可只是看重"言之实"，而忘记了从各种不同信息渠道去获取"言之全"。只有将"言之实"和"言之全"结合起来，管理者才能避免"不祥之实"，也才能让那些期望用所谓"言之实"来"蔽贤者"的人，没有可乘之机。

4.46　徐子①曰："仲尼亟②称于水，曰：'水哉，水哉！'何取于水也？"孟子曰："原泉混混③，不舍昼夜，盈科④而后进，放乎四海。有本者如是，是之取尔⑤。苟为无本，七八月之间雨集，沟浍⑥皆盈；其涸也，可立而待也。故声闻过情⑦，君子耻之。"

【字词注释】

① 徐子：即徐辟，孟子的学生。
② 亟：这里是屡次的意思。
③ 混混：指大水奔流不息的样子。
④ 科：这里是坎的意思。
⑤ 尔：通"耳"，用在句尾，表示限制，相当于而已、罢了。
⑥ 浍：指田野间的小水沟。
⑦ 情：这里是实情、实际情况的意思。

【今文意译】

徐子说："孔子屡次称赞水，说：'水啊，水啊！'他到底看中的是水的什么特性呢？"

孟子说："水从源泉喷涌而出，昼夜不停，填满沟壑之后，继续前行，直至大海。有本源的东西就是这个样子，孔子看中的正是有本源的水所具有的这个特性。假使水没有本源，就像七八月间下雨积起来的水一样，看上去很快也会将田野间的沟壑都填满，但是，过不了多久就干涸了。所以，对于那些名不副实的赞誉，管理者是耻于接受的。"

【管理解析】

本章开始阐述做管理要从根本处入手，而失去了根本，做管理也就变得像无源之水一样。

在孟子看来，孔子之所以称赞水，并不断用水来设喻，看中的正是有源之水的源远流长，更看中的是这种有源之水奔流到海不回头的执着，虽然也会遇到沟沟坎坎，但只要是有源之水，便一定会注满大小沟壑，继续直奔大海而去。这恰象征着那些有良知信念作为思想源泉，又有"善"这个像大海一样的终极目标牵引的管理者，自然会发乎内心，执着前行，勇敢无畏地奔向终极目标；而且，对于有源之水来说，作为终极目标的大海，又与源泉是相通的，都蕴含着源源不断的水流，这恰象征着良知信念与"善"这个终极目标的相通性。也就是说，只有当管理者确立起"人性"的德性前提作为内在思想源泉之后，才能义无反顾，执着地追求"善"这个终极目标，并在这个过程中产生取之不尽、用之不竭的内在动力。

相反，若是无源之水，就像突然一场暴雨下来，也会积起水流，同样能填满田野里的沟壑，但是，雨过天晴，用不了多久，积起来的水就会干涸，根本不可能流得太远。这象征着那些没有良知信念作为内在源泉的管理者，只是为了满足外部标准的要求，看似也能有所收获，甚至一时间也能收获颇丰，载誉而归，但这种既没有内在根源推动，又缺乏终极目标牵引的所谓收获或声誉，像雨后积水一样，转瞬即逝。这种只满足于向外求的做法，正是儒家一贯反对的，所以，孟子最后说，"故声闻过情，君子耻之"。

4.47 孟子曰："人之所以异于禽兽者几希①，庶民去之，君子存之。舜明于庶物，察于人伦，由仁义行，非行仁义也。"

【字词注释】

①希：这里是少的意思。

【今文意译】

孟子说:"人与动物的区别并不大,一般人不太在意,乃至忽略了这种区别,而管理者却应时刻铭记这种区别,这正是做管理的本源所在。舜探明各种事务背后的道理,洞察人与人之间关系的规范,由内而外地践行仁义,而不是为了其他目的,将仁义当作手段来用。"

【管理解析】

本章承接上章,继续阐明做管理的本源是什么,管理者应如何由内而外、源远流长地做管理。

上章讲了管理者要像有源之水那样做管理,为此,就必须理解做管理的本源是什么。管理者是"人",而做管理所要面对的首先也是"人",因此,做管理的本源或起点,就一定根植于"人性"的理解中。

要理解"人性"这个做管理的本源,可以从人与动物的区别入手。人是动物这个更大集合中的一个子集,这意味着人也是动物,但是,人又不同于动物,人有其赖以存在的独特性。尊重人与动物的相似性固然重要,但不能因此抹杀了人所具有的独特性。尤其是对于做管理来说,到底是从人与动物的相似性入手去认识和理解"人性",还是从人之区别于动物的独特性入手去认识和理解"人性",的确是值得深入思考和认真对待的根本问题。

有人也许从减轻"做人"压力,为某些不良行为开脱的角度,更愿意忽略人与动物之间的差异,大谈"人性"的动物性或自然属性一面;但是,由于管理的本质在于责任的担负,管理者必须从人之为人的独特性角度,去认识和理解"人性",进而尊重并激发他人的潜能,以创造更广大的共同利益。这恰是孟子说"人之所以异于禽兽者几希,庶民去之,君子存之"这句话的深意所在。

既然"人之所以异于禽兽者几希",那么,人与动物的这一点区别到底是什么呢?孟子以舜为例,明确指出,人与动物的区别就在于"智慧"和"仁义",即"舜明于庶物,察于人伦,由仁义行,非行仁义也"。其中,"明于庶物,察于人伦",说明舜具有"智慧",能够"明"和"察",即透过现象看本质,深刻地理解"庶物""人伦"背后的本质所在。这种透过现象看本质的"智慧",显然是动物所没有的。动物只能被动地适应环境,而无法主动地认识环境,把握环境,更别说改造环境了。人的"智慧",即"明""察"能力,恰恰超越了对环境的被动适应,能够主动研究环境,并按照人的需要,去努力改变乃至改造环境。

在孟子这句话里，"物"是"事"的意思，而"庶物"则指的是各种各样的日常事务。儒家更关心社会事务而非自然事物，因此，"舜明于庶物，察于人伦"，主要是针对社会环境、社会现象而言的透过现象看本质，而社会环境和社会现象的本质，在孟子看来，就是"仁义"。"仁义"既是人区别于动物的独特性所在，也是人之为人的"智慧"所要把握的核心内涵，或者说，"仁义"恰是"智慧"所要思考的根本对象。"仁义"与"智慧"的结合，并恰到好处地体现在日常行为之中，便是"中庸之德"，这既是人之为人的真正本源，也是管理者必须追求的德行境界。所以，孟子才说要"由仁义行，非行仁义也"。意思是，"中庸之德"要由内而外、自然而然地体现于日常行为之中，而不是为了刻意达到某种外在的"仁义"要求，人为做出来的一种行为选择。如果只是外在化地"行仁义"，那么，就很有可能是为了其他目的，把"仁义"当作了手段和工具。果真如此，那不正是孟子在第二篇第3章中所反对的"以力假仁"吗？

概括起来看，孟子这段话讲了四层含义。一是做管理的本源在于对"人性"的认识和理解，而对"人性"的认识和理解，又必须从人与动物的区别入手，管理者尤其不能有意抹杀这种区别；二是人区别于动物的独特性是"智慧"和"仁义"；三是"仁义"是"智慧"的本质内涵，在两者的关系中，"仁义"为体，"智慧"为用，两者的结合并恰到好处地运用于日常行为之中，便是"中庸之德"；四是"仁义"乃做管理的真正本源，正因为有了"仁义"，管理活动才成了有源之水，能够源远流长、源源不断地奔向最广大的共同利益或"至善"这个终极目标，如果将"仁义"外在化，看作满足其他目的的手段，那么，做管理就成了无源之水，来得快，去得也快。

4.48 孟子曰："禹恶旨①酒而好善言。汤执中，立贤无方②。文王视民如伤，望道而③未之见。武王不泄④迩，不忘远。周公思兼三王，以施四事；其有不合者，仰而思之，夜以继日；幸而得之，坐以待旦。"

【字词注释】

① 旨：这里是味道好的意思。

② 方：这里是类的意思。

③ 而：这里是如同、就像的意思。

④ 泄：这里是狎、怠慢、轻视的意思。

【今文意译】

孟子说:"禹讨厌美酒而喜欢有助于实现共同利益的建议。商汤恪守内在的德行准则,只选用德才兼备的人而不考虑其出身。周文王唯恐民众受到伤害,就害怕偏离管理之道。周武王既尊重身边的人,也念念不忘远方的各诸侯国。周公想尽办法去整合先辈的优良传统,并将禹、汤、周文王、周武王的做法发扬光大;在这个过程中,只要有因时代和环境原因不相符合的地方,就反复思索,夜以继日;只要在实践中有所感悟和收获,则认真总结,迅速推广。"

【管理解析】

本章用历史示例,更具体地阐明怎样实现"由仁义行,而非行仁义"。

儒家在阐述管理之道和管理模式时,总是用历史上伟大管理者像尧、舜、禹、商汤、文武、周公等做示例,以他们的具体做法来更形象地阐述抽象的道理。在上章中,孟子举了舜的例子,而本章则继续用禹、汤、周文王、周武王和周公做例子,进一步强调指出,管理者必须时刻牢记"人之所以异于禽兽"的地方。

首先,动物自然要追求由饮食带来的口腹之乐,而人虽然也离不开饮食,但人却能超越口腹之乐,追求更为广大的共同利益。这种更为广大的共同利益,不是当下凭感官所能把握的,它存在于观念之中,而这种关于共同利益或"善"的观念,恰是人与动物的根本区别之一。因此,管理者必须确立起有关"善"的正确观念,进而和大家一起在这种观念指导下,去追求和创造共同利益。禹在这方面为管理者做出了榜样。相传,当禹第一次饮到美酒的时候,觉得味道特别甘甜美妙,但他马上能超越口福之乐,想到一定会有人因沉溺于这种口中美味而做出损害共同利益的事。这种超越口腹之乐的思考,反而让禹更加自觉地去倾听有利于共同利益的"善言",而不为"旨酒"所感。

其次,在某些动物群体中,也会以血缘为基础,形成内群体和外群体的区分,这或许可以视为动物本能的"族类"意识。但是,人区别于动物,关键还在于人具有内在德性之"中",这也是人之为人的德性根本所在。正是有了"智慧"与"仁义"相结合的德性之"中",人与人之间的关系才得以超越血缘或"族类",形成以德才兼备为基础的互动标准,这也充分体现在孔子的"有教无类"[一]思想中。当孟子说"汤执中,立贤无方"时,这里的"中",指的就是一种内在的"智慧"与"仁义"相统一的准则或标准,"方"则是"类"的意思,而孟子在这里讲的"立贤

[一] 张钢,《论语的管理精义》,机械工业出版社,2015年版,PP466-467.

无方",与孔子所主张的"有教无类"本质相通,都在于要建立一种超越血缘或"族类"的选人、用人、培养人的标准。

第三,某些动物也有"利他"行为,但那是一种遗传本能,而非经过学习和反思之后有意识选择的行为。动物不可能主动地去体察、研究"动物性",进而建立起相应的原则和规范,以便更有效地采取"利他"行为。但是,在人的组织中,情况则完全不同,像周文王一样的管理者,却能做到"视民如伤,望道而未之见"。这两句话用的都是假设语气,也就是说,看到民众目前明明还没有受到伤害,也好像已经受到伤害一样,看到管理之道已经在实行,却好像还没有被实行一样。这种假设语气的表达方式,一方面说明,为民众服务、实行管理之道是一个无止境的前沿,没有最好,只有更好,可持续改进的空间永远存在,因而,管理者需要时刻警示自己;另一方面也说明,管理者必须居安思危,即便在民众还没有受到各种伤害的时候,也要预见到伤害出现的可能性,以便有效预防,即使目前还没有违背管理之道的迹象出现,也要料想到在哪些做法上可能会违背管理之道,要提前防止。这才是管理者所必须具备的危机意识,而这种面向服务对象,面向管理之道,面向共同利益,面向未来的危机意识,也只有人类的管理者才会具备。

第四,一般来说,人与人交往,若时间长了,交往过于频繁了,可能会不够尊重;若相距遥远,不怎么交流,又可能会淡忘。这种时空限制条件下的互动关系状态,即便在某些动物群体中,也同样会存在。但是,人之所以为人,就在于能够努力超越物理意义上的时空条件限制,用信念、价值观和情感,将更大范围、更大规模的人类共同体联结起来。为此,孟子说"武王不泄迩,不忘远",意思是,周武王既能尊重身边的人,又能念念不忘远方的各诸侯国,由此将人们凝聚在一起。这也是做管理必须解决的组织凝聚力的来源问题。

第五,虽然动物也能学习,但某些动物的后天学习,只能是个体的亲历学习,再辅助上相互间直接而有限的社会学习,却没有办法借助一整套符号体系进行抽象的符号学习,因此,也就没有办法将不同时期和更广大范围内的间接经验整合起来,兼容并蓄,为我所用。以符号学习为基础,进行更为广泛的亲历学习和社会学习,这是人之为人的独特学习方式,也是后世管理者能够借鉴和发扬前辈管理者的各方面经验的后发优势所在。从这个意义上说,管理者必须擅长于人类所独有的学习方式,进行更有针对性的管理学习,从而在广泛吸收、借鉴前辈管理者经验的基础上,做到融会贯通。孟子最后以周公为例,明确地指出,"周公思兼三王,以施四事;其有不合者,仰而思之,夜以继日;幸而得之,坐以待旦"。这里的"三王",指的是夏商周三代开国之君的管理思想和管理实践,而"四事",即上文提到的"善言""立贤无方""视民如伤,望道未之见""不泄迩,不忘远",这里只是为了表述方便，才分别用禹、汤、文王、武王各指代一事，但这并不意味着他们只是分别做到了某一项，实际上他们作为古代伟大管理者的杰出代表，在这四方面都做到了，而且之所以能做到这四方面，关键还在于上章所提到的"由仁义行，非行仁义"。正是因为有了这种内在价值观坚守，他们才能由内而外地"施四事"。换句话说，这"四事"恰是"由仁义行"的具体表现。

由此可见，周公的伟大之处，就在于非常善于学习。他能够对"三王""四事"兼容并蓄、古为今用，而且，还能够结合当时当地的实际情况，实现思想传统与管理实践的有机结合。他一旦发现以往的成功经验与现实的管理情境不吻合，既不是马上否定以往的成功经验，自以为是，我行我素，也不是不顾现实情况，一味地照搬以往的成功经验，削足适履，亦步亦趋；而是夜以继日地反复思考，从中寻求恰当、有效的结合方式，从而努力做到古为今用；而且，一旦有所感悟，找到某种可行的路径，便立即付诸试验，以便在成功后进行推广。在这里，孟子用"幸而得之，坐以待旦"，一方面形象地刻画出管理的实践导向特征，另一方面也生动地表明，周公为了让新想法能及时付诸实践予以检验，以便推广，竟不再睡觉而坐等天亮，这种责任意识和实践精神，恰是值得后世管理者认真学习的。

4.49　孟子曰："王者之迹①熄而《诗》亡，《诗》亡然后《春秋》②作。晋之《乘》③，楚之《梼杌》④，鲁之《春秋》，一也。其事则齐桓、晋文，其文则史。孔子曰：'其义则丘窃取之矣。'"

【字词注释】

① 迹：原指脚印、足迹，这里引申为事迹、具体做法。

②《春秋》：鲁国的历史书，孔子曾修订过。

③《乘》：晋国的历史书。

④《梼杌》：楚国的历史书。

【今文意译】

孟子说："先辈伟大管理者通过在民间采集诗歌，来记录各种管理事迹的做法，后来被慢慢终止了，而《诗经》也就不再有了；因为《诗经》没有了，孔子才修订、创作了《春秋》这部鲁国史书。晋国史书《乘》、楚国史书《梼杌》，和鲁国史书《春秋》一样，记录的都是齐桓公、晋文公这些有名国君的事迹，行文写法则是写史书的风格。但孔子说：'我在这些史料的选择上，遵循了一种应该怎样做、不应该怎样做的内在准则。'"

【管理解析】

本章承接上章，继续说明，人类特有的符号学习系统依赖于文本资料，若没有内含着价值准则的文本资料，人们就无法超越所处的时代和地理空间，进行更为广泛的社会学习乃至亲历学习。

相传，上古时期有"采风"制度，也就是在民间搜集诗歌的传统，并将之整理成官方的文字材料，与官方的政策文本一起保留下来，成为当时了解各地现实情况以及后来的管理者学习先辈经验的重要途径。从这个意义上说，《诗经》在古代不仅是一部文学作品，而且也像《尚书》一样，是记载各种社会事务和管理事务，并对之进行分析评论的大全。这也许正是《论语》《大学》《中庸》和《孟子》，都频繁引用《诗经》中的诗句，来论证儒家管理思想的原因。

但是，自周平王东迁之后，周朝的权力基础动摇，各诸侯国的势力增大，从民间搜集诗歌的"采风"制度开始废弛。进入春秋时期，代之而起的是记录各诸侯国的社会事务和管理事务，尤其是国君和主要大臣事迹的历史书。有一种说法认为，孔子是最早做鲁国史即《春秋》的人，而也有人认为，孔子只是对已存在的鲁国史，按照儒家的价值尺度进行了修订。但是，无论哪种说法，都已清楚地表明，在周平王东迁之前，有关管理思想和管理实践的文字记载，主要保留在《诗经》和《尚书》里，而此后则主要体现在各诸侯国的历史书中。

在孔子和孟子看来，《诗经》《尚书》里保留下来的管理思想和管理实践，更能体现儒家管理之道的思想源头，而后来的各诸侯国历史，由于记录的主要是各诸侯国国君和主要大臣的言论和做法，难免鱼龙混杂、良莠不齐，所以要进行甄别和筛选。孔子对鲁国的历史资料进行取舍、修订，并将儒家管理之道渗透其中，就是为了让当代和后世管理者能清楚地看到，什么是应该做的，什么是不应该做的，从而明确做管理的内在信念和价值准则。这也正是为什么孟子在第三篇第14章要说"孔子作《春秋》，乱臣贼子惧"的原因。

管理学习离不开能充分体现人类学习特点的符号学习方式，而语言文字符号是将历史和现实联系起来的纽带。正因为有了承载着信念和价值观的语言文字符号，人们才能进行跨时空的深邃对话，也才能继承和发扬历史上伟大管理者的思想传统和未竟事业。

4.50　孟子曰："君子之泽，五世而斩①。小人之泽，五世而斩。予未得为孔子徒也，予私淑②诸人也。"

【字词注释】

①斩：这里是尽绝、断绝的意思。　②淑：通"叔"，这里是取、捡取的意思。

【今文意译】

孟子说:"管理者通过口传身授的方式所能产生的直接影响,经过五代就会消失。被管理者通过口传身受的方式所能产生的直接影响,也一样经过五代就会消失。我虽然没有机会成为孔子的学生,却能借助留传下来的文字材料,私下里学习孔子的思想。"

【管理解析】

本章承接上章,以学习孔子思想为例,继续说明以语言文字为载体的符号学习对于管理学习的重要意义。

如果没有人类独特的符号学习方式,只是借助亲历学习和社会学习,再好的管理思想和实践做法,也会在代际传承中慢慢走样,以至于逐渐消亡。所以,孟子才说,"君子之泽,五世而斩。小人之泽,五世而斩"。意思是,不管是管理者的管理思想和实践,还是被管理者的各种专业技术思想和实践,如果只是借助口传身授的方式,基本上在"五代"之后就会消失。古代以三十年为"一世",也即父子相承的"一代"。经过父母三十年的口传身受,子女到三十岁左右便能自立门户,又开始新一代的传承。当然,孟子说"五世而斩",不一定就是确指"五代"或"一百五十年",而可以理解为泛指经过一定时间后会消失殆尽。因此,孟子这里是要告诫管理者,不能仅满足于口传身授式的亲历学习和社会学习,而更要重视人类独特的符号学习方式。

为此,孟子还专门讲了自己是如何学习儒家管理思想和实践的。孟子大约出生在公元前372年,距公元前479年孔子去世,已过去了一百多年。如果按照"五世而斩"的周期,到孟子所处的时代,孔子的管理思想和实践也差不多要断绝了,那为什么孟子还能学习孔子的思想,并加以发扬光大呢?原因就是文字的记载让孔子的思想得以流传下来。虽然孟子没有机会直接向孔子学习,但可以借助各种文字材料进行符号学习,如孔子所作的《春秋》和修订的《诗经》,以及记载孔子思想和言行的《论语》,再加上一代代传人对孔子思想的诠释,如《大学》《中庸》等,以此为基础,再通过孔子的直传弟子和再传弟子的口传身授,孟子才得以"私淑"到孔子的思想真谛。

4.51　孟子曰:"可以取,可以无取,取伤廉。可以与,可以无与,与伤惠。可以死,可以无死,死伤勇。"

【今文意译】

孟子说:"在可以拿、也可以不拿的情况下,拿了就会损害廉洁。在可以给、也可以不给的时候，给了就会损害恩惠。在可以死、也可以不死的时候，死了反而会损害勇敢。"

【管理解析】

本章再次阐明管理者所应恪守的底线原则，这源自内在信念及其所派生的价值观。

对管理者而言，"廉""惠""勇"都是做管理所必须恪守的基本公德原则。管理者若达不到"廉"的要求，必然会公权私用、以权谋私；若做不到"惠"，即不愿意帮助别人，便难以发挥管理的教育功能，无法让被管理者与组织共成长；若缺少了"勇"，即不能勇于担当，也就不可能肩负起果敢决断的责任。在一般情况下，按照这三条公德原则的要求，做出恰当的判断和选择并不难。不该拿的当然不能拿，拿了就会违反"廉"的要求；应该给的当然要给，不给反而违背了"惠"的要求；应该献身的时候，当然要大义凛然，这才是"勇"的行为表现。但是，在这种界线分明的一般情况下的正常行为表现，并不必然意味着在界线模糊的模棱两可条件下也能做出恰当的行为选择，而正是在模棱两可的条件下，方能体现出管理者内在信念坚守的重要意义。

孟子从儒家管理之道出发，明确地指出，在界线模糊时，管理者必须在"可"与"不可"之间坚决选择"不可"。也就是说，在"可以取"，也"可以无取"的情况下，一定要选择"无取"；在"可以与"，也"可以无与"的时候，一定要选择"无与"；在"可以死"，也"可以无死"的时候，一定要选择"无死"。

在模棱两可的条件下，之所以要做出"不可"的选择，关键是要从动态角度，基于共同利益来分析问题。从动态角度来看，若今天在"可以取，可以无取"的情况下，选择了"取"，那就容易形成惯例，使得今后不仅是个别管理者可以在这种情况下选择"取"，而且是所有管理者都可以在这种情况下选择"取"。如此一来，原本是模棱两可的状态，现在反倒成了"必取"的确定状态，而"无取"的边界则后退了。由此造成的更严重后果是，一旦这个"取"与"无取"的界线向"无取"一边推进，扩大了"取"的范围，那就会在日后的动态发展中不断突破"无取"的界线，增大"取"的疆域，管理者势必会越"取"越多，以至于不能自拔。这难道不是对"廉"的最大伤害吗？

同样，从动态角度看，在"可以与，可以无与"的时候，今天若选择了"与"，反倒削弱了被帮助对象寻求自立的内在需要，建立起依赖心理，今后一旦有困难、有问题、有需要，首先想到的是寻求外在帮助，没有外在帮助反而不能自立和成长了。在这种情况下，看上去管理者帮助解决了被管理者眼前面临的问题，也得到了被管理者的满意和好评，但是，从发展的眼光来看，反倒让被管理者丧失了持续学习的内在动力和能力提升的难得机会，到头来却可能严重影响了被管理者未来的职业成长。这难道不是对"惠"的一种伤害吗？

另外，在"可以死，可以无死"的时候，若选择了"死"，这不仅是对管理者的严重损害，更意味着对组织成员的严重损害，因为管理者轻言"死"，就不只是管理者个人的无谓牺牲问题，更涉及组织成员的身家性命，而且还会危害组织更为广大的共同利益。因此，在"可以死，可以无死"的时候，轻易选择"死"，不仅称不上是勇敢和勇气，反而是对"勇"的最大伤害。

实际上，在上述三种模棱两可情况下选择"不可"，也是坚守儒家"不为"底线的具体表现。因此，孟子在这里对管理者在三种模棱两可情况下的"不可"要求，也可以视为关于本篇第 36 章所讲的"人有不为也，而后可以有为"思想的进一步阐释。

4.52 逢蒙①学射于羿②，尽羿之道，思天下惟羿为愈③己，于是杀羿。孟子曰："是亦羿有罪焉。"公明仪④曰："宜若无罪焉。"曰："薄乎云尔，恶得无罪？郑人使子濯孺子⑤侵卫，卫使庾公之斯⑥追之。子濯孺子曰：'今日我疾作，不可以执弓。吾死矣夫！'问其仆⑦曰：'追我者谁也？'其仆曰：'庾公之斯也。'曰：'吾生矣！'其仆曰：'庾公之斯，卫之善射者也。夫子曰吾生，何谓也？'曰：'庾公之斯学射于尹公之他⑧，尹公之他学射于我。夫尹公之他，端⑨人也，其取友必端矣。'庾公之斯至，曰：'夫子何为不执弓？'曰：'今日我疾作，不可以执弓。'曰：'小人学射于尹公之他，尹公之他学射于夫子。我不忍以夫子之道反害夫子。虽然，今日之事君事也，我不敢废。'抽矢扣轮，去其金，发乘⑩矢而后反。"

【字词注释】

① 逢蒙：既是羿的徒弟，又是羿的私人保镖，但后来却帮助寒浞杀了羿。

② 羿：夏代时有穷国的国君，善射，曾篡夏自立，后被寒浞指使逢蒙所杀。

③ 愈：这里是胜过的意思。

④ 公明仪：鲁国人，曾子的学生，这里是孟子引用他评价这件事时的观点。

⑤ 子濯孺子：人名，已无从考。

⑥ 庾公之斯：人名，已无从考。
⑦ 仆：这里指驾车的人。
⑧ 尹公之他：人名，已无从考。
⑨ 端：这里是端正、正直的意思。
⑩ 乘：这里是数字四的代称。

【今文意译】

逢蒙向羿学习射箭，学到了羿的全部本领后，想到天下只有羿比自己强，便谋杀了羿。

对于这个历史事件，孟子评论说："在这件事上，羿也有错。"

虽然当年公明仪曾评论说"羿大概是没有错的"，但是孟子却不这样认为。孟子说："只不过错误小一点而已，怎能说没有错呢？当年郑国派子濯孺子去袭击卫国，卫国派庾公之斯来追击他。子濯孺子说：'今天我的伤病发作了，不能拉弓。看来我是死定了！'又问给他驾车的人：'追击我的人是谁？'驾车人回答：'是庾公之斯。'子濯孺子说：'我死不了！'驾车人说：'庾公之斯是卫国擅长射箭的高手，先生却说有机会活命，这是为什么呢？'子濯孺子说：'庾公之斯是跟着尹公之他学射箭的，而尹公之他又是跟着我学射箭的。尹公之他是正直的人，他选的学生也一定是正直的。'庾公之斯追到了，说：'先生为什么不拿弓？'子濯孺子说：'今天我的伤病发作了，不能拉弓。'庾公之斯说：'我是跟着尹公之他学射箭的，而尹公之他又是跟着您学射箭的。我不忍心用您的技术来伤害您。即便如此，今天是国君安排的任务，我又不能不执行。'说罢，抽出箭来，在车轮上磕掉箭头，连发四箭后便回去了。"

【管理解析】

本章讲人才培养首先要从内在信念和价值观的熏陶入手，在这个过程中，作为人才培养者的管理者以身作则非常重要。

在《论语》第十四篇第6章中，也曾评论过羿[一]。虽然羿善射，并以武力夺取天下，但最后还是被家臣寒浞和家将逢蒙合谋杀害，而逢蒙还是羿亲手教出来的学生。对于这个历史事件，曾有过很多评论，但多数评论都认为，逢蒙谋杀羿，罪在逢蒙，羿是无辜的。孟子却从管理的角度出发，更深刻地指出，作为同时扮演教育者和管理者双重角色的羿，在这件事上也有过错，其过错不仅在于选人和培养人上出了问题，更在于自己的身教有问题。

为了说明羿自身存在的问题，孟子举了另外一个历史事例作为对比。在卫国射

[一] 张钢，《论语的管理精义》，机械工业出版社，2015年版，PP387-388.

手庾公之斯追杀郑国射手子濯孺子这件事中，庾公之斯与子濯孺子之间，既是敌对关系，又有师承关系。子濯孺子培养了尹公之他，而尹公之他又培养了庾公之斯。子濯孺子在选择尹公之他时，看重的不仅是他作为射手的潜质，更是他的正直，即"端人"，而且，由此也可以推断，子濯孺子在教尹公之他射箭时，不仅教他技术，也教他作为一名射手所应恪守的职业规范，而当时射手的职业规范可能就包括若对手无力回击时，不应置其于死地，更不能偷袭对手等等。当子濯孺子选择了"端人"尹公之他，并按照射手的职业规范培养了他之后，尹公之他同样会按照这种模式来选择和培养弟子。因此，当子濯孺子知道追击他的射手是尹公之他的学生庾公之斯后，便能预期到在自己因伤病发作不能"执弓"的情况下，庾公之斯是不会伤害自己的。果然，庾公之斯追上来后，得知子濯孺子不能"执弓"，便在车轮上磕掉箭头，射出了四支没有箭头的箭，然后离去，以此来履行君命，同时遵循职业规范。

也许人们会认为，庾公之斯这样做是因私害公，为了师徒之谊而放跑了国君的敌人。但是，如果从管理的角度来看，庾公之斯这样做就不仅涉及公与私之间的关系，还牵涉到职业规范与组织利益之间的关系。庾公之斯除了是子濯孺子的孙辈弟子之外，还是一名职业射手，而根据当时射手的职业规范，对于无力回击的对手是不能赶尽杀绝的，这就像比武时，尚未开战，对手突发疾病，也不能乘人之危、痛下杀手一样。所以，当庾公之斯面对子濯孺子时，他们之间交织着三重关系，即各为其主的敌对关系、职业射手之间的公平决斗关系、师承关系。在这三重关系中，要排列出重要性的优先序，关键要看当事人的内在信念和价值观，而子濯孺子根据他自己选择和培养尹公之他的经验，推断出庾公之斯的优先序一定是将职业射手之间的公平决斗关系放在首位，其次也许是师承关系，最后才是君命之下的敌对关系。这也许是在当时各诸侯国竞争的大背景下，某种特定职业的从业者所应有的职业操守，无论是职业射手还是职业管理者，都要首先遵从职业规范，而且还要像对待父母一样对待师长，这才是更重要的价值优先序选择。至于"君命"，则并非至高无上。

由此也许不难理解，在庾公之斯放走子濯孺子这件事上，若站在卫国的立场来看，责任主要不在庾公之斯，而在卫国国君。卫国国君在理解人、使用人、分配任务上存在失误。严格来说，卫国国君对本国的精英射手应有全面了解，对于像庾公之斯这样的高手，应事先了解他的师承关系和行为特征，更应该理解射手的职业规范。基于对庾公之斯的全面了解，卫国国君就不应派庾公之斯去执行这项追击任务，陷他于三重关系漩涡的尴尬之中；即便事先不知道要追击的人是谁，安排了庾公之斯去执行任务，事后也不应过于追究他的责任，反倒可以通过这件事，更全面地认识庾公之斯本人的职业操守和"做人"风格，以便在将来更恰当地安排他的工作。

当然，孟子举庾公之斯追击子濯孺子这个例子，重点不在于说明庾公之斯的价值优先序选择，而意在表明，像射手职业一样，管理职业同样必须注意从业者的选择和培养中的"做人"与做事、职业操守与专业技能并重的问题。虽然射手职业由于涉及武器使用，选错了人，没能培养好人，危害可能很大，甚至发生像逢蒙那样"欺师灭祖"的事，但是，管理职业由于涉及权力使用，若选错了人，没能培养好人，其危害恐怕比射手职业有过之而无不及。所以，管理者不仅在自己做管理时不可不慎，在选择和培养未来管理者时更是不可不慎。为此，管理者必须首先从内在信念和价值观的确立入手，打通"做人"与做管理，这样才能使自己在管理职业中立得住、走得远，也才能借助言传身教和文献典籍的辅助，培养出一代代有职业操守的管理者。如此一来，不仅管理者本人可以无后顾之忧，更重要的是，组织及更广大的利益相关者才能真正做到无后顾之忧。从这个角度来说，羿被学生兼保镖逢蒙杀害，难道羿自己真的没有责任吗？

4.53 孟子曰："西子①蒙不洁，则人皆掩鼻而过之。虽有恶②人，齐③戒沐浴，则可以祀上帝。"

【字词注释】

① 西子：即西施。
② 恶：这里是相貌丑陋、样子难看的意思。
③ 齐：通"斋"，斋戒的意思。

【今文意译】

孟子说："即便像西施那样天生丽质的人，如果满身污垢，人们也会捂着鼻子躲开。一个人虽然相貌丑陋，但只要斋戒沐浴，仍能参加祭祀活动。"

【管理解析】

本章承接上章，进一步阐明遵从社会规范的重要性。

在日常生活中，人们都比较在意外貌，这也是社会交往时容易引起人们注意的外在信息线索。但是，当人们留意外貌时，实际上已经预设了一个基本前提，那便是要遵从社会交往规范。也就是说，在遵从社会交往规范的前提下，人们更容易被相貌好的人所吸引，也更愿意同那些相貌好的人交流。如果违背了这个隐含的前提，例如，一个像西施那样天生丽质的人，却完全不遵从社会交往规范，要么满身污垢，要么污言秽语，人们还真的愿意同这样的人交流吗？结果恐怕会完全不一样。所以，孟子说，"西子蒙不洁，则人皆掩鼻而过之"。这说明，人们平时虽然也在不自觉地遵从各种社会规范，却并没有自觉地意识到这一点，更没有立足于社会规范去思考自己和理解他人，往往只是被表面现象牵着鼻子走。人们之所以被西施所吸引或对她厌恶，并非因为她恪守还是不恪守社会规范，也不是因为她的德行，而只不过是因为她的外表而已。

但是，如果从"神"或理想的视角去看问题，那么，情况可能就会完全不同。"神"更看重的是德性，而德之本在"诚"。哪怕一个人相貌再丑陋，但只要他有"诚"，能极其认真地进行"斋戒沐浴"，仍"可以祀上帝"，即参与祭祀活动。在《论语》第六篇第4章中，孔子曾说过，"犁牛之子骍且角，虽欲勿用，山川其舍诸？"㊀ 意思是，"神"总是公平的，不会嫌弃杂色之牛，而关键要看人们面对"神"是否有"诚"。这同孟子讲"虽有恶人，齐戒沐浴，则可以祀上帝"，本质上是一样的。

孟子用"恶人齐戒沐浴"和"西子蒙不洁"做对比，意在说明，管理者一定不能仅凭过往经验和想当然的感觉来做管理，而必须超越于个人好恶，将做管理建立在"人性"的德性前提及由此派生的价值观和行为规范之上；有了这样的立足点，管理者才能真正做到透过现象看本质，更深入地认识人、理解人，更有效地激发人的潜能。

4.54 孟子曰："天下之言性也，则故①而已矣。故者以利为本。所恶于智者，为其凿②也。如智者若禹之行水也，则无恶于智矣。禹之行水也，行其所无事也。如智者亦行其所无事，则智亦大矣。天之高也，星辰之远也，苟求其故，千岁之日至③，可坐而致也。"

【字词注释】

① 故：这里是原因、缘故的意思。
② 凿：本义指用工具在木头上打孔，这里引申为穿凿附会的意思。
③ 日至：这里指冬至。按照周历，冬至这一天为一年的开始。

【今文意译】

孟子说："天下人之所以热衷于谈论人性，不过是想寻求人类行为的原因罢了，而如今所寻求的原因，又都是建立在看得见的利益之上的。这就是为什么人们会讨

㊀ 张钢，《论语的管理精义》，机械工业出版社，2015年版，P145.

厌那些号称洞悉人性的所谓聪明人的原因，他们实际上都是在用看得见的利益，来解释看得见的行为，这就好比能在木头上打个洞，就以为自己把握住了木头的本来样子一样，其实不过是在穿凿附会罢了。真正有智慧的人，若能像禹治水一样，当然就不会为人们所讨厌了。禹治水，关键在于认识到了看得见的水流背后看不见的运行规律，进而顺其自然，不强行干预。如果人们也能洞悉到看得见的人类行为背后看不见的观念力量，进而顺其自然，不强行干预，那才可以说是有大智慧啊。虽然天空那么高，星辰那么远，但只要能寻求到它们背后的原因，哪怕是千年后的冬至这一天，也能轻松地推算出来。"

【管理解析】

本章在于阐明，看得见的行为背后看不见的观念，才是"人性"的根本所在；没有关于"人性"的观念以及由此派生出来的价值观和行为规范，就不可能恰当地界定利益，更不可能在共同利益上达成共识，也就无法理解人之为人的行为。

在孟子所处的战国时期，各诸侯国的管理者们更在意看得见、摸得着的利益，像开篇孟子见梁惠王时，梁惠王张口闭口都是利益，这在当时非常普遍。在这种大背景下，号称洞悉"人性"的这些诸侯国管理者们，由于言必称利，因此，在寻求用"人性"来解释人们的行为时，自然就会将追逐个人利益视同"人性"之本，并从看得见的利益来解释看得见的行为，进而又用利益来威胁或诱导人们的行为。在孟子看来，这种做法，就像在木材上打个孔，就以为能看到木材之所以为木材的原因一样，完全是一种穿凿附会的做法。也难怪当时人们会讨厌那些自作聪明的所谓"智者"。既然"人性"之本不在看得见的利益，也不能仅用看得见的利益来解释看得见的行为，那么，到底应该如何来看待"人性"并解释人们的行为呢？

孟子并没有直接回答这个问题，而是举了禹治水的例子。禹治水，不是眼睛只盯着看得见的水流，这里水流多，就去这里堵，那里水流多，又去那里截；而是首先洞悉和把握住看得见的水流背后看不见的运行规律，顺其自然，以疏导的方式引流入海，解决水患。禹看似没有干预水流，也没有做太多人为改变，却顺势有效地解决了水患，原因就在于他对看得见的水流背后看不见的运行规律的理解和把握。治水如此，要管理一个由人构成的组织又何尝不是如此。因此，孟子才说，"如智者亦行其所无事，则智亦大矣"。这里的"智者"暗指管理者，若管理者真的能像禹治水那样实施组织管理，才算拥有了"大智慧"。在儒家看来，拥有"大智慧"，实际上就是将"仁"这个核心价值观和智慧融为一体，真正洞悉到"人性"之本，就像《中庸》所讲"舜其大知也与"[一]一样。

为了进一步说明"大智慧"对做管理的意义,孟子又举了天体运行的例子。要想真正理解天体运行,就必须透过看得见的日月星辰,把握住其背后看不见的运行规律;只有把握住了天体运行规律,才能准确地推测特定星座的运行位置,也才能更准确地推算出日历来,毕竟历法是根据天体运行的周期规律制定的。做管理的道理是一样的。只有真正把握住了"人性"的根本所在,以及由此派生出来的价值观和行为规范,才能更好地认识和理解人的行为,并能在遵从"人性"的前提下引导由人构成的组织去创造更为广大的共同利益。严格来说,共同利益并非看得见、摸得着的物质存在,而不过是一种深深根植于"人性"之中的价值观念而已。

4.55　公行子①有子之丧。右师②往吊,入门,有进而与右师言者,有就右师之位而与右师言者。孟子不与右师言,右师不悦,曰:"诸君子皆与驩言,孟子独不与驩言,是简③驩也。"孟子闻之,曰:"礼:朝廷不历④位而相与言,不逾⑤阶而相揖也。我欲行礼,子敖以我为简,不亦异⑥乎?"

【字词注释】

① 公行子:齐国大夫。
② 右师:即王驩,字子敖,时任右师职位。
③ 简:这里是态度傲慢、怠慢的意思。
④ 历:这里是跨越的意思。
⑤ 逾:这里是跳过、越过的意思。
⑥ 异:这里是奇特、奇怪的意思。

【今文意译】

公行子为儿子办丧礼。王驩前去吊唁,一进门,就有人迎上来说话,坐下后,又有人到他座位旁和他说话。孟子没有和王驩打招呼,王驩不高兴地说:"各位管理者都和我说话,唯独孟子不和我打招呼,这是看不起我呀。"

孟子听到这话后说:"根据管理规范,在朝廷等正式场合,相互交谈不能跨越位次,彼此作揖不能跨过台阶。我想遵循管理规范,子敖却认为我看不起人,这不是有些奇怪吗?"

[一] 张钢,《大学·中庸的管理释义》,机械工业出版社,2017年版,PP97-99。

【管理解析】

本章进一步说明，当时的管理者其实并没有真正理解"人性"，不过是在用看得见的利害关系来解释和预测人的行为罢了。

按照当时的社会规范，如果诸侯国高级管理者的家里办丧事，那么，国君都会派各级管理者前去吊唁，而且，还会指派一位职位比较高的管理者做国君的代表，因此，这种吊唁场合也被视同正式的工作场合，管理者同样应遵循管理规范。

当齐国的各级管理者去公行子家里吊唁时，王驩早已升任右师，职位上高于孟子，与当年做盖邑大夫时随孟子出使滕国已今非昔比，更何况，王驩还是国君的宠臣，他一进门，那些已在公行子家里参加吊唁的管理者们，纷纷到王驩跟前寒暄示好，有的在他一进门就打招呼说话，有的在他就座后过来讲话谈天，而唯独孟子始终没有和他讲话。这让王驩很不高兴，以为孟子看不起他、怠慢他。

当王驩用"看不起""怠慢"来解释孟子不和他讲话的行为时，实际上已经是从利益出发，来分析孟子的行为了。王驩或许认为，自己的职位是右师，而且还是国君的宠臣，能够影响甚至左右国君的决策，这必然会影响到在场各位管理者的个人利益，因而，这些管理者都努力讨好他，与他谈天套近乎，以谋求潜在的个人利益，而唯独孟子不和他讲话，分明就是看不起他的右师职位和国君红人所代表的权力。这是王驩在利益逻辑下所必然得出的结论。王驩这种思维方式以及那些去讨好王驩的管理者的行为表现，恰是上章所讲的"所恶于智者，为其凿也"的生动写照。在孟子看来，以王驩为代表的那些自作聪明的管理者们，正因为没能真正理解"人性"的本质内涵，在解释和预测人的行为上，完全走错了方向。这也是当时各诸侯国之所以做不好管理的根本原因。

孟子不同王驩讲话，正像当年在出使滕国的往返途中没有和他谈论公事一样，不过都是在遵循管理规范罢了。既然他们是遵国君之命到公行子家里去吊唁，就应该像在朝廷上处理公务一样，遵从管理规范，公私分明。孟子在王驩面前的行为表现，完全符合管理规范的要求，也恰是一名有着内在信念和价值观坚守的管理者，由内而外地表现出来的正常行为，不能简单地从外在的利益关系去解释和预测。但具有讽刺意味的是，孟子作为管理者所表现出来的正常行为，却反倒被视为不正常，难怪孟子会说"我欲行礼，子敖以我为简，不亦异乎"。

孟子这句话一语双关。表面上看说的是，孟子遵礼而行，王驩却认为孟子看不起他，这说明王驩虽然身处右师职位，却连起码的管理规范都不了解，全凭个人好恶来处理管理角色之间的关系及管理事务，这样的人也能做到高级管理者，不是很奇怪么？另外一层更深的含义或许是，在这种场合，按照管理规范，孟子不和王驩讲话，才是对他以礼相待，表达了对他的真正尊重，而那些献媚讨好巴结他的人，才是将他降格到一个就喜欢别人溜须拍马的层次，但是，王驩却好歹不识，竟把有礼当无礼，而将无礼当有礼，这种自以为聪明，实则愚蠢至极的做法，不也是太奇怪了吗？看似奇怪，其实一点也不奇怪。正如上章所讲的一样，那些只是从利益的角度来看待"人性"的自作聪明的管理者们，必然被眼前的利益蒙住眼睛，无法认清现实，更无从理解人的行为。

4.56 孟子曰："君子所以异于人者，以其存心也。君子以仁存心，以礼存心。仁者爱人，有礼者敬人。爱人者人恒①爱之，敬人者人恒敬之。有人于此，其待我以横②逆，则君子必自反也：'我必不仁也，必无礼也，此物③奚宜至哉？'其自反而仁矣，自反而有礼矣，其横逆由④是也，君子必自反也：'我必不忠。'自反而忠矣，其横逆由是也，君子曰：'此亦妄⑤人也已矣。如此，则与禽兽奚择⑥哉？于禽兽又何难⑦焉！'是故君子有终身之忧，无一朝之患也。乃若所忧则有之：舜，人也；我，亦人也。舜为法于天下，可传于后世，我由未免为乡人也，是则可忧也。忧之如何？如舜而已矣。若夫君子所患，则亡矣。非仁无为也，非礼无行也。如有一朝之患，则君子不患矣。"

【字词注释】

① 恒：这里是经常、常常、总是的意思。

② 横：这里是蛮横、粗暴的意思。

③ 物：这里是事的意思。

④ 由：同"犹"，仍然的意思。

⑤ 妄：是会意字，本义为"乱"，即没有凭据地胡乱猜想或行动，这里是胡思乱想、胡作非为的意思。

⑥ 择：这里是区别、区分的意思。

⑦ 难：这里是诘问、责难、计较的意思。

【今文意译】

孟子说："管理者和其他职业从业者的区别，关键在于思考的内容不一样。管理者思考的是仁爱和各种社会规范。追求仁爱境界的人一定会爱护别人，恪守社会规范的人一定会尊重别人。爱护别人的人也一定会被别人爱戴，尊重别人的人也一定会被别人敬佩。假设这里有个人，蛮横不讲道理，那么，管理者就会自我反思：'我一定没有达到仁爱的要求，一定有不符合社会规范的行为，不然事情怎么会到这种地步呢？'自我反思之后，让自己的言行更符合仁爱和社会规范的要求，而那个人依旧蛮横不讲道理，管理者则会再次进行自我反思：'我一定没有做到尽己尽责。'自我反思之后，更好地履行了职责，做到了尽己尽责，而那个人仍然还是蛮横不讲道理，管理者就会说：'这不过是一位胡思乱想、为非作歹的人罢了。这么胡思乱想、为非作歹，与动物又有什么区别呢？既然与动物没有区别，又何必要和动物计较呢！'所以，管理者有终身的忧患意识，却没有一时的担心害怕。管理者的忧患意识就是：舜是人，我也是人；舜给天下人做出了榜样，让一种管理信念和思想得以传承下去，而我却不过是一个普通人，这才是要担忧的事。有了这种担忧怎么办？努力向舜那样做就是了。除此之外，眼下根本就没有什么可以让管理者担心害怕的事。只要是不符合仁爱和社会规范要求的事，就不去做。恪守了这个原则，若还有什么突发的灾祸，那也不是管理者需要担心害怕的了。"

【管理解析】

本章承接上章，具体阐明儒家管理的"人性"内涵及其对管理者行为的具体要求。

根据儒家的观点，"人性"的核心内涵是"仁"，由此派生出来的社会行为规范便是"礼"。因而，"仁"和"礼"也就成为儒家管理的价值观和行为规范的代名词。基于此，儒家管理者在做管理中必须首先恪守和践行"仁""礼"，这也是儒家反复强调做管理要观念先行的根本原因。

当孟子说"君子所以异于人者，以其存心也。君子以仁存心，以礼存心"的时候，意在说明，管理职业与其他职业的根本区别，就在于管理者的思维意识不是聚焦于外物或其他具体事务上，而是必须时刻聚焦于对"人性"的认识、理解和把握上，从而将"人性"的核心内涵融入自己日常的思言行之中。按照儒家的要求，赢得信任是做管理的第一要务，而信任又是在人际互动中达成的，这其中有关"人性"的认识以及由此而形成的对他人行为的预期，就变得至关重要。

从儒家"恕"或推己及人的基本原则出发，管理者基于德性来理解他人、爱护他人、尊重他人，而别人也会以这样的互动式认知、理解和行为来回馈管理者，由此一个良性互动的人际信任便建立了起来。相反，如果管理者以追逐个人利益来推断别人的行为，那么，别人也会用这种逻辑来推断管理者的行为，再加上资源、权力和机会的不对等，别人势必会推断和猜测管理者以权谋私。如此一来，管理者与被管理者之间的信任，又从何谈起呢？一旦失去了信任，做管理便会沦为一种互相猜忌、互相提防的猫捉老鼠式的角逐。一会儿是管理者扮演猫，用各种工具来监督、考核、评价被管理者，唯恐被管理者在"偷懒""偷油"；一会儿是被管理者扮演猫，时刻留意着管理者是否变成了"硕鼠"，在"偷吃"本属于被管理者的粮食。如此周而复始的角色轮换，组织的和谐可持续发展只能是一句空话。由此可见，如果管理者单纯从物质利益的角度来理解"人性"，并以此来解释人的行为，不仅难以保持内在的一致性，而且还会消解管理，解构组织。

因此，在孟子看来，只有从德性的角度来理解"人性"，将"仁""礼"存于心中，管理者才能合理地推断他人的行为，而更重要的是，别人也能以同样的逻辑，合理地推断管理者的行为，由此才能产生管理者与被管理者之间的良性互动。这就是孟子用"仁者爱人，有礼者敬人。爱人者人恒爱之，敬人者人恒敬之"所要表达的意思。但问题是，如果这种良性互动的路径一时走不通该怎么办？或者说，如果管理者从"人性"的德性前提出发，恪守和践行"仁""礼"，却不能得到别人的理解，又该怎么办？按照本篇第 4 章中孟子所讲的"行有不得者，皆反求诸己"原则，管理者当然要从自身找原因。在这里，孟子进一步将这个原则的运用区分为三个层次。

首先，"有人于此，其待我以横逆，则君子必自反也：'我必不仁也，必无礼也，此物奚宜至哉？'"意思是，当别人对自己蛮横不讲理的时候，首先要从自己"做人"上的表现去找原因，毕竟"做人"直接体现于人际互动之中，而儒家关于"做人"的内在要求就是"仁"，外在行为表现则要符合社会规范。因此，从"做人"上找原因，就是要基于"仁""礼"，进行由内而外地自我反思。这种自我反思本身也是一个"干中学""事上磨炼"过程，不仅有助于改善人际互动，还有利于自我修养和自我管理水平的提升。

其次，"其自反而仁矣，自反而有礼矣，其横逆由是也，君子必自反也：'我必不忠。'"这意味着，若通过自我反思，提升了自我修养水平，改进了自己的"做人"，结果在同那个人的互动中，仍被他蛮横无理地对待，这时就需要更进一步，从自己所承担的管理角色考虑问题，要反思自己在做管理上是否真正做到了"尽己尽责"，即"忠"的要求。这是儒家对管理者最重要的规范要求，在一定程度上直接决定着管理者是否称职。这种自我的管理反思，同样有助于提升管理水平，改进组织管理工作，进而赢得被管理者的信任。

最后，"自反而忠矣，其横逆由是也，君子曰：'此亦妄人也已矣。如此，则与禽兽奚择哉？于禽兽又何难焉！'"如果通过自我反思，切实改进了管理工作，那人蛮横不讲理照旧，那么，这并不意味着"人性"出了问题，而只能说明那人是一个特例，也即一个社会化极其不充分的"妄人"，几近于"动物"。对于这样一个几近于动物的特例，既不能过于计较，更不能因此而改变关于"人性"的认识及相应的价值观坚守。

一位经历过上述三个层次的自我反思的儒家管理者，一定会建立起关于做管理的一个基本信念，那便是由忧患意识所带来的终生学习信念。用孟子的话说则是"君子有终身之忧，无一朝之患也"。如果管理者能够超越眼前利益和个人恩怨，也就不会在眼下的事上患得患失，担心害怕。但是，正因为管理者确立起"人性"的德性前提和最广大的共同利益目标，却有了一种对自己"做人"和做管理的更高要求。管理者要追求仁爱境界和"至善"目标，就必须付出终生努力，这自然就会让管理者形成一种忧患意识，担忧自己肩负不起这个使命，无法达到那个更高标准的要求。尤其当树立起像舜那样的榜样和标杆之后，这种忧患意识将更为强烈，正如孟子所言，"乃若所忧则有之：舜，人也；我，亦人也。舜为法于天下，可传于后世，我由未免为乡人也，是则可忧也。忧之如何？如舜而已矣"。借助榜样和理想世界的引领，现实世界中的管理者则会带着这种忧患意识，努力寻求改变现实，让现实变得更美好。

由于有了榜样和理想世界的引领，管理者才有可能形成超越的心胸和眼光，真正摆脱眼前的患得患失，不去担心个人的荣辱成败，完全融入改变现实、创造更广大的共同利益这项可持续的事业之中。这正是孟子用"若夫君子所患，则亡矣"所要表达的意思。

那些坚信"人性"的德性前提，并以"至善"为终极目标的管理者，自然就能做到"非仁无为""非礼无行"，也即孔子在《论语》第十二篇第1章中解释"克己复礼为仁"时所讲的"非礼勿视，非礼勿听，非礼勿言，非礼勿动"㊀。当管理者"以仁存心""以礼存心"，真正达到了"克己复礼"的管理境界，也就做到了心地坦然，光明磊落，问心无愧；此时即便出现了不能预期的变故乃至灾祸，管理者也会坦然处之，既不担惊害怕，也不怨天尤人。

4.57 禹、稷当平①世，三过其门而不入，孔子贤之。颜子当乱世，居于陋巷，一箪食，一瓢饮；人不堪其忧，颜子不改其乐，孔子贤之。孟子曰："禹、稷、颜回同道。禹思天下有溺者，由②己溺之也。稷思天下有饥者，由己饥之也。是以如是其急也。禹、稷、颜子，易地则皆然。今③有同室之人斗者，救之，虽被④发缨⑤冠而救之可也。乡邻有斗者，被发缨冠而往救之，则惑也，虽闭户可也。"

㊀ 张钢，《论语的管理精义》，机械工业出版社，2015年版，PP317-319.

【字词注释】

① 平：这里是安定、和平的意思。
② 由：通"犹"，好像的意思。
③ 今：这里是假如的意思。
④ 被：通"披"，散开、披散的意思。
⑤ 缨：这里做动词，系上冠带的意思。

【今文意译】

禹和稷在和平年代，忙于公共事务，三次经过家门都不进家，孔子认为他们德才兼备。颜回在动荡年代，住在窄小僻陋的胡同里，吃着极其简单的饭食；别人都无法忍受这样的艰难困苦，颜回却能不改变他的志向追求，孔子认为颜回也德才兼备。

孟子说："禹、稷和颜回追求的是同样的管理之道。禹只要想到天下还有受水患之苦的人，就像自己受水患之苦一样。稷只要想到天下还有忍饥挨饿的人，就像自己忍饥挨饿一样。所以，他们才会如此紧迫地去救助民众，无暇回家。如果禹、稷和颜回换个位置，他们一样会像对方那样做。假设同屋有人争斗起来，当然要去调解，即使披头散发、系上帽带就去调解，也是应该的。但是，假设大街上有人争斗起来，若披头散发、系上帽带就出去调解，那就不明智了，这时哪怕闭门不出也是可以的。"

【管理解析】

本章承接上章，用历史人物来具体阐释儒家所讲的"存心"意味着什么。

在第三篇第4章中，孟子已讲过禹治水、稷教民稼穑的历史案例，这里再次以他们为例，并加上"孔子贤之"的评论，是为了说明，当管理者真正做到了"以仁存心，以礼存心"，便会自觉恪守"恕"的原则，推己及人，将民众的疾苦视同自己的疾苦，急迫地去拯救民众，无暇顾及自己，甚至"三过其门而不入"。在《论语》第八篇第21章中，孔子说"禹，吾无间然矣"[⊖]，给予以禹为代表的管理者的"克己奉公"行为以高度评价。

禹和稷之所以能这样做，除了他们自身能够"存心"的原因之外，还有一个非常重要的外部环境条件，那便是"当平世"，也就是在和平时期，他们拥有管理职权及相应的责任，更重要的是，他们的共同上级是舜。正是在这样的外部环境条件下，他们才能以自己的"存心"和才能，做出卓越的管理贡献。但是，管理者没有

⊖ 张钢，《论语的管理精义》，机械工业出版社，2015年版，PP233-234.

办法预设一定有这样的外部环境条件，甚至管理者可能身处"乱世"，根本就没有机会做管理，这时又该怎么做呢？孟子在这里引用《论语》第六篇第9章孔子评价颜回的话，"一箪食，一瓢饮，在陋巷，人不堪其忧，回也不改其乐"㊀，意在说明，颜回"当乱世"仍不改自己的志向追求，严格恪守管理之道，并不断精研管理之道；虽然没有管理职权，更没有做出看得见的功业，但在孔子眼里，颜回德才兼备，如果"当平世"，有机会做管理，必定能像禹、稷一样公而忘私，做出卓越的管理贡献。所以，孔子评价颜回"用之则行，舍之则藏，唯我与尔有是夫"㊁，而孟子在这里也说，"禹、稷、颜回同道""易地则皆然"。

由此可见，对于管理者而言，外部的环境条件固然重要，但更重要的是把握住自己，真正做到"以仁存心""以礼存心"，这才是儒家一直强调的由内而外的管理逻辑。管理者只有在把握住自己的前提下，才有可能依据外部环境条件和岗位职责要求，进一步去影响他人，改变环境。如果一个人连自己都认识不清、把握不住，却奢谈影响他人、改变环境，那岂不是天方夜谭。

为了更清晰地阐明这种由内而外的管理逻辑，孟子最后又举了一个形象的例子。假设一个人面对同屋有人争斗和大街上有人争斗，在这两种情况下，他该如何应对呢？同屋可以视为同一个组织内部，而大街上则可以看作复杂的外部环境。对于组织内部的纷争，管理者职责所系，当然必须予以解决，而且刻不容缓，因此，孟子说"虽被发缨冠而救之可也"，这里之所以用"被发缨冠"，意指事情紧急，来不及讲小节，这就像禹和稷救民众于水患、饥饿，"三过其门而不入""是以如是其急也"一样。但是，对于外部环境中发生的纷争，一方面并非某个特定组织中的管理者的职责所系，那可能涉及的是其他组织；另一方面，由于信息不完全和不对称，对于某个特定组织中的管理者而言，很可能不明就里，难以把握争斗缘起何方，这时若不问青红皂白、"被发缨冠"就去解决，不仅于事无补，反倒有可能火上浇油，岂不是要糊里糊涂地好心办坏事？在这种情况下，管好自己的事情，才是恰当的，甚至极端地说，"虽闭户"，也是可以理解的。这便是"当乱世"，颜回所采取的态度和行为。

4.58 公都子曰："匡章，通①国皆称不孝焉。夫子与之游，又从而礼貌之，敢问何也？"孟子曰："世俗所谓不孝者五：惰其四支②，不顾父母之养，一不孝也。博弈好饮酒，不顾父母之养，二不孝也。好财货，私妻子，不顾父母之养，三不孝也。从耳目之

㊀ 张钢，《论语的管理精义》，机械工业出版社，2015年版，PP149-150.
㊁ 张钢，《论语的管理精义》，机械工业出版社，2015年版，PP182-183.

欲，以为父母戮③，四不孝也。好勇斗很④，以危父母，五不孝也。章子有一于是乎？夫章子，子父责善而不相遇也。责善，朋友之道也。父子责善，贼⑤恩之大者。夫章子岂不欲有夫妻子母之属哉？为得罪于父，不得近，出妻屏⑥子，终身不养焉。其设心以为不若是，是则罪之大者。是则章子已矣。"

【字词注释】

① 通：这里是所有、全部的意思。

② 支：通"肢"。

③ 戮：这里是羞辱的意思。

④ 很：这里是凶恶、残忍的意思。

⑤ 贼：这里是伤害的意思。

⑥ 屏：这里是使……走开，避除的意思。

【今文意译】

公都子说："齐国人都说匡章不孝，您还和他一起出游，又对他敬重有加，这是为什么呢？"

孟子说："人们通常所讲的不孝有五种表现：很懒惰，不赡养父母，这是第一种不孝的表现。沉溺于下棋喝酒，不赡养父母，这是第二种不孝的表现。贪财好货，只顾妻子儿女，却不赡养父母，这是第三种不孝的表现。只追求感官享受，让父母蒙羞，这是第四种不孝的表现。打架斗殴，危及父母安全，这是第五种不孝的表现。这五种不孝表现，匡章有哪一种呢？匡章是因为劝诫父亲，导致父子不和。相互劝诫，以追求共同利益，那本是同事朋友相处的准则。父子之间相互劝诫，以追求共同利益，就会伤害原本天然存在的父子情感。难道匡章不希望有夫妻、母子共享天伦之乐吗？因为自己得罪了父亲，不能同父亲亲近，这才赶走了妻子，驱逐了儿子，让自己也终身得不到妻子儿女的奉养。匡章这样做，是为了惩罚自己；他觉得若不这样做，自己的罪过就更大了。这就是匡章啊。"

【管理解析】

本章继续用具体事例说明"存心"的重要性。"存心"是内在选择，别人看不到，有时还会被误解，但真正做到了问心无愧，便不会太过在意别人怎么看。对于"存心"之人，也只有"存心"之人才能理解。这更加突显出管理者"存心"的重要性，因为管理者需要认识"人性"、理解他人。

匡章虽是齐国名将，但也遭到国人误解，背负上了"不孝"之名。所谓"不孝"的起因，便是匡章曾因父亲的不良行为而谴责父亲，导致父子不合，以至于父亲至死也没有同匡章和解。这让匡章深深自责。为了自我惩罚，匡章把妻子赶出家门，让儿子远走他乡，自己独自一人生活。

在孟子看来，匡章固然有错，但他的错误只是违背了"父子不责善"这个准则，正像本篇第 18 章中讲到"君子不亲教子"一样。在第 8 章中，孟子是从父亲的角度，来讲"父子不责善"这个父子交往准则，而本章孟子则是从儿子的角度，来讲这个准则。当作为儿子的匡章去谴责父亲，劝诫父亲的时候，可能会从根本上伤害父子亲情这种感情和利益的一体化状态，让父子关系变得隔阂、疏远。这便是"父子责善，贼恩之大者"的道理。实际上，如果是从"不孝"的五种行为表现来看，匡章并没有表现出任何"不孝"的行为。由此可见，对于匡章，"通国皆称不孝"，该是多么大的误解。

孟子正因为能够透过"世俗"的喧嚣，认识和理解匡章的"为人"，所以，才能不顾别人对匡章的谴责，而"与之游，又从而礼貌之"，甚至连孟子的学生公都子都产生了疑惑。透过这件事不难看出，当管理者"以仁存心""以礼存心"时，不一定能为人们所理解，就像匡章那样，"其设心以为不若是，是则罪之大者"，但是，谁又能真正看到和理解匡章的"设心"呢？一般人只看到了他们父子不和，父亲至死都不愿见他，也看到了他不近人情地"出妻屏子"，但是，人们并不知道这两件事的内在原因及其联系，匡章也不可能见谁就上去解释一番，即便他能解释，别人也不一定会相信。这再次说明，人们无法改变外部环境条件，包括由人与人之间关系及社会舆论所形成的环境氛围，在这种情况下，一位坚信儒家管理之道的管理者，还需不需要继续"存心"，坚守以"仁"为核心的价值观，执着追求共同利益呢？这的确是对儒家管理者的严峻考验。在《论语》第四篇第 25 章中，孔子曾讲到"德不孤，必有邻"㊀，管理者只要"志于道"，坚守"志"，追求"道"，就一定能够找到志同道合者，一起问心无愧地走下去。匡章也不孤单，遇到了孟子，虽然"通国皆称不孝"，但孟子能理解他，尊重他，并和他一起前行。这也许恰是"存心"的力量所在。

虽然"存心"，特别是"以仁存心""以礼存心"，终将达到"爱人者人恒爱之，敬人者人恒敬之"的理想状态，但是，这种良性的人际互动并非一朝一夕便可达成，有时甚至还是一个漫长的过程，期间极有可能"当乱世"，需要像颜回那样矢志不渝，也有可能出现像匡章那样被大多数人误解的情况，这时若仍不改"初心"，继续"存心"，执着前行，才是真正信奉儒家管理之道的管理者。

㊀ 张钢，《论语的管理精义》，机械工业出版社，2015 年版，PP106-107.

4.59 曾子居武城①，有越寇②。或曰："寇至，盍③去诸？"曰："无寓人于我室，毁伤其薪木。"寇退，则曰："修我墙屋，我将反。"寇退，曾子反，左右曰："待先生如此其忠且敬也，寇至则先去以为民望④，寇退则反，殆⑤于不可。"沈犹行⑥曰："是非汝所知也。昔沈犹有负刍⑦之祸，从先生者七十人，未有与⑧焉。"子思居于卫，有齐寇。或曰："寇至，盍去诸？"子思曰："如伋去，君谁与守？"孟子曰："曾子、子思同道。曾子，师也，父兄也。子思，臣也，微也。曾子、子思易地则皆然。"

【字词注释】

① 武城：鲁国的一个城邑。
② 越寇：指来犯的越国军队。
③ 盍：这里是何不的意思。
④ 望：这里是埋怨、怨恨的意思。
⑤ 殆：这里是大概、大约、恐怕的意思。
⑥ 沈犹行：曾子的学生，姓沈犹，名行。
⑦ 负刍：人名，已无从考。
⑧ 与：这里是帮助的意思。

【今文意译】

曾子住在武城的时候，正赶上越国军队来犯。有人说："敌人来了，何不赶快离开呢？"曾子说："好的，但不要让人住我的房子，不要毁坏了院子里的树木，我还是要回来的。"等敌人退走了，曾子就说："赶快给我修整一下房屋，我要回去了。"敌人退走后，曾子返回武城，身边的学生们说："武城的行政长官对先生如此尽己尽责，又恭敬有礼，敌人来了，先生却先离开，让民众都埋怨，敌人走了，先生又回来了，这大概不太好吧。"沈犹行说："这你们就不知道了。过去先生住在我那里，正赶上负刍作乱，跟从先生的学生有70多人，都没有帮助平乱。"

子思当年住在卫国的时候，正赶上齐国军队来犯。有人说："敌人来了，何不赶快离开呢？"子思却说："如果我离开了，国君和谁一起守城呢？"

孟子说："曾子和子思追求的是同样的管理之道。曾子是老师，是长辈。子思是管理者，是下属。如果曾子和子思换个位置，他们一样会像对方那样做。"

【管理解析】

本章继续用典型事例，说明在不同的情境和角色规范下，行为表现可能是不一样的,但其内在的"存心"并没有变,都在于坚守管理之道和职业规范。

曾子无论是在武城时遭遇"越寇"来犯而先走,还是在沈犹行那里恰逢"负刍之祸"而不帮忙,在一般人看来,都有点不近人情、不可理喻,正像曾子的学生所说的那样"待先生如此其忠且敬也,寇至则先去以为民望,寇退则反,殆于不可"。与曾子遇事先走、不帮忙的行为相反,子思在卫国时却遇"齐寇"而"与君同守"。两相对照,也许会让人觉得子思大义凛然,曾子胆小怕事且不讲情义。但是,立足于两人在类似情况下所扮演的不同角色及相应的角色规范,便不难理解,为什么会有这种行为反差。

曾子是武城行政长官的老师,也是沈犹行的老师,在当时的社会规范下,老师如同父辈,当遭遇危险时,学生、晚辈应该首先想到的是去保护师长,而不应该希望师长冒险来帮自己的忙。另外,从曾子作为师长的角度来看,当学生遭遇危险时,最好不要让学生分心来保护自己,更不能因自己的涉险行为给学生增添新的麻烦,因此,老师的最佳选择也许是保护好自己,先行离开,不给学生添乱,不让学生分心,以便学生能全力以赴、集中精力解决危机。由此可见,从曾子所扮演的师长角色及其行为规范来看,曾子选择从武城离开,选择不帮助沈犹行平乱,都是合理的。

与曾子不同,子思在卫国时扮演的是管理者角色,是卫国国君聘任的大臣。作为管理者,当卫国遭遇"齐寇"来犯时,职责所系,当然不能只顾自身安危,更不能擅离职守,而一定要和国君同进退。严格来说,子思的行为选择并非单纯的个人意愿,同样有角色规范的要求,只不过这样的角色规范已不仅仅是一种外部的行为约束,而是内化到了子思的心中,也即"以礼存心"。

其实,如果说子思是"以礼存心",才有了这种由内而外的自觉行为选择,坚决同国君共患难;那么,曾子又何尝不是"以礼存心",才有了这种由内而外的自觉行为选择,离开武城,也不帮助沈犹行平乱。虽然看上去曾子和子思的行为反差很大,但是,若从"以仁存心""以礼存心"来讲,则是完全一样的。因此,孟子最后才评论说,"曾子、子思同道。曾子,师也,父兄也。子思,臣也,微也。曾子、子思易地则皆然"。孟子这里评价曾子和子思"易地则皆然",强调的是相同情境下的不同角色行为,而在本篇第57章中评价禹、稷、颜回"易地则皆然",则突出的是不同情境下的不同角色行为,其背后的"存心"和"志于道"并没有变。

4.60 储子①曰:"王使人瞷②夫子,果有以异于人乎?"孟子曰:"何以异于人哉?尧、舜与人同耳。"

【字词注释】

① 储子：齐国人。　　② 瞯：这里是窥看、窥探的意思。

【今文意译】

储子说："国君派人偷窥先生，想看看您是否和别人不一样？"
孟子说："怎么可能和别人不一样呢？就连尧、舜，也和普通人一样啊。"

【管理解析】

本章更明确地指出，管理者和其他人的差异不在外表而在内心。

一般人更习惯于从看得见、摸得着的外在样貌和行为表现，去认识特定的人和特定的职业，就像齐国国君那样，听说孟子是天下知名儒者，影响很大，就想派人去窥探一下，看看孟子的日常起居行为是否异于常人。如果仅从外在表现来看，人与人之间的差异，其实并没有那么大；即便是人与动物的差异，可能也不大，正如本篇第47章中孟子所言"人之所以异于禽兽者几希"。但是，若从内在的思维意识以及日常思考的内容上来看，人与动物乃至人与人之间的差异便体现了出来。

当孟子在本篇第56章中说"君子所以异于人者，以其存心也"，又在本篇第47章中讲"人之所以异于禽兽者几希，庶民去之，君子存之"的时候，其中的"君子存之"，说的就是管理者时刻记住了人与动物的那一点差异，并将之不断发扬和扩大，从而让自己远离了动物。但遗憾的是，很多人总是想着向外去寻求人与动物、人与人之间的差异，而忘记了这种差异原本就在内部而不在外部。所以，孟子才对储子说，"何以异于人哉？尧、舜与人同耳。"这句话的潜台词也许是，要想寻求尧、舜与一般人不同的地方，必须从"存心"的差异、"存心"的程度以及"存心"和行为之间的关系上去找。

4.61　齐人有一妻一妾而处室者，其良人①出，则必餍②酒肉而后反。其妻问所与饮食者，则尽富贵也。其妻告其妾曰："良人出，则必餍酒肉而后反。问其与饮食者，尽富贵也，而未尝有显者来。吾将瞯良人之所之也。"蚤③起，施④从良人之所之，遍国中无与立谈者。卒⑤之东郭墦⑥间，之祭者乞其馀；不足，又顾而之他：此其为餍足之道也。其妻归，告其妾曰："良人者，所仰望而终身也。今若此！"与其妾讪⑦其良人，而相泣于中庭。而良人未之知也，施施⑧从外来，骄其妻妾。由君子观之，则人之所以求富贵利达者，其妻妾不羞也，而不相泣者，几希矣。

【字词注释】

① 良人：这里指丈夫。
② 餍：这里是吃饱的意思。
③ 蚤：通"早"，指早晨。
④ 施：这里是延续、一直的意思。
⑤ 卒：这里是终了、最后的意思。
⑥ 墦：是坟墓、墓地的意思。
⑦ 讪：是讥讽的意思。
⑧ 施施：指得意扬扬的样子。

【今文意译】

齐国有个人，家中有一妻一妾。他每次外出，一定会酒足饭饱而归。妻子问他都和谁一起吃饭了，他说一起吃饭的都是些有钱有势的人物。

妻子对妾说："每次丈夫外出，一定会酒足饭饱而归。问他和谁吃饭，他说都是些有钱有势的人物，但从没见有显要人物到家里来过。我要察看一下丈夫去的地方。"

一大早起来，妻子便悄悄地在后面跟着丈夫出门，看见他先到了城里，却没有一个人和他说话；最后又到了东城外的坟地，去祭祀者那里乞讨剩下的贡品；吃了还不够，又到其他祭祀者那里乞讨。原来这就是他酒足饭饱的方法啊。

妻子回来后，告诉妾说："丈夫是我们终身仰仗的人。没想到却是这样！"说完，两人一起在院子里哭骂起来。这时丈夫还不知道自己的行径已经暴露，得意扬扬地从外面回来，又在妻妾面前摆起了架子。

从管理者的角度看，人们用以追求财富地位声名的方法，能让家里人不蒙羞、不痛苦的，实在是不多啊。

【管理解析】

本章用一个形象的例子结束全篇，点明了全篇的主题，即：管理者要由内而外地保持行为一致性，致力于追求共同利益，而不能不择手段地谋求个人利益。

本章用那位齐国人隐喻管理者。儒家强调自我管理、家庭管理、组织管理的三位一体，而且，家庭管理是从自我管理到组织管理的桥梁，做家庭管理就如同做组织管理一样。在《论语》第二篇第21章中，当有人问孔子为何不去做组织管理时，孔子说，"《书》云：'孝乎惟孝，友于兄弟，施于有政，是亦为政，奚其为政？'"㊀

㊀ 张钢，《论语的管理精义》，机械工业出版社，2015年版，PP46-47.

这说的就是，对于管理者而言，管理好家庭和管理好组织是相通的，而从一个人在家庭管理中的表现，也可以预见到他在组织管理中可能采取的做法。从这个意义上说，那位齐国人面对家人时的表现，完全能够映射出某些管理者面对被管理者或下属时的表现。那位齐国人虽乞食于墓地，却在家人面前装出跻身于显贵的样子，这同某些管理者对上奴颜婢膝，对下颐指气使，简直如出一辙；而且，某些管理者也像那位齐国人一样，还自作聪明，自欺欺人，乐此不疲，以为别人完全不知道自己的"乞食"行径，到后来竟然伪装得连自己都信以为真了。

之所以会出现这种扭曲的行为表现，根本原因还在于缺乏内在的一定之规。管理者一旦没有内在的信念坚守，不能"存心"，也就无法自立，而不能在人格和思维意识上站起来，超越眼前的功名利禄，当然也就不得不曲意逢迎，正如孟子在第三篇第 6 章中所言，"枉己者，未有能直人者也"。这种丧失了人格和思维的独立性，去乞求富贵荣华的做法，不仅不可能成功，而且还会给家人和组织带来严重困扰。做管理不能仅对自己负责，更要对组织成员及更大范围的利益相关者负责。像那位齐国人，只顾自己乞食于墓地，蒙混个酒足饭饱，却全然不顾自己对家人所应担负的责任，难怪他的妻子会说，"良人者，所仰望而终身也。今若此！"其实，很多管理者又何尝不是让组织成员及利益相关者感到深深的失望。

在孟子所处的战国时代，各诸侯国的国君和高级管理者们，都热衷于称霸诸侯，扬名天下，而各诸侯国的普通管理者们，则总想着在民众面前耀武扬威，但是，他们并没有真正意识到自己所扮演的角色和肩负的责任，也即没有做到"存心"。当孟子要求管理者"以仁存心""以礼存心"的时候，实际上就是要求管理者必须具备角色意识和责任感，这才是将真正的管理者和徒有其表的管理者区别开来的根本所在。如果仅是从行为上来看，混迹于富贵人物之间酒足饭饱后，仿佛自己也就成了显要人物，但殊不知，酒足饭饱行为也是可以伪造的，乞食于坟场同样能混个酒足饭饱。这表明，只是从表面上看似繁忙应酬的行为本身，无法辨明谁才是真正的管理者。所以，本章最后深刻地指出，"由君子观之，则人之所以求富贵利达者，其妻妾不羞也，而不相泣者，几希矣"。

即便对于今天的管理者来说，那位齐国人的故事也仍具有跨时空的警示意义。如今管理者在组织外忙于奔波应酬，似乎成了常态，而且，组织内部成员基本上无法知晓管理者在外面都忙了些什么。但愿今天的管理者不要像那位齐国人，自己"乞食"于外，不顾"家人"温饱，却还要装作志得意满，不忘自我标榜一回。

万章第五

【本篇导读】

本篇运用历史案例，进一步阐述组织治理及其与管理的关系问题。在孟子所处的战国时期，各诸侯国之所以会面临严峻的管理挑战，本质上是因为治理层面存在严重问题，一方面没有确立起信念和价值观前提，也就必然缺乏应有的治理理念，另一方面更没有建立起关于管理权力的合法性来源及其有效运用的制度安排和机制设计，也就必然导致管理者的选择、任用、培养以及做管理出现混乱和无序的局面。正是针对现实存在的迫切问题，孟子运用历史案例分析方法，深入探析了诸侯国的治理理念及其赖以确立的前提，同时还深刻揭示了作为代理人的管理者与作为委托人的国君之间关系的性质，以及处理这种关系所应遵循的基本规范。

本篇共有18章，大致可以分为三个部分。第一部分由第1章至第6章的内容构成，主要讲解诸侯国治理理念，尤其涉及有关治理理念赖以建立的前提、管理权力及其转移的合法性来源等根本问题。其中，第1章用舜处理同父母关系的历史案例，说明信念或第一价值观是治理理念得以确立的前提，也就是说，要确立治理理念，首先必须具有超越于管理权力之上的、带有终极性的内在准则，而儒家认为，"仁"及其直观的行为表现——"孝"，是人之为人的根本"权利"或天然"权利"，其价值超越于其他任何"权利"和"权力"之上，这是必须确立起来的信念或第一价值观，也是治理理念和管理规范得以形成的带有终极性的内在准则和立论前提，一旦这个带有终极性的内在准则和立论前提确立起来，才有可能厘清"权利"与"权力"之间的关系，进而建立起尊重"权利"、约束"权力"、配置"权力"的治理理念及相应的制度安排和机制设计；第2章进一步指出，信念或第一价值观是自足的、自明的、直观的，不需要以其他理由来进行论证，而是其他一切理念和理由得以成立的前提或原点，面对信念或第一价值观，只能有"诚"，只能坚定执着地践行；第3章用舜处理同弟弟关系的历史案例，说明如何以信念或第一价值观为基础，确立相应的治理理念，并落实到管理实践之中，这也是儒家强调天下、诸侯国与家庭同构的集中体现；第4章再用舜处理与长上关系的历史案例，阐明信念或第一价值观如何影响管理权力的转移，以及信念或第一价值观对管理权力的内在约束作用；第5章用尧与舜之间管理权力禅让的历史案例，阐述管理权力的终极合法性来源在于代表"天意"的"民意"，而民众用脚投票、做出选择的内在尺度，便是信念或第一价值观共识，这也是当时条件下关于民众权利意识的集中体现；第6章通过"禅让制"和"世袭制"的对比，明确指出，虽然"世袭制"和"禅让制"下管理权力转移的结果看上去可能不一样，但"世袭制"原本在权力合法性来源及选择机制上，同"禅让制"并无本质区别，都是立足于"天意"和"民意"，只是在后来的演变中，"世袭制"慢慢偏离了方向。

第二部分包括第7章至第11章的内容，侧重讲解作为代理人的管理者应如何获得管理权力，并正确处理同作为委托人的国君之间的关系。其中，第7章用伊尹如何获得管理授权的历史案例，阐明职业管理者同样应首先立足于"天意"和"民意"，以追求共同利益为职业目标，才能实现自己的职业理想；第8章以孔子为例，进一步说明，管理者不能为了获得管理权力，丧失信念或第一价值观，无视管理规范，不择手段，曲径通幽；第9章以百里奚为例，再次阐明管理者应从管理之道和管理规范出发，恰当选择所要任职的诸侯国；第10章用伯夷、伊尹、柳下惠和孔子作为历史上伟大管理者的典型代表，系统阐述一名理想的儒家管理者所应具备的职业素质；第11章以周朝的管理者激励制度为例，说明信念或第一价值观和相应的治理理念要得以实施，还必须关注制度安排，尤其是激励制度设计问题，没有制度基础设施的保障，难以让治理理念落地，也无法让管理功能得以有效发挥。

第三部分涵盖第12章至第18章的内容，在前两部分基础上，着重分析作为代理人的管理者与作为委托人的国君之间关系的性质，以及处理这种关系所应遵循的规范。其中，第12章以孟献子、鲁缪公和尧为例，阐明私人"交友"关系与正式工作关系的性质差异及相应的处理准则；第13章再举孔子的典型事例，用以说明，管理者在不同类型的关系处理上，应如何遵循管理之道和管理规范，做出适当地权衡选择；第14章阐明做管理所应具有的职业动机以及不同层次管理者所应具备的责任意识；第15章进一步解说管理者与国君之间关系的性质以及相应的处理准则；第16章运用一系列历史案例，全面阐述管理者在处理与国君的关系时，首先应遵从岗位职责和角色规范，依规矩办事，切忌一味地迎合与顺从国君；第17章从更宽广的历史视野来看待管理者的职业共同体，并强调以共同体的力量来坚守管理之道和管理规范，与国君平等对话；第18章以作为高级管理者的"卿"与国君之间关系处理为例，说明当时条件下如何明确诸侯国治理与管理的边界，并以高级管理者与国君的"非人格化"关系为基础,将治理理念付诸实施。

在本篇中,孟子以丰富的历史素材,对儒家的信念或第一价值观及相应的治理理念,进行了生动诠释,极大地丰富和发展了儒家关于治理及其与管理关系的思想。

5.1 万章问曰:"舜往于田,号泣于旻①天。何为其号泣也?"孟子曰:"怨慕②也。"万章曰:"父母爱之,喜而不忘;父母恶之,劳而不怨。然则舜怨乎?"曰:"长息③问于公明高④曰:'舜往于田,则吾既得闻命矣。号泣于旻天、于父母,则吾不知也。'公明高曰:'是非尔所知也。'夫公明高以孝子之心为不若是恝⑤。我竭力耕田,共⑥为子职而已矣。父母之不我爱,于我何哉?帝使其子九男二女,百官牛羊仓廪备,以事舜于畎亩⑦之中。天下之士多就之者,帝将胥⑧天下而迁之焉。为不顺于父母,如穷人无所归。天下之士悦之,人之所欲也,而不足以解忧。好色,人之所欲;妻帝之二女,而不足以解忧。富,人之所欲;富有天下,而不足以解忧。贵,人之所欲;贵为天子,而不足以解忧。人悦之、好色、富、贵,无足以解忧者,惟顺于父母可以解忧。人少,则慕父母;知好色,则慕少艾⑨;有妻子,则慕妻子;仕则慕君,不得于君则热中。大孝,终身慕父母。五十而慕者,予于大舜见之矣。"

【字词注释】

① 旻:这里指天空。
② 慕:这里是爱慕、思念的意思。
③ 长息:公明高的学生。
④ 公明高:曾子的学生。
⑤ 恝:漫不经心、不在乎的意思。
⑥ 共:同"恭",奉行、恪尽职守的意思。
⑦ 畎亩:"畎",指田间的水沟。"畎亩",泛指田间、田野。
⑧ 胥:这里是都、皆的意思。
⑨ 艾:这里是漂亮、美好的意思。

【今文意译】

万章问道:"舜去田间,对天哭泣。他为什么要哭泣呢?"

孟子说:"怨恨自己得不到父母的爱。"

万章说:"按理说,如果父母爱他,就应该高兴地记在心头;如果父母讨厌他,也应该继续尽自己做儿女的职责而不怨恨。难道说舜是在怨恨父母吗?"

孟子说:"过去长息曾问过公明高:'舜去田间,我能理解。但他对天哭泣,这样对待父母,我就不理解了。'公明高说:'这当然不是你所能理解的。'公明高的意思是,一位真正的孝子,是不能置父母对自己的态度于不顾的。那种以为'只要我尽力种地,尽到做儿女的职责就行,至于父母不爱我,我又有什么办法'的想法,真正的孝子是不应该有的。当年帝尧让自己的九个儿子、两个女儿和百官一起,带着牛羊物资,到田间为舜服务。天下的管理者也都愿意服从舜,帝尧还把天子之位禅让给舜。但是,舜却因为没有得到父母的爱,好像走投无路的人没有依靠一样。让天下管理者都心悦诚服,是人们希望得到的,但这并不足以消除忧愁;追求美丽的姑娘,也是人们希望做的,帝尧将女儿嫁给舜,但还不足以消除忧愁。财富,是人们希望获得的,但拥有天下财富,也不足以消除忧愁;地位,也是人们希望获得的,但即便做了天子,也不足以消除忧愁。来自人们的心悦诚服,追求美好的事物、财富、地位,都不足以消除忧愁,只有获得父母的爱,才能消除忧愁。人们在年幼时,只爱父母;当知道追求美丽姑娘,就开始爱年轻漂亮;等有了妻子儿女,又爱妻子儿女;做了管理者,则爱国君,得不到国君的爱,便焦虑不安,心中火急火燎,不得安宁。只有大孝之人,才能终身爱父母。一个人到了五十岁,还在思念着父母的爱,我在伟大的舜身上终于看到了。"

【管理解析】

本章以舜为例,再次阐明儒家管理的第一价值观是"仁",而"仁"的自明且直观的体现便是"孝";只有确立起第一价值观,才能让管理者有内在的一定之规,不会被外在的各种变化和诱惑所左右。

作为历史上伟大的管理者,舜也被视为儒家理想世界中管理者理想类型的典型代表,无论是《论语》,还是《大学》《中庸》,都曾反复讲到舜,而且,《中庸》里也曾盛赞"舜其大孝也与!"[一]但是,孟子在这里首次明确地将舜的"大孝"视作儒家第一价值观"仁"的典型表现,并以舜为例,深入分析了确立第一价值观对于做管理的奠基作用。

价值观是一种关于什么有价值、什么没价值,什么重要、什么不重要的观念体系,也是一整套支撑管理决策取舍的内在原则性标准体系,而这些内在观念或标准

[一] 张钢,《大学·中庸的管理释义》,机械工业出版社,2017年版,PP123-126.

之所以能形成"体系",关键在于第一价值观的确立;只有以第一价值观为立足点,才能建立起一种内在的逻辑关系,将各种内在观念或标准联结成为一个有机整体,从而为管理决策提供一以贯之的内在准则。

对于儒家管理之道来说,第一价值观就是"仁",而"仁"的具体表现形式便是"孝"。也就是说,在儒家看来,人与人之间的"爱"是最重要、最有价值的,而这种"爱"的自明且直观的表现就是"亲情之爱",首先是来自父母的爱。舜这位伟大的管理者,最珍视来自父母的爱,若得不到父母的爱,便意味着失去了人之为人最宝贵的价值。当父母不喜欢他的时候,舜是何其痛苦,他"号泣于旻天",不是怨恨父母为什么不爱他,而是怨恨自己为什么得不到父母的爱。对舜而言,正因为"仁"是他的第一价值观,他才会如此在意是否得到父母的爱,而不像一般所认为的那样,"我竭力耕田,共为子职而已矣。父母之不我爱,于我何哉",这种只是尽到自己做儿女的本分,全然不在乎父母的态度和反应的做法,恰恰表明对父母的爱漫不经心,没有看得很重。这恰说明还没有将"仁"作为第一价值观,没有把父母的爱放在最重要的位置。在孟子看来,正因为舜将"仁"作为第一价值观,他才能将获得父母的爱,也即"慕父母",看得比"天下之士悦己""妻帝尧之二女""富有天下""贵为天子"等都重要;一个得不到父母的爱的人,就像一个流浪汉、无家可归者一样,从人之为人的精神层面上看,也就失去了存在的价值。

如果一个人不能确立起第一价值观,那就会更多地受内在欲望和外在环境的影响,不断变换价值偏好,缺乏一以贯之的内在准则。这不仅会误导组织中的管理决策,即便是生活中的个人选择,也会游移不定。因此,孟子说,"人少,则慕父母;知好色,则慕少艾;有妻子,则慕妻子;仕则慕君,不得于君则热中"。这意味着,一个没有确立起第一价值观的人,在不同阶段、不同情境下,会有不同的价值偏好,而且,这些价值偏好主要受内在欲望和外在环境左右;这样的人即使做了管理者,由于没有内在的一定之规,也只会迎合上级,讨上级的欢心,将获得上级的认可和喜欢视作最重要的,一旦得不到,便火急火燎,心神不宁,如热锅上的蚂蚁。由此可见,无论是"做人",还是做管理,明确第一价值观都至关重要,这是一切人生决策和管理决策得以做出的根本价值尺度或底线。

儒家的第一价值观是"仁",将"仁"落实到行动上,首先便体现为"孝",而真正以"仁"为第一价值观来行"孝",才能称得上"大孝"。因此,当说"舜大孝"的时候,也就意味着舜恪守了"仁"这个第一价值观来行"孝",这同一般所说的"孝"是不一样的,正像孟子所言"五十而慕者,予于大舜见之矣"。孟子这句话,一方面意味着,舜在五十岁受禅让,做了天子,但这时他仍将父母的爱放在最重要的位置,甚至比天子之位都重要,如第四篇第 28 章中所讲的"视天下悦而归己,犹草芥也"，这已充分说明了舜的内在价值观的优先序；另一方面也表明，五十岁是"知天命"的年龄，舜到此时仍最为珍视来自父母的爱，便不难理解他那始终如一的第一价值观坚守了。

5.2 万章问曰："《诗》云：'娶妻如之何？必告父母。'①信斯言也，宜莫如舜。舜之不告而娶，何也？"孟子曰："告则不得娶。男女居室，人之大伦也。如告，则废人之大伦，以怼②父母，是以不告也。"万章曰："舜之不告而娶，则吾既得闻命矣。帝之妻舜而不告，何也？"曰："帝亦知告焉则不得妻也。"万章曰："父母使舜完③廪，捐④阶⑤，瞽瞍焚廪。使浚⑥井，出，从而掩之。象⑦曰：'谟⑧盖⑨都君⑩咸我绩。牛羊，父母。仓廪，父母。干戈⑪，朕，琴，朕。弤⑫，朕。二嫂，使治朕栖。'象往入舜宫，舜在床琴。象曰：'郁陶⑬思君耳。'忸怩。舜曰：'惟兹臣庶，汝其于予治。'不识舜不知象之将杀己与？"曰："奚而不知也？象忧亦忧，象喜亦喜。"曰："然则舜伪喜者与？"曰："否。昔者有馈生鱼于郑子产，子产使校人⑭畜之池。校人烹之，反命曰：'始舍之圉圉⑮焉，少则洋洋⑯焉，攸然而逝。'子产曰：'得其所哉！得其所哉！'校人出，曰：'孰谓子产智？予既烹而食之，曰：得其所哉！得其所哉！'故君子可欺以其方⑰，难罔⑱以非其道。彼以爱兄之道来，故诚信而喜之，奚伪焉？"

【字词注释】

① 这是《诗经·齐风·南山》中的诗句，大意是：娶妻应该怎么做？一定先要禀父母。

② 怼：这里是怨恨、嫉妒的意思。

③ 完：这里是修理、修整的意思。

④ 捐：这里是抛弃、去弃的意思。

⑤ 阶：这里是梯子的意思。

⑥ 浚：这里是疏通、疏浚的意思。

⑦ 象：舜的同父异母弟弟。

⑧ 谟：这里是计划、谋划的意思。

⑨ 盖：这里是"害"的假借字。

⑩ 都君：指舜。

⑪ 干戈："干"，护身用的盾；"戈"，一种进攻性武器。"干戈"，泛指盾牌和武器。

⑫ 弤：雕弓，相传为舜所用。

⑬ 郁陶：忧郁、烦闷的意思。

⑭ 校人：看管池塘的官吏。

⑮ 圉圉：生气不足、奄奄一息的样子。

⑯ 洋洋：生机勃勃、活灵活现的样子。

⑰ 方：同"法"，方法、办法。

⑱ 罔：这里是蒙蔽、蒙骗的意思。

【今文意译】

万章问道："《诗经》上说：'娶妻应该怎么做？一定先要禀父母。'像这首诗所讲的那么做的人，原本应该非舜莫属，因为他是大孝之人。但是，舜却没有禀告父母就娶妻，这是为什么呢？"

孟子说："如果禀告了父母，舜就不能娶妻。男婚女嫁是社会规范的基本要求，也是孝的重要体现，毕竟最大的不孝就是不结婚生子。对于舜来说，如果禀告父母，就会因不能娶妻而违背社会规范的基本要求，最终也会因没有子嗣而让父母怨恨，所以，舜没有禀告父母就娶妻了。"

万章说："舜不禀告父母就娶妻，我已经明白了其中的原因。但是，帝尧将女儿嫁给舜，也没有先和舜的父母商量，这又是为什么呢？"

孟子说："帝尧也知道，若先和舜的父母商量，就没有办法将女儿嫁给舜了。"

万章说："父母让舜去修理谷仓，当舜上了屋顶，他父亲瞽瞍就撤掉了梯子，点燃了谷仓，结果舜有幸逃过一劫；父母又让舜去疏通水井，舜还在井下，父母就用土去填井，幸好水井壁上还有一个侧洞，舜才得以脱险。舜的弟弟象说：'谋害舜的计划都是我做的。一旦计划成功，家产要这样分配：牛羊、谷仓，归父母；兵器甲盾、乐器、雕弓，都归我；两个嫂子也都要听我使唤。'有一天，象到舜的房间去，看到舜在那里弹琴，就说：'心里郁闷得很，想看看您。'象说这话时显得很不自然。舜说：'我想念的是下属和民众，你替我去看看他们吧。'难道舜不知道象要谋害自己吗？"

孟子说："怎么会不知道呢？毕竟舜和象是兄弟，象郁闷，舜也会郁闷，象高兴，舜也会高兴。"

万章说："既然舜知道象要谋害自己，那么，舜的高兴是装出来的吗？"

孟子说："不是。从前有人给郑国的子产送了些活鱼，子产让负责池塘管理的人将这些活鱼放到池子里养起来，那个人却将鱼煮了吃掉，然后向子产汇报说：'刚把鱼放到池子里，它们还奄奄一息，没有活力，过了一会儿，才活跃起来，游着游着就看不到了，不知道都游到哪里去了。'子产说：'到它们该去的地方了！到它们该去的地方了！'那个管理池塘的人出来后对人说：'谁说子产有智慧！我已经把鱼都给煮着吃了，他还说：到它们该去的地方了！到它们该去的地方了！'所以，管理者虽然能够被某种特定的方法所欺骗，但不能用不符合管理之道的方式去蒙蔽。

象用敬爱兄长的方式来欺骗舜，舜当然会真心相信并感到高兴，怎么会是装出来的呢？"

【管理解析】

本章承接上章，继续讲管理者一旦确立起第一价值观，就会以第一价值观为基础达到"诚"或思言行一致。换句话说，第一价值观才是"诚"的稳固前提。

第四篇第26章也曾提到"舜不告而娶"，这里则比较详细地解释了"舜不告而娶"的原因。舜的父母偏爱他同父异母的弟弟——象，而象也图谋夺取舜的地位和财产，这样就有了舜的父母和弟弟对他的一系列打压乃至谋害的行动。但是，舜恪守第一价值观"仁"，始终保持着对父母和弟弟的真诚态度，而且，为了不违背当时涉及更高层次上"人之大伦"和"不孝有三，无后为大"的社会规范，舜没有禀告父母就娶了帝尧的女儿，而帝尧也了解舜家里的实际情况，既没有用"君命"去强制舜父母接受这门亲事，也没有和舜父母商量，就将女儿嫁给了舜。在当时的社会规范下，舜和帝尧的做法表明，他们都能从更高层次上的原则性规范出发做出权衡，同时又能不让舜的父母为难，这实际上也是尊重舜的父母。

根据历史传说，舜的父母和弟弟屡次三番要致舜于死地，在这种情况下，舜禀告父母的结果可想而知；另外，若帝尧同舜的父母商量，是以天子的地位让舜的父母假意应允，还是用天子的权威来胁迫舜的父母不得不接受？无论哪种方式，都不是恪守第一价值观"仁"的舜愿意看到的，更不是帝尧这位同样崇尚"仁"的伟大管理者愿意做的。因此，在"告"与"不告"的权衡上，既要保证恪守社会规范，又不强迫舜的父母假意应允，也不要让舜的父母做出违背社会规范的举动来，最终还是舜的"不告而娶"和帝尧的"妻舜而不告"乃更明智的选择。

坚守着第一价值观的舜，不仅始终如一地对父母行"孝"，即便对密谋加害自己的象，也自始至终保持着兄长对弟弟的关爱之情，即"悌"。当象在他面前说假话，表现出不自然的神情时，舜并没有从阴谋论的角度去揣测象，而是基于兄弟亲情去影响和感化他。舜对弟弟象的态度和行为源自内在的第一价值观坚守，是一种自然表现，既没有伪装的成分，也不能说是被象所欺骗。为了说明这一点，孟子又举了子产的例子。

子产的确是一位"惠"人，既仁慈，又乐于助人，而且还把仁慈由人及物，即便对别人送来的活鱼，也是既见其生，便不忍见其死，要"校人"到池子里放生。"校人"却自作聪明，煮吃了鱼，还假装说鱼都游走了，找不到了，而子产更是乐见其生，回归自然，不仅没有责备"校人"，反而赞叹"得其所哉"。在

"校人"看来，子产很好欺骗，自己偷吃了鱼，还没有受到惩罚。但是，"校人"并不知道，当初子产让他"畜之池"，并不是要留待日后再去吃这些鱼，而是从仁慈价值观出发，要将这些鱼放生。也正因为如此，当"校人"告诉子产说那些鱼儿都"攸然而逝"时，子产才会赞叹"得其所哉"，其实"校人"的套路和伎俩不过是歪打正着而已，也即正好符合了子产的价值观和初衷。相反，如果"校人"将那些鱼烹饪之后再送给子产吃，反而会受到严厉责备，因为这完全违背了子产的价值观和初衷。

孟子用"校人"骗子产的例子，意在说明，象在舜面前的假情假意看似得逞了，但这并不是因为象表演得多么逼真、套路有多么高深，而不过是因为象的行为表现正好符合了舜的价值观而已；严格来说，舜在象面前，和子产在"校人"面前一样，都是从自己内在的价值观出发，由内而外地产生出一种自然的行为反应。

5.3　万章问曰："象日以杀舜为事。立为天子，则放①之，何也？"孟子曰："封②之也。或曰放焉。"万章曰："舜流共工③于幽州，放驩兜④于崇山，杀三苗⑤于三危⑥，殛⑦鲧⑧于羽山：四罪而天下咸服，诛不仁也。象至不仁，封之有庳⑨。有庳之人奚罪焉？仁人固如是乎？在他人则诛之，在弟则封之。"曰："仁人之于弟也，不藏怒焉，不宿怨焉，亲爱之而已矣。亲之欲其贵也，爱之欲其富也。封之有庳，富贵之也。身为天子，弟为匹夫，可谓亲爱之乎？""敢问'或曰放'者，何谓也？"曰："象不得有为于其国，天子使吏治其国而纳其贡税焉，故谓之'放'。岂得暴彼民哉？虽然，欲常常而见之，故源源⑩而来，'不及贡，以政接于有庳。'此之谓也。"

【字词注释】

① 放：这里是驱逐、流放的意思。

② 封：这里是赐爵位、土地、名号等的意思。

③ 共工：尧、舜时期的部落首领。

④ 驩兜：尧、舜时期的部落首领。

⑤ 三苗：尧、舜时期的部落首领。

⑥ 三危：古地名，在甘肃省敦煌市东南。

⑦ 殛：诛杀、杀戮的意思。

⑧ 鲧：尧、舜时期的部落首领，禹的父亲。

⑨ 有庳：古地名，在湖南省道县北。

⑩ 源源：这里是经常、不断的意思。

【今文意译】

万章问道:"象整天琢磨的就是怎样谋害舜,而舜当上天子后,也不过就是将他流放,这是为什么呢?"

孟子说:"实际上是分封他,却被人说成了流放。"

万章说:"舜将共工流放到幽州,将驩兜流放到崇山,还在三危这个地方杀了三苗,在羽山杀了鲧。给这四个人治罪,天下人都很信服,因为这是按规矩办事,他们的行为违背了社会规范,当然要受到惩罚。其实,象也严重违背了以仁为核心的社会规范,却被分封到有庳这个地方,难道是有庳这个地方的人有过错要受到惩罚吗?追求仁爱境界的人难道会这样做吗?对别人违反社会规范就要惩罚,对兄弟违反社会规范却要分封。"

孟子说:"追求仁爱境界的人对于兄弟,既不隐藏自己的不满,也不会记仇积怨,只是对他亲爱罢了。亲他,就希望他能显贵;爱他,就愿意他能富有。把象分封到有庳,就是想让他变得更好。舜身为天子,而弟弟却是个普通人,这能说是亲爱他吗?"

万章说:"那请问:这件事为什么又会被人说成是'流放'呢?"

孟子说:"因为象不能在有庳这个地方想干什么就干什么,舜专门委派管理者来管理有庳的事务,并负责朝贡纳税等事宜,所以,有人就说这也是'流放'。象怎么可能有机会危害有庳这个地方的民众呢?即便如此,舜也还是常常想见到他,所以,象也不断到舜那里去,'等不到朝贡天子的时候,舜经常因管理事务接见有庳国国君。'说的就是这件事。"

【管理解析】

本章在上章基础上,进一步说明,管理者有了第一价值观坚守之后,还要基于第一价值观,妥善处理好公私边界,不能因"孝悌"而损害管理中的公正原则。

舜接受禅让,成为天子之后,分封了自己的弟弟象,这在当时的历史条件下是合法的,也是合理的。以"仁"为核心的社会规范的直接体现就是"孝悌",作为天子的舜要对弟弟"悌",也即"亲爱之",便可以采用分封的方式,让他富且贵,这在当时是能为人们所接受的。相反,若舜"身为天子",而"弟为匹夫",反倒不能为当时的人所理解了。

但问题是,象是一个不遵循以"仁"为核心的社会规范,整天谋划着要杀掉兄长的"不仁之人"。对于这样的弟弟,舜还分封他,后人也许就不能理解了。更何况，像共工、驩兜、三苗和鲧，因违反规范都受到了应有的制裁，而到了象这里，却不仅不制裁，还给予分封。这似乎让人感觉，舜显然是亲疏有别，没有做到一视同仁。

如果考虑到共工、驩兜、三苗和鲧四人所扮演的管理角色，便容易理解，他们之所以受到惩罚，是因为他们没有履行管理职责，而非私人事务，对他们的"诛不仁"，是"诛"或惩罚他们在管理角色上的失职行为。但是，象在没有被分封之前，并未担任过正式的管理职务，他要谋害舜只是家务事，可能也只有舜和父母知道这件事，外人对其中细节是不可能了解的。其实当万章说"象日以杀舜为事"时，不过是后人依据各种传说所做的推断而已，对于当时的人来说，又怎么会知道象谋害舜的那些细节呢？因此，在象被分封之前，舜与象只有兄弟亲情，并无公职和公事关系。在这种情况下，即便"象至不仁"的判断成立，那也只能说明象在私人事务上"不仁"，或者说，象在"做人"上有些问题，而不能说他有类似于共工、驩兜、三苗和鲧那样在公共事务上的"不仁"，象和他们四位并没有可比性。基于此，孟子才说，"仁人之于弟也，不藏怒焉，不宿怨焉，亲爱之而已矣"。意思是，当舜对象只有兄弟亲情时，当然应该既往不咎，而兄为天子，也可以分封弟弟，这在当时都是能为天下人所理解的。

舜也非常清楚象在"做人"上的欠缺，更理解"做人"对做管理的基础作用，因此，舜在将象分封到有庳这个地方的时候，担心他为所欲为，祸害当地民众，还专门采取了预防措施，亲自委派管理者到有庳去实施管理，这实际上等于剥夺了象亲自管理有庳的权力，如同把象"软禁"在有庳一样，难怪历史上会有人将这种既分封又剥夺权力的做法，也视同于"流放"。其实，这正是舜在坚守以"仁"为核心的价值观前提下，做出的合理权衡，既兼顾兄弟亲情，又确保民众不因管理者"不仁"而受到影响乃至伤害。

孟子以舜处理与弟弟象的关系为例，意在阐明，管理者总会面对公私边界的权衡，理想的状态是，既不能以私害公，也不能以公侵私；要达到这种理想的状态，关键在于第一价值观的确立；若没有第一价值观，也就意味着失去了权衡的根本价值尺度，其结果很容易走向极端化，要么偏向私一端，要么又偏向公一端，无论偏向哪一端，对做管理而言，都是不恰当的。在孟子看来，舜的做法恰是处理公私关系的典范。舜既分封了象，兼顾到兄弟亲情之私，又约束住象的管理权力，确保了民众利益之公；而且，舜还常常接见象，既体现出兄弟情谊，又不断耳提面命，影响他、培养他，让他能逐渐胜任管理岗位的要求。

5.4 咸丘蒙①问曰："语②云：'盛德之士，君不得而臣，父不得而子。'舜南面而立，尧帅③诸侯北面而朝之，瞽瞍亦北面而朝之。舜见瞽瞍，其容有蹙④。孔子曰：'于斯时也，天之殆哉！岌岌乎！'不识此语诚然乎哉？"孟子曰："否。此非君子之言，齐东野人之语也。尧老而舜摄也。《尧典》曰：'二十有八载，放勋⑤乃徂⑥落。百姓如丧考妣⑦。三年，四海遏⑧密⑨八音。'孔子曰：'天无二日，民无二王。'舜既为天子矣，又帅天下诸侯以为尧三年丧，是二天子矣。"咸丘蒙曰："舜之不臣尧，则吾既得闻命矣。《诗》云：'普天之下，莫非王土。率土之滨，莫非王臣。'⑩而舜既为天子矣，敢问瞽瞍之非臣，如何？"曰："是诗也，非是之谓也。劳于王事，而不得养父母也。曰：'此莫非王事，我独贤⑪劳也。'故说《诗》者，不以文害辞，不以辞害志；以意逆⑫志，是为得之。如以辞而已矣，《云汉》之诗曰：'周馀黎民，靡有孑遗。'⑬信斯言也，是周无遗民也。孝子之至，莫大乎尊亲。尊亲之至，莫大乎以天下养。为天子父，尊之至也。以天下养，养之至也。《诗》曰：'永言孝思，孝思维则。'⑭此之谓也。《书》曰：'祗载见瞽瞍，夔夔齐栗，瞽瞍亦允若。'⑮是为父不得而子也。"

【字词注释】

① 咸丘蒙：孟子的学生。

② 语：指古语，流传下来的话。

③ 帅：这里是统率、率领的意思。

④ 蹙：这里是困窘、局促不安的意思。

⑤ 放勋：帝尧的称号。

⑥ 徂：通"殂"，死亡的意思。

⑦ 考妣：对父母去世后的称呼。

⑧ 遏：这里是停止、阻止的意思。

⑨ 密：这里是平静、安静的意思。

⑩ 这是《诗经·小雅·北山》中的诗句。其中，"率"，这里是沿着的意思；"滨"，这里指水边。这几句诗的大意是：全天下都是君王的土地，四海之内都是君王的臣民。

⑪ 贤：这里是劳苦的意思。

⑫ 逆：是形声字，本义指迎接，这里有推测的意思。

⑬ 这是《诗经·大雅·云汉》中的诗句。其中，"靡"，这里是无、没有的意思；"孑"，这里是孤单、孤独的意思。这两句诗的大意是：周朝剩余的民众，将会一个留不下。这是在天旱祈雨时说的话，意思是若天再不下雨，周朝的民众都会死去。

⑭ 这是《诗经·大雅·下武》中的诗句。其中，"言"和"思"在这里都是

语助词，无实义；"则"，这里是准则、法则的意思。这两句诗的大意是：只有永恒的孝，才是不变的准则。

⑮ 这是《尚书·尧典》中的话。其中，"祗"是恭敬的意思；"夔夔"，指恭敬的样子；"齐"，通"斋"，戒惧、谨慎的意思；"栗"，这里是害怕得发抖的意思；"允"，这里是答应、接受的意思；"若"，这里是代词，这样的意思。这几句话的大意是：舜恭敬地来见瞽瞍，谨慎小心得有点害怕，瞽瞍也坦然地接受了这种关系状态。

【今文意译】

咸丘蒙问道："古话说：'德行太高的人，国君不能将他视为下属，父亲也不能将他看作儿子。'舜当年做天子，尧率领各诸侯国国君去朝拜他，瞽瞍也要去朝拜他。舜看到瞽瞍，表情显得不自然。孔子说：'这时的天下已经处在危险状态了！'不知这话是针对这种情况说的吗？"

孟子说："不是。这并不是孔子说的话，不过是齐东民间的传说而已。尧年老时，舜只是帮助他管理天下，并没有做天子。《尚书》上说：'过了二十八年，尧才去世。民众就像失去父母一样，有三年时间，天下民众停止了一切娱乐活动。'孔子说：'天上不可能有两个太阳，民众也不可能有两个天子。'如果舜已经做了天子，又率领天下诸侯国国君为尧守孝三年，这不就是有两个天子了吗？"

咸丘蒙说："对于舜并没有将尧作为臣下，我已经理解了。《诗经》上说：'全天下都是君王的土地。四海之内都是君王的臣民。'舜已经做了天子，而瞽瞍又不是臣民，这又怎么理解呢？"

孟子说："这首诗的原意不是你所说的那个意思。诗的作者是在埋怨，全天下的人都是君王的臣民，却只有他最忙碌，连奉养父母的时间都没有。他的意思是说：'大家都是在为君王做事，为什么只有我最辛苦啊。'所以，要理解《诗经》中的诗句，就不能用文字损害词句，也不能因词句曲解作者的意图；只有从语义上去推断作者的意图，才能真正理解一首诗。如果仅是从词句上去理解，那么，《诗经·大雅·云汉》说：'周朝剩余的民众，将会一个留不下。'按照这个说法，周朝就没有人了。孝子最大的孝，莫过于尊重自己的父亲，尊重自己的父亲达到最高程度，莫过于用整个天下奉养他。作为天子的父亲，受尊重已达到最高程度；用天下来奉养，也是达到了奉养的最高程度。《诗经》上说：'只有永恒的孝，才是不变的准则。'说的就是这种情况。《尚书》上说：'舜恭敬地来见瞽瞍，谨慎小心得有点害怕，瞽瞍也坦然地接受了这种关系状态。'这难道说的是父亲不能将做天子的舜视作儿子吗？"

【管理解析】

上章讲舜恪守第一价值观，处理同兄弟的关系，本章则讲舜处理与长上的关系。具体地说，本章阐明了五层含义。

第一，澄清了有关以德行来选择管理者的误解。若以德行来选择管理者，是否就意味着德行最高或过高的人，必须成为最高管理者？更进一步，若从极端情况来看，是否意味着德行最高或过高的人，既不能做下属，更不能为人子了呢？这也就是咸丘蒙引用古语所表达的疑问，即"盛德之士，君不得而臣，父不得而子"。这种误解源于两个方面：一是没有认识到德行修养是一个无止境的过程，没有最高，也没有过高，只有不断自我修养的持续努力，除非盖棺定论，否则，德行很难评价，更难以比较，也正因为如此，德行是做管理的必要条件，但不是充分条件，有了德行，或有了很高的德行，并不意味着就一定要做管理；二是更没有理解儒家德行的基本要求便是"孝悌"，这当然包括对长上的态度和言行，如果一位号称有很高德行的人，却不能成为国君的臣下，甚至都不再是父亲的儿子，那么，他的"孝"又从何谈起呢？缺失了"孝"的人，还能再说他有德行吗？

因此，当万章说帝尧都要向舜称臣，而舜的父亲瞽瞍也要向舜称臣的时候，孟子予以坚决否定，认为这不过是民间传说而已，若引用《尚书·尧典》这样的历史文献，便可以发现，在帝尧年老时，舜只是作为高级管理者在帮助帝尧实施管理，长达28年之久；在帝尧去世，三年守孝期结束后，舜才登上天子之位。如果真像民间传说那样，在尧还没去世之前，舜已是天子，那么，在尧去世之后，舜又为尧守孝三年，行天子之祭，这岂不是意味着天下同时有两位天子并存了28年吗？这不仅违背史实，也有违常识。更重要的是，如果舜有很高的德行，那么，舜的德行恰表现在尊重帝尧，尽己尽责，履行好所肩负的管理职责，而不是期望取帝尧而代之。

第二，如果说尊重长上是德行的重要表现，那么，对父亲的"孝"，简直就可以说是德行的根本所在。换句话说，如果一个人连对父亲的"孝"都做不到，又如何能期望他对长上尊重，除非这种尊重不过是一种手段，用以达到其他目的。因此，当咸丘蒙引用《诗经·小雅·北山》中"普天之下，莫非王土。率土之滨，莫非王臣"来追问：一旦舜成了天子，他的父亲瞽瞍难道不是他的臣子吗？而舜又如何体现出对父亲的"孝"呢？孟子首先纠正了咸丘蒙对这首诗的错误理解和引用。实际上，这首诗并不是在讲，一个人只要做了天子或君王，就变得至高无上，甚至可以私天下，让天下臣民都归他个人所有；而且，这首诗也不是站在天子或君王的立场上看问题的，相反，倒是从一位管理者的视角，去抱怨自己工作太繁忙，以至于无暇照顾父母；其隐含的意思是，天下人都在为天子或君王做事，为什么唯独我这么辛苦劳累呢？这是在埋怨工作分配不合理，工作中苦乐不均，而不是要表明天子或君王可以把天下土地和臣民都变成自己的私有财产。更进一步，孟子又引述《尚书·尧典》，用以说明，舜自始至终都保持了对父亲瞽瞍的"孝"，在恭敬中甚至都有些畏惧，而他的父亲瞽瞍，即便在舜做了天子之后，也坦然地以父子关系方式来对待舜，这便是"祇载见瞽瞍，夔夔齐栗，瞽瞍亦允若"所要表达的意思。

第三，在孟子看来，既然天子或君王是以德行被上天和民众所选择，那就更应该恪守作为第一价值观的"仁"而不能有须臾偏离。换句话说，即使对天子或君王来说，也有比职位和权力更重要的东西，那便是"仁"及其在行为上的集中体现——"孝悌"。这既是天子或君王的职位和权力合法性的重要来源之一，同时也是对天子或君王的内在约束。孟子认为，对最高管理权力的约束，主要来自内外两个方面，就外部而言，那便是"天意"和"民意"，这既是管理权力的终极合法性来源，也是对管理权力的根本约束；从内部来看，那便是价值观，特别是作为第一价值观的"仁"及其具体行为规范——"孝悌"，这既是对管理权力的内在约束，更是管理权力的内在合法性来源。当然，对最高管理权力的内外部约束是一致的，更是相辅相成的。符合"天意"和"民意"，必然能践行内在价值观，而践行内在价值观，又必然能获得"天意"和"民意"。所以，孟子引用《诗经·大雅·下武》中的诗句"永言孝思，孝思维则"，意在指出，以"仁"为核心的价值观，是比管理权力更高的准则，具有超越管理权力的永恒性。

第四，孟子在阐明舜对待帝尧和父亲瞽瞍的态度和行为时，都首先澄清了民间传说中的误解和《诗经》引用上的曲解，强调要用批判和质疑的思维方式去看待历史、引用经典。为此，孟子还专门提出了一个重要的原则，即："说《诗》者，不以文害辞，不以辞害志；以意逆志，是为得之"。这讲的是，阅读像《诗经》这样的经典文本，不能只见局部不见全体，以偏概全；不能只看到单个字的意思，而忘记了更大的词句的含义，也不能只盯住词句的意思，而掩盖了作者通篇的构思和原意。因此，在阅读经典文本和历史文献时，要善于从整体意义和历史背景出发，去合理推断作者的写作意图和原本意思，这样才能更深入地理解经典文本，也才能对历史案例有更恰当的分析。为了说明这一点，孟子还专门举了《诗经·大雅·云汉》中的两句诗。这原本是周文王祈雨时说的话，带有很强的假设语气，意思是说，上天若再不赐雨，剩下的周朝臣民恐怕也都要饿死了，没有人能幸免，那样的话，周朝也就消失了。如果不去看这首诗的创作背景和整体含义，而只是抓住这样两句话，那岂不是说周朝早已无人了吗？对于管理学习而言，案例分析是必不可少的手段，但在案例分析中若没有整体观、普遍联系观和批判思维，反而很容易陷入局部和枝节，以至于扭曲原意，得出极其不恰当甚至完全相反的结论。

第五，孟子在这里运用舜和帝尧、舜和父亲瞽瞍之间关系处理的历史案例，在于借古喻今，警示当时各诸侯国国君，让他们认识到，作为最高管理者，更需要有内在价值观坚守和自我约束；而作为第一价值观的"仁"及其行为表现"孝悌"，比管理权力和看得见的物质利益更根本、更重要，它直接决定着管理权力的运用以及看得见的物质利益的界定、创造和分配；如果最高管理者都不信奉和践行第一价值观，却期望别人能遵循这种价值观来行动，那是不可能的。舍本逐末，必然自食其果。

5.5 万章曰："尧以天下与舜，有诸？"孟子曰："否。天子不能以天下与人。""然则舜有天下也，孰与之？"曰："天与之。""天与之者，谆谆①然命之乎？"曰："否。天不言，以行与事示之而已矣。"曰："以行与事示之者如之何？"曰："天子能荐人于天，不能使天与之天下。诸侯能荐人于天子，不能使天子与之诸侯。大夫能荐人于诸侯，不能使诸侯与之大夫。昔者尧荐舜于天而天受之，暴②之于民而民受之，故曰：'天不言，以行与事示之而已矣。'"曰："敢问荐之于天而天受之，暴之于民而民受之，如何？"曰："使之主祭而百神享之，是天受之。使之主事而事治，百姓安之，是民受之也。天与之，人与之，故曰：'天子不能以天下与人。'舜相尧，二十有八载，非人之所能为也，天也。尧崩，三年之丧毕，舜避尧之子于南河之南。天下诸侯朝觐者，不之尧之子而之舜；讼狱者，不之尧之子而之舜；讴歌者，不讴歌尧之子而讴歌舜。故曰：'天也。'夫然后之中国③，践天子位焉。而④居尧之宫，逼尧之子，是篡也，非天与也。《太誓》曰：'天视自我民视，天听自我民听。'⑤此之谓也。"

【字词注释】

① 谆谆：教诲不疲倦的样子。
② 暴：这里是暴露、显露的意思。
③ 中国：指居于国中央的天子都城。
④ 而：这里是如果、假如的意思。
⑤ 这是《尚书·太誓》中的两句话。其中，"自"是在、从的意思。这两句话的大意是：所谓上天在看，实际上是民众在看；所谓上天在听，实际上是民众在听。

【今文意译】

万章说："尧把天下给了舜，有这事吗？"

孟子说："没有。天子不能把天下给别人。"

万章问："既然这样，那么，舜拥有了天下，又是谁给他的呢？"

孟子说："是上天给他的。"

万章说："上天给他天下时，也是要谆谆教诲他吗？"

孟子说："不是的。上天不说话，只是用行动和事件来启示。"

万章说："怎么用行动和事件来启示呢？"

孟子说："天子能向上天推荐人，却不能让上天把天下给他。诸侯国国君能向天子推荐人，却不能让天子封他为诸侯。大夫能向诸侯国国君推荐人，却不能让国君任命他为大夫。从前尧向上天推荐舜，上天接受了舜，让舜给民众办事，民众也接受了舜，所以说：'上天不说话，只是用行动和事件来启示。'"

万章说："请问推荐给上天，上天接受了舜，介绍给民众，民众也接受了舜，这到底是怎么做的呢？"

孟子说："让舜主持祭祀，各路神明都来享用，这就说明上天接受了舜。让舜处理事务，各种事务都处理得很好，民众得以安居乐业，这就说明民众接受了舜。这便是上天给了舜天下，也是民众给了舜天下，所以说：'天子不能把天下给别人。'舜做尧的宰相达28年之久，这不是一般人所能胜任的，也是天意啊。尧去世，三年守孝期结束，舜为了躲避尧的儿子，去了南河的南边。天下各诸侯国国君朝见天子，不去尧的儿子那里，却到舜那里；有案件要诉讼的人，也不去尧的儿子那里，而是去舜那里；写颂歌的人，不去歌颂尧的儿子，而是歌颂舜。所以说：'这是天意啊。'在这种情况下，舜才到都城去继任了天子之位。如果舜霸占了尧的宫殿，逼迫尧的儿子让位，那便是篡位，而不是上天给予的。《尚书·太誓》说：'所谓上天在看，实际上是民众在看；所谓上天在听，实际上是民众在听。'说的就是这个道理。"

【管理解析】

上章讲天子或君王管理权力的内部合法性来源及约束，而本章则阐明天子或君王管理权力的外部合法性来源及约束。

在当时的历史条件下，人们普遍认为管理权力的终极来源在于上天，这也是最高管理者往往被称为"天子"的原因。在《论语》中，孔子主要讲的是职业管理者的管理问题，虽然也涉及管理权力的合法性来源，但孔子只将管理权力的合法性来源追溯到"天子"这位最高管理者。例如，在《论语》第十六篇第 2 章谈到管理体制及其实施的有效性问题[一]，孔子只讲了大夫与诸侯国国君、诸侯国国君与天子的

[一] 张钢，《论语的管理精义》，机械工业出版社，2015 年版，PP474-475.

权力关系，而没有专门分析天子权力的合法性来源问题；即便《论语》第二十篇第1章曾引用过历史上一些著名的天子与上天关系的论述㊀，那也只是为了说明职业管理者应该选择什么样的国君或委托人更合适。总起来看，孔子是将天子视为终极委托人，然后立足于作为代理人的职业管理者，来探讨管理问题，而没有过多涉及权力终极合法性来源及其治理问题。在孔子所处的时代，周天子形式上仍有合法性，还是名义上的终极委托人，因此，孔子认为，只要能恢复周天子的权威，便可以自上而下地解决权力合法性来源及其治理问题，也就有可能重塑管理秩序。基于此，孔子更关心如何重建价值观和社会规范，确立周天子权威，培养管理者，实行有效管理。

但是，到了孟子所处的战国时期，周天子已不可能再发挥终极委托人的作用，而各诸侯国国君，尤其是几个大诸侯国国君，都想着如何通过武力征服来一统天下，成为新的天子。在"霸道"盛行的背景下，权力的合法性来源似乎就在于武力和财力这样的硬实力，哪个诸侯国国君武力强大，财力充足，就能做天子。这种局面更是让权力的合法性来源问题突显了出来。面对这个更根本的治理问题，孟子将历史与现实结合起来，从不同角度进行了反复论证。在第一篇中，孟子主要是从现实出发，对权力合法性的终极来源进行了深入分析，而本章则借助历史案例，对天子的权力合法性来源做了更详细阐述。

在禅让制背景下，好像是尧把天下给了舜。按照这种理解，天下包括土地和民众，似乎都成了一种可以私下授受的东西。如果说天下可以私相授受，那么，自然也就可以相互争夺。所以，如果认可了尧将天下给了舜，也就相当于承认当时各诸侯国争夺天下的战争是合法的。这正是孟子坚决反对"尧以天下与舜"这种说法的根本原因。

孟子明确指出，"天子不能以天下与人"。天下不是谁的私有财产，哪怕是天子，也不能将天下随便给人。天下不过是上天给予所有人的恩赐，只有上天才能选择特定的人，来代表上天意志，维持天下秩序。但是，上天是非人格化的，并不会说话，人们又怎么能知道上天选择了谁？孟子说，"天不言，以行与事示之而已矣"。这句话中"行与事"的主语，是上天而非特定的人。这就好比是说，诸侯国里的大夫可以向国君推荐某个人，却不能代替国君做出是否选择这个人的决定，而诸侯国国君可以向天子推荐某个人，也不能代替天子做出是否选择这个人的决定；同样，天子可以向上天推荐某个人，但不能代替上天做出是否选择这个人的决定。在孟子看来，上天所做的决定，是通过被推荐人的行动和民众的选择体现出来的，也即"使之主祭而百神享之，是天受之。使之主事而事治，百姓安之，是民受之也"。在这里，"百姓"成为"百神"和上天意志的直接体现，所以，孟子又说"天与之，人与之，故曰：'天子不能以天下与人'"。这句话隐含的意思是，"上天与之"，就等于"百姓与之"，而"百姓与之"，也就等于"上天与之"。更重要

㊀ 张钢，《论语的管理精义》，机械工业出版社，2015年版，PP551-553.

的是，舜用"相尧"28年的实际行动，赢得了民众的认可，也就相当于获得了"天意"。

这种"天意"又进一步体现在民众用脚投票上。当尧去世满三年之后，舜为了避开尧的儿子，远离都城，隐居起来，但天下各诸侯国国君和民众都去舜那里朝见和寻求问题解决，而不去尧的儿子那里。民众用脚投票的结果，再次表明了"民意"就是"天意"。相反，若尧刚去世，舜就迫不及待地抢占尧的宫殿，逼迫尧的儿子让位，这岂不成了典型的篡权夺位行径？孟子用这种假设的表达方式，恰是要讽刺当时各诸侯国正在上演的抢夺权力的闹剧。

孟子借助舜从帝尧那里禅让权力的历史案例分析，所得到的基本结论是：天下不是私人物品，天子的权力来自"天意"，而"天意"即"民意"；只有赢得了"民心"，才能获得具有终极合法性的权力。这也是《尚书·太誓》中"天视自我民视，天听自我民听"所要表达的意思。

5.6　万章问曰："人有言'至于禹而德衰，不传于贤而传于子'，有诸？"孟子曰："否，不然也。天与贤，则与贤；天与子，则与子。昔者舜荐禹于天，十有七年，舜崩。三年之丧毕，禹避舜之子于阳城。天下之民从之，若尧崩之后不从尧之子而从舜也。禹荐益①于天，七年，禹崩。三年之丧毕，益避禹之子于箕山之阴。朝觐讼狱者不之益而之启②，曰：'吾君之子也。'讴歌者不讴歌益而讴歌启，曰：'吾君之子也。'丹朱③之不肖，舜之子亦不肖；舜之相尧、禹之相舜也，历年多，施泽于民久。启贤，能敬承继禹之道；益之相禹也，历年少，施泽于民未久。舜、禹、益相去久远，其子之贤不肖，皆天也，非人之所能为也。莫之为而为者，天也。莫之致而至者，命也。匹夫而有天下者，德必若舜、禹，而又有天子荐之者，故仲尼不有天下。继世以有天下，天之所废，必若桀、纣者也，故益、伊尹、周公不有天下。伊尹相汤以王于天下。汤崩，太丁④未立，外丙⑤二年，仲壬⑥四年。太甲⑦颠覆汤之典刑，伊尹放之于桐。三年，太甲悔过，自怨自艾⑧，于桐处仁迁义。三年，以听伊尹之训己也，复归于亳。周公之不有天下，犹益之于夏、伊尹之于殷也。孔子曰：'唐、虞禅，夏后、殷、周继，其义一也。'"

【字词注释】

① 益：人名，禹时宰相。　　② 启：禹的儿子。

③ 丹朱：尧的儿子。
④ 太丁：汤的太子，未继位便去世。
⑤ 外丙：汤的儿子，太丁的弟弟，在位两年。
⑥ 仲壬：汤的儿子，太丁的弟弟，在位四年。
⑦ 太甲：太丁的儿子。
⑧ 艾：这里是惩戒的意思。

【今文意译】

万章问道："有人说：'到了禹的时候，德行开始衰落，天子之位不再传给德才兼备的人，而是传给自己的儿子，有这回事吗？'"

孟子说："没有，不是这样的。上天要传给德才兼备的人，就传给德才兼备的人；上天要传给儿子，就传给儿子。从前舜将禹推荐给上天。过了十七年，舜去世。三年守孝之后，禹为了躲避舜的儿子，去了阳城。天下的民众都追随着禹，就像当年尧去世之后，民众不追随尧的儿子而追随舜一样。后来禹又将益推荐给上天。过了七年，禹去世。三年守孝之后，益为了躲避禹的儿子，去了箕山北麓。朝见和打官司的人都不到益那里而去了启那里，说：'这是我们君王的儿子。'写赞歌的人不歌颂益而歌颂启，说：'这是我们君王的儿子。'尧的儿子丹朱不够德才兼备，舜的儿子也不够德才兼备；舜给尧做宰相、禹给舜做宰相，都历时多年，长期给民众谋福利。禹的儿子启德才兼备，能够尊重并传承禹的管理之道；益给禹做宰相的年数不多，给民众谋福利的时间也不长。舜、禹、益做宰相的时间是长是短，儿子是否德才兼备，这都是天意，并非人力所能改变。原本没想做的事却做到了，这就是天意；原本没料到的事却发生了，这就是命运。若只是一名普通人，却能拥有天下，其德行必须像舜、禹那样，而且还要有天子推荐，所以，孔子没能拥有天下。若是因继承了天子之位而拥有天下，却又被上天废弃，一定会像桀、纣那样，所以，益、伊尹、周公也没能拥有天下，因为他们所服务的君王不像桀、纣那样。伊尹做宰相，帮助商汤统一了天下。商汤去世，当年的太子太丁还没继位就去世了，外丙在位二年，仲壬在位四年。太甲即位后破坏商汤的典章法度，被伊尹流放到桐这个地方三年。在桐这个地方的三年时间里，太甲悔过自新，自我惩戒，追求仁义，听从伊尹的教诲，最后又重新回到国都亳做天子。周公没能拥有天下，就像益在夏代、伊尹在殷代一样。孔子说：'唐尧、虞舜都是用禅让制来传承天子之位，夏禹、殷汤、周代都是用世袭制来传承天子之位，但其核心要义是一样的，都是通过天意和民意的结合，来选择德才兼备的管理者。'"

【管理解析】

本章继续用历史案例来阐明治理问题。

尧传位于舜、舜传位于禹，都是禅让，充分体现了以"天意"和"民意"相统一，来决定管理权力的终极合法性来源，这也非常符合儒家的观点。但是，相传自禹以后，"禅让制"被"世袭制"取代，而"世袭制"又如何体现管理权力的终极合法性来源，自然就成为人们思考乃至争论的焦点。有一种观点认为，自禹以后，德行衰微，世风日下，私心日隆，私天下、家天下由此兴起。若接受这种观点，势必为"霸道"找到历史借口。既然自禹以降就不再是"天下为公"，那么，凭借武力征服统一天下，拥有天下，又有什么不妥呢？

也许正因为如此，孟子才会对这种所谓"至于禹而德衰，不传于贤而传于子"的观点予以斩钉截铁的反驳。在孟子看来，并不是禹自己选择了他的儿子启继承天子之位，仍是上天和民众做出了这样的选择。这个选择过程同尧、舜时期完全一样。严格来说，禹并没有改变"禅让制"，但是，上天和民众的选择却不一样了。到禹去世之后，上天尤其是代表"天意"的"民意"，倾向于选择禹的儿子启，而不是禹的宰相益。这又是为什么呢？

孟子的解释是，一方面禹的儿子启德才兼备，或至少和宰相益一样德才兼备，不像当年尧的儿子和舜的儿子那样不够德才兼备；另一方面，益给禹做宰相、服务于民众的时间只有7年，不像当年舜给尧做宰相28年、禹给舜做宰相17年，毕竟按照当时的交通条件、信息传播速度和生产力水平，益要想在7年的时间里，做出明显业绩，并让民众感受到实质性改变，的确不太容易。基于此，"民意"最终选择了禹的儿子启而不是禹的宰相益。虽然仅从选择结果来看，好像是"世袭制"代替了"禅让制"，但是，若从选择过程来看，这仍是一种"天意"和"民意"相统一的选择机制，而且，管理权力的终极合法性来源并没有发生改变，仍在于代表"天意"的"民意"。严格来说，只要管理权力合法性的终极来源仍在"天意"和"民意"，选择的尺度仍是德才兼备，那么，这个选择过程和选择机制就没有发生根本性改变。虽然这次的选择结果是禹的儿子启，而不是禹的宰相益，但本质上都是德才兼备的人做了天子，这仍是"天意"和"民意"共同选择的结果。所以，孟子总结道，"舜、禹、益，相去久远，其子之贤不肖，皆天也，非人之所能为也。莫之为而为者，天也。莫之致而至者，命也"。孟子在这里再次用"天"和"命"来暗示"民意"的重要性，也体现了一种超越现实中具体个人的"非人格化"力量。

在孟子看来，正因为有了这样一种"非人格化"力量，才能解释为什么像孔子、益、伊尹、周公那样德才兼备的人，却不能拥有最高管理权力、成为天子的原因。这再次表明，德才兼备只是做管理的必要条件，还必须同其他各种外在条件相匹配，才能保证一个人有做管理的可能。更重要的是，即便登上了天子之位，也不可能超越一切约束，而且，"天意""民意"也还可以做出第二次选择。像桀、纣那样的"暴君",照样会被"天意""民意"所废弃,而像太甲那样犯错误的天子,也会被秉承"天意""民意"的宰相伊尹惩罚和教训。

孟子举这一系列例子的目的,在于说明,即便从尧、舜的"禅让制"转变到禹以后的"世袭制",管理权力合法性的终极来源及相应的治理理念也并没有改变,仍是用"天意"和"民意"相结合的机制,来选择德才兼备者。这也是孟子最后引用孔子的话"唐、虞禅,夏后、殷、周继,其义一也"所要表达的意思。孟子在这里是要以史为鉴,告诫管理者,必须时刻关注管理权力合法性的终极来源及相应的治理问题,这才是做管理更为根本的问题。

5.7 万章问曰:"人有言'伊尹以割烹①要②汤',有诸?"孟子曰:"否,不然。伊尹耕于有莘③之野,而乐尧、舜之道焉。非其义也,非其道也,禄之以天下弗顾也,系马千驷弗视也。非其义也,非其道也,一介④不以与人,一介不以取诸人。汤使人以币⑤聘之,嚣嚣⑥然曰:'我何以汤之聘币为哉?我岂若处畎亩之中,由是以乐尧、舜之道哉?'汤三使往聘之。既而幡⑦然改曰:'与我处畎亩之中,由是以乐尧、舜之道,吾岂若使是君为尧、舜之君哉?吾岂若使是民为尧、舜之民哉?吾岂若于吾身亲见之哉?天之生此民也,使先知觉后知,使先觉觉后觉也。予,天民之先觉者也。予将以斯道觉斯民也,非予觉之而谁也?'思天下之民,匹夫匹妇有不被尧、舜之泽者,若己推而内⑧之沟中,其自任以天下之重如此,故就汤而说之以伐夏救民。吾未闻枉己而正人者也,况辱己以正天下者乎?圣人之行不同也,或远或近,或去或不去,归洁其身而已矣。吾闻其以尧、舜之道要汤,未闻以割烹也。《伊训》曰:'天诛造攻自牧宫,朕载自亳。'⑨"

【字词注释】

① 割烹:指在厨房里切菜、做饭等事。
② 要:这里是要求、得到的意思。
③ 有莘:当时的诸侯国名。
④ 介:通"芥",小草,形容微小。
⑤ 币:用作礼物的车、马、皮、帛、玉器等。
⑥ 嚣嚣:平静自然的样子。
⑦ 幡:通"翻",形容迅速改变。
⑧ 内:这里是纳入的意思。
⑨ 这是《尚书·伊训》中的话。其中,"造",这里是开始的意思;"牧宫",指夏桀的宫廷;"朕",这里指伊尹;"载",

这里是开始的意思。这两句话的大意是：上天对夏桀的惩罚早已从他自己的宫廷开始了，我只不过顺应天意从亳地起兵而已。

【今文意译】

万章问道："有人说：'伊尹是通过做厨师接近商汤，才获得管理权力的。'有这回事吗？"

孟子说："没有，不是这样的。伊尹早年在有莘国的乡下种地，但喜好尧、舜的管理之道。对于那些不应该做的事，对于那些不符合管理之道的事，即便把整个天下都作为俸禄给他，他也不会去做，即便用四千匹马的力量，也无法拉他看上一眼。对于那些不应该做的事，对于那些不符合管理之道的事，哪怕只是一点点，他也不会强加给别人，更不会从别人那里索要。商汤曾派人带着厚礼去聘请伊尹，他平静地说：'我怎么会因为这些礼物，就接受聘任去做事呢？哪如像现在这样，身处田野之间，自由自在地喜好尧、舜的管理之道呢？'商汤三次派人去聘请他，伊尹才改变主意说：'与其像现在这样，身处田野之间，自由自在地喜好尧、舜的管理之道，还不如将商汤这位国君改变成像尧、舜一样的国君，将现在的民众改变成像生活在尧、舜时代的民众呢。还有什么能比亲眼见到自己的理想得以实现更好的呢？上天养育了这些民众，一定会让其中先理解了管理之道的人，去启发那些后理解的人，也一定会让其中先有了自我觉醒意识的人，去启发那些后觉醒的人。我就是上天养育的这些民众里先觉醒的人。我将用这种管理之道去启发那些还没有觉醒的民众，如果我都不去这样做，还有谁会这样做呢？'只要想到天下民众里哪怕还有一个人，没有分享到尧、舜管理之道所带来的福祉，就好像是自己将他推到深渊中去一样，伊尹将自己肩负的使命看得如此重大，所以，就决定到商汤那里去任职，并说服他讨伐夏桀，拯救民众。我从没听说通过扭曲自己能让别人达到公正的，更别说通过辱没自己想让天下达到公正了。伟大管理者的行为各不相同，有的远离国君不去任职，有的接近国君去任职，有的任职之后又离开了，有的没有离开，但不管怎样选择，最终都保持着自身行为的廉洁正直。我听说过伊尹用尧、舜的管理之道去商汤那里应聘任职，没听说他通过做厨师来接近商汤而获得管理权力。《伊训》说：'上天对夏桀的惩罚早已从他自己的宫廷开始了，我只不过顺应天意从亳地起兵而已。'"

【管理解析】

本章开始重点讲职业管理者应如何获得管理权力，以及管理者应如何恪守管理之道来做管理。

据记载，伊尹作为商汤的开国宰相，不仅为商汤征伐夏桀、一统天下立下汗马功劳，还对商汤后来的立国体制及国君的培养做出了重大贡献，上章便提到伊尹对太甲的惩戒和教诲。但是，关于伊尹如何获得商汤的认可、信任和授权，当上宰相，历史上却有不同说法。有一种说法是，伊尹为了接近商汤，先在宫廷厨房干活，用自己的厨艺讨得商汤欢心，从而有机会接近了商汤，然后才获得了管理权力。这种说法背后隐含的意思是，管理者为了获得权力，可以不择手段，只要最终获得了权力，并建功立业，也就没有人再会去关心管理者当初是怎样获得权力的。

孟子借助这个历史案例，澄清了职业管理中关于权力获得的错误认识。伊尹当年是一介平民，在有莘国的田野间耕作，但喜好尧、舜的管理之道，有内在的价值观坚守，知道自己应该做什么，不应该做什么。更重要的是，对于那种不该做、不符合管理之道的事，伊尹既不会强求别人去做，更不会向别人索要做这种事的机会。既然伊尹有内在的价值观坚守，不会为了获得权力而不顾一切、不择手段，那么，他又是如何获得商汤的授权的呢？

按照孟子的分析，是商汤再三礼聘伊尹，让伊尹既看到了商汤的诚意，更看到了实行尧、舜的管理之道，将理想变成现实的机会。这才是一位有着内在价值观坚守的管理者，做出就职选择的根本立足点。管理者不能仅是从个人视角出发来考虑就职问题，而应该立足于管理之道及其所代表的理想世界实现的可能性，将自我融入更大的历史使命和责任意识之中，超越个人的利害得失，来思考问题，做出就职选择。正是这样一种使命感和责任感，让伊尹最终做出了到商汤那里就职的决定。在孟子看来，伊尹恰好代表了儒家管理者所应有的"士不可以不弘毅，任重道远"[一]"舍我其谁"的职业意识。这也是孟子要坚决澄清历史上对伊尹获得管理权力方式误传的原因。按照"伊尹以割烹要汤"的误传，将会让当时各诸侯国中那些不择手段获得权力的管理者，找到所谓"历史依据"，进而让那种只考虑个人利害得失、功成名就，而不管民众疾苦、天下兴亡的管理思维方式大行其道，这恰是孟子不愿意看到，并要坚决予以反驳的。

基于历史案例分析，孟子总结道，"吾未闻枉己而正人者也，况辱己以正天下者乎？圣人之行不同也，或远或近，或去或不去，归洁其身而已矣"。正像第三篇第1章中孟子说"枉己者，未有能直人者也"一样，若管理者本人以不正当的手段去获得权力，又如何期望能正向影响他人，甚至让组织乃至天下达到公平正义呢？作为一名管理者，如果连自己的行为都无法做到廉洁自律正直，不仅不可能正向影响别人，还会受到应有的惩罚。孟子在第四篇第8章中说，"夫人必自侮，然后人侮之；家必自毁，而后人毁之；国必自伐，而后人伐之"，讲的正是这个道理。这就像《尚

[一] 张钢，《论语的管理精义》，机械工业出版社，2015年版，PP219-220.

书·伊训》说到夏桀一样，其实上天惩罚夏桀早在他自己的宫廷就开始了，正是他自己的行为不符合规范，"自作孽，不可活"，而伊尹辅佐商汤灭掉夏桀，不过是顺应"天意"而已。

由此可见，职业管理者树立追求管理之道的信念，确立内在的价值观坚守，是做好管理的第一步；以此为基础，才能合理合法地获得管理授权，也才能更有效地实施管理。职业管理者切忌以获得管理权力为第一要务，若没有对管理之道的笃定信念和相应的价值观坚守，管理者不仅在追求管理权力时会不择手段，而且更容易被管理权力所左右和腐蚀。一旦走上因拥有管理权力而任性妄为的不归路，其结果只能是"成也权力，毁也权力"。

5.8 万章问曰："或谓孔子于卫主①痈疽②，于齐主侍人瘠环③，有诸乎？"孟子曰："否，不然也。好事者为之也。于卫主颜雠由④。弥子⑤之妻与子路之妻，兄弟也。弥子谓子路曰：'孔子主我，卫卿可得也。'子路以告。孔子曰：'有命。'孔子进以礼，退以义，得之不得曰'有命'。而⑥主痈疽与侍人瘠环，是无义无命也。孔子不悦于鲁、卫，遭宋桓司马⑦将要⑧而杀之，微服而过宋。是时孔子当阸⑨，主司城贞子⑩，为陈侯周⑪臣。吾闻观近臣⑫，以其所为主；观远臣⑬，以其所主。若孔子主痈疽与侍人瘠环，何以为孔子？"

【字词注释】

① 主：这里是以……为主人家，居住在……家的意思。

② 痈疽：指卫国国君的医生。

③ 瘠环：姓瘠，名环，是齐国国君身边的近臣。

④ 颜雠由：即颜浊邹，卫国大夫。

⑤ 弥子：即卫国国君的宠臣弥子瑕，他的妻子和子路的妻子是姊妹，即下文所说的"兄弟"。

⑥ 而：这里是连词，表示假设关系，如果、假如的意思。

⑦ 桓司马：指宋国的司马向魋。

⑧ 要：这里是半路拦截的意思。

⑨ 阸：这里是苦难、灾祸的意思。

⑩ 司城贞子：陈国大夫。

⑪ 陈侯周：即陈国国君，名周。

⑫ 近臣：这里指已经在朝廷做管理的人。

⑬ 远臣：这里指从远方来朝廷应聘、准备做管理的人。

【今文意译】

万章问道:"有人说,孔子在卫国时,住在国君的医官家里,在齐国时,住在国君宠臣瘠环家里,有这回事吗?"

孟子说:"没有,不是这样的。这都是喜欢造谣的人编出来的。孔子在卫国时,住在颜雠由家里。弥子的妻子和子路的妻子是姐妹,弥子对子路说:'孔子若住在我家里,就有机会做卫国的高级管理者。'子路把这话转告给孔子,孔子说:'那是命运的安排。'孔子按规范行事,做应该做的事,至于他说能不能得到管理职位是命运的安排,实际上指的是,要用符合管理之道和管理规范的方式获得管理职位。假如孔子为了得到管理职位而居住在痈疽和瘠环家里,那就不符合管理之道和管理规范了。孔子在鲁国、卫国没有得到好机会,又遭到宋国司马向魋的截杀,只好乔装经过宋国,这时正是孔子遭遇困境的时候。后来在陈国,住在司城贞子家,受聘做过陈国管理者。我听说观察已在朝廷任职的人,关键要看他的客人是谁;而观察远方来应聘的人,关键要看他住在谁家里。如果孔子住在痈疽和瘠环家里,那还是孔子吗?"

【管理解析】

上章讲了伊尹并没有设法直接去讨好商汤,以获取管理岗位,而本章则讲孔子没有通过国君的宠臣牵线搭桥,期望间接获得国君的认可、信任和授权,意在表明,职业管理者首先要恪守管理之道和管理规范,不能为了得到管理岗位而去巴结讨好委托人或授权者身边的人。

当年孔子在鲁国辞职后开始周游列国,其中一个主要目的是希望有诸侯国国君能够认同儒家管理之道,以有机会施展抱负,实现理想,但问题是,怎样才能接近诸侯国国君,使他们了解儒家管理之道,并从他们那里获得管理授权呢?也许通过国君身边的宠臣推荐是一条捷径。因此,有好事者就编出了这样的故事,说当年孔子到卫国时,就住在卫国国君宠信的医官家里,而到齐国后,又住在齐国国君的宠臣瘠环家里,言外之意,孔子是想通过这些国君宠臣来谋求管理职位。这种说法恰迎合了一般人的想法,即为达目的不择手段是正常的,连孔子也不例外,虽然儒家讲得很动人,但真正做起来,也不过如此。

关于孔子的不实传言,孟子坚决予以纠正,并明确指出其荒谬性。当年孔子在卫国时,是住在颜雠由家而非国君的医官家里;即便当时卫国国君的宠臣,也是子路连襟的弥子瑕,专门请子路传话让孔子住在他家,他可以帮助孔子获得卫国高级管理职位,孔子也没有接受,只是说"有命"。这意味着,孔子自认为在卫国能否做管理要听从命运的安排,而这里的"命",实际上指的就是管理之道和管理规范,这从"孔子进以礼,退以义,得之不得曰'有命'"的表述中,便可以明确地体现出来。也就是说,孔子是以管理之道和管理规范为准绳来谋求管理职位,而孔子在管理职业生涯中的命运,当然也就是由管理之道和管理规范决定的。这里孔子所说的"有命",和上章伊尹"乐尧、舜之道",本质上是一样的,都代表着一种"非人格化"的、非外力所能改变的信念力量。这恰是管理者的职业立足点和内在价值源泉。

试想,若孔子为了谋求管理职位,无视管理之道和管理规范,利用国君宠臣来牵线搭桥,曲径通幽,那还是信奉管理之道、遵循管理规范的孔子吗?孔子就是孔子,即便在鲁国、卫国都没有找到满意的工作,还遭遇宋国司马向魋的截杀,也丝毫没有改变对管理之道和管理规范的坚定信念,更没有丧失内在价值观坚守。孔子的一言一行,充分体现出管理者所应有的职业操守。

5.9 万章问曰:"或曰:'百里奚①自鬻②于秦养牲者五羊之皮,食③牛,以要秦穆公。'信乎?"孟子曰:"否,不然。好事者为之也。百里奚,虞人也。晋人以垂棘④之璧与屈⑤产之乘,假道于虞以伐虢⑥。宫之奇⑦谏,百里奚不谏。知虞公之不可谏而去,之秦,年已七十矣。曾⑧不知以食牛干⑨秦穆公之为污⑩也,可谓智乎?不可谏而不谏,可谓不智乎?知虞公之将亡而先去之,不可谓不智也。时举于秦,知穆公之可与有行也而相之,可谓不智乎?相秦而显其君于天下,可传于后世,不贤而能之乎?自鬻以成其君,乡党自好者不为,而谓贤者为之乎?"

【字词注释】

① 百里奚:姓百里,名奚,虞国人,后为秦国大夫。

② 鬻:卖的意思。

③ 食:这里是饲养的意思。

④ 垂棘:地名,出产美玉。

⑤ 屈:地名,出产骏马。

⑥ 虢:当时的诸侯国名。

⑦ 宫之奇:虞国大夫。

⑧ 曾:这里是副词,竟然的意思。

⑨ 干:这里是求取、谋求的意思。

⑩ 污:这里是龌龊、卑鄙的意思。

【今文意译】

万章问道:"有人说:'百里奚把自己卖给秦国养牲畜的人,售价五张羊皮,通过给人喂牛来接近秦穆公,以谋求管理职位。'这种说法可信吗?"

孟子说:"不可信,实际情况不是这样的。这是喜欢造谣的人编出来的。百里奚是虞国人。晋国曾以垂棘这个地方出产的美玉和屈这个地方出产的骏马,向虞国借道攻打虢国。宫之奇劝说国君不要借道给晋国。百里奚却没有进谏,因为他知道国君根本就不可能采纳谏言,便离开虞国,去了秦国,当时已经七十岁了。如果百里奚竟然都不知道借喂牛向秦穆公谋求管理职位是卑下行径,那还能说他有智慧吗?知道国君根本就不可能采纳谏言而不进谏,能说没有智慧吗?知道虞国借道给晋国,最终必将被晋国顺道灭掉,而自己先行离开,不能说没有智慧啊。在秦国被重用时,知道秦穆公是有所作为的国君而辅佐他,能说没有智慧吗?在秦国做管理,帮助秦国国君扬名天下,流芳后世,若不是德才兼备,能做到吗?把自己卖了以成全国君,稍有自尊的乡下人都不会这样做,更何况是一位德才兼备的人,又怎么会这样做呢?"

【管理解析】

本章用百里奚的历史案例,阐明职业管理者获得管理权力必须遵循管理之道和管理规范。

百里奚是秦穆公时期的著名管理者,也正是从这个时期开始,秦国发生了根本改变,由一个边缘小诸侯国逐步走向历史舞台的中央,影响着华夏文明发展的进程。百里奚可以说是秦国历史上第一位伟大的职业管理者。但是,关于百里奚如何获得秦穆公的认可、信任和授权,却又流传着不同的说法。有一种流传甚广的说法是,原本为虞国大夫的百里奚,为了得到接近秦穆公的机会,以五张羊皮的价格,将自己卖给了为秦国国君饲养牲畜的人,并通过喂牛找机会认识了秦穆公,获得了管理权力,以至于时人都称百里奚为"五羖大夫",意指他是价值五张羊皮的大夫。

虽然有关百里奚到底是怎样得到秦穆公的赏识、获得管理权力的实际过程,由于历史久远,已很难考证,但是,孟子通过批判思维和逻辑推理,深刻地指出,百里奚不可能用"自鬻于秦养牲者"的方式,来获得秦穆公的认可、信任和授权;而"好事者"之所以要编出这样的故事,是为了抬高秦穆公,以表明秦穆公重用人才,不拘一格,不管是哪国人,不管出身如何卑微,只要有真才实学就重用,显然这些"好事者"是在替秦国做宣传,用这样的故事在当时的"人才市场"上为秦国打广告。如果说上章提到的关于孔子的传言，是为了贬低孔子的话，那么，本章有关百里奚的传言，则是为了抬高秦穆公。

首先，百里奚是一位很有智慧的人，在晋国"假道于虞以伐虢"的这个著名历史事件中，他清醒地认识到，虞国国君目光短浅，气量狭小，私心过重，贪图晋国给的美玉和骏马，却看不到即将到来的灭国之灾，更听不进像宫之奇这样的铮臣进谏，所以，百里奚在洞悉虞国国君的人格特征和虞国必将灭亡的灾难之后，既没有选择徒劳无益的进谏，也没有选择与昏君共存亡，而是选择离开虞国，到有贤明声誉的秦穆公那里去。

其次，百里奚离开虞国去秦国时，年已七十，这在当时已属高龄之人，再加上他在虞国已是大夫，如此年高且有官职的人，又如何能"自鬻于秦养牲者"呢？即便百里奚想"自卖"，那个"养牲者"会买吗？

再次，从后来百里奚在秦国的行为表现和取得的事功来看，他不仅是一位有智慧的人，还是一位有德行的人，是一位真正德才兼备的管理者。作为一名德才兼备的管理者，百里奚又如何能违背自己的内在信念和价值观，为谋求管理权力而不择手段呢？即便是乡下的普通人，倘若还有那么一点自尊，都不会"卖身求荣""卖身求权"，更何况像百里奚这样被历史事实证明是真正德才兼备的管理者呢？

正是基于上述三方面分析推理，孟子认为，关于"百里奚自鬻于秦养牲者"的说法是不可信的，"好事者"编出这样的故事，无非是想为秦穆公歌功颂德。这种有意无意地抬高作为委托人的国君，而无视作为代理人的职业管理者的信念、价值观和人格尊严的做法，恰是儒家所要坚决反对的。国君和职业管理者的关系，应该是基于共同信念、共享价值观的志同道合者关系。正所谓"道不同，不相为谋"㊀。只有明确了共同的"志"和共享的"道"，作为代理人的职业管理者才能与作为委托人的国君走到一起，平等合作，共同追求和创造更广大的共同利益。

5.10 孟子曰："伯夷目不视恶色，耳不听恶声。非其君不事，非其民不使。治则进，乱则退。横㊀政之所出，横民之所止，不忍居也。思与乡人处，如以朝衣朝冠坐于涂炭也。当纣之时，居北海之滨，以待天下之清也。故闻伯夷之风者，顽㊁夫廉，懦夫有立志。伊尹曰：'何事非君？何使非民？'治亦进，乱亦进。曰：

㊀ 张钢，《论语的管理精义》，机械工业出版社，2015年版，PP467-468.

'天之生斯民也，使先知觉后知，使先觉觉后觉。予，天民之先觉者也。予将以此道觉此民也。'思天下之民匹夫匹妇有不与被尧、舜之泽者，若己推而内之沟中，其自任以天下之重也。柳下惠不羞污君，不辞小官；进不隐贤，必以其道，遗佚而不怨，阨穷而不悯。与乡人处，由由然不忍去也：'尔为尔，我为我，虽袒裼裸裎于我侧，尔焉能浼我哉？'故闻柳下惠之风者，鄙③夫宽，薄④夫敦。孔子之去齐，接淅而行⑤。去鲁，曰：'迟迟吾行也。'去父母国之道也。可以速而速，可以久而久，可以处而处，可以仕而仕，孔子也。"孟子曰："伯夷，圣⑥之清者也。伊尹，圣之任者也。柳下惠，圣之和者也。孔子，圣之时者也。孔子之谓集大成。集大成也者，金声而玉振⑦之也。金声也者，始条理也；玉振之也者，终条理也。始条理者，智之事也；终条理者，圣之事也。智，譬则巧也；圣，譬则力⑧也。由⑨射于百步之外也，其至，尔力也；其中，非尔力也。"

【字词注释】

① 横：这里是蛮横、粗暴的意思。

② 顽：这里是贪婪的意思。

③ 鄙：这里是浅陋、狭隘的意思。

④ 薄：这里是刻薄的意思。

⑤ 接淅而行："淅"，淘、渍的意思，这里指淘米。"接淅而行"，意思是刚淘米准备做饭，等不及就走了，形容走得很迅速。

⑥ 圣：具有最高智慧和道德修养的人，即伟大的管理者。

⑦ 金声而玉振："金"，指大钟；"玉"，指玉磬。在音乐演奏时，先敲大钟发声，然后开始各种乐器的合奏，最后用击磬结束。这里用乐理喻管理，"金声"意指要有明确的目标引导，而"玉振"则意指这种目标一以贯之，直至久远。下文的"条理"，则使用音乐的节奏感，来比喻贯穿始终的管理目标，特别是作为终极目标的"至善"。

⑧ 力：是象形字，在甲骨文中像一种古代耕地用的农具耒，本义指耒，引申为力量，这里是尽力、极力、竭力的意思。

⑨ 由：同"犹"，好像的意思。

【今文意译】

孟子说："伯夷不看不好的东西，不听不好的声音。对于不符合他的信念和价值观的国君，就不会去服务，而对于不符合他的信念和价值观的民众，也不会去为他们做事。当国家治理有方时，就出来做管理，当国家混乱无序时，就隐居起来。甚至连那些有着粗暴的管理者和粗鲁的民众的地方，都不想去停留和居住。一想到要和没有修养的人在一起，就像穿着朝服、戴着朝冠坐在土堆黑炭上一样。在商纣时期，伯夷隐居在北海边，等待着天下变得清明起来。所以，那些听闻伯夷风范的人，即便顽劣贪婪，也会变得廉洁自律，即便胆小怯弱，也会变得有志向追求。伊尹说：'什么样的国君不能服务？什么样的民众不能为他们做事？'国家治理有方，也可以出来做管理，国家混乱无序，同样可以出来做管理。伊尹说：'上天养育了这些民众，一定会让其中先理解了管理之道的人，去启发那些后理解的人，也一定会让其中先有了自我觉醒意识的人，去启发那些后觉醒的人。我就是上天养育的这些民众里先觉醒的人。我将用这种管理之道去启发那些还没有觉醒的民众。'只要想到天下民众里哪怕还有一个人，没有分享到尧、舜管理之道所带来的福祉，就好像是自己将他推到深渊中去一样，伊尹将自己肩负的使命看得多么重大啊。柳下惠从不觉得服务于不够廉洁的国君是耻辱的事，也不认为做个小官就卑贱，有机会做管理，便从不掩饰自己的德才兼备，而且一定会遵从管理之道。哪怕被埋没，不被重用，也不怨恨，面对灾难和穷困，也不忧愁。即便和没有修养的人相处，也总是悠然自得，高兴地不想离去，还说：'你是你，我是我。即便你在我身边赤身裸体，又怎能玷污到我呢？'所以，那些听闻柳下惠风范的人，即便狭隘，也会变得宽容，即便刻薄，也会变得敦厚。孔子离开齐国时，不等米淘完，马上就走，而离开鲁国时，却说：'让我们慢慢走吧。'这就是离开自己的诸侯国时所应遵循的原则。能快速就快速，能长久就长久，能相处就相处，能做管理就做管理，这才是孔子的行事风格啊。"

孟子又说："伯夷是伟大管理者中洁身自好的典型代表，伊尹是伟大管理者中责无旁贷的典型代表，柳下惠是伟大管理者中和而不流的典型代表，孔子则是伟大管理者中包容权变的典型代表。因此，孔子可以说是伟大管理者的集大成者。所谓集大成者，就像音乐演奏开始时敲大钟、结束时击磬一样。敲钟是音乐节奏旋律的开始，击磬则标志着音乐节奏旋律的结束。音乐节奏旋律的开始，就像做管理要靠智慧选定目标一样，而音乐节奏旋律的结束，又像是做管理要靠仁爱持续实现目标一样。智慧好比技巧，仁爱和智慧兼具则好比力量。这就像要射百步之外的靶子，能射到靶子，靠的是力量，而要射中靶子，却不能单靠力量。"

【管理解析】

本章是对前几章的总结，明确提出职业管理者的基本素质要求及其在做管理时综合运用的基本原则。

伯夷、伊尹、柳下惠都是伟大的职业管理者的典型代表。关于他们的事迹，孟子曾多有述及，而在本章中，孟子则分别从他们身上抽取了伟大管理者的某种典型素质要求，并以此为基础，刻画出一名职业管理者的理想形象。伯夷所代表的管理者的素质要求是"清"，即洁身自好和自我修养。没有自我修养，便很容易为外部环境条件所左右，甚至失去"做人"和做管理的内在一定之规。从这个意义上说，伯夷所代表的"清"，应该是做管理的起点。

但是，做管理仅有"清"是不够的，还必须能够肩负起改变环境、为更广大利益相关者创造共同利益的重任。这种责无旁贷的"任"的意识，典型地体现在伊尹身上，用孟子的话说，"伊尹，圣之任者也"。伊尹不仅具有"以天下为己任"的责任意识，还通过自己做管理的切实行动，将"管理的本质是责任"的理念充分昭示了出来。

另外，做管理不可能是管理者个人的孤独奋斗。做管理必然要同他人互动合作，而互动合作的对象也未必都是志同道合者，这又该怎么办？柳下惠则成为管理者同各色人等打交道的楷模，用孟子的话说便是"柳下惠，圣之和者也"。柳下惠与各种人在一起，都能做到"由由然不忍去也"，这正是"和睦共处，和谐共赢"的集中体现。

如果说伯夷、伊尹、柳下惠分别体现了伟大管理者的某一个侧面或某方面典型特征的话，那么，在孟子眼里，孔子则是将这些典型特征整合在一起，并恰当地运用于各种具体情境中，达到"中庸之德"境界的典型代表。当孟子说"孔子，圣之时者也。孔子之谓集大成"的时候，其中的"时"，正像《中庸》所讲的"君子而时中"⊖一样，指的是孔子能结合不同情境的特点，实现对各项管理者素质特征的动态、综合运用，也即"集大成"。值得注意的是，"集大成"并非只是将各项管理者素质特征进行静态地组合，而是结合不同情境的特点，对各项管理者素质特征进行恰到好处的动态整合，这恰是"时"的深刻含义所在。

为了强化"集大成"的动态整合性质，孟子举音乐演奏的例子，以乐理喻管理，深入分析了管理的权变性以及贯穿始终的"人性"和终极目标的不变性。

在孟子看来，做管理要从"人性"的德性前提开始，这就像音乐演奏中用敲钟确定节奏旋律一样；经过"组织人"的教育培养以及资源运用和价值创造过程，最终达到"至善"这个最广大的共同利益，又像音乐演奏到最后以击磬结束，达到余音袅袅的效果一样。在这个过程中，"人性"的德性前提和"至善"的终极目标的确立，需要更高的智慧，或者说，德性和"至善"本身就是智慧中固有的深层次内涵。但是，要确保持续地追求目标，并创造更广大的共同利益，又必须时刻注意阐明和发扬智慧中深层次的仁爱内涵，进而将仁爱和智慧的运用结合在一起，并恰到好处

⊖ 张钢，《大学·中庸的管理释义》，机械工业出版社，2017年版，PP89-91。

地运用于具体管理情境之中。将智慧导向仁爱，让仁爱充满智慧；用智慧追求仁爱，让仁爱引导智慧。这恰是"中庸之德"的集中体现。实际上，"中庸"就是"集大成"。当孟子说孔子"集大成"时，也就是说孔子达到了"中庸之德"的境界。

当然，"集大成"并不必然等同于"事功"或"业绩"。像孔子那样达到"中庸之德"或"集大成"境界的伟大管理者，不一定有机会取得巨大的管理"事功"，而管理"事功"的取得，除了管理者自身的素质外，还会受到很多外部环境条件因素的影响。这就像射箭一样，要想能射到百步开外的靶子，那确实是由个人的力量所决定的，但要射中靶心，则还会受到风向、能见度乃至运气等多种复杂因素的影响。对管理者而言，以知识和技能为基础的管理智慧，就像射箭的技巧，而智慧和仁爱的结合才是真正的力量所在；仅有技巧，可能连靶子都射不到，甚至连基本的方向都会搞错；不过，即便有了力量，也未必能达到目标、做出业绩。但是，无论如何，管理者还是应该从智慧和仁爱的结合入手，以追求"中庸之德"的境界为第一要务，让自己先拥有做管理的真正力量。这也是儒家对管理者的基本要求。正像《论语》第四篇第 14 章中孔子所讲的那样，"不患无位，患所以立；不患莫己知，求为可知也"[一]。

5.11 北宫锜①问曰："周室班②爵③禄也，如之何？"孟子曰："其详不可得闻也。诸侯恶其害己也，而皆去其籍④。然而轲也，尝闻其略也。天子一位，公一位，侯一位，伯一位，子、男同一位，凡五等也。君一位，卿一位，大夫一位，上士一位，中士一位，下士一位，凡六等。天子之制，地方千里，公、侯皆方百里，伯七十里，子、男五十里，凡四等。不能五十里，不达于天子，附于诸侯，曰附庸。天子之卿受地视⑤侯，大夫受地视伯，元士⑥受地视子、男。大国地方百里，君十卿禄，卿禄四大夫，大夫倍上士，上士倍中士，中士倍下士，下士与庶人在官者同禄，禄足以代其耕也。次国地方七十里，君十卿禄，卿禄三大夫，大夫倍上士，上士倍中士，中士倍下士，下士与庶人在官者同禄，禄足以代其耕也。小国地方五十里，君十卿禄，卿禄二大夫，大夫倍上士，上士倍中士，中士倍下士，下士与庶人在官者同禄，禄足以代其耕也。耕者之所获，一夫百亩，百亩之粪⑦，上农夫食九人，上次食八人，中食七人，中次食六人，下食五人。庶人在官者，其禄以是为差。"

[一] 张钢，《论语的管理精义》，机械工业出版社，2015 年版，PP95-96.

【字词注释】

① 北宫锜：卫国人，姓北宫，名锜。
② 班：这里是编排、排列的意思。
③ 爵：爵位，泛指官位等级。
④ 籍：这里指记载典章制度的文本。
⑤ 视：这里是比较、对照的意思。
⑥ 元士：即上士。
⑦ 粪：这里是施肥的意思。

【今文意译】

北宫锜问道："周朝制定的官阶和俸禄制度是怎样的呢？"

孟子说："详细情况已经不可能知道了，如今各诸侯国担心周朝的制度对自己有不利影响，都已经把相应的典籍毁掉了。不过，我曾大概了解过。从全天下来看，共分成五个层级，即天子、公爵、侯爵、伯爵以及子爵和男爵，其中，子爵和男爵在同一层级。从诸侯国来看，共分成六个层级，即国君、卿、大夫、上士、中士、下士。按规定，天子直接管辖的土地面积方圆千里，公、侯都是方圆百里，伯是方圆七十里，子和男都是方圆五十里，共四个层次。达不到方圆五十里的诸侯国，不能直接朝见天子，只能做其他诸侯国的附属国，称为附庸。天子的卿所领受的封地参照侯，大夫领受的封地参照伯，上士参照子、男。大诸侯国方圆百里，国君的俸禄是卿的十倍，卿的俸禄是大夫的四倍，大夫是上士的一倍，上士是中士的一倍，中士是下士的一倍，下士同平民里在朝廷服务的人俸禄一样，他们的俸禄都足以替代耕田所得。次一等的诸侯国方圆七十里，国君的俸禄是卿的十倍，卿的俸禄是大夫的三倍，大夫是上士的一倍，上士是中士的一倍，中士是下士的一倍，下士同平民里在朝廷服务的人俸禄一样，他们的俸禄都足以替代耕田所得。小诸侯国方圆五十里，国君的俸禄是卿的十倍，卿的俸禄是大夫的两倍，大夫的俸禄是上士的一倍，上士是中士的一倍，中士是下士的一倍，下士同平民里在朝廷服务的人俸禄一样，他们的俸禄都足以替代耕田所得。耕田所得，一位农夫可分田百亩，对百亩田施肥耕种，上等收成可以养活九人，次之养活八人，中等养活七人，中等偏下养活六人，最下等收成可以养活五人。平民里在朝廷服务的人，他们的俸禄就按照这五等来区分。"

【管理解析】

本章以周朝的官阶和俸禄制度为例，阐明关于管理者激励制度设计的重要性。

首先，管理者的激励应该用制度来保证，而不能仅凭委托人或授权者的个人意志和好恶评价。无论是管理者的晋升还是薪酬，都应该有明确的制度标准。因此，当孟子在谈论周朝的"爵禄"制度时，实际上就是在阐明一种激励制度设计，毕竟对管理者的激励关键在于两个方面：一是晋升，二是薪酬。

其次，无论是管理者的晋升制度还是薪酬制度，都必须在管理者获得权力之前和职权范围之外进行设计，而不能让管理者在自己的管辖权内自行设计解决。这样才能保证管理者真正做到公私分明，无后顾之忧地在自己的职权范围内公平地使用资源和分配利益，以追求更广大的共同利益。这就是孟子要花很大篇幅说明不同层次的诸侯国里，各个层级的管理者的基本薪酬标准的原因，以此为基础，才能让管理者清楚地看到，只有按照管理之道、管理规则和管理规范的要求去做，才能获得应有的回报。

最后，在激励制度设计时，必须将管理者的个人利益，同服务对象的个人利益及组织的整体利益联系起来，这样才能从根本上确保激励的兼容性，从而让管理者更努力地追求和创造最广大的共同利益。在当时的农业文明条件下，农业生产是一切收益的源泉，因此，在激励相容的制度设计上，必须让管理者的个人利益与农民的个人利益联系在一起，这样才能使管理者更好地为被管理者创造条件，提高农业产出，以实现更广大的共同利益。这便是在周朝的"爵禄"制度中，管理者的薪酬等级最终要与农民的生产活动及农业收成的差异挂钩的原因。当以农业收成为基准，明确了基层管理者的收入之后，其他中层和高层管理者的收入，便都可以参照这个基准确定下来，进而使管理者的利益同被管理者的利益及组织的整体利益贯穿在一起，这样才能更有效地激励管理者不断追求和创造更广大的共同利益。

关于周朝的"爵禄"制度，孟子也只是阐述了其核心指导思想和大致框架，至于更详尽的条文规定，已经难以考证了，原因是随着周天子式微，诸侯国各自为政，竞相称霸，这套"爵禄"制度已明显不利于各诸侯国争霸天下的需要，更无法满足诸侯国国君"私天下"的野心，因此，各诸侯国不仅早已放弃了这套关于管理者的激励制度，更有甚者，还毁掉了历史典籍，使得考证这套激励制度的具体条文成为不可能。即便如此，孟子所阐述的核心指导思想仍具有重要的管理意义，可以用于指导有关管理者的激励制度设计。

5.12　万章问曰："敢问友。"孟子曰："不挟①长，不挟贵，不挟兄弟②而友。友也者，友其德也，不可以有挟也。孟献子③，百乘之家也，有友五人焉：乐正裘、牧仲，其三人则予忘之矣。献子之与此五人者友也，无献子之家者也。此五人者亦有献子之家，则不与之友矣。非惟百乘之家为然也，虽小国之君亦有之。费惠公④曰：'吾于子思，则师之矣。吾于颜般，则友之矣。王顺、长息，则事我者也。'非惟小国之君为然也，虽大国之君亦有之。晋平公⑤之于亥唐也，入云则入，坐云则坐，食云则食。虽疏食菜羹，未尝不饱，盖不敢不饱也。然终于此而已矣，弗与共天位也，弗与治天职也，弗与食天禄也。士之尊贤者也，非王公之尊贤也。舜尚⑥见帝。帝馆甥⑦于贰室⑧，亦飨⑨舜，迭⑩为宾主，是天子而友匹夫也。用下敬上，谓之贵贵。用上敬下，谓之尊贤。贵贵、尊贤，其义一也。"

【字词注释】

① 挟：这里是凭借、倚仗的意思。
② 兄弟：这里泛指特殊关系。
③ 孟献子：姓仲孙，名蔑，鲁成公和鲁襄公时期的鲁国大夫。
④ 费惠公：春秋时期费国国君。
⑤ 晋平公：春秋时期晋国国君。
⑥ 尚：同"上"，这里指舜进见帝尧。
⑦ 甥：古时候称呼女婿为"甥"。舜娶了尧的女儿，故尧称舜为甥。
⑧ 贰室：指另外一个住处，即副宫或别宫。
⑨ 飨：这里是用酒食款待的意思。
⑩ 迭：这里是交替、轮流的意思。

【今文意译】

万章问道："请问交友的原则是什么？"

孟子说："不倚仗年龄，不倚仗地位，不倚仗特殊关系，这才是交友的基本原则。之所以称为友，是以对方的德行为友，不可以有其他倚仗。孟献子是一位拥有百辆兵车身家的大夫，共有五位朋友：乐正裘、牧仲，其他三人我忘记了。孟献子和这五位交友，并不因为自己是大夫而感觉高人一等，这五人也没有看重孟献子的身份，否则，孟献子也不会和他们交友了。不仅拥有百辆兵车身家的大夫是这样交友，即便小诸侯国的国君也是这样交友的。费惠公说：'对于子思，我视他为老师，对于颜般，我视他为朋友，而王顺、长息，则是服务于我的人。'不仅小诸侯国国君是这样交友，即便大诸侯国国君也是这样交友的。晋平公和亥唐交友，到亥唐家里去，亥唐让他进去，他就进去，叫他坐下，他就坐下，叫他吃饭，他就吃饭，即便是粗食菜汤，也从没吃不饱过，因为不敢不吃饱。也仅此而已，晋平公并没有让亥唐一起参与诸侯国管理，也没有给他任何俸禄。这说明晋平公是以平等的身份来尊重德才兼备者，而不是以国君的身份来尊重德才兼备者。舜去晋见帝尧，帝尧让这位女婿住在别宫里，也经常款待舜，还常去舜那里，两人轮流做东招待对方，这就是天子和普通人交友。在下位者尊重在上位者，称为'贵贵'；在上位者尊重在下位者，称为'尊贤'。'贵贵'和'尊贤'，其本质是一样的，都是以德为本。"

【管理解析】

本章讲管理者处理公私关系的基本原则。

管理者总会面对非正式的私人关系和正式的工作关系。不同类型和不同层次的管理者，应如何处理公私关系呢？特别是应如何处理私人朋友关系呢？

儒家注重的是由内而外、从自我管理到组织管理，而自我修养和自我管理又是立足点，这恰体现了儒家管理之道的核心在于"为政以德"。自我修养与自我管理的关键在于德行修养，而修养德行的有效途径之一，便是寻找志同道合者，也即"交友"。在《论语》第十二篇第 24 章中，曾子说，"以文会友，以友辅仁"[⊖]，讲的就是，"交友"是为了更好地辅助自我德行修养，并以此为基础，磨炼提升自己的管理知识和技能。"德"才是交友的核心原则，不能把"交友"功利化。

孟子在这里重述了以"德"为核心的儒家"交友"原则，即"不挟长，不挟贵，不挟兄弟而友。友也者，友其德也，不可以有挟也"。孟子所说的"长""贵""兄弟"，都是"德"以外的因素，其中，"长"指年龄而言，但也可以一般化地理解为个人特质因素，包括年龄、相貌、特长等；"贵"指社会地位而言，但也可以一般化地理解为社会背景因素，包括家世、官职、财富等；"兄弟"，不仅指直系血亲意义上的兄弟而言，也指非直系血亲和姻亲关系意义上的兄弟，可以一般化地理解为特殊关系因素。这三种外在于"德"的因素，往往会影响人们"交友"的动机和行为，所以，孟子坚决反对仰仗这些因素去"交友"。在这里，孟子之所以要用"挟"这个词，意指仰仗了其他外在的因素和力量，而不是发自内心对德性的追求和对德行的修养。

为了说明以"德"为核心的"交友"原则，孟子分别举了孟献子、费惠公、晋平公、尧的例子，而这四个人代表的是三种类型的管理者。孟献子代表的是诸侯国大夫这样的职业管理者；费惠公和晋平公代表的是诸侯国国君这样的二级委托人，其中，费惠公代表的是小诸侯国国君，晋平公代表的是大诸侯国国君，但他们都要从天子那里获得授权；而帝尧则代表的是天子这样的一级委托人。在孟子看来，无论哪种类型的管理者，都会有私人朋友关系，这就像各种类型的管理者都会有家庭一样。如果说做好家庭管理，将有助于做好正式组织管理，那么，管理者以"交友"辅助自我德行修养，也会有利于组织管理中公德的培养和践行。

⊖ 张钢，《论语的管理精义》，机械工业出版社，2015 年版，P346.

管理者在家庭与正式组织之间，要做到公私分明，而在朋友关系与正式工作关系之间，同样要做到公私分明。当年鲁国的孟献子就做到了这一点。《大学》在总结全篇时曾引用过孟献子的话㊀，用以说明管理者应如何把握公私边界。孟子举孟献子的例子也在于说明，他在"交友"中能将公私关系区别开来，他的五位朋友都能无视其"百乘之家"的高级管理者身份，只是基于德行和他交往。

　　同样，作为小诸侯国的国君，费惠公在"交友"中也能将不同性质的关系明确区分开来。对于费惠公来说，与子思的关系，应该是类似于同高级咨询者之间的关系，或称国师关系，这是一种超越于私人朋友关系的正式工作关系；与颜般的关系，则是私人朋友关系，带有平等的性质；与王顺、长息的关系，就是典型的上下级关系，毕竟他们都是接受聘任的管理者，也可以视为代理人。在这三类关系中，只有同颜般的关系，才是私人朋友关系，而同子思、王顺、长息的关系，都是正式的工作关系，只不过子思是更高层次上的师长，而王顺、长息是一般意义上的下属或代理人罢了。这表明，作为组织的最高管理者，国君面对的私人朋友关系和正式工作关系，要比一般管理者复杂，因此，处理起来也就更需要严谨慎重，避免公私混淆，相互干扰。

　　在孟子看来，晋平公虽是大诸侯国国君，但在处理同亥唐的私人朋友关系上，同样完全恪守了公私分明、交友以德的原则。晋平公到亥唐家里去，完全是客随主便，"入云则入，坐云则坐，食云则食。虽疏食菜羹，未尝不饱，盖不敢不饱也"，没有半点挟国君之威与贵的样子。这是一种非常纯粹的私人朋友关系，晋平公视亥唐为朋友，平等地对待他，而亥唐也只是从平等的朋友视角来看待晋平公，并没有将他视为国君。当然，晋平公也能做到公私分明，没有因为自己欣赏、尊重亥唐，就动用公权力给予他特殊待遇，而亥唐也没有凭借同晋平公的私人朋友关系去谋求特殊利益，即"然终于此而已矣，弗与其天位也，弗与治天职也，弗与食天禄也"。这里的"天"，代表的是"公共""共同"，而非一己之私，相应地，"天位""天职""天禄"，都是指公共的岗位、职权、俸禄。这意味着，晋平公与亥唐建立的是一种私人朋友关系，而不是一种带有公共性质的正式工作关系，因而，晋平公能做到公私分明，不是以国君的身份，而是以平等的朋友身份来面对亥唐这位"贤者"，即"士之尊贤者也，非王公之尊贤也"。如果晋平公面对的是来正式应聘的管理者，则应从正式工作需要和选人用人规则规范出发，授予相应的管理权力，给予应有的俸禄，反而不应建立过于亲密的私人朋友关系，这便是"王公之尊贤者也"。"王公尊贤"，就是要给"贤者"授权，并保证"贤者"应得的利益，让"贤者"拥有"天位""天职""天禄"，即责、权、利相统一。

㊀　张钢，《大学·中庸的管理释义》，机械工业出版社，2017年版，PP61-68.

最后，孟子又举了尧处理同舜的关系的例子，用以说明举贤不避亲，如何在更高层次上对相互交织的复杂关系进行权变的处理。尧将女儿嫁给了舜，尧与舜的关系便有了三重内涵，一是亲缘关系，二是朋友关系，三是上下级关系。在处理亲缘关系上，尧"馆甥于贰室，亦飨舜"，视舜为自家人，舜进天子宫廷也就像回家一样；在处理朋友关系上，尧则会去舜那里拜访，即"迭为宾主"，体现出尧与舜是平等的朋友，即"是天子而友匹夫也"；在处理上下级关系时，帝尧作为上级，尊重舜的德才兼备，即"用上敬下，谓之尊贤"，而舜作为下级，则尊重帝尧至高无上的权威，即"用下敬上，谓之贵贵"，两人都恪守了做管理的基本规范要求。正是在这三重相互交织的复杂关系处理中，充分体现了尧和舜的伟大之处，这也恰是"中庸之德"在人伦日用的平常细微处的集中体现。

5.13 万章问曰："敢问交际①何心也？"孟子曰："恭也。"曰："'却②之却之为不恭'，何哉？"曰："尊者赐之，曰：'其所③取之者，义乎？不义乎？'而后受之，以是为不恭，故弗却也。"曰："请无以辞却之，以心却之，曰：'其取诸民之不义也。'而以他辞无受，不可乎？"曰："其交也以道，其接也以礼，斯孔子受之矣。"万章曰："今有御④人于国门之外者，其交也以道，其馈也以礼，斯可受御与？"曰："不可。《康诰》曰：'杀越人于货，闵不畏死，凡民罔不譈。'⑤是不待教而诛者也。殷受夏，周受殷，所不辞也。于今为烈⑥，如之何其受之？"曰："今之诸侯取之于民也，犹御也。苟善其礼际矣，斯君子受之。敢问何说也？"曰："子以为有王者作，将比今之诸侯而诛之乎？其教之不改而后诛之乎？夫谓非其有而取之者盗也，充类至义之尽也。孔子之仕于鲁也，鲁人猎较⑦，孔子亦猎较；猎较犹可，而况受其赐乎？"曰："然则孔子之仕也，非事道与？"曰："事道也。""事道奚猎较也？"曰："孔子先簿正祭器，不以四方之食供簿正。"曰："奚不去也？"曰："为之兆⑧也。兆足以行矣，而不行，而后去，是以未尝有所终三年淹⑨也。孔子有见行可⑩之仕，有际可⑪之仕，有公养⑫之仕。于季桓子⑬，见行可之仕也；于卫灵公⑭，际可之仕也；于卫孝公⑮，公养之仕也。"

【字词注释】

① 交际：这里指日常交往中的礼物往来。

② 却：这里是推辞、推却、不接受的意思。

③ 听：这里是判断、决断的意思。

④ 御：这里是阻止的意思。

⑤ 这是《尚书·康诰》中的话。其中，"越"是抢劫的意思；"闵"，同"暋"，蛮横的意思；"罔"，这里是无、没有的意思；"譈"，这里是怨恨、憎恶的意思。这几句话的大意是：对于那些杀人抢夺财物、又蛮横不怕死的人，人们都深恶痛绝。

⑥ 烈：这里是强烈、严重的意思。

⑦ 猎较：指打猎比赛、争夺猎物。

⑧ 兆：这里是试行、预示的意思。

⑨ 淹：这里是滞留、停留的意思。

⑩ 见行可：指观察到管理之道可实行。

⑪ 际可：指国君对特定个人以礼仪规范相接待。

⑫ 公养：指国君已经建立起尊重德才兼备者的基本规范和风气。

⑬ 季桓子：鲁国正卿季羽斯。

⑭ 卫灵公：卫国国君卫侯元。

⑮ 卫孝公：卫国国君出公辄。

【今文意译】

万章问道："请问在日常交往中，应该采取什么样的态度呢？"

孟子说："恭敬的态度。"

万章说："在日常交往中，别人送了礼物，'反复推辞就是不恭敬'，这是为什么呢？"

孟子说："如果有尊贵的人赠送礼物，自己先在心里盘算：'这礼物的来路符合规范还是不符合规范？'然后才接受，这就是不恭敬，所以说，不要推辞。"

万章说："口头上虽不直接拒绝，却在心里拒绝：'这礼物是从民众那里搜刮来的，不合乎规范。'然后再找其他借口拒绝，不可以吗？"

孟子说："如果对方遵循规范来交往，也符合礼仪进行接待，这样的话，连孔子都会接受礼物的。"

万章说："假如有人在郊外杀人抢夺财物，他也遵循规范来交往，又符合礼仪馈赠礼物，可以接受这种赃物吗？"

孟子说："不可以。《康诰》说：'对于那些杀人抢夺财物、又蛮横不怕死的人，人们都深恶痛绝。'对于这样做的人，不用教育就可以判死刑。商朝继承夏朝，周朝继承商朝，对这种犯罪行为的惩罚，从来就没有改变过。现如今这种情况更加严重了，怎么可能接受这种赃物呢？"

万章说："如今各诸侯国国君盘剥民众，简直就像拦路抢劫一样。假定这些诸侯国国君都用符合礼仪规范的方式聘请管理者，给管理者岗位和俸禄，那么，管理者也就可以欣然接受了。请问对这种情况，又该怎么解释呢？"

孟子说："你认为如果有行王道的人兴起，就会把如今各诸侯国国君都处死吗？还是先教育他们，若不悔改，再处死他们呢？所谓占有了不该占有的东西就是盗窃，这只是从某类行为抽象出来的一般原则。在现实中运用这个原则时，却还要具体问题具体分析。像孔子当年在鲁国做管理时，鲁国人都热衷于在打猎时竞相抢夺猎物，还争相用抢夺来的猎物祭祀，以体现吉祥有福，孔子也参与这种抢夺猎物的竞赛；参与抢夺猎物的竞赛都可以，更何况接受国君的赏赐了？"

万章说："既然如此，那么，孔子还能说是在遵循管理之道做管理吗？"

孟子说："当然是在遵循管理之道做管理。"

万章说："既然遵循管理之道，那为什么还要参与抢夺猎物的竞赛呢？"

孟子说："孔子先用书面的方式，规定好祭祀用品的规格和数量，并明确规定不能用外来的物品进行祭祀。既然抢夺来的猎物不能用于祭祀，人们便不会再热衷于抢夺猎物的竞赛了，这种活动自然就会慢慢消失。"

万章说："孔子为什么不辞职呢？"

孟子说："孔子是想先试验一下。试验之后能行得通，而国君却不采纳，才辞职，所以，孔子未曾在一个诸侯国的管理岗位上做满三年过。孔子做管理，有观察到管理之道有实行的可能性而去做的，也有因国君的礼遇而去做的，还有因国君已建立起尊重德才兼备者的规范体系而去做的。像孔子在鲁国面对季桓子，就是因为看到管理之道有实行的可能性而去做管理的；在卫国面对卫灵公，则是因为得到礼遇而去做的；而面对卫孝公，又是因为他已建立起尊重德才兼备者的规范体系而去做的。"

【管理解析】

本章用日常交往的礼仪规范做隐喻，说明管理者在什么情况下可以接受聘任，并强调管理者接受聘任并非因为委托人或授权者本人，而是基于管理之道和管理规范的考量。

其实，人与人之间的日常交往关系，同管理者与委托人或授权者之间的委托代理关系有异曲同工之妙。人们之所以会在日常交往中相互馈赠礼物，一方面是为了表达情感，另一方面也是一种互惠行为。人们的日常交往经常与相互帮助联系在一起，而相互帮助同样有委托和代理的潜在含义。只不过这种委托代理关系不必借助正式书面契约确定下来，而是以非正式的口头契约或默契的形式表达出来，而且，同样会伴随着正式授权和心理授权过程。这也许正是儒家要打通"做人"与做管理的深层次原因。在孟子看来，无论是私人之间的日常交往，还是作为代理人的管理者与作为委托人的国君之间的工作交往，关键都在于发自内心的恭敬态度和对交往规范的恪守行为，两者缺一不可。

在私人交往中，当对方是杀人越货者时，即便对方的行为符合规范，也不应接受这种交往关系，更不能接受这种实际上是赃物的礼物。相应地，在作为代理人的管理者与作为委托人的国君之间的交往中，如果国君盘剥民众，像强盗一样抢夺民众的财物，以此来支撑诸侯国管理体制机制的运行，那么，管理者是否应该接受国君授予的职权和俸禄呢？这可能是孟子所处时代的职业管理者所面临的最大挑战。

孟子认为，从私人交往中不接受盗抢之物的原则，上升到管理者面对国君的交往关系处理时，应具体问题具体分析。在当时的历史条件下，对于普通杀人越货者，历来有严厉的惩罚规定，但对于国君的"杀人越货"行为，又如何惩处呢？这实际上涉及治理问题。以往周天子还可以约束和惩罚诸侯国国君，但到了战国时期，周天子早已失去了威慑力，最后便只剩下"天意"和"民意"。对诸侯国国君来说，"天意"和"民意"并非即时的约束和惩罚机制，而只是一种远期的、不确定的、具有根本性的改变机制，因此，也只能说是一种"治理理念"，并不是一种现实可行的"治理机制"。既然如此，那又如何实现对当时诸侯国国君行为的约束呢？孟子给出的解决方案是通过德才兼备的管理者来约束国君行为，并逐渐改变不理想的环境条件，而孔子恰是这样做的典范。

当年孔子在鲁国做管理时，曾尝试改变鲁国不合理的"猎较"制度。虽然在孔子看来，打猎时竞相抢夺猎物，并用抢来的猎物祭祀，是非常不合理的，但是，孔子并不是直接否定它，而是"先簿正祭器，不以四方之食供簿正"，从祭祀规定入手，釜底抽薪，让这种活动失去为祭祀抢夺猎物的理由，进而逐渐改变国君和民众的态度及行为。这个例子表明，虽然孔子在不尽合理的制度条件下接受了任命，而且也参与了一些不合规范的活动，但是，孔子这样做是为了有机会影响国君，变革不合理的制度条件，以便从根本上改变不合规范的活动。不进入游戏，不熟悉游戏规则，而要想改变游戏规则，是不容易的，尤其是想从外部一下子打破或根本改变游戏规则，那更是难上加难。因此，孔子做管理总是先尝试、先试验，有可行性后，再着手改变；如果在这种情况下，国君还是不愿意接受改变，甚至出面阻挠和干预，孔子才会选择辞职。

以孔子为典范，孟子认为，管理者在三种情况下可以接受国君的聘任，这也相当于管理者接受了国君赠予的"礼物"。第一种情况是有实行管理之道的可能性，这应该是儒家管理者致力于做管理的最重要的前提条件；第二种是国君能礼遇管理者，让管理者有机会改变现状，实施变革，这在一定程度上也为实行管理之道创造了条件；第三种是国君能举贤用能，建立起尊重德才兼备者的规范体系，在这种情况下，也很有可能实行管理之道。当然，最好是这三种条件同时具备，否则，难免会像孔子的遭遇一样，看似满足了其中一个条件，但真正做起管理来，又会横生枝节，左羁右绊，前功尽弃。

5.14 孟子曰："仕非为贫也，而有时乎为贫。娶妻非为养也，而有时乎为养。为贫者，辞尊居卑，辞富居贫。辞尊居卑，辞富居贫，恶乎宜乎？抱关击柝①。孔子尝为委吏②矣，曰：'会计当③而已矣。'尝为乘田④矣，曰：'牛羊茁壮长而已矣。'位卑而言高，罪⑤也；立乎人之本朝而道不行，耻也。"

【字词注释】

① 抱关击柝：其中，"抱关"，指守城门的人；"击柝"，指夜里打更报时的人。"抱关击柝"，泛指最基层的岗位。

② 委吏：是负责仓库管理的岗位。
③ 当：这里是对等、符合的意思。
④ 乘田：是负责牲畜饲养的岗位。
⑤ 罪：这里是错误、过失的意思。

【今文意译】

孟子说："做管理并不是为了摆脱贫困，但有时候也是为了摆脱贫困。这就像娶妻并不是为了奉养父母，但有时候也是为了奉养父母一样。为了摆脱贫困而选择做管理的人，就应该辞去更高的管理职位，选择基层的岗位，辞去更高的薪俸，选择一般的薪俸。如果要辞去更高的管理职位，选择基层的岗位，辞去更高的薪俸，选择一般的薪俸，那么，什么样的岗位更合适呢？像把守城门和打更报时这样的基层岗位都可以。孔子也曾做过负责仓库管理的基层岗位，他说：'只要账目相符就可以了。'孔子还做过负责牲畜饲养的基层岗位，他说：'只要牛羊茁壮成长就可以了。'在基层岗位上不能尽己尽责，反倒好高骛远，这是不对的；在朝廷里担任重要管理职位，却不能让管理之道得以实行，这也是不应该的。"

【管理解析】

本章讲管理者的任职动机及相应的行为规范要求。

根据儒家的要求，做管理是为了实行管理之道，践行管理规范，而不是为了个人名利；当然，由对共同利益的追求所带来的管理者个人利益，也不被儒家所排斥，在儒家看来，追求和实现共同利益，同时也包含着利益相关者以及管理者个人的利益在内。但是，儒家不赞成为了追求个人利益去做管理，那样的话，容易混淆公私边界，以追求共同利益为旗号，让谋求个人利益变得明目张胆、理所当然。尤其是在当时管理权力高度集中，也缺乏有效的管理行为约束机制的情况下，管理者的任职动机及相应的内在自我约束，就变得更为重要。

正是在这样的背景下，孟子用"为贫"或为了摆脱贫困而做管理作为切入点，分析了管理者的任职动机及相应的行为规范要求。这就好比"娶妻"要符合社会规范的要求，而不能仅是为了奉养父母一样。也就是说，有关"娶妻"的社会规范，有其自身的合理性和独立性，并非从属于有关"奉养父母"的社会规范，更不是为了遵循"奉养父母"的社会规范而使用的工具或方法。也许正是基于这两类社会规范各自的独立性和合理性，才能更深入地理解"舜不告而娶"的合理性。

同样道理，做管理也有其自身的规范性和合理性，而不能仅被视为实现个人目的，如摆脱贫困的手段。只有将个体融入管理之道和管理规范之中，在实现共同利益的过程中，达到个人利益的满足，才符合儒家对"做人"和做管理的基本要求。这当然是一种非常理想的做管理的状态，在现实中，做管理有时又不得不面对解决眼前生机问题的迫切压力，正如"娶妻"在现实中也可能是迫于父母的压力一样。

既然如此，那么，在现实中，信奉儒家管理之道的管理者又该如何应对这种挑战，处理好个人摆脱贫困和做管理之间的关系呢？在孟子看来，那些为了摆脱贫困、谋求俸禄而做管理的人，应该寻求承担管理物或资源或做事的职责，而不应该寻求承担管理人、影响人、教育人的职责。这便是"抱关击柝"所要表达的意思。无论是把守城门的职责，还是打更报时的职责，都主要体现在做事上，只是处理同物或资源的关系，而没有直接下属，不会产生对他人的影响。这样一来，为摆脱贫困、谋求俸禄而做管理的动机及行为，就不太容易直接影响其他组织成员，由此所引发的负面效应也不会太大。

为了说明这一点，孟子还举了孔子的例子。在《论语》第九篇第 6 章中，孔子说自己"少也贱，故多能鄙事"[⊖]。孔子早年贫且贱，为了糊口，做过很多工作，如仓库保管员、牛羊饲养员等，而这些工作大多只涉及处理同物或资源的关系，只要尽到职责即可，并不直接影响别人，就像孔子说的"会计当""牛羊茁壮长"。但是，若明明是为了养家糊口，在做着具体的事务工作，却又好高骛远，空发议论，这反而违背了应有的行为规范。另外，若身居高位，却不想着让管理之道得以实行，也不能用追求共同利益的行动去正向影响别人，而是整天盘算着如何谋求个人利益，甚至以权谋私，这更是为儒家所不耻。在孟子看来，真正的管理者一定是有

⊖ 张钢，《论语的管理精义》，机械工业出版社，2015 年版，PP242-243.

下属的，也一定会正向影响别人，并由此发挥出管理的教育功能，而这样的管理者，必然要求超越个人利益，追求共同利益。

5.15 万章曰："士之不托①诸侯，何也？"孟子曰："不敢也。诸侯失国而后托于诸侯，礼也。士之托于诸侯，非礼也。"万章曰："君馈之粟，则受之乎？"曰："受之。""受之何义也？"曰："君之于氓②也，固周③之。"曰："周之则受，赐之则不受，何也？"曰："不敢也。"曰："敢问其不敢，何也？"曰："抱关击柝者，皆有常职以食于上。无常职而赐于上者，以为不恭也。"曰："君馈之，则受之，不识可常继乎？"曰："缪公之于子思也，亟④问，亟馈鼎肉⑤。子思不悦，于卒⑥也摽⑦使者出诸大门之外，北面稽首再拜而不受，曰：'今而后知君之犬马畜伋！'盖自是台⑧无馈也。悦贤不能举，又不能养也，可谓悦贤乎？"曰："敢问国君欲养君子，如何斯可谓养矣？"曰："以君命将⑨之，再拜稽首而受。其后廪人⑩继粟，庖人⑪继肉，不以君命将之。子思以为鼎肉使己仆仆⑫尔亟拜也，非养君子之道也。尧之于舜也，使其子九男事之，二女女焉，百官牛羊仓廪备，以养舜于畎亩之中，后举而加诸上位，故曰王公之尊贤者也。"

【字词注释】

① 托：这里是寄居的意思，即不做管理或不做事，只拿俸禄。
② 氓：这里是百姓、农民的意思。
③ 周：同"赒"，周济、救济的意思。
④ 亟：这里是每次、屡次的意思。
⑤ 鼎肉：即熟肉。
⑥ 卒：这里是终于、最后的意思。
⑦ 摽：这里是挥去、使离开的意思。
⑧ 台：这里指负责传递指令的基层管理者。
⑨ 将：这里是送、给的意思。
⑩ 廪人：指负责仓库管理的人。
⑪ 庖人：指负责厨房管理的人。
⑫ 仆仆：反复殷勤应对、谢恩的样子。

【今文意译】

万章说："学管理、做管理的人，不能寄居在诸侯国国君那里，这是为什么呢？"

孟子说："不敢这样做啊。诸侯国国君若失去了自己的诸侯国，可以寄居在其他诸侯国国君那里,这符合规范。但是,学管理、做管理的人,若寄居在诸侯国国君那里,就不符合规范了。"

万章说:"既然如此,那么诸侯国国君赠送的粮食,可以接受吗?"

孟子说:"可以接受。"

万章说:"接受国君赠送的粮食,是什么道理呢?"

孟子说:"国君对于外来民众,本来就要给予相应的帮助救济。"

万章说:"帮助救济就可以接受,赏赐却不能接受,这是为什么呢?"

孟子说:"还是因为不敢啊。"

万章问道:"请问为什么不敢呢?"

孟子说:"像把守城门、打更报时这样的岗位,都会有稳定的俸禄,既然没有岗位,却又要接受国君的赏赐,那就是不恭敬了。"

万章说:"既然国君以帮助救济的形式赠送的东西,可以接受,那么,不知道是否可以经常接受这种赠送呢?"

孟子说:"当年鲁缪公对待子思,每次派人表达问候时都要赠送熟肉,子思不高兴,最后终于将代表鲁缪公前来问候的人赶出门去,并面向北方,稽首行礼拒绝道:'今天终于知道国君原来是像对待犬马一样对待我啊!'大概从此之后,鲁缪公再也不派人给子思赠送东西了。虽然号称喜欢德才兼备者,却既不能重用,也不能正确处理与德才兼备者之间的关系,这能说是喜欢德才兼备者吗?"

万章问道:"国君如果想正确处理与德才兼备者之间的关系,请问应该怎么做呢?"

孟子说:"国君第一次派人送东西来,首先应该稽首行礼表示感谢,然后再接受国君赠送的东西。此后,若国君还想继续赠送粮食或肉食等东西,便可以由负责仓库管理的人直接送粮食,由负责厨房管理的人直接送肉食,而不需要每次都说是代表国君来赠送东西。这样,接受赠送的人就不用每次都作揖称谢了。子思认为,因为接受国君赠送的熟肉,自己每次都要行礼作揖,这不是国君对待德才兼备者的正确方式。当年尧对待舜,就是让自己的儿子去跟着他做事,又将自己的女儿嫁给他,还派各级管理者准备好牛羊和粮食,去帮助他在田野间耕作,到后来又重用他,让他成为最高管理者,这才是国君尊重德才兼备者的正确做法。"

【管理解析】

本章讲作为委托人的国君与作为代理人的管理者之间的关系处理问题。

作为代理人的管理者与作为委托人的国君之间,是正式的工作关系而非私人关系。管理者应靠自己的德才兼备来获得国君的认可和信赖,以自己的管理贡献在诸侯国立足,而不应仰仗同国君的私人关系寄人篱下。所以,孟子认为,"士之托于诸侯，非礼也"。这里的"士"，既指学管理的人，也指做管理的人。毕竟无论是学管理还是做管理，关键在于遵从管理规范，处理好同委托人或授权者之间的关系。

学管理和做管理的人，在还没有找到工作、获得岗位职权和俸禄之前，就像普通民众一样，而作为普通民众，则完全可以接受国君的赠予，因为"君之于氓也，固周之"，这里的"氓"，特指从其他诸侯国迁居而来的普通民众。为了表达对外来移民的关怀，国君本来就要向他们赠送粮食和其他物品，这并不涉及与国君的私人关系问题。不过，需要注意的是，国君面向所有外来移民的"周"或"馈"，与面向特殊关系人的"赐"或"赏"是不一样的。对于那些还没有获得哪怕是像"抱关击柝"这样的基层岗位的人来说，只能接受带有普遍性的"周"或"馈"，而不能接受带有特殊性的"赐"或"赏"。这充分体现出儒家管理所内秉的"非人格化"思维方式。

即便对于那种带有普遍性的"周"或"馈"，学管理和做管理的人也不应经常接受，否则，反复接受国君这种赠送，也无异于同国君建立起私人关系，甚至成为国君私下供养的人，用子思的话说就是"今而后知君之犬马畜伋"。孟子之所以举鲁缪公对待子思的例子，一方面在于说明，"士"应该如何对待国君的"周"或"馈"，另一方面也在于指出，作为委托人的国君，应该怎样对待德才兼备者。

虽然国君可以用"周"或"馈"来体现对移民和外来者的关怀，但这只是一种具有普遍性的、"非人格化"的关怀，并不意味着被关怀者，尤其是德才兼备的学管理和做管理的人，一定要对国君感恩戴德。此后，如果那些德才兼备者一时无法被合理安排工作，那么，日常的"周"或"馈"也应该变为一种超越国君个人恩惠的一般性制度措施，依据规则规范，由相应的职能部门，如分管粮食仓库或分管厨房及其他食品供应的人，直接按规定给予"周"或"馈"即可，不需要每次都体现为国君个人居高临下的恩宠。在孟子看来，尧是处理与德才兼备者之间关系的楷模。尧既能同舜建立起私人关系，又能让各职能部门为舜提供帮助，最终还能通过系统考察，将天子之位禅让给他。这充分展示了委托人与代理人之间关系的理想状态。

5.16 万章曰："敢问不见诸侯，何义也？"孟子曰："在国曰市井之臣，在野曰草莽之臣，皆谓庶人。庶人不传质①为臣，不敢见于诸侯，礼也。"万章曰："庶人，召之役，则往役；君欲见之，召之，则不往见之。何也？"曰："往役，义也；往见，不义也。且君之欲见之也，何为也哉？"曰："为其多闻也，为其贤也。"曰："为其多闻也，则天子不召师，而况诸侯乎？为其贤也，则吾未闻欲见贤而召之也。缪公亟见于子思，曰：'古千乘之国以友士，何如？'子思不悦，曰：'古之人有言曰，事之云乎？岂曰友之云乎？'子思之不悦也，岂不曰：'以位，则子君也，我臣也，何敢与君友也？以德，则子事我者也，奚可以与我友？'千乘之君，求与之友而不可得也，而况可召与？齐景公田，招虞人以旌②，不至，将杀之。'志士不忘在沟壑，勇士不忘丧其元。'孔子奚取焉？取非其招不往也。"曰："敢问招虞人何以？"曰："以皮冠。庶人以旃③，士以旂④，大夫以旌。以大夫之招招虞人，虞人死不敢往。以士之招招庶人，庶人岂敢往哉？况乎以不贤人之招招贤人乎？欲见贤人而不以其道，犹欲其入而闭之门也。夫义，路也；礼，门也。惟君子能由是路，出入是门也。《诗》云：'周道如底，其直如矢。君子所履，小人所视。'⑤"万章曰："孔子'君命召，不俟驾而行'。然则孔子非与？"曰："孔子当仕有官职，而以其官召之也。"

【字词注释】

① 传质："质"，通"贽"，初见尊长时准备的礼物。"传质"，指被国君召见时带的见面礼，进而引申为被国君正式任命为特定职务。

② 旌：这里指用五色羽毛装饰的旗。

③ 旃：这里指红色的曲柄旗。

④ 旂：这里指旗面上画有龙形图案、竿头系铃的一种旗。

⑤ 这是《诗经·小雅·大东》中的诗句。其中，"周道"是大道的意思；"底"，同"砥"，磨刀石的意思；"视"，这里是参照、对照的意思。这几句诗的大意是：大道像磨刀石一样平坦，像箭杆一样笔直。这是管理者所应走的正道，也是被管理者所能清楚看到的方向。

【今文意译】

万章说："学管理和做管理的人，在还没有被聘用之前，不去见诸侯国国君，请问这是什么道理呢？"

孟子说："学管理和做管理的人，在还没有被聘用之前，若居住在诸侯国国都，便称为'市井之臣'，若居住在乡间，便称为'草莽之臣'，都属于平民。平民在没有被正式聘用之前，是不能去见国君的，这是规范要求。"

万章说："平民被征召服劳役，就要去；国君想见他，召唤他，却不去。这是为什么呢？"

孟子说："去服劳役，符合规范，是应该做的；去见国君，不符合规范，是不应该做的。况且，国君要召见平民，是因为什么呢？"

万章说："因为他博学多闻，因为他德才兼备。"

孟子说："如果说是因为他博学多闻，那么，这种博学多闻的人都可以成为国君的老师了，连天子都不能召见老师，更何况诸侯国国君呢？如果说是因为他德才兼备，那么，我还没听说国君想见德才兼备的人，却要召唤他来相见的。鲁缪公几次去拜访子思，想了解'古代千乘之国的国君，怎样做才能把德才兼备者变成自己的朋友？'子思不高兴地说：'古人要说的是以德才兼备者为师，怎么会说以德才兼备者为友呢？'子思之所以不高兴，难道不是在提醒鲁缪公：'从职位上看，你是国君，我是大臣，而大臣怎敢与国君成为私人朋友呢？但是，从德行上看，你是向我学习的人，又怎么可能和我成为朋友呢？'一位大诸侯国国君想同这样德才兼备的人交友都不可能，更何况还要召见他呢？齐景公要去打猎，用旌旗召见负责看守猎场的管理者，却没有召来，便要处死他，他却不害怕。'有志向信念的人，不在乎穷困潦倒，抛尸野外；有勇敢行为的人，也不在乎危难艰险，身首异处。'孔子为什么用这样的话来赞扬这位负责看守猎场的管理者呢？孔子看中的就是他坚守规范，对不符合规范的召见，坚决不去这一点。"

万章问："请问召见负责看守猎场的管理者，应该用什么呢？"

孟子说："用皮帽子。召见平民用红色的曲柄旗，召见普通管理者用系着铃铛的龙旗，召见高级管理者用五色羽毛装饰的旌旗。用召见高级管理者的方式去召见负责看守猎场的管理者，他就是被处死也不敢前去。用召见普通管理者的方式去召见平民，平民又怎么敢去呢？更何况用召见非德才兼备者的方式去召见德才兼备者呢？想见德才兼备者，却又不遵循应有的规范，就好像要请人进来却又紧闭大门一样。正义就像道路，礼仪就像大门。只有真正的管理者，才能沿着这样的道路，从这样的大门进出。《诗经》上说：'大路像磨刀石一样平坦，像箭杆一样笔直。这正是管理者所应走的正道，也是被管理者所能清楚看到的方向。'"

万章说："孔子'一旦有国君的诏命，不等车马备好，就赶忙步行前去'。这么说孔子做得不对了？"

孟子说："孔子当时正在鲁国做管理，有职务在身，这是国君因他的职务而要召见他。"

【管理解析】

本章继续阐述作为代理人的管理者与作为委托人的国君之间，所应具有的一种"非人格化"关系。

严格来说，一位学管理和做管理的人，在还没有被委托人聘用之前，尚不能称为管理者，因此，"士"在当时是一个多义字，既可以用来指学管理的人，又可以指做管理却还没有找到正式管理岗位的人，如从一个诸侯国辞职后正在其他诸侯国找工作的人，也可以指有正式职位的普通管理者，如本篇第 11 章中提到的"下士""中士""上士"。本章所说的"士"，主要指那些学管理和做管理但还没有被正式聘用的人，他们实际上和其他普通民众一样，若住在像国都这样的城市里，被称为"市井之臣"，若住在乡下，则被称为"草莽之臣"。按照当时的社会规范和职业规范，即便是学管理和做管理的人，在没有得到正式聘用之前，也不能去见国君；若国君想要召见，则必须符合相应规范才行。

如果国君是因为某位尚无管理职位的人博学多闻或德才兼备而要见他，只能是要么前往拜访，将其视为老师，要么正式聘用，将其视为正式管理者。但是，不管是哪种情况，国君都不能想见谁就见谁，想怎么做就怎么做，而必须符合特定规范。无论是对博学多闻者，还是德才兼备者，在没有正式聘用之前，国君都只能前往拜访，而不能随意召见，而且，国君要与这样的人"交友"，关键不在于国君的身份和地位，而在于国君本人的志向追求和德行境界。按照孟子在本篇第 12 章中所阐述的观点，"友"是以德为基础的志同道合者关系，既非正式的聘用关系，也不是一般的私人关系。若仅从聘用关系的角度来看，国君和管理者只是一种"君臣"关系，谈不上"友"；若从"友"的角度来看，国君的德行修养往往又难以达到要求。这也许正是孟子以鲁缪公与子思之间关系为例所要阐明的深刻寓意。

即便是那些被正式任命的管理者，国君想要召见，也必须遵循特定规范，使用正确方式。孟子在这里再次使用了第三篇第 6 章中"齐景公招虞人"的例子，意在表明，管理者面对国君这种掌握着资源和机会的委托人，应该有自己的内在一定之规，不能一味地去顺从和迎合他们。在孟子看来，管理者所应遵循的内在一定之规就是"义"和"礼"。"义"是什么应该做、什么不应该做的基本准则，相当于由上天或管理之道分配给管理者的职业责任或"天职"，从内部决定着管理者的职业行为，就如同大路一样，直接规定着管理者的职业发展走向；而"礼"则是具体的行为规范，规定着管理者在各种具体事务上的行为选择，就如同建筑物的大门一样，直接影响着管理者的行为取向。当管理者恪守了这样的内在准则和基本行为规范之后，不仅是管理者本人有了一定之规，更重要的是，无论作为委托人的国君，还是被管理者，也都会受到正向影响，以至于国君不会犯"欲见贤人而不以其道，犹欲其入而闭之门也"的错误，而被管理者也会因管理者的示范作用，明确自己前行的方向，正如《诗经·小雅·大东》所说"周道如底，其直如矢。君子所履，小人所视"。

当然，如果管理者拥有正式的岗位职权，那么，自然就会因这种岗位角色同国君建立起正式的工作关系。这时管理者就必须遵循岗位角色规范的要求，来与国君互动。这便是《论语》第十篇第13章中所描述的"孔子君命召，不俟驾而行"⊖的行为表现。这种行为表现，不是因为国君的个人权威，也不是建立在孔子与国君的私人关系之上，而是源于孔子所担任的正式管理岗位的角色规范和职责要求。

5.17 孟子谓万章曰："一乡之善士，斯友一乡之善士；一国之善士，斯友一国之善士；天下之善士，斯友天下之善士。以友天下之善士为未足，又尚①论古之人。颂②其诗，读③其书，不知其人，可乎？是以论其世也，是尚友也。"

【字词注释】

① 尚：同"上"，向上追溯的意思。
② 颂：这里是朗读、背诵的意思。
③ 读：包含念、背、理解和研究的意思。

【今文意译】

孟子对万章说："在一个乡里，追求共同利益的人会成为志同道合者；在一个诸侯国里，追求共同利益的人也会成为志同道合者；全天下追求共同利益的人，同样会成为志同道合者。如果与天下追求共同利益的人成为志同道合者还不够，那就要向上追溯和研究古代人物。朗读他们的诗歌，研读他们的著作，但不理解他们是怎样的人，能行吗？所以，还要研究他们所处的时代背景，这样才能与古人也成为志同道合者。"

【管理解析】

本章承接上章，进一步说明管理者如何才能恪守社会规范和职业规范。

⊖ 张钢，《论语的管理精义》，机械工业出版社，2015年版，PP281-282.

管理者并非是以个人的力量在坚守管理之道，践行管理规范，也不是个人直接面对国君这样的委托人。管理者个人的力量总是有限的。这不仅意味着国君掌握着更多资源，个体管理者难以凭个人的力量同国君平等对话，而且，这也是指个体管理者总是会存在意志无力，在外部压力之下，很难执着坚守自己的内在价值观。管理者要与国君平等对话，要克服个体的意志无力，持续追求管理之道，就必须凭借职业共同体的力量。管理职业共同体赖以存在的前提，是管理者"志于道"，成为志同道合者，致力于追求最广大的共同利益或"至善"。

在孟子看来，这样的志同道合者，不仅限于"一乡""一国"乃至"天下"，而且还跨越时空，包括古人在内。也就是说，对共同利益或"善"的追求，不只是当代人的目标，也是历史上先贤们的目标；从历史到当代乃至未来，所有致力于追求共同利益的管理者，结成了一个更广大的志同道合的职业共同体。

作为一名致力于追求共同利益的管理者，要理解古代那些伟大的志同道合者，就必须"颂其诗，读其书，知其人"，而要"知其人"，关键在于"论其世"，即研究古人所处的时代背景，将时代背景与古人的思想及其表达方式联系起来。这样才能更全面、更深入地把握古人的思想，以便让这个更广大的志同道合的职业共同体得以发挥出巨大影响力，为当代管理者赢得真正的职业独立性。

5.18 齐宣王问卿①。孟子曰："王何卿之问也？"王曰："卿不同乎？"曰："不同。有贵戚②之卿，有异姓之卿。"王曰："请问贵戚之卿。"曰："君有大过则谏，反覆之而不听，则易位。"王勃然变乎色。曰："王勿异也。王问臣，臣不敢不以正对。"王色定，然后请问异姓之卿。曰："君有过则谏，反覆之而不听，则去。"

【字词注释】

① 卿：是会意字，在甲骨文中像两人相对吃饭的样子，两人中间是一个食器，本义指明辨事理、表彰真善的高级管理者。这里即指高级管理者。

② 贵戚：这里是与国君同宗族的意思。

【今文意译】

齐宣王请教关于高级管理者的职责定位问题。孟子说："您要询问的是哪类高级管理者呢？"

齐宣王说:"高级管理者还有不同类型吗?"

孟子说:"是有不同类型的高级管理者。一类是同宗族的高级管理者,另一类是外聘的异姓高级管理者。"

齐宣王说:"请问同宗族的高级管理者的职责定位是什么?"

孟子说:"国君有大过错,就要进谏,反复进谏不听,就可以撤换国君。"

齐宣王的脸色一下子就变了。孟子说:"请不要见怪。既然您问我,我只能如实回答。"

齐宣王脸上恢复了平静,又继续请教关于外聘异姓高级管理者的职责定位。

孟子说:"国君有过错,就要进谏,反复进谏不听,就可以离职。"

【管理解析】

本章承接上章,更具体地分析了高级管理者与作为委托人的国君的关系,从而明确了当时条件下诸侯国治理与管理的界限。

在当时的历史条件下,诸侯国国君是委托人,也是诸侯国管理权力的现实拥有者,但是,国君并不是终极委托人和管理权力的最终拥有者。按照孟子的观点,代表"天意"的"民意",才是终极委托人和管理权力的最终拥有者,而管理权力的基础则是"社稷",包括土地、其他物质资源和军队在内的广义资源。正是"社稷"这个重要的资源基础,支撑起诸侯国的管理权力。在孟子看来,诸侯国的管理权力从源头上来说是掌握在上天及其代表民众那里,当上天和民众认可了某个宗族及其代表,即国君,这个国君及其宗族才能成为诸侯国管理权力的现实拥有者。这便是孟子所确立的诸侯国治理理念,也是孟子在这里回答齐宣王关于高级管理者的职责定位问题的基本前提。

在诸侯国的日常管理中,实施管理的主体不是国君,而是国君聘用的职业管理者。从职业管理者的角度看,国君是委托人,代表对现实管理权力的拥有,通过聘用职业管理者,来实施日常管理。但是,在诸侯国的管理者共同体中,作为高级管理者的"卿",同国君的关系比较复杂。一般来说,"卿"可以分为两类,一类是"贵戚之卿",即同国君有亲缘关系或同宗族的高级管理者,另一类是"异姓之卿",即外聘的高级管理者。

"贵戚之卿"虽然也会拥有特定的管理职位,但他们并不像外聘的管理者那样,只负责日常管理,而是还要辅佐国君做好治理,维护"民意"和"社稷"。也就是说,他们和国君共同拥有诸侯国的现实管理权力,因此,"贵戚之卿"的职责定位不仅在于管理,更在于治理。"异姓之卿"则不同,由于他们是纯粹意义上的外聘职业管理者，接受国君授权，从事管理工作，因此，他们的职责定位仅在于管理，而不涉及治理。

在孟子看来，无论是哪一类"卿"，都有自己的职责定位和角色规范要求，不能只是一味地迎合国君，唯国君马首是瞻。"贵戚之卿"的职责定位更加突出治理，在于确保"民意"和"社稷"不受到威胁。如果因为国君的一意孤行而威胁到"民意"和"社稷"，那么，"贵戚之卿"有责任去规劝国君，改变他的错误做法，不能任由国君肆意妄为；但是，若反复进谏都不起作用，"贵戚之卿"则有权利改立新国君，这正体现出"贵戚之卿"参与诸侯国治理的权利。从另外角度看，"贵戚之卿"参与诸侯国治理，也是一种对国君权力的制衡，对国君行为的约束。这虽然会让国君感到不舒服，就像齐宣王听孟子这样说会"勃然变乎色"一样，但是，从治理理念得以落地实施的角度看，在当时的历史条件下，这也许是一种比较合理且可行的制度安排。但遗憾的是，即便是这种制度安排，也没有得到有效实施。这也是孟子致力于探索的诸侯国治理理念始终停留在理念层面，而没有变成一种可行的制度安排和机制设计的现实原因。

"异姓之卿"的职责定位仅限于管理，他们不参与诸侯国治理，也没有权利更换国君，而只能接受国君授权，在岗位职权范围内从事日常管理工作。即便如此，"异姓之卿"对国君也不能只是唯命是从，必须像孟子在第四篇第 20 章所讲的那样，努力去"格君心之非"；面对国君的错误，既不能无视，也不能屈从，更不能纵容，而要立足职责定位和角色规范进行劝谏。正视国君的错误，努力规劝其改正，是包括"贵戚之卿"和"异姓之卿"在内的所有高级管理者的基本职责定位，只不过是对于"异姓之卿"来说，若反复劝谏都不起作用，不能像"贵戚之卿"那样可以启动更换国君的程序，而只能是自己选择辞职离开。

严格来说，在对国君反复劝谏都不起作用之后，无论是"贵戚之卿"选择启动更换国君的程序，还是"异姓之卿"选择辞职离开，都不是高级管理者个体意义上的行为选择，而是他们所承担的职责定位和角色规范使然，也是诸侯国治理和管理规则的基本要求，这背后所体现出来的，恰是管理者与国君之间关系的"非人格化"特征。《论语》第十篇第 4 章描述孔子"入公门，鞠躬如也，如不容。立不中门，行不履阈。过位，色勃如也，足躩如也，其言似不足者"⊖。孔子在朝堂上的这一系列行为表现，都不是针对国君本人，而是基于管理者的职责定位和角色规范，由内而外地产生出的一种"非人格化"行为表现。

这里需要着重指出的是，儒家所坚持的管理者"非人格化"思维方式和行为表

⊖ 张钢，《论语的管理精义》，机械工业出版社，2015 年版，PP273-274.

现，不同于韦伯的科层制理论所讲的"非人格化"。科层制下的"非人格化"，来自于外部制度规则的严格规定，是一种外在角色行为的"非人格化"，并不特别关注内在的信念和价值观，甚至还要努力排除内在信念和价值观的影响，保持所谓"价值中立性"；但是，儒家对管理者的"非人格化"要求，则必须首先确立起内在的信念和价值观认同，然后才能由内而外地表现出一种基于角色规范的"非人格化"行为。如果说科层制下的"非人格化"是立足于外在制度设计所达到的角色行为的"非人格化"，那么，儒家的"非人格化"则是立足于内在价值观和角色规范认同所达到的角色行为的"非人格化"。虽然科层制和儒家达到"非人格化"角色行为的路径不同，一个侧重于直接由外在制度规则规定的"非人格化"角色行为，即一视同"行"，另一个侧重于由内在以"仁"为核心的价值观和角色规范认同所自然产生的"非人格化"角色行为，即一视同"仁"，但殊途同归，最终都是要达到人际互动中角色行为的"非人格化"平等要求。在今天的管理职业化背景下，儒家对管理者的由内而外的"非人格化"要求，也许可以成为来自制度规则的"非人格化"要求的有益补充。只有将两者有机结合起来，才更有可能让今天的职业管理者真正达成超越个体化或人格化的管理意识和行为。

告子第六

【本篇导读】

本篇详述儒家管理的"人性"前提。《大学》确立起"人性"的德性前提,《中庸》则进一步将德性具体化为以"诚"为本,以"仁"为体,以"智"为用的三位一体;但是,作为"人性"深层次内涵的德性,如何与作为社会规范的"仁义礼智"及作为终极目标的"善"相统一?又如何与理想世界和现实世界二分的管理思维方式相结合?这些却都是孟子在当时必须致力于回答的新问题。这些问题的产生,不仅是因为当时各诸侯国现实管理的迫切需要,也是因为各种具有竞争性的管理学说纷纷涌现,构成对儒家管理思想前所未有的挑战。甚至可以说,孟子正是通过回应和反驳这些竞争性学说的诘难,不断完善和发展了儒家管理思想。在本篇中,孟子首先通过对告子观点的反驳,厘清了"人性"的德性内涵,让儒家关于理想世界和现实世界二分的管理思维方式得以建立在更为坚实的"人性"前提之上,进而又用这种管理思维方式,深入分析了当时各诸侯国普遍存在的管理问题及其根源,并给出了解决问题的思路和方法。

本篇共有36章,大致可以分为四个部分。第一部分包括第1章至第9章的内容,通过反驳告子的观点,厘清了儒家管理的"人性"的德性内涵。其中,第1章明确提出"人性"中内秉着"仁义"的观点,从而将德性与社会性内在地统一起来;第2章进一步强调指出,"善"是"人性"的内在倾向性,"向善"是德性与社会性相统一的典型特征;第3章以"人性"的德性内涵为基础,将"人性"与动物性区别开来,强调管理的"人性"立足点应该是人与动物的区别,若否定这种区别,便极易导致在管理中将人工具化;第4章从人与动物的区别出发,明确"人性"的独特性和整体性,强调不能人为地割裂"仁"与"义";第5章以具体例子说明,"义"与"仁"一样,是"人性"的基本内涵,并非外部强加的行为规范;第6章全面阐述儒家"人性"的德性内涵的具体构成要素,包括"仁义礼智"和"善",并再次强调它们是一个不可分割的整体，其中，"仁义礼智"是思维中固有的内在尺度，而"善"则是思维所固有的内在倾向性；第7章分析"人性"与环境的互动关系，论证"人性"的普遍性；第8章用自然环境退化来类比社会环境退化，以此说明，不能因社会环境退化而否定"人性"的德性内涵，人之为人，不仅在于被动地适应环境，更要有信心去主动地改变乃至创造环境；第9章强调指出，对"人性"的德性内涵进行培养，必须专心致志，持之以恒，否则，"人性"的德性内涵会有被泯灭的危险。

第二部分由第10章至第17章的内容构成，主要讲基于德性的价值观优先序，管理就是决策，决策就要选择，选择离不开内在尺度或标准的确立，而基于德性所确立起来的价值观优先序，实际上就是为管理决策建立起内在尺度或标准，这是做管理的重要前提。其中，第10章明确指出，内在价值观优先序不仅是管理决策的基本前提，即便对于日常生活中的决策来说，也同样重要；第11章确立起以"仁义"为核心的内在价值尺度，并强调指出，学管理的过程，也就是让以"仁义"为核心的价值尺度成为思维得以运用的前提的过程；第12章以看得见的肢体与看不见的思维做对比，说明人们容易忽略看不见的思维及内在价值尺度对人之为人的重要意义；第13章以外物与自身做对比，阐明借外物反思自我、明确内在价值尺度的重要性；第14章进一步指出，管理者必须从内在价值尺度的建立和思维训练入手，来持续进行自我修养；第15章明确指出，运用思维能力来理解和把握自我及组织，恰是管理职业区别于其他职业的独特性所在；第16章在明确管理职业特点的基础上，提出管理的理想世界与现实世界的区分及其相互关系；第17章阐明管理者只有确立起理想世界，才能超越现实世界，并引领现实世界中管理的发展。

第三部分涵盖第18章至第26章的内容，侧重于澄清在理想世界和现实世界关系上的认识误区，并从理想世界出发，分析当时各诸侯国普遍存在的管理问题。其中，第18章以水与火的关系为例，说明管理者即便在现实世界中遇到个别反例和挫折，也不能因此而放弃对理想世界的追求；第19章借五谷与莠稗的比较，阐明管理者对理想世界的追求，必须达到一定程度，才能对现实世界产生影响，切不可急于求成；第20章以学射箭和学手艺为例，进一步说明，要追求理想世界，用理想来引领现实，既要立志，又要遵从规矩；第21章通过"礼"与"食""色"的比较，澄清人们在认识理想世界与现实世界关系上的误区；第22章进一步说明，儒家理想世界建基于"人性"的德性内涵之上，并时刻关切着现实世界，任何人只要遵从"人性"，做一名真正的"社会人"，都能将这种理想融入现实之中；第23章以《诗经》中的两首诗为例，具体阐明如何将理想融入现实之中；第24章以处理诸侯国间冲突为例，进一步说明如何立足于理想世界来解决现实世界中的管理问题；第25章用孟子处理人际交往的典型事例，阐明内在价值观对利益的统摄作用，人们只有立足于理想来审视现实，才能做到具体问题具体分析；第26章通过孟子与淳于髡的对话，全面阐述儒家关于管理者的真正贡献在于引领人们追求理想世界和仁爱境界的核心指导思想。

第四部分包含第27章至第36章的内容，着重分析当时普遍存在的各种管理问题，并从儒家管理的理想世界出发，提出解决问题的思路。其中，第27章从历史的角度来阐明当时各诸侯国普遍存在的管理问题的症结所在；第28章以鲁国为例，说明要解决当时各诸侯国普遍存在的管理问题，必须从发挥管理的教育功能入手，首先要求管理者肩负起对国君的教育和引导职责；第29章具体分析当时管理者共同体中普遍存在的只知投国君所好，以当下事功来谋求个人利益的问题；第30章明确指出，要解决当时各诸侯国的问题，关键在于遵循正确的管理观念和职业规范，不能走极端，更不能不要管理；第31章用治水作隐喻，说明要解决当时各诸侯国的问题，既要立足于最广大的共同利益，又要用疏导的方式；第32章进一步强调指出，解决问题的关键在于培养有执着追求、超越眼前利益的管理者，而管理者执着追求共同利益的根本则在于"诚"；第33章以具体事例表明，选择那些执着追求共同利益的人做管理者，以改变当时管理者共同体的现状，才是解决问题的突破口；第34章具体阐述管理者接受聘用和选择离职的条件，以此强调做管理要有内在价值观坚守，而不能只看重外部物质条件；第35章以历史上六位伟大管理者为例，分析管理者的成长路径，表明艰难困苦恰是锤炼管理者及其组织的良机，管理者必须具备自强不息的信心和勇气；第36章以管理教育为例，继续说明管理者如何从挫折和失败中学会反思、认识自我以及自我与环境的互动关系。

对管理决策而言，德性的"仁义礼智"内涵及其"向善"的倾向性，是最为重要的内在价值尺度或选择标准；而且，也正是以"人性"的德性前提及其所派生出来的价值观和行为规范为核心，才构成了儒家用以观察、审视和引领现实世界的理想世界，并形成了儒家思考现实管理问题的理想与现实二分的独特管理思维方式。基于理想世界，也许才能更清楚地认识现实世界的问题所在，并看清未来的方向，找到改变的切入点，进而引领现实世界的发展。可以说，本篇是从"人性"的德性前提出发，对儒家管理思想体系的再梳理，这既是对前述几篇内容的总结，也为最后一篇从管理思维方式运用的角度对儒家管理思想进行全面论述奠定了基础。

6.1　告子曰："性，犹杞柳①也；义，犹桮棬②也。以人性为仁义，犹以杞柳为桮棬。"孟子曰："子能顺杞柳之性而以为桮棬乎？将戕③贼杞柳而后以为桮棬也？如将戕贼杞柳而以为桮棬，则亦将戕贼人以为仁义与④？率天下之人而祸仁义者，必子之言夫！"

【字词注释】

① 杞柳：一种树，木材可制成杯盘等器皿。
② 桮棬：用杞柳木制作的杯盘器皿。
③ 戕：残害、毁坏的意思。
④ 与：同"欤"，表示疑问、感叹或反诘。

【今文意译】

告子说："人性就像杞柳一样；正义的规范，就像杯盘一样。认为人性中原本就有仁义，就好比说杞柳中原本就有杯盘。"

孟子说："您是顺着杞柳的本性来制作杯盘呢？还是将杞柳毁坏之后再来制作杯盘呢？如果是将杞柳毁坏之后再来制作杯盘，那是否意味着要先将人残害之后再来实现仁义呢？诱导天下人去祸害仁义的，一定是您这种观点啊！"

【管理解析】

本篇深入探讨管理中的"人性"问题。本章阐明"人性"的深层次内涵及其发展对于做管理的重要意义。

告子在第二篇第2章曾出现过，孟子说他"未尝知义，以其外之也"，而本章则清楚地表明，告子是如何将"义"外在于"人性"的。在告子看来，"人性"就像杞柳树一样，作为一种材料，可以做成各种器皿，而"义"或"仁义"不过像杯盘这些器皿的形状一样，是人为设计出来的外在形式；如果将"仁义"看作"人性"的内涵，岂不相当于说杯盘的形状原本就包含在杞柳树中一样荒谬了吗？

表面上看，告子的类比论证很有力。作为一种材料的杞柳树，其本身的确不可能包含着人为设计出来的杯盘形状。如果将"人性"比喻为杞柳树，将"仁义"比喻为杯盘，那么，就不可能说"仁义"先天地存在于"人性"之中，而只能说"仁义"不过是根据现实需要，人为地设计出来的一种外在行为规范而已。这样一来，将"人性"塑造得符合"仁义"规范，也就类似于把杞柳树这种材料制作成杯盘一样了。

但是，孟子却透过这种类比论证，更深刻地看到了杞柳树这种材料之所以能被制作成杯盘器皿背后的内在原因。如果杞柳树的木质不适合做成用以盛液体的容器，如杯盘，那么，不管怎么改变这种材料本身，哪怕是彻底毁坏它，也不足以制作出适用的杯盘来。所以，孟子反问道："子能顺杞柳之性而以为桮棬乎？将戕贼杞柳而后以为桮棬也？"其中，"顺杞柳之性"，意味着杞柳树的木质本身已经具备制作用以盛液体的杯盘等器皿的特性，而人们也正因为杞柳树的木质有这种特性，才会选择用杞柳树这种材料来制作杯盘；相反，若杞柳树的木质本身就不适合用于制作盛液体的杯盘器皿，即便"戕贼杞柳"，又如何能用这种木材做出适用的杯盘器皿呢？

因此，如果不去考虑杞柳树的木质本身所具有的特性，而只是一味地按照人的意志去"戕贼杞柳而以为桮棬"，即便是毁了杞柳树这种材料，也不可能制作出合用的杯盘器皿来。同样道理，如果不能从"人性"所固有的特性出发，而只是人为地去"戕贼人以为仁义"，其结果也必然是既毁灭了"人性"，又残害了"仁义"。

由此不难理解，儒家意义上的"人性"是一个复杂体系，由多个层次和侧面构成，除了浅层次的生物性或感性内涵之外，更有深层次的德性内涵，这便是孟子在第二篇第6章中详细阐述的"仁义礼智"四方面潜在萌芽或"四端"。正因为"人性"所固有的"四端"及其"向善"的倾向性，才有可能顺"人性"而发展出各种相应的社会规范来，正像杞柳树的木质本身就具有适合制作杯盘器皿的特性，才能"顺杞柳之性而以为桮棬"一样。

6.2　告子曰："性犹湍①水也，决诸东方则东流，决诸西方则西流。人性之无分于善不善也，犹水之无分于东西也。"孟子曰："水信②无分于东西，无分于上下乎？人性之善也，犹水之就下也。人无有不善，水无有不下。今夫水，搏而跃之，可使过颡③；激④而行之，可使在山。是岂水之性哉？其势则然也。人之可使为不善，其性亦犹是也。"

【字词注释】

① 湍：指迅疾的水流。
② 信：这里是确实、实在的意思。
③ 颡：指额头。
④ 激：这里是水流受阻而涌溅的意思。

【今文意译】

告子说："人性就像奔流的水一样，在东面开个口子，就向东流，在西面开个口子，就向西流。人性无所谓善与不善，就像水流本身很难说是向东流还是向西流一样。"

孟子说："水确实无法确定一定向东流还是向西流，但水也无法确定向上流还是向下流吗？人性本善，就像水一定会向低处流一样。人性无不向善，如同水没有不向低处流。水受到拍打，可以跳过人的额头，受到阻碍，甚至可以涌向山顶。这难道是水的本性吗？不过是外部的力量让它这样罢了。人们虽然也能被迫做出不善的事，但是，他们的本性仍然没有改变。"

【管理解析】

本章用水作隐喻，进一步说明，"人性"中原本就有追求共同利益或"向善"的倾向性。

孟子在第三篇第 1 章已明确提出了"性善"观点，而在本章中则针对告子的质疑，充分阐述了"人性"中固有的"向善"倾向性。告子用水设喻，认为"人性"犹如湍急的水流，东边有缺口，就向东边流，西边有缺口，就向西边流，既然不能预先假定水一定会向东流还是向西流，也就不能说"人性"是善还是不善。但是，孟子却看到了水所具有的深层次本性，即"就下"。也许水流的确难分东西，但水为什么会向不同方向流呢？更深层次的原因则是水具有"就下"的本性。水的"就下"要比水的"无分东西"，或许更能体现出水的本质特性。因此，如果要用水的本性来比喻"人性"，那么，更准确的说法应该是，"人无有不善"就像"水无有不下"一样。

当然，人们也许会举出水有时违反"就下"本性的状态，如溅起来的水花可能比人还高，水甚至都能翻山越岭。其实，水的这些看似违背"就下"本性的状态，无不是受到外力作用的结果，并非本性使然。只有"搏而跃之"，水才"可使过颡"，也只有"激而行之"，水才"可使在山"。同样道理，虽然"人性"固有追求共同利益或"善"的倾向性，但是，在外力强迫下，人也可能不去追求共同利益，甚至损害共同利益，这却并非本性使然。

如果要进一步追问，为什么水会有"就下"的本性，那又必然联系到地球的引力场作用。地面上的水，由于受到地球引力场的作用，总是会向地心运动，而地球表面的低洼或凹陷处，离地心更近，在引力的作用下，水便会向低处流或"就下"。理解了水为什么会有"就下"的本性，再以水作隐喻来思考"人性"所具有的追求共同利益或"善"的倾向性，则会更加清楚。正像水处于地球这个引力场中，会因地球引力场的作用而具有"就下"本性一样，人存在于社会这个引力场中，当然也会因社会规范的作用而具有"向善"的本性，毕竟"人性"的德性内涵本身就是与社会性相统一的，"仁义礼智"这些社会规范必然有着内在的"人性"萌芽。由社会性所决定的"人性"具有的追求共同利益或"向善"的倾向性，恰如由地球引力场所决定的水具有"就下"的本性一样。这也是对"人本质上是社会人"这句话的形象诠释。

孟子将儒家"人性"的德性内涵,具体化为"仁义礼智"四方面潜质及追求共同利益或"向善"的倾向性,并用水的"就下"本性做类比,恰好让人们看到了人与社会规范之间关系,同水与地球引力场之间关系的内在相通性,进而赋予了儒家"人性"前提以更形象、更直观的社会性内涵,并为儒家管理夯实了"人性"基础。

6.3

告子曰:"生①之谓性。"孟子曰:"生之谓性也,犹白之谓白与?"曰:"然。""白羽之白也,犹白雪之白;白雪之白,犹白玉之白与?"曰:"然。""然则犬之性犹牛之性,牛之性犹人之性与?"

【字词注释】

① 生:在甲骨文中的字形,上边是生出来的草木,下面的一横表示土地,合起来表示幼苗刚从地里长出来,可以引申为生命,这里则可以理解为生物性。

【今文意译】

告子说:"生物性就是人性。"

孟子说:"说生物性就是人性,是否就像说所有白色的东西都可以称为白色一样呢?"

告子说:"是的。"

孟子说:"也就好比说,白色羽毛的白色,就像白色雪花的白色;而白色雪花的白色,也如同白色玉石的白色。是这样吗?"

告子说:"是的。"

孟子说:"如果是这样,那么,难道同样具有生物性的狗的本性,就像牛的本性,而牛的本性,也就像人的本性一样吗?"

【管理解析】

本章进一步强调指出,"人性"具有特殊内涵,正是这种特殊的"人性"内涵,将人与一般生物区别开来;不能借口人也是生物,而将"人性"和生物性混为一谈。

告子在这里是想用一般生物都具有的生命特征这个普遍特性,来掩盖"人性"的特殊内涵。人当然是生物,也就自然会拥有生物所共有的生命特征,这是人和其他生物(特别是动物)所具有的共性。从生物共性的角度来理解"人性",固然也很重要,但不能因此抹杀了人与其他生物的本质区别。尤其是对于管理活动来说,理解人与其他生物相区别的独特性,远比仅是理解人与其他生物的共性更重要。

因此，孟子首先让告子确认他所说的"人性"是否意味着所有生物都具有的生命共性，即"生之谓性也，犹白之谓白与"。意思是，告子所要表达的观点，是否相当于说一切白色的东西都共有白色那样一种普遍性，就像抽去了比如白色的羽毛、雪花、玉石等的质的区别，而只看到它们所共有的白色这一普遍性特征一样。在得到告子的确认之后，孟子便进一步推论，按照告子的观点，凡是生物都共有生命特性，如果说生物性就是人性，那也就意味着狗性与牛性是一样的，而牛性同"人性"也是一样的。

当孟子基于告子的"生之谓性"这个前提，推出"牛之性犹人之性"这个结论时，人们都会觉得这个结论很荒谬，尤其是在做管理时，不可能像对待牛那样来对待人。当然，孟子在这里并没有否定人和牛都是生物，都具有生命特性，而是要强调，不能因为"人性"与牛性共有生命特性，就无视"人性"区别于牛性的独特之处，更不能说认识了牛性也就等于认识了"人性"。

孟子关于"人性"的德性内涵及其"向善"的倾向性的明确阐述，对于做管理具有极其重要的现实意义。做管理，不是要将人变为工具或手段，而是要以人为目的，充分张扬"人性"的价值，实现人的潜能。如果将"人性"等同于牛性，那岂不是要把人变成像牛一样的工具了吗？在管理中，要真正做到尊重"人性"、顺应"人性"、发展"人性"、高扬"人性"的价值，就必须首先确立起对"人性"区别于动物性的独特之处的恰当理解和把握，而这恰是儒家管理的基本前提，同时又内秉着对终极目标"至善"的追求。

6.4 告子曰："食、色，性也。仁，内也，非外也。义，外也，非内也。"孟子曰："何以谓仁内义外也？"曰："彼长而我长之，非有长于我也。犹彼白而我白之，从其白于外也，故谓之外也。"曰："异于①白马之白也，无以异于白人之白也。不识长马之长也，无以异于长人之长与？且谓长者义乎？长之者义乎？"曰："吾弟则爱之，秦人之弟则不爱也。是以我为悦者也，故谓之内。长楚人之长，亦长吾之长，是以长为悦者也，故谓之外也。"曰："耆②秦人之炙③，无以异于耆吾炙。夫物则亦有然者也，然则耆炙亦有外与？"

【字词注释】

① 异于：根据朱熹的注释，这两个字或许为"衍文"，也可能有"阙文"。这里按照朱熹的观点来处理。

② 耆：通"嗜"，爱好、特别喜欢的意思。

③ 炙：这里是烤肉的意思。

【今文意译】

告子说:"本能的感官需要,就是人性。仁是内在的,不是外在的。义却是外在的,不是内在的。"

孟子说:"为什么说仁是内在的,义是外在的呢?"

告子说:"对方年龄大,我就尊敬他,不是因为我自己的年龄大呀。这就像一个白色的东西,我认为是白色的,是因为它本身是白色的,所以说是外在的。"

孟子说:"白马的白色,也许同白人的白色没有什么分别。但马的年长和人的年长,难道也没有分别吗?况且,说一个人恪守了义的原则,做了应该做的事,对年长者很尊敬,这说的是那个被尊敬的年长者呢?还是说那个尊敬年长者的人呢?"

告子说:"如果是我的弟弟,我就爱他,如果是秦国人的弟弟,我就不爱他。这是因为我有爱心的缘故,所以说仁是内在的。尊敬楚国的年长者,也尊敬我家的年长者,这是因为对方年长的缘故,所以说义是外在的。"

孟子说:"这就好比喜欢吃秦国人做的烤肉,也喜欢吃自己做的烤肉一样。其实喜欢任何东西,道理都一样,不过是因为你内心喜欢。难道喜欢吃烤肉还是外在的吗?"

【管理解析】

本章阐明"人性"的深层次德性内涵具有内在性和整体性,不能外在化,更不能人为割裂。

从一般生物性的角度来说,"食、色,性也"并没有错。儒家不反对人与动物在本性上有相通之处,也不否定人的动物性本能所具有的重要意义,但是,儒家认为,"人性"是一个立体的、多侧面的复杂体系,其中既有与动物相通的共性内涵,也有为人所独有的,用以区别于动物的特性内涵,前者是浅层次"人性",如"食、色",后者则是深层次"人性",即德性,其具体内容便是孟子所讲的"仁义礼智四端"以及"向善"的倾向性。

但是,告子却只从"人性"的浅层次内涵出发,将"仁"狭隘地理解为关于"食、色"的欲求之爱,进而提出了"仁内义外"的观点,把孟子倡导的"仁义"观念完全割裂开来。孟子在这里并没有反对告子的"食、色,性也"观点,而是着力批判和澄清他所谓"仁内义外"的错误认识。

告子割裂"仁"与"义",将"仁"看作内在的喜爱本能,将"义"看作由外在对象所引发的对特定规范的遵从行为。这种观点是有严重问题的。虽然"义"强调的是遵从特定社会规范,做应该做的事,这看似是外在的行为要求,但是,这种社会行为规范之所以产生,却又源于一种内在的观念认同。试想,人们若不能内在地形成一种尊敬长者的观念，又如何能产生尊敬长者的社会规范及相应的行为？人们不仅是外在地因为某人是长者才去尊敬他，也不是因为惧怕别人的惩罚和嘲讽才去尊敬长者，而是见到长者本能地产生出尊敬之心，甚至可以说，这种尊敬之心和尊敬之行以及相应的社会规范，竟无从区别孰先孰后产生。换句话说，人们并不是因为想清楚了自己为什么要去尊敬长者之后，才会产生尊敬长者的行为，而之所以有这种尊敬长者的行为，不过是一种"社会人"的本能。

因此，当告子说"彼长而我长之，非有长于我也。犹彼白而我白之，从其白于外也"时，他的问题恰在于将浅层次的感官反应，等同于深层次的观念影响。从纯粹感官反应上说，看到白马和看到白人，都会得到同样的白色感觉，但是，从深层次的德性来说，看到年长的马和看到年长的人的反应却是完全不同的。人们并不会像尊敬年长的人一样，去对待年长的马。这种对年长者的独特尊敬，恰是人之为人的独特反应，而这种"人性"的独特性也就是以"仁义"为核心内涵的德性。

更进一步，无论是"爱"，还是"敬长"，都发乎内心，进而又体现在行为上。岂能说"爱"发乎内心，而"敬长"就只是外在行为？这种内外分割的逻辑，显然是有问题的。更何况，如果说"爱"与"不爱"是"以我为悦者也"，那么，"敬长"与"不敬长"难道就不是"以我为悦者也"，反倒成了"以长为悦者"吗？实际上，如果真爱自己的弟弟，那么，"秦人之弟"也并非截然不爱，只是爱的程度有所不同罢了，而"长吾之长同长楚人之长"也并非完全相同，仍有程度上的差异。

由此可见，告子为了论证"仁内义外"，不惜偷换概念，将"仁"狭义地理解为喜爱本能，而且是一种要么"爱"，要么"不爱"的截然对立状态；又将"义"理解为外在的行为规范，而且具有普遍适用的一致性。面对告子这种自相矛盾的论证，孟子用一个形象的例子予以反驳。如果人们喜欢吃烤肉，那么，这种喜欢本身会因秦国的肉还是自家的肉而有所不同吗？连喜欢吃烤肉这种"食"的本性，都具有内在性，更何况深层次的德性内涵呢？"仁"与"义"都是"人性"的德性内涵不可分割的组成部分，不能人为割裂开来。像告子那样，力图坚持"仁内义外"，是不可能的。

6.5 孟季子[①]问公都子曰："何以谓义内也？"曰："行吾敬，故谓之内也。""乡人长于伯兄一岁，则谁敬？"曰："敬兄。""酌则谁先？"曰："先酌乡人。""所敬在此，所长在彼，果在外，非由内也。"公都子不能答，以告孟子。孟子曰："敬叔父乎？敬弟乎？彼将曰：'敬叔父。'曰：'弟为尸[②]，则谁敬？'彼将曰：'敬弟。'子曰：'恶在其敬叔父也？'彼将曰：'在位故也。'子亦曰：'在位故也。

庸敬在兄，斯须③之敬在乡人。'"季子闻之，曰："敬叔父则敬，敬弟则敬，果在外，非由内也。"公都子曰："冬日则饮汤，夏日则饮水，然则饮食亦在外也？"

【字词注释】

① 孟季子：人名，已无从考。
② 尸：古时候祭祀时没有画像和牌位，用男孩或女孩代为受祭，称为"尸"。
③ 斯须：暂时的意思。

【今文意译】

孟季子问公都子："为什么说'义'是内在的呢？"

公都子回答说："尊敬的行为来自我的内心，所以说'义'是内在的。"

孟季子又问："假如一位同乡人比大哥年长一岁，那么，你尊敬谁呢？"

公都子说："尊敬大哥。"

孟季子再问："如果大家在一起喝酒，那么，你先给谁倒酒呢？"

公都子说："先给那位同乡人倒酒。"

孟季子说："你心里尊敬的是大哥，却按照酒桌礼仪，先给年长者倒酒，这正说明'义'是外在的，而不是内在的。"

公都子不能应对，后来将这事告诉了孟子。

孟子说："你可以先说'是尊敬叔叔呢？还是尊敬弟弟呢？'对方将会说：'尊敬叔叔。'你再说：'如果弟弟坐在受祭祀的位子上，那么，要尊敬谁呢？'对方将说：'尊敬弟弟。'你再说：'如果是这样，那为什么还会说要尊敬叔叔呢？'对方将说：'这是因为弟弟在受祭祀的位子上的缘故。'你就可以说：'既然是在特定的位子上的缘故，那就说明，平常的尊敬对象是大哥，在特定场合下暂时的尊敬对象是那位同乡人。'"

孟季子听说了孟子的解释，对公都子说："对叔叔是一种尊敬，对弟弟又是另一种尊敬，看来'义'果然是外在的，不是内在的。"

公都子说："冬天要喝热水，夏天要喝冷水，这么说饮食也是外在的吗？"

【管理解析】

本章进一步说明，"仁义"均源自内在的"人性"，而不只是外部强加的一种行为规范。

在儒家看来，社会规范与"人性"原本就是相通的。一方面，如果没有个体内在的德性基础以及由此所达成的社会共识，各种社会规范自然也就缺少了内在根基，将会形同虚设；另一方面，若没有社会规范，个体内在的德性基础也难以被开发，并融入社会共识，成长为"社会人"。因此，"仁义礼智"既是"人性"的德性内涵，同时也具有社会性，是社会主体之间所达成的共识，进而也成为社会主体共同遵循的社会规范，正所谓"人同此心，心同此理"。

用本章的两个例子来说，无论是对兄长的尊敬，还是在特定场合对年长的同乡人的尊敬，抑或对叔叔的尊敬和对处在祭祀位子上的弟弟的尊敬，首先都来自于个体内在的德性基础以及由此所形成的对社会规范的内在认同。试想，若没有内在认同所产生的"敬"，而只是一种形式上的行为规范，那这种行为规范还会起到正向影响人的作用吗？正是由于有了这种源自内在认同的"敬"，虽然外部环境条件可能会发生变化，或者是在平常情况下，或者是在酒桌上、祭祀位子上这种特殊场合，当事人内在的"敬"都没有发生变化，只不过由于环境条件不同所敬重的对象有所不同罢了。这就像夏天要喝冷水，冬天要喝热水一样，不能因为夏天和冬天的环境条件不同，就说"饮水"行为不是源于内在需求，而是由外部环境条件决定的。

由此可见，"义"和"仁"一样，都是德性不可分割的内在组成部分，不能人为地将两者割裂开来。本章为下章更全面地论述"仁义礼智"之间的关系及其在"人性"中的地位打下基础。

6.6 公都子曰："告子曰：'性无善无不善也。'或曰：'性可以为善，可以为不善。是故文、武兴则民好善，幽、厉兴则民好暴。'或曰：'有性善，有性不善。是故以尧为君而有象，以瞽瞍为父而有舜，以纣为兄之子且以为君，而有微子启、王子比干。'今曰'性善'，然则彼皆非与？"孟子曰："乃若其情①，则可以为善矣，乃所谓善也。若夫为不善，非才②之罪也。恻隐之心，人皆有之。羞恶之心，人皆有之。恭敬之心，人皆有之。是非之心，人皆有之。恻隐之心，仁也。羞恶之心，义也。恭敬之心，礼也。是非之心，智也。仁、义、礼、智，非由外铄③我也，我固有之也，弗思耳矣。故曰：求则得之，舍则失之。或相倍蓰④而无算者，不能尽其才者也。《诗》云：'天生蒸民，有物有则。民之秉夷，好是懿德。'⑤孔子曰：'为此诗者，其知道乎！故有物必有则，民之秉夷也，故好是懿德。'"

【字词注释】

① 情：这里是实情、原本状态的意思。

② 才：通"材"，资质、品质的意思。

③ 铄：是形声字，本义为销熔金属，这里引申为从外部给予的意思。

④ 蓰：是五倍的意思。

⑤ 这是《诗经·大雅·蒸民》中的诗句。其中，"蒸"，这里是众多的意思；"秉"，这里是执、拿着的意思；"夷"，《诗经》原文为"彝"，是常的意思；"懿"，这里是美好的意思。这几句诗的大意是：上天降生如此多的人，做事定会有共同遵循的法则。人们天生具有的秉性，就是追求美好的德行。

【今文意译】

公都子说："告子讲：'人性无所谓善与不善。'也有人讲：'人性可以为善，也可以为不善。所以，周文王、周武王做管理时，人们就喜好善，周幽王、周厉王做管理时，人们就喜好暴力。'还有人讲：'人性有可能是善的，也有可能是不善的。所以，即使尧做天子时，也有象这样的人；就是瞽瞍这样的父亲，也有舜那样的儿子；而纣作为侄子，而且还是君王，也有微子启、比干这样的人。'现在您说'人性本善'，这是否意味着上述讲法都是错的呢？"

孟子说："人的本来状态都是向善的，这就是我说人性本善的原因。至于有人不向善，这并不是天然本性的过错。恻隐之心、羞恶之心、恭敬之心、是非之心，人们原本都有。恻隐之心就是仁，羞恶之心就是义，恭敬之心就是礼，是非之心就是智。仁、义、礼、智并不是由外部强加给我们的，而是我们本来就有的，只不过是没有自觉地去想罢了。所以，对于仁、义、礼、智，如果追求，就能得到；如果放弃追求，就会失去。人和人之间之所以会相差一倍、五倍乃至无数倍，就是因为有人不能充分发挥内在的天然本性啊。《诗经》上说：'上天降生如此多的人，做事定会有共同遵循的法则。人们天生具有的秉性，就是追求美好的德行。'孔子说：'创作这首诗的人，一定是深刻理解了管理之道啊！所以说，做事必然有法则，而这些法则的根本，就在于人们的秉性原本就喜欢美好的德行。'"

【管理解析】

本章系统论述"人性本善"观点。在第三篇第1章中，孟子已提出了"性善"观点，而且，在本篇第1章至第5章反驳告子的观点时，孟子也分别阐述了"人性"的不同侧面及其内涵，而本章则是对"性善"观点的系统总结。

当时流行着三种与孟子不同的观点。第一种是"人性无善无不善",第二种是"人性可以为善,可以为不善",这两种观点实际上具有内在相通性,正因为人性"无善无不善",关键就在环境影响,好环境下就会"为善",不好环境下就会"为不善",如在周文王、周武王的"仁政"环境下,人们自然喜好"善",而在周幽王、周厉王的"暴政"环境下,人们也就喜好暴力,这意味着"人性"是由环境塑造的,原本无所谓"善"与"不善",这也是前两种观点的共同立论基础。第三种观点认为,"人性"是多样的,有可能是"善"的,也有可能是"不善"的,就像尧虽然实行"仁政",但同样会有象、瞽瞍这样"不善"的人存在,相反,虽然有像瞽瞍这样"不善"的父亲,却也会有舜这样"善"的儿子,而且,即便在商纣王的"暴政"之下,也照样会有像微子启、王子比干这样的"善"人。

在孟子看来,正是这些有关"人性"的混乱认识,导致了当时人们对建基于"人性"之上的管理之道和管理模式的错误观念,因此,必须正本清源,从明确"人性本善"开始,为管理之道和管理模式奠定更为坚实的"人性"基础。

当孟子说"乃若其情,则可以为善矣,乃所谓善也。若夫为不善,非才之罪也"的时候,其中的"情"和"才",并不是指"情绪""感情""才能"而言,而指一种先天的本然状态。意思是说,从先天的本然状态来看,"人性"中原本就具有追求共同利益或"向善"的倾向性;正是这种"向善"的倾向性,充分体现出"人性"的德性与社会性的统一;而且,也只有将"人性"的德性、社会性和"向善"的倾向性有机融合在一起,才能更准确地理解和把握人之为人的根本所在。至于人们在后天的行为中没有表现出追求共同利益或"向善",那并非先天"人性"的缘故,而是环境条件使然。也就是说,人们在后天行为上追求共同利益或不追求共同利益,是由后天环境条件与先天"人性"潜质共同决定的,两者的匹配及良性互动,是"人性"潜质得以充分发展的前提。

孟子认为,"人性"的先天本然状态中存在四方面内涵,即恻隐、羞恶、恭敬、是非,这也是思维所固有的内在前提,而这四方面内涵与社会规范有着内在的一致性,正如第二篇第6章已论证过的那样,"仁义礼智"并非后天强加到个体身上去的外部行为约束,而是个体在良好的社会环境中自然而然地发展出来的潜质或萌芽,即"四端"。虽然个体可能对这个自然而然地发展过程并没有自觉地意识到,但个体没有自觉地意识到,并不等于"四端"逐渐萌发、成长的过程不存在。

当然,在后天社会环境中成长的个体,也并非只能是完全被动地接受"人性"潜质与后天环境的双重影响,而是仍能保持一种内在的主动性。那些能够有意识地进行自我修养和自我管理的个体,甚至能够超越特定环境条件,让"人性"的潜质得到充分发扬,就像有瞽瞍这样的父亲的家庭环境里,照样会出现舜这样的儿子,而在商纣王的"暴政"环境下，同样会产生微子和比干这样的人物。反过来，若个体没有自觉意识，不进行自我修养和自我管理，即便在良好的环境条件下，也可能让"人性"潜质发育不良、发展不充分。因此，孟子有针对性地指出，"求则得之，舍则失之。或相倍蓰而无算者，不能尽其才者也"。这句话讲的就是自觉意识、自我修养、自我管理的重要性，人与人之间之所以会有那么大的差异，关键就在于能否充分发挥"人性"的德性潜质及其"向善"的倾向性。

孟子的"人性本善"观点具有更强的解释力，不仅能够解释其他三种观点分别能够解释的管理现象，更重要的是，还能够解释其他三种观点所无法解释的管理现象，而且，"人性本善"观点实际上早已深深扎根在源远流长的人类管理实践之中了，正如《诗经·大雅·蒸民》所讲的那样，"天生蒸民，有物有则。民之秉夷，好是懿德"。其实人们早就认识到，一切管理的规则和规范，无不根植于"人性"原本就有的德性及其"向善"的倾向性之中。

6.7　孟子曰："富岁子弟多赖①，凶岁子弟多暴。非天之降才尔②殊也，其所以陷溺其心者然也。今夫麰麦③，播种而耰④之，其地同，树之时又同，浡然而生，至于日至⑤之时，皆熟矣。虽有不同，则地有肥硗⑥，雨露之养、人事之不齐也。故凡同类者，举⑦相似也，何独至于人而疑之？圣人与我同类者。故龙子⑧曰：'不知足而为屦⑨，我知其不为蒉⑩也。'屦之相似，天下之足同也。口之于味，有同耆也。易牙⑪，先得我口之所耆者也。如使口之于味也，其性与人殊，若犬、马之与我不同类也，则天下何耆皆从易牙之于味也？至于味，天下期于易牙，是天下之口相似也。惟耳亦然。至于声，天下期于师旷，是天下之耳相似也。惟目亦然。至于子都⑫，天下莫不知其姣也。不知子都之姣者，无目者也。故曰：口之于味也，有同耆焉；耳之于声也，有同听焉；目之于色也，有同美焉。至于心，独无所同然乎？心之所同然者何也？谓理⑬也，义也。圣人先得我心之所同然耳。故理、义之悦我心，犹刍豢⑭之悦我口。"

【字词注释】

① 赖：通"懒"，懒散、懒惰的意思。

② 尔：这里是这样、那样的意思。

③ 麰麦：即大麦。

④ 耰：一种榔头状的用以敲碎土块、平整土地的农具，这里作动词，指用耰平整土地。

⑤ 日至：即夏至。

⑥ 硗：这里是土地多石贫瘠的意思。

⑦ 举：这里是都的意思。

⑧ 龙子：人名，已无从考。

⑨ 屦：这里指用葛、麻等编织而成的鞋子。

⑩ 蒉：用草编成的筐子。

⑪ 易牙：人名，齐桓公的宠臣，厨艺高超。

⑫ 子都：人名，春秋时期郑国的美男子。

⑬ 理：是形声字，本义指顺着玉的纹理剖分开，这里引申为"人性"中天然具有的深层次思维前提或准则，即"仁义礼智"，也是后来人们所说的"天理"。其实，孟子在这里用"理也，义也"，所要表达的内涵是一样的，都是指"仁义礼智四端"。

⑭ 刍豢："刍"，指食草的牲畜，如牛羊；"豢"，指杂食的家畜，如猪狗。"刍豢"，泛指各种家养动物的肉。

【今文意译】

孟子说："年景好，年轻人容易懒惰，年景差，年轻人又容易暴虐。这并不是因为天性的差别如此之大，而是因为环境影响的缘故。这就好比大麦，播下种子，平整好土地，如果土质相同，又是同时播种，大麦就会茁壮成长，等到夏至的时候，便都成熟了。如果收成有所不同，那是因为土地有肥沃和贫瘠的差别，而雨水的充沛、人们付出的劳作也会有所不同。所以说，凡是同类的事物，都有相似性，为什么唯独对人性的相似性却要怀疑呢？伟大管理者和我们也是同类人。所以，龙子说：'即便人们编草鞋时并不知道脚的大小，但我相信人们也不会将草鞋编成草筐。'草鞋之所以相似，是因为天下人脚的形状是相似的，只有大小不同而已。人们在口味上的偏好也是相似的。易牙之所以厨艺高超，就是因为他把握住了人们在口味上的偏好。假如人们的口味都不相同，就像狗、马等动物与我们口味之间的差别一样大，那么，天下人又怎么会都喜欢易牙做菜的味道呢？天下人之所以都想吃易牙做的菜，那是因为天下人的口味是相似的。其实听觉也一样。天下人之所以都想听师旷创作的音乐，那是因为天下人的听觉是相似的。视觉又何尝不是这样。对于子都，天下人没有不觉得他长得好的。不知道子都长得好的人，说明视觉出了问题。所以说，对味道，人们有相似的嗜好；对声音，人们有相似的听力；对色彩，人们有相似的美好感受。既然如此，为什么唯独在思维上，却没有相似之处呢？思维的相似之处是什么？那就是理，也就是义。伟大管理者已经把握住我们思维的共同本性了。所以，理和义能让我们思维愉悦，就像各种肉食能让我们味觉愉悦一样。"

【管理解析】

本章承接上章，进一步阐述"人性"与环境的互动关系，并彰显出"人性"的德性内涵所具有的普遍性。

表面上看，人的行为，尤其是年轻人的行为，会有很大不同，孟子举例说"富岁子弟多赖，凶岁子弟多暴"。年景一好，物质丰富，年轻人便容易坐享其成，变得懒惰起来；而年景不好，物质匮乏，年轻人又容易恃强凌弱，争夺资源。由此也许很容易得出这样的结论，即人是环境的产物，有什么样的环境条件，就会有什么样的行为表现。

但是，在孟子看来，"富岁"和"凶岁"环境下年轻人的不同行为表现，反映的并不是天生的秉性有什么不同，而关键在于环境条件影响了秉性的后天发展。为了说明这一点，孟子举了种大麦的例子。只要是大麦，播种时间相同，土地肥沃程度相同，就会一样地成长，到夏至时成熟收获。如果有收成上的差异，那是由于环境条件不同的缘故，如土地肥力不同，雨水充沛程度不同，以及人们付出的努力程度不同等。

对于动植物，人们似乎都能理解，凡是同类，大致上都是相似的，尤其是在环境条件相同的前提下，其行为和结果不会有本质区别。但是，对于"人性"的相似性，人们却时常有所怀疑，总觉得有人天生就是好人，有人天生就是坏人，有人天生就是圣人，有人天生就是平民。其实，若真正理解了"凡同类者，举相似也"的道理，就不难认识到，"圣人与我同类者"。这句话的意思是，圣人在"人性"上和普通人并没有什么不同，之所以会在后来的行为结果上有如此大的反差，不过是后天成长环境不同造成的，正像大麦收成的差异是由于"地有肥硗、雨露之养、人事之不齐也"造成的一样，而且，对于有着自觉性和能动性的人而言，这种后天的差异很大程度上还是由"人事之不齐"造成的，尤其是在自我修养和自我管理上的差异造成的。

为了更深入地分析这个问题，孟子还引用了龙子的话"不知足而为屦，我知其不为蒉也"。人们的脚虽然有宽窄、长短之不同，但形状却相似，因此，草鞋不可能编成草筐。不仅人们的脚形状相似，即便味觉、听觉、视觉等感受器官，莫不具有相似性，否则，天下人又如何会认同易牙烹饪的美味、师旷音乐的优雅、子都形象的美好呢？既然承认感官层次上"人性"具有相似性，那为什么偏要否定认知或思维层次上"人性"的相似性呢？在孟子看来，认知或思维层次上"人性"的相似性，就在于"理"和"义"。"理"和"义"是天然地内植于"人性"之中的认知或思维前提，也是一种深层认知或思维结构，基于这种深层认知或思维结构的开发和运用，才能对其他输入信息进行更有效加工。圣人之所以为圣人，之所以能成为人们共同景仰的典范，原因就在于圣人把握住了"人性"之中的"理""义"，就像易牙、师旷把握住"人性"之中的味觉、听觉等感受性的本质特征一样。

根据孟子的观点，"义"并非外在于"人性"的行为约束，而是内植于"人性"之中的思维前提。这也许就是为什么不管人们如何努力，也不可能让一只动物按照"义"的要求行动的原因。孟子在这里之所以只提到"义"，而没有讲"仁"，主要是因为有关"仁"内在于"人性"，已为当时的人们所认可，但有关"义"与"人性"的关系，却存在很大分歧乃至错误认识，因此需要专门加以强调。实际上，孟子在这里提到"义"时，和上章一样，都是用"义"来指代"仁义礼智"，并借助"义"，来说明"仁义礼智"都不只是外在于"人性"的社会规范，而是内在于"人性"的德性内涵。

另外，孟子在本章还首次提出了"理"这个概念。"理"在这里指的是人与人之间天然的关系准则，即后来儒家所讲的"天理"或"伦理"。这种人与人之间天然的关系准则是德性与社会性相统一的集中体现，其内涵也就是"仁义礼智"，因此，当孟子提出"理"是"心之所同然者"的时候，实际上指的就是"仁义礼智四端"天然存在于"人性"的德性内涵之中。

6.8 孟子曰："牛山①之木尝美矣，以其郊于大国也，斧斤伐之，可以为美乎？是其日夜之所息②，雨露之所润，非无萌蘖③之生焉，牛羊又从而牧之，是以若彼濯濯④也，人见其濯濯也，以为未尝有材焉，此岂山之性也哉？虽存乎人者，岂无仁义之心哉？其所以放⑤其良心者，亦犹斧斤之于木也，旦旦而伐之，可以为美乎？其日夜之所息，平旦之气，其好恶与人相近也者几希，则其旦昼⑥之所为，有梏⑦亡之矣。梏之反复，则其夜气不足以存。夜气不足以存，则其违禽兽不远矣。人见其禽兽也，而以为未尝有才焉者，是岂人之情也哉？故苟得其养，无物不长；苟失其养，无物不消。孔子曰：'操⑧则存，舍则亡；出入无时，莫知其乡⑨。'惟心之谓与！"

【字词注释】

① 牛山：指齐国国都郊外的一座山。

② 息：这里是生长的意思。

③ 蘖：这里指树木砍伐后重新生长的枝条。

④ 濯濯：这里指光秃的样子。

⑤ 放：是形声字，本义指放逐，这

里引申为丢失、丧失的意思。

⑥旦昼：即第二天。

⑦梏：是形声字，本义指一种木制的刑具，专门用来拘手，这里引申为束缚、禁锢的意思。

⑧操：是形声字，本义指把东西拿在手里，可引申为掌握抽象的事物，如在思想行为方面有所把握、坚持。

⑨乡：通"向"，面向、朝向的意思。

【今文意译】

孟子说："牛山的树木曾经很繁茂，因为靠近大国国都，遭到不断砍伐，怎么可能还繁茂呢？虽然山上的树木也在日夜生长，雨水滋润，新芽不停地萌生，但经不住在这里放牧的牛羊啃噬，所以，到最后牛山才会像今天这样光秃秃的。人们看到牛山光秃秃的，就以为它从来不长树木，这难道是牛山本来的样子吗？同样道理，人性之中难道原本就没有仁义的思维内容吗？有的人之所以丢失了这些思维内容，就像树木遭到砍伐一样，天天都砍伐，怎么可能还繁茂呢？虽然仁义在思维中也会日夜生长，而且由此所达到的内在一致性，作为一种好恶标准也和其他人没有什么太大区别，但第二天的不良所作所为，又禁锢了仁义在思维中的成长，甚至还消灭了它。这样反复禁锢之后，若想再培养起以仁义为前提的内在一致性，就太难了。如果内在一致性的培养抵抗不了外在的侵害，那么，到最后人的行为也就和动物没有什么分别了。当人们看到某个人有类似于动物的行为时，也许会认为这个人从来就没有人性，这难道真的是人性原本的状态吗？所以，如果能得到培养，没有什么东西不能成长；如果失去培养，什么东西都会消亡。孔子说：'精心呵护，就会留存，抛弃不管，就会消失；出入没有定时，也不知要去哪里。'这说的就是思维吧！"

【管理解析】

本章承接上章，继续说明"人性本善"并不必然保证人们的后天行为一定符合社会规范的要求，关键还在于后天对"人性"的德性内涵的自我主动培养。

在孟子看来，"人性"的德性内涵的后天培养，同生态环境保护异曲同工。当时齐国国都临淄南郊有座山，原本那里林木茂密，环境优美，但由于靠近临淄，不仅树木频遭砍伐，而且还有牛羊在山上放牧，久而久之，林木的生长赶不上砍伐放牧的破坏，这座山慢慢成了一座秃山。当人们看到眼前的秃山，还以为原本就是这个样子，哪知道是由于人们对山林树木不加保护和培养造成的呢？

"人性"中原本就有的德性内涵，恰如牛山上原本就有的繁茂树木一样，由于人们不知道保护和培养，结果就可能导致孟子所说的"放其良心"，这里的"良心"也即指人们原本所具有的美好德性，而且，"良心"也像树木一样，自身会顽强生长。所谓"良心"发现，就是指人们在屏除各种干扰之后，体察到的一种"善念"或对不恰当行为的"悔恨"，而这种内在体察往往在夜深人静的时候更容易奏效，由此才能生发出一种源自"良心"的内在一致性。孟子称这个时候的自我体察为"平旦之气"，也即黎明时分由一丝"善念"所激发出的内在一致性。这恰说明德性或"良心"正在自我生长，由此所形成的内在好恶标准，就是源自"人性"中固有的德性内涵，也是人们所共有的，自然会符合社会规范的要求。但是，如果第二天的所作所为就像砍伐牛山上的树木或放牧啃噬树木幼芽那样具有破坏性，那么，头天晚上刚刚萌发出的一点"良心"，又会被消灭掉。如此循环往复，晚上"良心"的萌动，永远赶不上白天不恰当行为的破坏，慢慢地，"良心"便可能荡然无存了。到那时，一个没有"良心"的人，其行为当然与动物就没有什么区别了。所以，孟子要说，"夜气不足以存，则其违禽兽不远矣"。

当人们看到某人的行为如同动物一般时，也许会说这个人没有"人性"。但这个人真的原本就没有"人性"吗？其实更为准确的说法应该是，这个人丧失了"人性"。也就是说，这个人原本有"人性"，由于不知道保护和培养，后来才慢慢丧失掉了。由此可见，对"人性"中原本就有的德性内涵或"良心"的持续保护和培养是多么重要，即"苟得其养，无物不长；苟失其养，无物不消"。这里所说的"养"，应做广义理解，指的是基于对"物"的内在特性和发展规律的充分认识，顺"物"之性所进行的保护和培养；无论是对无机物还是有机物，无论是对植物还是动物，也无论是对"人性"还是人事，这种广义的"养"都是必需的。

孔子曾明确指出，"操则存，舍则亡；出入无时，莫知其乡"。这说的就是人类思维的独特性。思维不同于看得见、摸得着的"物"，不仅别人看不到你的思维，就连自己也未必能把握得住它。因此，对于这种来去都没有定时，也不知道会去向何方的思维之流，如果不能有意识地进行自我体察、自我把握、自我保护和自我修养，就很容易丧失掉，也即失去了"本心"，而失去了"本心"，也就意味着将思维中原本就有的德性内涵或"良心"丢掉了。一个丢掉了"良心"的人，还能称为人吗？由此可见，人之为人，不能不时刻体察、把握、修养自己的"本心"，以便让其中固有的"良心"得以茁壮成长。这再次阐明了《大学》所强调的"格物、致知、诚意、正心、修身"㊀的重要性。

概括地说，孟子这段话讲了三层含义：第一，不能仅从个体行为来推断"人性"的原初状态，"人性"的德性内涵需要借助环境条件和自我修养的互动，才能充分展

㊀ 张钢，《大学·中庸的管理释义》，机械工业出版社，2017年版，PP12-16.

现出来；第二，"人性"的德性内涵虽然具有自我彰显的内在倾向性和动力，但也需要用心体察、保护和培养，当"人性"发展被不良环境和行为扭曲、压抑之后，则会造成"人性"丧失，但"人性"丧失不等于原本没有"人性"；第三，"人性"的德性是思维中原本就有的内涵，由于思维难以把握，若不注重自我体察、反思和修养，更容易迷失乃至丧失，因此，管理者尤其应注重思维的训练，并对其中固有的德性内涵进行体察、反思、呵护和修养，这样才能让思维的运用导向符合"人性"发展和社会规范的方向。

6.9 孟子曰："无或①乎王之不智也。虽有天下易生之物也，一日暴②之，十日寒之，未有能生者也。吾见亦罕矣，吾退而寒之者至矣，吾如有萌焉何哉？今夫弈③之为数④，小数也。不专心致志，则不得也。弈秋⑤，通国之善弈者也。使弈秋诲二人弈。其一人专心致志，惟弈秋之为听。一人虽听之，一心以为有鸿鹄⑥将至，思援弓缴⑦而射之。虽与之俱学，弗若之矣。为是其智弗若与？曰：非然也。"

【字词注释】

① 或：通"惑"，迷惑的意思。
② 暴：即"曝"，晒的意思。
③ 弈：这里指下棋。
④ 数：这里是技艺的意思。
⑤ 弈秋：人名，擅长下围棋。
⑥ 鸿鹄：即天鹅。
⑦ 缴：射鸟时系在箭上以便收回的生丝绳。

【今文意译】

孟子说："国君看上去没有智慧，一点都不用奇怪。即便有一种天下最容易生长的植物，晒上一天太阳，又冷冻上十天，也不可能再生长了。我难得有机会见到并影响国君，而一旦我离开后，倒是有很多给国君施加各种负面影响的人来了，即便我能让国君萌发施仁政的想法，那又有什么用呢？这就好比下围棋，虽然下围棋是一门小技艺，但如果不专心致志，也学不好。弈秋是全国公认的围棋高手。假如让弈秋教两个人下棋，一个人专心致志，只听弈秋讲棋，而另一个人虽然也在听，但心里却想着天鹅要来，琢磨如何用系着生丝绳的箭去射它。后面这位虽然也在跟着弈秋学棋，但学得一定不如前面那位好。是因为他的智力不如人家吗？显然不是啊。"

【管理解析】

本章承接上章,继续说明对"人性"的德性内涵进行培养,必须专心致志,持之以恒。

据记载,齐威王五十年的时候,想招募天下名士,以帮助齐国称霸诸侯,孟子曾应召前往。但是,在孟子从"人性"的德性前提出发,向齐威王阐述儒家管理之道或"王道"的同时,还有很多天下名士以"霸道"或其他学说来影响齐威王。由于齐威王处在这些不同甚至相反的观点包围之中,再加上他本人招募天下名士的初衷是要成就霸业,因此,孟子并没有对齐威王产生什么直接影响。这也在一定程度上表明,或许齐威王经由孟子启发所产生的一点"良心"或"善念",很快又被来自环境的噪声湮灭乃至扼杀了,其结果是齐国日益走上与"人性"的德性前提及儒家管理之道相悖的发展道路。

为了说明齐威王看上去并不明智的原因,孟子说"虽有天下易生之物,一日暴之,十日寒之,未有能生者也"。这句话隐含的意思是,齐威王原本所具有的"良心",在孟子的启发下刚要发芽成长,却又遭到来自相反观点的冲击和扼杀,就像寒流摧毁了刚发出的嫩芽一样。更何况,孟子见齐威王的机会少,而那些具有负向影响的人反倒见齐威王的机会多,如此一来,齐威王那颗原本所具有的"良心"就像种子一样,又怎么可能生长起来。这说明,管理者要想保护和培养自己以及组织成员的内在德性萌芽,就必须主动营造良好的环境氛围;只有在适宜且一致的环境条件下,"人性"的德性内涵才会得到更好发展。

当然,要让内在的德性更好地发展,关键还在于自我主动地选择,其实环境条件往往也是自我主动选择甚至创造的结果,像齐威王,实际上就是自己选择和创造了"一曝十寒"的环境条件。管理者的自我主动选择,首先需要"专心致志",这里的"心",指思维而言,"志"则是思维的定向,因为"志"也就是"心之所之",即要把思维用到什么方向上去。一个人要做到"专心致志",就必须明确思维的定向,也即"立志"。例如,对下棋者来说,首先要明确学下棋到底要达到什么样的目标及境界,这也就是愿景,只有明确愿景目标或终极目标,才能引领思维用到正确的方向上,也才能将注意力资源和时间资源真正聚集起来,这便是"专心"。反过来,也只有"专心",才有可能坚持不懈地朝向愿景目标去努力,这又是"致志"。下棋需要"专心致志",做管理更需要"专心致志"。管理者只有明确了终极目标或愿景追求,才能给思维以明确的定向,进而才能调动注意力资源和时间资源以及其他各类资源,去实现终极目标。在《论语》第二篇第 4 章中,孔子说"吾十有五而志于学"[㊀],由此确立起对管理之道的终生执着追求,这也是孔子一心向学,"不知

㊀ 张钢,《论语的管理精义》,机械工业出版社,2015 年版,PP28-30.

老之将至"的根本原因,而齐威王之所以会看上去"不智",原因正如孟子所列举的那位一边跟着弈秋学围棋,一边想着去猎杀天鹅的学生一样,三心二意,一会儿"王道",一会儿"霸道",并不清楚自己到底想要干什么。由此可见,管理者的"立志",尤其是"立志"保护和培养"人性"的德性内涵,并致力于追求共同利益或"善",远比智力本身重要得多。

6.10　孟子曰:"鱼,我所欲也;熊掌,亦我所欲也。二者不可得兼,舍鱼而取熊掌者也。生,亦我所欲也;义,亦我所欲也。二者不可得兼,舍生而取义者也。生亦我所欲,所欲有甚于生者,故不为苟①得也。死亦我所恶,所恶有甚于死者,故患有所不辟②也。如使人之所欲莫甚于生,则凡可以得生者,何不用也?使人之所恶莫甚于死者,则凡可以辟患者,何不为也?由是则生而有不用也,由是则可以辟患而有不为也。是故所欲有甚于生者,所恶有甚于死者。非独贤者有是心也,人皆有之,贤者能勿丧耳。一箪食,一豆③羹,得之则生,弗得则死。嘑④尔而与之,行道之人弗受;蹴⑤尔而与之,乞人不屑也。万钟则不辨礼义而受之,万钟于我何加焉?为宫室之美、妻妾之奉、所识穷乏者得⑥我与?乡⑦为身死而不受,今为宫室之美为之;乡为身死而不受,今为妻妾之奉为之;乡为身死而不受,今为所识穷乏者得我而为之:是亦不可以已乎!此之谓失其本心。"

【字词注释】

① 苟:这里是苟且、暂且的意思。
② 辟:同"避",躲避的意思。
③ 豆:这里指盛羹汤的器皿。
④ 嘑:通"呼",呼叫、呼唤的意思。
⑤ 蹴:这里是踏、踩的意思。
⑥ 得:通"德",是动词,感激、感恩的意思。
⑦ 乡:这里是从前、刚才的意思。

【今文意译】

孟子说:"鱼,我想要,熊掌,我也想要。如果两者不能同时得到,便舍弃鱼,选择熊掌。生命,我想要,义,我也想要。如果两者不能同时得到,便舍弃生命,选择义。我的确想要生命,但有比生命更重要的,所以,不能苟且偷生。我的确讨厌死亡，但有比死亡更令人讨厌的，所以，才能临危不惧。如果没有什么比生命更重要，那么，只要有能让人活命的手段，为什么不用呢？如果没有什么比死亡更令人讨厌，那么，只要能避开死亡危险，为什么不去做呢？人们之所以不去使用某些可以让人活命的手段，也不去做某些可以让人避开死亡危险的事，原因就是有比生命更重要的，也有比死亡更令人讨厌的。并非只是德才兼备的人才会这么想，任何人都会这么想，只是德才兼备的人能时刻不忘记罢了。一篮饭、一碗汤，得到就能活命，得不到就会死去。若是吆喝着给别人，哪怕过路的饥饿之人也不会要；若是用脚践踏过再给别人，哪怕乞丐也不屑于接受。如果接受了不符合规范的万钟俸禄，那么，这样的万钟俸禄对我有什么价值呢？是为了更大的房子、家人满意，还是那些认识我的穷苦人对我的感激？从前宁愿身死也不接受，现在却为了住大房子就接受；从前宁愿身死也不接受，现在却为了家人满意就接受；从前宁愿身死也不接受，现在却为了认识我的穷苦人能感激我就接受：这的确是不应该做的选择呀！若这样做了，也就意味着忘掉了本心。"

【管理解析】

本章开始讲解"人性"的深层次德性内涵与浅层次感官需要之间的优先序关系。具体地说，孟子在这里讲了四层含义。

第一，在日常生活和管理工作中，价值尺度及其优先序的确立非常重要，没有价值尺度及其优先序，即便在日常生活中都无法做出恰当选择，更不要说做管理决策了。特别是在那些必须做出取舍或偏好无法同时满足的情况下，若没有预先确定的价值尺度及其优先序，就会茫然不知所措，而一旦有了明确且稳定的偏好序列及相应的价值准则，决策选择就会变得简单明了。这便是孟子用鱼和熊掌的例子所要表达的意思。

第二，对于鱼和熊掌的选择，尚且离不开价值尺度及其优先序，更何况是关于"生"和"义"这样带有根本性的选择了。关于"生"和"义"的选择，涉及的是"人性"不同构成内涵之间的重要性排序。如果说在鱼和熊掌的取舍中，孟子的价值优先序是以熊掌为先的话，那么，在"生"和"义"的取舍上，孟子则坚定地选择"义"。这是由儒家在"人性"的德性内涵和生物性内涵之间的价值优先序所决定的。孟子在这里仍是用"义"来代表"仁义礼智四端"及其"向善"的倾向性，由此构成了"人性"的德性内涵；同时，以"义"和"生"相对，是为了说明"人性"的深层次德性内涵对于浅层次生物性内涵的价值优先性。

在孟子看来，一方面，"生亦我所欲，所欲有甚于生者，故不为苟得也。死亦我所恶，所恶有甚于死者，故患有所不辟也"。这意味着，"欲"作为"人性"的本能需要，不仅有生物或生存需要，还有更高层次的德性需要，即实现人之为人的德性价值的需要；正因为有了这种更高层次的德性需要，人们在两类需要无法得兼的情况下，才会义无反顾地放弃生存需要的满足。

另一方面，若"人性"中只有生存需要，而没有更高层次的德性需要，或者说，即便有德性需要，也是从属于生存需要，要为生存需要服务的，那么，当两者出现冲突时，人们一定会为了生存需要的满足，为了避免生存危险而不择手段，什么事都做。果真如此，人与人之间的关系，同动物与动物之间的关系，又有何分别？人之所以不同于动物，关键不在于人具有生存需要，而在于人具有更高层次的德性需要。正是这种德性需要，让人得以超越动物，达到"所欲有甚于生者，所恶有甚于死者"的境界。

第三，能够将德性需要置于生存需要之上，这种内在的价值优先序不只是为"贤者"所独有，而是植根于每个人的"人性"之中。"贤者"与普通人的唯一区别也许在于，"贤者"能时刻自觉到它，并牢牢坚守、呵护和培养着它，就像《中庸》讲"回之为人也，择乎中庸，得一善，则拳拳服膺，而弗失之矣"⊖一样。

为了说明这一点，孟子又举了一个极端的两难选择的例子，即"一箪食、一豆羹，得之则生，弗得则死"。在这种情况下，如果像吆喝动物来喂食那样"嘑尔而与之"，哪怕是过路的饥饿之人也不会要这样给予的食物；如果是以蔑视和贬低人格的方式，如用脚践踏过，再给别人，即便是乞丐也不屑于接受。这难道不正好说明，即便是在这种最极端的情况下，对于普通人而言，也有内在的价值观坚守，纵然是流落街头、忍饥挨饿，也不能丧失人之为人的尊严。这种人格尊严背后，也就是"人性"的德性需要。试想，若只是从"人性"的生存需要出发考虑问题，一个人又怎么会出现宁死不要"嘑来之食"、不乞"践踏之食"的行为表现呢？由此可见，正是"人性"之中的德性需要，成为人格尊严的内在坚实基础，从而让人具有了区别于动物的各种行为表现。

第四，对于"人性"的德性需要，管理者更应该时刻保持自觉，并加以发扬光大。这不仅对管理者本人非常重要，而且对于组织及利益相关者更为重要。毕竟管理者掌握着更多的资源，会对组织和社会环境氛围的营造产生直接影响，而良好的组织和社会环境氛围的营造，对于彰显和弘扬"人性"的德性内涵及其"向善"的倾向性是极其重要的。

一旦管理者能自觉坚守德性需要对于生存需要的优先性，自然就不会不择手段地谋求俸禄或其他个人利益。对于认同并践行管理之道和职业规范的管理者来说，

⊖ 张钢，《大学·中庸的管理释义》，机械工业出版社，2017年版，PP102-103。

那种严重违背内在价值观、不符合规范的俸禄，再高又有什么意义呢？难道赚取俸禄或其他个人利益，只是为了自身、家人及直接利益相关者能获得生存需要上的满足吗？用孟子的话来说也就是："万钟则不辨礼义而受之，万钟于我何加焉？为宫室之美、妻妾之奉、所识穷乏者得我与？"其中，"宫室之美"代表的是自身利益，"妻妾之奉"代表的是家庭利益，"所识穷乏者得我"代表的是直接利益相关者的利益；虽然后两者看上去所代表的是一定范围的共同利益，但仍只不过是为了生存需要的满足，也即"以利为利"，而没有确立起以德性需要满足为基础的更高层次上的价值观念。

在孟子看来，当管理者为了"宫室之美、妻妾之奉、所识穷乏者得我"而接受本不应接受的违反内在价值优先序的"万钟俸禄"时，就开始走上了偏离管理之道和职业规范的不归路，若不趁早停止，后果不堪设想。因此，孟子最后才说"是亦不可以已乎！此之谓失其本心"。这里的"本心"，也就是"心"或思维中原本就有的内涵，即上章所讲的"良心"或"人性"中所固有的深层次德性内涵。管理者若丧失了这个"本心"或"良心"，在做管理时就会失去内在价值优先序，也就会为了个人生存需要的满足，无所不用其极。这对于组织及更为广泛的利益相关者来说，岂不可怕？

6.11 　孟子曰："仁，人心也。义，人路也。舍其路而弗由，放其心而不知求①，哀哉！人有鸡犬放，则知求之；有放心，而不知求。学问之道无他，求其放心而已矣。"

【字词注释】

① 求：是象形字，甲骨文的"求"字，像有毛的皮衣。这里是找寻、寻求的意思。

【今文意译】

孟子说："仁是人性之中固有的思维内容。义是人性之中固有的思维方式。抛弃了应有的思维方式不去遵从，丢失了应有的思维内容又不知道寻找，真是悲哀啊！假如人们丢失了鸡和狗，一定会去寻找；但丢失了思维固有的内容，竟然都不知道去寻找。其实，学习和研究管理之道，没有其他目的，就是为了寻找那丢失的思维固有的内容。"

【管理解析】

本章基于上章，进一步阐明"人性"的德性内涵所具有的重要意义。

既然"人性"的德性内涵是具有优先性的内在价值尺度，那么，管理者就必须时刻用它来检验和指导日常生活和管理工作。当孟子说"仁，人心也。义，人路也"时，虽然这里只提到"仁义"，但仍是用"仁义"来代表"仁义礼智四端"及其"向善"的倾向性。在孟子看来，以"仁义"为代表的"人性"的德性内涵及其"向善"的倾向性，是人的一切思维活动得以展开的基本前提。也就是说，思维或"心"既不可能是"空"的，也不可能不遵循特定的方式、方法或途径，而思维固有的内容和方式，就蕴含在德性前提之中。具体地说，"仁"代表的是思维固有的内容，而"义"则表征着一种内在的思维方式。

但是，在现实中，当思维被用到各种对象上或对各种信息进行加工的时候，思维离开"人性"的德性前提就会越来越远，以至于人们有可能都忘记了思维原本赖以出发的前提，也即丢失了思维所固有的内容和所应遵循的方式，出现了孟子所说的"舍其路而弗由，放其心而不知求"的状态。在这种状态下，既然失去了原本的思维前提，人们的思维便难以达到一以贯之，也就容易丧失内在的一致性，而一旦思维丧失了内在的一致性，又必然会导致言语和行为的一致性弱化乃至失去。这样一来，作为思言行一致的"诚"，便无从达到，而"诚为德之本"，失去了"诚"，德行又从何谈起？

借助孟子对思维或"心"的"仁义"前提的论述，才能更深刻地理解"诚为德之本"这个《中庸》提出来的核心命题。"诚"之所以是德行之根本，在很大程度上是由德性是思维一致性的重要保证所决定的。德性是思维的前提，既表现在思维所固有的内容中，又体现在思维所应遵循的方式上，进而内在地决定着思维的一致性，再由思维的一致性达到行为的一致性、言语的一致性以及思言行两两的一致性和三者整体上的一致性，由此，才能让潜在的德性逐渐变成现实的德行，进而也才有可能持续追求"中庸之德"的境界。

由于德性和思维的不可见性，对于德性这个思维前提的丧失，人们有时甚至浑然不知，以至于在日常生活和管理工作中做决策时完全没有了内在的一定之规，只受外部条件左右。相反，由于各种物化资源看得见、摸得着，一旦人们所拥有的物化资源失去了，马上就会意识到，想尽一切办法也要找回来，不找回来就意味着损失，用孟子的话说就是"人有鸡犬放，则知求之；有放心，而不知求"。原因就在于"鸡犬"作为物化资源，丢失了就能意识到，当然要找回来，但是，当思维或"心"脱离了德性前提而"走丢了"，由于无法直接感受到，又缺少自我反思，便不知道去寻找，久而久之，思维或"心"离开"人性"的德性前提将越来越远，最终人们便有可能一步步退化成"动物"。

既然如此，那么，人们怎样才能将远离德性前提而"丢失"的思维或"本心"找回来呢？孟子认为，在日常生活和工作中的体察反思，是发现自我，找回"本心"的基本方式。特别是对于管理者来说，找回"本心"更为重要。管理者只有从自我反思和自我修养做起，时刻自觉体察和恪守思维的德性前提，让思言行一致有着内在一定之规，才能将潜在的德性转化为现实的德行，并与社会规范融为一体，以昭示和影响其他人追求"中庸之德"，达到"有耻且格"。这也正是《论语》第二篇第3章所讲的儒家管理模式"道之以德，齐之以礼，有耻且格"㊀的内涵所在。实际上，当孟子说"学问之道无他，求其放心而已矣"时，这里的"学问"，指的就是"做人"和做管理的学问。

6.12　孟子曰："今有无名之指，屈而不信①，非疾痛害事也。如有能信之者，则不远秦、楚之路，为指之不若人也。指不若人，则知恶之；心不若人，则不知恶：此之谓不知类②也。"

【字词注释】

① 信：通"伸"，伸直、伸开的意思。
② 类：是形声兼会意字，本义指种类，这里引申为类推、比较，以明确优先序的意思。

【今文意译】

孟子说："假使有个人无名指弯曲伸不直，既不痛也不碍事。倘若有谁能让这根无名指伸直，哪怕远赴秦国、楚国，他也会去，原因就是自己的手指不如别人。手指不如别人，就会感到不舒服；但思维不如别人，却感觉不到。这就是不知道类推，也没有明确价值尺度优先序的典型表现。"

【管理解析】

本章承接上章，进一步举例说明，人们对思维本身的无意识和不自觉，原因就在于人们平时根本不注意从看得见的对象，去类比看不见的思维，进而借助看得见

㊀ 张钢，《论语的管理精义》，机械工业出版社，2015年版，PP26-28.

的对象，反思看不见的思维；自然也就容易忘记思维的德性前提，既不能体会思维的固有内容，更无从认识思维所应遵循的方式。

孟子在这里举了一个非常形象的例子。假使有个人的无名指出了问题，他马上就会意识到，即便不疼痛，也不影响做事，还是会想尽办法去医治，因为这根手指的不正常是看得见、感觉得到的；但是，人们对于自己的思维，特别是思维的德性前提，包括思维固有的内容和方式，却往往没有体察，更缺少反思，即便思维早已脱离了德性前提，也失去了一以贯之的思维方式，仍浑然不觉，甚至自我感觉良好。这便是孟子说"指不若人，则知恶之；心不若人，则不知恶"所要表达的意思。

人们为什么会对自己的思维如此漠然处之呢？一方面是因为思维看不见、摸不着，不像外物那么清晰可辨，也不像身体那么容易感觉和把握；另一方面，也许更重要的是，人们只有一个思维，用这个思维来认识和理解外物及身体是容易的，但用这个思维去认识和理解思维自身就不容易了。既然如此，那么，人们怎样才能更自觉地认识和理解自己的思维呢？恐怕只有一条途径，即借助思维的对象来进行自我反思，并有意识地将这种反思结果同外在的标准以及他人的思维结果进行比较，从而认识、理解和改进自己的思维，让自己思维的德性前提更加明晰，以保证思维的内在一致性。

如果一个人无法从思维的对象中类推并借此反思自己的思维，也不能有意识地将这种反思结果同人类的共识（即"人性"的共同内涵）进行比较，自然就无法认识自己思维的德性前提或"本心""良心"，也就会迷失自我。所谓迷失自我，也就意味着根本不知道自己的思维前提和思维方式是怎样的，更不知道"人性"的共同本质是什么。这就是孟子说的"不知类"。一个人懂得借助思维的对象来反思自己，并将反思结果与他人及"人性"本质内涵进行比较，以确立思维的前提和价值优先序，这样的人就是"知类"的人，而这里的"类"，便是经类推、比较之后形成一种内在的信念和价值优先序，这也就是思维赖以运用的基本前提。

6.13 孟子曰："拱把①之桐、梓，人苟欲生之，皆知所以养之者。至于身②，而不知所以养之者。岂爱身不若桐、梓哉？弗思甚也！"

【字词注释】

① 拱把："拱"，这里指两手合围，用来表示物体的大小、粗细；"把"，这里指一只手能握过来，用来衡量物体的粗细。"拱把"，指一两把粗的物体。

② 身：是象形字，在篆文中像人的身躯，本义指人的躯体，这里引申为本人、自己、自身。

【今文意译】

孟子说:"对于一两把粗的桐树、梓树,如果想让它们长得好,人们都知道要好好养护。但是,对于自己,人们反倒不知道该怎样修养了。难道说爱护自己还不如爱护桐树、梓树吗?真是太不懂得反思了!"

【管理解析】

本章进一步阐明反思的重要性。

树木与树人有内在的相通性,都需要精心培养。小树不培养,注定成不了材,而自身不修养,又如何能成为有价值的人呢?人们似乎很懂这个道理,但真正用到自己身上,却又完全不是那么一回事了。如果说人们爱自己还不如爱树木,相信没有人会同意,但现实中的确存在这种现象,不少人爱包括树木在内的外物,远胜过爱自身。

之所以会出现这种情况,在孟子看来,关键不在于是否懂得树木与树人具有相通性这个道理,而在于是否真正理解了人之为人的根本在哪里。很多人并没有理解思维或"心"及其德性前提对人之为人的根本意义所在,只知道单向地将思维或"心"投射到外物上去,只会单向地思考外物,而没有借助外物及自己对外物的思考来反观自身,更没有自觉地恪守住思维或"心"的德性前提及其在自己日常的思言行中的具体表现,其结果必然是无法真正理解和把握住自己,更无从理解他人,只会将自我和他人投射到外物上,物化为一种利益的存在,以至于表现出爱物远胜于爱人。难怪孟子会讲"弗思甚也",也就是说,人们太不懂得反思了。

6.14 孟子曰:"人之于身①也,兼②所爱。兼所爱,则兼所养也。无尺寸之肤不爱焉,则无尺寸之肤不养也。所以考其善不善者,岂有他哉?于己取之而已矣。体有贵贱,有小大。无以小害大,无以贱害贵。养其小者为小人,养其大者为大人。今有场师,舍其梧槚③,养其樲棘④,则为贱场师焉。养其一指,而失其肩背而不知也,则为狼疾⑤人也。饮食之人,则人贱之矣,为其养小以失大也。饮食之人无有失也,则口腹岂适⑥为尺寸之肤哉?"

【字词注释】

①身:这里指身体。

②兼:这里是同时、全部、一并的意思。

③梧槚:"梧",即梧桐树;"槚",指楸树。"梧槚",这里指有价值的树木。

④ 樲棘："樲"，指酸枣树；"棘"，即荆棘。"樲棘"，这里指价值不大的树木。

⑤ 狼疾：即"狼藉"，本义指混乱、杂乱，这里引申为昏聩、糊涂的意思。

⑥ 适：这里是只是、刚好的意思。

【今文意译】

孟子说："人们对自己身体的各部分，都很爱护。既然爱护，就要保养。爱护每一寸肌肤，也就要保养每一寸肌肤。要看一个人自我保养得好不好，没有什么别的方法，而只要看看他注重哪方面保养就可以了。人身各部分有重要和不重要、大方面和小方面的区分。不能因小方面而损害大方面，也不能因不重要而损害重要。只注重保养自身小方面的人，就会成为被管理者，而那些注重保养自身大方面的人，才会成为管理者。假如有个负责林场管理的人，舍弃更有价值的梧桐树和楸树，而只是热衷于培育价值不大的酸枣树和荆棘，这显然是一位不称职的林场管理员。如果某个人只注重保养一根手指头，而不管肩背，却还不自知，这当然是一个糊涂透顶的人。同样，那些只关心饮食的人，也会让人看不起，因为他们只注重保养了小方面，却丢失了大方面。关心饮食虽然没有错，但是，难道饮食只是为肚子那点小地方服务的吗？"

【管理解析】

本章紧接上章，讲解必须通过反思，建立起自身修养的优先序，而正是这种自身修养的优先序，内在地决定了一个人的自我定位和职业发展道路的选择。

人们当然要爱护和修养自身，而不能仅关注外物。但是，人身是一个整体，既包括有形的部分，如身体的各部位，又包括无形的部分，如思维或"心"及其前提。人们若要爱护和修养自身，就必须将自身看作一个系统，从整体上、动态上去认识和理解。这便是孟子讲"人之于身也，兼所爱。兼所爱，则兼所养也。无尺寸之肤不爱焉，则无尺寸之肤不养也"所要表达的意思。

但是，由于精力、时间和其他资源的限制，人们即便在对自身的爱护和修养上，也不可能平均用力、面面俱到，而必须有优先序、侧重点，这样才能把握住人之为人的根本所在，在自身的爱护和修养上做得更好。这也是自我管理水平的集中体现。可以说，只需要观察一个人在自身保养上的侧重点，便可以洞悉其内在价值优先序，并推断其做管理的价值取向。

孟子认为，思维或"心"及其德性前提，直接决定着人之为人的根本所在，也是一个人得以管理身体其他部分和情绪的立足点，因此，思维或"心"及其德性前提，便是人身这个复杂系统的主导方面。当然，思维或"心"及其德性前提自身又构成一个相对独立的子系统，其中，思维或"心"的德性前提及其"向善"的倾向性，又直接决定着思维得以运用的方向和方式，成为更具根本性的方面，这便是孟子讲的"本心""良心"。

另外，在"本心""良心"这样的信念背后，必定有诸如"亲情之爱"这样的情绪支撑。思维既能影响情绪，同时又受情绪影响。只不过影响思维的情绪，根植于信念所激发的高级情绪体验；基于这种高级情绪体验的思维，则更容易超越并正向影响由身体各种本能欲望所产生的低级情绪反应。思维与情绪的这种交互作用，又离不开躯体这个重要载体。

躯体不仅直接影响情绪，也支持着思维的运用。也就是说，虽然躯体会受思维的控制，但反过来，躯体也影响着思维运用的水平。所以，思维及其德性前提、情绪和躯体构成一个复杂系统，紧密联系，不可分割。尽管如此，在这个复杂系统中，还是能够区分出地位主次及影响大小，从而让人们得以将有限的时间、精力和其他资源运用到更重要的方面，避免主次不分，大小莫辨，甚至以次害主，因小失大。

儒家历来强调组织管理要以自我管理为前提。透过在自身这个复杂系统上的关注点及相应的自我管理水平，也就可以比较准确地判断一个人适不适合从事管理工作，能否成为一名称职的管理者。如果一个人在对自身这个复杂系统进行管理时，都主次不清，大小不分，那么，在面对更加复杂的正式组织及各种各样复杂的人时，又怎能期望他有价值优先序，做好组织管理呢！因此，孟子一针见血地指出，"养其小者为小人，养其大者为大人"。这里的"小人"和"大人"，既不是从年龄和体型上说的，也不是从一般化的社会地位上讲的，而是专指职业工作而言，突出的是从事被管理工作还是从事管理工作。那些能够在自身这个复杂系统上分清"贵贱""大小"，从而懂得爱护和修养主导方面、大方面的人，将来从事正式组织管理，也自然会将这种内在的价值优先序思维外在化，处理好组织中的轻重缓急，而那些在自身这个复杂系统上因小失大、分不清主次的人，也只能在组织中接受别人给予的任务安排，做一些被管理工作。当然，这里并不是说被管理工作不好或不重要，而只是说管理工作和被管理工作，对工作者的思维方式及价值优先序的要求是不一样的。

为了说明这一点，孟子又举了一个林场管理员的例子。作为林场管理员，首先要清楚办林场的目的是培养好木材。一个无法分清树木的材质好坏，以至于"舍其梧槚，养其樲棘"的林场管理员，显然是不称职的。像这样在做管理上没有优先序思维的管理者，在自身这个复杂系统的管理上，也往往是糊涂虫。像孟子所说的那些连"一指"与"肩背"或者"饮食"与"口腹"之间的轻重关系都搞不清楚的人,又如何指望他们搞得清楚组织中共同利益、整体利益与各种不同的私人利益之间的复杂关系及其优先序呢?在现实世界中,孟子讲的那位"贱场师",难道不是普遍存在吗?这再次深刻地表明,儒家所倡导的从自我管理到组织管理,是何等重要。

6.15 公都子问曰:"钧①是人也,或为大人,或为小人,何也?"孟子曰:"从其大体为大人,从其小体为小人。"曰:"钧是人也,或从其大体,或从其小体,何也?"曰:"耳目之官不思,而蔽于物,物交物,则引之而已矣。心之官则思,思则得之,不思则不得也。此天之所与我者,先立乎其大者,则其小者不能夺②也。此为大人而已矣。"

【字词注释】

① 钧:通"均",同样、一样的意思。

② 夺:是会意字,本义为失去,这里引申为使改变、更改的意思。

【今文意译】

公都子问道:"同样是人,有人成为管理者,有人成为被管理者,这是为什么呢?"

孟子说:"那些能从大处着眼看问题的人,就能成为管理者,而那些只从小处着眼看问题的人,也只能成为被管理者。"

公都子说:"同样是人,为什么有人能从大处着眼看问题,而有人只能从小处着眼看问题呢?"

孟子说:"耳朵和眼睛不会思考,容易受外物蒙蔽,而且,耳朵和眼睛本质上也是物,在和外物互动中,就容易被外物引走,因而,耳朵和眼睛只能感受到有形的、具体的、明确的对象,这便是小处。但是,心则不同,心能思考,只有思考,才能超越有形的、具体的、明确的对象,进而理解其整体和未来,这就是大处。心所具有的思维能力,是上天专门赋予人的。如果能够立足于思维,理解事物的整体和未来这个大处,那么,像耳朵和眼睛所把握住的那些小处,才不可能左右大处。这就是成为管理者的关键所在。"

【管理解析】

本章承接上章，进一步说明，管理者必须立足于思维，用思维能力来理解和把握自我、组织和环境。

严格来说，管理者是靠思维来工作的。因为无论是利益相关者的共同利益，还是组织的整体和未来，都无法用眼耳鼻舌身这些感觉器官去直接感受到，而必须运用思维能力去理解、把握乃至构建出来。人们经常说管理者要有大局观和战略视野，这里的"观""视野"看似模仿视觉的词汇，但实际上有谁能用眼睛"看到"全局、整体和未来？那种将部分联系成全局和整体，把历史、现在和未来打通的能力，并不在眼睛这个视觉器官上，而在思维中。因此，当孟子说"从其大体为大人，从其小体为小人"时，其中，"大体""小体"都包含着双重意思，第一重意思指的是外物，包括自然之物和社会事务，"大体"即看不见的整体和未来，"小体"即看得见的局部和现在，而第二重意思则指的是人用以把握外物的思维和感官，"大体"即把握看不见的整体和未来的思维，"小体"即把握看得见的局部和现在的感官。理解了这一点，就不难理解，为什么管理者一定要"从其大体"，而被管理者经常只要"从其小体"就可以。

在孟子看来，以"耳目"为代表的感官不会思考，只能直接感受外物，而且，从感官不能思考这个角度来看，感官也是一种"物"，即生理功能的载体。当作为生理之物的感官与外物互动时，感官不仅容易受外物蒙蔽，而且还有可能被外物引入歧途，出现严重的感觉偏差，以至于连正确地认知外物都难，更不要说理解外物的本质、整体和未来了，当然也就更无法借外物反思自我了。因此，管理职业特点和岗位职责所系，都要求管理者必须超越感觉经验，上升到"心"或思维层面，借"心之官则思"，去"得之"或识"大体"，而更为根本的"大体"，在儒家看来，便是人之为人的德性。对于德性，无论如何没有办法仅凭耳目等感官就能直接感觉到。离开了"心"或思维能力，人们无法理解外物的本质、整体和未来，更无从理解人之为人的根本所在。这恰是孟子为什么要说"心之官则思，思则得之，不思则不得也"的原因。正像前面的"大体"有双重含义一样，孟子这句话中的"得之"，也有双重含义，既是指对外物的本质、整体和未来的把握，也是指对"人性"的德性内涵的把握。实际上，"得之"也就是识"大体"的意思。

孟子认为，"心"或思维是上天赋予人，并将人与动物区别开来的独特能力，因而，管理者只有立足于思维这种独特能力，才能更好地管理和运用自己的感觉器官，超越看得见的局部和眼前，以把握住看不见的人之为人的德性内涵以及外物的本质、整体和未来，进而理解各种人和事，把管理做好。简单地说，管理工作的特点，恰在于立足看不见的，去管理看得见的，而管理者之所以能做到这一点，就是因为立足思维能力，去管理感觉能力。能这样做的人，便是管理者，也即孟子所说的"此为大人而已矣"。

6.16 孟子曰："有天爵①者，有人爵者。仁、义、忠、信，乐善不倦，此天爵也。公卿大夫，此人爵也。古之人修其天爵，而人爵从之。今之人修其天爵，以要人爵；既得人爵，而弃其天爵，则惑之甚者也，终亦必亡而已矣。"

【字词注释】

① 爵：是象形字，在甲骨文和金文中像一种饮酒器具，是天子分封诸侯时给予的赏赐，可引申为职位、官位等级。

【今文意译】

孟子说："既有来自上天的理想管理职位，也有人们担任的现实管理职位。遵从以仁义为核心的社会规范和以忠信为核心的管理规范，致力于持续追求共同利益，这都是理想管理职位的基本要求。公卿大夫等，不过是现实管理职位的名称而已。古人努力按照理想管理职位的基本要求来修养自身，自然就会得到现实管理职位。如今人们按照理想管理职位的基本要求来修养自身，只是为了得到现实管理职位；一旦得到现实管理职位，便背弃了理想管理职位的基本要求。这说明如今人们真是太糊涂了，最终连得到的现实管理职位也必定会失去。"

【管理解析】

本章讲解管理者应将思维能力运用到什么方向上去，培养起怎样的思维方式，才能胜任现实管理岗位的需要。

孟子在这里的论述，贯彻的是儒家区分理想世界和现实世界、把握理想类型和现实应用的基本思路。严格来说，当儒家言必称尧、舜和夏商周三代的时候，实际上就是在运用将理想世界与现实世界区分开来的分析思路，借助上古时期的人和事来让理想世界形象化，并通过借古喻今的表达方式，以实现用理想世界来引领现实世界的目的。

从根本上说，无论是管理之道、管理模式，抑或具体的管理知识和技能，都是由信念、原则、规范、规则所构成的一种知识体系，都带有一定程度的理想类型的特点，而且，也正是由这样的理想类型，构建起一个理想世界。理想类型和理想世界既是观察现实世界的视角，又是分析现实世界的工具，也是引领现实世界发展的方向；当然，理想类型和理想世界反过来也会受到现实世界的启发、检验、修正、完善，并在与现实世界的不断互动中实现发展。更重要的是，在各个不同职业领域中，正因为有了理想类型和理想世界，人们才能更有效地培养从业者，同时从业者也可以不断研究、丰富和发展该职业领域。儒家所倡导的管理之道、管理模式以及各种管理专业知识和技能，便构成了一个管理职业的理想类型和理想世界。在儒家的理想类型和理想世界中，管理者的代名词就是"君子"，或者说，"君子"就是一种超越于当时各种具体管理职位名称如"公卿大夫"之上的"学名"，而孟子所说的"天爵""人爵"，是以《中庸》提出的"天道""人道"㊀为基础，分别代表着理想世界中的管理职位和现实世界中的管理职位。

在儒家理想世界中，管理职位同时蕴含着社会规范和管理规范的基本要求，而且，由于管理具有社会嵌入性，管理规范必然内嵌于社会规范之中，也可以说，管理规范恰是社会规范在管理领域中的具体运用。社会规范以"仁义"为核心，管理规范则以"忠信"㊁为核心，而且，儒家管理目标是追求共同利益，即"善"，因此，在儒家理想世界中，作为理想类型的管理职位，必然蕴含着遵循社会规范和管理规范以及追求共同利益的基本要求，这便是孟子说"仁义忠信，乐善不倦，此天爵也"所要表达的意思。这里的"天爵"，即上天所赋予的管理职位，或简称为"天职"，体现的恰是理想世界中关于管理职位的理想类型。与"天爵"相对应的便是"人爵"，也即现实世界中各个具体管理职位的名称及其职责要求。在当时的历史条件下，这些现实世界中的具体管理职位名称包括"公卿大夫"等。

既然区分了"天爵"和"人爵"、理想世界和现实世界，那么，两者的关系又是怎样的呢？孟子给出的答案是，"古之人修其天爵，而人爵从之"。这意味着，管理者只有通过学习、研究和践行理想世界中各种理想类型及其所蕴含的规则规范，才能在现实世界中切实履行管理职责，并借助现实世界中的管理实践，进一步推动理想世界和理想类型的发展。也就是说，比较理想的做管理的路径，应该先从理想世界和理想类型的学习、研究、践行开始，而现实世界中的管理职位也自然应该授予那些学得好的潜在管理者；当然，仅是预先学习"天爵"还不够，还必须在履行"人爵"职责时进一步完善"天爵"，让"天爵"真正融入到"人爵"之中，同时又伴随对"人爵"的改进和提升，不断发展"天爵"。这样的持续互动过程，实际上就是

㊀ 张钢，《大学·中庸的管理释义》，机械工业出版社，2017年版，PP143-152.
㊁ 张钢，《论语的管理精义》，机械工业出版社，2015年版，PP6-8.

《论语》第19篇第13章中子夏所讲的"学而优则仕,仕而优则学"[一]。

但遗憾的是,到了孟子所处时代,似乎"天爵"和"人爵"的这种良性互动已被破坏了。现实世界中的管理者,并不是以"修其天爵"为职业定向和根本目标,而只不过是为了获得"人爵",才去"修其天爵",这时的"天爵"已沦为获得"人爵"的工具和手段。更糟糕的是,一旦获得"人爵",便彻底抛开"天爵",完全依附于"人爵"背后的委托人或授权者的意志和好恶,只为保住"人爵"而做管理,不仅早已将原本学习的各种理念、原则、原理、规则、规范统统扔到脑后,甚至将"天爵"变成冠冕堂皇的言辞,说一套做一套,以至于让"天爵"完全丧失了现实指导意义,退化成空洞的教条和说教。

这种对"天爵"及其所代表的知识体系的肆意扭曲运用,危害极大。它会让人们慢慢失去对"天爵"所代表的理想世界和理想类型的信心、信任乃至兴趣,最终完全退行到残酷的现实世界之中。一旦没有了理想世界和理想类型的牵引作用,本质上是以共享观念和共同利益凝聚起来的组织,必将面临解体的危险,而管理的合理性、合法性和可行性也将失去依托。这对管理者而言,到底是诅咒还是福音?怪不得孟子最后要感叹"惑之甚者也,终亦必亡而已矣"。

6.17 孟子曰:"欲贵者,人之同心也。人人有贵于己者,弗思耳。人之所贵者,非良贵也。赵孟①之所贵,赵孟能贱之。《诗》云:'既醉以酒,既饱以德。'②言饱乎仁义也,所以不愿③人之膏粱④之味也。令闻广誉施于身,所以不愿人之文绣⑤也。"

【字词注释】

① 赵孟:晋国正卿赵盾,字孟,在晋国势力很大。

② 这是《诗经·大雅·既醉》中的诗句,大意是:喝酒都已醉倒,修德更要饱满。

③ 愿:这里是倾慕、羡慕的意思。

④ 膏粱:"膏",指肥肉;"粱",指细粮。"膏粱",泛指美食。

⑤ 文绣:"文",指花纹;"绣",指有花纹的丝织品。"文绣",指有管理职位的人穿着的锦绣衣服。

【今文意译】

孟子说:"每个人都想拥有尊贵的地位。但是,人们没有认识到,真正的尊贵地

[一] 张钢,《论语的管理精义》,机械工业出版社,2015年版,PP538-539。

位是在内心的理想世界中，而人们在现实世界里所追求的尊贵地位，并不是真正的尊贵地位。作为授权者，赵孟能让人有尊贵地位，也能让人变得卑贱。《诗经》上说：'喝酒都已醉倒，修德更要饱满。'这说的就是，当一个人在仁义这些德性追求上达到一定境界后，就不会羡慕别人的美食享受。当一个人由于内在的德性追求而获得广泛声誉后，也就不会羡慕别人的锦衣显贵。"

【管理解析】

本章承接上章，继续解说追求理想世界中的"天爵"和追求现实世界中的"人爵"完全不同，前者是内在的，关键在于自我的主动性和持续努力，而后者则是外在的，有时甚至离不开别人的恩赐和关照。

在《论语》第十二篇第20章中，孔子曾区分了"闻"与"达"[一]。"达"是一种对理想世界中管理之道的内在追求，而"闻"则是在现实世界中的名声；当然，儒家并不反对基于"达"的"闻"，但儒家不认同"为闻而闻"的做法。这实际上与孟子在这里所倡导的基于"天爵"的"人爵"一脉相承。也可以说，孟子是用"天爵"和"人爵"之间的关系，将孔子所讲的"达"和"闻"之间的关系，更具体地落实到管理情境之中。

只要是做管理的人，都想得到职位晋升。如果说"不想当将军的士兵不是好士兵"，那么，不想追求更高管理职位的管理者，恐怕也不是一位好管理者。因此，"欲贵者，人之同心也"。这里的"贵"，可以理解为更高层次的管理职位以及由此带来的尊贵地位。追求更高的管理职位，这是管理者的"人之同心"。但关键是怎样追求更高的管理职位？或者说，更高的管理职位及其带来的尊贵地位到底意味着什么？人们往往只看到现实世界中的"人爵"等级不同，只想到不同等级"人爵"的尊贵程度不同，却忘记了理想世界中的"天爵"要求及其带来的尊贵价值。"天爵"及其所带来的尊贵，是一种由内在的职业认同或"天职"尊严所形成的职业尊贵，并从根本上决定着现实世界中"人爵"的尊贵。如果舍本逐末，只是在现实世界里追逐"人爵"这个看得见的尊贵地位，恰说明人们并没有真正理解更高管理职位及其尊贵的意义。

理想世界永远存在于那些坚信并践行它的人心中，因此，追求"天爵"尊贵，完全取决于人们内在的主动性和持续努力，而现实世界里的"人爵"尊贵，当环境不良时，却是极度不确定的，甚至会与"天爵"尊贵相冲突。例如，在晋国弄权的赵孟，已经将管理岗位和管理权力完全变成了自家私有财产，想给谁就给谁，想剥夺就剥夺，因而，一个人要想在晋国做管理，并获得看上去尊贵的地位，就不得不依附于

[一] 张钢，《论语的管理精义》，机械工业出版社，2015年版，PP341-342.

赵孟，甚至仰其鼻息。即便由此获得了所谓的管理职位，也不过是赵孟让你尊贵，你才能尊贵，赵孟让你卑贱，你马上就变得一文不值。如此追求尊贵，价值何在？

管理者真要追求尊贵，就必须转向理想世界，在"修其天爵"中获得尊贵，那才是基于"人性"彰显、人格尊严、职业认同和职业尊严的真正尊贵。有了这份建立在人格尊严和职业尊严上的尊贵，又何愁不能实现自我价值、获得现实世界中的认可和声誉呢？正像《诗经·大雅·既醉》中所讲的那样，"既醉以酒，既饱以德"。人们喝酒都能因过量而醉倒，为什么不能执着地追求德性呢？真正的"饱德之士"，自然会有人格尊严和职业尊严；一旦建立起这种内在尊贵，又怎么会去欣羡别人的美食、锦衣等外显尊贵呢？在《论语》第七篇第15章中，当孔子说"饭疏食，饮水，曲肱而枕之，乐亦在其中矣。不义而富且贵，于我如浮云"⊖时，实际上与孟子在这里讲的道理是一样的，都在于说明，管理者一旦有了对理想世界的执着追求，乐在其中，便不会被外物所役。这也正是儒家一贯倡导的由内而外、从理想到现实的管理逻辑。

6.18 孟子曰："仁之胜不仁也，犹水胜火。今之为仁者，犹以一杯水救一车薪之火也；不熄，则谓之水不胜火，此又与①于不仁之甚者也。亦终必亡而已矣！"

【字词注释】

①与：这里是帮助的意思。

【今文意译】

孟子说："施仁政能够战胜不施仁政，就像水能灭火一样。如今施仁政的诸侯国很少，而且，施仁政的程度也很低，这就像用一杯水去救一车柴燃烧的火一样；火灭不了，就说水不能灭火。这样一来，反倒帮助了那些不施仁政的诸侯国，让他们更加肆无忌惮地不施仁政。到最后，施仁政的诸侯国一个都没有了。"

【管理解析】

从本章开始，着重讲解怎样运用理想世界来指导、引领和改变现实世界，而本章则在于说明，不能因现实世界中某个具体事例上的挫折，就丧失对理想世界的信心。

⊖ 张钢，《论语的管理精义》，机械工业出版社，2015年版，PP188-189.

根据儒家的观点，追求仁爱境界、施"仁政"，是"做人"和做管理的根本所在，也完全符合"人性"的要求，因而，施"仁政"的诸侯国一定会战胜不施"仁政"的诸侯国，这个道理就像水能灭火一样简单明了。

虽然在理想条件下，"仁之胜不仁也，犹水胜火"，非常直观，很容易理解；但是，当回到现实条件下，情况可能就会发生变化。比如，一车柴草燃烧起来，却想用一杯水去救，当然无济于事。若由此得出结论"水不能灭火"，显然很荒唐。也许在以水灭火这样的事例上，人们不太会因"杯水车薪"而怀疑"水能灭火"这个一般性结论。不过，对于"仁胜不仁"这个一般性结论，现实的情况却不容乐观。在孟子所处时代，真正施"仁政"的诸侯国并不多，而且，即便施"仁政"，程度也不高。在这种情况下，少数施"仁政"的诸侯国要战胜大量不施"仁政"的诸侯国，又谈何容易，这恰如用一杯水去救一车薪之火一样。虽然人们不太会因"杯水车薪"而怀疑"水能灭火"，但现实中的管理者却会因少数施"仁政"的诸侯国战胜不了那些不施"仁政"的诸侯国而怀疑"仁胜不仁"。一旦产生这种怀疑，那些原本施"仁政"的管理者，甚至转而比那些原本不施"仁政"的管理者，更为变本加厉地否定"仁政"，不仅自己不再施"仁政"，而且还会大肆宣扬"仁政无用"。这不仅会让那些原本就不施"仁政"的管理者更加心安理得地不施"仁政"，而且还会让那些想要施"仁政"的管理者变得畏缩不前。其结果必然让施"仁政"变得越来越难，而施"仁政"的诸侯国也会越来越少，最终甚至有可能扼杀以"仁政"为代表的管理模式。

因此，管理者必须时刻牢记，用理想世界指导、引领和改变现实世界，将是一个漫长而艰辛的过程；在这个过程中，来自现实世界的挫折是必然的，管理者绝不能因现实世界中的个别挫折而丧失对理想世界中的一般模式的信念和信心；理想往往先扎根在少数人心中，管理者只有坚定信念、执着守望、玉汝于成，最终"仁"才能战胜"不仁"，理想才会实现。

6.19　孟子曰："五谷者，种之美者也。苟为不熟，不如荑稗①。夫仁，亦在乎熟之而已矣。"

【字词注释】

① 荑稗：田间形状像稻子的杂草，结实小，可作饲料，也可在荒年充饥。

【今文意译】

孟子说:"五谷,从品种上看,当然很好。但是,如果五谷不能成熟,还不如荑稗有价值。对仁爱境界的追求也一样,关键在于要努力达到更高水平。"

【管理解析】

上章是从量的角度说明,没有量的积累,难以期望"仁胜不仁",而本章则从质的动态变化角度阐明,追求仁爱境界不能急功近利、浅尝辄止。

追求仁爱境界是一个持续修养和终生学习的过程,不能期望立竿见影,毕其功于一役。如果只想追求眼前效果,在仁爱境界还远没有修养到一定成熟度之前,就急切希望看到结果,反而可能造成对仁爱境界的误解,乃至丧失追求仁爱境界的内在动机和动力。

为了说明这一点,孟子在这里又举了五谷与荑稗的例子。从品种上来说,毋庸置疑,五谷当然胜过荑稗,这就好像一般意义上说"水能胜火"一样。但是,若回到现实的具体情境中,恰如一杯水救不了一车薪的火,不成熟的五谷,其作用也比不上成熟的荑稗。当然,人们既不会因"杯水车薪"而否认"水能胜火",也不会因未成熟的五谷不如荑稗而否认五谷在品种上比荑稗好。人们都知道,五谷要成熟,仅靠品种好是不够的,还需要配合上土地肥沃、风调雨顺和辛勤耕作;只有当各种条件都满足了,五谷才能成熟,其作用也才会超过荑稗。这表明,当面对自然之物时,人们比较容易将基于一般概念和理想类型的理想世界,同基于特定事物和具体事例的现实世界区别开来,并能做到具体问题具体分析。

然而,一旦面对的是社会之物,尤其是管理情境中的人和事,人们好像又很容易忘记理想世界与现实世界的分别,动不动就会因现实世界中特殊条件下的个别情况而否定理想世界的一般原理、原则和模式。其实,追求仁爱境界、施"仁政",又何尝不需要各种环境条件的匹配,又何尝不是一个渐进修养的过程;只有匹配了这些条件,完成了这个过程,真正成熟或达到更高程度的仁爱境界,才会有价值。

6.20 孟子曰:"羿之教人射,必志于彀[1];学者亦必志于彀。大匠诲人,必以规矩;学者亦必以规矩。"

【字词注释】

[1] 彀:这里是将弓拉满的意思。

【今文意译】

孟子说:"羿教人射箭,一定立志让学生达到拉满弓的状态;学生也必须立志追求拉满弓的状态。杰出的工匠带徒弟,一定会按照规矩来;徒弟也必须遵从规矩。"

【管理解析】

上两章说明了从理想世界到现实世界容易出现的偏差,本章则明确指出,如何才能用理想世界来引领现实世界。

"羿教人射"和"大匠诲人"这两个例子是互补的。看上去"羿教人射"讲的是"志于彀",而"大匠诲人"讲的是"必以规矩",但实际上,"羿教人射"同样离不开规矩,"大匠诲人"也不能不告诉徒弟需要达到怎样的理想状态。无论是学射箭,还是学手艺,都离不开"立志"和"规矩"。只不过对于学射箭来说,目标很明确,结果很清楚,因此,"立志"就显得更突出;而对于学手艺,如学木工手艺来说,规矩则显得更重要一些。在这里,孟子分别是用学射箭和学手艺中的"立志"和"规矩"做典型示例,用以说明,学管理和做管理本质上就是用"天爵"来引领"人爵"的过程,这期间最重要的是两点,即:首先要"立志"于修"天爵",其次,要以"天爵"的基本要求来做规矩,从内部约束"人爵"的职责履行。

正像学射箭和学手艺,师生要志同道合,共同"立志"、守"规矩"一样,要想学管理和做管理,老师和学生,委托人和代理人,同样要形成对理想世界的共同信念、信心和执着追求。正所谓"道不同,不相为谋",师生、"君臣"同道,才是学好管理、做好管理的真正前提。

另外,理想世界本质上是为现实世界确立起一种内在约束,也可以说是现实世界的各种具体规则、规范的根据和来源。从这个意义上说,"天爵"就是"人爵"的总规矩。只有当学管理的师生和做管理的"君臣",都恪守和践行这个总规矩,才能真正立足理想世界去认识、理解、把握和改进现实世界,进而也才能更进一步修正和完善理想世界,实现两个世界的良性互动。因此,学管理和做管理,正好像学射箭和学手艺一样,只有将"立志"和"规矩"真正融入到师生、"君臣"的思维、言语和行为之中,才能达到儒家的要求,即"修其天爵,而人爵从之。"

但遗憾的是,在现实中,人们经常忘记"立志"和"规矩"的重要性,尤其是忽视了师生、"君臣"共同"立志"和遵从"规矩"的重要意义,往往总是要求人家"立志",要求人家守"规矩",而自己却找各种借口不"立志",不"守规矩",这恰违背了《大学》要求管理者必须恪守的"絜矩之道"㊀。

㊀ 张钢,《大学·中庸的管理释义》,机械工业出版社,2017年版,PP51-54.

6.21 任①人有问屋庐子②曰:"礼与食孰重?"曰:"礼重。""色与礼孰重?"曰:"礼重。"曰:"以礼食,则饥而死;不以礼食,则得食,必以礼乎?亲迎③,则不得妻;不亲迎,则得妻,必亲迎乎?"屋庐子不能对,明日之邹,以告孟子。孟子曰:"于答是也何有④?不揣⑤其本而齐其末,方寸之木可使高于岑楼⑥。金重于羽者,岂谓一钩金⑦与一舆羽之谓哉?取食之重者与礼之轻者而比之,奚翅⑧食重?取色之重者与礼之轻者而比之,奚翅色重?往应之曰:'紾⑨兄之臂而夺之食,则得食;不紾则不得食,则将紾之乎?逾东家墙而搂其处子,则得妻;不搂则不得妻,则将搂之乎?'"

【字词注释】

① 任:诸侯国名。

② 屋庐子:名连,孟子的学生。

③ 亲迎:按照婚礼规范,新郎必须亲自去迎接新娘。

④ 有:这里是困难的意思。

⑤ 揣:这里是估量、猜度的意思。

⑥ 岑楼:指高而尖耸的楼。

⑦ 一钩金:按照古代的重量单位,大约三钱重的金子。

⑧ 翅:通"啻",只、仅的意思。

⑨ 紾:这里是转、扭转的意思。

【今文意译】

有位任国人问屋庐子:"礼仪规范和食物哪个重要?"

屋庐子说:"礼仪规范重要。"

那人又问:"娶妻和礼仪规范哪个重要?"

屋庐子说:"礼仪规范重要。"

那人说:"如果遵循礼仪规范,就会饿死;不遵循礼仪规范,则会获得食物,还一定要遵循礼仪规范吗?如果遵循礼仪规范,亲自去迎接新娘,反而不能成婚;违背礼仪规范,不亲自去迎接新娘,反倒能成婚,还一定要遵循礼仪规范吗?"

屋庐子不能回答,改天去邹国时,将这事告诉了孟子。

孟子说:"回答这个问题有什么困难呢?如果不考虑其基础所在,而只是在末端相比较,一寸长的木块也可以比尖耸的楼还高,只要把这个木块放到楼顶上就可以了。当人们说金子比羽毛重的时候,难道是拿一块三钱重的金子与一车羽毛相比吗?他拿关乎生死的食物这个重要方面,同礼仪规范的细节相比较,食物又岂止是重要？他拿关乎有无的娶妻这个重要方面，同礼仪规范的细节相比较，娶妻又岂止是重要？你可以这样去回答他：'扭着兄长的胳膊抢夺食物，就能得到食物；不扭着兄长的胳膊，就得不到食物，你会去扭着兄长的胳膊抢夺食物吗？翻过东边邻居家的院墙去抢他家的女儿，就能成婚；不去抢，就不能成婚，你会去抢吗？'"

【管理解析】

本章用具体事例阐明规则规范与具体做事的行动之间的关系。

一般来说，原理、原则以及规则、规范都带有一定的理想成分，是在特定理想条件下对为什么这样及应该怎样的信念和机理的刻画。当使用这种理想条件下的规矩或"礼"，来指导现实世界中的具体活动时，必然要有一个加上特定边界条件后的调整过程。儒家称这个调整过程为"权"。在《论语》第九篇第29章中，孔子说，"可与共学，未可与适道；可与适道，未可与立；可与立，未可与权"[⊖]，讲的就是建立原则是一回事，灵活运用原则又是一回事，两者并不必然相等，而孟子在第四篇第17章中也曾说过，"男女授受不亲，礼也。嫂溺援之以手者，权也"。其实，做管理，重要的不仅是认识到理想条件下的规则规范是怎样的以及它与现实世界中具体的人和事有什么关系，更重要的是，在坚信理想条件下各种原理、原则以及规则、规范的合理性和合法性基础上，能够准确地把握现实世界中各类具体情境条件，并结合这些具体情境条件，将各种原理、原则以及规则、规范恰到好处地运用于现实世界，真正做到原则性与灵活性相结合，具体问题具体分析。当然，这种具体问题具体分析或"权"的过程，并不是那么清晰可见的，也难以清楚明白地用语言表达出来，其中存在着大量只可意会、不可言传的默会知识，只有亲历了这个过程，并用心体察、反思和实践，才会有所感悟。这也是儒家倡导管理学习的立体化，突出"干中学"和团队学习的原因所在。

理解了儒家有关理想条件下的规矩或"礼"运用于现实世界的"权"的要求，便不难发现，那位任国人提出的所谓"礼与食孰重""色与礼孰重"这两个问题都是不恰当的。严格来说，作为一种规范，"礼"是不能同现实世界中的食物和娶妻直接比较的。任何理想条件下的规范，都是为了让现实世界中的相应活动变得更有秩序、更富意义、更加美好，从而让人所生活的现实世界，与动物所生活的现实世界区别开来。因而，在日常情况下，"礼"与"食""色"不仅不冲突，而且，也正因为有了"礼"，人们才会食得更有滋味，娶妻更有秩序。

虽然那位任国人故意讲了两种极端情况，即"以礼食，则饥而死；不以礼食，

⊖ 张钢，《论语的管理精义》，机械工业出版社，2015年版，PP264-266。

则得食""亲迎,则不得妻;不亲迎,则得妻",但是,即便在极端情况下,"礼"与现实世界中的具体行为之间也不存在直接冲突,而只不过涉及的是"礼"在现实世界中的权变运用而已。孟子在这里从两个方面对此展开论述。

首先,那位任国人混淆了理想世界与现实世界、"礼"与行为之间的区别,犯了本末倒置的错误,用孟子的话说就是"不揣其本而齐其末,方寸之木可高于岑楼。金重于羽者,岂谓一钩金与一舆羽之谓哉"。意思是,那位任国人根本不清楚"礼"之本和"食、色"之本及其区别,便拿来做随意比较,这就好像把一个一寸长的木块放到楼顶上面,说"方寸之木高于岑楼"一样荒唐。实际上,当人们说"金重于羽"时,不过是一种在理想条件下带有一般性的原理性判断,如同本篇第18章讲的"水能灭火"一样,并不意味着在现实世界中任何情况下金子一定比羽毛重、水一定能灭火。如果拿三钱金子同一整车羽毛相比,当然是羽毛重,而用一杯水来灭一整车干柴燃起来的火,当然灭不掉。难道因此就能否定"金重于羽""水能灭火"这样带有一般性的原理型判断吗?这样的例子不胜枚举,无不清楚而形象地表明,明确地区分理想世界与现实世界有多么重要,既不能用理想代替现实,更不能因现实而混淆理想。这应该是做管理的基本思维方式,没有这种思维方式,做管理就可能失去内在的一定之规,也难以真正做到具体问题具体分析。

其次,做管理要从"人性"出发构建一个理想世界,是为了更好地认识并引领现实世界发展,而不是为了要遏制甚至窒息现实世界,因此,从更一般的意义上说,理想世界与现实世界并不会直接发生冲突,而那些表面上的所谓理想与现实的冲突,背后实际上是不同理想世界之间的冲突,如"王道"与"霸道"的冲突。从这个意义上说,那位任国人所选择的"礼",如关于吃饭的礼节、娶妻时的"亲迎"等,涉及的只是一般情况下的细节规定,而非针对现实世界中的某些特殊情境下的行为选择,如决定生死的一顿饭、决定能否成婚的"亲迎"等。当这些一般情况下的"礼"的规定,与现实世界中带有根本性的行为选择之间看似出现冲突时,恰说明这些带有根本性的行为选择属于例外,要处理这些例外,需要诉诸更高层次的原则而不能仅拘泥于这些一般情况下的具体细节规定。这就像"舜不告而娶"一样,是在遵循更高层次的原则基础上对具体细节规定的权变,而非教条化地遵循这些具体细节规定来面对例外。

因此,当孟子说"取食之重者与礼之轻者而比之,奚翅食重?取色之重者与礼之轻者而比之,奚翅色重"时,意指若按照那位任国人的极端化思维方式,同样也可以选择"礼"之重者与"食"之轻者相比,比如"紾兄之臂而夺之食,则得食;不紾则不得食",在这种情况下,相信那位任国人绝不会为了吃上一口食物而去扭断自己兄长的胳膊。但是,在现实中,人们经常用这种极端化的思维方式来质疑乃至否定理想世界的建立和用理想世界认识并引领现实世界的努力。实际上，像那位任国人一样的极端化思维方式，恰是要为自己不立志追求理想世界找借口，甚至为在现实世界中不遵守规则规范找理由。这种企图用几个极端的例外情况，就要否定带有一般性的原理、原则以及规则、规范的做法，在管理中具有巨大的潜在危害性。

6.22 曹交①问曰："人皆可以为尧、舜，有诸？"孟子曰："然。""交闻文王十尺，汤九尺，今交九尺四寸以长，食粟而已，如何则可？"曰："奚有于是？亦为之而已矣。有人于此，力不能胜一匹雏，则为无力人矣。今日举百钧②，则为有力人矣。然则举乌获③之任，是亦为乌获而已矣。夫人岂以不胜为患哉？弗为耳。徐行后长者谓之弟④，疾行先长者谓之不弟。夫徐行者，岂人所不能哉？所不为也。尧、舜之道，孝弟而已矣。子服尧之服，诵尧之言，行尧之行，是尧而已矣。子服桀之服，诵桀之言，行桀之行，是桀而已矣。"曰："交得见于邹君，可以假馆⑤，愿留而受业于门。"曰："夫道，若大路然，岂难知哉？人病不求耳。子归而求之，有馀⑥师。"

【字词注释】

① 曹交：相传为曹国国君的弟弟。
② 百钧："钧"，重量单位，三十斤为一钧，"百钧"，即三千斤。
③ 乌获：古代的大力士。
④ 弟：通"悌"，尊敬长上的意思。
⑤ 假馆：即借一间房子。
⑥ 馀：这里是丰富、宽裕的意思。

【今文意译】

曹交问道："人人都可以成为尧、舜，有这种说法吗？"

孟子说："有。"

曹交说："我听说周文王身高十尺，商汤身高九尺，如今我身高九尺四寸，不过只会吃饭罢了，怎么办才好呢？"

孟子说："这有何难？只要做起来就好了。假设这里有个人，手无缚鸡之力，他当然是个没力量的人。假设有个人能举起三千斤重量，他自然就是个有力量的人。这样的话，能举起乌获举得起的重量，也就是和乌获一样有力量，而一般人，尤其是那些没力量的人，又何必担心自己不具备乌获那样的力量呢？就力量而言，不能做就不要去硬做。但是，慢慢走，走在长者的后面，这就是悌；快快走，走在长者的前面，这就是不悌。慢慢走，难道是普通人做不到的吗？是不想做啊。尧、舜的做人之道，不过孝悌罢了。如果您穿着尧的衣服，说着尧的话，拥有和尧一样的行为，您也就是尧了。如果您穿着桀的衣服，说着桀的话，拥有和桀一样的行为，那您就成为桀了。"

曹交说："我见到邹国国君，要向他借一间房子，住下来跟着您学习。"

孟子说："做人之道，就像大路一样，难道不容易理解吗？问题在于人们不去追求和践行。您还是回去自己追求和践行做人之道吧，老师无处不在。"

【管理解析】

本章进一步说明，按照理想世界的要求去"做人"，致力于实现理想，并不是一件遥不可及的事。

或许由于儒家在阐明管理的理想境界时，经常举尧、舜等上古伟大管理者做例子，似乎给人一种错觉，以为儒家所刻画的理想境界，只有像尧、舜那样的人能达到，而普通人则望尘莫及。因此，当儒家说"人皆可以为尧、舜"时，像曹交提的那个问题，就很有代表性，即"交闻文王十尺，汤九尺，今交九尺四寸以长，食粟而已，如何则可"。在现实中，好像的确很少有人能达到尧、舜、周文王、商汤的成就和境界。

针对这种错觉和误解，孟子首先以力量大小为例，予以说明。一个手无缚鸡之力的人，却想要像乌获一样力举百钧，的确不可能。每个人的力量有大小，应该量力而行，不可强人所难。所以，孟子说，"然则举乌获之任，是亦为乌获而已矣。夫人岂以不胜为患哉？弗为耳"。这里的"弗为"，是"不能为"的意思。正因为普通人不可能做到像乌获那样力举百钧，自然也就不会因胜不过乌获而担忧了。但是，"人皆可以为尧、舜"，却不是从诸如力量这种身体上的天然条件差异的角度来说的，而讲的是"做人"或人之为人所共有的德性前提。也就是说，"人皆可以为尧、舜"，指的是"人人都可以像尧、舜那样做一个真正意义上的社会人"。

在儒家看来，要做一个真正意义上的"社会人"，其根本在于孝悌，即《论语》第一篇第2章所讲的"孝弟也者，其为仁之本与"[一]。孟子这里进一步强调指出，"尧、舜之道，孝弟而已矣"。要想做到孝悌，并不需要像乌获一样具备天

[一] 张钢，《论语的管理精义》，机械工业出版社，2015年版，PP4-5.

生神力,而只需要"徐行后长者"即可。难道人们连走慢点儿、让长者先行这样的能力都没有吗?很显然,"夫徐行者,岂人所不能哉?所不为也"。这里的"不为"和前面讲的"弗为",最大的区别就在于,"不为"是能做而不做,"弗为"是不能做。由此可见,"人皆可以为尧、舜",并非像乌获力举百钧一样,只是少数天生异禀的人所能做的事,而是人人都能做的事,但遗憾的是,很多人却没有认识到这一点,以至于根本就没有努力去做这种能做的事,反倒将之归为不能做而不去做的事了。

因此,孟子对曹交说,"子服尧之服,诵尧之言,行尧之行,是尧而已矣。子服桀之服,诵桀之言,行桀之行,是桀而已矣"。其实,"服其服""诵其言"只是一种强化学习的方法和形式,关键在于"行其行",也即到底是以尧为榜样,追求像尧一样"做人",还是以桀为榜样,追求像桀一样"做人",其最终所达到的"做人"效果完全不同,而对"做人"榜样的选择,压根儿就不需要依赖像乌获那样的神力,每个人自己都可以做出这种选择。这也就是通常所说的要树立什么样的理想,准备做什么样的人的问题。在这个问题上,没有人可以回避,每个人都不能逃避,必须做出自己的选择。

曹交显然没有理解"做人"上的选择在己而不在人,竟然想向邹国国君借间房子,留在邹国,专门跟着孟子学"做人"。在《论语》第一篇第 6 章中,孔子曾讲,"行有馀力,则以学文"⊖。其实,无论孔子还是孟子,他们所教的都是如何做管理。虽然"做人"是做管理的前提,而且,"做人"也是无止境的,需要终生学习,但这种学"做人"的过程,却与学做管理不同,并不需要向外去"求学",更不能只是寄希望于找位老师给自己点拨提携就够了,而是一定要靠自我发乎内心的自觉持续努力才行。要立志做一名像尧、舜那样真正意义上的"社会人",就必须立足于人伦日用,从日常生活和工作中的点点滴滴做起,寻找一切可以学习的榜样和自我训练的机会。

孟子最后对曹交说,"夫道,若大路然,岂难知哉?人病不求耳。子归而求之,有馀师"。其中,"道",指的就是"做人"之道,也即上文提到的"尧、舜之道"。"做人"之道,就在日常生活和工作中,如同平时人们走的大路一样清楚明白,难道还需要有专门的老师来教授如何走这样的大路吗?但问题是,平坦的大路明明就在那里,人们却不知道去走;真正的"做人"之道近在咫尺,人们却不知道去践行。这才是需要反思和忧虑的事。

⊖ 张钢,《论语的管理精义》,机械工业出版社,2015 年版,PP9-10。

6.23 公孙丑问曰:"高子①曰:'《小弁》②,小人之诗也。'"孟子曰:"何以言之?"曰:"怨。"曰:"固③哉,高叟之为《诗》也!有人于此,越人关④弓而射之,则己谈笑而道之;无他,疏之也。其兄关弓而射之,则己垂涕泣而道之;无他,戚之也。《小弁》之怨,亲亲也。亲亲,仁也。固矣夫,高叟之为《诗》也!"曰:"《凯风》⑤何以不怨?"曰:"《凯风》,亲之过小者也。《小弁》,亲之过大者也。亲之过大而不怨,是愈疏也。亲之过小而怨,是不可矶⑥也。愈疏,不孝也。不可矶,亦不孝也。孔子曰:'舜其至孝矣!五十而慕。'"

【字词注释】

① 高子:据说是齐国人,年长于孟子。

②《小弁》:是《诗经·小雅》中的一首诗,表达的是一种被父亲放逐的哀怨之情。这首诗相传为周幽王时太子宜臼所作,或由其师傅代作。周幽王先娶申国之女,立为后,生宜臼,立为太子。后来,周幽王又娶褒姒,生伯服,便废除申后和太子宜臼,立伯服为太子。这首诗正是在这个背景下创作的。

③ 固:这里是固执、顽固的意思。

④ 关:通"弯",开弓、拉弓的意思。

⑤《凯风》:是《诗经·邶风》中的一首诗,表达的是儿子对母亲操持着有七个孩子的家庭的颂扬,以及对自己没有尽到做儿子的责任的自责心情。

⑥ 矶:这里是激怒、受刺激的意思。

【今文意译】

公孙丑问道:"高子说:'《小弁》这首诗,是被管理者的一种情绪表达。'是这样吗?"

孟子说:"为什么这么说呢?"

公孙丑说:"因为它充满了哀怨之情。"

孟子说:"高老先生研究《诗经》,也太教条僵化了吧!假设这里有个人,越国人曾张弓搭箭射过他,后来讲起这件事,他可以谈笑风生;没有什么其他原因,就是因为越国人和他关系疏远。但是,如果曾张弓搭箭射过他的人是他哥哥,后来讲起这件事,他早就泣不成声了;也没有什么其他原因,就是因为哥哥和他关系亲近。《小弁》这首诗的哀怨之情,完全是因为爱自己的亲人而生的哀怨之情。爱自己的亲人,就是仁的直接表现啊。所以说,高老先生研究《诗经》,太过教条僵化!"

公孙丑说:"《凯风》这首诗,为什么不哀怨呢?"

孟子说:"《凯风》这首诗之所以不哀怨,是因为母亲的过错比较小。《小弁》这首诗之所以哀怨,是因为父亲的过错比较大。父母的过错比较大,反而不哀怨,就说明更加疏远了。父母的过错比较小,反而哀怨,就说明经受不了刺激。因父母有大过错而对父母更加疏远,是不孝;经受不了父母小过错的刺激,也是不孝。孔子说:'舜达到了孝的极致状态啊!到了五十岁,还在思念着父母的爱。'"

【管理解析】

本章以《诗经》中的两首诗为例,说明"做人"、做管理应如何在理想和现实之间进行权衡。

无论是"做人",还是做管理,知道理想世界中的原理、原则以及规则、规范是一回事,能将其恰当地运用于现实世界又是另一回事。将理想变为现实,没有一成不变的流程和步骤。若真能找到这样的流程和步骤,反倒让"做人"变成了做机器人,让做管理简化为自动程序的应用。虽然"做人"和做管理必然有规范化和流程化的一面,但又不可能完全还原为这种规范化和流程化。"做人"和做管理,既是一个思维和认知过程,同时也是一种情绪和情感的表达。为了说明"做人"中情绪和情感的表达,本章以《诗经》中两首诗为例,予以阐明。

《诗经·小雅·小弁》这首诗抒发的是哀怨之情。周幽王的太子宜臼被废,但错不在太子,是因为周幽王宠爱褒姒,废除了申后,连带着废了太子。在这样的背景下,宜臼借这首诗表达了哀怨之情。在当时研究《诗经》的"高叟"看来,宜臼的这种情绪是不应该出现的,因为无论从"做人"的角度,即儿子对父亲,还是从做管理的角度,即臣对君,出现这种情绪都好像显得不够大度,带有从被管理者立场来看问题的狭隘性,与作为管理者的"太子"身份不符。这也是"高叟"得出《小弁》,小人之诗也"这个结论的原因。

但孟子认为,"高叟"对这首诗的解释过于简单化和教条化。无视"亲情之爱",恰从根本上违背了"做人"和做管理的基本要求。这就好比有人曾遭越国人箭射之伤,事后讲起来能谈笑自如,但若箭射他的是亲兄长,事后讲起来恐怕会情绪激动,难以自持,之所以会有这样的情绪反差,原因就在于越国人关系疏远,而兄长是亲人,因亲情之爱而触发哀怨情绪,是人之常情,若能完全摒弃这种因亲情之爱而引发的哀怨之情,反倒不再是真正意义上的"社会人"了。以此类推,便不难理解,《小弁》恰体现了作者对父亲错误做法的哀怨之情,这不仅是人之常情,也正是"仁"的直观且自然的表现。当人们流露出这种由亲情之爱而触发的哀怨之情时,难道不也是植根于"人性"的德性内涵中"仁"的自然流露吗?

当然，说哀怨之情可能是"仁"的直观且自然的表现，并不意味着没有哀怨之情，就不能表达亲情之爱。像《诗经·邶风·凯风》这首诗，同样是表达亲情之爱，就没有流露出哀怨之情，反倒是在颂扬母亲，并内含着对自己没有尽到儿子责任的自责。在孟子看来，《小弁》表达的哀怨之情符合"孝"的要求，而《凯风》表达的自责之情也符合"孝"的要求。《小弁》的作者之所以哀怨，是因为父亲周幽王犯了大错，置规则规范于不顾，随意废除皇后和太子，而《凯风》作者之所以自责，是因为母亲操持"七子之家"不容易，日常生活中出现小错误很正常，作为儿子，应想到自己没能替母亲分担家事而自责，不应该去埋怨母亲。

基于对《小弁》和《凯风》两首诗的情感表达方式的分析，孟子得出结论说，"亲之过大而不怨，是愈疏也。亲之过小而怨，是不可矶也。愈疏，不孝也。不可矶，亦不孝也"。对子女而言，要恪守"孝"的规范，处理好同父母的关系，就必须做到，既不能太疏远，以至于对父母的大过错，也视而不见；也不能太过挑剔，甚至于经不起父母任何小过错的刺激，反应过度，动辄情绪激动。无论"愈疏"，还是"不可矶"，都是"不孝"的典型表现。"做人"如此，做管理也一样。处理同父母的关系，与处理同委托人或上级的关系，具有内在的相通性，这也是儒家打通"做人"与做管理的原因所在。

当孔子说"舜其至孝矣！五十而慕"时，正像在第五篇第1章中孟子讲"五十而慕者，予于大舜见之矣"一样，都说明舜早已建立起第一价值观，即便做了"天子"这样的最高管理者，仍能将直接体现"仁"这个第一价值观的"孝"放在首位，这才是更广大意义上的"孝"！这也是本章用《诗经》的两首诗来分析"孝"的情感表达，并以此来类比做管理的用意所在。

6.24 宋牼①将之楚，孟子遇于石丘②，曰："先生将何之？"曰："吾闻秦、楚构兵，我将见楚王说而罢之；楚王不悦，我将见秦王说而罢之。二王我将有所遇③焉。"曰："轲也请无问其详，愿闻其指④。说之将何如？"曰："我将言其不利也。"曰："先生之志则大矣，先生之号⑤则不可。先生以利说秦、楚之王，秦、楚之王悦于利，以罢三军之师，是三军之士乐罢而悦于利也。为人臣者，怀利以事其君；为人子者，怀利以事其父；为人弟者，怀利以事其兄：是君臣、父子、兄弟终⑥去仁义，怀利以相接；然而不亡者，未之有也。先生以仁义说秦、楚之王，秦、楚之王悦于仁义而罢三军之师，是三军之士乐罢悦于仁义也。为人臣者，怀仁义以事其君；为人子者，怀仁义以事其父；为人弟者，怀仁义以事其兄：是君臣、父子、兄弟去利，怀仁义以相接也；然而不王者，未之有也。何必曰利。"

【字词注释】

① 宋牼：宋国人，战国时期思想家，年长于孟子。
② 石丘：地名。
③ 遇：这里是相合、吻合的意思。
④ 指：这里是指向、宗旨的意思。
⑤ 号：这里是宣称、说法的意思。
⑥ 终：这里是整、全的意思。

【今文意译】

宋牼到楚国去，孟子在石丘这个地方遇到了他，问道："先生要去哪儿？"

宋牼说："我听说秦、楚交兵，要去见楚国国君，劝他罢兵；若楚国国君不高兴罢兵，我就去见秦国国君，劝他罢兵。两个国君总有一个会听从我的建议吧。"

孟子说："我不想问得太具体，只想听听您的大致想法。您将如何劝他们罢兵呢？"

宋牼说："我将向他们说清楚两国交兵的不利之处在哪里。"

孟子说："先生的用意非常好，但说法不妥当。先生若是用利益来劝说秦、楚两国国君，那他们就是因为要满足利益需要而停止交战，两国的三军将士之所以乐于停战，也都是因为要满足利益需要。如果做下属的，总是基于利益的考虑来服务上级；做子女的，总是基于利益的考虑来侍奉父母；做弟弟的，总是基于利益的考虑来对待哥哥，那么，这将导致上级下级、父母子女、哥哥弟弟全都抛弃仁义，只是基于利益的考虑来相互交往。这样一来，国家不灭亡，是不可能的。反之，先生若是用仁义去劝说秦、楚两国国君，那他们就是因为要满足仁义需要而停止交战，两国的三军将士之所以乐于停战，也都是因为要满足仁义需要。如果做下属的，总是基于仁义的考虑来服务上级；做子女的，总是基于仁义的考虑来侍奉父母；做弟弟的，总是基于仁义的考虑来对待哥哥，那么，这将使得上级下级、父母子女、哥哥弟弟都超越利益，基于仁义的考虑来相互交往。这样一来，不能统一天下，也是不可能的。何必一定要用利益去劝说呢？"

【管理解析】

本章用典型事例，再次阐明超越现实世界的纯粹利益考虑，树立价值观念，赋予利益以意义的重要性。

在孟子所处的战国时代，各诸侯国普遍信奉"霸道"，相信只有靠利益诱导和武力征服，才能处理好诸侯国间关系，甚至统一天下。这与儒家倡导的"王道"形成鲜明对照。前述篇章曾分别从诸侯国的治理、管理和管理者角度对此进行了反复论述，本章则进一步从理想世界与现实世界的区分及其关系的角度，再次审视了这个问题。

宋牼是战国时期宋国的著名学者，也坚决反对诸侯国间的战争，倡导和平，但是，宋牼反对战争的理由，并非来自基于"人性"的德性前提所构建起的理想世界及相应的观念体系，而总是立足于现实世界中看得见的利益，试图通过"晓之以利害"的方式，来说服诸侯国放弃武力征服，追求和平共处。

现实的利益考量，固然能够诱使诸侯国罢兵停战，但同样是现实的利益考量，也可能促使诸侯国重燃战火。现实的利益往往是非对称的，而且，针对不同的对象，立足于不同的立场，采取不同的视角，现实利益的内涵及大小都是不一样的。同样是现实的利益，既然可以成为停战的理由，也就能成为开战的借口。因此，宋牼试图用现实的利益分析去说服秦、楚罢兵停火，无疑是把双刃剑，成也利益，败也利益。

更严重的是，这种事事、处处、时时都从现实的利益进行考量的思维方式，可能会让组织因现实的利益一致而暂时维系在一起，也可能会让组织因现实的利益纠纷而分崩离析，就像孟子在第一篇第1章中讲的那样，"上下交征利"的结果必然是"国危矣"。孟子在这里用不同的表达方式，阐述了同样的思想，即"为人臣者，怀利以事其君；为人子者，怀利以事其父；为人弟者，怀利以事其兄：是君臣、父子、兄弟终去仁义，怀利以相接；然而不亡者，未之有也"。孟子虽然赞成宋牼去劝说秦、楚罢兵，但不同意他从现实的利害分析出发的劝说方式。

在孟子看来，对于当时诸侯国间动辄兵戎相见的问题，仅靠晓以利害，那不过是治标不治本的做法，而要想从根本上解决问题，就必须确立起以"仁义"为核心的价值观，并用这种价值观及相应的理想境界，来统摄利益，引领现实。只有以此为基础，才可能重构诸侯国的组织治理和管理体制，让诸侯国国君、管理者和三军将士立足于以"仁义"为核心的价值观，重新认识现实世界中的利益，赋予利益以恰当的定位和意义，进而才有可能以和平的方式追求和创造更广大的共同利益，即"至善"。只有按照这样的管理逻辑，才能从根本上解决诸如秦、楚交兵这样频繁发生的诸侯国之间的武力冲突，最终也才能实现天下的和平统一。这也就是孟子反复倡导的儒家"王道"理想。

当然，要让这种从根本处入手解决问题的儒家管理逻辑得以实现，仅是改变诸侯国国君和管理者的观念还远远不够，必须同时让价值观和理想世界深入人心，融入到普通人的日常生活之中，在人际交往和社会活动中确立起"仁义"的价值优先性，用"仁义"统摄利益，而不是相反，也即孟子所说的，"为人臣者，怀仁义以事其君；为人子者，怀仁义以事其父；为人弟者，怀仁义以事其兄：是君臣、父子、兄弟去利，怀仁义以相接；然而不王者，未之有也"。在这段话中，孟子虽然着重强调了管理者到普通民众"怀仁义以相接"的重要性，但并没有要否定"利"，也不是不讲"利"，而只是要突出"仁义"的价值优先性，以及"利"对"仁义"的从属性。另外，孟子在这里说"是君臣、父子、兄弟去利"，指的是离开、超越"利"的意思，而丝毫没有要人们完全脱离现实世界、不食人间烟火的意思。实际上，孟子是在提醒人们，千万不要忘记，人之所以不同于动物，恰在于人能借助理想世界超越现实世界，并让现实世界变得更有意义而不仅是充满赤裸裸的物化利益。

6.25 孟子居邹，季任①为任②处守，以币③交，受之而不报④。处于平陆⑤，储子⑥为相，以币交，受之而不报。他日由邹之任，见季子；由平陆之齐，不见储子。屋庐子喜曰："连⑦得间⑧矣。"问曰："夫子之任见季子，之齐不见储子，为其为相与？"曰："非也。《书》曰：'享多仪，仪不及物，曰不享，惟不役志于享。'⑨为其不成享也。"屋庐子悦。或问之，屋庐子曰："季子不得之邹，储子得之平陆。"

【字词注释】

① 季任：任国国君的弟弟。
② 任：指任国。
③ 币：这里指礼物。
④ 报：这里是回赠礼物的意思。
⑤ 平陆：地名，在齐国境内。
⑥ 储子：齐国的宰相。
⑦ 连：屋庐子名连。
⑧ 间：这里是机会的意思。

⑨ 这是《尚书·洛诰》中的话。其中，"享"，原义为祭祀时奉献供品，这里引申为恭敬地对待、尊重的意思；"仪"，指礼仪规范；"物"，指礼物；"役"，这里是使用的意思。这几句话的大意是：要表达尊重，有很多具体礼仪规范的要求，没有按照礼仪规范要求送礼物，就是不尊重，原因就在于没有用心去表达尊重。

【今文意译】

孟子住在邹国的时候，正赶上季任替国君留守任国，季任派人送来礼物和孟子交往，孟子接受了礼物，但没有回赠礼物。孟子在平陆的时候，储子是齐国的宰相，派人送来礼物和孟子交往，孟子接受了礼物，也没有回赠礼物。后来，孟子从邹国到任国，还专门去拜访了季任；而孟子从平陆到齐国国都，却没有去拜访储子。屋庐子高兴地自言自语："这下可有机会请教老师了。"

屋庐子问道："先生去任国时拜访了季任，而去齐国国都时却不拜访储子，是因为储子只是宰相吗？"

孟子说："不是的。《尚书》上说：'要表达尊重，有很多具体礼仪规范的要求，没有按照礼仪规范要求送礼物，就是不尊重，原因就在于没有用心去表达尊重。'我之所以不去拜访储子，就是因为他没有完全按照礼仪规范的要求表达尊重。"

屋庐子很高兴。当有人问他这件事时，屋庐子说："季任替国君留守任国，无法亲自到邹国拜访孟子，只能派人送礼物，而储子在齐国做宰相，平陆又在齐国境内，他完全可以到平陆拜访孟子，却派人送礼物，自己不来。这就是孟子到齐国国都后却不去拜访储子的原因。"

【管理解析】

本章承接上章，继续用现实案例来阐明观念及规范对利益的决定作用。

上章已清楚地表明，儒家把以"仁义"为核心的价值观放在第一位，强调观念决定利益。既然如此，那么，在现实中，应如何遵循观念及相应的规范来处理利益呢？本章以孟子处理同季任和储子两人的交往关系为典型案例，对此进行了说明。

孟子在邹国的时候，任国国君的弟弟季任，想表达对孟子的敬意，但正赶上任国国君去邻国赴会，自己代兄处理国政，无法离开任国亲自去邹国拜访孟子，只能派人送礼物给孟子，以示敬意。无独有偶，孟子在齐国平陆的时候，齐国宰相储子，也想表达对孟子的敬意，也没有亲自去平陆拜访孟子，只是派人送礼物给孟子，以示敬意。

对于这两件事，如果只是从礼物本身或利益的角度来看，似乎没有什么分别，那么，作为长辈的孟子，虽然都没有马上回赠礼物，但后来有机会去任国和齐国国都，应同样以登门拜访的方式，分别答谢季任和储子才对。然而，后来孟子到任国时拜访了季任，即便有机会到齐国国都，也没有去拜访储子。既然两人都给孟子送礼物表示尊重，那么，孟子为什么要以拜访的方式答谢季任，而不以同样的方式答谢储子呢？若仅从利益的角度来考虑，势必会得出这样的结论，即季任是任国国君的弟弟，属于诸侯国的委托人，拥有更大的影响力，可以决定选聘什么样的代理人或管理者，因而对孟子及其弟子做管理来说更有帮助，而储子虽然是宰相，但仍不过是代理人，对聘用代理人或管理者的影响毕竟有限。当屋庐子问孟子，"夫子之任见季子，之齐不见储子，为其为相与"，大概正是基于这种利益分析来提出问题的。

但是，孟子秉持的却是观念及规范决定利益的思维方式。礼物所代表的利益之所以有意义，之所以能用以建立人与人之间、组织与组织之间的和谐关系，关键不在于礼物本身，而在于首先存在着一种观念及相应的规范，能够赋予礼物以特定的价值。当然，这里的价值并不单纯指"物"本身的价值，而是一种人之为人的精神价值。可以说，礼物就是这种精神价值的载体和表达方式。正因为有了这种内嵌于礼物之中的精神价值，"物"本身的价值才变得有意义。就人与人之间的交往而言，内嵌于礼物之中的精神价值，本质上就是尊重。礼物不过是表达尊重的一种方式而已。尊重必须发乎内心，是内心情感的真实而自然地流露。失去了内心的情感，尊重就只剩下虚伪的语言和空壳的行为，而礼物也只能退化成纯粹的"物"。礼物之所以为礼物，总是先有"礼"后有"物"，而"礼"又是建立在以"仁"为核心的观念基础上的。在《论语》第三篇第3章中，孔子曾讲"人而不仁，如礼何"⊖。当内心没有了对他人真诚的尊重，"礼"和"物"也便失去了意义。

由此不难理解，虽然季任和储子都给孟子送了礼物，仅从"物"本身来看，似乎没有分别，但若从"物"的前提"礼"以及更深层次的"用心"表达尊重来看，却大相径庭。季任当时肩负着替国君理政的重任而无法亲自拜访孟子，只能派人送礼物表达尊重，储子在完全有可能到齐国境内的平陆来看望孟子以示敬意的情况下，却不亲自来，只派人送礼物。这就使得两份礼物的意义完全不同了。严格来说，储子的礼物已失去了"礼"，退化成纯粹的"物"，以纯粹的"物"与孟子交往，完全可以理解为是对孟子的讥讽。也难怪孟子即便到了齐国国都，也不去拜访身居高位的储子了。实际上，在第二篇第12章中，孟子对不同诸侯国国君"馈金"的态度和处理方式，秉持的也是观念及规范决定利益的儒家管理思维方式。

6.26　淳于髡曰："先名实①者，为人也。后名实者，自为也。夫子在三卿②之中，名实未加于上下而去之，仁者固如此乎？"孟子曰："居下位，不以贤事不肖者，伯夷也。五就汤，五就桀者，伊尹也。不恶污君，不辞小官者，柳下惠也。三子者不同道，其趋③一也。一者何也？曰：仁也。君子亦仁而已矣，何必同？"曰："鲁缪公之时，公仪子④为政，子柳⑤、子思为臣，鲁之削也滋甚。若是乎贤者之无益于国也！"曰："虞不用百里奚而亡，秦穆公用之而霸。不用贤则亡，削何可得与？"曰："昔者王豹⑥

⊖　张钢，《论语的管理精义》，机械工业出版社，2015年版，PP54-55.

处于淇，而河西⑦善讴⑧。绵驹⑨处于高唐⑩，而齐右⑪善歌。华周、杞梁⑫之妻善哭其夫，而变国俗。有诸内，必形诸外。为其事而无其功者，髡未尝睹之也，是故无贤者也，有则髡必识之。"曰："孔子为鲁司寇，不用；从而祭，燔肉⑬不至。不税⑭冕而行。不知者以为为肉也，其知者以为为无礼也。乃孔子则欲以微罪行，不欲为苟去。君子之所为，众人固不识也。"

【字词注释】

① 名实：指名声和功业。

② 三卿：诸侯国的三个高级管理职位，即上卿、亚卿、下卿，泛指高级管理者。

③ 趋：这里是追求、志向的意思。

④ 公仪子：名休，鲁国宰相。

⑤ 子柳：即泄柳。

⑥ 王豹：卫国人，擅长唱歌。

⑦ 河西：指卫国，因齐国在黄河之东，卫国在黄河西边。

⑧ 讴：这里是齐声歌唱的意思。

⑨ 绵驹：齐国人，擅长唱歌。

⑩ 高唐：齐国的邑名。

⑪ 齐右：指高唐，因高唐在齐国西部，而从面朝南的角度看，西部在右边。

⑫ 华周、杞梁：这两位都是齐国将领，在攻打鲁国莒邑时战死。

⑬ 燔肉："燔"，通"膰"。"膰肉"，指宗庙祭祀时用的熟肉。

⑭ 税：通"脱"，脱去的意思。

【今文意译】

淳于髡说："那些看重名声和功业的人，就是要经世济民。那些轻视名声和功业的人，则是想洁身自好。作为齐国的高级管理者之一，您还没有建立起对上服务国君、对下服务民众的名声和功业，就离职了。致力于追求仁爱境界的人，原本就是这样的吗？"

孟子说："作为下级，不以自己的德才兼备，去服务那些不好的上级，这就是伯夷。五次到商汤那里任职，五次又去夏桀那里任职，这就是伊尹。不嫌弃昏聩的国君，也不在乎卑微的岗位，这就是柳下惠。三个人的行事方式虽然不一样，但志向追求是一致的。他们一致的志向追求是什么？就是仁爱境界。管理者只要致力于追求仁爱境界就够了，何必非要强求行事方式一样呢？"

淳于髡说："鲁缪公的时候，公仪子是宰相，主持朝政，泄柳、子思都是管理者，但鲁国却衰落得很厉害。这样看来，德才兼备的人对诸侯国并没有什么好处！"

孟子说:"当年虞国不重用百里奚,遭遇灭国,而秦国重用百里奚,得以称霸。不重用德才兼备的人,就会灭国,要想苟延残喘,又怎么可能呢?"

淳于髡说:"从前王豹住在淇水岸边,因王豹会唱歌,整个卫国都善于歌唱。绵驹住在高唐,因绵驹会唱歌,整个高唐人都善于歌唱。华周和杞梁战死,他们的妻子痛哭不已,甚至改变了齐国的风俗。由此可见,真正具有内在素质的人,一定会产生外部影响。只要做事,就会有结果。我还从未见过善于做事,却没有结果的人。所以,压根儿就没有你们说的那种德才兼备的人,要是有,我一定会见得到。"

孟子说:"孔子在鲁国任司寇的时候,得不到重用;参加祭祀,也拿不到祭肉。于是孔子匆忙离职了。不了解内情的人,还以为孔子是因拿不到祭肉而离职;即便了解内情的人,也只是以为孔子是因得不到应有的尊重而离职。其实,孔子只是想找一个轻松的理由离职,不至于让国君难堪。管理者的所作所为,普通人原本就不一定能够理解。"

【管理解析】

本章进一步说明,管理者的真正贡献不能简单地用当下的名声和功业来衡量,管理者必须通过自己的努力,引领人们一起追求仁爱境界。

一般而言,当人们谈论管理者贡献大小、成功与否的时候,主要考虑的是管理者在现实世界中看得见的名声和功业。正是基于这样的评价尺度,淳于髡暗讽孟子是一位失败的管理者,同时也否定了儒家管理之道和管理模式的现实有效性。毕竟孟子在齐国做过高级管理者,却"名实未加于上下而去之",因而,淳于髡质疑孟子"仁者固如此乎"。

孟子并没有正面回应淳于髡,而是再次列举了伯夷、伊尹、柳下惠这三位历史上著名的管理者。在这三位管理者中,既有洁身自好者,如伯夷,也有"名实"卓著者,如伊尹,还有出淤泥而不染者,如柳下惠。他们虽然殊途,却又同归,都不失为致力于追求仁爱境界的典型代表。因此,孟子以这三位管理者为例,意在说明,评价管理者并非只有"名实"这一个尺度,管理者也不必非要在这个尺度上强求一致;管理者关键要有内在价值追求,唯其"仁"而已,岂在乎同异?儒家所要致力于追求的管理成功,首先是立基于内在价值尺度之上的,而不只是淳于髡所看重的外在"名实"。淳于髡质疑孟子在齐国的管理业绩,恰表明他不认同或根本就没有理解儒家管理的内在价值尺度。

当然,孟子的论述并没有说服淳于髡。淳于髡也运用历史案例来进一步质疑儒家管理的内在价值尺度。在鲁缪公时期,鲁国的主要管理者,如宰相公仪子,大臣泄柳和子思，的确都是信奉儒家管理之道的著名人物，但也是在这个时期，鲁国衰落得很厉害，这似乎恰好印证了淳于髡的观点，即"贤者之无益于国也"。

针对淳于髡的观点，孟子则用"虞不用百里奚而亡，秦穆公用之而霸"的历史案例，强调指出，"贤者"是一个诸侯国存在和发展的必要条件；失去了这个必要条件，诸侯国难以摆脱灭亡的命运；但是，有了这个必要条件，诸侯国有可能发展，也有可能衰落；必要条件并不能保证一定会发展，诸侯国的发展还有赖于其他各种内外部条件的配合。即便秦穆公重用百里奚，最终得以称霸诸侯，也还是离不开其他内外部资源条件以及环境机会的匹配。在鲁缪公时期，虽然有不少"贤者"在鲁国做管理，但可能由于缺乏其他条件的配合，鲁国没能发展起来，反而衰落了，但毕竟衰落不等于灭亡，假设鲁国不重用"贤者"，恐怕早已灭亡了。所以，孟子才说，"不用贤则亡，削何可得与"。

值得注意的是，"不用贤则亡"，并不必然等于"用贤则兴"，这不过是说明，"贤者"是诸侯国存在和发展的必要条件，没有"贤者"不行，但有了"贤者"还不够。不能错把必要条件当成充分条件甚至充要条件，而淳于髡将鲁国衰落归因于"贤者为政"，恰是犯了这个错误。

淳于髡是不会承认自己犯了归因错误的，他甚至还要再用历史案例来论证，压根儿就不存在儒家所推崇的那种"贤者"。淳于髡这次是用类比论证的方式，举了善歌者王豹、绵驹以及善哭者华周、杞梁之妻的例子。既然他们都能产生广泛的外部影响，这就充分说明，"有诸内，必形诸外"；以此类推，在管理事务上也是一样，只要有内在素质或者说是"贤者"在做管理，就必然会有结果；既然儒家认为的那些"贤者"并没有做出什么结果，要么他们没在做管理，要么他们并不是所谓"贤者"，而像孟子确实曾在齐国任职，但又没有做出什么结果，这不是很自然地说明孟子不是"贤者"吗？若连孟子这样的儒家信奉者都不是"贤者"，还能有其他"贤者"吗？所以，淳于髡才得出结论说，"是故无贤者也，有则髡必识之"。

淳于髡得到的这个结论，也许是他在对话之初就早已形成的先入之见，即在现实世界中，根本就不存在儒家所说的那种"贤者"或德才兼备的管理者。淳于髡的整个论证过程，都是从现实世界中看得见的"利"出发的，既没有关涉儒家的理想世界，更没有考虑儒家的"人性"的德性前提。严格来说，对于这种立足于完全不同的前提假设或从完全不同的立场出发的质疑，是无法进行反驳的，也没有必要加以反驳。淳于髡和孟子对话伊始，两人预设的前提假设和立足的立场就形同水火，因而，整个对话过程恰似鸡同鸭讲。在这种情况下，孟子无意去反驳淳于髡，只是希望用孔子从鲁国离职的例子，一方面表明自己从齐国离职的相似境遇，另一方面也进一步说明，若不能理解儒家所追求的理想世界和内在价值尺度，也就无法理解儒家管理者的行为。

当年孔子在鲁国任司寇三个月，便离职而去。关于孔子离职的原因，众说纷纭。《论语》第十八篇第 4 章讲"齐人归女乐。季桓子受之，三日不朝。孔子行"㊀。这表明，孔子当时是因为同国君及实际把持国政的季氏政见不合而离职，但这个深层次的原因并不容易为人们所认识和理解。人们通常所能看到的就是某个管理职位本身所具有的权力和利益，而难以看到、更很少去思考管理职位背后所蕴含的管理之道、管理规范和管理责任。当孔子放弃鲁国司寇的管理职位后，人们习惯于从利益的角度去分析原因，而不会考虑背后所蕴藏的更深层次的原因。按照这种逻辑，甚至有人推断，孔子是因为参加祭祀活动，却得不到"祭肉"或"膰肉"而愤然离职，还有人看到的是孔子与国君、季氏关系不和睦，得不到他们应有的尊重而离职。虽然孔子离职的导火线是"从而祭，膰肉不至"，但无论是归因到"祭肉"上，还是归因到"无礼"上，都只看到的是表象，用孟子的话说是"微罪"，孔子以此为理由而离职，不至于让鲁国国君和季氏难堪，更不会让"君臣不同道"这样的根本问题暴露出来。这恰是孔子的职业素养和责任意识所在。

对于孔子离职这件事，如果不理解儒家管理之道，也不理解儒家管理者对理想世界的执着追求，又怎么可能理解孔子的行为呢？所以，在孟子看来，当淳于髡说"为其事而无其功者，髡未尝睹之也，是故无贤者也，有则髡必识之"时，恰说明淳于髡根本就没有理解儒家管理之道的真谛所在，只试图在看得见、摸得着的现实世界中看到儒家管理者的事功，若看不到，就说现实世界里压根儿就没有儒家意义上的"贤者"。但是，像淳于髡这样带着功利的有色眼镜来寻找"贤者"，的确是难以找得到；不是说没有"贤者"，而是说用淳于髡这副有色眼镜根本就看不到"贤者"。这正是孟子最后说"君子之所为，众人固不识也"的含义所在。这里的"众人"，指的就是像淳于髡那样在现实世界里戴着功利的有色眼镜去寻找"贤者"的人，他们由于不相信有管理的理想世界，也无法理解管理之道及其价值，当然也就看不见真正管理者的所作所为了。

6.27 孟子曰："五霸①者，三王②之罪人也。今之诸侯，五霸之罪人也。今之大夫，今之诸侯之罪人也。天子适诸侯曰巡狩，诸侯朝于天子曰述职。春省耕而补不足，秋省敛而助不给。入其疆，土地辟，田野治，养老尊贤，俊杰在位，则有庆③，庆以地。入其疆，土地荒芜，遗老失贤，掊克④在位，则有让⑤。一不朝则

㊀ 张钢，《论语的管理精义》，机械工业出版社，2015 年版，P518。

贬其爵，再不朝则削其地，三不朝则六师移之。是故天子讨而不伐，诸侯伐而不讨。五霸者，搂⑥诸侯以伐诸侯者也。故曰：五霸者，三王之罪人也。五霸，桓公为盛。葵丘⑦之会诸侯，束牲、载书⑧而不歃血。初命曰：'诛不孝，无易树子，无以妾为妻。'再命曰：'尊贤育才，以彰有德。'三命曰：'敬老慈幼，无忘宾旅。'四命曰：'士无世官，官事无摄，取士必得，无专杀大夫。'五命曰：'无曲防⑨，无遏籴⑩，无有封而不告。'曰：'凡我同盟之人，既盟之后，言归于好。'今之诸侯皆犯此五禁，故曰：今之诸侯，五霸之罪人也。长君之恶，其罪小；逢⑪君之恶，其罪大。今之大夫，皆逢君之恶。故曰：今之大夫，今之诸侯之罪人也。"

【字词注释】

① 五霸：指齐桓公、晋文公、秦穆公、宋襄公、楚庄王。
② 三王：指夏禹、商汤、周朝的文王武王。
③ 庆：这里是赏赐、奖赏的意思。
④ 掊克：指聚敛财物的人。
⑤ 让：这里是谴责、责备的意思。
⑥ 搂：这里是拉拢、牵的意思。
⑦ 葵丘：地名，春秋时期属宋国。
⑧ 载书：即订立盟约。
⑨ 防：这里是堤坝的意思。
⑩ 籴：买进粮食的意思。
⑪ 逢：这里是讨好、迎合的意思。

【今文意译】

孟子说："从古代三王的角度看，春秋时期的五霸都是有罪的人。从春秋时期五霸的角度看，现在的诸侯国国君都是有罪的人。从现在诸侯国国君的角度看，现在的管理者们都是有罪的人。在古代，天子到诸侯国去，称为巡狩，而各诸侯国国君去朝见天子，称为述职。天子巡狩，就是要在春天考察耕种情况，并给贫困者以补助；在秋天考察收获情况，也给收成不好者以救济。如果天子到一个诸侯国，看到土地开垦和田野治理都做得很好，老人们得到赡养，德才兼备的人得到尊重，都是些杰出人才在做管理，就会给予奖励，而奖励措施就是增加封地；相反，如果天子到一个诸侯国，看到土地荒芜，老人得不到赡养，德才兼备的人得不到尊重，都是些横征暴敛的人在做管理，那就要给予惩罚。诸侯国国君必须定期述职，一次不去朝见天子，就要降低他的爵位，两次不去朝见天子，就要减少他的封地，三次不去朝见天子，就要派兵将他废除。所以，天子动用武力是征讨而不是征伐，诸侯国动用武力是征伐而不是征讨。春秋时期的五霸，都是靠拉拢一些诸侯国，去征伐另一些诸侯国起家的。所以说，从古代三王的角度看，春秋时期的五霸都是有罪的人。在五霸中，齐桓公是最有影响力的人物。在葵丘会盟诸侯时，将祭牛捆起来，订立了盟约，却没有歃血。盟约第一条是：'惩罚不孝的人，不要废太子，不要立妾为妻。'盟约第二条是：'尊重德才兼备的人，培养人才，表彰德行。'盟约第三条是：'敬老爱幼，不要怠慢来宾和游客。'盟约第四条是：'管理职位不要世代相传，管理工作不要重叠兼摄，选用管理者要恰当，不要专断地杀戮管理者。'盟约第五条是：'不得到处修筑堤坝，妨碍邻国，不得阻止粮食买卖，不得私自封地不上报。'盟约最后说：'凡是参与同盟的诸侯国，自结盟以后，重归昔日友好。'现在的各诸侯国国君，都触犯了这五条禁令，所以说，从春秋时期五霸的角度看，现在的诸侯国国君都是有罪的人。作为诸侯国国君聘用的管理者，仅仅是助长国君那些损害共同利益的行为，这样的错误还算是小的；在国君刚要有损害共同利益的念头时，就投其所好，加以诱导，而当国君产生了损害共同利益的行为后，又用歪理邪说，帮国君文过饰非，这种逢迎的错误就大了。现在的管理者们，都在逢迎诸侯国国君的损害共同利益的念头和行为，所以说，从现在诸侯国国君的角度看，现在的管理者们都是有罪的人。"

【管理解析】

从本章开始，转向分析现实世界中管理出现问题的原因以及改变现状的思路，而本章首先从历史视角来探析诸侯国管理问题的根源所在。

在孟子看来，诸侯国管理问题的根源，主要在于两个方面，一是治理理念缺失，二是管理规范丧失。这两方面原因又可以归结到缺少对"人性"的理解和尊重以及没有建立起相应的管理价值观念和行为规范上来。实际上，即便是涉及组织的治理或管理体制建设，若没有一以贯之的"人性"前提和价值观念支撑，也不可能有效开展。

孟子认为，在古代三王时期，从天子到诸侯国，已有比较好的治理理念，并建立起可行的管理体制，这直接体现在天子巡狩和诸侯述职制度上，而支撑这套制度背后的价值观念则是"以民为本"。也就是说，无论是天子的巡狩，还是诸侯的述职，都是为了让民众过上幸福美满的生活，让天下和谐太平。因而，三王时代的终极委托人看上去由天子扮演，但天子不过是"天意"和"民意"的代表，是让"天意"和"民意"得以体现出来的载体而已，真正的终极委托人则是代表"天意"的

"民意"及民众所拥有的生存和发展权利。由民众赋予了天子及其军队以保护民众的权力,天子再将这种权力分封给各个诸侯国,诸侯国国君作为二级委托人,在特定地域服务于民众的生存和发展需要。当然,诸侯国国君无法仅凭个人或家族就承担起这份责任,还需要再向作为管理者的大夫授权,由此便形成了诸侯国管理中的委托代理关系。在这种委托代理关系中,从终极委托人,即体现"天意"的民众,到一级委托人天子,再到二级委托人诸侯国国君,最后到达作为代理人的各级管理者。针对这种委托代理关系的关键制度设计,在于天子的巡狩和诸侯国国君的述职,以此来检查诸侯国的管理情况,并给予相应的奖励和惩罚。

但是,这种制度设计,相对缺失了作为终极委托人的民众对天子、诸侯国国君的制约机制,以及作为代理人的各级管理者与民众、天子、诸侯国国君的互动机制,这就使得这种制度设计的合理性和有效性,完全建立在天子及其管理团队有足够的德行和能力来获得绝对权威之上。这在三王时期恐怕没有问题,而一旦天子及其管理团队没有足够的德行和能力保持绝对权威,这样的管理体制便很快形同虚设了。尽管儒家一直推崇三王时期的价值观念和治理理念,但也只能是停留在将这个时期作为儒家理想世界的典型代表的层面上,却始终无法解决三王时期的管理体制所固有的缺陷,从而将这种价值观念和治理理念变成一套真正合理可行的治理机制。

到五霸时期,虽然周天子在形式上还存在,但已经难以发挥对诸侯国的制约作用。既然从周天子到各诸侯国国君的纵向权力链条不再有效,那么,诸侯国间横向的互动机制也就应运而生,这便是由五霸主导的会盟机制。这种横向互动机制虽然也预设了像齐桓公、晋文公等管理权威,但这种权威与三王时期的天子权威不可同日而语。齐、晋再强大,也不能代表"天意"和"民意",因而,这种权威的合法性只能来自平等结盟方式下各诸侯国的认可。从孟子列举的齐桓公"葵丘之会诸侯"所订立的盟约内容来看,当时这种诸侯国会盟机制背后的价值观念和治理理念,仍像三王时期一样,主要在于关注民生,尊重民众生存和发展的权利,确保诸侯国间和睦共处,以实现天下最广大的共同利益。所以,在孟子看来,五霸是功罪兼有的。其罪在破坏了三王时期的纵向管理体制,消解了天子权威,让"天意"和"民意"无从彰显,也就意味着使管理失去了终极委托人,弱化了一级委托人,从根本上威胁着管理的合法性和合理性;而其功则在创建出一种新的诸侯国会盟机制,这种机制虽然不能明确终极委托人和一级委托人的权威,却也能借助诸侯国之间自发的相互制约,接续三王时期重民生、保和平,即"保民"的价值观念,在一定程度上有效防止了天下大乱。这也是《论语》第十四篇第 17-18 章中孔子赞扬管仲的原因所在[⊖]。

⊖ 张钢,《论语的管理精义》,机械工业出版社,2015 年版,PP399-401。

但是，到孟子所处的战国时期，情况已发生根本变化，不仅周天子再也发挥不了什么作用，终极委托人和一级委托人早已名实皆亡，而且，诸侯国之间也缺少了足以将各诸侯国联合起来，用和平会盟的方式，建立横向互动制约机制的权威。如此一来，各诸侯国为了各自利益，不惜诉诸武力，罔顾民众的生存和发展权利，让天下太平和谐发展变成了一个遥远的梦想。在纵向权力链条和横向互动制约机制都缺失之后，民众的生存和发展权利无从保证，只有基于武力的诸侯国权威横行无忌。在这种情况下，似乎谁能掌控武力，谁就会拥有终极权威，也就成了委托人，这就使得诸侯国里可能名义上国君是委托人，但实际权力却掌握在代理人手中，国君不过是木偶。更多的情况则是，国君掌握着武力和财力这种硬实力，扮演委托人角色，而作为代理人的管理者，却完全无视职业管理规范，一味地助长和迎合国君的私人欲望，做着损害共同利益的事。在职业管理规范缺失的背后，是"人性"前提的缺位、价值观念的丧失和理想世界的消亡。在孟子看来，正是由于价值观念、治理理念和管理规范等的丧失，才从根本上造成了当时诸侯国管理的种种乱象。

这里需要特别说明的是，孟子的论证思路是从三王到五霸，再到当时的诸侯国国君和管理者，好像给人一种感觉，在管理上，简直是一代不如一代，处在不断退化过程中，但实际上，孟子并不是要人们回到三王或五霸时期，而只是借三王和五霸做对比，以便更形象地说明，当时各诸侯国管理问题在哪里，原因是什么，应如何应对和解决。在儒家有关现实管理问题的分析中，三王时期历来都只是参照系，或更准确地说，是儒家理想世界的一种原型或代表，丝毫没有让人们回到三王时期的用意。

另外，孟子借三王和五霸来分析当时各诸侯国的管理问题，更是为了让人们清楚地看到问题症结在哪里，应该如何对症下药。通过与三王和五霸时期的对比，便容易看到，当时各诸侯国管理问题的症结，就在于缺失了价值观念、治理理念和社会规范，以至于管理共同体乃至整个社会都缺少了一种价值共识。因此，在孟子看来，要从根本上解决问题，就必须从管理观念和职业规范的重建入手，借助管理者共同体的觉醒，来推动诸侯国治理理念和管理体制的重构，而关键还在于培养有着内在价值观坚守和理想世界追求的管理者，进而再由这样的管理者去影响作为委托人的各诸侯国国君，然后借诸侯国行"王道"、施"仁政"，来探索和重建一种新型的天下治理理念和管理体制，最终实现最广大的共同利益。也许正是基于这样的思路，孟子最后的落脚点还是作为管理者的大夫，希望能够彻底改变"今之大夫，皆逢君之恶"的状态，让管理者不仅能做到孔子所要求的"以道事君，不可则止"㊀，更要像孟子在第四篇第20章中所说的那样，"能格君心之非"。这也正是接下来几章要重点分析的内容。

㊀ 张钢，《论语的管理精义》，机械工业出版社，2015年版，PP310-311.

6.28 鲁欲使慎子①为将军。孟子曰:"不教民而用之,谓之殃②民。殃民者,不容于尧、舜之世。一战胜齐,遂有南阳③,然且不可。"慎子勃然不悦,曰:"此则滑厘所不识也。"曰:"吾明告子:天子之地方千里;不千里,不足以待诸侯。诸侯之地方百里;不百里,不足以守宗庙之典籍。周公之封于鲁,为方百里也;地非不足,而俭④于百里。太公之封于齐也,亦为方百里也;地非不足也,而俭于百里。今鲁方百里者五,子以为有王者作,则鲁在所损乎?在所益乎?徒取诸彼以与此,然且仁者不为,况于杀人以求之乎?君子之事君也,务引其君以当道,志于仁而已。"

【字词注释】

① 慎子:鲁国人,名滑厘。

② 殃:这里是损害、祸害的意思。

③ 南阳:地名,原属鲁国,被齐国侵占。

④ 俭:这里是少、不够的意思。

【今文意译】

鲁国想让慎子担任将军。孟子说:"不经过培养和训练,就让民众去打仗,那是在祸害民众。祸害民众的人,在尧、舜时代是不能容许的。即便一出战,就打败齐国,夺回南阳,也是不行的。"

慎子一下子就不高兴了,说:"这我就不懂了。"

孟子说:"让我明白地告诉您:天子的土地方圆千里,若不够千里,就不足以控制各诸侯国。诸侯国的土地方圆百里,若不够百里,就不足以遵循代代相传的典章制度。当年周公被封在鲁国,应该是方圆百里,并不是没有土地,但当时鲁国实际拥有的土地,还少于百里。姜太公被封在齐国,也应该是方圆百里,并不是土地不够,但当时齐国实际拥有的土地,也少于百里。现在的鲁国有五个方圆百里那么大,您认为假如有新的天子出现,鲁国的土地是要减少还是增加?只是将别国的土地变成自己的,追求仁爱境界的人都不这么做,更何况靠杀人去夺取土地呢?管理者服务国君,一定要用正当的方式引导国君,让他立志追求仁爱境界才对呀。"

【管理解析】

本章以慎子被任命为鲁国将军为典型案例,进一步阐明管理的教育功能,尤其是对国君的教育和引导作用。

上章最后已点明，要解决当时诸侯国的管理问题，关键要从管理者入手。管理者必须清醒地认识到，管理的首要功能是培养人，而不能仅着眼于当下事功。这也是儒家将管理过程同时视作教育过程，将管理目标与组织目标打通，让"有耻且格"与"止于至善"相统一的根本原因。

在《论语》第十三篇第30章中，孔子曾说过，"以不教民战，是谓弃之"⊖，而孔子所说的"教民"，不仅意味着军事战术技能的训练，更包括将民众培养成认同信念和价值观，并恪守行为规范的"组织人"或"社会人"，即达到"有耻且格"。管理者只有担负起"教民"的职责，才能从根本上保证为组织利益相关者创造可持续的共同利益。但遗憾的是，鲁国之所以任命慎子作将军，就是想着让他率军将被齐国占领的南阳夺回来，不仅鲁国国君根本就没有思考过"教民"的问题，甚至连慎子这位管理者，也从未想过要"教民"，因此，他才会一听到孟子的批评，便"勃然不悦"。

严格来说，土地、城池不过是用以保证民生的手段，正像《大学》通过引用《诗经·商颂·玄鸟》的诗句"邦畿千里，惟民所止"⊜所阐明的那样，对于天下和诸侯国的管理来说，"保民"才是目的，作为物质资源的土地和城池，都不过是手段而已。当年天子和诸侯国所拥有的"方千里""方百里"土地，都是为了"待诸侯""守宗庙之典籍"，而根据上章所介绍的三王时期的巡狩和述职制度，便不难理解，"待诸侯""守宗庙之典籍"的最终目的，还是要"保民""平治天下"。因此，无论是天下管理还是诸侯国管理，土地、城池都只能是手段而不是目的。

但是，当时的各诸侯国国君和管理者们，都已把攻城略地、扩大地盘当成了目的，像鲁国虽然拥有五个"方百里"大小的土地面积，但仍不满足，还要继续争夺，而其他诸侯国也无不觊觎着别国的土地，像齐国就侵占了原本属于鲁国的南阳。如此颠倒目的和手段的做法，必然让各诸侯国连年征战，这次我吞并了你的土地，下次你又拿下了我的城池，而最终受苦的却总是民众，不仅大量的"不教民"被驱赶上战场送死，即便是那些被争来夺去的土地上和城池里的无辜民众，也免不了战争的杀戮，这与"保民""平治天下"的目的简直是背道而驰。

正因为如此，孟子才告诫慎子，也是警示所有管理者，既不能助长国君的利欲私心，更不能逢迎、激发、合理化国君的不良行为；管理者应该做的是"务引其君以当道，志于仁而已"。这意味着，在当时的历史条件下，管理者不仅肩负着"教民"的职责，更必须承担起教育和引导国君的责任。如果连作为委托人的国君都不能做到"志于仁"，那么，行"王道"、施"仁政"的前提就不存在了。

⊖ 张钢，《论语的管理精义》，机械工业出版社，2015年版，P379.
⊜ 张钢，《大学·中庸的管理释义》，机械工业出版社，2017年版，PP24-28.

6.29 孟子曰:"今之事君者曰:'我能为君辟①土地,充府库。'今之所谓良臣,古之所谓民贼也。君不乡②道,不志于仁,而求富之,是富桀也。'我能为君约③与国,战必克。'今之所谓良臣,古之所谓民贼也。君不乡道,不志于仁,而求为之强战,是辅桀也。由今之道,无变今之俗,虽与之天下,不能一朝居也。"

【字词注释】

① 辟:这里是开垦、开拓的意思。　意思。
② 乡:通"向",面向、朝着的　③ 约:这里是缔约、结盟的意思。

【今文意译】

孟子说:"如今那些服务国君的人都会说:'我能替国君开疆拓土,增加收入。'如今那些所谓好管理者,若按古代标准,就是些祸害民众的人。国君不向往管理之道,不立志追求仁爱境界,而管理者却帮他发财致富,这就相当于帮夏桀发财致富。如今那些服务国君的人还会说:'我能替国君缔约结盟,每战必胜。'如今那些所谓好管理者,若按古代标准,就是些祸害民众的人。国君不向往管理之道,不立志追求仁爱境界,而管理者却帮他争强好战,这就等于在帮夏桀争强好战。按照如今的做法,不改变如今的氛围,即便把天下给你,恐怕连一天也坐不稳。"

【管理解析】

本章承接上章,从更一般的角度分析说明,为什么当时的管理者没有尽到管理职责,反倒在助纣为虐。

在当时的历史条件下,各诸侯国普遍错置目的与手段的关系,力图富国强兵,只求攻城略地,却忘记了富国强兵的目的是什么,用这些土地和城池要做什么。在这种氛围下,管理者不仅不去纠正诸侯国国君的认知偏差,反而投其所好,纷纷用"我能为君辟土地,充府库""我能为君约与国,战必克"来逢迎国君,以谋求管理职位,而完全抛弃了管理职业所应有的信念、价值观、行为规范和目标追求。当时那些所谓成功的管理者,若从管理职业规范的要求来看,则都是些以祸害民众来谋求国君和自身私利的人。

当孟子说"今之所谓良臣,古之所谓民贼"时,其中的"古"并非实指古代,而是指管理职业规范要求或理想世界中典型的管理者形象,就如同《论语》第十四篇第 25 章中孔子说"古之学者为己,今之学者为人"㊀一样,其中的"今古"也不是纯粹的时间概念,而是用"古"指理想条件下学管理的人的理想类型,用"今"指现实中那些不符合管理职业规范要求的管理者或不合格的管理者。孟子和孔子都认为,符合管理职业规范要求的管理者,应该用土地和城池等资源为民众谋福利,用武力去保护民众的安全,而不是相反,用残害民众去增强武力、获得土地和城池。人只能是目的,不能作手段。那种本末倒置,违背"人性"的管理是不可能长久的。哪怕是一时强大到足以统一天下,也不可能维持。孟子所言"由今之道,无变今之俗,虽与之天下,不能一朝居也",难道不正是对后来秦国兴亡的预言吗?

6.30　白圭①曰:"吾欲二十而取一,何如?"孟子曰:"子之道,貉②道也。万室之国,一人陶③,则可乎?"曰:"不可。器不足用也。"曰:"夫貉,五谷不生,惟黍生之。无城郭、宫室、宗庙、祭祀之礼,无诸侯币帛饔飧④,无百官有司,故二十取一而足也。今居中国,去人伦,无君子,如之何其可也?陶以寡,且不可以为国,况无君子乎?欲轻之于尧、舜之道者,大貉、小貉也。欲重之于尧、舜之道者,大桀、小桀也。"

【字词注释】

① 白圭:姓白,名圭,字丹,曾任魏国宰相。
② 貉:通"貊",古代对北方地区少数民族的称呼。
③ 陶:这里指制作陶器。
④ 饔飧:原指早饭和晚饭,这里引申为关于饮食的礼仪规范。

【今文意译】

白圭说:"我想用二十分之一的税率来收税,您看怎么样?"

孟子说:"您的方法,是北方少数民族的做法。在一个有着万户人家的诸侯国,假如只有一个人制作陶器,能行吗?"

白圭说:"不行。陶器会不够用啊。"

孟子说:"在北方少数民族居住的地方,五谷不能生长,只出产黍米。他们没有

㊀　张钢,《论语的管理精义》,机械工业出版社,2015 年版,PP408-409。

城郭、房屋、宗庙和各种祭祀礼仪，也没有诸侯国间的礼尚往来和各种管理职能部门，所以，他们按照二十分之一的税率来收税，就足够了。如今在中原地区，如果不要人与人之间的关系准则，也不要管理者，那怎么能行呢？制作陶器的人少，尚且不能让一个诸侯国正常运转，更何况没有管理者呢？如果您想按照比尧、舜时期更低的税率来收税，就会把各诸侯国变成北方那些或大或小的少数民族部落；如果您想按照比尧、舜时期更高的税率来收税，又会在或大或小的程度上像夏桀一样啊。"

【管理解析】

本章说明，解决当下诸侯国的管理问题，关键在于遵循正确的管理观念和职业规范，而不能走极端。

当白圭说"吾欲二十而取一"，也即要将税率降低到二十分之一时，隐含的意思或许是，既然当时各诸侯国为了达到富国强兵的目的，都拼命提高税率，聚敛财富，那么，要改变这种状况，就必须釜底抽薪，甚至矫枉过正，大幅降低税率，还富于民，从根本上扼制诸侯国国君聚敛财富，向外扩张的野心和可能性。

孟子并不认同这种极端做法。以陶器供应为例，对于"万室之国"来说，"一人陶"尚且不可能，更何况那些比陶器供应更重要的管理职能和各种规则规范的供给呢？没有适当税收所支撑起来的各种管理职能、管理者群体及相应的规则规范，势必会让一个诸侯国退回到像北方游牧部落那种更为原始的状态。在当时的北方游牧民族居住区，既没有"城郭、宫室、宗庙"这些硬件基础设施，也没有"祭祀之礼、诸侯币帛饔飧、百官有司"这样的制度和文化基础设施。既然不需要在软硬件公共基础设施上做大量投资，税率当然可以很低。但是，若要中原地区的各诸侯国退回到这种原始状态，显然是不可能的，也是孟子和儒家历来坚决反对的。这再次表明，孟子和儒家所讲的"古今"，不过是借"古"喻"今"，以反思当下存在的各种管理问题，而绝不意味着让"今"之诸侯国退回到"古"之原始状态去。

因此，当孟子最后说"欲轻之于尧、舜之道者，大貊、小貊也；欲重之于尧、舜之道者，大桀、小桀也"时，实际上表达了双重含义。首先，"尧、舜之道"，或更具体地说是尧、舜的税率标准，并非尧、舜时期古人使用的实际税率标准。毕竟从尧、舜到孟子已经有上千年的历史，环境条件和经济社会发展水平早已完全不同，不可能照搬那时的具体做法。再加上历史资料缺失，尧、舜时期到底是按照什么样的税率标准来收税，用什么方式完税，孟子时代的人并不一定完全清楚。如果说孟子认为当时北方游牧部落代表着一种原始状态的生存方式，那么，在孟子眼里，一千多年前的尧、舜时期，人们的生活条件不见得就会比眼前这些北方游牧部落好。孟子乃至孔子都不过是用尧、舜作为理想世界的代言人，通过他们来确立并昭示一种合理、合法的理想管理状态，并以此为现实世界中的管理者和管理活动树立标杆而已。因此，孟子在这里所讲的"尧、舜之道"，代表的是一种税收的理想状态而非古代税收的真实情况。

其次，既然"尧、舜之道"代表的是一种理想的税收标准，也即孟子在第三篇第3章中所讲的"什一"税制，那么，在现实中就必须遵循这种标准收税，既不能过轻，也不能过重。过轻会导致公共资源不足，难以支撑公共基础设施的投资；没有了整体利益，也难以保证共同利益，最终有可能导致社会进步缓慢，甚至退化。过重则无异于掠夺民众财富，损害民众的个体利益，打击民众的生产积极性；没有了民众的个体利益，也难以实现共同利益，最终有可能走向恶性循环。征税如此，其他方面的管理也一样，都必须遵循特定的原理、原则以及规则、规范，而不能走极端。这也正是在《论语》第二篇第16章中孔子说"攻乎异端，斯害也已"㊀的深刻寓意所在。

6.31　白圭曰："丹之治水也，愈于禹。"孟子曰："子过矣。禹之治水，水之道①也，是故禹以四海为壑②。今吾子以邻国为壑。水逆行，谓之洚水。洚水者，洪水也，仁人之所恶也。吾子过矣。"

【字词注释】

① 道：这里作"导"，引导、疏通的意思。

② 壑：原意指山沟、山谷，这里引申为水流所达到的低洼处。

【今文意译】

白圭说："我治理水患，比禹强。"

孟子说："您错了。禹治理水患，用疏导的方法，让水流向四海。如今您却让水流到邻国去。水流逆行，称为洚水。洚水就是洪水，追求仁爱境界的人都讨厌洪水。您确实错了。"

㊀　张钢，《论语的管理精义》，机械工业出版社，2015年版，PP41-42.

【管理解析】

本章承接上章，进一步指出，针对诸侯国面临的管理问题，既不能走极端，也不能用围堵的方式，而应该从更广大的共同利益出发，用疏导的方式予以解决。

据记载，白圭在魏国任宰相的时候，曾遭遇水患，白圭采用的是高筑堤坝，堵塞漏洞，确保境内安全的做法，结果的确迅速治理了魏国的水灾，但将洪水导向了邻国，让邻国饱受水患之苦。虽然白圭自认为治水的效率比禹要高，不像禹当年用了那么长时间才解决问题，但在孟子看来，白圭治水的价值立场和具体做法都有问题。

禹治水，目的在于造福天下，立足的是最广大的共同利益，而且，使用的方法也是疏导而不是围堵。但是，白圭治水，目的只在于造福魏国，立足的不过是一个诸侯国的利益，而且，使用的方法更是围堵而非疏导，结果是解决了魏国的水患，却祸害了邻国。白圭这种"以邻国为壑"的治水方式，恰好印证了孟子本篇第27章中所讲的"今之诸侯，五霸之罪人也。今之大夫，今之诸侯之罪人也"。当年五霸会盟时，第五条盟约明确规定"无曲防"，目的就是要防止诸侯国只从自身利益考虑，广筑堤坝，平时截流自用，水患时又以邻为壑。很显然，白圭在魏国治水，已经犯了此禁，而且，白圭作为管理者，以这种治水方式，要么是在"长君之恶"，要么是在"逢君之恶"。这难道不正说明，作为管理者的白圭，成了"今之诸侯之罪人"，进而又促使魏国国君成了"五霸之罪人"。

当然，孟子批评白圭也是一语双关，既指出他在治水的价值立场和具体做法上的根本错误，也用"治水"来隐喻当时各诸侯国所面临的管理问题应如何解决。要解决当时天下普遍存在的管理问题，就不能只是立足于局部利益，针对某个局部问题，采取围堵的方法；那样的话，即便局部问题暂时解决了，也不过是将问题从这里转移到了那里，问题转移来、转移去，最终还会卷土重来；到那时，看似已经解决了的问题，会演变为一系列更严重的问题。真正的问题解决之道，应该像当年禹解决天下所面临的水患一样，从全局和长远的共同利益出发，全面诊断问题，并用疏导、转化的方式，从根本上解决问题。

具体地说，解决当时管理问题的切入点，不应是一个诸侯国的某位管理者或某个管理者群体，而应立足于超越特定诸侯国的管理者职业共同体的价值观念和行为规范的重建，进而通过培养有着内在价值观坚守和理想世界追求的管理者，来影响诸侯国国君，最终让"王道""仁政"得以实行。这便是孟子用"禹治水"做隐喻以呈现解决当时各诸侯国管理问题的基本逻辑。实际上，当孟子说"水逆行，谓之洚水。洚水者，洪水也，仁人之所恶也"时，其中的"水逆行"，便暗指当时各诸侯国在管理上的"倒行逆施",而这种天下普遍存在的管理困境,正像"洪水"一样,是任何追求仁爱境界的人都会忧虑并致力于改变的。

6.32 孟子曰:"君子不亮①,恶乎执?"

【字词注释】

① 亮:同"谅",这里是诚信的意思。

【今文意译】

孟子说:"管理者不讲诚信,又怎么会有执着追求?"

【管理解析】

本章在上章基础上明确指出,要解决当时的管理问题,关键在于培养有执着追求、超越眼前利益的管理者,而确立并执着追求终极目标的根本在"诚",即思言行一致。

《中庸》里讲"诚之者,择善而固执之者也"㊀,也即"诚"与"善"有着内在统一性。只有努力追求"诚"或思言行一致,才能为执着追求"善"这个共同利益目标奠定内在根基;反过来,也只有执着追求"善",才能让"诚"超越单纯个体意义上的思言行一致,把自我同一性与社会同一性融为一体,从而体现出儒家关于"德性"与"社会性"相统一的深层次"人性"内涵。所以,当孟子说"君子不亮,恶乎执"的时候,其隐含的意思是,一个达不到思言行一致,让人无法信任的管理者,又怎么可能会执着追求共同利益,并带领大家一起追求共同利益呢?

在孟子这句话里,"亮"具有双重含义。一方面,"亮"体现的是"诚",是一种思言行一致的自我同一性。另一方面,"亮"体现的是"诚信",即在人际互动中所表现出来的人与人之间的信任关系,也就是因当事人之"诚"而赢得了他人之"信";一个因自身之"诚"而为别人所"信"的管理者,才更有可能让别人相信他会超越眼前的个人利益、局部利益,去追求更广大的共同利益。因此,"君子亮",突出的是管理者因"诚"而为人所"信"的内涵;而"君子不亮",则正好相反,显示的是一位不讲诚信,说了不算,言行不一,说一套,做一套的管理者形象。一个不讲诚信的管理者,能期望他超越个体或小群体利益,去追求更广大的共同利益吗?

㊀ 张钢,《大学·中庸的管理释义》,机械工业出版社,2017年版,PP143-152.

6.33 鲁欲使乐正子为政。孟子曰："吾闻之，喜而不寐。"公孙丑曰："乐正子强乎？"曰："否。""有知虑乎？""否。""多闻识乎？""否。""然则奚为喜而不寐？"曰："其为人也好善。""好善足乎？"曰："好善优①于天下，而况鲁国乎？夫苟好善，则四海之内，皆将轻②千里而来告之以善。夫苟不好善，则人将曰：'訑訑③，予既已知之矣。'訑訑之声音颜色，距④人于千里之外。士止于千里之外，则谗谄面谀⑤之人至矣。与谗谄面谀之人居，国欲治，可得乎？"

【字词注释】

① 优：这里是富足、充足的意思。

② 轻：这里是轻视、看得不困难的意思。

③ 訑訑：骄傲自满的样子。

④ 距：通"拒"，抵御、抗拒的意思。

⑤ 谗谄面谀："谗"，说别人的坏话；"谄"，巴结、奉承；"谀"，奉承、谄媚。"谗谄面谀"，指背后诽谤，当面奉承。

【今文意译】

鲁国想让乐正子做管理。孟子说："我听到这个消息，高兴得睡不着觉。"

公孙丑问："乐正子刚强吗？"

孟子说："不。"

公孙丑又问："乐正子有主见吗？"

孟子说："没有。"

公孙丑再问："乐正子见多识广吗？"

孟子说："不。"

公孙丑说："既然这样，那您为什么高兴得睡不着觉呢？"

孟子说："乐正子做人，爱好共同利益。"

公孙丑问："爱好共同利益就够了吗？"

孟子说："爱好共同利益，在天下做管理都绰绰有余，更何况在鲁国做管理呢？假使管理者爱好共同利益，那么，全天下追求共同利益的人都会不远千里而来，告诉你如何去追求共同利益。假使管理者不爱好共同利益，那么，人们都会说：'啊哦，我早就知道会是这样。'这种自以为是的声音和表情，便会将那些追求共同利益的人拒之门外。追求共同利益的人被拒于千里之外，那些背后诽谤、当面奉承的人就会进来。和那些背后诽谤、当面奉承的人一起工作，想管理好诸侯国，可能吗？"

【管理解析】

　　本章承接上章，用具体事例说明，要解决当时的管理问题，关键还是要选择那些执着追求共同利益的人做管理者。

　　当鲁国要任用孟子的学生乐正子做管理时，孟子"喜而不寐"。联系着上几章孟子对当时诸侯国管理问题的分析，便不难理解，正是从乐正子有机会在鲁国做管理，孟子看到了改变现状的希望。

　　孟子对自己的学生非常了解。当公孙丑问孟子，是否因为乐正子在"强""知虑""多闻识"等方面的才能将有机会得以施展而高兴时，孟子都给予了"否"的回答。当然，这并不意味着乐正子不具备"强""知虑""多闻识"等管理者需要具备的素质和才能，也不是说这些素质和才能对做管理不重要，而孟子之所以这样回答，恰说明孟子不完全是为乐正子本人有机会做管理、施展抱负而高兴，也不仅是站在老师的立场，为自己的学生找到一份好工作而高兴，更主要是立足于当时天下普遍存在的管理问题，看到儒家管理之道有机会用于解决现实问题，才"喜而不寐"。

　　正是从这个更宽广的视角出发，孟子看中的是乐正子身上最重要、也最能切中时弊的品质，即"好善"。在孟子看来，爱好并执着追求共同利益，正是当时天下诸侯国的管理者们所最为缺乏的品质，也是解决当时普遍存在的管理问题的一剂对症之药。作为跟着孟子学管理的学生，乐正子很可能也具备刚强、有主见、博闻多识等素质和能力，但是，若没有了"好善"的定向作用，这些素质和能力的运用就可能会失去一定之规。难道当时各诸侯国的众多管理者身上没有这些素质和能力吗？他们中很多人可能在这些素质和能力方面超过乐正子，但由于缺少了"好善"，这些素质和能力的运用便失去定向和约束，主要不是用于追求共同利益，而是用于追求个体或小群体利益，其结果不正是诸侯国"各行霸道""以邻为壑"，以至于"天下大乱"的局面吗？因此，要从根本上解决问题，就必须培养出像乐正子那样"好善"的管理者，并通过他们的影响，慢慢改变天下管理者共同体的现状。

　　孟子对解决当时管理问题的乐观态度是有根据的。正所谓"德不孤，必有邻"⊖，孟子的信心源自于"人性"的德性前提。孟子坚信"人性"的德性内涵原本就具有"向善"的倾向性，因此，只要有"好善"的管理者出现，就一定会在组织和社会中激活并将"人性"所固有的"向善"倾向性发扬光大，进而吸引和凝聚起更多"好善"之人，慢慢形成"好善"的正反馈效应，实现良性循环。当爱好和追求共同利益成为越来越多的人的自觉选择，各诸侯国的不良状况就会改变，儒家理想才能实现。

　　⊖ 张钢，《论语的管理精义》，机械工业出版社，2015年版，PP106-107.

相反，如果管理者不"好善"，自然就会将"好善"之人看作迂腐、不切实际，甚至极尽嘲笑和讥讽，以"訑訑，予既已知之矣"，将那些"好善"之人拒于门外。在这种氛围下，其他人也会学着管理者的腔调和表情，用"訑訑，予既已知之矣"，将那些在各类具体工作岗位上的"好善"之人拒于千里之外。其结果必然是"劣币驱逐良币"，随着真正爱好并追求共同利益的管理者和专业人员被拒于千里之外，那些善于当面一套、背后一套的"谀谄面谀"之人却蜂拥而至。一旦形成这种逆向淘汰的恶性循环局面，诸侯国乃至天下的管理还有可能做得好吗？

在孟子看来，当时各诸侯国之所以会面临如此严重的管理问题，其根源就在这里。探明了症结所在，要对症下药，就必须让乐正子这样"好善"的管理者到诸侯国去做管理，以打破"谀谄面谀"之人对管理的垄断，进而慢慢吸引更多"好善"的管理者，使诸侯国管理逐步走向"好善"的良性循环，最终实现儒家"平治天下"的理想。

6.34 陈子①曰："古之君子何如则仕？"孟子曰："所就三，所去三。迎之致敬以有礼，言将行其言也，则就之；礼貌未衰，言弗行也，则去之。其次，虽未行其言也，迎之致敬以有礼，则就之；礼貌衰，则去之。其下，朝不食，夕不食，饥饿不能出门户。君闻之，曰：'吾大者不能行其道，又不能从其言也。使饥饿于我土地，吾耻之。'周②之，亦可受也，免死而已矣。"

【字词注释】

① 陈子：即陈臻，孟子的学生。　　② 周：同"赒"，周济、救济的意思。

【今文意译】

陈子说："古代的管理者，在什么情况下会选择去做管理呢？"

孟子说："在三种情况下会接受聘用，在三种情况下会选择离职。首先，国君依照规范，恭敬地迎聘，并承诺要实行其管理主张，在这种情况下，就会接受聘用；虽然国君仍依照规范，恭敬相待，但管理主张却得不到实行，在这种情况下，就可以选择离职。其次，国君虽然没有承诺实行其管理主张，但依照规范，恭敬地迎聘，在这种情况下，也可以接受聘用；如果国君既不依照规范，也不恭敬相待，在这种情况下，就可以选择离职。再次，如果早晚都吃不上饭，饿得不能出门，而国君知道后说：'我从大的方面不能遵从他所信奉的管理之道，从小的方面又不能实行他的管理主张，却让他在我这里饿成这个样子，真是惭愧。'在这种情况下，国君以救助方式给予的职位，也是可以接受的，这不过是为了谋生而已。"

【管理解析】

本章通过解释在什么情况下管理者可以接受聘用或选择离职，意在表明，那些有志改变现状的管理者，在接受聘用时，就需要对委托人和组织做出初步判断，而一旦无法实现理想，也要当机立断地选择离职。

其实，孟子在这里所讲的"所就三，所去三"的接受聘用或选择离职的三种情况，在第五篇第13章中已经提到过了，只不过在那里给这三种情况的命名分别是"见可行""际可""公养"，虽然名称不同，但区分标准和实际内涵是一样的。

首先，"迎之致敬以有礼，言将行其言也，则就之；礼貌未衰，言弗行也，则去之"。这应该是做管理最理想的情况，国君不仅认识到管理工作的价值，而且尊重管理者的独立人格和职业规范，认可其管理主张，这表明国君与管理者几近志同道合了。但是，做管理，关键还在于"做"，而不仅是"做"之前的"说"或承诺。国君与管理者事先谈得来，相互欣赏对方及其言论主张固然重要，更重要的却是日常管理工作中切实的行动，特别是国君对管理者的主张和思路的全力支持。如果在实际做管理时，国君虽"礼貌未衰"，但并没有真正实行管理者的主张，也没有支持管理者的思路，在这种情况下，管理者完全可以选择离职。孟子从齐国离职就属于这种情况。这也充分表明，真正的管理者是要实现职业理想，让管理之道得以实行，而不仅是为了自己出人头地。

其次，若达不到上述理想情况，则退而求其次，只要国君能"迎之致敬以有礼"，就说明国君尊重管理者的独立人格和职业规范，也认可管理者能给诸侯国做出的贡献。在这种情况下，管理者接受聘任，至少能实现个人价值，而且，说不定还能找到机会逐渐改变国君的观念，最终实现职业理想，让管理之道有机会得以实行。但是，若国君既不遵从管理规范，也不认可管理价值，更不尊重管理者，在这种情况下，真正的管理者，必然要选择离职，否则，别说做不好管理，连最起码的"做人"都要放弃了，这显然已违背了儒家做管理的底线要求。

再次，实在不行，只能把做管理看成一种纯粹用于"糊口"的手段。虽然儒家反对只是为了"谋食"而做管理，但现实经常是残酷的，管理者有时也会像其他很多职业的从业者一样，不得不为"谋食"而工作。既然如此，那么，到底在什么情况下，管理者才可以接受为"谋生"而做管理呢？在孟子看来，若管理者到了"朝不食，夕不食，饥饿不能出门户"这种实在活不下去的窘迫境地，而国君虽不能"行其道""从其言"，但对管理者还有那么一点尊重，也有救助弱势群体的同情心，在这种情况下，管理者可以接受国君给予的带有周济救助性质的管理岗位，以摆脱窘境，用孟子的话说，不过是"免死而已矣"。

需要再次指出的是，陈子的问题虽然是"古之君子何如则仕"，但这里的"古"，同样不是指时间意义上的久远过去，只是代表一种理想条件下管理者接受聘用或选择离职的标准。因此，孟子看似在谈论"古之君子"，实际上是在借"古"喻"今"，以提出一种从理想到现实的做管理的基本条件。在理想条件下，管理者选择做管理，应考虑的是管理之道是否可以实行以及职业理想能否实现。但是，在现实中，做管理的这种理想条件不一定都能满足。从儒家视角来看，即便无法满足做管理的理想条件，起码不能损害"做人"的基本要求；管理不一定做得好，堂堂正正"做人"却是必须的，因此，若能满足"做人"的条件，接受聘任也还是可以的，而如果连"做人"的条件都不具备，也只能选择离职了。最后，如果管理者沦落到连维持生存都有困难的地步，那么，做与不做管理就不再是一个自主选择问题，也就另当别论了。

6.35 孟子曰："舜发于畎亩之中，傅说①举②于版筑③之间，胶鬲④举于鱼盐⑤之中，管夷吾⑥举于士⑦，孙叔敖⑧举于海，百里奚举于市。故天将降大任于是人也，必先苦其心志，劳其筋骨，饿其体肤，空乏⑨其身，行拂⑩乱其所为，所以动心忍性，曾⑪益其所不能。人恒⑫过，然后能改。困于心，衡⑬于虑，而后作⑭。征⑮于色，发于声，而后喻。入则无法家拂士⑯，出则无敌国外患者，国恒亡。然后知生于忧患，而死于安乐也。"

【字词注释】

① 傅说：殷商武丁时期的著名宰相。

② 举：这里是推举、选拔的意思。

③ 版筑："版"，通"板"。"版筑"，指用木板做工具，夹在两边，来建筑土墙、工事等。

④ 胶鬲：殷商末年的著名管理者，被周文王发现、任用。

⑤ 鱼盐：这里指贩卖鱼和盐。

⑥ 管夷吾：即管仲。

⑦ 士：原指狱官，这里指从狱官手里获救。管仲曾获罪下狱，后被解救，并由鲍叔牙举荐给齐桓公，辅佐齐桓公成就霸业。

⑧ 孙叔敖：楚国的著名宰相。

⑨ 空乏：这里是穷尽，使达到极限的意思。

⑩ 拂：这里是违背、违逆的意思。

⑪ 曾：通"增"，增加的意思。

⑫ 恒：这里是经常、总是的意思。

⑬ 衡：通"横"，这里是阻隔、阻塞不通的意思。

⑭ 作：这里是振作、奋起的意思。

⑮ 征：这里是验证、证明的意思。

⑯ 法家拂士："拂"，通"弼"，辅佐的意思。"法家"，指制定法规制度的人；"拂士"，指辅助法规制度执行的人。"法家拂士"，可以引申为制度与管理。

【今文意译】

孟子说："舜成长于田野之间，傅说选拔于建筑工地，胶鬲选拔于鱼盐商贩之中，管仲选拔于狱官监禁之下，孙叔敖选拔于海边，百里奚选拔于市场。所以，一个人若要能担当得起重大使命，必须先磨砺自己的思维和志向，强健自己的体魄，经受饥寒交迫的考验，让自己经历思维、情绪和身体的各种极限状态，甚至做事总是不能遂自己的意愿，这样才能让思维、情绪和身体都得到充分磨炼，增长原来没有的才干。人总是要先犯错误，然后才能纠正错误。只有当思维受到困扰，意愿受到阻挠，然后才能奋发振作。只有在形式上表现出来，言语上表达出来，然后才能真正明白。对于一个诸侯国而言，如果内部没有制度和管理，外部又没有来自竞争对手的威胁，那么，这个诸侯国必定会灭亡。由此不难理解，只有身处忧患的环境，才能更好地生存，若身处安乐的环境，就容易灭亡。"

【管理解析】

本章一方面说明，那些伟大的管理者和强大的组织是怎样炼成的，另一方面也表明，不利的环境条件恰是锤炼管理者及其组织的良机，管理者必须具备自强不息的信心和勇气。

首先，孟子列举了六位历史上著名的管理者。这六位管理者有三个共同之处：一是他们都是历史上公认的伟大管理者，成就卓著，二是他们都是代理人意义上的管理者，而非作为委托人的君王，即便舜后来做了天子，但在当时的禅让制背景下，他也是先从代理人意义上的管理者做起的；三是他们都出身于基层，是从底层经历各种磨砺之后，才最终达到高级管理岗位，并做出不世功业的。既然这六位管理者如此相似，那么，从他们身上，或许就可以总结出伟大管理者成长的内在规律。

孟子认为，一个人要担当大任、成就大业，必须经历一个持续修炼过程，而这个过程本质上是一种自我的"身心"修炼，尤其体现在思维、志向和身体的修炼上；而且，为了达到"苦其心志，劳其筋骨"这样的"身心"修炼，还必须让"身心"经历各种极限状态，包括身体的极限状态，思维和情绪的极限状态，以及做事或行动上处处不得意的极限状态；只有经历了"饿其体肤，空乏其身，行拂乱其所为"等各种艰难困苦的极限状态的考验和磨砺，一个人才能真正达到"动心忍性，曾益其所不能"的状态。也就是说，只有当思维、志向及情绪和行为能力都得到强化训练之后，一个人才能真正做到超越自我、恪守信念、践行规范，从而具备担当大任，成就大业的思维、志向、情绪和身体基础。但问题是，一个人为什么一定要经历各种极限状态后，才能满足担当大任的要求呢？

对此，孟子用"人恒过，然后能改。困于心，衡于虑，而后作。征于色，发于声，而后喻"，予以说明。自我磨炼和提升的重要途径是从错误中学习。正是借助"试错"过程，人们才能不断认识自我、认识他人、认识环境，进而提升自我。几乎所有探索活动，包括对自我的探索和对环境的探索，往往都是从错误开始的。由已知探索未知，犯错误才是常态。尤其是在不断变化、充满挑战的"逆境"中探索和成长，犯错误更是必然的。因此，孟子说"人恒过"，主要就是指在这种"逆境"里探索和成长而言。孟子列举的六位管理者中，没有一位是平步青云、一帆风顺地走上管理岗位、取得成功的。他们无不经历了一个在"逆境"中艰难探索和成长过程，期间犯各种各样的错误是再正常不过了，而每次错误都是一次人生挑战。正是在应对无数次人生挑战中，他们不仅习得了经验，锻炼了能力，更重要的是，强化了对信念、价值观和理想世界的追求，并磨砺了用以执着追求理想世界的意志力，从而为做管理奠定了德行、经验、知识和能力的坚实基础。有了如此丰富的"试错"学习经历，他们一旦做管理，才会少犯错误，尤其是避免犯那些危及组织生存和发展的致命错误，进而做出伟大功业。

"试错"学习之所以对管理者的成长如此重要，关键原因就在于它能让管理者"困于心，衡于虑，而后作。征于色，发于声，而后喻"。在错误中，人们一定会经历"困于心，衡于虑"的纠结，这时思维意识会受到暂时的困扰，难以想得通，而意念态度也会被阻塞，甚至怀疑这样的工作动机和态度是否有问题；只有经历并走出这种内心的困扰、纠结之后，人们才能超越当下的思维意识和意念态度，在更高层次上产生一种豁然开朗的感觉，并再次振作精神，投入到对新变化的探索和适应之中，这便是孟子说的"而后作"的状态。

一个人只有突破了内心障碍，达到一个更高境界后，回过头再来看原本困扰自己的思维意识、阻隔自己的意念态度的困难时，才能看得更清楚，也才能有一种超越之后的平静、淡泊，并将之变为自己过往的宝贵经验与他人分享。这时就需要有一种恰当的表达，因为只有表达出来，才能为自己所把握，也才能与他人分享，并正向影响他人。严格来说，正是借助表达和分享过程，人们才能更清楚那些蕴藏在犯错纠结、改错超越中的内在道理，从而将之变为自己的直接经验和他人的间接经验。因此，只有经历了"困于心，衡于虑，而后作"之后，才能"征于色，发于声，而后喻"；反过来，也只有借助"征于色，发于声，而后喻"，才会让"人恒过，然后能改"的"试错"学习过程中的内在规律及其感悟了然于心，也才能让这种"试错"学习经历不仅成为自己的职业经验，而且借助分享，最终变成团队和组织的宝贵财富，同时也可以通过团队和组织层次的学习来纠正个体经验的不足，从而让个体应对环境挑战所犯的错误或失败，真正成为个人、团队和组织成功之母。这才是"试错"学习对管理者成长之所以重要的内在逻辑，也是孟子用这三句话来解释为什么担当大任的管理者一定要"苦其心志，劳其筋骨"的原因。当一位管理者在个人成长中已经较多地付出了"错误或失败"的成本之后，他让组织收获成功的成本就会相应降低；反之，若一个人未曾经历过各种错误或失败，便将组织管理的大任交给他，那么，他极有可能是在用组织管理中的错误或失败为未来的成功投资，而这种投资成本未免有点大了，有时甚至会远远超过组织成功带来的收益。由此可见，真正伟大的管理者，往往都是那些用自我探索和成长过程中的错误或失败，支撑起组织成功的人。

因此，孟子最后才说"入则无法家拂士，出则无敌国外患者，国恒亡"。这里的"入""出"，代表的是诸侯国内部和外部；"法家"，指的是有经验的规则制定者；"拂士"，即"弼士"，指的是有经验的规则执行者；"敌国"，指的是外部竞争者；"外患"即威胁。这句话的意思是，真正能够基业长青的组织，必须拥有经历了各种自我训练和挫折失败考验的管理者，同时又面对着不断变化、充满挑战的环境，才会永葆活力；否则，既无内部有经验的管理者，又无外部环境压力，这样的组织必然会失去学习的动力和持续提升的活力，一旦遇到环境变化和挑战，便难以适应，其结果必然会走向灭亡。无论对于管理者个人的成长来说，还是对于一个组织的成长来说，道理是一样的，都必然是"生于忧患，而死于安乐"。

在孟子所处的战国时期，学习儒家管理之道和管理模式，立志做一名儒家管理者，无疑正面临着前所未有的困境和挑战。当时似乎全天下的诸侯国国君和管理者都在追捧"霸道"，更有甚者，他们还不遗余力地嘲弄和打压儒家管理者。在这样的环境中，儒家管理者和管理学习者所体验到的挫折感可想而知。或许正因为如此，孟子才有针对性地选择这六位伟大管理者，并从他们的成长轨迹中总结出管理者和组织通过"试错""磨难"而成长的规律，以此来为儒家管理者和管理学习者坚定信念，树立信心，找回自信。孟子所总结的这条体现儒家气概的管理者自我修养、持续磨砺之路，可以说既是对《大学》提出的"格物、致知、诚意、正心、修身、齐家、治国、平天下"^㊀的儒家管理者修炼路径的进一步丰富和发展,也是对当时盛行的所谓"出名要趁早""成功要尽快"的有力反击。

6.36 孟子曰:"教亦多术①矣。予不屑②之教诲也者,是亦教诲之而已矣。"

【字词注释】

① 术:这里是方法的意思。　② 屑:这里是介意、愿意的意思。

【今文意译】

孟子说:"教育的方法很多。对于我不想教的人来说,这种不想教本身,也是一种教啊。"

【管理解析】

本章承接上章,用管理教育的不同方法做示例,继续说明管理者如何从挫折和失败中学习。

教育的方法多种多样,尤其是像管理教育这种主要是面向成年人的、实践导向的综合素养训练来说,仅是用讲授,并辅助书本,是远远不够的。因此,管理学习者应清楚地认识到,管理学习是一个极其复杂的过程,其中不仅需要个体学习,更需要团队学习,还需要注重从挫折和失败中学习。

对于管理学习者来说,一定不能轻易放过挫折和失败。一个典型的挫折也许是,当学习者满腔热情,愿望迫切地要向老师请教、希望跟着老师学习管理时,却遭到了拒绝,老师不愿意回答你的问题,也不想收你这个学生。面对这样的挫折,或许沮丧、失落、懊恼之情会油然而生,这当然是人之常情,但作为管理学习者,只停留在这种人之常情的层面是不够的,必须进一步上升到从挫折中学习的境界才行。实际上,遭到拒绝本身,就是一次难得的学习机会。孟子在第四篇第4章曾说,"行有不得者,皆反求诸己",借着遭老师拒绝来进行自我反思、自我探究,恰可以更深入地认知自己,理解他人,并不断提升自我修养水平。例如,本篇第22章记载了曹交想跟孟子学"做人",却遭孟子拒绝,这件事本身就有值得曹交反思的巨大空间。再比如,《论语》第十七篇第20章讲"孺悲欲见孔子,孔子辞以疾。将命者

㊀ 张钢,《大学·中庸的管理释义》,机械工业出版社,2017年版,PP12-16.

出户，取瑟而歌，使之闻之"[1]，这更值得当事人认真反思和学习。这些事例无不表明，对管理学习而言，挫折和失败本身并不可怕，可怕的是当事人不知道从中学习，并借此反思和认识自我以及自我与环境的互动。

　　学习的机会无所不在，关键是能否做有心人，抓住机会，立体化或全方位学习。尤其是对于那些学管理和做管理的人来说，由于管理工作本身具有综合性、复杂性和动态性特点，这种立体化或全方位学习的意识和行为，就变得更为重要。

---

[1] 张钢，《论语的管理精义》，机械工业出版社，2015年版，P508.

尽心第七

【本篇导读】

本篇讲管理者思维及如何将思维转化为行为。对管理者而言，思维的重要性毋庸置疑。管理者的思维方式直接决定着其关于组织和管理的思路，进而又影响着组织的战略方向和发展道路的选择。如果说管理思路决定组织出路的话，那么，恰是管理者的思维方式决定着管理思路。因而，管理者从事管理活动的关键胜任力，在于思维能力和思维方式。管理者思维是管理职业胜任力的核心特征。

在孟子看来，思维是"心"的主要功能，而管理者思维则体现为管理者的"心"及其运用方式。本篇系统阐述管理者思维的运用前提及其内在逻辑，并以此为基础，对管理职业特征做了全面梳理，构建起以管理者思维为核心的管理者职业胜任力体系，让《论语》《大学》所强调的"做人"与做管理一体化的管理者素质内涵变得更为具体、明确和可操作。另外，本篇也可以视为孟子从管理者思维角度对全书内容所做的总结。透过管理者思维，也许能更全面地理解孟子对儒家管理思想体系的卓越贡献。

在《孟子》七篇中，本篇的章数最多，共84章，几乎占全书260章的三分之一，是内容最为丰富的一篇。本篇大致可以分为六个部分。第一部分由第1章至第11章的内容构成，重点讲解管理者思维的重要性，强调管理职业的特征在于向内求，实现对思维的把握和恰当运用。其中，第1章从思维、"人性"、社会规范和社会发展趋势之间关系的角度，阐明以"人性"的德性内涵为前提的思维恰当运用，是管理者理解社会发展大趋势，做好管理的切入点；第2章指出，理解和把握社会发展大趋势，对于做管理具有决定性意义；第3章进一步指出，要理解和把握社会发展大趋势，管理者必须向内回归"人性"的德性前提，而不是向外追求各种物质条件；第4章在阐述外部物质条件与内在"人性"的德性前提之间关系的基础上，强调指出，外部物质条件是为内在"人性"的德性前提服务的，不能让"人性"受役于物质条件；第 5 章分析指出，大多数人不善于反思，只在意那些看得见、摸得着的外部物质条件，完全忽略了看不见、摸不着的"人性"及由此派生出来的社会规范，这恰是管理者要警惕和避免的；第 6 章则强调只有借助反思，才能建立内在价值尺度，形成羞耻感，这也是"做人"和做管理的内在原则坚守；第 7 章阐明以"耻"为内在原则坚守，才能更好地运用外部物质条件，而不至于被外部物质条件所左右；第 8 章以管理者与国君的关系处理为例，说明只有双方都具有内在原则坚守，管理者和国君才有可能形成平等意识，恰当运用思维，正确处理相互关系；第 9 章立足于作为代理人的管理者，阐明管理者如何才能确立平等意识，追求共同利益，而不只是服务于国君私人利益的满足；第 10 章明确指出，管理者只有具备内在价值观和行为规范坚守，才会产生内部动机，实现自我激励，这再次表明管理者向内追求"人性"的德性前提的重要意义；第 11 章借分析管理者面对物质利益的态度，进一步说明管理者激活内部动机、实现自我激励的重要性。

第二部分涵盖第 12 章至第 35 章的内容，侧重于阐明思维的德性前提，以及基于德性前提的思维方式在现实管理情境中的运用。其中，第 12 章通过分析管理方式的有效性，揭示出管理中所隐含的"人性"的德性前提；第 13 章借"王道"与"霸道"的对比，进一步阐明，做管理只解决"民生"是不够的，还必须引导人们认识和理解"人性"的德性内涵，这样才能超越眼前和局部利益，追求更为长远和广大的共同利益；第 14 章重点阐述儒家将管理过程同时也视为教育过程的意义所在；第 15 章进一步指出，儒家之所以要将管理过程视为一种教育过程，关键就在于以"仁义"为核心的德性内涵是人们的"良知"，因而，人们本能地会受到德行的激发和感召；第 16 章以舜为例，阐明"良知"在特定情境下会自动激活；第 17 章明确指出，"良知"就是管理者的内在行为准则，"良知"能让管理者知道什么应该做，什么不应该做，什么应该追求，什么不应该追求；第 18 章进一步指出，管理者要激活并坚守内在行为准则，常常需要经历逆境磨炼；第 19 章区分出四类管理者，并明确指出，真正的儒家管理者应该是"正己而物正者"；第 20 章具体说明，那些有着内在行为准则坚守的真正儒家管理者，其快乐源泉在于内在信念和价值观追求，而不只在于外部功业的达成；第 21 章进一步阐明管理职业特性对管理者素质的内在要求；第 22 章以当年周文王"善养老者"的历史案例，说明管理职业特性在现实管理政策措施上的具体表现，以此彰显出"人性"的德性内涵；第 23 章进一步表明，只有借助各类管理政策措施来切实解决了温饱问题，才能让"人性"的德性内涵得以发扬光大；第 24 章阐明管理者如何才能立足理想世界，超越现实世界，并引领现实世界的改变；第 25 章明确指出，管理者必须用共同利益来引导和规范日常行为，否则，只是千方百计地追求私人利益，其行为实际上与盗贼没有分别；第 26 章借评论杨朱、墨翟、子莫的观点，深入分析"善"与"利"的关系以及管理者应如何执着追求管理之道和理想世界；第27章用人的感受性可能出现的偏差做比喻，说明管理者思维也经常会出现偏差，而思维偏差又很容易受到感受性偏差影响；第28章以柳下惠为例，强调管理者只有形成内在行为准则，思维才不会为感受性偏差和外部诱惑所左右；第29章以挖井为例，说明要向内开发"人性"的深层次德性内涵及其"向善"的倾向性，必须持之以恒，坚持不懈；第30章借尧、舜、商汤、周武王、五霸的对比，阐明最高管理者追求"人性"的德性内涵及其"向善"的倾向性，绝不能自欺欺人，必须知行合一，持续努力；第31章借伊尹流放太甲的历史案例，进一步说明，作为代理人的管理者，若立足于追求德性和共同利益，甚至可以从根本上纠正作为委托人的国君的错误；第32章全面阐述管理者的职责定位和绩效贡献；第33章论述管理者如何才能真正承担起管理责任；第34章以陈仲子为例，说明做管理关键在于确立内在价值尺度，有了内在价值尺度，才能对各种事务和行为进行恰当评价；第35章用一个关于舜的假想案例，阐明管理者只有确立起内在价值尺度和优先序，才能在各种纷繁复杂的情境中厘清思路，知道应该怎么做。

第三部分包括第36章至第43章的内容，着重说明文化环境对人的影响，进而指出管理者所应担负的文化责任内涵。其中，第36章以具体事例来说明文化环境对人的影响；第37章进一步阐述环境的文化维度的重要性，并强调管理者应善于辨别环境的文化维度，不要只是受到环境的物质维度的左右；第38章阐明管理者应如何把对"人性"和他人的尊重，内化到言语行为之中，从而让文化价值观通过人们的行为与物质条件融为一体；第39章以守孝为例，说明管理者营造社会文化氛围的重要意义；第40章提出管理者营造文化氛围、培养"组织人"和"社会人"的五种方式；第41章强调指出，管理者固然要通过营造文化氛围来影响人、培养人，但也不能一味地迎合人们的需要，降格以求，甚至扭曲价值观和行为规范；第42章进一步阐述管理者应恪守管理之道来做管理，而不能用管理之道去迎合别人，以达到个人目的；第43章明确指出，管理者在与他人互动交往时，必须具备平等意识，这样才能营造更有效的文化氛围来影响人、培养人。

第四部分包含第44章至第60章的内容，重点讲解以"仁"为核心的价值观是管理和组织评价的根本尺度。其中，第44章阐述内在价值优先序的确立对做管理的重要性，没有内在价值优先序，就不可能建立起做管理的正确思维方式；第45章阐明儒家做管理的价值优先序的具体内涵；第46章以尧、舜为例，说明如何将内在价值优先序恰当地运用于公共和私人情境之中，以区分轻重缓急；第47章以梁惠王为例，说明不遵循以"仁"为核心的价值观、没有内在价值优先序所可能产生的严重后果；第48章运用历史素材，深入分析诸侯国间战争的不合法性；第49章进一步指出，只有遵循以"仁"为核心的价值尺度，才能将历史思维与批判思维统一起来，准确地判断战争的合法性；第50章从以"仁"为核心的价值尺度出发，阐明战争手段的正确运用及其意义；第51章以学技艺为例，解释管理学习本质上是一个"干中学"过程，只有深入到具体情境之中，才能学会恰当运用以"仁"为核心的价值观及相应的专业知识和技能；第52章再举舜的例子，具体说明将内在价值观和行为准则运用于不同情境中所应达到的境界；第53章进一步说明，管理者只有把握住自己，致力于追求仁爱境界和共同利益，才能正向影响他人，改变不良现状，否则，各诸侯国间动辄兵戎相见，只能是冤冤相报，恶性循环；第54章通过理想与现实的对比，分析各诸侯国在管理上的"自杀行为"；第55章从家庭管理入手，再次明确指出，管理者要在组织中贯彻以"仁"为核心的价值观，必须从自我做起；第56章指出，管理者的德行修养，正像财物储备一样，是一个持续积累过程，一旦管理者及其组织在践行价值观过程中积累起雄厚德行，便能更有效地应对各种环境变化；第57章论述如何才能正确判断一名管理者在德行修养上的积累程度；第58章提出以"仁"为核心价值观指导下管理工作的三方面内涵及其优先序；第59章强调指出，确立以"仁"为核心的价值观，才是解决当时诸侯国管理问题的根本入手处；第60章全面阐述儒家的治理理念和管理权力的合法性来源。

第五部分由第61章至第69章的内容构成，重点分析基于以"仁"为核心价值观的文化领导力。其中，第61章以伯夷和柳下惠为例，说明管理者坚守以"仁"为核心的价值观，才能产生一种广泛且长远的影响力；第62章从"人性"的深层次德性内涵出发，分析为什么像伯夷和柳下惠那样伟大管理者的影响力会经久不衰；第63章以孔子为例，阐明怎样将以"仁"为核心的价值观落实到日常具体行为上；第64章再举孔子的例子，着重强调管理者即便身陷困境，也不能丧失信念和价值观坚守；第65章进一步说明，管理者所遭遇的主要困境也许不是自然环境中的资源匮乏，而是社会环境中的流言蜚语；第66章指出，面对复杂的社会环境，管理者虽然可以不在意自己是否被别人理解，但必须努力让别人理解组织的规则规范和各项事务；第67章举例说明，管理者必须持续进行思维训练，才能确保思路清晰；第68章论述事实依据对于管理者有效运用思维、确保思路清晰的重要性；第69章从角色规范出发，阐述管理者只有明确自己的角色定位和岗位职责，才能清楚地认识到那些应该做和必须做的事。

第六部分包括第70章至第84章的内容，系统总结儒家管理之道和管理模式，并阐述理想世界和现实世界之间的关系以及从理想到现实的基本途径。其中，第70章全面论述儒家的"人性"内涵及其与社会环境之间的互动关系；第71章进一步阐述儒家理想世界和现实世界的关系，以及从理想到现实的基本途径；第72章针对当时的现实状况，再次分析儒家与墨翟、杨朱学说之间的关系，从而体现出儒家管理思想的开放性和包容性；第 73 章结合当时的税赋征收方式，阐明儒家管理的基本理念及其实现方式；第 74 章从诸侯国国君视角出发，确立起有助于实现共同利益的资源优先序和侧重点，这也是以"仁"为核心价值观的必然要求；第 75 章从管理者视角出发，分析了当时环境条件下管理者可能面临的严峻挑战；第 76 章用一个具体事例表明，仅靠个人的意愿和动机，要确保人们追求共同利益而非私人利益，同样会面临巨大挑战；第 77 章从表里如一的角度，进一步探讨了管理者的思言行一致性；第 78 章论述管理者应该如何坚守原则、表达思想，从而不离人伦日用，却能让人们清楚地认识到应该怎么做；第 79 章进一步指出，管理者坚守原则、表达思想，并不是为了迎合外部要求，而是内在德性的外在表现；第 80 章辛辣讽刺了当时各诸侯国国君的所作所为，也深刻揭示出儒家管理之道难以实行的现实原因；第 81 章分析了培养思维方式与克制感性偏好之间的关系，正因为感性偏好与德性偏好有可能发生冲突，这就更需要加强自我修养，从而让思维得以超越感性偏好的影响；第 82 章以"曾子不忍食羊枣"为例，说明人们如何才能超越感性偏好，以便更自觉地将思维导向共同利益；第 83 章系统总结了儒家管理之道在现实世界中得以有效运用的指导原则，并明确指出，要警惕来自似是而非的"乡原"行为的干扰，以确保管理行为和组织行为回归本源，不忘初衷；第 84 章详细梳理了儒家管理思想的历史源流和发展脉络，确立起儒家管理思想的历史定位和未来方向，这既是对全篇乃至全书的总结，也为后世儒家管理思想的传承者树立了标杆。

本篇对管理者思维及其德性前提和有效运用的论述，有助于管理者明确向内求的信念，掌握正确的思维训练方法，从而为追求共同利益奠定坚实的信念和思维基础。这也成为后来儒家管理思想发展的主旨所在。

7.1 孟子曰："尽其心者，知其性也。知其性，则知天矣。存其心，养其性，所以事天也。夭寿不贰①，修身以俟②之，所以立命也。"

【字词注释】

① 贰：这里指不专一，与"壹"相对。　② 俟：等待、期待的意思。

【今文意译】

孟子说："向内全面反思自己的思维方式，就能理解人性。理解了人性，才能理解那些自然而然形成的社会规范。把握住自己的思维方式，培养人性的德性内涵，这样才能践行社会规范。无论活得年岁长短，都专注于修养自身，以期待为社会做出贡献，这样才能在社会发展大趋势中立得住，也才能实现自身价值。"

【管理解析】

本篇讲管理者如何围绕思维训练，进行自我修养、自我磨炼、自我管理，以实现自我价值，贡献于最广大的共同利益。本章提出管理者自我反思和自我修养的总原则。

儒家历来强调从自我管理到组织管理这种由内而外的管理逻辑，但无论是《论语》，还是《大学》，都将这种由内而外的管理逻辑视为给定的，是管理者必须恪守的基本原则，并没有对其合理性给予充分说明。孟子在这里则从"人性"的德性与社会性相统一的角度，对儒家由内而外的管理逻辑的合理性，进行了深入阐述。

做管理，必须从"人性"出发，只有理解了"人性"，才能认清各种社会和组织规范的来源，也才能更好地处理人与人之间的关系。但是，管理者如何才能理解"人性"呢？孟子给出的方法是，眼睛向内，进行自我反思，把握住自己的思维方式，进而理解自己思维方式中固有的天然内涵，即德性内涵，这样才能认识和理解"人性"。

这种通过向内反思来认识"人性"的方法，之所以具有合理性和可行性，关键在于，人之为人在"人性"上有内在相通性。正所谓"人同此心，心同此理"。人只有用人所独有的思维或"心"，才能认识人所特有的"人性"。由于"人性"具有相通性，因此，人在向内求，认识和理解了自己原本就有的"人性"的天然内涵之后，自然就能透过自身作为人的本性而理解一般意义上的"人性"，进而再借助这种对"人性"的认识，才有可能去深入理解他人以及植根于"人性"的各种社会规范。反之，如果只是向外去尝试认识他人，并学习各种社会规范，进而希望借此求得对"人性"的理解，反倒可能会因为对他人的认识难以深入，对各种社会规范的学习流于肤浅，而无法真正洞悉"人性"的深层次内涵。毕竟要向外去认识他人、学习各种社会规范，由于内外部条件限制，终归难遂人愿，而对自我的认识和反思，却可以超越各种环境条件，随时随地进行。这就使得眼睛向内，经由自我反思来认识"人性"，具有了合理性和可行性。

所以，孟子才说"尽其心者，知其性也。知其性，则知天矣"。孟子这句话中隐含的主语是管理者。其中，"尽心"，意指管理者要全面反思和认识自己的思维方式；"知性"，则是借助"尽心"，认识自己思维方式中固有的"人性"内涵，也即

"仁义礼智四端"；而由于"四端"是各种社会规范的内在根据或萌芽，因此，认识了"人性"之"四端"，才能更深入地理解各种社会规范，这便是"知天"。在这里，孟子所谓的"天"，是指"天理"而言，也即天然合理、自然而然存在的社会规范。社会规范或"天理"看似外在的行为规范，实则源自内在的"人性"基础。只有向内认识和把握住"人性"的深层次内涵，才能深入理解和自觉践行社会规范。反之，若只是向外学习社会规范，反倒有可能因为不能认识自我的思维方式，隔断了"知"和"行"的关系，只是为了外在目的而学习社会规范，却没有认识到作为"天理"的社会规范，原本就不是外在于"人性"的，不过是人之为人的内在"人性"的外在表现而已。这恰是后来王阳明有针对性地提出"心即理"的意义所在。社会规范或"天理"原本就存在于每个人心中，正因为如此，孟子才给出了"尽心""知性""知天"的认知路径，也即借助向内反思，认识"人性"，进而以"人性"的"四端"为基础，理解社会规范或"天理"。

正是基于这样的认知路径，孟子认为，为了更好地践行社会规范，就必须先向内把握住自己的思维方式，并将思维用于不断开发和培养其固有的"人性"的德性内涵上，这样才能达到对"天理"的内在认知，进而才能由内而外地自觉践行社会规范或"天理"，这便是"事天"。孟子在这里阐述的"存心""养性""事天"的实践路径，实际上也就是后来王阳明提出"知行合一"的思想源头。在王阳明那里，"知"指的就是"良知"，也即"人性"中固有的"四端"，其实也就是孟子讲"存心""养性"所要达到的目标；而"四端"一旦生发出来，则必然落实在行动上，这就是王阳明意义上的"行"，即行"良知"，也就是孟子所说的"事天"即行"天理"的含义，其中，"事"，便是行动。对于"人性"之中固有的"良知"或"四端"来说，"知"和"行"，或者说"天理"和"事"，原本就是一体的，社会规范必然要通过行动来表征。严格来说，孟子提出的"存心""养性""事天"的实践路径，是以"尽心""知性""知天"的认知路径为前提的；同样，王阳明的"知行合一"，也是以"心即理"为前提的。

如果真正理解了只有向内认识"人性"，才能"养性""事天"的道理，那么，管理者所能做的便是"夭寿不贰，修身以俟之，所以立命也"。其中，"命"，指的是环境大势，尤其特指社会环境发展大趋势，这也是儒家所理解的"社会规律"。在《论语》第二十篇第3章中，孔子讲"不知命，无以为君子也"⊖，其中，"命"也是就不以个人意志为转移的社会发展大趋势而言。作为管理者，若不能洞悉社会发展的大趋势，便无法尽到管理职责，也无法引领组织顺应社会发展大趋势，创造

⊖ 张钢，《论语的管理精义》，机械工业出版社，2015年版，PP556-557.

价值，实现目标。社会环境无非由人及其组织构成，社会发展大趋势背后的主导力量则是社会规范，而社会规范又源自"人性"的深层次德性内涵，因此，只有认识"人性"，理解并践行社会规范，才能真正把握住社会发展大趋势，并在大趋势面前立得住，走得稳，也即"立命"。

要"立命"，则必须"夭寿不贰，修身以俟之"。这意味着，人之为人，关键不在于寿命长短，而在于实现"人性"固有的价值，即"仁义礼智四端"及其"向善"的倾向性，寿命不过是为这个目标服务罢了。当然，这并不是说生命不重要或没有价值，而是说一定还有比生命更重要或更有价值的，那便是"人性"中固有的德性内涵及其"向善"的倾向性，这恰是儒家所看中的第一价值，正如孟子在第六篇第10章中所阐述的那样，"生，亦我所欲也；义，亦我所欲也。二者不可得兼，舍生而取义者也"。

理解了儒家第一价值定位，才能准确把握住"夭寿不贰，修身以俟之"这句话的含义。这句话强调的是，要超越生命本身的考虑，专注于由内而外的自我反思和自我修养，以期待实现"人性"之中固有的德性价值。这也是后来王阳明专讲"致良知"的深刻原因。

7.2　孟子曰："莫非命也，顺受其正。是故知命者不立乎岩墙①之下。尽其道而死者，正命也。桎梏②死者，非正命也。"

【字词注释】

① 岩墙："岩"，是险要、危险的意思。"岩墙"，指将要倒塌的、危险的墙壁。

② 桎梏：指绑在犯人双脚上的刑具，这里引申为犯罪。

【今文意译】

孟子说："一切社会发展都有大趋势，顺应社会发展的大趋势，才能做出正确的选择。所以，那些理解了社会发展大趋势的人，就像是不站在将要倒塌的危险墙壁下一样，不去做违背这种大趋势的事。因致力于追求管理之道而死，是符合社会发展大趋势的正确选择。因犯罪而死，则是违背社会发展大趋势的错误选择。"

【管理解析】

本章承接上章，进一步阐明把握社会发展大趋势的重要意义。

儒家管理之道侧重的是人与人之间关系，也就更为关注社会环境对组织发展及共同利益创造的主导作用。为了让组织更好地适应社会环境，管理者当然要理解和把握社会发展大趋势，这种社会发展大趋势便是儒家意义上的"命"。

儒家意义上的"命"，有双重含义，即"命运"和"天命"。其中，儒家所关心的"命运"，并非个人生命周期或职业发展的前途和趋势，而专指管理职业共同体和社会发展的"命运"，也即由管理之道和社会规范所决定的管理职业发展趋势和社会发展趋势。这两者又是融为一体的，职业发展总是嵌入社会发展之中，因而，"命运"的含义主要以社会发展大趋势而言。当孔子说"不知命，无以为君子也"，便不仅是指管理职业发展趋势，更主要是指包括管理职业发展趋势在内的社会发展大趋势。一个连社会发展大趋势都无从理解和把握的人，是不可能带领组织去更有效地适应社会环境的。

另外，当儒家说"天命"的时候，往往又是在说"命"乃自然而然、天然形成的，并非人为所能改变。也就是说，无论是"人性"，还是社会发展大趋势，都是不以个体意志为转移的，是自然而然形成的。如果说"命运"主要侧重的是基于"人性"特征的社会发展大趋势，那么，"天命"则侧重于说明这种基于"人性"特征的社会发展大趋势是自然而然形成的，并非哪个人所能改变。儒家意义上的"命运"和"天命"本质上是一体的。因此，做管理，关键在于理解和把握"人性"的特征及相应的社会发展大趋势，顺势而为；任何违背"人性"特征和社会发展大趋势的管理体制及政策措施，注定都是要失败的。这也是孟子说"莫非命也，顺受其正"所要表达的意思。

明白了这一点，管理者就要努力去理解和把握社会发展大趋势，即"知命"，而真正"知命"的管理者，自然就会把组织的生存和发展引导到符合社会发展大趋势的正确方向上，并规避各种可能危及组织生存和发展的潜在风险。这就好像既然已经认识到一面墙有倒塌的危险，便绝不会再站到这面墙下一样。

但是，社会发展总有不确定性，管理者即便理解和把握住了社会发展大趋势，也会因某些具体情境下的小概率事件而导致错误乃至失败。在这种情况下，既然管理者遵从了"人性"和社会规范，顺应了社会大趋势，哪怕失败了，甚至身亡，也虽败犹荣，无愧于心。相反，若违背"人性"，不遵从社会规范，不顺应社会发展大趋势，即使看似取得了暂时成功，也必将为此付出代价，终归难逃应有的惩罚。这就是孟子最后说"尽其道而死者，正命也。桎梏死者，非正命也"的道理所在。

本章从"命"或社会发展大趋势的角度，再次阐明了上章讲"立命"的意义。不管是组织还是个人，都只有立足于社会发展大趋势，即"立命"，才能沿着这种大趋势顺利地成长和发展，也即"顺受其正"；否则，既不"知命"，也不"立命"，甚至"违命"，其结果必然会被社会发展的洪流所淹没。因而，管理者所肩负的职责就是要努力去"知命""立命"。

7.3 孟子曰:"求则得之,舍则失之,是求有益于得也,求在我者也。求之有道,得之有命,是求无益于得也,求在外者也。"

【今文意译】

孟子说:"有种东西,如果追求,就能得到,如果放弃追求,就会失去。这说明,追求本身对于得到这种东西,是很有帮助的,其原因在于,想要追求的这种东西,原本就是人性所固有的内涵。还有一种东西,要追求它,就必须遵循特定的方法,要得到它,却又不以个人意志为转移。这说明,追求本身对于得到这种东西,是没有什么帮助的,其原因在于,想要追求的这种东西,原本就是外在于人的东西。"

【管理解析】

本章阐明管理者努力向内追求"人性"所固有的德性内涵及其"向善"的倾向性,才能更好地理解和把握社会发展大趋势;反之,若只是向外追求功名利禄,不仅不一定能得到,还极有可能迷失在外物之中。

作为社会发展大趋势的"命运",是以"人性"为基础的。管理者若想要为组织的生存和发展而"知命""立命",就必须眼睛向内,借助"尽心""知性",进而达到"知天""知命"。为此,管理者必须立志追求"人性"所固有的德性内涵及其"向善"的倾向性,而不能只是向外追求功名利禄。在第六篇第16章中,孟子曾区分了"天爵"与"人爵"。要追求"天爵",当然要眼睛向内,以努力达到内在"仁义忠信"的要求。向内求,则"欲仁而得仁"㊀;向外求,虽然也在努力,但其结果却不是自己所能掌控的。因此,在孟子看来,管理者致力于向内求"天爵",远比单纯向外求"人爵"更合理;同时,管理者向内求"天爵",也更容易为组织的生存和发展而"知命"和"立命"。

7.4 孟子曰:"万物皆备于我矣。反身而诚,乐莫大焉。强①恕而行,求仁莫近焉。"

【字词注释】

① 强:这里是竭力、尽力的意思。

㊀ 张钢,《论语的管理精义》,机械工业出版社,2015年版,PP553-555.

【今文意译】

孟子说:"一切外在事物都是人们得以认识自我和人性的镜子。反思自我,努力达到思言行一致,没有什么比这样做更快乐了。竭力做到推己及人,没有什么比这样追求仁爱境界更直接了。"

【管理解析】

本章承接上章,继续说明,怎样向内认识自我和"人性",进而追求仁爱境界。

要向内认识自我和"人性",首先需要掌握正确的方法。儒家要求管理者眼睛向内,并不是要管理者走向自我封闭,甚至隐居修行,而是在不离人伦日用,不排斥日常生活和工作的情况下,将各种日常情境下的事物,当成反思自我、向内求的对象。也就是说,要反思,必须先有对象,只有借助对象的反射作用,才能认识自我。在这个借对象反思自我的过程中,单纯认识对象本身也许并不重要,重要的是通过对象的反射作用,来认识自我乃至"人性"。从这个意义上说,"外物",包括自然事物和社会事务,都不过是人们用以反思自我,认识自我,进而理解"人性"及社会规范的镜子而已;即便是大自然或宇宙,也不过是人们得以认识自我、"人性"和社会规范的设喻对象,目的是为了启动自我反思。

因此,当孟子说"万物皆备于我"的时候,实际上讲的是一种向内求,借"万物"进行自我反思的方法。只有将"万物"作为反思自我和"人性",进而认识社会规范的内在合理性的途径,管理者才能切实做到向内求;否则,向内求要么成为一句空话,要么则有可能走上自我封闭、隐居修行的极端化道路。

明确了向内求的正确方法,还要知道向内求什么?对于儒家管理者而言,当然要追求以"仁"为代表的"人性"的德性内涵。在管理情境下,这种德性内涵的具体表现就是"忠恕",也即《论语》第四篇第15章中曾子所说的"夫子之道,忠恕而已矣"⊖,《中庸》也讲"忠恕违道不远,施诸己而不愿,亦勿施于人"⊖。因此,作为管理者,要向内求,当然要求"忠恕",而求"忠恕",也就是求"仁"。当孟子说"反身而诚,乐莫大焉。强恕而行,求仁莫近焉"时,其中,"反身而诚",体现的就是"忠",即尽己尽责。只有通过自我反思,把握住自己,并努力达到思言行一致或"诚",才可以说管理者既尽己,又尽责;反过来看,也只有将尽己与尽责融为一体,才是思言行一致或"诚"在管理工作上的直接体现,而要努力做到这一点,不进行自我的持续反思是不可能的。由此可见,管理者只有"反身而诚",真正做到

⊖ 张钢,《论语的管理精义》,机械工业出版社,2015年版,PP96-97.
⊖ 张钢,《大学·中庸的管理释义》,机械工业出版社,2017年版,PP112-115.

了尽己尽责，才会"乐莫大焉"，而这种"乐"，不必求助于外在激励，完全是来自内部动机，是因反思自我、认识"人性"、遵从规范、履行职责所带来的"乐"。

另外，"强恕而行，求仁莫近焉"，则讲的是通过推己及人所达到的对他人的理解和尊重，进而得以更深入地理解社会规范的合理性，并由此达到"己欲立而立人，己欲达而达人"㊀的效果，这恰是管理者致力于追求仁爱境界的具体表现。因此，管理者必须在日常生活和管理工作中，事事处处留心向内求，借对象反思自我，认识"人性"，理解他人，进而恪守"忠恕"规范，履行职责，做好管理。这也可以说是儒家管理之道对管理者的基本要求。

7.5 孟子曰："行之而不著①焉，习矣而不察②焉，终身由之而不知其道者，众也。"

【字词注释】

① 著：这里是明显、清楚的意思。　② 察：这里是清楚、明白的意思。

【今文意译】

孟子说："都做过了，还不清楚做的是什么；反复做过，已成习惯，却不明白为什么；一辈子都这样做，也不理解其背后的道理。这样的人很多啊。"

【管理解析】

本章讲反思的重要性，尤其是对管理者来说，没有反思，就没有意义的创造，更不会有持续的改进和收获。

在现实中，人们每天都在做着很多事，而所谓"做人"和做管理，也无不渗透在日常各种各样的具体事务之中。如果想要让每天的生活和工作变得有意义，特别是要让这些具体事务同"做人"和做管理真正联系在一起，就必须养成反思的习惯。反思不仅是针对具体事务本身，更是借具体事务认识自己、理解"人性"，并将具体事务与更广大、更深远的理想世界联系起来，从而赋予日常具体事务以意义，让一件件具体事务得以联结成一项更大的事业。可以说，这种意义创造活动，恰是"做人"和做管理不可分割的组成部分。没有了意义创造，谈不上"做人"，更没法做好管理，而意义创造离开了反思，则是不可能的。

㊀ 张钢，《论语的管理精义》，机械工业出版社，2015年版，PP169-170.

遗憾的是，人们每天看上去都在忙忙碌碌，做了很多事，特别是管理者，常常忙得不可开交，但如果问他在做什么、忙什么的时候，却是做了半天、忙了半天，竟不清楚都做了些什么、忙了些什么；即便日复一日、月复一月、年复一年地做和忙，都已经成了习惯，若不做、不忙，反倒手足无措，但若问他为什么会习惯性地这么忙碌，这种做事方式对己、对人、对组织真的有益吗？益处在哪里？面对这些问题，早已习惯于忙忙碌碌的管理者，反而会显得茫然不知所措。往往越是习以为常的事，人们越是不会去追问为什么。甚至按照这样的节奏忙碌了一辈子，到头来也不知道自己走过的是一条什么道路，遵循的是什么规范。虽然管理者经常在要求别人会"做人"、会做事，但当别人反问一句，到底要做什么样的人，按照什么样的规范和方法才能将事做好时，那些号称做了一辈子管理的人，却常常无言以对。

"做人"和做管理，固然关键都在于"做"，但这里的"做"，并不等于只是用身体来行动，也不等于只是在现实世界里就事论事地"做"。真正的"做"，是要借助反思，将现实世界中的"事"与自我以及理想世界中的"理"联系起来，找到"事""理"与自我三者之间的恰当关系，由己及人地建立起更有效的做事方式，创造出更大的共同利益。虽然这样的"做"不可能一蹴而就，但是，在理想世界引领下，借助反思，经由持续改进，这样的"做"可以得到不断完善，并逐渐逼近理想境界。在这个过程中，反思是关键环节，是将自我与现实世界中的"事"、理想世界中的"理"联系起来的纽带和桥梁。没有反思，也就没有真正意义上的"做人"和做管理。没有反思，也就不可能创造意义，更难以实现共同利益。因此，管理者若不善于反思，其结果必然是"行之而不著""习矣而不察""终身由之而不知其道"。

7.6　孟子曰："人不可以无耻。无耻之耻，无耻矣。"

【今文意译】

孟子说："做人不能没有羞耻感。因没有羞耻感而带来的羞耻，那才真是不知羞耻啊。"

【管理解析】

上章讲反思让做事变得有意义，而本章进一步强调，反思也有助于建立内在价值尺度，形成羞耻感。

儒家将管理过程同时视为一种教育过程，期望借助"道之以德""齐之以礼"，来达到"有耻且格"，而"有耻"则指的是有内在"做人"尺度，知道什么对、什么错、什么好、什么坏。当建立起这种羞耻感，人们的行为才会有内在约束，也才会由内而外地遵循各种社会规范，这便是"有耻且格"的内在逻辑，也是《中庸》里讲"知耻近乎勇"㊀的意义所在。这里的"勇"指行为而言，用孟子提出的"气"或一致性来说，就是当一个人有了羞耻感，才能在"做人"和做管理上产生一以贯之的行为，也即有基于内在一定之规的"勇气"。当然，要让组织成员做到这一点，管理者首先要做到。没有管理者的以身作则、率先垂范，又怎么可能期望组织成员"有耻且格"。因此，孟子在这里再次强调"人不可以无耻"。

羞耻感的形成，也离不开反思。反思不仅能让做事变得有意义，反思更有助于认识自我，理解自我的"人性"本质，进而将"人性"所固有的德性内涵之一"羞耻之心"，即"义之端"，开发出来，使之由潜在的"羞耻之心"，变为现实的羞耻感，由内而外地调节、控制、完善自己的行为。由此可见，反思不仅具有外部溢出价值，让做事变得有意义，能够正向影响他人；反思更具有内部直接价值，有助于发现"人性"的德性内涵，建立内在行为准则。一个人若不善于反思，没有羞耻感，则势必会造成行为上的偏差，由此带来了羞耻却不自知，那才是典型的不知羞耻。所以，孟子最后才说，"无耻之耻，无耻矣"。

7.7 孟子曰："耻之于人大矣。为机变①之巧者，无所用耻焉。不耻不若人，何若人有？"

【字词注释】

① 机变："机"，是形声字，本义指用来纺纱织布的器械，可引申为机灵、灵巧。"机变"，即灵活善变。

【今文意译】

孟子说："羞耻感对于做人非常重要。那些灵活善变的人是不需要羞耻感的。对于那些违背了人性，却不感到羞耻的人，又怎么能期望他们会产生出像人一样的行为呢？"

㊀ 张钢，《大学·中庸的管理释义》，机械工业出版社，2017年版，PP143-152.

【管理解析】

本章承接上章，继续说明借助反思形成羞耻感的重要意义。

"做人"和做管理，关键在于有内在的一定之规，也即价值尺度。日常生活和管理工作都离不开决策，决策就是选择，而选择不能没有标准或尺度。对于各种日常决策和管理决策来说，固然会存在许多外在选择标准，但如何对各种各样甚至相互冲突的外在标准进行权衡和选择，却又离不开决策者内在价值尺度的确立。根据儒家的观点，这种内在价值尺度，绝不意味着个人好恶，更不能自说自话，想怎么样就怎么样，而是一种超越个人感性偏好，立足于"人性"的德性内涵及其"向善"倾向性的具有普遍性的价值尺度。对此，孟子用"羞耻之心"，也即"义"来指称，就像《论语》第四篇第10章孔子讲"君子之于天下也，无适也，无莫也，义之与比"[⊖]的道理一样。人们一旦通过反思，将这种"人性"所固有的价值尺度开发出来，便形成了以羞耻感为代表的各种内在行为准则。因此，孟子才会说，"耻之于人大矣"。这也就是说，羞耻感对"做人"非常重要。个体意义上的"做人"尚且如此，更何况做管理。上章讲"人不可以无耻"，本章讲"耻之于人大矣"，两种讲法相辅相成，都在于说明羞耻感对"做人"关系重大。

一谈到内在价值尺度，人们往往容易混淆基于"人性"的德性需要的羞耻感与基于"人性"的生物性需要的感性偏好之间的区别。毕竟感性偏好也是内在的，而且，感性偏好也常常需要通过自我反思才能明确起来，因此，很多人认为，以感性偏好为价值尺度，同样可以使日常生活决策乃至管理决策有内在的一定之规。但是，由于感性偏好的个体化、情境化和随机化特点，若只是为满足纯粹意义上的感性偏好而做出选择，势必会导致不择手段，无所不用其极，毕竟感性偏好是个体意义上的，不需要考虑别人，也不需要去关心别人怎么看我的行为。没有超越的理想世界作为参照系，这就容易使感性偏好退化成纯粹的自我满足，其结果恰可能让那种基于"人性"的德性需要的羞耻感荡然无存。这便是孟子说"为机变之巧者，无所用耻焉"的原因所在，意思是，那些只想满足感性偏好的人，关心的仅是"机变之巧"的策略选择，至于好坏、对错、是非等价值判断，则不在考虑之列。在孟子看来，那些"为机变之巧者"，之所以会"无所用耻"，原因就在于他们早已"不耻不若人，何若人有"，也就是说，这些人早已把"人性"的德性内涵及其"向善"倾向性抛到脑后，做出一些违背"良知"和"羞耻之心"的事，不仅感觉不到有半点羞耻，甚至还反以为荣。对这样的人，又怎么能期望他们会产生出正常"做人"的行为呢？

⊖ 张钢，《论语的管理精义》，机械工业出版社，2015年版，P91。

当然，孟子在这里丝毫没有要否定个体感性偏好的意思，也不是说一定要取消管理中的策略选择或"机变之巧"，而旨在强调，做决策必须要有内在价值尺度，而且必须以"人性"的德性需要而非生物性需要为第一价值尺度，简单地说，就是要用羞耻感来统摄个体感性偏好，将感性偏好导向德性需要，进而来规范策略选择或"机变之巧"。

7.8 孟子曰："古之贤王好善而忘势①，古之贤士何独不然？乐其道而忘人之势，故王公不致敬尽礼，则不得亟②见之。见且由不得亟，而况得而臣之乎？"

【字词注释】

① 势：本义指可以压制或控制别人的力量，这里是权势、权力的意思。

② 亟：这里是每次、屡次的意思。

【今文意译】

孟子说："古代德才兼备的君王，喜欢追求共同利益，甚至都忘记了自己的权势，而古代德才兼备的管理者，又何尝不是这样呢？他们乐于遵循管理之道，甚至都忘记了别人的权势，因此，如果拥有权势的君王，不能践行规范，也不能恭敬地对待管理者，那么，他想要随时和那些德才兼备者见面都不可能。想要随时和那些德才兼备者见面都不可能，更别说要聘请他们做管理者了。"

【管理解析】

本章着重说明建立内在价值尺度对于做管理的重要性。

儒家管理之道立足于"人性"的德性前提。在儒家管理的理想世界中，无论是君王，还是一般管理者，都必须遵循管理之道，追求共同利益，而不能只是诉诸武力和财力这样的硬实力，依靠权势来做管理。虽然依靠权势进行威胁和利诱，也能暂时达到目标，看似取得成功，但由于忽视了遵从"人性"的德性需要，没能培养出一代代"组织人"和"社会人"，也就难免"兴勃亡忽"的命运。

因此，在儒家看来，做管理固然不能没有权势，但权势不应成为第一位的价值选择，而必须把"人性"的德性内涵及其"向善"的倾向性放在第一位，而且，作为委托人的国君，首先要做出这样的选择，即孟子所说的"古之贤王好善而忘势"，这样才能吸引到志同道合的管理者，也即"古之贤士何独不然？乐其道而忘人之势。故王公不致敬尽礼，则不得亟见之"。那些真正"志于道"的管理者，因为有了独立人格和职业操守，自然就不会为别人的权势所动。如此一来，国君和管理者也就成了有着共同的管理之道追求，致力于创造最广大共同利益的志同道合者。相应地，管理者和国君也会具有平等的职业意识，大家在管理之道面前不过都是管理职业的从业者和同行而已，即便在权势面前并不平等，但由于"贤王好善而忘势"，"贤士"也"乐其道而忘人之势"，大家共同记住的便只有管理之道和共同利益。在追求管理之道和共同利益面前，不管是管理者还是国君，不管是什么层次的管理者，大家都是平等的，都必须遵循基于"人性"的德性前提的管理之道和管理规范，所以，看上去国君拥有权势，但"王公不致敬尽礼，则不得亟见之"，也就是说，"王公"再有权势，也不能想见谁就见谁，想什么时候见就什么时候见，甚至若"王公"不能"致敬尽礼"，连这样的"贤士"都无法聘得到。这恰说明，正因为"贤士"具备了内在价值观坚守，有着独立人格和职业操守，才会不为"王公"的权势所动。

当然，孟子这里用"古之贤王"和"古之贤士"，其中的"古"和前述篇章中的用法一样，都并非实指时间上的"古代"，而讲的是在管理的理想世界中，作为理想类型的委托人和作为理想类型的代理人，分别应该是怎样的。只有认识清楚理想世界中委托人和代理人的理想类型的存在状态，才能看得清楚现实世界中问题到底在哪里，也才能辨别清楚现实世界得以改进和发展的方向。人们常说"没有比较，就没有鉴别"，其实，真正的比较和鉴别，不是针对现实世界中的两个不同对象，而是针对理想和现实。正是通过理想和现实的比较，才能做出鉴别，找到方向。

7.9　孟子谓宋句践①曰："子好游②乎？吾语子游。人知之，亦嚚嚚③；人不知，亦嚚嚚。"曰："何如斯可以嚚嚚矣？"曰："尊德乐义，则可以嚚嚚矣。故士穷不失义，达④不离道。穷不失义，故士得己焉；达不离道，故民不失望焉。古之人，得志，泽加于民；不得志，修身见⑤于世。穷则独善其身，达则兼善天下。"

【字词注释】

① 宋句践：人名，已无从考。
② 游：这里是游说的意思。
③ 嚚嚚："嚚"，是会意字，本义为众口喧嚷。"嚚嚚"，引申为不管人们怎么喧嚷，都不为所动，有一定之规。
④ 达：是形声字，本义指在路上行走，这里引申为达成所愿，实现理想。
⑤ 见：通"现"，出现、显露的意思。

【今文意译】

孟子对宋句践说:"您喜欢去游说别人吗?那就让我告诉您游说的基本原则。别人理解您,要泰然自得;别人不理解您,也要泰然自得。"

宋句践问:"怎样才能做到泰然自得呢?"

孟子说:"尊崇德行,乐于践行规范,就能做到泰然自得。所以,管理者哪怕处在穷困状态,也不会丧失对社会规范的坚守;即便处在通达状态,也不会偏离对管理之道的追求。管理者处在穷困状态,不会丧失对社会规范的坚守,这说明管理者能够把握住自己;管理者处在通达状态,不会偏离对管理之道的追求,这样的话,民众就不会对管理者失望。古代人若有机会实现自己的志向,就能给民众带来福祉;若没有机会实现自己的志向,也能借自我修养来影响环境。他们在穷困时,能独自追求共同利益,而有机会实现理想时,又能引领人们一起追求共同利益。"

【管理解析】

本章承接上章,进一步阐明,一个有着内在价值观坚守、努力践行管理之道的管理者应该怎样做。

学管理和做管理的人,总是希望得到委托人或授权者的认可、欣赏,以获得授权,这样才能有机会做管理,实现理想,追求和创造共同利益。因此,在当时的历史条件下,宋句践喜欢游说作为委托人的国君,以便获得授权做管理,也是很正常的。但是,游说国君,不能只是投国君所好,助长、甚至逢迎国君那些有损共同利益的意图和行为,否则,真像孟子在第六篇第27章中所说的那样,"今之大夫,今之诸侯之罪人也"。

在孟子看来,游说国君,必须有自己的原则坚守,即"人知之,亦嚣嚣;人不知,亦嚣嚣"。也就是说,不管对方是否理解和接受,都能泰然处之。既不因对方能理解和接受而欣喜若狂,忘乎所以,不能自持;也不因对方不能理解和接受而沮丧失落,曲意逢迎,降格以求。问题是,怎样才能做到这一点呢?

孟子给出的答案是"尊德乐义,则可以嚣嚣矣"。这意味着,要泰然处之,就必须"尊德乐义"。其中,"尊德",讲的是明确"人性"的德性前提,尊崇德行,而"乐义",则是乐于遵循由"人性"的德性内涵所派生出来的社会规范。孟子在这里用"义"仍指代的是"仁义礼智",侧重于遵循社会规范的行为表现。由此可见,"尊德乐义"讲的是由内而外,从德性前提到行为表现,只有建立起尊崇德性的内在价值观,才会更自觉地做符合社会规范的应该做的事。一个人若有了这种价值观和行为规范坚守,自然就能恪守"嚣嚣"原则来游说国君了。

更重要的是，一旦有了这种价值观和行为规范坚守，在游说过程中，不管成功与否，不管能否得到做管理的机会，管理者都不会改变自己的初衷，即"士穷不失义，达不离道"。其中，"穷"，可以理解为游说不成功，没机会做管理，身处穷困之中，即便如此，管理者也不会丧失对行为规范的坚守，不会去做不应该做的事，即"穷不失义"；"达"，则可以理解为游说成功，有机会做管理，能实现自己的理想，即便如此，管理者也不会忘乎所以，偏离管理之道的追求，即"达不离道"。

能做到"穷不失义"，表明管理者在自我修养和自我管理上达到了一定境界，能真正把握住自己，也即"穷不失义，故士得己焉"。按照儒家由内而外的管理逻辑，一位真正把握住自己的管理者，才可能在有机会做管理时，真正做到"达不离道"，更好地履行管理职责，带领人们创造更广大的共同利益，这样也才不会让利益相关者失望，也即"达不离道，故民不失望焉"。

由此可见，管理者只有确立起内在价值观和行为规范坚守，才能在自我管理和组织管理中立得住、行得端、做得实。严格来说，这种"尊德乐义""穷不失义""达不离道"的管理者，也就是儒家理想世界中的理想管理者，是现实世界中管理者努力的方向。这也正是为什么孟子要再次用"古之人"来刻画这种理想管理者形象的原因。

在孟子看来，这种理想管理者的行为表现，应该是"得志，泽加于民；不得志，修身见于世。穷则独善其身，达则兼善天下"。其中，"得志"与"达"是一致的，都是指有机会做管理，实现管理理想，在这种情况下，必须"泽加于民""兼善天下"，这意味着，不仅要给直接的利益相关者或民众创造共同利益，还要带领大家一起去追求和创造面向未来的更广大的共同利益；而"不得志"与"穷"是相通的，都是指没有机会做管理，难以实现管理理想，在这种情况下，则必须"修身见于世""独善其身"，这意味着，必须不断进行自我修养和自我管理，用自己对管理之道和共同利益的追求，去影响和改变环境，最终达到创造共同利益的目的。

其实，孟子在这里对理想管理者形象的刻画，也就是《论语》第七篇第10章中孔子说"用之则行，舍之则藏"⊖的具体化，这也是现实世界里任何一位学管理和做管理的人都会面临的选择。理解了儒家由内而外的管理逻辑，也就不难理解儒家一贯坚持以我为主，立足于管理之道和管理规范，"保民""平治天下""以道事君，不可则止"的行为选择了。

⊖ 张钢，《论语的管理精义》，机械工业出版社，2015年版，PP182-183。

7.10 孟子曰:"待文王而后兴①者,凡民也。若夫豪杰之士,虽无文王犹兴。"

【字词注释】

① 兴:这里是发动、动员的意思。

【今文意译】

孟子说:"普通人要等到像周文王那样的伟大管理者出现,才会受到激励,也才能行动起来。真正有志向追求的人,即便没有像周文王那样的伟大管理者出现,也会自我激励,有所作为。"

【管理解析】

本章承接上章,进一步说明,一个人若有内在价值观和行为规范坚守,就不需要外部激励,能进行自我激励,奋发向上,有所作为。

对于一般人而言,由于缺乏自我反思,没能认识到自我本性中深层次的德性内涵,尚未确立起内在信念追求和价值观坚守,因此,在很大程度上,内部动机和自我激励会受到抑制,而个体感性偏好与外部资源的匹配则起到主导激励作用。既然一般人的行为主要依赖于外部激励,那么,外部激励机制设计者的个人特征,自然就会影响激励机制的性质及其效果,像周文王设计的那种能激发人们的内部动机、引导人们追求共同利益的激励机制,便会产生更大的正向激励效果。

但是,对于管理者来说,特别是有着内在价值观和行为规范坚守的管理者,即孟子说的"豪杰之士",则能进行自我激励,由内而外地自觉追求仁爱境界和共同利益。这意味着,是否具备内部动机,能否进行自我激励,是区别管理者与被管理者,以及区别是否有内在价值观和行为规范坚守的管理者的本质特征。那些只会受到外部激励,只知道追求看得见的物质利益的管理者,势必也只能对被管理者实施外部激励,很难激发被管理者的内部动机,更难以让被管理者逐渐发现自己内在本性中深层次的德性内涵。说到底,管理者必须眼睛向内,首先发现自己内在本性中深层次的德性内涵,激活内部动机,实现自我激励,进而才能正向影响他人。

7.11 孟子曰:"附①之以韩、魏之家②,如其自视欿③然,则过人远矣。"

【字词注释】

① 附:这里是增加、增益的意思。

② 韩、魏之家:指春秋时期晋国的韩氏、魏氏两大家族,这两大家族是当时晋国最为富有的家族。

③ 欿:这里是不自满、不骄傲的意思。

【今文意译】

孟子说:"如果把韩、魏两家的财富都给他,他还能处之泰然,一点都不自满,那么,这个人就远远超过一般人了。"

【管理解析】

本章承接上章,举例说明管理者激活内部动机、实现自我激励的重要意义。

在春秋时期,晋国有三大家族,即韩、魏、赵,后来这三大家族瓜分了晋国,成立了韩国、魏国、赵国。当时这三大家族尤以韩、魏最富有,两家的财富都远超过晋国国君。孟子用韩、魏两家财富做类比,说的是一个人如果能获得如此多的财富,却仍淡定自若,不骄奢、不自满,那这个人就很不一般。孟子的潜台词或许是,这个人便可以担当管理重任。

面对如此多的财富,一个人为什么能做到不为所动呢?联系着本篇上几章的内容,便不难理解,原因是他早已确立起内在价值尺度,有了远比财富更重要、更有价值的追求。当一个人具有了内在价值观和行为规范坚守,自然就能超越财富,不仅不为财富所动,还能赋予财富以恰当的意义和定位。这体现的正是儒家管理的财富观,即《大学》所讲的"仁者以财发身",而非"以身发财"⊖。儒家管理的财富观,其核心恰在于确立起追求仁爱境界和共同利益的内在价值尺度。

7.12 孟子曰:"以佚①道使民,虽劳不怨。以生道杀民,虽死不怨杀者。"

【字词注释】

① 佚:这里是美好的意思。

⊖ 张钢,《大学·中庸的管理释义》,机械工业出版社,2017年版,PP61-68.

【今文意译】

孟子说:"遵从使生活更美好的原则而让人们从事生产活动,虽然很辛苦,但人们却不会埋怨。遵从使生命更安全的原则而惩处犯罪的人,即使被处死的人,也不会怨恨惩处他的人。"

【管理解析】

本章开始讲儒家做管理的基本原则。如果说本篇前 11 章重点讲解儒家对管理者"做人"和自我管理的基本要求,特别是强调管理者要向内求,建立内在的信念和价值观优先序,进而由内而外地进行自我修养和自我管理的话,那么,从本章开始则提出儒家对组织管理的基本要求。

在儒家看来,组织管理同样离不开"人性"的德性前提和对"善"的执着追求。因此,儒家做管理,首先要满足"人性"的德性需要,发挥人的潜能,进而培养出一代代"组织人"和"社会人",以实现最广大的共同利益。但是,"人性"是一个立体化的复杂体系,除了深层次的德性内涵,还有浅层次的生物感受性,这同样是"人性"的基本需要。儒家并不否认满足这种生存需要的重要意义,这也是孟子强调"有恒产者有恒心"的原因。

在第一篇第 3 章中,孟子曾指出,做管理必须从解决"民生"入手,而在本章中,孟子进一步将"民生"概括为两个方面,一是美好的生存状态,即美好生活,二是美好生存状态的安全保障。关注前者,相当于解决人们的生存需要,孟子将之命名为"佚道";关注后者,相当于解决人们的安全需要,孟子将之命名为"生道"。"佚道""生道"都是儒家管理之道所应有的内涵。试想,若遵从儒家管理之道,连民众的生存需要和安全需要都无法满足,那又如何能带领人们追求更为广大的共同利益,又奢谈什么"为政以德"呢?这也是为什么孟子在第一篇讲治理、第二篇讲管理时,都非常具体地探讨了农业生产的制度安排和政策措施问题,也详细论述了养老和社会保障等诸多问题的深刻原因。

如果做管理能从"佚道""生道"出发,切实关注民生,而不是从管理者和国君的利益出发,将民众视为谋求私人财富或小圈子利益的手段,那么,民众自然就清楚管理者做管理的意图、动机和根本目标是什么,当然会"虽劳不怨""虽死不怨杀者"。因为民众知道,辛苦地生产劳作既是为自己,也是为大家创造美好生活,自己不参与这种美好生活的创造过程,天上是不会掉下馅饼来的,在"佚道"之下,主人翁意识和行为便会自然产生出来;而且,民众也知道,若要让生命和美好生活有所保障,就必须有制度规则,而要让制度规则切实有效,就必须对那些违反制度规则的个体或组织进行惩罚，否则，制度规则便会慢慢失去权威性和威慑力，当制度规则形同虚设之后，最大受害者一定是民众，他们的生命财产和美好生活就会失去保障，因此，在"生道"之下，对各种违反制度规则的个体或组织进行惩罚，甚至诉诸极刑，只要按章办事，流程透明、公开、公正、公平，没有人会有疑义，即便那些将要接受极刑的人，也会心服口服。

由此可见，儒家从不否认做管理要满足人们的生存需要和安全需要，也不否认制度规则在配置资源、激励人们从事生产活动、惩罚违规者的过程中所扮演的重要角色，但儒家坚持认为，制度规则必须服从于文化价值观，只有在文化价值观指导下建立起来的制度规则，才能持久地发挥激励和约束功能。

7.13 孟子曰："霸者之民，驩虞①如也；王者之民，皞皞②如也。杀之而不怨，利之而不庸，民日迁善而不知为之者。夫君子所过者化，所存者神，上下与天地同流，岂曰小补之哉！"

【字词注释】

① 驩虞："驩"，即欢；"虞"，通　的意思。"娱"，娱乐、快乐。"驩虞"，即欢娱　　② 皞皞：这里指广大的样子。

【今文意译】

孟子说："在奉行霸道的诸侯国里，民众也能得到欢乐；而在奉行王道的诸侯国里，民众才能心情舒畅。在王道之下，人们受到惩罚，却不怨恨，受到激励，又能超越平庸；人们在不知不觉中日益走向追求共同利益的方向。在这样的诸侯国里，管理者的影响所及，潜移默化，上下级关系就像天地一样自然和谐，这难道说管理者只是发挥了一点小作用吗？"

【管理解析】

本章通过"王道"与"霸道"的对比，进一步阐明，做管理只解决"民生"是不够的，还必须在解决"民生"的同时，引导人们理解"人性"的德性内涵，超越眼前，追求更为长远且广大的共同利益。要做到这一点，就离不开正确的信念和价值观。

如果只是从"民生"的角度来看，恐怕某些奉行"霸道"的诸侯国也能让民众生活得挺快乐，就像秦国通过变法，富国强兵，向外扩张，开疆破土，既解决生存问题，又有安全保障，这无疑也会让国内民众一时感到欢欣鼓舞。但问题是，如果民众只是满足生存和安全需要就可以，那又如何体现人之为人的特征呢？人之为人，不能仅是满足于实现最基本的生存和安全需要所带来的"驩虞"，还应该有更高层次的追求。

因此，孟子说，"霸者之民，驩虞如也；王者之民，皞皞如也"。在"霸道"和"王道"之下的民生，其明显区别，便体现在"驩虞"和"皞皞"的不同上。"驩虞"，指的是满足了生存需要和感官享受之后所带来的欢娱或欢乐之情，而"皞皞"则具有更深刻的含义，指的是一种由内而外所达到的畅然、自得和广大的样子。具体地说，这种"皞皞"的表现就是，"杀之而不怨，利之而不庸，民日迁善而不知为之者"。这意味着，"王道"之下的制度规则，不仅具有激励和约束功能，更强调约束或惩罚的公正性以及激励的超越性；正因为有了约束或惩罚的公正性，民众才会"杀而不怨"，也正因为有了激励的超越性，民众才能"利之而不庸"，也就是说，人们不仅从物质层面和感官享受满足角度去理解"利之"，还能借助这种激励，认识自己，理解"人性"，以实现自我超越，做出不平凡的事业。其实，管理的真谛恰在于借助具有超越性的激励体系设计，让平凡人做出不平凡的事业，甚至让平凡人在对共同利益目标的执着追求中日益变得不平凡，这就是孟子说"民日迁善而不知为之者"所要表达的意思。

在《论语》第二篇第 3 章中，孔子对比了"道之以政，齐之以刑"与"道之以德，齐之以礼"两种管理模式，它们所能达到的结果完全不同，前者是"民免而无耻"，后者则是"有耻且格"[⊖]。实际上，孟子在这里对比"霸道"和"王道"时，仍遵循着孔子的基本逻辑，只是将之扩展到具有激励和约束功能的制度规则设计上，但其背后的信念和价值观却是一以贯之的，那便是"为政以德"的儒家管理之道或"王道"。这再次表明，儒家并不否认制度规则的重要性，但儒家强调制度规则必须从属于价值观，而价值观一定离不开对"人性"的德性内涵及其"向善"倾向性的坚定信念。儒家认为，这种基于"人性"的德性前提的信念和价值观，必须首先体现在管理者身上，经由管理者的身体力行，才能产生潜移默化的影响，否则，也只能是一纸空文，漂亮口号，形同虚设。因此，孟子最后才说，"夫君子所过者化，所存者神，上下与天地同流，岂曰小补之哉"。在这里，孟子以天地设喻，将管理中的上下级关系，比作天地之间的协调匹配关系；一旦管理者与被管理者之间能达到如同天地般关系和谐，组织和社会的生生不息、可持续发展，也就变得自然而然了。在这个过程中，管理的作用看似无形，却无所不在，影响巨大，"岂曰小补之哉"。

⊖ 张钢，《论语的管理精义》，机械工业出版社，2015 年版，PP26-28.

7.14　孟子曰："仁言不如仁声之入人深也，善政不如善教之得民也。善政民畏之，善教民爱之。善政得民财，善教得民心。"

【今文意译】

孟子说："引导人们追求仁爱境界的言论，不如由管理者追求仁爱境界的行为所产生的声誉，更能深入影响人们的行为；激励人们追求共同利益的管理措施，不如将追求共同利益融入教育之中，更能得到人们的认可。对于激励人们追求共同利益的管理措施，人们会产生敬畏，而对于将追求共同利益融入教育之中，人们会产生热爱。激励人们追求共同利益的管理措施，能达到让人们创造出更多财富的效果，而寓追求共同利益于教育之中，则能赢得人们的内在认同和信任。"

【管理解析】

本章承接上章，进一步分析说明，为什么要借助管理者的身体力行和管理教育功能的发挥，而不能只靠指挥命令和制度规则，来实现管理目标。

即便确立起追求仁爱境界和共同利益的管理目标，若只期望靠自上而下的管理，哪怕是苦口婆心地说服，以及制定具有激励和约束功能的制度规则，也不一定能达到预期效果。对于前者，孟子称为"仁言"，关于后者，孟子称为"善政"。"仁言"，是指那些要求人们追求仁爱境界和共同利益的命令条文及解释言论，而"善政"，则是指激励人们追求仁爱境界和共同利益的制度规则及管理措施。在孟子看来，要引导人们追求仁爱境界和共同利益，关键在于管理者自身的行动，而不只是命令条文及解释言论；哪怕管理者说得再天花乱坠，若没有自己切实追求仁爱境界和共同利益的行为，更有甚者，管理者的行为还都背道而驰，那么，再美妙的"仁言"也会失效。当管理者因自己身体力行，切实追求仁爱境界和共同利益而赢得声誉时，这种"仁声"更能深入人心，让人们自觉地产生追求仁爱境界和共同利益的行为。这便是"仁言不如仁声之入人深也"的意义所在。

同样，如果只是制定激励人们追求仁爱境界和共同利益的制度规则及管理措施，而不去思考如何发挥管理的教育功能，不注重培养认同价值观的"组织人"和"社会人"，那么，人们很可能只是出于对制度规则及管理措施的敬畏而遵循制度规则、响应管理措施，这样虽然也能达到利益创造的目标，却不一定能保证人们认同价值观，并自觉地持续追求和创造共同利益。对于儒家管理来说，培养一代代认同价值观的"组织人"和"社会人"，远比暂时达到利益创造目标更重要；只有培养出"组织人"和"社会人",才能从根本上保证共同利益的可持续创造。因此,孟子认为,"善政不如善教之得民也",因为"善政民畏之,善教民爱之。善政得民财,善教得民心"。

这里需要说明的是,孟子所用的表达方式,虽然从修辞上看,"仁言"和"仁声"以及"善政"和"善教"有对比的意思,但这并不意味着它们是两两对立的关系,也不是说哪个比哪个更好,只要做到一个就可以了。实际上,"仁言"和"仁声"以及"善政"和"善教",都是相容的,只不过需要明确哪个更根本,哪个优先序更高罢了。"仁言"要以"仁声"为基础,"善政"要以"善教"为根本。在现实的管理中,管理者既要把握"仁声""善教"这个根本,又不能忽视"仁言""善政"的重要作用。既然如此,那么,为什么"仁声""善教"是根本呢?这恰是下章要回答的问题。

7.15 孟子曰:"人之所不学而能者,其良能也。所不虑而知者,其良知也。孩提之童,无不知爱其亲也;及其长也,无不知敬其兄也。亲亲,仁也。敬长,义也。无他,达①之天下也。"

【字词注释】

① 达:这里是通达、普遍的意思。

【今文意译】

孟子说:"人们不需要学习就能具备的能力,就是良能;不需要思考就能达到的认识,就是良知。幼儿虽小,却没有不知道爱父母的;等到长大一点,又没有不知道敬兄长的。爱父母,就是仁的具体表现。敬兄长,就是义的具体表现。之所以会有这种表现,没有别的原因,不过是普遍的人类本性使然罢了。"

【管理解析】

本章承接上章,对"仁声""善教"的根本作用,给出基于普遍"人性"特征的说明。

在孟子看来,"仁声""善教"之所以能产生效果,原因恰在于普遍的"人性"特征。按照儒家的观点,"人性"中原本就具有追求仁爱境界和共同利益的内涵及倾向性,孟子称之为"良知"。这就像人一出生就有天生的吮吸和感觉本能,不需要后天学习，便能吃东西，感受外界事物一样。孟子将人所具有的"不学而能者"，称为"良能"。相应地，在人的思维中，也一定会有"不虑而知"的思维内容，那便是"良知"。"良知"才是人之区别于动物的根本所在。

"良知"的内涵涉及"仁义礼智"及其"向善"的倾向性。为了说明这一点，孟子分别将"仁""义"具体而直观地呈现为"亲亲""敬长"。用孟子的话说，"孩提之童，无不知爱其亲也；及其长也，无不知敬其兄也。亲亲，仁也。敬长，义也"。在这里，孟子将《中庸》讲到的"仁者，人也，亲亲为大；义者，宜也，尊贤为大"㊀，具体化为"亲亲为仁""敬长为义"，并用"仁义"来指代"仁义礼智四端"及其"向善"的倾向性，由此进一步明确了儒家管理之道对仁爱境界和共同利益追求的内在"人性"根据。

基于此，便不难理解，要实现追求仁爱境界和共同利益的管理目标，更有效的方式，并不是就制度规则及管理措施本身来考虑问题，而是要从制度规则及管理措施所要发挥作用的对象，即被管理者作为人所具有的"人性"特征上去考虑问题。与其只是用制度规则及管理措施去激励和约束人们的外在行为，还不如由内而外地激活每个人原本就有的"良知"，让他们由内而外地自发去追求仁爱境界和共同利益。既然"良知"是"人性"中原本就有的德性内涵及其"向善"倾向性，是"不虑而知者"，那么，激活"良知"，关键就不在于外部的强制命令及言论诱导，而在于人与人之间互动过程中行为影响所产生的潜移默化的效果，也即本篇第13章所讲的"夫君子所过者化，所存者神，上下与天地同流"。实际上，这也就是儒家所倡导的借"道之以德""齐之以礼"，达到"有耻且格"的管理模式。儒家管理模式的立足点，便是人人皆有"良知"。这也是"仁声""善教"之所以能发挥根本作用的原因所在。

7.16　孟子曰："舜之居深山之中，与木石居，与鹿豕游，其所以异于深山之野人①者几希。及②其闻一善言，见一善行，若决江河，沛③然莫之能御也。"

【字词注释】

① 野人：指在田野中从事农业生产的人，即农民、生产者、普通人。

② 及：这里是等到、到了的意思。

③ 沛：这里指水奔流的样子。

㊀ 张钢，《大学·中庸的管理释义》，机械工业出版社，2017年版，PP134-142.

【今文意译】

孟子说:"舜居住在深山里的时候,与树木、山石生活在一起,整天与鹿、猪打交道,同一般农民没有什么区别。等他听到追求共同利益的言论,看到追求共同利益的行为,就像决堤的江河一样,那种大水奔流般的力量,又有什么能抵挡得住呢。"

【管理解析】

本章以舜为例,继续对上章的观点给出说明。具体地说,孟子这段话包括两层含义。

首先,每个人都有"良知"。当人们说"舜也是人"或"某某也是人"的时候,其含义应该是舜或某某都不过是有着"人性"所固有"良知"的人。正是"人性"所固有的"良知",将人与其他外物,包括动物和植物,区别了开来。所以,当舜居住在深山中的时候,虽然也"与木石居,与鹿豕游",但舜还是和其他"深山之野人"一样都是人,而不是"木石""鹿豕",更不可能因为"与木石居""与鹿豕游",就变成了"木石""鹿豕"。人还是人,而不可能成为外物。

然而,在现实中,当人们说"某某也是人"时,隐含的意思却是,"某某"毕竟也有"食、色"等动物性追求。这不仅不是在突出"人性"所固有的"良知"内涵,反倒要用动物性来替"某某"的不恰当行为开脱。果真如此,与其说"某某也是人",倒不如说"某某也是动物"更恰当。要做好管理,就必须首先明确,到底是要发挥人之为人的潜能,还是要让人像动物一样成为工具或手段?做管理,就是要从"人性"所固有的"良知"出发,尊重人之为人的独特性,突显人的目的性价值,而不能把人当成工具或手段。这充分彰显了儒家管理的人本主义特征。

其次,管理者应该对"人性"所固有的"良知"保持高度敏感性。管理者必须首先激活"良知",不仅要从"良知"出发,进行制度规则及管理措施的制定及执行,还要用自己的"良知"去激发他人的"良知",让"良知"渗透在各项具体活动之中。从根本上说,"良知"才是一切创造、创新和力量的源泉。"人性"的伟大潜能,无不源于"良知",而一切人类文明进步,从根源上看,又无不归结于"良知"。虽然在某个特定组织和社会的具体发展进程中,或许会有"良知"遭泯灭所带来的挫折,但从长远来看,"良知"必定会主导整个组织和社会的发展进程,这也是历代儒家管理者所坚信不疑的。所以,孟子才说"及其闻一善言,见一善行,若决江河,沛然莫之能御也"。也就是说,舜对"良知"具有高度敏感性,一有机会,便如江河决口一样,以无法阻挡的本能力量去追求共同利益。这正是强大的"人性"力量。

严格来说，无论是孟子在这里提到的舜，还是在其他地方讲到的尧、商汤、周文王、周武王、周公等，都可以视为儒家理想世界中的理想管理者，他们是现实世界中管理者的理想类型，他们所共有的核心特征，便在于"人性"所固有的"良知"，也即"仁义礼智四端"及其"向善"的倾向性。在第五篇第7章中，孟子讲伊尹的"先知""先觉"，实际上就是针对"良知"的"先知""先觉"，这正是儒家管理者的突出标志。

由此便容易理解，为什么后来王阳明会如此强调"致良知"的核心地位，而且，王阳明本人也时刻以儒家管理者的理想类型——"圣人"作为自己的参照系和奋斗目标，即便到了当时贵州龙场那样的蛮荒之地，也时刻提醒自己，"圣人处此，更有何道"。这实际上就是在设想，如果像舜那样，"居深山之中，与木石居，与鹿豕游"，应该怎样做？可以说，王阳明的思维方式和行为方式，恰好诠释了孟子在本章所阐述的两方面内涵：其一，人之为人，关键是要同"外物"区别开来，这个区别在"良知"，而不在"外物"及对"外物"的感受性；其二，管理者必须对"良知"有着"先知""先觉"，为此，就必须眼睛向内，保持对"良知"的坚定信念、高度敏感性和执着追求。

7.17 孟子曰："无为其所不为，无欲其所不欲，如此而已矣。"

【今文意译】

孟子说："不要做不应该做的，也不要欲求不应该欲求的，这样就可以了。"

【管理解析】

本章在上章基础上，继续阐明，当管理者坚守"良知"及由此所派生出来的社会规范和职业规范，自然就知道什么不应该做，什么不应该欲求，而这恰是做应该做的，想应该想的底线。

实际上，"良知"就是根本价值尺度。从"良知"出发，便有了一整套行为规范，决定着"做人"和做管理，什么应该做，什么不应该做，什么应该欲求，什么不应该欲求。这些行为规范看似外在约束，实则源自"人性"所固有的德性前提，是由内而外地影响人们行为选择的底线准则。

另外，孟子在这里之所以只讲"无为""无欲"，而没有讲要做什么、要欲求什么，正像第四篇第36章中说"人有不为也，而后可以有为"一样，都在于说明，

"无为""无欲"是底线，只有坚守住底线，才能确保底线之上开放的、有着无限发展可能性的"有为""有欲"；否则，若底线不保，失去原则和约束，人的行为便会像断线的风筝，脱缰的野马，无所顾忌，无所不用其极。在"做人"和做管理上，虽然追求仁爱境界和共同利益这个目标是明确的，但达到这个目标的方法和途径却又多种多样；尽管这个目标是合理合法的，但目标的合理合法并不一定就能保证手段必然合理合法，因此，在现实情境中，除了"良知"前提和"向善"目标之外，还必须基于此确立若干否定性的"无为""无欲"底线，在底线之上，才能合理合法地进行创造和创新，以实现共同利益这个目标。

7.18 孟子曰："人之有德慧术知者，恒存乎疢疾①。独②孤臣孽子③，其操心也危④，其虑患也深，故达⑤。"

【字词注释】

① 疢疾："疢"，即疾病。"疢疾"，引申为灾祸。

② 独：这里是唯独、只有、仅仅的意思。

③ 孤臣孽子："孤臣"，指受排挤、被疏远的大臣；"孽子"，指非嫡妻所生的庶子。"孤臣孽子"，泛指受轻视、地位卑微的人。

④ 危：这里是端正、端直的意思。

⑤ 达：这里是明白、通晓事理的意思。

【今文意译】

孟子说："那些拥有执着追求德性的智慧以及拥有恰当运用各种方法的知识的人，通常都历经苦难。只有从艰难困苦中走出来的人，才更有可能保持思维端正，并具有更深刻的忧患意识，因此，也就更能明白事理。"

【管理解析】

本章承接上章，进一步说明，只有经历各种艰难困苦的磨炼，才能建立起底线，知道不应该做什么。

众所周知，管理者需要德才兼备。但问题是，管理者具备"德"到底意味着什么，而管理者拥有"才"又指的是什么？在孟子看来，管理者要具备"德"，首先应该把自己的思维运用到向内追求"人性"的深层次德性内涵上，并能将德性恰当运用于日常情境之中，让潜在的德性变成现实的德行，这种德性驱动、德行导向的思维运用，便是儒家意义上的智慧，也即孟子这里讲的"德慧"，实际上就是"中庸之德"的具体表现。

管理者所拥有的"才"，固然会因不同的组织特点、不同的专业领域和不同的管理活动而有所不同，但无论是在什么组织和什么行业中做管理，都离不开解决问题的方法运用，因此，说管理者拥有"才"，在很大程度上，就是说管理者拥有关于解决各种实际问题的方法的知识，这就是孟子所说的"术知"。孟子意义上的"术知"，突出的是管理者通过实践所形成的、带有很强意会性的知识。

当孟子说"人之有德慧术知者，恒存乎疢疾"时，讲的就是，那些德才兼备的管理者，通常都是经由苦难磨炼出来的，很难说谁天生就有"德慧术知"，也不能期望仅通过学校和书本学习就能获得"德慧术知"。由于"德慧术知"主要从实践中来，因而，不经过实践，尤其是不经历挫折和失败，就很难知道哪些方向是不正确的，哪些方法是行不通的，也就不可能建立起相应的否定性底线坚守，而没有底线坚守，又如何能执着追求德性、恰当运用各种解决问题的方法？孟子在第六篇第35章中所举的舜等六位伟大管理者的例子，恰说明了这一点。一个从来没有经历过磨难，总是一帆风顺的人，可能压根儿就没有机会去触碰和挑战底线，甚至都不知道底线在哪里，底线意味着什么？一个连底线都不清楚的人，又何谈坚守底线？

为了进一步说明经历磨难才更容易形成底线意识，并有毅力坚守底线，孟子专门举了"孤臣孽子"的例子。在诸侯国里，那些被疏远、排挤，甚至边缘化的管理者，即"孤臣"，就像大家族里那些非嫡出的子女，即"孽子"一样，社会地位都相对卑微，身心都经历了不少磨砺。在这种情况下，如果他们还能坚守"做人"和做管理的信念、价值观和行为规范，矢志不渝地追求共同利益，那就说明他们已具备了"德慧术知"，不仅能做到"操心也危"，而且还能做到"虑患也深"。这就使他们更容易理解他人和环境，看清未来发展的方向，更有效地解决各种各样的现实问题，其结果便是孟子所说的"达"。在这里，"达"既有通晓事理之意，也有豁达通透之意，说的就是只有经历过种种艰难困苦磨砺的人，才能更豁达而又不失底线坚守地面对人和事，解决各种复杂而又有挑战性的问题。

7.19 孟子曰："有事君人者，事是君则为容悦①者也。有安社稷臣者，以安社稷为悦者也。有天民者，达可行于天下而后行之者也。有大人者，正己而物正者也。"

【字词注释】

① 容悦：指表面上愉悦。

【今文意译】

孟子说:"有的人就想着如何服务好国君,以让国君个人满意为己任。有的人则想着诸侯国的安危,以保卫诸侯国为己任。有的人心系天下,以让自己的理想在天下实现为己任。真正的管理者,以端正自己,让各种事务得到公正处理为己任。"

【管理解析】

本章在上章基础上,进一步指出,管理者既要有内在底线坚守,还要公正处理各种事务,内外结合、恰到好处,才能做好管理。

孟子在这里列举了四种情况,表明可能存在四类管理者。前两类"事君人者""安社稷臣者",看似反差很大。前者只为国君个人服务,以取悦、迎合国君,让国君满意为己任。推而广之,这类管理者认为,做管理就是要对上级负责,谁给了自己权力,自己就是谁的人,就要对谁忠诚。后者则是为诸侯国的安危着想,虽然职权是由国君授予的,但国君之所以授予自己职权,是为了让自己承担起管理好诸侯国的重任,因此,做管理的责任意识是指向岗位职责和诸侯国,一切以诸侯国的安危为己任。推而广之,这种对组织负责,对组织忠诚,一切从组织的生存和发展出发考虑问题,而不管特定上级或授权者是谁的做法,同样在现实中普遍存在。

然而,无论"事君人者",还是"安社稷臣者",都有一个共同特点,那就是缺乏超越特定个人或组织的职业意识和内在信念及价值观坚守,一切价值尺度都只在于满足外在的特定个人或组织的需要,或者更准确地说,这两类管理者都只生活在现实世界中,缺乏对理想世界的执着追求。对于那些"事君人者"来说,由于一切都围绕着取悦国君,让国君满意,因而,国君信奉什么,自己就信奉什么,国君有什么样的价值观,自己就有什么样的价值观,完全丧失了内在的一定之规。同样,对于那些"安社稷臣者"来说,只要能"安社稷",只要能创造出让诸侯国生存和发展的业绩,什么手段都可以采取,什么方法都可以用,无所谓其他底线,唯一的底线就是"社稷安危",这与"事人君者"的唯一底线是"国君满意",本质上一样,都是外在的而非内在的。

对于第三类管理者,孟子称之为"天民",意思是超越了特定诸侯国及国君,心系天下,以天下为己任,从天下安危的角度考虑问题。这样的人必定有自己的理想世界追求,形成了内在信念和价值观坚守。毕竟"天下"是一个抽象概念,而非现实所指,尤其是到了孟子所处的战国时期,"天下"已失去了明确的代表,"天子"和"周王朝"都早已形同虚设,心系天下并不必然意味着直接为哪个对象服务或做管理，因此，孟子这里所说的"天民"，就是指那些具有超越特定诸侯国的天下意识，并努力在天下实现自己理想的管理者。甚至可以说，"天民"指的就是纯粹的理想主义者，恰好同前两类管理者，即"事君人者""安社稷者"这样的纯粹现实主义者，形成鲜明对照。"天民"这种纯粹理想主义者，虽然有自己内在信念和价值观坚守，但由于缺乏对现实世界的关切，很难在现实世界中找到实现自己理想的可行路径，而只能处在一种"达可行于天下而后行之"的漫长等待之中。

第四类管理者，即"大人"，才是儒家所认可的管理者。他们能够将对理想世界的追求，将自己的内在信念和价值观坚守，与现实世界中的各种具体事务恰当结合起来，在解决现实问题的同时，正向影响人们一起创造更广大的共同利益。所以，"大人"才是真正的管理者，他们能够做到"正己而物正者也"。在这里，"正己"意味着管理者有内在的信念和价值观坚守，让思言行具有内在准则，从而能保持一致和端正；而只有做到"正己"，管理者才有可能面向现实世界去"正物"，这里的"物"是指"事"或"事务"而言，"正物"即让现实世界中各项具体事务得到公正处理。在《论语》第十三篇第6章中，孔子讲"其身正，不令而行；其身不正，虽令不从"⊖。说的就是"正己而物正者也"的道理。

借助孟子关于四类典型管理者的区分，不难理解，真正的管理者既不能只是纯粹的现实主义者，像"事君人者""安社稷臣者"那样，也不能只是纯粹的理想主义者，像"天民"那样，而应该将理想与现实结合起来，立足现实，守望理想，既能高瞻远瞩，又能脚踏实地，进而做到"正己而物正"。

7.20 孟子曰："君子有三乐，而王天下不与存焉。父母俱存，兄弟无故①，一乐也。仰不愧于天，俯不怍②于人，二乐也。得天下英才而教育之，三乐也。君子有三乐，而王天下不与存焉。"

【字词注释】

① 故：这里是灾祸、变故的意思。　　② 怍：这里是惭愧、羞惭的意思。

【今文意译】

孟子说："管理者有三种快乐，但实行王道、实现天下统一，却不在其中。父母都健在，兄弟无灾祸，这是第一种快乐。既无愧于上天，也无愧于他人，这是第二

⊖ 张钢，《论语的管理精义》，机械工业出版社，2015年版，PP354-355。

种快乐。能有机会教育天下的优秀人才，这是第三种快乐。管理者有三种快乐，但实行王道、实现天下统一，却不在其中。"

【管理解析】

本章继续说明，真正的管理者是以内在信念和价值观追求为快乐，而不只是注重外在功业。

上章讲真正的管理者努力追求"正己而物正"，而"正"的标准在内部理想世界，不在外部现实世界。这意味着，管理者的快乐源泉既不在于外部对象或结果的达成，也不在于感官满足，而在于内在信念和价值观追求及其对现实世界所产生的正向影响。

儒家以"仁义"为核心的价值观，首先要借助孝悌行为表现出来。"孝"指向父母，"悌"关乎兄弟。当"父母俱存，兄弟无故"时，孝悌才有可能。做到了孝悌，以"仁义"为核心的价值观才能切实得到践行，"做人"也才会立得住。"做人"上的快乐，无疑是儒家管理者的第一快乐。

如果说孝悌是"做人"的根本，达到了"做人"要求，自然会快乐，那么，"仰无愧于天，俯不怍于人"，则是"做事"的根本，达到了"做事"的要求，同样也会快乐。"仰无愧于天"，指的是"做事"要遵从规范，特别当涉及人与人之间关系或共同利益的事务时，一定要按照那些不依赖于个体感性偏好、私人利益为转移的社会规范来做，而这些社会规范就是"天"或"天理"。只有遵从"天理"或社会规范去"做事"，才能无愧于自己的"良知"。"良知"也就是"天理"，因为"天理"或社会规范并非外在于人而存在的外部事物，而是内生于"人性"所固有的德性内涵及其"向善"的倾向性，也即"良知"之中，这就是王阳明说"心即理"或"良知即天理"的意义所在。因此，在"做事"上，"仰无愧于天"也就意味着"仰无愧于良知"。

"做事"不仅涉及社会规范的遵循，还涉及可能产生的结果及其影响。不管"做事"的实际结果及其影响如何，人们"做事"的出发点或动机必须是追求共同利益而不是私人利益，至少不能以损害他人利益作为"做事"的动机或出发点。虽然"做事"经常会出现意想不到的结果，甚至是损害他人利益的结果，但这绝不应该成为"做事"者主观故意追求的，而只能是不可控因素造成的非预期结果。因此，由于"做事"总会或多或少涉及他人利益得失，这就要求人们"做事"的动机或出发点必须追求共同利益，这样一来，不管出现什么样的结果，都能坦然面对，无愧于任何利益相关者。这或许正是孟子用"俯不怍于人"所要表达的意思。因为"做事"离不开过程和结果，只有在过程上"无愧于天"，严格遵循规范，才能在结果上"无怍于人"，总是立足于共同利益而非私人利益。"做事"的过程和结果相辅相成，密不可分。真正在"做事"上达到了"仰无愧于天，俯不怍于人"，自然就会快乐。

当然，管理者的快乐不仅在于"做人""做事"，还在于人才培养过程。根据儒家的观点，管理过程同时也是一种教育过程，甚至管理过程中人才培养的重要性远超过看得见的业绩指标的达成，而且，儒家管理模式的最终落脚点也是"有耻且格"，即培养每位成员的自我管理能力，让他们能自觉地追求共同利益。因此，对于儒家管理者来说，能培养和造就人才，即"得天下英才而教育之"，自然是一件快乐的事。

值得注意的是，孟子在本章中两次强调"君子有三乐，而王天下不与存焉"，既然儒家致力于"王天下"，那为什么"君子有三乐"中，反而不包括"王天下"呢？这可能有三方面原因。

首先，"王天下"只是一种结果或功业，而儒家管理淡化对结果的过分关注，因此，儒家管理者的快乐，更多来自于内在追求过程，而不是纯粹外在结果的达成。

其次，要达成"王天下"的结果，仅有管理者的努力是远远不够的，还必须有各种环境条件的匹配才行，因此，即便实现了"王天下"，那也不完全是管理者的功劳，管理者必须清醒地认识到自身能力及贡献的有限性，更要冷静地看到"王天下"之后更为复杂和艰辛的管理重任。

第三，"王天下"可能需要经历一个漫长过程，要由几代管理者持续努力才能实现，因此，这不是哪个管理者能够独自以此为乐的事。如果说"王天下"是一种快乐，那也应该是跨时空的管理者共同体在持续努力之后的共同快乐，而非个体快乐。

快乐是每个人都想要达到的状态，趋乐避苦乃人之常情。但是，作为儒家管理者，即便要趋乐避苦，也不能仅局限在"人性"的浅层次生物性需要的满足上，而必须立足于"人性"的深层次德性需要的追求。《论语》曾讲到孔子"饭疏食，饮水，曲肱而枕之，乐亦在其中矣"，也谈到颜回"一箪食，一瓢饮，在陋巷，人不堪其忧，回也不改其乐"⊖，说的都是一种超越感官愉悦，源自内在信念和价值观坚守的快乐。这应该成为管理者致力于追求的一种独特的职业快乐。

⊖ 张钢，《论语的管理精义》，机械工业出版社，2015年版，P188，PP149-150.

7.21 孟子曰:"广土众民,君子欲之,所乐不存焉。中天下而立,定四海之民,君子乐之,所性不存焉。君子所性,虽大行不加焉,虽穷居不损焉,分定故也。君子所性,仁、义、礼、智根于心。其生色也,睟①然见于面、盎②于背、施③于四体,四体不言而喻。"

【字词注释】

① 睟:这里指润泽的样子。
② 盎:这里是充满、显现的意思。
③ 施:这里是分布、散布的意思。

【今文意译】

孟子说:"扩大土地面积,增加人口数量,这当然是管理者想要做的,但这并不是管理者的快乐所在。立于天下的中央,安定四海的民众,这可能是管理者的快乐所在,但还不是管理职业的本质特性。管理职业的本质特性,不会因管理者个人实现了理想而有所增加,也不会因管理者个人处于穷困之中而有所减少,因为管理职业的本质特性是超越管理者个人而存在的。管理职业的本质特性,就是让仁义礼智植根于管理者思维之中,并由内而外地反映在温和的面容上,进而扩展到身体各部分上,仅是那亲切的举止,即便不说话,也能让人们感受到一种影响力。"

【管理解析】

本章在上章基础上,阐明管理职业特性对管理者素质的内在要求。

从管理岗位职责来说,管理者必须达到绩效要求,或者说,管理者的责任必然包括绩效责任,儒家也不否认管理者必须承担绩效责任。但是,儒家并不以绩效为唯一责任要求,甚至也不是首要责任要求,因此,儒家管理者并不因履行了绩效责任而感到快乐,也即孟子说"广土众民,君子欲之,所乐不在焉"。在当时的历史条件下,"广土众民"是诸侯国管理的重要绩效责任之一,每个管理者都想实现这种绩效目标,但这并不是儒家管理者要致力于追求的内在价值。

对于儒家管理者来说,"王天下"是非常重要的目标追求,虽然孟子在上章认为这还不是个体管理者的"三乐之一",但对于管理者共同体而言,"王天下"却是最高理想,也可以说是管理职业的共同快乐源泉。虽然"王天下"是管理者共同体的重要目标追求,但还不是管理职业的本质特征所在。"中天下而立,定四海之民",

不过只是一种理想状态，管理职业之区别于其他职业的本质特征，既不在于这种理想状态，也不在于个体管理者能否实现自己的理想，而在于管理职业赖以存在的合理性，那便是阐明和弘扬"人性"的德性内涵及其"向善"的倾向性，也即《大学》所说的"大学之道，在明明德，在亲民，在止于至善"⊖，这才是管理职业得以存在，并区别于其他职业的本质特征。

孟子用"君子所性，仁、义、礼、智根于心，其生色也，睟然见于面、盎于背、施于四体，四体不言而喻"，从管理者素质要求的视角，对《大学》开篇所阐发的儒家管理之道进行了更为具体的说明。在孟子看来，管理职业的本质特征，也体现在对管理者素质的独特要求上。管理者必须眼睛向内，首先认识和把握自己内在的"仁义礼智四端"，进而由内向外体现在面部表情、身体行动、举手投足之间，即便不用言语，也能用行动昭示出"人性"的德性内涵，由此对他人产生影响。管理者这种由内而外的影响力，就是领导力，也正是管理职业的本质特征的集中体现，它不会因外在的社会地位或成功与否而发生改变，所以，孟子要说，"君子所性，虽大行不加焉，虽穷居不损焉，分定故也"。这恰表明，那种超越于资源和权力之上的领导力，才是管理职业的本质特征之一。

7.22　孟子曰："伯夷辟纣，居北海之滨，闻文王作，兴曰：'盍归乎来？吾闻西伯善养老者。'太公辟纣，居东海之滨，闻文王作，兴曰：'盍归乎来？吾闻西伯善养老者。'天下有善养老，则仁人以为己归矣。五亩之宅，树墙下以桑，匹妇蚕之，则老者足以衣帛矣。五母鸡，二母彘，无失其时，老者足以无失肉矣。百亩之田，匹夫耕之，八口之家足以无饥矣。所谓西伯善养老者，制其田里，教之树、畜，导其妻子，使养其老。五十非帛不暖，七十非肉不饱。不暖不饱，谓之冻馁。文王之民，无冻馁之老者，此之谓也。"

【今文意译】

孟子说："伯夷为躲避商纣王，住在北海边，听说周文王兴起，便出来说：'何不投奔西伯去？我听说西伯善待老人。'姜太公为躲避商纣王，住在东海边，听说周文王兴起，也出来说：'何不投奔西伯去？我听说西伯善待老人。'天下只要有

⊖　张钢，《大学·中庸的管理释义》，机械工业出版社，2107年版，PP4-7.

人善待老人，那么，追求仁爱境界的人都会去追随。在五亩大的院子里，墙角种上桑树，妇女就可以养蚕制丝，这样老人便可以穿上丝制衣服了。五只母鸡，两头母猪，适时喂养，老人就能有肉吃了。一个有百亩田产的家庭，只要一位农民耕种，家里八口人都可以吃饱饭了。人们说西伯善待老人，就是指他能制定合理的田产制度，教给人们种树、养家畜的方法，并教育妻子儿女赡养老人。人到了五十岁，若没有丝制衣服，就穿不暖；人到了七十岁，若没有肉食，就吃不饱。穿不暖、吃不饱，就要受冻挨饿。周文王的民众，不会有受冻挨饿的老人，说的就是这个意思。"

【管理解析】

　　本章用具体事例说明，管理职业的本质特性在现实中的具体表现，首先在于解决民生问题。

　　周文王"善养老者"的例子，在第四篇第13章中也曾提到，而且这些具体管理措施也曾在第一篇多次讲过。这里之所以要再次讲，可能是为了进一步阐明管理职业的本质特性。在当时"议行合一"的管理体制下，管理者既是制度规则和政策措施的制定者，也是执行者，这就更强化了由内而外地自我监督和约束的重要性。

　　另外，这里之所以要选择"善养老者"作为典型案例，主要是因为在当时的历史条件下，"养老"既能体现以"仁"为核心的价值观和社会规范的重要意义，也是一项关键的社会保障措施，能从根本上解决人们的后顾之忧，以利于追求更长远和更广大的共同利益，否则，人们可能因担忧老无所养，看不到未来，只顾眼前，及时行乐，这将从根本上动摇组织和社会生存及发展的根基。从另外角度来说，老人又是社会最宝贵的财富之一，通过"养老"，可以让老年人的经验和智慧得以传承，对组织和社会的可持续发展意义重大。

7.23　孟子曰："易①其田畴②，薄其税敛，民可使富也。食之以时，用之以礼，财不可胜用也。民非水火不生活。昏暮叩人之门户，求水火，无弗与者，至足矣。圣人治天下，使有菽③粟如水火。菽粟如水火，而民焉有不仁者乎？"

【字词注释】

　　① 易：这里是治、整治的意思。
　　② 畴：指已经耕作的、整齐划一的田地。
　　③ 菽：指豆类。

【今文意译】

孟子说:"将田产制度设计好,把税赋降低,就能使民众富裕起来。按照时令,恰当地饮食,依据规范,合理地消费,财物就用不完。若没有水和火,人们便无法生活。黄昏或夜晚去敲人家门,想借点水和火,没有不给的,原因是水和火都很充裕。伟大管理者治理天下,就是要让豆类、谷类等粮食像水和火一样充足。若粮食像水和火一样充足,民众还能不追求仁爱境界吗?"

【管理解析】

本章承接上章,继续阐明,只有解决了温饱问题,才能让"人性"的德性内涵充分发扬光大。

在当时的历史条件下,社会经济基础在于农业生产,而要发展农业生产、创造财富,就必须调动农民的生产积极性,解决农业生产中的激励问题。当时农业生产中的激励机制设计主要体现在两个方面,一是田地的合理分配,二是税赋的合理征收。孟子在第三篇第3章中之所以推崇"井田制",很大程度上也在于"井田制"能解决这两方面激励机制设计问题,有助于"易其田畴,薄其税敛",最终达到"富民"目的。

当然,只增加农业生产还不够,还必须同步合理控制消费,才能有节余,以支持各项公共基础设施建设。在合理控制消费上,孟子主张"食之以时,用之以礼",这样才会"财不可胜用",而一旦节余的财富积累得像水和火一样充足的时候,引导人们追求仁爱境界就变得容易了。因此,孟子最后说,"圣人治天下,使有菽粟如水火。菽粟如水火,而民焉有不仁者乎"。

7.24 孟子曰:"孔子登东山①而小鲁,登太山②而小天下。故观于海者难为水,游于圣人之门者难为言。观水有术,必观其澜③。日月有明,容光④必照焉。流水之为物也,不盈科不行;君子之志于道也,不成章不达。"

【字词注释】

① 东山:指鲁国都城外的一座山。
② 太山:即泰山。
③ 澜:指大波浪。
④ 容光:指小的缝隙。

【今文意译】

孟子说:"孔子登上东山就觉得鲁国很小,登上泰山又觉得天下很小。所以,曾观看过大海的人,就难以对一般水流产生兴趣了,而曾见识过伟大管理者的理想世界的人,也就难以被一般言论所左右了。观看水流是有方法的,一定要看它那波澜壮阔的气势。日月之光,只要有缝隙,就会透过来。流水之势,只有填满了低洼处,才会继续前行;管理者立志追求管理之道,若不经日积月累,就不能通达于天下。"

【管理解析】

本章讲管理者如何才能超越现实世界,建立起理想世界,并以此来指引对现实世界的改变。

管理者要想超越眼前利益和局部利益,建立起追求共同利益的视野和志向,则必须让思维有更高的立足点,就如同站得高,自然看得远一样。孟子说"孔子登东山而小鲁,登太山而小天下",正是用登高望远,来隐喻一个人思维境界的提升。严格来说,共同利益和发展前景,都是无法用肉眼直接看到的,也无法用其他感官直接感觉到,而只能用思维去把握。但是,思维的运用又离不开信念和价值观。信念和价值观之于思维的作用,就好比立足点之于视野的作用。要让思维得以超越眼前和局部,理解并把握住未来和全局,就必须立足于更高层次的信念和价值观及由此所形成的更广大的理想世界。当管理者立足于儒家理想世界去思考现实世界时,格局就会完全不同。就像"观于海者难为水"一样,"游于圣人之门者难为言",也就是说,那些建立起儒家理想世界,并以历史上的伟大管理者为榜样的管理者,也不会被现实世界中的某些管理言论所左右。

如果想要辨别什么样的理想世界层次更高,更有吸引力,其实就如同观看水流要看它的波涛汹涌之势一样,关键在于把握住理想世界的"人性"基础以及理想世界与现实世界的反差。正是"人性"基础决定了理想世界的层次及其对现实世界的巨大指导价值。

为了说明这一点,孟子用光和水的特性做比喻。"日月有明,容光必照焉""流水之为物,不盈科不行",说的就是,日月之光,只要有缝隙,就一定能透过去,流水之势,只要把低洼地方填满,就会继续前行。这背后的驱动力都不在外部,而在于光和水的本性。同样,儒家理想世界是建立在"人性"所固有的德性内涵及其"向善"的倾向性之上,具有强大的内在驱动力;虽然眼前看似理想与现实之间有着巨大反差,但由于儒家理想世界立基于"人性",又顺应"人性"发展趋势,因而,终将会引导并改变现实世界。那些立志追求儒家理想世界的管理者，经日积月累之后，必定能通达于现实世界。

7.25 孟子曰："鸡鸣而起，孳孳①为善者，舜之徒也。鸡鸣而起，孳孳为利者，跖②之徒也。欲知舜与跖之分，无他，利与善之间③也。"

【字词注释】

① 孳孳：同"孜孜"，勤勉努力的样子。
② 跖：人名，春秋时期的大盗。
③ 间：这里是间断、差别的意思。

【今文意译】

孟子说："鸡叫就起床，努力追求共同利益，那是像舜一样的人。鸡叫就起床，努力追求私人利益，那是像跖一样的人。若想知道舜与跖的区别，其实很简单，就在于是追求共同利益，还是追求私人利益。"

【管理解析】

本章承接上章，明确指出，管理者日积月累地努力，关键在于追求共同利益，相反，若只是千方百计地追求私人利益，甚至损害他人利益和共同利益，那实际上同盗贼没有分别。

若仅是在现实世界中观察个体的勤勉行为，还是很难分辨信奉不同学说的管理者，甚至连管理者与盗贼都难以区分。哪怕是春秋时期的大盗跖，在行为上也异常勤勉，并不逊色于舜这样伟大的管理者，但是，跖与舜之所以有如此大的反差，一位成了盗贼，一位成了伟大管理者，关键不在于"鸡鸣而起"的行为本身，而在于这种行为背后的动机以及支撑动机的信念和价值观，是"孳孳为善"，还是"孳孳为利"。正是因为有了这种信念、价值观和动机上的分别，虽然看似有相同的行为，却产生了截然不同的结果。

"利"本身无所谓好坏，但基于不同的信念和价值观，"利"却会被赋予不同的意义，进而就会有不同的方式界定和获取"利"，这时便有了共同利益、整体利益、私人利益的分别，以及用私人利益去损害整体利益、共同利益的可能。因此，当孟子将"善"与"利"相对时，"善"代表的是共同利益，其中既包括整体利益，也包括私人利益，但这种私人利益是在共享价值观和制度规则下被清晰界定并保护的，以不损害共同利益、整体利益和他人的个体私人利益为前提；而这里与"善"相对的"利"，则专指"为利而利"意义上的纯粹物质利益，这也是一种无视规则规范的赤裸裸的私人利益，甚至可以借助强取豪夺而来，如大盗跖之"孳孳为利"。

虽然"利"本身无所谓好坏，但孟子在这里将"利"与"善"相对，便隐含了一种价值判断。那种脱离开"善"这个前提，纯粹意义上的"利"或私人利益，甚至通过损害共同利益和他人利益所获得的"利"或私人利益，当然就是不好的。所以，孟子才将这种"利"与春秋时期的大盗跖联系在一起，而将"善"与舜联系在一起。这实际上就是说，管理者若不追求共同利益，而是利用职权追求私人利益，那就与大盗没有什么区别。

7.26　孟子曰："杨子取为我，拔一毛而利天下，不为也。墨子兼爱，摩顶放踵①利天下，为之。子莫②执中，执中为近之。执中无权，犹执一也。所恶执一者，为其贼道也，举一而废百也。"

【字词注释】

①　摩顶放踵："摩"，通"磨"；"顶"，指头顶；"放"，放任；"踵"，指脚后跟。"摩顶放踵"，指头顶秃了，鞋子破了，脚后跟都露了出来，意指操心奔波，不辞辛苦。

②　子莫：鲁国人。

【今文意译】

孟子说："杨子主张以自我为中心，拔下一根毫毛，做有利于天下的事，都不干。墨子主张兼爱，为了天下利益，操心奔波，在所不辞。子莫坚持走中间路线，认为中间路线就接近管理之道了。但是，如果只是一味地走中间路线，却没有内在的一定之规，也不知道权衡变化，实际上与走极端一样。之所以讨厌走极端，就是因为它会损害管理之道，以偏概全，抓住一点不及其余。"

【管理解析】

本章借不同观点的比较，进一步说明"善"与"利"的分别以及管理者应如何执着追求管理之道和理想世界。

正如第三篇第14章中孟子所指出的那样，杨朱和墨翟分别代表了当时的两种极端观点。在利益问题上，杨朱主张私人利益至上，以自我为中心，用孟子的话说是"杨子取为我,拔一毛而利天下,不为也";与杨朱的观点相反,墨翟从"兼爱"出发,主张整体利益至上,为了整体利益或"天下利益",可以不顾乃至牺牲个体私人利益,所以,墨子才会"摩顶放踵利天下,为之"。像杨朱那样主张极端个体私人利益至上、墨翟那样主张极端整体利益至上,在现实世界里都很难实行,为此,子莫采取了"折中"观点。

需要说明的是,孟子在这里讲"子莫执中,中为近之",与《中庸》说"舜好问而好察迩言,隐恶而扬善,执其两端,用其中于民"㊀,是有本质区别的。舜"执中",指的是把握住"人性"的内在本质之"中",而不是在外部两个相反观点或主张之间找到一个中间点,走中间路线。子莫"执中",则恰是立足于杨朱和墨翟的两种相反观点所采取的折中措施,他认为,只要能在这两种极端观点之间走中间路线,就可以达到对管理之道的恰当把握,即"中为近之"。实际上,极端观点之所以极端,就在于没有中和性,无论怎么"折中",仍是极端,就像无穷大不管除以什么具体数值,仍是无穷大一样;更何况,不同极端观点的立论前提有着本质区别,这就使得不同性质的极端观点之间,既没有可比性,更难相互融通。因此,子莫想在杨朱和墨翟两种极端观点之间走中间路线是不可能的。难怪孟子会说,"执中无权,犹执一也"。这里的"权",原义为秤锤,引申为标准,意指内在的一定之规。也就是说,若没有内在的一定之规,只想一味地在外部两种极端观点之间走中间路线,实际上同走极端是一样的。这种"无权"带来的"执一",同样会"举一而废百",严重损害管理之道。

在利益问题上,儒家既反对杨朱纯粹个体私人利益至上的观点,也不赞同墨翟纯粹整体利益至上的观点,更不认可子莫试图在两者之间走中间路线的做法。儒家倡导的"善",首先植根于"人性"的德性内涵,即"仁义礼智",由此必然要超越纯粹的个体私人利益,去追求共同利益,以实现德性与社会性相统一;其次,作为共同利益的"善",又并非像墨翟主张的那样要否定或放弃个体私人利益,而是要借助将个体私人利益,先融入由亲情之爱联结起来的家庭这个最基本的共同利益载体之中,以实现对纯粹个体私人利益的初步超越,然后再由家庭这个范围相对较小的共同利益,进一步上升到诸侯国这个范围比较大的共同利益,最终再由诸侯国这个范围比较大的共同利益,上升到天下这个范围最广大的共同利益,从而将个体、家庭、诸侯国和天下融为一体,这种最为广大的共同利益,既包括个体私人利益,又包括不同层次上的整体利益。正是这种个体私人利益与不同层次上的整体利益及其动态交互作用,才构成了儒家所倡导的"善"的内涵。

㊀ 张钢,《大学·中庸的管理释义》,机械工业出版社,2017年版,PP97-99.

儒家意义上的"善",显然与杨朱、墨翟、子莫的观点完全不同。儒家的"善"深深根植于"人性"的德性内涵之中,是德性的"仁义礼智四端"所固有的倾向性,人天然就具有"向善"或追求共同利益的内在动力。这也正是为什么孟子要明确提出"人性本善"的原因。以此为基础,便不难理解,儒家赋予"利"的意义源泉在内部而不在外部,"利"之所以有意义、有价值,恰由于"利"能帮助人们实现"人性"中固有的"向善"倾向性,而不仅是因为"利"能满足"人性"中固有的生物性需要。因此,儒家的"向善",实际上是向内求,向内去发掘"人性"更深层次的德性内涵及其"向善"的倾向性,这样才能赋予外在的"利"以恰当的意义和价值,从而把握住利益,而不是为利益所左右。这就是为什么舜"执中"并非要在外部不同观点之间走中间路线,而是要确立内在一定之规的原因,也是为什么孟子要一再强调反思及思维训练的重要性的原因。管理者要立足于"向善",正确对待利益,只有眼睛向内,依靠思维而不是感官。这正是下章要讲的内容。

7.27 孟子曰:"饥者甘食,渴者甘饮,是未得饮食之正也,饥渴害之也。岂惟口腹有饥渴之害?人心亦皆有害。人能无以饥渴之害为心害,则不及人不为忧矣。"

【今文意译】

孟子说:"饿了吃什么都香,渴了喝什么都甜,这不过是因为饿和渴让人们无法品味到饮食原本的滋味罢了。人们在饿和渴时,难道只有口腹这样的器官会受影响吗?其实思维也会受影响。人们如果能不因饿和渴而影响思维,那也就不会因物质财富上不如别人而忧虑了。"

【管理解析】

本章承接上章,以感官偏差做比喻,阐明"向善"绝不是向外追求看得见的利益,而是向内寻求关于"善"的"人性"基础,这样才不至于被外部利益牵着鼻子走。

在生物性或生存需要得不到满足的情况下,感官会扭曲对外物的判断,以至于出现"饥者甘食,渴者甘饮",反而无法恰当地理解和把握外物及其与人的关系。其实,何止是饥渴在扭曲着人们对外物及其与人的关系的认识,在利益问题上,又何尝不是如此。当人们如饥似渴地去追求外在利益时,难道不也会扭曲关于外在利益及其与人的关系的认识吗？孟子正是以饥渴扭曲人们对"饮食之正"的认识，来类比人们关于利益的思维方式，经常会因强烈的生物性或生存需要而扭曲。

在现实中，很多人拼命追逐外在利益或外物本身，并不断用看得见的外物进行比较，总以自己拥有的外物不如别人多而懊恼，从而陷入追逐外物的恶性循环。要打破这种恶性循环，就必须超越生物性或生存需要，立足于"人性"的德性需要，正确看待外物及其与人的关系，赋予外物以恰当的意义。这样一来，人们自然不会眼睛总是盯着外物，去横向攀比了。

7.28 孟子曰："柳下惠不以三公①易其介②。"

【字词注释】

① 三公：指太师、太傅、太保，泛指高级管理职位。

② 介：是会意字，本义为界线、边界，这里引申为内在准则、操守的意思。

【今文意译】

孟子说："柳下惠不会为了得到高级管理职位而改变自己的内在准则。"

【管理解析】

本章以柳下惠为例，进一步说明，管理者有了内在行为准则，思维才能超越外在利益诱惑。

柳下惠不管在什么岗位上，都能始终如一地坚守自己的信念和价值观，绝不会为了获得外部权力、地位和财富而用自己的内在行为准则做交易。在孟子看来，柳下惠的"介"，恰代表了管理者所应具备的职业意识。

当然，孟子说"柳下惠不以三公易其介"，并不意味着柳下惠不屑于"三公"这样的高级管理职位，更不意味着柳下惠做管理时总是无视岗位职责和规则规范，完全依照个人意愿做事，而是要强调指出，柳下惠做管理有自己的内在准则，是从内部动机出发，由内而外地履行职责，遵从规则规范。也就是说，柳下惠"做人"和做管理的内在准则或底线，要比组织和社会的规则规范等外部底线高得多，他只要遵从内在准则，自然就能够履行职责，完成任务，而又不违背组织和社会的规则规范。

相反，如果一个人的"做人"和做管理的内在准则或底线，比组织和社会的规则规范等外部底线还要低，甚至压根儿就没有内在准则或底线，那么，他一定会通过各种方式来试探组织和社会规则规范的底线，以达到触摸底线乃至突破底线而获利的目的，更有甚者，他若在一个没有底线或底线形同虚设的环境里，自然也就无所顾忌，为达目的，不择手段。

7.29 孟子曰："有为者辟若①掘井，掘井九轫②而不及泉，犹为弃井也。"

【字词注释】

① 辟若：即譬如。
② 轫：通"仞"，长度单位，八尺或七尺为一仞。

【今文意译】

孟子说："向内开发人性的德性内涵及其向善的倾向性，譬如打井一样，打到九仞深还没有出水，若停了下来，这仍是一口废井。"

【管理解析】

本章承接上章，说明要向内开发"人性"的深层次德性内涵及其"向善"的倾向性，必须持之以恒，坚持不懈。

"人性"是一个立体化、多层次的复杂体系，其中既有浅层次的生物性内涵，不需要刻意开发，也会自然显露；还有深层次的德性内涵，必须持续开发和修养，才能彰显出来。

关于"人性"的德性内涵的持续开发和修养，孔子曾说，"譬如为山，未成一篑，止，吾止也。譬如平地，虽覆一篑，进，吾往也"，也曾说，"苗而不秀者有矣夫！秀而不实者有矣夫"㊀，而《大学》则用"汤之铭盘曰：'苟日新，日日新，又日新'"㊁予以说明，孟子在第六篇第19章也曾用"五谷"与"荑稗"的比较做出解释。在本章，孟子又以打井为例，进一步说明，要开发"人性"的深层次德性内涵，必须持之以恒，不懈努力。

打井还存在一定的不确定性，由于人们事先不一定清楚地下是否有泉水，"掘井

㊀ 张钢，《论语的管理精义》，机械工业出版社，2015年版，P255，PP257-258.
㊁ 张钢，《大学·中庸的管理释义》，机械工业出版社，2017年版，PP22-24.

九轫而不及泉",放弃了,或许情有可原。虽然这口井也是"弃井",但至少还可以告诉人们,附近的地下可能没有泉水,以后不要在这个区域打井。然而,对于"人性"的德性内涵的开发和修养来说,目标非常明确,结果也可预期。只要持续不懈努力,德性光辉必能彰显。虽然程度会有所不同,但都将影响行为,并渗透于各种各样的事务之中。因此,对于管理者的自我修养和自我管理来说,确立起对"人性"的德性前提的坚定信念极其关键,有了这种坚定信念,才能执着地坚持下去。

7.30 孟子曰:"尧、舜,性之也。汤、武,身之也。五霸,假之也。久假而不归,恶①知其非有也?"

【字词注释】

① 恶:这里是连词,怎么、难道的意思。

【今文意译】

孟子说:"尧、舜是自然而然地带领人们追求人性的德性内涵及其向善的倾向性。商汤、周武王是亲身体验后,再努力引领人们追求人性的德性内涵及其向善的倾向性。春秋五霸是假借人性的德性内涵及其向善的倾向性,来谋求各自利益,他们长期假借而不实际追求,难道人们会看不出来吗?"

【管理解析】

本章承接上章,说明最高管理者立足于"人性"的德性内涵,追求仁爱境界和共同利益,不仅具有示范效应,更重要的是,还能帮助人们建立起共同信念,从而克服个体的意志无力。

在孟子看来,组织的最高管理者认同"人性"的德性内涵,带领人们追求仁爱境界和共同利益有三种情况。第一种是像尧、舜那样,已完全洞悉"人性"的德性内涵,自觉地以此来指导各项规则规范制定和执行,从而将关于仁爱境界和共同利益的追求,自然而然地渗透于日常事务之中,让人们不知不觉地走上追求仁爱境界和共同利益的道路。这是做管理的最高境界,把"人性"与管理完全融为一体,看似自然无为,实则本性流露,无所不为。所以,孟子说"尧、舜,性之也。"

第二种是像商汤和周武王那样,"身之也",即先从自我做起,努力认知、理解、开发和践行"人性"的德性内涵,经由身体力行的切实体验,再将之整合到日常管理规则规范的制定和执行之中，最终引领人们去追求仁爱境界和共同利益。这虽然不是一个完全自然而然的过程，但经过最高管理者的自我探索，也能很好地将"人性"的德性内涵融入到各种管理活动之中，让外物或"利"具有了恰当的意义，从而引导和激发人们去追求仁爱境界和共同利益。像商汤和周武王这种渐进探索、持续努力的模式，可能更具有代表性。恐怕大多数管理者都需要经历这样一种由自我探索、自我发现、自我修养、自我管理，再向外去影响他人，共同追求的过程。

第三种是像春秋五霸那样，"假之也"。春秋五霸也打着"仁义"的旗号，但目的却是假借"仁义"之名，谋求一人一国的利益。这表明，春秋五霸并非真正认同"人性"的德性内涵，不过是将之作为实现其他目标的操作手段或策略工具而已，自然也就不会将追求仁爱境界和共同利益本身作为目标了。这种策略化或工具化的"仁义"旗号，短期内或许还能起到瞒天过海、欺内蒙外的作用，但是谎言终归要被识破，旗号早晚会失去吸引力。当春秋五霸"久假不归"之后，人们又怎会认不清其本来面目呢？一旦管理者，尤其是最高管理者的本来面目被认清，其结果无外乎是，人们要么离开这个组织，要么以虚假对虚假，表面一套，背后一套，说一套，做一套。不管哪种情况出现，这样的组织还可能长久发展吗？也难怪五霸没有一个能摆脱"兴勃亡忽"的宿命。

7.31 公孙丑曰："伊尹曰：'予不狎于不顺。'①放太甲于桐，民大悦。太甲贤，又反②之，民大悦。贤者之为人臣也，其君不贤，则固可放与？"孟子曰："有伊尹之志，则可；无伊尹之志，则篡也。"

【字词注释】

① 这是《尚书·商书·太甲》中的一句话。其中，"狎"是亲近的意思；"顺"，这里是遵循、沿着的意思。这句话的大意是：我不想亲近不追求仁爱境界、不遵循社会规范的人。

② 反：通"返"，这里是返回、使返回的意思。

【今文意译】

公孙丑问："伊尹说：'我不想亲近不追求仁爱境界、不遵循社会规范的人。'于是就把太甲流放到桐邑，民众也非常高兴。等太甲变好了，又让他回来复位，民众仍非常高兴。德才兼备的人做管理者，若国君做得不好，原本就是可以将他流放的吗？"

孟子说:"如果管理者有像伊尹那样的志向追求,就可以这样做;如果管理者没有像伊尹那样的志向追求,就变成篡位了。"

【管理解析】

上章讲作为委托人的最高管理者,如何引领人们追求仁爱境界和共同利益,而本章则讲职业管理者应立足于仁爱境界和共同利益,来处理同委托人或上级的关系。

伊尹流放太甲的故事,在第五篇第 6 章已讲过,本章再次引用这个历史故事,意在说明,职业管理者必须首先立志追求仁爱境界和共同利益,为此,就必须关心民众的切身利益。虽然从个体民众的立场来看,民众利益属于个体利益,但是,从诸侯国或天下的立场来看,个体民众的利益占共同利益的最大比例,远超过国君或天子的个体利益及其所代表的整体利益,因此,管理者虽然被国君或天子聘用并授权,但国君或天子授权管理者是要追求更广大的共同利益,而不是追求国君或天子的个人利益。从这个意义上说,真正立志追求仁爱境界和共同利益的管理者,必定将民众利益而非国君或天子的利益放在第一位,当国君或天子的利益与民众利益发生冲突时,当然要以民众利益为重。伊尹流放太甲,正说明了这一点。

当伊尹说"予不狎于不顺"时,意思是说,太甲身为天子,不仅自己不追求仁爱境界,而且还违背社会规范,损害民众利益,谋求个人私利。为此,伊尹将太甲流放到桐邑,而"民大悦",恰好说明伊尹这样做,完全符合民众利益。当太甲悔过自新后,伊尹又让他回来复位,同样是"民大悦",这再次表明,伊尹这样做,仍是立足于民众利益的恰当选择。伊尹无论是流放太甲,还是让太甲复位,都完全立足于共同利益,丝毫没有夹带个体私人利益的考虑。

因此,孟子最后才说,"有伊尹之志,则可;无伊尹之志,则篡也"。伊尹的志向在于追求仁爱境界和共同利益,对太甲的流放自然能为人们所理解和接受,而且从最终结果来看,也有利于太甲个人成长。相反,若是一位根本就没有确立起像伊尹那样的志向追求的管理者,却打着"仁义"旗号,要流放国君,这与篡位又有什么分别呢?在春秋战国时期,各诸侯国里已发生了太多这种僭越篡位的故事了。

7.32 公孙丑曰:"《诗》曰:'不素餐兮。'①君子之不耕而食,何也?"
孟子曰:"君子居是国也,其君用之,则安富尊荣;其子弟从之,则孝弟忠信。'不素餐兮',孰大于是?"

【字词注释】

① 这是《诗经·魏风·伐檀》中的诗句。其中,"素",这里是副词,白白地、空空的意思。这句诗的大意是:不要吃白食啊。

【今文意译】

公孙丑问:"《诗经》上说:'不要吃白食啊!'管理者不种地就有饭吃,这是为什么呢?"

孟子说:"管理者居住在某个诸侯国里,被国君聘用,让这个诸侯国得以安定、富裕,受人尊重,又有荣耀;年轻人追随着管理者,既能孝敬父母,友爱兄弟,又能尽己尽责,诚实守信。'不要吃白食啊!'还有比这样做更不吃白食的吗?"

【管理解析】

本章概述管理者的职责定位及其主要贡献。

在第三篇第4章中,孟子已经系统论述过管理者的职责以及管理者所能做出的贡献。表面上看,管理者不直接从事于看得见的价值创造活动,如农业文明条件下的农业生产或种地。既然管理者不种地,那岂不是不劳而获,属于那个时代典型的吃白食一族吗?在第三篇第4章中,信奉神农学说的许行已经提出了这个疑问,而公孙丑在这里借《诗经·魏风·伐檀》的诗句,再次质疑"君子之不耕而食"的合理性。其实,《诗经》中的这首诗,也是通过对比"君子"与"农民"所从事的工作,来质疑"君子"所能创造的实际价值。这表明,对管理者的职责定位及其价值贡献的疑问,由来已久。

孟子在这里的回应,可以视为对第三篇第4章的概括总结。孟子从两个方面展开论述。

首先,管理者要承担整体绩效责任。管理者通过引导和整合个体或小群体的努力,创造整体和长远价值,从而达到整体大于部分之和的效果,而整体大于部分之和的大于部分,便是管理者的绩效贡献。因此,孟子说,"君子居是国也,其君用之,则安富尊荣"。意思是,国君聘用管理者,目的就是达到"安富尊荣",而管理者的绩效责任,也恰在于给诸侯国带来"安富尊荣"。其中,"安",指安全、安定,这是一个组织得以生存和发展的前提,若没有安定团结,后面的"富尊荣"都无从谈起;"富",指富足、富裕,这是一个组织得以生存和发展的经济基础,若连经济基础都没有,又如何实现发展,更奢谈在组织间关系中得到"尊荣";"尊",指得到其他组织的尊重，有自己的特色，能为天下或组织间关系做出自己独特的贡献，这又是形成竞争优势，能够引领天下或组织间关系发展的必备条件；"荣"，则指在与其他组织竞争中能获得声誉和荣耀，甚至能够成为天下或组织间关系发展的领导者。总起来看，"安富"，侧重于组织内部管理，让组织有生存基础，而"尊荣"，则偏重于组织间关系处理，为组织寻求可持续发展的可能性。管理者正是通过承担"安富尊荣"的绩效责任，为诸侯国的生存和发展做出独特的贡献。

其次，管理者还要承担文化责任。管理者不仅要为诸侯国谋求物质财富和生存发展空间，更要为诸侯国培养人。诸侯国终归是由人组成的，而不是由物构成的。人之不同于物，关键在于人要有精神追求。个体意义上的精神追求总是嵌入在组织和社会的文化传统之中。管理者作为组织和社会文化传统的传承者、捍卫者和发扬者，在用文化传统去培养和引领人们的精神追求上，责无旁贷。因此，孟子将管理者的文化责任概括为"其子弟从之，则孝弟忠信"。这意味着，国君之所以要聘用管理者，还是为了让诸侯国中的年轻人能够跟着管理者，恪守并践行一种文化传统，有精神追求，而儒家所倡导的文化传统，体现在"做人"上，其根本在于"孝弟"，体现在做事上，其根本在于"忠信"。借助管理者的以身作则、率先垂范，"孝弟忠信"就会深入人心，成为人们秉持的精神追求，变成人们恪守的内在准则。管理者正是通过承担"孝弟忠信"的文化责任，为诸侯国一代代"组织人"和"社会人"的培养及可持续发展做出独特贡献。

当管理者既承担了绩效责任，又承担了文化责任，自然就会给组织和社会做出不可替代的独特贡献。当然，管理者的绩效责任和文化责任密不可分。绩效由人创造，而文化责任恰在于培养人，没有人的培养，又如何能创造绩效？反过来也一样，没有绩效，又如何能说人的培养有成效？

对于通过担负绩效责任和文化责任，为组织和社会做出不可替代的独特贡献的管理者，还能说他们是吃白食的吗？

7.33 王子垫①问曰："士②何事？"孟子曰："尚志。"曰："何谓尚志？"曰："仁义而已矣。杀一无罪，非仁也。非其有而取之，非义也。居恶在？仁是也。路恶在？义是也。居仁由义，大人之事备矣。"

【字词注释】

① 王子垫：齐国的王子，名垫。　　② 士：这里指学管理的人。

【今文意译】

王子垫问道:"学管理到底要学什么呢?"

孟子说:"学习如何让自己的志向高尚。"

王子垫又问:"怎么才算志向高尚?"

孟子说:"不过是追求和践行仁义罢了。杀一个无罪的人,就是不仁。将不应该拥有的东西据为己有,就是不义。到底要把思维安顿在哪里呢?就要安顿在仁中。到底要让思维如何运用呢?就要按照义的要求运用。如果能以仁为前提,按照义的要求来运用思维,那么,做管理的基础便打扎实了。"

【管理解析】

上章讲管理者的双重责任,而本章则讲管理者如何才能承担管理责任。

在儒家看来,管理工作的重心在人而不在物,因此,管理者的双重责任要以文化责任为基础。严格来说,只有在培养出"组织人"和"社会人"的基础上,才能确保可持续的绩效责任履行。正是基于此,孟子认为,学管理,也即学习如何履行文化责任和绩效责任,关键在于树立起高尚的志向,并将之落实到日常生活和工作之中。

学管理当然要学习各种专门知识和技能,但根据儒家的观点,这些具体的管理知识和技能必须用"志"及相应的价值观来统摄,才能得以恰当运用,否则,极有可能被滥用,不仅无益于实现共同利益,反而会对共同利益产生更大的危害。因此,儒家历来将立"志"作为学习管理的第一要务。

儒家所强调的立"志",是要"志于道",也即确立起对以"仁义"为核心的价值观的坚定信念和执着追求。这便是孟子所说的"居仁由义,大人之事备矣"。孟子这句话的意思是,只有学会立足于"仁"这个前提,并按照"义"的要求,去有效地运用思维能力以及所学到的各种管理知识和技能,才能为做管理打下坚实基础。这里的"大人",正像本篇第19章中所用的一样,都是针对真正的管理者而言。

因此,在孟子看来,"尚志"才是学管理的关键所在。管理者只有学会"尚志"或"志于道",才能做到"以志率气",让"诚"或思言行一致有逻辑前提和内部根据,这便是"居仁由义"的含义所在。实际上,"尚志"的过程,也就相当于从内部为思维的运用确立逻辑前提和应用规范,用孟子的形象比喻就是"宅"和"路",有了这两者,思维才不会迷失,总能找到回家的路。

7.34 孟子曰:"仲子①,不义与之齐国而弗受,人皆信之。是舍箪食豆羹之义也。人莫大焉②亡③亲戚、君臣、上下。以其小者信其大者,奚可哉?"

【字词注释】

① 仲子:即第三篇第15章提到过的陈仲子。

② 焉:这里相当于"于"。

③ 亡:通"无",没有、不要的意思。

【今文意译】

孟子说:"对陈仲子来说,如果不合乎规范,哪怕将整个齐国都给他,他也不会要。关于这一点,人们也都深信不疑。实际上,陈仲子所遵循的规范,不过是像放弃一篮食物、一碗羹汤那样的小规范。对人来说,最大的错误莫过于不要父母兄弟、君臣关系、上下尊卑。人们只是因为他在小节上的表现,就相信他在大节上也会如此,这怎么能行呢?"

【管理解析】

本章进一步说明,管理者"尚志"恰是要确立起内在价值尺度,有了这种内在价值尺度,才能对各种事务和行为进行恰当评价。

在第三篇第15章中,孟子曾以陈仲子的"廉"为典型案例,讨论过管理者的内在坚守与社会规范的同一性问题,而本章再次评论陈仲子,则是为了说明,管理者必须通过"尚志"或"志于道",建立起内在价值尺度。儒家的第一价值观是"仁",而其具体行为表现便是"亲亲"或孝悌,由此才能进一步推广到君臣、上下等人与人之间的关系准则上,至于外物,甚至是诸侯国本身,都不过是要服务于这种亲情和社会关系而已。因此,孟子认为,"人莫大焉亡亲戚、君臣、上下",这才是"做人"的大节,而外物乃至诸侯国,不过属于"舍箪食豆羹之义"一类的小节。由此可见,陈仲子虽然能够做到"不义与之齐国而弗受",但这也不过是说明陈仲子能遵从小节,也就像"舍箪食豆羹"一样罢了。

结合第三篇第15章的内容,便不难发现,陈仲子为了恪守自身的"廉",竟然离群索居,不要父母兄弟,也不屑于兄长服务于齐国国君,这看上去是遵从了个人洁身自好的节气,但这种行为不过是个人小节,哪怕陈仲子真能做到"不义与之齐国而弗受",也只是说明他能超越物欲、洁身自好,这虽然也难能可贵,却远没有达到人之为人的大节或首要价值要求，也即"仁"的要求，而"仁"直观且自明的表现，便是孝悌所代表的父母兄弟亲情，这才是儒家"做人"的大节。纵观陈仲子的种种行为表现，显然是守小节而失大节。人们如果只是看到陈仲子能守小节，就相信他一定能守大节，这在逻辑上是讲不通的。虽然人们常说"一屋不扫，何以扫天下"，小节不守，又何以守大节，但其逆命题未必成立，"虽能扫一屋，却未必能扫天下"，即便守了小节，也不一定能守大节。

7.35 桃应①问曰："舜为天子，皋陶为士，瞽瞍杀人，则如之何？"孟子曰："执之而已矣。""然则舜不禁与？"曰："夫舜恶得而禁之？夫有所受之也。""然则舜如之何？"曰："舜视弃天下，犹弃敝屣也。窃负而逃，遵②海滨而处，终身䜣③然，乐而忘天下。"

【字词注释】

① 桃应：孟子的学生。
② 遵：这里是顺着、沿着的意思。
③ 䜣：同"欣"，喜悦、欣喜的意思。

【今文意译】

桃应问道："舜是天子，皋陶是管理者，假设舜的父亲瞽瞍杀了人，那该怎么办？"

孟子说："把瞽瞍抓起来就行了。"

桃应又问："这样的话，舜不去制止吗？"

孟子说："舜又怎么能制止得了呢？皋陶抓瞽瞍有法可依呀。"

桃应再问："既然这样，那舜该怎么办呢？"

孟子说："舜将会放弃天子之位。对舜来说，放弃天子之位，就像丢弃一双破草鞋一样容易。他会偷偷背着父亲逃走，沿着海边找个地方住下来，终身喜悦，早已将做天子的事忘得一干二净了。"

【管理解析】

本章承接上章，用一个假想案例，继续阐明管理者只有确立起信念和价值观坚守，才能在各种纷繁复杂的情境中厘清思路，知道应该怎么做。具体地说，本章表达了三重含义。

首先，舜作为最高管理者，既要有自己的信念和价值观坚守，又要遵从角色规范、社会规范。在大多数情况下，这三者是和谐一致的，特别是按照儒家管理之道，管理者的角色规范和一般社会规范，都应该从"人性"的德性内涵中派生出来，因而，关于"人性"的德性前提的坚定信念及相应的价值观优先序，与角色规范、社会规范应该是相辅相成的关系。但是，在某些特殊情况下，它们却有可能出现冲突。例如，既然舜的第一价值观是"仁"及其具体的行为要求"孝"，那么，当舜的父亲瞽瞍杀了人，舜作为最高管理者，到底是应依法惩处瞽瞍，还是应遵从第一价值观豁免瞽瞍呢？在这个假想的两难选择面前，孟子给出的解决策略是，当舜仍扮演着天子角色的时候，当然应遵循社会规则规范，不能干涉皋陶履行职责，依法捉拿瞽瞍，这是最高管理者的角色规范对舜的行为约束，他必须做出这种具有公共性的选择；但是，舜同时还面临另外一种选择，即亲情和天子之位或最高管理职位之间的选择，是要亲情，放弃天子之位，还是要天子之位，放弃亲情，这是一种具有私人性的选择，取决于舜本人的第一价值观定位。正像第五篇第1章中所说的那样，既然舜的第一价值观定位于"仁"及其具体的行为要求"孝"，那么，舜将会在亲情和天子之位中间，毫不犹豫地选择前者，这就是孟子所设想的"舜视弃天下，犹弃敝屣也"。也就是说，坚守着第一价值观的舜，会挂天子之冠而去，既然卸掉了天子这个最高管理者角色，那么，舜不惜违法，也要恪守自己的第一价值观，偷偷将父亲瞽瞍营救出来，找一个海边没人的地方隐居起来，同父亲一起过着与世隔绝、快乐逍遥的生活，早把做天子的事忘干净了。依据孟子的推理逻辑，舜之所以会有这样的选择和快乐，关键就在于他的内在信念和第一价值观，正是源于此，舜才将亲情视为最重要的，远超过天子之位。

其次，皋陶作为管理者，尤其是负责刑事案件的狱官，他的角色规范和职责所系，便在于依法办案，而且，必须恪守规则规范面前人人平等的原则，不管是天子之父还是平民，只要触犯了刑法，同样依法处罚，所以，对于皋陶这位历史上著名的管理者，孟子在这个假想案例中合理地假定他的行为，必然要去捉拿瞽瞍，而不会因为瞽瞍是天子的父亲就网开一面。

再次，本章用这个假想案例以及舜和皋陶的行为表现，实际上是为了讥讽当时各诸侯国国君和大臣们。各诸侯国国君都已失去了信念和价值观坚守，只是将外在资源和权力看成最重要的东西，一心想着增加资源、强化权力，以至于称霸天下，甚至连父母兄弟亲情都可以抛弃或作为谋求资源和权力的工具，这样的国君，又怎么能期望他去尊重他人，保护民众利益。孟子用"舜视弃天下，犹弃敝屣也"，就是为了反衬当时国君们的心理状态。另外，作为管理者，皋陶奉公守法、公平执法的形象，也恰好反衬出当时各诸侯国的管理者，只会唯国君马首是瞻，极尽助长、逢迎之能事，投国君所好还唯恐找不到机会，又如何会去捉拿犯了法的国君父亲，倒是会千方百计替他粉饰洗白，不仅杀人无罪，最后反成了"替天行道""为民除害"的英雄也难说。

这个假想案例的运用，也充分体现了儒家用理想照亮现实的论证方式。只有借助理想世界的反衬，人们才能更清楚地看到，现实世界中各诸侯国国君和管理者，在"做人"和做管理上，到底出了什么问题，应该从哪里入手解决问题，未来的方向和目标在哪里。当然，透过这个带有理想化色彩的假想案例分析，也能充分体会到孟子的管理智慧和历史使命感。

7.36 孟子自范①之齐，望见齐王之子，喟然叹曰："居移气，养移体，大哉居乎！夫非尽②人之子与！"孟子曰："王子宫室、车马、衣服，多与人同，而王子若彼者，其居使之然也。况居天下之广居③者乎？鲁君之宋，呼于垤泽④之门。守者曰：'此非吾君也，何其声之似我君也？'此无他，居相似也。"

【字词注释】

① 范：地名，齐国的一个邑。
② 尽：这里是全部、都的意思。
③ 广居：即第三篇第7章所讲的"仁"为"天下之广居"。
④ 垤泽：宋国都城的城门名。

【今文意译】

孟子从范邑到齐国都城，望见齐国国君的儿子，感叹道："环境改变气质，营养改变体质，环境的作用实在大啊！难道不都是人家的儿子吗？怎么会如此不同啊！"

孟子又说："国君的儿子在房屋、车马、衣服方面，与别人也差不太多，他之所以会有这样的气质和体质，正是环境使然啊！更何况身处仁爱环境之中的人呢？当年鲁国国君到宋国去，在都城城门外喊话。守城门的人说：'这不是我们的国君，为什么声音这么像我们国君呢？'这没有其他原因，只不过是因为他们的环境相似罢了。"

【管理解析】

从本章开始，着重讲解环境对于管理者的培养以及对于做管理的重要性。本章用典型事例说明，文化环境对于管理者的积极作用。

孟子由齐国国君之子在气质和体质方面的独特性，联想到环境对于培养管理者的重要性。当孟子见到国君儿子，感叹道"居移气，养移体，大哉居乎"的时候，实际上强调的是"居"或居住环境，对于一个人的气质或独特的一致性表现的重要影响。与"气"相对的是"体"，即体质或独特的身体条件。相对而言，体质主要受遗传和营养条件影响，孟子看重的是无形的气质，而非有形的体质，因此，孟子才感叹"大哉居乎"，也就是说，居住环境对于人的气质养成的作用太大了。

对于居住环境，孟子关注的也不是像房屋、车马、衣服等物质条件，而是文化教育条件。在孟子看来，"王子宫室、车马、衣服，多与人同"，这里的"多与人同"，即指外物而言，即便王子的物质条件会更好，但那本质上还是外物。真正影响"王子"气质的环境因素，主要源自非物质条件，特别是文化教育条件。与其他人家相比，"王子"居住环境的独特之处恰在于文化教育条件优越，这在当时表现得尤为突出。孟子由此受到启发，有感而发道，"而王子若彼者，其居使之然也。况居天下之广居者乎"。这里的"天下之广居"，指的就是充满仁爱风气的居住环境，也即《论语》第四篇第1章"里仁为美，择不处仁，焉得知"⊖所要表达的意思。孟子在第三篇第7章中将"仁"视为"天下之广居"，在本篇第33章中又说"居仁由义"，正是要从两个方面来阐明"仁"的作用：一方面说的是"仁"内化于"人性"所固有的德性内涵之中，是人们思维得以运用的价值前提，因而，也是思维的归宿，从这个意义上说，"仁"是人们的精神家园；另一方面讲的是"仁"同时又是人们共享的价值观和社会规范，以此构成人们共同追求仁爱境界的文化氛围，有助于创造更广大的共同利益，从这个意义上说，"仁"又是人们的社会家园。

孟子所阐明的"仁"的两方面作用，充分体现了儒家的"人性"内涵中德性与社会性的统一、内在价值观与外在社会规范的一致。这意味着，儒家管理者既离不开以"仁"为核心的文化氛围的熏陶和培养，也肩负着培育和维护这种文化氛围的重任，这也就是本篇第32章所讲的管理者必须承担的文化责任。

7.37　孟子曰："食①而弗爱，豕交之也。爱而不敬，兽畜之也。恭敬者，币之未将②者也。恭敬而无实，君子不可虚拘③。"

【字词注释】

① 食：这里是喂给东西吃、饲养的意思。
② 将：这里是奉送的意思。
③ 拘：这里是留下、限制的意思。

⊖ 张钢，《论语的管理精义》，机械工业出版社，2015年版，PP82-83.

【今文意译】

孟子说:"只是喂养,却没有爱心,那是在喂猪。虽有爱心,却没有尊重,那是在养犬马。真正的尊重早在送礼物之前内心就要有。如果只有用礼物所表达的形式上的尊重,而没有内心真正的尊重,那么,管理者不应受这种表面上虚假尊重的蒙蔽,留下来接受聘用。"

【管理解析】

本章进一步强调指出,管理者要善于辨别环境的文化维度,不要被环境的物质维度所左右。

对于管理者来说,接受聘用,到组织任职,当然要考虑环境条件因素,没有良好的环境条件支撑,单凭管理者个人努力,是无法履行职责,做出贡献,创造价值的。孟子告诫管理者,在考虑环境条件时,千万不能只看重物质环境条件,而忽视了文化环境条件。文化环境条件的核心是价值观和社会规范,而集中反映在人际互动中基于尊重的行为表现上。正是人际互动过程中发自内心的尊重,充分体现出"人性"所固有的德性与社会性的同一性,也是人与人之间的互动区别于人与物之间互动的本质所在。

当然,这里并不是说管理者应聘时不要考虑物质待遇等相关条件,而是说在面对任何人时都一样,第一位要考虑的应该是对人的理解和尊重,其次才是物质条件,而且理解和尊重应该在物质条件之前并渗透在物质条件之中,这样才能让物质条件变得有意义,并服务于人,而不是相反,让人去服务于物质条件。在孟子看来,如果管理者接受诸侯国聘用,只讲物质条件,那么,诸侯国聘用管理者,就与养猪、养狗、养马没什么区别。若只讲物质条件,那分明已是把人等同于物、工具和手段了。

在《论语》第二篇第5-8章中,孔子曾以"孝"为隐喻,说明管理者在对待长上的时候,不能只是给予物质上的满足,只热衷于担负起绩效责任,同时还必须有发自内心的尊重[一]。孟子在这里则将视角转换到诸侯国,强调尊重的相互性,当诸侯国国君聘用管理者时,同样要有发自内心的尊重,而管理者更要善于从这一点去体会背后所隐含的价值观和社会规范,不能只看重物质条件。孟子这样做,针对的正是当时各诸侯国在聘用管理者时普遍存在的问题。

像第一篇提到的梁惠王所谓招贤纳士,也不过是给物质待遇,要绩效贡献,既没有对人的理解和尊重,更谈不上信念和价值观的认同。魏国如此,其他诸侯国也

[一] 张钢,《论语的管理精义》,机械工业出版社,2015年版,PP30-34.

一样。为了争夺人才,不惜一掷千金,但在重金背后,有没有做到反思和认识"人性",理解和尊重他人,就不得而知了。严格来说,对人才尊重的前提,是对普通人的尊重,而对普通人的尊重,则是基于对"人性"的恰当认识,并由此建立起一整套价值观和社会规范。正是由这样的价值观和社会规范所形成的文化氛围,滋养和培育着一代代"组织人"和"社会人",又从中涌现出了各行各业的人才。当时那些急于富国强兵的诸侯国,连对诸侯国内普通民众的起码尊重都没有,又如何会发自内心去尊重那些重金聘来的"人才",只不过是为了眼前利益,觉得暂时有用罢了;而且,那些重金聘来的所谓"人才",也不过是冲着物质待遇而来,双方各取所需,互相利用,内心都未曾有过什么尊重。这样一来,虽然短期内可能会有绩效显现,但由于双方都只在乎短期内能看得见的物质条件改变,至于文化条件的改变以及对人的培养,则没有人会真正关心,这无异于切断组织和社会可持续发展的根基,难免"人亡政息"㊀。

因此,孟子深刻地指出,"恭敬而无实,君子不可虚拘",意在提醒管理者,千万不要被表面上看得见的物质条件所迷惑,一定要用心体察环境的文化维度,只有将环境的文化维度和物质维度整合起来考量,才有可能找到适合自己的工作环境。

7.38　孟子曰:"形色,天性也。惟圣人然后可以践形。"

【今文意译】

孟子说:"一个人的身形和容貌都是天生的。只有那些有着内在追求的伟大管理者,才能让身形和容貌成为内在人性的外在表现,真正做到表里如一。"

【管理解析】

本章承接上章,阐明如何把对"人性"和他人的尊重,内化到言语行为之中,从而让文化价值观通过人们的行为与物质条件融为一体。

在本篇第21章中,孟子曾讲"君子所性,仁义礼智根于心。其生色也,睟然见于面、盎于背、施于四体,四体不言而喻",这说的就是管理者由内而外的"践形"。一个人只有真正理解了"人性"的德性内涵,即"仁义礼智",并以此为内在准则,致力于持续自我修养和自我管理,才能做到由内而外,让自己的身形和容貌真正成为内在价值观的载体及表征,进而影响他人,共同塑造文化氛围。文

㊀　张钢,《大学·中庸的管理释义》,机械工业出版社,2017年版,PP134-142.

化最终要体现在人身上，即便是体现在制度规则和物质条件上的文化内容，也不过都是为了更好地培养人，让人成长为认同特定价值观的"组织人"和"社会人"，因此，对于管理者而言，离开了人，只是从制度规则和物质条件的角度去谈论文化是没有意义的。

如果说本篇第21章论述了管理者拥有内在价值观所能产生的影响力的话，那么，本章则进一步阐明有影响力的文化氛围是如何形成的。为此，孟子先从个体所具有的身体和精神两方面关系入手进行分析。儒家历来认为，身体和精神都具有先天性，只不过身体所代表的是生物特征，属于"人性"所固有的浅层次内涵，即自然属性，而精神所内秉的是德性特征，属于"人性"所固有的深层次内涵，即社会属性。作为"人性"的社会属性的德性，不像自然属性那么自然而然，要借助后天有意识地开发和修养，才能发扬光大。其实，即便是自然属性，如要在某个特定身体条件基础上训练成专业特长，超越一般水平，也同样需要进行持续地开发和训练，以使其潜能得到发扬光大，只不过这种身体上的开发和训练比较直观，也容易理解；但深层次德性的开发和修养，却不那么容易观察到，也就难以为人们所理解了。在儒家看来，身体和精神、生物性和德性之间的关系，是以精神、德性为主导的；也只有经过有意识地自我反思、修养，才能实现精神或德性对身体或生物性的超越和统摄，而这种超越和统摄的日常具体表现，就是思维对身体和情绪的掌控，让身体和情绪自然而然地成为思维的表征，也即孟子所说的"践形"。"践形"意味着，"形色"这种生物性的"天性"，已成为更深层次德性的"天性"的自然流露和表现形式，表里融为一体。

问题是怎样才能做到"践形"呢？孟子说"惟圣人然后可以践形"。这里的"圣人"，也就是儒家理想世界中有着信念和价值观坚守的人，尤其是理想类型意义上的管理者。孟子之所以要说"惟圣人然后可以践形"，意在说明，只有真正认识和理解了"人性"的德性内涵及其"向善"的倾向性，并以此为信念和价值观坚守，才能自然而然地体现在"形色"上，以达到"其生色也，睟然见于面、盎于背、施于四体，四体不言而喻"的效果。现实世界中的管理者，只有努力像理想世界中的管理者那样"践形"，才有可能从观念和行为上去影响他人，塑造文化氛围。

7.39 齐宣王欲短丧。公孙丑曰："为期①之丧，犹愈于已②乎？"孟子曰："是犹或紾其兄之臂，子谓之姑③徐徐云尔，亦④教之孝弟而已矣。"王子有其母死者，其傅为之请数月之丧。公孙丑曰："若此者，何如也？"曰："是欲终⑤之而不可得也，虽加一日愈于已。谓夫莫之禁而弗为者也。"

【字词注释】

① 期：这里指一周年。
② 已：这里是停止、终止的意思。
③ 姑：这里是姑且、暂且的意思。
④ 亦：这里是不过、只有的意思。
⑤ 终：这里是自始至终的意思。

【今文意译】

齐宣王想缩短守孝时间。公孙丑说："守孝一年，也比不守孝要好吧？"

孟子说："这就好比有人扭住了兄长的胳膊，你却对他说，姑且慢慢扭吧。这怎么能行？只有教育他必须遵循孝悌规范才对啊。"

齐宣王有个儿子的母亲去世了，这位王子的老师替他请求守孝几个月。公孙丑问："像这种事，该怎么看呢？"

孟子说："这说明王子想守全孝不可能，即便增加一天，也比不守孝要好，而我要说的是，如今有很多人，明明没有被禁止去守孝，却不去守孝，这才是今天问题的关键所在。"

【管理解析】

本章以守孝为例，进一步解释氛围营造的重要性。

在儒家看来，孝悌是德性的集中体现，而"孝"不仅是父母在世时的态度和行为要求，还包括父母去世后的态度和行为要求，即"守孝"。涉及"守孝"的时间及相应的行为规范，历来为儒家所重视。在《论语》第十七篇第21章中[一]，当宰我想证明守孝一年要比守孝三年更合理时，孔子用诉诸情感而非说理的方式来回应宰我，这其中隐含的意思是，守孝三年体现的是第一价值观或信念，而第一价值观或信念是思维得以运用的前提，既然是思维的前提，也就无法再用思维来进行说理和论证，若能用思维去论证，恰说明这还不是立论前提，而是另外一个前提的推论。当宰我使用各种看得见的收益，来论证守孝一年更合理的时候，恰说明宰我的立论前提是物质利益而非仁爱，因此，宰我所得到的守孝一年更有利的结论，不过是在物质利益这个前提下的推论而已。这也是为什么孔子不去和宰我辩论的根本原因。"仁"及其具体行为表现"孝"，是儒家第一价值观或信念，直观且自明，不需要论证，反倒是一切思维论证的立论前提，也是儒家营造文化氛围的基石。

[一] 张钢，《论语的管理精义》，机械工业出版社，2015年版，PP509-510.

齐宣王很可能像当年宰我一样，出于现实的物质利益考虑，要缩短守孝时间，而公孙丑则认为，哪怕只守孝一年，也比不守孝好，其隐含的意思是，守孝只是形式，长短不重要。这显然都与儒家第一价值观或信念相违背。孟子通过一个形象的例子对此予以说明。如果有人充满敌意地扭住兄长的胳膊，要实施暴力，那么，你只是出于解决眼前冲突，让他轻点抓、慢慢扭，别那么用力就够了吗？从儒家观点出发，这不过治标不治本，要从根本上解决问题，还必须从营造氛围，培养和教育人们践行孝悌入手，即"亦教之孝弟而已矣"。在这方面，管理者，尤其是最高管理者，当然责无旁贷。但遗憾的是，"齐宣王欲短丧"，却传递出一种相反的信号，这无疑将对以"仁"为核心的价值观及相应的孝悌规范产生不良影响。

也许正因为"齐宣王欲短丧"，即便是"王子"，要坚守孝悌规范也不容易。"王子"的母亲去世后，还要让老师代为请求守孝几个月。孟子对此事的评论是，"欲终之而不可得也，虽加一日愈于已。谓夫莫之禁而弗为者也"。"王子"虽然希望能守全孝，但面对"欲短丧"的国君父亲，终难达成所愿，在这种情况下，能增加一天也比不守孝强。孟子之所以认同"王子"希望增加一点守孝时间的努力，而不赞成齐宣王的"为期之丧"，原因主要在于两个方面。

首先，在孟子看来，"王子"本能地恪守了"仁"的价值观，认同"守孝"，而齐宣王却只是从物质利益角度来权衡"守孝"时间长短，并没有真正赋予"守孝"以价值内涵。失去了价值内涵的纯粹形式上的"守孝"时间长短，自然也就失去了意义。也许正是基于此，孟子相信"王子"是"欲终之而不可得"，在不得已的情况下，增加一天也是好的。

其次，齐宣王扮演的是最高管理者角色，其思言行对环境，尤其是文化氛围塑造影响巨大，即使"王子"并非一般组织成员，但在齐宣王面前，也无能为力，只能希望通过老师为自己争取一点自由空间。这已说明"王子"并没有完全顺从乃至迎合齐宣王。但遗憾的是，当时各诸侯国的管理者们，却没有能像"王子"那样努力争取自由空间，以便让自己的信念和价值观得以进入现实世界，从小环境入手，慢慢影响大环境，进而改变大环境，塑造出理想的文化氛围。更有甚者，很多管理者即便在诸侯国并没有限制人们追求仁爱境界和共同利益的情况下，不仅自己不去追求仁爱境界和共同利益，更不主动去营造这种文化氛围，完全没有尽到管理者应尽的文化责任，这才是问题的关键所在。

7.40 孟子曰："君子之所以教者五。有如时雨化之者，有成德者，有达财①者，有答问者，有私淑艾②者。此五者，君子之所以教也。"

【字词注释】

① 财：通"才"，才能、才华的意思。　　② 艾：通"刈"，治理的意思。

【今文意译】

孟子说："管理者营造文化环境来培养人，有五种方式。有像及时雨一样促发人们改变和成长的方式，有帮助人们成就德行的方式，有针对人们的不同才能因材施教的方式，有针对人们的疑惑进行辨惑解难的方式，也有用自己的思想对后世产生广泛影响的方式。这五种方式，都是管理者用以营造文化环境来培养人的方式。"

【管理解析】

本章阐述管理者如何营造文化氛围，以培养"组织人"和"社会人"，从而创造更广大的共同利益。

在儒家看来，管理过程同时也是教育过程，管理者要承担文化责任，就必须扮演广义的教育者角色，不仅只是让人们为达成组织绩效而工作，还要培养人们认同特定的价值观和行为规范，与组织同步成长。这就要求管理者在管理过程中，除了关注正式制度规则之外，还必须同步关注文化氛围的营造。

具体地说，孟子认为，管理者要履行文化责任，营造文化氛围，培养"组织人"和"社会人"，可以有五种方式，即"有如时雨化之者""有成德者""有达财者""有答问者""有私淑艾者"。其中，"有如时雨化之者"是要说明，组织的环境条件必须匹配于人们不同成长阶段的关键需要，从而让文化价值观能够深入人心，解决人们成长中所面临的紧迫问题，就像植物在成长的关键时期，急需要雨露滋润一样。

"成德"和"达财"，则是针对人们的德行和才能两方面而言。无论是做管理，还是做其他职业，离开"德"和"才"两方面的匹配，都是注定不能胜任的，因此，管理者营造文化氛围，实际上就是要培养德才兼备的"组织人"和"社会人"。当然，德才兼备并不意味着面面俱到，尤其是在才能方面，关键在于术业有专攻，管理者不能期望每个人都是全才，必须因材施教，让组织能够拥有各种不同性质的人才，并借助多种人才的互补，创造更广大的共同利益。

至于"有问答者"，指的是在培养人的过程中，既要有针对性，更要学以致用，以解决疑难问题为目的，毕竟德行和才能都只有体现在实际问题解决中才具有价值，因此，辩惑解难是一种非常重要的教育方式。

最后,"私淑艾者"也就是孟子在第四篇第 50 章中所讲的"予未得为孔子徒也,予私淑诸人也"。这种方式隐含的前提是,真正的影响力会超越个体生命周期,那就是由思想观念产生的影响力,也是一种文化影响力。从这个意义上说,管理者履行文化责任,关注文化氛围的营造,恰是要用思想观念在更大范围里、更长周期中去影响人们,从而真正达到"百年树人"的目标。

这里需要说明的是,上述五种方式并不是孤立存在的,而是密切联系的整体。这五种方式也可以说是管理者营造文化氛围、培养人的五大原则。"有如时雨化之"突出的是针对性原则,而"成德"与"达财"强调的是德才兼备原则,"答问"讲的是具体问题具体分析原则,"私淑艾"说的是"百年树人"这种带有根本性的战略原则。从这五大原则出发,管理者才能切实肩负起文化责任。

7.41　公孙丑曰:"道则高矣,美矣,宜①若登天然,似不可及也。何不使彼为可几②及而日孳孳③也?"孟子曰:"大匠不为拙工改废绳墨,羿不为拙射变其彀率④。君子引而不发,跃如⑤也。中道而立,能者从之。"

【字词注释】

① 宜:这里是似乎、大概的意思。
② 几:这里是几乎、差不多的意思。
③ 孳孳:"孳",通"孳",思虑、酝酿的意思。"孳孳",指慢慢酝酿、逐渐成长。
④ 彀率:指拉满弓的程度。
⑤ 跃如:指跃跃欲试的样子。

【今文意译】

公孙丑问:"管理之道既崇高,又美好,但追求管理之道大概像登天一样,似乎遥不可及。为什么不让管理之道成为人们差不多能达到的水平,这样人们就可以慢慢努力去达到它的要求了呢?"

孟子说:"杰出的工匠不会因为学技艺的人比较笨,就改变和废弃各种规矩,羿也不会因为学射箭的人比较笨,就改变拉满弓的程度要求。管理者培养人正像射箭一样,拉满弓,却不放箭,跃跃欲试,让学习的人自己去体会。管理者立足于中庸之德、管理之道,那些能够体会和理解的人,自然就会追随。"

【管理解析】

本章承接上章，强调指出，管理者虽然要注意营造文化氛围、培养人，但也不能一味地迎合人们的需要，以至于降低要求，甚至扭曲价值观和行为规范。

的确，儒家管理之道对管理者的要求非常高，没有强大的意志力，很难持续地进行自我修养和自我管理，也难怪公孙丑会说，"道则高矣，美矣，宜若登天然，似不可及也，何不使彼为可几及而日孳孳也"。公孙丑的潜台词是，与其要求太高，没人能达到，还不如降低要求，让大家都能看到希望。

对于公孙丑的困惑，孟子再次用"大匠诲人""羿教人射"予以说明。在第六篇第20章中，孟子曾说，"羿之教人射，必志于彀""大匠诲人，必以规矩"，说的是无论"羿"还是"大匠"，在教人时都有原则、规矩，而在本章中，孟子则明确指出，"羿"和"大匠"都不会因"拙射"和"拙工"而改变原则、规矩。既然"羿"和"大匠"都不会降低标准，放弃原则、规矩，那么，儒家培养管理者以及营造文化氛围、培养人，为什么要降低要求，去迎合人们的口味呢？

在孟子看来，培养人就像射箭一样，要"引而不发，跃如也"，即让学习者自己去体会和领悟，至于"发之后"所能达到的结果，可能各有不同，但不经历一种严格要求、共同体验的过程，只想追求结果，那是不可能培养出符合要求的德行和才能的。对于培养人来说，经历过程才是培养，至于最终能达到什么结果，那还取决于各种不同环境条件的匹配，是无法强求的。管理者要履行文化责任，培养人，关键就在于给人们提供经历过程的体验和感悟，让人们真正认识和理解"人性"的德性内涵或"中"，并将之与管理之道结合起来，在未来的职业生涯中去探索和创造独特的结果，这就是孟子用"中道而立，能者从之"所要表达的儒家培养人的指导思想。

7.42　孟子曰："天下有道，以道殉①身。天下无道，以身殉道。未闻以道殉乎人者也。"

【字词注释】

① 殉：是形声字，本义指用活人陪着死人下葬，这里引申为谋求、追求。

【今文意译】

孟子说："天下治理有方，管理者会践行管理之道，实现自己的理想。天下治理无方，管理者则追随管理之道，甚至不惜牺牲生命。但是，从没有听说过管理者能用管理之道去迎合别人，以达到个人目的。"

【管理解析】

本章继续说明管理之道不可能降格以求，更不可能用管理之道去迎合时下人们的需要。

从极端情况来看，管理者无外乎会面对两类环境条件，一是"天下有道"，二是"天下无道"。在"天下有道"的环境中，既然管理之道已得到实行，那么，管理者当然要身体力行，让管理之道真正融入日常管理工作，即"以道殉身"，将"道"与人合二为一，这样才能使"天下有道"的环境变得越来越好。

在"天下无道"的环境中，管理者要想实行管理之道，实现理想，是非常困难的，而且，由于逆向选择的原因，那些致力于追求管理之道的管理者，很可能得不到聘用，即便被聘用，也会面临无法实行管理之道的困境。在这种情况下，那些追求管理之道的管理者，只能选择"以身殉道"，也即矢志不渝地追随管理之道，哪怕不被聘用而隐居，甚至为捍卫管理之道而牺牲生命，都在所不惜。

但是，如果管理者仅是为了获得管理岗位或生存空间，想要扭曲乃至牺牲管理之道去迎合别人，如诸侯国国君，却是不可能的。正如孟子在第五篇第7章中说"吾未闻枉己而正人者也"一样，"枉己"尚且难以"正人"，更何况想"以道殉乎人"呢？即便是在"天下无道"的环境中，管理之道也不可能降格以求，更不可能拿管理之道来做交易。

7.43 公都子曰："滕更①之在门也，若在所礼，而不答，何也？"孟子曰："挟贵而问，挟贤而问，挟长而问，挟有勋劳而问，挟故而问，皆所不答也。滕更有二焉。"

【字词注释】

① 滕更：滕国国君的弟弟，曾到孟子处求学。

【今文意译】

公都子问："当年滕更在您这里学习，好像应该以礼相待才对，但是，您却不回答他的问题，这是为什么呢？"

孟子说："凡是依仗自己地位高、依仗自己德才兼备、依仗自己年长、依仗自己有功劳、依仗自己是老相识，来问问题，我都不回答。滕更当时在这五条中占了两条。"

【管理解析】

本章再次强调了管理者在营造文化氛围、培养人过程中,恪守平等原则的重要性。

做管理,不管职位高低,能力和德行如何,成就怎样,都应该要有一个基本的职业意识,即平等。对于任何从事管理职业的人来说,即便是诸侯国国君或高级管理者,也和普通管理者一样,都不过是做管理的同行,在管理之道和职业规范面前是平等的。因此,管理者要营造文化氛围、培养人,首先应该将这种职业平等意识贯穿其中,这对于发挥每个人的潜能,形成主人翁意识和目标共识,创造更广大的共同利益,至关重要。第六篇第 22 章论述"人皆可以为尧、舜",第五篇第 12 章阐述人际交往中"不可以有挟"的原则,实际上都是为了强化这种职业平等意识,而且,当孟子在第四篇第 20 章讲"惟大人为能格君心之非"时,也暗含着在管理之道和职业规范面前,管理者与国君是平等的。虽然具体管理岗位所拥有的职权有大小之别,但在管理之道和职业规范面前,所有管理者并没有本质区别,而在"人性"的德性内涵上,所有人更没有本质区别。

秉持同样的观念,本章又用孟子对待滕国国君弟弟提的问题"不答",进一步阐明平等意识的重要意义。孟子所讲的五种"不答"情况,无一不体现出某种不平等意识,当一个人"挟贵而问,挟贤而问,挟长而问,挟有勋劳而问,挟故而问"时,其中的"贵""贤""长""勋劳""故",都隐含着一种不平等意识,所以,在这五种情况下,孟子"皆所不答也",更何况"滕更有二焉"。

当然,孟子的"不答",并不意味着孟子不屑于教育像滕更这样没有平等和尊重意识的人。在第六篇第 36 章中,孟子曾说,"教亦多术矣。予不屑之教诲也者,是亦教诲之而已矣"。这说明,孟子以"不答"的方式,是要提醒滕更,必须进行自我反思,自觉建立平等意识。这种"不答"之答,或许更有效果。

7.44 孟子曰:"于不可已^①而已者,无所不已。于所厚者薄,无所不薄也。其进锐^②者,其退速。"

【字词注释】

① 已:这里是停止、终止的意思。
② 锐:是形声字,本义指草尖,也指尖的兵器,这里引申为急骤、迅速的意思。

【今文意译】

孟子说:"在不应当停止的时候却停止的人,什么时候都会停止。在应当下功夫的地方却不下功夫的人,在任何地方都不会真下功夫。这种人做事总是虎头蛇尾。"

【管理解析】

本章具体阐明管理者内在价值优先序的建立,对于做管理的重要意义。

做管理和做其他事一样,都离不开轻重缓急的优先序,更离不开内部动机和自我激励,以便让已开始的工作持续下去,善始善终。《大学》开篇就提出,"物有本末,事有终始,知所先后,则近道矣",而且,也讲到"薄"与"厚"的关系[一],都在于说明区分轻重缓急的优先序思维的重要性。要想形成优先序思维,关键在于内在价值尺度的确立。

儒家的内在价值尺度,立基于"人性"的德性内涵及其"向善"的倾向性。从这种内在价值尺度出发,管理者在做决策时,才能分出轻重缓急,也才会有内部动机和自我激励,既能做出恰当的判断和选择,又能将已开始的工作善始善终地做好。相反,管理者若没有内在价值尺度,就必然会受外部情境变化和内部情绪变化的影响,要么随波逐流,人云亦云,要么一厢情愿,自以为是。不管是哪种情况,更糟糕的也许是两者相互叠加,就会让管理者"于不可已而已""于所厚者薄"。管理者一旦在不应当停止的时候停止,要么错失良机,前功尽弃,要么打乱节奏,错上加错,最终都会导致"无所不已"。既然没有内在价值尺度,而外部环境和内部情绪又是变动不居的,管理者在变化面前就会失去立足点;总想跟上变化,却又总也赶不上变化,一件事还没有做完,新变化又来了,情绪也变了,便停下手头的事,去追逐新变化;看上去想不失时机,反而总是要错失良机;由于缺失了内在的万变不离之"宗",也只能不断处于"无所不已"的尴尬之中。

另外,在资源投入、能力积累方面,一旦形成了"于所厚者薄"的局面,也就是在本应下功夫即"厚"的地方,却没下功夫,反而资源投入"薄"了,其结果和"无所不已"一样,资源和能力都会分散,以至于"无所不薄"。管理者若没有内在价值尺度,总是受环境和情绪左右,觉得这个项目也好,那个领域也有前途,都想涉足,还美其名曰"分散风险"。这种看似聪明的做法,实际上不过是由于没有内在价值坚守而导致的缺乏主见,由此造成撒胡椒面式的资源投放,实际上是最大的资源浪费,其结果必然是一事无成。

[一] 张钢,《大学·中庸的管理释义》,机械工业出版社,2017年版,PP10-12,PP16-18.

管理者没有内在价值尺度，不仅会"于不可已而已""于所厚者薄"，而且，更容易"其进锐者，其退速"。也就是说，没有内在价值尺度的管理者，做事必然缺乏内部动机，更不可能进行自我激励，只是为了满足外部评价标准的要求，而一旦外部评价标准发生变化，或失去了吸引力，便会丧失继续前进的动力，当初看似红红火火、快速推进的项目，马上又冷却下来，甚至终止。

总之，做管理，必定离不开有关时机把握、资源投入、可持续性判断这三方面重要决策，而管理者要做好这三方面决策，又一定离不开内在价值尺度的确立。在孟子看来，管理教育的根本目的，就在于培养管理者的内在价值尺度。

7.45 孟子曰："君子之于物也，爱之而弗仁。于民也，仁之而弗亲。亲亲而仁民，仁民而爱物。"

【今文意译】

孟子说："管理者对于物质资源，爱惜却没有仁爱之心；对于民众，有仁爱之心却没有亲近疏远之别。管理者只有在私人领域里亲近父母亲人，才会在公共活动中对民众一视同仁；也只有对民众一视同仁，才会爱惜物质资源。"

【管理解析】

本章承接上章，更为具体地阐述儒家管理价值优先序的内容。

"仁"是儒家第一价值观。由于做管理既要面对人和物，又要区分公共领域和私人领域，因此，即便明确了第一价值观，当要把"仁"运用于不同对象、不同领域时，也还有一个具体运用中的优先序选择问题。严格来说，价值观不只是一种知识，更是一种恰当运用的智慧。只是知道价值观是什么，却不知道怎样将之运用于现实情境之中，还是等于没有价值观。

当孟子说"君子之于物也，爱之而弗仁"时，也就意味着将"仁"这个价值观运用到人和物这两大类对象上是不一样的，对象不同，"仁"对行为的要求就会有所不同。管理者对物质资源，当然要珍惜，这不仅因为物质资源是稀缺的，更因为管理者并非物质资源的所有者，只是接受委托人授权，替委托人来使用物质资源，管理者珍惜物质资源，也是一种良性信号传递，表明管理者认真履行职责，精打细算地运用物质资源。由此可见，珍惜物质资源，是"仁"对管理者行为的必然要求。

在管理中，管理者除了面对物质资源，更要面对人，而人之不同于物质资源，关键在于人有更高层次的德性追求，因此，管理者在面对人时，绝不能将人等同于物质资源，而必须以发自内心的尊重来对待人，也即"于民也，仁之而弗亲"。这句话表达了双重含义：首先必须以仁爱之心来对待民众，也就是说，管理者和民众或组织成员在"人性"的德性前提上是相通的，将心比心，发乎内心的认同和尊重是第一位的；其次，管理者所面对的民众或组织成员并不是单个人，而是一个更大的群体，在面对民众或组织成员群体时，管理者还必须做到一视同仁而不能有亲近疏远之别，这也充分体现出管理者在德性以及规则规范面前人人平等的意识。正是这两方面含义，构成了"仁"这个价值观对管理者面向民众或组织成员时所必须具备的行为要求。

管理者除了在公共领域中做管理之外，还要在私人领域里处理同父母亲人的关系。如果管理者不能合理地区分私人领域和公共领域，势必会导致公私不分，公权私用。因此，孟子用"亲亲而仁民，仁民而爱物"，简要概括了"仁"这个儒家第一价值观落实到公共领域和私人领域、人和物上的原则要求，这集中体现了儒家由"做人"到做管理的内在逻辑。

"亲亲"也即孝悌，这是"做人"的根本所在，当然也是"仁"这个价值观在私人领域里的具体行为要求。在儒家看来，"做人"是做管理的前提，虽然有了"做人"的保证，也不一定能做好管理，但是，若没有"做人"的保证，要做好管理则是不可能的。

"仁民"也即"亲民"，则是对做管理的根本要求。"以人为本"是做管理的永恒主题。没有了人，就不可能有管理。这不仅意味着管理者是人而不可能是机器或物，更意味着管理必须服务于人而不是机器或物，管理的服务对象只能是人。因此，管理者必须建立起对"人性"的恰当认识和理解，而"仁民"恰是立足于"人性"的德性前提之上的一种尊重和平等地对待他人的基本要求，这本质上是与"亲亲"相通的。"亲亲"和"仁民"不过是"仁"这个价值观在私人领域和公共领域的不同表现而已，这也正是"做人"与做管理的内在相通性的基础所在。孟子这里讲"亲亲而仁民"，实际上同《大学》强调从"明明德"到"亲民"的内在逻辑是一致的㊀，只是在"亲民"的表述上，可能容易让人混淆公私界限，而孟子用"仁民"代替"亲民"，更能体现"仁民"所具有的公共性和一视同仁的特点。

"亲亲"与"仁民"的相通性在于"人性"的德性内涵，而它们之间的根本区别则在于：私人领域中的"亲亲"，因为有了血缘关系而隐含着不平等，"亲亲"中的

㊀ 张钢，《大学·中庸的管理释义》，机械工业出版社，2017年版，PP4-7.

尊重也与这种天然不平等联系在一起；但是，在公共领域中的"仁民"，却打破了由血缘关系造成的不平等，人与人之间虽有公共角色分工和岗位职责差异，但在德性及规则规范面前却是平等的，因而，"仁民"中的尊重总是与组织内平等关系联系在一起的。正是从公共领域中的"仁民"视角出发，孟子进一步发展了儒家的治理理念，并以治理来统摄管理，从而让"仁"更全面地渗透在管理过程之中。

当然，做管理还离不开物质资源，有了"仁民"这个前提，管理者才会更加珍惜物质资源，毕竟民众才是终极委托人，而物质资源本质上是属于民众，并为民众服务的。孟子将儒家"以人为本"的思想进一步具体化为"以民为本"。

总起来说，按照儒家由内而外的管理逻辑，一个人只有在"做人"上达到了"亲亲"的要求，才能在做管理上达到"仁民"的要求，进而才能更合理且有效地使用物质资源来创造价值。这也正是"仁"的价值优先序的具体内涵。

7.46　孟子曰："知①者无不知也，当务②之为急；仁者无不爱也，急亲贤之为务。尧、舜之知而不遍物，急先务也；尧、舜之仁不遍爱人，急亲贤也。不能三年之丧，而缌③、小功④之察；放饭流歠⑤，而问无齿决⑥：是之谓不知务。"

【字词注释】

① 知：同"智"，智慧的意思。

② 务：这里是谋求、追求的意思。

③ 缌：是形声字，本义指细麻布，这里引申为穿三个月的孝服，即守孝三月。

④ 小功：指穿五个月的孝服，即守孝五月。

⑤ 放饭流歠："歠"是喝的意思。"放饭流歠"，意思是放纵地吃、不停地喝，意指不遵守礼仪规范，肆意吃喝。

⑥ 齿决：指用牙齿咬断，按照当时餐饮的礼仪规范，干肉不能用牙齿咬断，而要用手掰断。

【今文意译】

孟子说："有智慧的人，不仅知道要做很多事，更知道什么才是应当做的最重要的事；追求仁爱境界的人，不仅知道要尊敬所有人，更知道在私人领域首先要尊敬父母，在公共领域首先要尊敬德才兼备的人。即便是尧、舜的智慧，也是有限的，不可能不分主次地用在所有事上，必须首先用在最重要的事上；即便尧、舜致力于追求仁爱境界，也知道首先要尊敬父母和德才兼备的人。但是，有些人却不是这样,他们不能守孝三年,却在守孝三个月、五个月上刻意讲究;他们在正式宴席上不讲礼仪规范,胡吃海喝,却又计较于不要用牙齿咬断干肉这样的细节,这便是常说的不知道到底想要什么。"

【管理解析】

本章继续说明如何将内在价值尺度恰当地运用于公共和私人领域之中,以区分轻重缓急。

儒家把"人性"的德性前提在具体行为情境中的恰当运用称为"中庸",即用"中"于平常。根据《论语》第六篇第 20-27 章中孔子的阐述⊖,"中庸"包括"仁"和"智"两个方面,而"中庸之德"也就意味着将"仁"和"智"结合起来,恰当地运用于各种日常生活和管理情境之中。这实际上就是孟子在上章所讲的以"仁"为核心的价值观在日常生活和管理情境中的具体运用。为了进一步说明这种内在价值尺度的恰当运用,孟子在这里又联系着"中庸"的"智"和"仁"两个方面,对此进行了分析。

在孟子看来,"知者无不知也,当务之为急;仁者无不爱也,急亲贤之为务。"既然"智"与"仁"相结合并恰当运用于日常生活和管理情境之中就是"中庸",而之所以能恰当运用,关键就在于有内在价值优先序,从而让"智"得以有明确的内涵和导向,也就是说,要将"智"运用于追求"仁";也恰是"仁"决定了"智"在生活或私人领域里运用的当务之急是"亲亲",在管理或公共领域里运用的当务之急则是"亲贤"。因此,孟子认为,"智者"必然知道什么是最重要而又应当做的事,这便是"急亲贤"。"智"关键在于知"当务之急",而"仁"则突出"急亲贤之为务",两者密不可分,共同构成"中"在现实生活和管理情境中的具体体现,即"中庸"。

为了说明这一点,孟子又以尧、舜为例,进一步指出,"尧、舜之知而不遍物,急先务也;尧、舜之仁不遍爱人,急亲贤也"。尧、舜的"急先务",意味着做事的优先序,他们清楚不同事的轻重缓急,绝不眉毛胡子一把抓,总是让做事变得井井有条;而尧、舜的"急亲贤",则包含两层意思:一是"急亲",这是指在私人领域里"做人"的要求,必须首先服务好父母;二是"急贤",这是指在公共领域里做管理的要求,做管理免不了用人,而用人则必须注重德才兼备。因此,可以说,尧、舜的"急先务""急亲贤",恰体现了儒家对管理者在私人领域里做事和"做人",在公共领域里做管理的基本要求。这也充分说明,尧、舜能将"仁"和"智"有机结合起来,并恰当运用于日常生活和管理情境之中,达到了"中庸之德"的境界。

⊖ 张钢,《论语的管理精义》,机械工业出版社,2015 年版,PP161-168.

无论"急先务"的做事优先序，还是"急亲贤"的"做人"和用人原则，都是日常生活和管理活动中的"要务"。若"要务"不识，却徒究末节，说明既非"智"，又非"仁"，离开"中庸之德"的要求就太远了。这便是孟子最后用"不能三年之丧，而缌、小功之察；放饭流歠，而问无齿决：是之谓不知务"所要表达的意思。

根据当时"守孝"的规范要求，有三年之孝，是谓重孝，也有数月之孝，是谓轻孝。守孝时间不同，轻重就不同，当然孝服的要求及相应的礼仪安排也完全不一样。同样，依据当时关于宴饮的规范要求，在长者面前不能大吃大喝，这属于大不敬，当然，也不能用牙齿咬断干肉，否则，也是失礼，但这属于小不敬。孟子举这两个例子，在于说明，现实中人们往往会因小失大，大处不管不顾，却在小处拼命计较；连守重孝、遵大礼都做不到，却偏要在守轻孝的细节上、在是否用牙齿咬断干肉的小节上去斤斤计较、细致入微，这便是典型的"避重就轻"。

在孟子看来，人们之所以在现实中总是分不出轻重缓急，每每做些"避重就轻"的事，根本原因就在于不知道自己到底应该追求什么、到底要干什么，这便是"不知务"。若连自己到底应该追求什么、到底要干什么都不知道，当然就不可能有一种内在价值尺度来做出轻重缓急的判断和选择，也就难以让"做人"、做事、用人和做管理有一定之规了。

7.47　孟子曰："不仁哉，梁惠王也！仁者以其所爱，及其所不爱。不仁者，以其所不爱，及其所爱。"公孙丑曰："何谓也？""梁惠王以土地之故，糜烂其民而战之，大败；将复之，恐不能胜，故驱其所爱子弟以殉之。是之谓以其所不爱及其所爱也。"

【今文意译】

孟子说："不知道追求仁爱境界的典型代表，就是梁惠王啊！那些追求仁爱境界的人，会将他们的爱推广到自己不喜欢的对象上，而那些不知道追求仁爱境界的人，则会将他们不喜欢的灾祸转移到自己所爱的人头上。"

公孙丑问："这是什么意思呢？"

孟子说："梁惠王为了争夺土地，不惜让民众尸横遍野，也要去打仗，结果大败；为了复仇，又怕打不过，所以就让自己的儿子去拼死一战。这不就是将他不喜欢的灾祸转移到自己所爱的人头上了吗？"

【管理解析】

本章承接上章，以梁惠王为例，从反面说明，管理者若不追求仁爱境界和共同利益，不建立恰当的价值优先序，必然会本末倒置，害人害己。

在第一篇第5章中，梁惠王自己说，他为了复兴当年霸业，扩大地盘，一度四面开战，结果一败再败，不仅土地面积不增反减，甚至连儿子的命都搭了进去。从儒家价值优先序出发，孟子对梁惠王这种行为的评价是"不仁哉，梁惠王也！仁者以其所爱，及其所不爱。不仁者，以其所不爱，及其所爱"。那些追求仁爱境界的人，一定会像本篇第45章所讲的那样，做到"亲亲而仁民，仁民而爱物"，由"亲情之爱"合理外推到"仁民"，直至"爱物"，进而同人们一起追求最广大的共同利益。

相反，那些像梁惠王一样不追求仁爱境界的人，虽然自己并不喜欢灾祸，更不喜欢死亡，但为了获取外物，如土地，不惜让民众深陷战争之苦，甚至连自己原本亲爱的儿子也赔了进去。这难道不是为了外物，而祸害民众，加害亲人吗？梁惠王这种由外而内的管理逻辑，恰表明，他把外物看得比人更重要，甚至超过亲情之爱。从儒家由内而外的管理逻辑来看，梁惠王这种本末倒置的做法，结果必然是害人害己。

7.48 孟子曰："《春秋》无义战。彼善于此，则有之矣。征者，上伐下也，敌①国不相征也。"

【字词注释】

① 敌：这里是同等、相当的意思。

【今文意译】

孟子说："根据《春秋》的历史记载，诸侯国间没有为了追求公平正义而进行的战争。当然，交战中，一方表现得比另一方好些，倒是有的。但是，征讨原本只适用于天子对诸侯国，诸侯国之间是不能相互征讨的。"

【管理解析】

本章引用历史资料，进一步说明梁惠王为争夺土地而发动战争，没有任何合法性可言。

作为一部鲁国史,《春秋》记录了从公元前700年到公元前476年诸侯国间所发生的战争,而诸侯国间发动战争、相互征讨,本身就是不合法的。因为从周王朝的治理体系来看,诸侯国的权力合法性来自于周天子,只有当周天子要惩罚诸侯国时,才能使用征讨这种军事手段,而诸侯国间的纷争,只能通过周天子来协调解决,或者借助诸侯国间的协商机制予以解决。

如果说春秋时期诸侯国间的战争是不合法的,那么,到了战国时期,由于周天子实际上已失去了作用,是否就意味着诸侯国间的战争又有了合法性呢?从孟子在第一篇致力于探讨的新型治理理念来看,即便周天子不能发挥实际作用,诸侯国间的战争仍是不合法的。因为在孟子看来,即使当年的周天子,也并非权力的终极合法性来源,而权力的真正终极合法性来源,在于代表"天意"的"民意";若"民意"不能接受诸侯国间的战争,这样的战争仍是不合法的,就像梁惠王发动的战争,显然是违背"民意"的。

7.49 孟子曰:"尽信书①,则不如无书。吾于《武成》②,取二三策③而已矣。仁人无敌于天下。以至仁伐至不仁,而何其血之流杵④也?"

【字词注释】

① 书:即《尚书》。
②《武成》:是《尚书·周书》中的一篇,记载周武王伐纣的事。
③ 策:通"册",成编的竹简。
④ 杵:古代的一种兵器。

【今文意译】

孟子说:"如果全部相信《尚书》上的记载,还不如没有《尚书》。我对于《武成》这一篇,也不过从中选取两三页罢了。虽然说追求仁爱境界的人会天下无敌,但是,追求最高仁爱境界的周武王,去讨伐最没有仁爱境界的商纣王,怎么会血流成河,以至于让兵器都漂了起来呢?"

【管理解析】

本章用历史案例说明,具有合法性的正义战争,不以杀人为目的,而是追求仁爱境界和共同利益的一种手段,不仅要消灭残暴,更要在最大程度上保全民众利益。同时,本章也表明,只有建立起内在价值观立足点,才能充分运用自己的独立思维意识，对历史进行批判思考。由此可见，儒家既注重历史思维，要用历史的眼光来理解现在、把握未来，又强调批判思维，要用严密的逻辑来分析历史、洞悉大势。

在孟子看来，正义战争只有两类，一类是上章所说的"上伐下"，这是在预设了天子代表"天意""民意"的治理体系之后，天子惩罚诸侯的一种方式，这类战争之所以具有合法性，是正义战争，原因在于天子代表"天意""民意"，有权对那些不遵从规则规范，侵害民众利益或侵犯其他诸侯国利益的诸侯国进行征伐，其最终目的还是要"保民""平治天下"，以实现最广大的共同利益，所以，在这种情况下，天子动用武力手段来恢复秩序，确保天下共同利益，就是合法的，也是应该做的选择，即正义的选择。

第二类正义战争则指的是，当现有天子及王朝治理体制已无法代表"天意""民意"，反而成为暴虐民众的祸根时，就需要有新的符合"天意""民意"的力量出现，匡扶正义，重建秩序，像历史上出现过的商汤伐夏桀、周武王伐纣一样。在这种情况下，战争也是合法的、正义的。

即便是这两类正义战争，也必须让战争的代价最小化，更不能以杀人掠地为目的，正义战争只是为了铲除暴虐，实现"保民""安天下"。基于此，便不难理解，孟子为什么要质疑《尚书》上对周武王伐纣的历史记载了。

据《武成》记载，周武王伐纣时，纣王的部分军队倒戈，导致内部相互残杀，加之周武王军队的追杀，结果造成血流成河，甚至让木质兵器都漂浮起来。但孟子认为，这种记载并不可信，即使军队倒戈，也不至于顷刻间就变成仇敌相互残杀，更何况还有周武王的"仁义"之师在场，看到敌军倒戈，自然可以轻松收降对方，而不必再行屠杀。正是从追求仁爱境界和共同利益的价值前提出发，运用一以贯之的推理逻辑，孟子质疑《武成》的记载有极度夸大的成分。考虑到《尚书》是三代的官方管理政策文件汇编，当孟子说"尽信书，则不如无书"时，恰表明孟子对历史所持的批判态度，也说明孟子总是将历史思维与批判思维结合起来，在深入剖析历史案例中丰富和发展儒家管理思想。

孔子当年就非常注重运用历史案例分析方法，来阐明管理思想，构建理想世界。由于孔子所处的春秋时期和孟子所处的战国时期，天下治理体系都日渐衰微，诸侯国管理也越来越走向功利化，因而，孔子和孟子要发现问题，改变现状，一方面需要从历史案例中汲取思想营养，并借历史以把握现实发展趋势；另一方面，要构建管理的理想世界和管理者的理想类型，既然现实世界无所取材，也只能回归历史，无论孔子还是孟子，提到尧、舜、文、武的时候，都并非要人们回到那个时代，而只不过要借历史来表达理想，进而启发和改变现实而已。

但是，运用历史案例最大的风险，也许就在于历史的不可还原性所带来的真实性问题，再加上三代已久远，流传下来的一手资料极其有限，要用历史素材来构建理想，运用历史案例来表达理想，无不面临着巨大挑战。这就要求人们必须用批判思维对历史资料进行辨别和取舍，不能盲目轻信，尤其是那些代表管理者意图的历史文献，像《尚书》。所以，当孟子说"尽信书，则不如无书"时，也是在告诫学管理和做管理的人，必须运用批判思维来阅读和理解历史文献。

在可以相互印证的历史资料严重缺乏的情况下，批判思维的运用，更多地体现在一以贯之的逻辑分析上。批判思维有两块基石，一是逻辑，二是事实。当获取历史事实非常困难时，逻辑分析就显得更为重要。要有效运用逻辑分析，就不能没有思维得以运用的前提，而儒家思维逻辑得以展开的前提便是以"仁"为核心的价值观及对"善"的目标追求。也可以说，对儒家而言，"仁"是立足点，"善"是目标，在逻辑分析中，立足点和目标是相通的，都扎根于"人性"的德性前提。正是从"人性"的德性前提出发，从孔子开始，经由曾子和子思，直到孟子，建立起一以贯之的儒家管理逻辑，这就成为孟子用以批判反思各种历史案例素材的有力武器，也是儒家历史思维与批判思维相结合的杰出典范。

7.50　孟子曰："有人曰：'我善为陈①，我善为战。'大罪也。国君好仁，天下无敌焉。南面而征，北狄怨；东面而征，西夷怨。曰：'奚为后我？'武王之伐殷也，革车三百两②，虎贲③三千人。王曰：'无畏！宁尔也，非敌百姓也。'若崩厥角④稽首。征之为言正也，各欲正己也，焉用战？"

【字词注释】

① 陈：通"阵"，指排列或部署兵力。
② 两：通"辆"，指车辆。
③ 虎贲：即勇士。
④ 厥角："厥"，同"蹶"，扑倒的意思；"角"，即额角。"厥角"，指扑倒叩头。

【今文意译】

孟子说："如果有人讲：'我擅长排兵布阵，我能够克敌制胜。'那才是大错特错。国君致力于追求仁爱境界，就会天下无敌。当年商汤向南征伐，北面的人抱怨；向东征伐，西面的人抱怨。都说：'为什么不从我们这里先开始？'周武王征伐殷商时，兵车三百辆，勇士三千人。周武王对商朝民众说：'不要害怕！我是来保护你们的，不是来与你们为敌的。'顷刻间人群像山崩一样跪地叩首。征伐讲的就是正义。如果人们都想着要端正自己，哪里还用得着战争呢？"

【管理解析】

　　本章继续讲战争手段的正确运用及其意义。

　　在孟子所处的战国时期，战争是家常便饭，兵家学说似乎成了显学，军事人才也变得炙手可热。但在孟子看来，这恰说明，当时各诸侯国犯了本末倒置的根本性错误。战争不是目的，而只不过是达到"保民""平治天下"的手段之一。战争是为达到持久和平服务的，这才是区别正义战争和非正义战争的根本所在。即便是作为"保民""平治天下"的手段之一，战争也是排在优先序等级最后的手段，只有万不得已才会使用。

　　因此，孟子始终坚持"国君好仁，天下无敌"的主张。当然，需要特别说明的是，孟子的意思并不是说只要国君追求仁爱境界，自然而然就会赢得人们的认可，也就能实现天下的和平统一；而是说诸侯国国君必须有坚定的信念和价值观，致力于行"王道"、施"仁政"，这样即便万不得已要运用武力，也会有内在一定之规，确保武力不会被滥用，战争是合法的、正义的。也就是说，孟子并不反对诸侯国保有武力，也并非一概反对战争，只是反对穷兵黩武，反对为了夺取城池、扩展地盘、争霸天下而动辄兵戎相见。

　　为了清楚地说明这一点，孟子再次以当年商汤征伐夏桀、周武王征伐商纣为例，明确指出，正义战争的目的一定是为了"保民"，代表"天意""民意"，哪怕是被征伐地方的民众，也无不翘首以盼。当年商汤征伐夏桀时，各地民众都说"奚为后我"，而周武王征伐商纣时，对当地民众说，"无畏！宁尔也，非敌百姓也"。只有为民众所认可、接受和拥护的战争，才是代表了"天意""民意"的战争，也才是正义的战争。对于这种正义的战争，孟子不仅不反对，实际上还在渴望着当时也能重现这样一场以仁爱境界的回归和天下共同利益的追求为宗旨的正义战争，而要发动这样的正义战争，发动者必须是真正行"王道"、施"仁政"的诸侯国，这样才能通过战争最终达到"保民""平治天下"的目的。这种正义的战争也才能真正体现"征"的本义，即"正"，也就是借助战争手段来纠偏，以回归"人性"原本的德性正道。当然，若人们都能认识和理解"人性"的德性内涵及其"向善"的倾向性，没有发生偏差，或能够由内而外地通过自我修养实现自我纠偏，也就不需要用战争手段从外部来强行纠偏了。因此，孟子最后才说，"征之为言正也，各欲正己也，焉用战？"

在孟子所处的战国时期，诸侯国间的战争或恶性竞争，是一个不能回避的现实问题。孟子直面战争，立足于儒家管理之道，区分出正义战争和非正义战争，并将正义战争作为"保民""平治天下"的手段之一，纳入到儒家管理模式之中，丰富和发展了儒家管理思想。

7.51 孟子曰："梓匠①轮舆②，能与人规矩，不能使人巧。"

【字词注释】

① 梓匠：即木匠。
② 轮舆："轮"，指车轮；"舆"，指车厢。"轮舆"，指造车的工匠。

【今文意译】

孟子说："木匠和造车匠只能教给人们各种做事的规矩，却不能保证人们都掌握恰当运用规矩做事的技巧。"

【管理解析】

本章以学手艺为例，在于说明，学管理并不只是学习各种专业知识，更重要的是学会如何在不同情境下运用这些专业知识来做管理的技巧或能力。

一般来说，那些可以用语言符号表达的知识，往往比较容易直接传授，但只掌握这种可表达、可传授的知识，并不必然代表能运用这些知识做事，尤其是高效率、高质量地做事。要正确运用这些知识，形成独特的技巧或能力，就必须亲身反复实践；只有借助反复实践过程中的用心体察和领悟，才能把知识转化成技巧或能力，进而形成做事的独特风格。这也就是为什么同样在学习某种可表达、可传授知识的人，最终所形成的恰当运用所学知识解决问题的技巧或能力却各不相同的原因。

可表达、可传授的知识向技巧或能力转化的典型例子，也许就体现在学手艺中。既然是手艺，也就是一种不经历熟能生巧的过程，便难以获得的独特技巧或能力。严格来说，手艺是很难学会的，师傅也只能讲清楚做事必须遵循的各种规矩，但知道规矩并不等于会做事，规矩只能帮助理解做事的道理，让做事变得更有意义，却无法自动把事做好，更不能保证把事做出独特风格，这或许正是人们常说"师傅领进门，修行在个人"的原因。这里的"修行"，指的就是自我反复实践的"干中学"过程，只有借助这个过程，才能形成基于特定知识的独特技巧或能力，而这种有着自己独特风格的技巧或能力，既非纯粹的个人经验，又超越了书面知识，成为两者的内在有机整合，变成了一种思维方式和行为方式。

何止是在做事中需要这种知识向技巧或能力转化的"干中学"过程，在"做人"中也一样。"做人"离不开对"人性"的德性内涵及其"向善"倾向性的认识，某种意义上说，这种认识也是一种知识，即关于"人性"的知识或关于"做人"的准则类知识。如果只是向人们传授了这些关于"做人"的知识，人们也清楚了"做人"的道理，就一定能保证人们都会"做人"吗？"做人"固然离不开对"做人"道理的正确理解，但"做人"的关键在"做"，也即在各种不同情境下恰当运用这些关于"做人"知识的能力，而这正是儒家的"中庸之德"体现为一种将"仁"与"智"相结合，并恰当运用于不同情境中的德行能力的意义所在。"中庸之德"是一个在人伦日用中潜心实践、持续反思的终身修养过程，而这个过程的本质也就是王阳明所说的"知行合一"，这才是"做人"的根本所在。

"做人"是做管理的前提，但做管理并不等于"做人"。做管理，除了"做人"之外，更突出识人、用人、做事相统一的过程。在这个过程中，关于做管理的信念、价值观、原则、规则、规范及各种流程和方法的知识固然重要，但更重要的是如何将这些不同类型的知识运用于各种情境之中，变成独特的管理能力，进而形成独特的管理风格。不仅如此，管理学习不同于"梓匠轮舆"等各种专业技术学习的独特之处还在于，管理学习不仅是管理者个人的知识和能力形成过程，还是一个团队乃至组织的知识和能力形成过程，尤其是涉及关于"人性"的信念、价值观类知识和能力形成，更需要从管理者个人上升到团队乃至组织，否则，仅是管理者个人拥有信念和价值观，还不足以确保团队乃至组织的信念和价值观认同。因此，管理学习既离不开个人知识学习和能力形成过程，又必然包括团队乃至组织的知识学习和能力形成过程。管理学习是一个从个体到团队乃至组织的互动交织、持续迭代的动态过程，这正是《论语》第一篇第1章所倡导的那种融个体学习三境界和团队学习三境界为一体的管理学习模式。㊀

7.52　孟子曰："舜之饭糗①茹②草也，若将终身焉。及其为天子也，被③袗衣④，鼓琴，二女果⑤，若固有之。"

㊀　张钢，《论语的管理精义》，机械工业出版社，2015年版，PP2-3.

【字词注释】

① 糗:炒熟的米麦等干粮。
② 茹:这里是吃、咽的意思。
③ 被:通"披",穿着的意思。
④ 袗衣:即薄衣、单衣。
⑤ 果:这里是女侍的意思。

【今文意译】

孟子说:"当年舜吃着干粮、啃着菜根,却神情自若,好像这样过一辈子也无所谓。等到他成为天子,穿着单衣,弹着琴,有尧的女儿陪伴左右,好像这是本来就有的一样。"

【管理解析】

本章再次以舜为例,说明将"做人"的内在准则运用于不同情境中所应达到的境界。

"做人"关键在于"做"的过程。正像"梓匠轮舆""不能使人巧"一样,要学"做人",别人也很难给你说清楚有关"做"的"干中学"过程到底是怎样的,如何才能形成独特的"做人"能力和风格。但是,要学"做人",却可以借助那些成功者的典型案例,来启发自己思考"做人"的"干中学"过程,并由此激发自己去更自觉地进行"干中学"探索,这就如同那些由能工巧匠们创造出来的伟大作品,对学手艺的人具有启发和激发作用一样。

在"做人"和做管理上,舜就像伟大的能工巧匠一样,具有示范作用。在第六篇第35章中,孟子曾说"舜发于畎亩之中",这意味着,舜是从底层走出来的伟大管理者,经历过许多艰难困苦,而正因为舜有了"做人"的内在准则,真正把握住自己,才不会因环境条件恶劣而消沉,更不会怨天尤人,反而能处之若素,宁静平和,即便吃干粮就菜根,也能神情自若,在别人看来,那种恬淡的神情,似乎就是一辈子都如此,也会怡然自得。

哪怕舜后来做了天子,成为最高管理者,也正因为有了"做人"的内在准则,舜还是舜,没有因外部条件的改变而忘乎所以,也不会因外部条件的改变而茫然不知所措,在天子岗位及相应的环境条件下,仍能泰然处之,心安理得。舜在天子位置上的那种心安理得状态,在外人看来,好像原本就该是这样,没有任何局促不安。或许有人会说,舜由一介平民,从极其艰苦的环境条件,走上天子之位,可能会因反差太大而不适应。殊不知,一旦人们致力于向内求,真正理解"人性",把握住自己，就能超越外在环境条件，不管外在环境条件是艰苦还是优越，都能以我为主，泰然自若，好像这些不同环境条件原本就经历过并早已适应了一样。

其实，当人们将信念、价值观、行为规范等"做人"准则，真正融入思维和行为，变成一种能力之后，便具有了对各种社会环境条件的强大适应能力。从这个意义上说，"做人"本质上就是一种对不同环境条件的适应能力。一个在"做人"上达到很高境界的人，就能做到《论语》第二篇第4章中所讲的"从心所欲，不逾矩"⊖，不论在什么环境条件下，都显得自然而然，在别人看来，好像他本来就该属于这个环境一样。舜在"做人"上恰是具有这种强大的环境适应能力的典型代表。

理解了这一点，也就能够理解为什么孟子说"舜视弃天下，犹弃敝屣"。天下和敝屣不过都是身外之物，而舜早已把握住自己，做天子与不做天子，都不会影响他对自我的定位。无论做天子，还是做平民，舜依然是舜。

7.53 孟子曰："吾今而后知杀人亲之重也。杀人之父，人亦杀其父。杀人之兄，人亦杀其兄。然则非自杀之也，一间①耳。"

【字词注释】

① 一间："间"，这里指间隔。"一间"，意思是间隔很小、相差不大。

【今文意译】

孟子说："从今往后，我总算理解了杀害别人的亲人的严重性了。杀害别人的父亲，别人也会杀害你的父亲。杀害别人的兄长，别人也会杀害你的兄长。虽然不是你亲手杀害了自己的父亲和兄长，但实际上没有多大分别。"

【管理解析】

本章进一步说明，管理者只有把握住自己，追求仁爱境界和共同利益，才能正向影响他人，营造良好氛围，改变不良现状；否则，各诸侯国间只是兵戎相见，势必导致冤冤相报，恶性循环。

儒家强调"恕"，即推己及人的同理心在人际互动中的重要基础作用，并将"忠恕"视为管理的基本规范。"忠"是尽己尽责，体现的是自我与岗位职责之间的关系，而"恕"是推己及人，体现的则是自我与他人之间的关系。两者结合，便是

⊖ 张钢，《论语的管理精义》，机械工业出版社，2015年版，PP28-30。

儒家做管理的基本要求。

在孟子所处的战国时期，当诸侯国间的战争成了常态，组织与组织、人与人之间的互动，便容易陷入以牙还牙、以眼还眼的恶性循环，即"杀人之父，人亦杀其父。杀人之兄，人亦杀其兄"。这种恶性循环的结果意味着，"然则非自杀之也，一间耳"，看上去是别人杀了自己的父兄，但起因却是自己先杀了别人的父兄，其结果同自己亲手杀了自己的父兄没有什么分别。这警示管理者，必须恪守"恕"的原则，切实做到"己所不欲，勿施于人"。这样才有可能改变当时诸侯国内部和诸侯国间不良的关系氛围。

但遗憾的是，当时各诸侯国国君和管理者们并没有认识到，以武力争霸天下，无异于一种"自杀行为"。梁惠王便是一个典型，他去屠杀别人的亲人，结果自己的亲人也被别人所杀。因此，在孟子看来，各诸侯国国君和管理者们是时候该慎重思考"恕"的问题了，若不想自己的亲人被杀，就不要去杀害别人的亲人。

7.54 孟子曰："古之为关也，将以御暴。今之为关也，将以为暴。"

【今文意译】

孟子说："古代设置关卡要塞，是为了控制暴虐和抵御侵犯。如今设置关卡要塞，却是为了横征暴敛和向外侵略。"

【管理解析】

本章承接上章，进一步分析说明当时各诸侯国在管理上的"自杀行为"。

孟子这里再次用"古""今"对比，以突出理想世界与现实世界的反差。从理想状态来看，各诸侯国之所以要设置关卡要塞，无外乎两个目的：一是监控，确保对境内的信息和资源流动适时掌握；二是保护，既包括对诸侯国安全的保护，防止外来侵犯，也包括对经济活动的保护，防止出现欺行霸市的暴虐行为。从这个意义上说，关卡要塞的设置也是一项重要的管理基础设施，有利于实现共同利益。

但是，现实中各诸侯国设置关卡要塞的目的却完全不同。既不是要实现监控的目的，也不是为了达到保护的目的，而是为了便于收取更多税费，充实国库，增强武力，更是为了便于集结兵力，向外侵略，攻城略地。这种关卡要塞的设置，已完全蜕变成了经济上横征暴敛、军事上进攻侵略的工具，而设置这种"将以为暴"的"关"，难道不是一种管理上的"自杀行为"吗？当各诸侯国都在不断强化着这种"将以为暴"的"关"的时候，以暴制暴的结果，必然是双输共亡。

7.55 孟子曰："身不行道，不行于妻子。使人不以道，不能行于妻子。"

【今文意译】

孟子说："若自己都不能以身作则，也就无法对妻子儿女提出要求。若自己没有一定之规，却想让别人做事，就连妻子儿女也不会听从。"

【管理解析】

本章讲管理者以身作则对于推行管理之道的重要意义。

要避免管理上的各种"自杀行为"，管理者必须先从自身做起，由内而外地正向影响他人，而要能正向影响他人，则必须先从家庭入手。若连妻子儿女都难以影响，要影响其他人就更不可能了。这正是《大学》强调"修身""齐家""治国""平天下"㊀的内在逻辑。

孟子说"身不行道，不行于妻子"，意思是，若管理者不能以身作则、率先垂范，却只想用说教的方式，要求家人应该怎么做，那是不可能的。"身教胜于言教"，在家里尚且如此，在组织中就更不用说了。

在家里，若管理者同时也是家长，则可能会要求家人做某些事，但是，如果各种要求前后不一，缺乏内在一致性，也没有合理依据，相信家人也无法容忍，不愿意接受。因此，孟子说，"使人不以道，不能行于妻子"。这里的"道"，可做广义理解，指"做人""做事"的内在准则或一定之规。管理者若没有一定之规，即便在家里让家人做事都有困难，更何况在组织中让组织成员去实现目标、完成任务呢？

7.56 孟子曰："周①于利者，凶年不能杀②。周于德者，邪世不能乱。"

【字词注释】

① 周：这里是充足、齐备的意思。　② 杀：这里是减少、衰落、困难的意思。

【今文意译】

孟子说："有充足的财物储备，即便年景不好，也不会难以为继。有长期的德行修养，即便世道不济，也不会自我放纵。"

㊀ 张钢，《大学·中庸的管理释义》，机械工业出版社，2017年版，PP12-16.

【管理解析】

本章意在说明，德行修养就像财物储备一样，是做到防患于未然的重要前提之一。

做管理，必须做到有备无患，这样才能更好地应对环境不确定性。在农业文明条件下，人们不得不靠天吃饭，而年景有好有坏，在好年景时，若不及时储备粮食财物，到了坏年景时，便难以为继。因此，不管是家庭组织，还是诸侯国组织，都必须做好准备，以应对环境不确定性。

很多管理者心目中的有备无患，往往只是针对看得见、摸得着的财物而言，似乎只要储备了物质资源，就足以应对各种天灾人祸，而忘记了在人之为人的根本，即德性上进行储备，完全没有想到要适时地修养和积累德行。如果只储备物质资源，而不修养和积累德行，一旦遇到人祸而非天灾，也即"邪世"的时候，那些缺乏德行修养和积累的个人和组织，恐怕就会面临巨大挑战。

在春秋战国时期，很多诸侯国的解体，往往不是由于天灾，也不是因为其他诸侯国的入侵，反而是因为内乱，像三家分晋、鲁国的衰微、楚国的灭亡等等，其中内乱的影响都远超天灾和战争。这些诸侯国之所以发生内乱，根源便在于国君自身缺乏德行修养和积累，也就无法选择有德行修养的管理者，更谈不上营造文化氛围来培养一代代有德行修养的"组织人"和"社会人"。缺少了德行修养和积累的诸侯国，看似由一群人构成，但实际上无异于一盘散沙、乌合之众，一旦有什么风吹草动，可能顷刻间便土崩瓦解。

因此，在孟子看来，做管理，要真正做到有备无患，就必须全面理解"备"的内涵，既要从物质资源储备的角度来理解"备"，又要从德行修养的角度来理解"备"；一个组织只有同时做到了这两方面的储备，才能更好地应对各类不同性质的不确定性。

当然，如果要给这两方面储备赋予优先序，区别出轻重缓急，那么，根据儒家的观点，显然应将德行的修养和"组织人"的储备放在第一位，这也是儒家将管理过程同时视为教育过程，首先要求管理者承担起文化责任的原因。《周易》开篇就讲，"天行健，君子以自强不息；地势坤，君子以厚德载物"。其中，"自强不息"，强调的就是持续德行修养，只有储备了充足的德行修养，也即具备"厚德"，才能承担更大的责任，恰当地支配和运用更大的物质资源；否则，若没有德行积累，管理者在更大的物质诱惑面前便可能会迷失，甚至被物质资源压垮，走向滥用职权，损公肥私，贪污腐化的深渊。这表明，若没有德行修养和德行积累，以及坚实的制度基础设施和文化基础设施建设，而仅是积累起了丰厚的物质财富，反倒会害了管理者和组织，加速组织灭亡。

因此，孟子这两句话不仅在于说明储备德行修养也是"有备无患"的重要内涵，而且还在于强调，储备德行修养是储备物质资源的前提。若没有"周于德"，即使做到了"周于利"，由于这种"利"在"凶年""邪世"更有可能得不到公平合理分配，反而会激化组织和社会矛盾，引发更严重的"人祸"。这提醒管理者，必须时刻牢记"厚德载物"，只有以"周于德"为前提，并与"周于利"结合起来，才能真正做到有备无患。

7.57　孟子曰："好名之人能让千乘之国。苟非其人，箪食豆羹见①于色。"

【字词注释】

① 见：通"现"，出现、显露的意思。

【今文意译】

孟子说："喜欢名声的人，甚至都能将千辆兵车的诸侯国国君的位子让给别人。但是，若没能真正超越对物质财富的欲求，在一篮饭、一碗汤这样的小事上，又会斤斤计较，喜怒都写在脸上。"

【管理解析】

本章承接上章，进一步说明如何判断一位管理者在德行修养上的积累程度。

《论语》第十二篇第20章区分了"闻"与"达"⊖，而德行修养上的持续积累，本质上是一个"达"的过程，即通达于"人性"的德性前提和管理之道，不是为了让别人知道自己如何超脱，怎样无视物质财富诱惑等。那种只是为了追求好名声的人，则是为"闻"而"闻"，得到的也不过只是一种"虚闻"，与基于"达"的"闻"完全不同。因"达"而"闻"，才是"实闻"。但问题是，如何才能在现实中将"虚闻"与"实闻"区别开来呢？

孟子认为，可以从日常行为细节出发，通过管理者不经意、不自觉地流露出来的言语和行为倾向，来推断其内在德行修养程度，进而辨别是"虚闻"还是"实闻"。"好名之人能让千乘之国"，但未必能让"箪食豆羹"，因为"让国"很可能是在特殊情况下，于众人面前的勉力而为，而让"箪食豆羹"，却是在极其平

⊖　张钢，《论语的管理精义》，机械工业出版社，2015年版，PP341-342.

常的情况下，于不经意间的真情流露。也就是说，勉力而为虽可见大，但无意流露则可见真。这就是为什么孟子要说"苟非其人"的原因，意思是，假如不是那种真正超越了物质利益的人，即便在特殊场合，因特殊原因，情绪激昂地为声誉而慷慨"让国"，但未必在没有环境压力，也不涉及个人声誉时，能很自然地让"箪食豆羹"。这种在不同情境下言语和行为的不一致表现，至少说明当事人的德行修养还没有达到因"达"而"闻"的境界。

为什么从不同情境下言语和行为细节上的表现，就能判断一个人在德行修养上的积累程度，从而辨别"虚闻"与"实闻"呢？原因便在于"诚"为德之本。"诚"意味着思言行一致，而德行修养过程，实际上就是不断提升思言行一致性水平的过程，即孟子在第二篇第2章中所讲的"我善养吾浩然之气"，当达到更高水平的一致性后，便可以"塞于天地之间"，也就意味着让这种思言行的一致性超越具体情境，无论是在像"让国"这样的情境下，还是在像让"箪食豆羹"这样的情境下，甚或在没有他人在场的自己独处的情境下，都能保持思言行的一致性。为了达到这种超越具体情境的更高水平的思言行一致性，儒家更强调从没有他人在场的自己独处的情境入手进行修养和积累，即"慎独"，一旦在这样自己独处的情境下都能达到思言行一致，到了让"箪食豆羹""让国"这样有他人在场的情境下，也都自然能保持思言行一致，这就是由内而外地持续修养所达到的"达"状态。反之，若只注重外在情境，只想在特定情境下为人所知，只要追求所谓好名声，则很有可能是在人多和人少的情境下的言行不一致，在有他人在场和没他人在场的情境下的言行又不一致。如果连"诚"都难以做到，又如何能说在德行修养上有充分积累呢？在没有充分德行修养积累情况下追求"闻"或"好名"，必定是"虚闻"无疑了。

结合上章讲"周于德"，便不难理解，孟子在这里是要再次强调，"周于德"必须在日常点点滴滴的言语行为上进行日积月累，而不能仅是想凭借几件看似轰轰烈烈的大事就以为积累起了德行。只有建立在扎实的日常言语行为细节上的德行，才能让管理者和组织真正做到有备无患。由此可见，当孟子认为管理者必须承担文化责任时，也就是在要求管理者必须在日常言语行为上切实做到以身作则、率先垂范，这样才能营造文化氛围，培养"组织人"和"社会人"，履行文化责任；相反，那些整天轰轰烈烈，一个大活动接着一个大活动的组织，反倒不一定真有文化，也未必能可持续发展。

7.58　孟子曰："不信仁贤，则国空虚。无礼义，则上下乱。无政事，则财用不足。"

【今文意译】

孟子说:"若不信奉以仁为核心的价值观、不信任德才兼备的人,诸侯国就会人心涣散,没有竞争力。若没有规则规范,就会造成管理行为失当,没有稳定性。若没有管理效率,就会导致资源浪费,财源紧张。"

【管理解析】

本章阐述组织管理工作的三方面内涵及其优先序。

根据儒家管理之道,管理要建立在"人性"的德性前提之上,并以"组织人"和"社会人"的培养为第一要务;以此为基础,才能建立起相应的规则规范,用以指导具体工作的开展,创造最广大的共同利益。简单地说,儒家管理离不开三要素,即信奉价值观的人、体现价值观的规则规范、在规则规范下高效开展的管理事务,用孟子的话说就是"信仁贤""礼义"和"政事"。

其中,"信仁贤"包括两方面内涵:一是确立起以"仁"为核心的价值观,即"信仁";二是对那些认同这种价值观的德才兼备者的信任,即"信贤"。这两方面内涵密不可分,不信奉以"仁"为核心的价值观,也就失去了衡量"德"的标准,更无法做到信任德才兼备者;反过来,若没有在德才兼备者身上体现出来的以"仁"为核心的价值观,只是纸面上和口头上的价值观便会形同虚设。因此,信奉"仁"必然信任"贤",而信任"贤",也必定信奉"仁","信仁贤"本为一体,不能人为割裂。

孟子在这里说的"礼义",是指能够体现以"仁"为核心的价值观的一整套规则规范体系,其中,规则是正式的制度设计,用以配置有形的物质资源,而规范则体现为非正式的文化礼仪,用以配置无形的注意力资源,引导人们的行为,聚焦注意力,去追求更广大的共同利益。简单地说,"礼义"是管理者和组织成员处理有形和无形资源时必须遵循的规则规范要求。当然,这种规则规范,又是与价值观相一致的,可以说,正是由价值观决定了这种规则规范,而这种规则规范又在不断地强化着价值观。

孟子意义上的"政事",主要指日常的管理事务和组织事务而言。严格来说,"政事"必须以"仁贤""礼义"为前提。正是因为有了"仁贤""礼义",才能从根本上保证处理管理事务和组织事务沿着正确的方向,并保持高效率。由此可见,"仁贤""礼义""政事"三者的有机统一,恰是保证一个组织的管理和日常运行达到高效率、高质量的基本前提。

如果一个诸侯国的管理难以达到这三要素的要求,其结果则必然是"不信仁贤,则国空虚。无礼义,则上下乱。无政事,则财用不足"。其中,"不信仁贤,则国空虚",意指没有了核心价值观和信奉核心价值观的"组织人"和"社会人",国将不国。严格来说,没有价值观共识的一群人,也就退化成了"物",仅由"物"是无法构成一个诸侯国组织的,因此,"不信仁贤"的结果必然是"国空虚"。

若失去"礼义",各种组织角色及其行为便无从界定,有形和无形资源的配置也会失去准绳,这样的诸侯国组织必定乱作一团,人们不知道应该做什么,不应该做什么,最后的结果必然是既无凝聚力,又无竞争力,只能在混乱中消亡。因此,"无礼义"的结果自然是"上下乱"。

规则规范不存在了,做管理和做事也就难以建立起合理的分工与协作;没有分工与协作,便无从保证效率;资源配置无效率,又如何支撑组织的运行和发展?这说明"无政事"必然导致"财用不足"。越是"财用不足",管理者往往越是看重"财用",千方百计想增加"财用",这样就会越加忽视"仁贤""礼义",而越是忽视"仁贤""礼义",想快速增加财富,反倒越是会陷入低效率的恶性循环而不能自拔。这也恰是当时各诸侯国面临严重管理问题的症结所在。

根据孟子的观点,诸侯国想要跳出这种低效率的恶性循环,国君和管理者们必须超越对纯粹物质利益的过度追求,要从"信仁贤"入手,再建立"礼义",然后完善"政事",以此为基础,"财用"才会慢慢丰足起来。这正是为什么在第一篇第1章中,当梁惠王寄希望于孟子给他快速带来"利"时,孟子要说"有仁义而已矣,何必曰利"的原因。孟子这样说,就是要从"信仁贤"这个根本处入手,解决诸侯国所面临的管理问题。

7.59 孟子曰:"不仁而得国者有之矣。不仁而得天下,未之有也。"

【今文意译】

孟子说:"不追求仁爱境界,却能得到一个诸侯国的情况,是有的;但是,不追求仁爱境界,却能得到整个天下的情况,还从来没有过。"

【管理解析】

本章承接上章,再次阐明确立以"仁"为核心的价值观,才是解决当时诸侯国管理问题的根本入手处。

当时各诸侯国国君无不梦想着以武力统一天下,而天下民众则在战火中挣扎,都期盼着和平到来。孟子站在民众立场,认为要统一天下,必须顺应"民意",确立起追求仁爱境界和共同利益的价值观，这才是解决当时各诸侯国管理问题、实现天下统一的正道。

孟子曾反复列举商汤和周武王的例子，意在说明，"得民心者得天下"，一个压根儿就不追求仁爱境界、不行"王道"、不施"仁政"的诸侯国是无法赢得"民心""民意"的；而没有"民意"这个终极的权力合法性来源，任何人要想统一天下，并维持天下和平，都是不可能的。这也是儒家从未动摇过的坚定信念。即便后来秦国看似并没有行"王道"、施"仁政"，却用武力统一了天下，但秦国的二世而亡，恰说明秦国并没有得"民心"，也就没有真正得到天下。

7.60　孟子曰："民为贵，社稷次之，君为轻。是故得乎丘民①而为天子，得乎天子为诸侯，得乎诸侯为大夫。诸侯危社稷，则变置。牺牲既成，粢②盛既洁，祭祀以时，然而旱干水溢，则变置社稷。"

【字词注释】

① 丘民："丘"，指田野。"丘民"，泛指民众。

② 粢：这里指供祭祀用的黍稷等谷物。

【今文意译】

孟子说："民众最重要，社稷在其次，君王列最后。所以，赢得民众信任，才能做天子，赢得天子信任，才能做诸侯国国君，赢得诸侯国国君信任，才能做管理者。如果诸侯国国君威胁到国家社稷，就要变更国君。用于祭祀的祭品已经准备好，也洁净符合要求，而且还按时祭祀；在这种情况下，如果仍遭受旱涝灾害，就要变更社稷之神。"

【管理解析】

本章全面阐述儒家的治理理念和管理权力的合法性来源。

管理不能没有权力。从直观角度看，管理是权力的运用，即运用公共权力进行决策的活动。但是，管理权力来自哪里，运用范围有多大，与责任、利益的关系如何等，这些涉及权力合法性来源的问题，却是管理权力得以有效运用的前提，并直接决定着管理权力的运用方式及其有效性。从根本上说，治理所要解决的正是权力合法性来源问题，而管理则要解决的是权力有效运用问题，两者相辅相成。没有治理，管理权力的运用就缺少了依据和宗旨，而没有管理，治理的理念和价值也无法实现。毕竟管理权力本身不是目的，管理权力是要为拥有权利的主体服务的，没有权力对各种资源的高效运用及价值创造，权利拥有主体也无从获得权利带来的收益，治理也就失去了意义。任何管理思想体系，都必须解决好治理和管理的关系问题。

儒家对治理问题的关注，首先体现在《论语》第十六篇第2章中[一]，但由于时代背景的原因，孔子只是假定天子代表"天意"，成为管理权力的终极委托人，也是权力合法性的直接来源。在孔子眼里，管理权力的最终来源在于"天意"，正是"天意"让天子成为终极委托人和现实管理权力的拥有者，但"天意"如何体现出来，又如何将管理权力授予天子，孔子却没有给予说明。《大学》和《中庸》也是在假定天子和诸侯国国君是委托人或授权者的前提下，立足于管理者，全面阐述从自我管理到组织管理的儒家管理逻辑，基本上没有涉及管理权力的合法性来源问题。

到孟子所处的战国时期，情况已发生根本改变，周天子和周王朝都已不能再发挥实际作用，而各诸侯国国君要一统天下，争当天子，管理权力的合法性来源问题自然就突显了出来。孟子从儒家"人性"的德性前提出发，第一次明确提出"民意"即"天意"的观点，并确立了"民为贵，社稷次之，君为轻"的治理理念。这里的"君"，既包括天子，又包括各诸侯国国君。如果从天下的角度来看，孟子这句话便意味着，天下民众最重要，天下次之，天子为轻，而如果从某个特定诸侯国的角度来看，这句话则指的是，诸侯国民众最重要，诸侯国次之，国君为轻。这种治理理念实际上是给出了一种管理权力安排的优先序，即管理权力从哪里来，应为谁所用，创造的价值和利益为谁所拥有。为了进一步阐明这种管理权力安排的优先序所内秉的治理理念，孟子进一步指出，"是故得乎丘民而为天子，得乎天子为诸侯，得乎诸侯为大夫"。这在一定程度上明确了不同角色之间的权力定位，也体现出多层次的委托代理关系。

孟子认为，天子的权力来自民众，只有赢得民众的信任，天子才能获得终极权力，并向各诸侯国国君授权；正是民众与天子的关系，构成了最高层次的委托代理关系，而民众成为终极委托人，即权力的最终拥有者。只有明确了权力的终极来源，才能清楚权力到底应为谁所用，运用权力创造出来的价值和利益应为谁所拥有。这也就是"民为贵，社稷次之，君为轻"的价值优先序。正因为有了这种价值优先序，自然就要确立起从民众到天子，从天子到诸侯国国君，从国君到管理者的

[一] 张钢，《论语的管理精义》，机械工业出版社，2015年版，PP474-475.

三层次委托代理的授权关系。从根本上说，这样的价值优先序和授权关系，都是从儒家的"人性"的德性内涵及其"向善"的倾向性自然发展出来的。孟子正是从儒家的"人性"前提出发，重新厘定了治理及其与管理的关系，鲜明地提出了儒家的治理理念。

根据这种治理理念，既然民众和"民意"是一切权力的终极来源，而且，共同利益的分配也必须首先考虑民众和"民意"，那么，"社稷"和"君"都可以变更，而唯有民众和"民意"的地位是根本的，是万变不离之"宗"。正因为"君"和"社稷"都可以变，所以，孟子才明确指出，"诸侯危社稷，则变置。牺牲既成，粢盛既洁，祭祀以时，然而旱干水溢，则变置社稷"。这就意味着，为了民众和"社稷"的利益，可以变更国君，而为了民众的利益，甚至也可以变更"社稷"之神。这表明代表国家的"社稷"之神同样是为民众服务的，国家"社稷"和国君的存在都不过是因为有民众，倘若失去了民众，国家"社稷"和国君还会有什么存在的意义呢？本篇第58章中讲"不信仁贤，则国空虚"，若与本章的治理理念结合在一起，便不难理解，这句话隐含的意思是，民众与"人性"的德性前提是一致的，正是从德性前提出发，为了追求和创造更广大的共同利益，就必须将民众与"民意"放在第一位。

遗憾的是，孟子虽然提出了这样的治理理念，但还没有在此基础上设计出具体可行的治理机制，以保证这种治理理念得以付诸实施。这就造成了儒家虽有好的治理理念，但由于缺乏具体可行的治理机制设计，在现实管理活动中，仍只能诉诸管理者的自我修养和内在约束，而无法建立起约束管理权力运用的制度体系，更没有建立起关于共同利益创造的公平分配体系，结果还是避免不了国君及管理者垄断和滥用管理权力，侵蚀和私吞共同利益。

7.61 孟子曰："圣人，百世之师也，伯夷、柳下惠是也。故闻伯夷之风者，顽夫廉，懦夫有立志；闻柳下惠之风者，薄夫敦，鄙夫宽。奋乎百世之上。百世之下，闻者莫不兴起也。非圣人而能若是乎？而况于亲炙之者乎？"

【今文意译】

孟子说："伟大管理者的影响经久不衰，伯夷、柳下惠就是能产生深远影响的伟大管理者。所以，那些听闻伯夷风范的人，即便顽劣贪婪，也会变得廉洁自律，即便胆小怯弱，也会变得有志向追求；那些听闻柳下惠风范的人，即便刻薄，也会变得敦厚，即便狭隘，也会变得宽容。伟大管理者在百代之前奋发向上，即便是百代之后的人，也会受到他们的影响而振奋起来。如果不是伟大管理者，能像这样吗？更何况能有机会亲自接受这些伟大管理者的熏陶呢？"

【管理解析】

本章讲管理者个人风范的影响力，这实际上体现的恰是管理者所具备的一种文化领导力。

根据孟子的观点，管理者必须承担双重责任，即绩效责任和文化责任。管理者要履行文化责任，就必须对他人产生影响。这意味着管理者必须借助自己的言论和行为，将文化价值观和行为规范变成一种行事风格和风范。也就是说，管理者要培养"组织人"，就必须首先让自己成为一名真正信奉和认同共享价值观的"组织人"，为此就必须让自己从内而外地展现出这种价值观和行为规范，这样才能真正做到以身作则、率先垂范。

一旦管理者成为组织文化和"组织人"的代表，将价值观融入日常行为之中，对他人产生了深刻影响，就可以说管理者具备了一种文化领导力，影响所及已不限于当下，还会透过制度规则和文化规范以及典型事迹和形象，一代代传承下去，影响着更广泛的潜在人群。不容否认，真正的文化影响力有着广泛而深远的辐射作用，让更大范围的人都能感受到这种潜移默化的影响。在孟子看来，像伯夷、柳下惠这样的伟大管理者，都具备这种穿越时空的影响力，他们的遗风流韵早已超越了特定时空界限，会一直影响着后世的人们，即"闻伯夷之风者，顽夫廉，懦夫有立志；闻柳下惠之风者，薄夫敦，鄙夫宽"。

在第五篇第10章中，孟子也曾提到这两位伟大管理者的影响力，只不过侧重于他们在自己生活的时代所产生的影响，并强调指出，真正的影响力一定是由内而外的，没有信念和价值观坚守，没有思言行一致所带来的"气场"，要对他人产生深刻而持续的影响，并促发他人改变，那是不可能的。孟子在本章再次提到伯夷、柳下惠，并使用了同样的赞语，目的是为了说明伟大管理者由内而外的文化影响力定会经久不衰，虽然伯夷和柳下惠"奋乎百世之上"，但"百世之下，闻者莫不兴起也"。真正的管理者，就应该像伯夷、柳下惠那样，不仅是只看到眼前能运用资源创造出多大利益，更应关注组织可持续发展的文化根基及其对人的影响。为了能让一代代"组织人"得以持续培养，为了能让组织实现基业长青，没有致力于坚守信念和价值观、履行文化责任、具备文化领导力的管理者，那是不可想象的。因此，孟子特别强调指出，"非圣人而能若是乎？而况于亲炙之者乎？"这里的"圣人"，从担当文化责任的角度看，实际上指的就是具备文化领导力的伟大管理者。

7.62 孟子曰:"仁也者,人也。合而言之,道也。"

【今文意译】

孟子说:"仁,是人之为人的根本。将仁这个人性之本,融入到管理行为之中,就是管理之道。"

【管理解析】

本章从"人性"的深层次内涵出发,来分析为什么伟大管理者的影响力会经久不衰。

像伯夷、柳下惠这样的伟大管理者,之所以能产生深远的影响,关键就在于他们已经将"人性"的德性内化到自己的行为中,成为既有独特风范,又具有普遍"人性"特征的代表。他们所具有的影响力,本质上是一种源自"人性"的影响力,是真正能够由内而外地引起人们广泛共鸣的影响力。只有这种能够代表"人性"的普遍价值的影响力,才会跨越时空,经久不衰。

根据儒家的观点,"人性"的德性内涵直观且自明的体现,便是"亲亲"或孝悌,而这其中蕴含的内在价值便是"仁"。《中庸》曾明确提出,"仁者,人也,亲亲为大"○,意在强调"仁"才是人之为人的根本,也就是说,人总是处在人与人之间的关系之中,而这种关系首先是亲情关系。这样一来,"人性"的德性内涵中天然就具有以"仁"为核心的价值观念,即"仁义礼智四端"。

当孟子在本章再次提到"仁也者,人也"的时候,实际上是用"仁"来指代"仁义礼智四端",意思是说,以"仁"为核心的价值观念原本就内在于"人性"之中,是人得以区别于动物,让人成为人的根本特征,这也是"人性"的本质特征。这再次表明,儒家所关注的"人性",是能将人与动物区别开来的部分,儒家并不否认人与动物所共有的、属于自然属性的那部分"人性"内涵,如"食、色",但儒家认为,从管理角度来看,人区别于动物的那部分"人性"内涵更为重要,具有对管理行为与组织行为的根本决定意义。因此,如果说管理思想和管理实践都要从"人性"这个前提出发的话,当然应该首先关注"人性"中不同于动物性的那部分内涵。

正是基于"仁也者,人也"这个"人性"的独特性前提,孟子才进一步提出"合而言之,道也"的观点。其中,"合而言之",指的是将"人性"与人类的特定行为整合在一起,或者说,在人类的特定行为中充分体现出"人性"的德性内涵。考虑

○ 张钢,《大学·中庸的管理释义》,机械工业出版社,2017年版,PP134-142.

到孟子所讲的"道"主要体现在管理活动中，是人类管理行为的根本原则或指导思想，那么，便不难理解，孟子这里所讲的"合而言之，道也"，实际上指的就是，只有将"人性"融入到人类管理行为之中，才能提炼出符合"人性"的管理之道。孟子的观点也是对《中庸》开篇所讲的"天命之谓性，率性之谓道，修道之谓教"㊀的简明概括。

理解了管理之道本质上就是将"人性"中以"仁"为核心的价值观念融入到人类的管理行为之中，也就容易理解上章所讲的伯夷、柳下惠何以能产生如此广泛且深远的影响了。作为管理者，伯夷、柳下惠在自己的日常生活和管理行为中，切实体现出以"仁"为核心的"人性"所固有的价值观念，而正是因为这样的价值观念是人之为人的根本，是每个人原本就有的内在社会性的根源，当然就非常容易触动人们，反衬出人们原本就有的内在"向善"倾向性，从而更容易激活人们的"良知"，产生由内而外的共鸣和共识。基于这种共鸣和共识，人们会不自觉地向伯夷、柳下惠"靠近"，至少是在精神层面上向他们接近，并追随他们，努力践行这种价值观念。这难道不正体现了儒家管理模式所要达到的"有耻且格"的管理目标吗？而且，这也恰是儒家管理之道"为政以德，譬如北辰，居其所而众星共之"㊁的生动写照。

孟子立足于儒家的"人性"前提与管理之道的关系，深入阐释了管理者所应肩负的文化责任。文化也是"人性"的折射，没有对"人性"的深刻理解和身体力行，管理者承担文化责任只能是一句空话。但问题是，在具体行为情境中，管理者怎样才能体现出这种文化影响力呢？下章以孔子为例，来说明这个问题。

7.63 孟子曰："孔子之去鲁，曰：'迟迟吾行也。'去父母国之道也。去齐，接淅而行，去他国之道也。"

【今文意译】

孟子说："孔子离开鲁国时说：'让我们慢慢地走吧。'这就是离开自己的诸侯国时所应遵循的原则。离开齐国时，不等米淘完，马上就走，这是离开其他诸侯国时所应遵循的原则。"

㊀ 张钢，《大学·中庸的管理释义》，机械工业出版社，2017年版，PP82-84.
㊁ 张钢，《论语的管理精义》，机械工业出版社，2015年版，PP24-28.

【管理解析】

本章以孔子为例，说明管理之道应如何体现在日常行为情境之中。

孔子当年因政见不合，辞职离开鲁国，去周游列国。在离开鲁国时，孔子曾对随行的学生们说："迟迟吾行也。"短短一句话，却表达出孔子对"父母国"的深厚感情，这恰是"仁"的集中体现。孔子将鲁国比喻为"父母国"，本身已内涵了"亲亲为仁"的观念。

也许有人会说，既然鲁国是孔子的"父母国"，那为什么不为"父母国"服务，还要辞职离开呢？这又牵涉到管理之道对管理者的要求。当时鲁国国政为季氏家族所把持，孔子同季氏"道不同"，也无法改变鲁国管理现状，在这种情况下，孔子只能是要么改变自己所信奉的管理之道，委曲求全，要么辞职离开。孔子坚守管理之道，选择了辞职离开。为了能实行管理之道，也为了更广大的共同利益，即天下"至善"，孔子不得不暂时离开"父母国"，到其他诸侯国去寻求机会。虽然离开鲁国是万不得已，但孔子对"父母国"那份独特情感依然如故，即便远在他国，也时刻惦念着、关心着鲁国的变化，一旦听说自己的学生在鲁国得到重用，仍喜不自禁地说："归与！归与！吾党之小子狂简，斐然成章，不知所以裁之。"㊀而且，孔子晚年还是回到了自己的"父母国"。这表明，孔子的一言一行、一举一动，无不体现着自己的信念和价值观追求，是将"人性"的德性前提融入到思言行之中的典范。

与离开"父母国"的"迟迟吾行也"形成鲜明对照的是，孔子在离开齐国时，却是"接淅而行"。这种急切而行，匆匆离开的心情，已充分体现在具体行动上。孔子之于齐国，也只是一种雇佣关系或暂时合作关系，既然合约已经解除或合作已经结束，赶快离开当然是一种守信用、负责任的表现；否则，恋恋不舍，反倒可能传递出另外的信号，让人觉得有所企图。像第二篇第 21 章中讲到孟子离开齐国时行动迟缓，就引发了猜忌，不过，孟子当时也确曾寄希望于齐国国君回心转意，但孔子离开齐国的情形则不同，没必要恋恋不舍。

孔子"去鲁"与"去齐"的不同行为表现，看似小事、小节，实则反映出孔子对信念和价值观的坚守及在日常不经意的言语行为中的践行。依照孟子在本篇第 57 章中的观点，这恰反映了一个人的"诚"或思言行一致性程度，也是一个人德行修养水平的集中体现。由此可见，孔子已具备"浩然之气"，达到了极高的德行境界。

㊀ 张钢，《论语的管理精义》，机械工业出版社，2015 年版，PP132-133.

7.64　孟子曰："君子①之戹②于陈、蔡之间，无上下之交也。"

【字词注释】

① 君子：这里指孔子。
② 戹：即"厄"，指苦难、灾祸。

【今文意译】

孟子说："孔子当年在陈国、蔡国之间陷入困境，也没有去巴结两国国君和管理者。"

【管理解析】

本章再举孔子的例子，用以说明，管理者哪怕在艰难困苦之中，也要坚守信念，保持思言行一致。

《论语》第十五篇第1章曾有明确记载，孔子"在陈绝粮，从者病，莫能兴。子路愠见，曰：'君子亦有穷乎？'子曰：'君子固穷，小人穷斯滥矣。'"㊀。即便在如此困难的条件下，孔子仍坚守信念和价值观，没有向困境低头，哪怕自己的学生子路一时不能理解，甚至"愠见"，孔子也没有违背信念和价值观，去向陈、蔡两国国君和管理者乞求帮助。原因就在于，孔子清楚地知道，陈、蔡两国国君和管理者并不认同儒家管理之道，不可能真正提供帮助，若要向他们乞求帮助，势必会导致说违心话，做违心事，甚至还会带来对儒家管理之道更大的意想不到的不良影响。因而，即便在内外交困，甚至连自己的学生都一时不能理解的情况下，孔子也不放弃自己的信念和价值观坚守，绝不向权贵低头。

从另外角度看，也恰是这种艰难困苦，才更能检验一个人的信念和价值观是否坚定，正如《论语》第九篇第27章中孔子所讲的"岁寒，然后知松柏之后凋也"㊁一样；而且，更重要的是，也只有经历这种艰苦环境的考验和磨砺，一个人的思言行一致水平或"浩然之气"才能真正得到修养和提升，这也是为什么孟子在第六篇第35章中要讲"天将降大任于是人也，必先苦其心志，劳其筋骨，饿其体肤，空乏其身，行拂乱其所为，所以动心忍性，曾益其所不能"的原因。孔子的经历恰好诠释了孟子所刻画的伟大管理者的成长路径和心路历程，也充分展示了管理之道如何融入具体行为情境之中。

㊀ 张钢，《论语的管理精义》，机械工业出版社，2015年版，PP433-434.
㊁ 张钢，《论语的管理精义》，机械工业出版社，2015年版，PP262-263.

7.65 貉稽①曰:"稽大不理②于口。"孟子曰:"无伤也。士憎③兹多口。《诗》云:'忧心悄悄,愠于群小。'④孔子也。'肆不殄厥愠,亦不陨厥问。'⑤文王也。"

【字词注释】

① 貉稽:人名,已无从考。

② 理:这里是顺的意思。

③ 憎:这里应为"增",是多、经常的意思。

④ 这是《诗经·邶风·柏舟》中的诗句。其中,"悄悄",指忧愁的样子。这两句诗的大意是:虽然自己心忧天下,却被人怨恨不理解。

⑤ 这是《诗经·大雅·绵》中的诗句。其中,"肆"是遂、所以的意思;"殄",这里是断绝、灭绝的意思;"厥",代词其的意思,第一个"厥",指代狄人,第二个"厥",指代文王;"陨",这里是坠落、丧失的意思;"问",这里指声誉、名声。这两句诗的大意是:虽不能消除他们的怨恨,但也无损于自己的声誉。

【今文意译】

貉稽说:"别人总是诽谤我。"

孟子说:"这有什么关系。管理者虽然不喜欢流言蜚语,但又必须面对各种流言蜚语。《诗经》上说:'虽然自己心忧天下,却被人怨恨不理解。'这说的就是孔子。《诗经》上又说:'虽不能消除他们的怨恨,但也无损于自己的声誉。'这说的就是周文王。"

【管理解析】

本章在于说明,管理者遭遇的更大困境也许不是自然环境中的资源短缺,而是社会环境中的飞短流长。

像貉稽遭遇的"大不理于口"的情况,即常遭诽谤,对于管理者而言,太正常不过了。由于管理职责所系,管理者必须对组织的整体和长远绩效负责,又要对组织文化的塑造和传承负责,而整体和长远无法直接观察,文化更是看不见、摸不着,因此,管理者的行为不容易被理解,甚至竟遭误解和非议,也是常有的事,孟子这才会对貉稽说,"无伤也。士憎兹多口"。在这句话里,"憎",应为"增",指管理者经常会受到这种众口铄金式的诋毁。也有人从"憎"的厌恶、憎恨的含义来理解这句话,将之解释为管理者厌恶或讨厌这种说长道短式的非议。但是,若联系上下文，便不难发现，孟子是在提醒貉稽，不要在意这种流言蜚语，做管理的关键在于有信念和价值观坚守，不被理解，被人议论是常态，或许管理者心里会讨厌这种流言蜚语，但更要正确面对它，就像当年孔子和周文王面对各种流言蜚语时所具有的坦然自若的态度一样。

孟子引用《诗经》中两首诗的诗句，用以表达当年孔子和周文王面临"兹多口"时的态度。"忧心悄悄，愠于群小"，出自《诗经·邶风·柏舟》，说的是致力于追求更广大共同利益的管理者，反而不被人所理解，遭人怨恨。这恰到好处地表达出孔子当年的境遇。孔子心忧天下，努力推行管理之道，却处处碰壁，遭人讥讽，但这并没有动摇孔子对管理之道的执着追求。"肆不殄厥愠，亦不陨厥问"，出自《诗经·大雅·绵》，讲的就是周文王在处理与周边少数民族的关系时，虽一时不被他们所理解，甚至引发他们的怨气，但这都没能影响周文王的声誉。

将这两首诗联系起来看，则更容易理解孟子所要表达的深刻思想。孟子是要告诫管理者，致力于追求仁爱境界和共同利益，反而不被人所理解，甚至被人诽谤是正常的；作为管理者，不能因此就放弃自己的追求，这本身恰是一种艰难困苦的磨砺，只有经历并超越了它，才能让信念更坚定、让德行更高尚，也才能使管理之道得以实行；待到管理之道实行之日，也就是管理者被人理解并认可之时。儒家管理者更在乎管理之道是否能得以实行，即"达"，而不在意自己是否有名声，即"闻"。

7.66　孟子曰："贤者以其昭昭，使人昭昭。今以其昏昏，使人昭昭。"

【今文意译】

孟子说："德才兼备的管理者，总是先让自己清楚明白，然后再让别人清楚明白。如今的管理者，却用自己的稀里糊涂，想让别人清楚明白。"

【管理解析】

本章承接上章，意在表明，尽管流言蜚语在做管理中经常出现，但管理者为了推进组织工作，虽然可以不在意自己是否被别人理解，却必须努力让别人理解组织的规则规范和各项事务。

在组织中，管理者无法回避的责任之一，就是要向组织成员解释清楚各种规则、规范、政策、方针以及具体任务。为此，管理者必须对组织的各种规则、规范、方针、政策及具体任务有准确的理解和清晰的表达，否则，一般组织成员便难以无歧义地遵照执行。这也就是孟子所说的"贤者以其昭昭，使人昭昭"。德才兼备的管理者，一定会用自己对规则、规范、方针、政策及具体任务的清楚明白的理解和表达，让别人更清楚明白地理解和执行。做管理，只有当管理者自己先想得通、说得通时，被管理者才有可能想得通、行得通。

但遗憾的是，现实中的管理者往往不是这样。管理者自己对组织的规则、规范、方针、政策、任务及其要求都没有想明白，也说不清楚，却想让被管理者理解并执行得清清楚楚，这岂不是孟子所说的"以其昏昏，使人昭昭"？问题是，怎样才能避免这种情况发生呢？

根据儒家管理之道，管理者要避免"以其昏昏，使人昭昭"，首先必须建立起关于"人性"的德性内涵及其"向善"倾向性的正确认识，并以此为基础形成内在的价值优先序，由此出发，才能逻辑一贯地制定各项规则、规范、方针、政策，进而统领和规划各项任务。这样一来，组织中的各项任务及相应的规则、规范、方针、政策便构成一个完整的系统，有着清晰的内在逻辑，因而，管理者要想清楚、说明白，就容易多了。以此为基础，一般组织成员对组织的各项规矩和任务，也能清楚明白地理解，有条不紊地执行；更重要的是，既然常规工作及其流程清楚明白，易于理解，也就容易发现哪些属于例外，怎样针对例外进行探索和创新了。

相反，若缺少"人性"前提和管理之道这个指导思想，组织的各项规矩和任务就像一盘散沙，毫无关联；当事项一多，更是乱作一团，想也想不清楚，说也说不明白，想寄希望于组织成员自己领悟、自己创造，又谈何容易。组织成员连组织的常规工作及其流程和章法都不清楚，又如何期望他们去创新，又怎么保证这时的所谓创新，不是借着创新的名号，在重复着以前不知道什么时候、也不知道在哪项任务中早已做过的事或使用过的方法呢？严格来说，没有常规，就没有例外。当所有的事都必须逐一应对、就事论事时，常规也就成了例外；看似每件事都不一样，都需要专门对待，实则是因为没有系统化思考，缺少内在逻辑造成的。人们由于不断重复着别人已做过的事却不自知，还以为是在创新，实际上不过是以巨大代价在反复"重新发明轮子"而已，结果从上到下都很忙，怨声载道，好像每个人都成了受害者，管理者抱怨被管理者，被管理者又抱怨管理者。这种一团乱麻式的管理状态，会让所有人心力交瘁。

其实要想打破这种管理上的恶性循环并不难，关键是要找到那根能绕出这团乱麻的线头，这便是做管理的"人性"前提，也即一切管理系统的立论前提或公理。只有立足于这个立论前提或公理，才能一以贯之地推导出各种规则、规范、方针、政策及各项具体任务；以此为基础，管理者当然就能将组织事务想清楚、说明白，执行到位。这或许正是为什么《大学》开篇要先讲"明明德，亲民，止于至善"⊖的原因。在儒家看来，用"明德"这个立论前提或公理，就能照亮整个管理体系，这样管理者才能做到"以其昭昭，使人昭昭"。

7.67 孟子谓高子①曰："山径②之蹊③间，介然④用之而成路。为间⑤不用，则茅塞之矣。今茅塞子之心矣。"

【字词注释】

① 高子：孟子的学生。
② 径：通"陉"，指山坡。
③ 蹊：这里是山路、小路的意思。
④ 介然：专一、一直的意思。
⑤ 为间：即"有间"，间隔一段时间的意思。

【今文意译】

孟子对高子说："山坡上的小路，若一直有人走，就成了一条路。若隔一段时间没人走，就会被茅草淹没。如今茅草已经淹没了你的思维之路了。"

【管理解析】

本章进一步说明，管理者在明确了"人性"的德性前提之后，还需要持续进行思维训练，才能做到"以其昭昭，使人昭昭"。

对做管理而言，思维的逻辑前提固然非常重要，但思维能力本身同样不能忽视。若没有强大的思维能力，管理者想要从逻辑前提出发，一以贯之地推出各种结论，并对组织的各项规则、规范、方针、政策及任务，想清楚、说明白，也是不可能的。

管理者要有强大的思维能力，必须进行思维训练，在反复运用思维过程中提升思维，这是一个典型的"干中学"过程。就像山坡上的小路，经过行人不断地走，才会形成一条大路，而一旦隔段时间没有人走，则很快会被茅草堵塞，路也就消失了。其实，人的思维之路或思路，又何尝不是如此。人们如果经常不动脑子，不用思维对现象和事实进行分析，那么，思维能力同样会退化，思路就会像那条被茅草堵塞的山路一样很快消失掉。一个没有思维能力、没有思路的管理者，难道不是处在"茅塞子之心"的状态吗？以这种思维状态，想要让组织成员清楚明白地理解和

⊖ 张钢，《大学·中庸的管理释义》，机械工业出版社，2017年版，PP4-7.

执行组织的规矩及任务，又怎么可能？这样的管理者正是上章所讲的那种"以其昏昏，使人昭昭"的管理者。

7.68　高子曰："禹之声，尚①文王之声。"孟子曰："何以言之？"曰："以追蠡②。"曰："是奚足哉？城门之轨，两马③之力与？"

【字词注释】

①　尚：这里是超出、超过的意思。

②　追蠡："追"，指钟钮，用以将钟悬挂起来；"蠡"，原指虫子蛀蚀木头，这里引申为磨损厉害。"追蠡"，意指钟钮磨损厉害，说明钟用得多，进而证明音乐之声好听。

③　两马：指两匹马拉的车。

【今文意译】

高子说："禹时期的音乐，要比周文王时期的音乐好听。"

孟子问："凭什么这么说呢？"

高子回答说："因为禹时期保留下来的编钟，钟钮磨损得更厉害。"

孟子说："这怎么就能证明呢？城门洞内的车辙更深，难道这能说明两匹马拉的车，力量更大吗？这不过是因为城门洞比较窄，只能过一辆车，长年累月磨出来的罢了。"

【管理解析】

本章在于说明，事实依据对于管理者"以其昭昭，使人昭昭"同样非常重要。

在做管理时，管理者要想得通、说得通，最终行得通，仅有立论前提和思维逻辑还不够，还必须要有事实依据。管理者做决策也好，做解释也罢，都不能只求自圆其说，更不能只是自说自话，还必须尊重事实，有事实依据，否则，难免武断，甚至刚愎自用。

高子判断禹时期的音乐要比周文王时期的音乐好听，虽然也运用了逻辑推理，但他所依据的事实却很不充分，甚至有偏差。高子仅凭禹时期保留下来的编钟的钟钮磨损得更厉害，就推断禹时期的编钟用得更多，说明音乐好听，要经常演奏。高子推理所依据的事实不仅有限，而且同样的事实也可以做不同解释。毕竟禹时期年代更久远，钟钮的磨损也会更严重。这就像城门洞内的车辙，要比一般道路上的车辙更深，却不能因此就得出结论说，两匹马拉的车，力量更大。这不过是因为城门洞内路更窄，往往只能通过一辆车，长年累月走下来，当然车辙就深了，而一般道路更宽，不同的时候走过的车，不一定都重复同样的车辙，自然一般道路上的车辙就不像城门洞里那样明显了。

由此可见，管理者要形成思路，论证观点，说服别人，必须以事实为根据，以逻辑思维为手段，以"人性"为前提，三者缺一不可。没有了"人性"前提，管理思路和论证也就没有了立足点和归宿，压根儿就不知道一以贯之的内在价值是什么，即便有思维逻辑和事实依据，也无所依托；但是，若只有立足点，却没有思维逻辑和事实依据，管理思路也无从形成，分析论证更无从展开，也就不可能想得通、说得通和行得通了。因此，只有将本篇第66、67、68三章的内容联系起来，才能真正理解，孟子是要告诫管理者，如何不畏人言，不人云亦云，让自己的思维既有归宿，又有事实依据，并在不断运用中形成思维能力。这样才可能做到"以其昭昭，使人昭昭"。

7.69　齐饥。陈臻曰："国人皆以夫子将复为发①棠②，殆③不可复。"孟子曰："是为冯妇④也。晋人有冯妇者，善搏虎，卒为善士。则⑤之野，有众逐虎。虎负嵎⑥，莫之敢撄⑦。望见冯妇，趋而迎之。冯妇攘⑧臂下车，众皆悦之。其为士者笑之。"

【字词注释】

① 发：这里指开仓放粮赈灾的意思。
② 棠：地名，齐国的一个邑，那里有齐国的粮仓。
③ 殆：这里是大概、恐怕的意思。
④ 冯妇：人名，姓冯，名妇。
⑤ 则：这里是然而、但是的意思。
⑥ 嵎：这里指山势险峻的地方。
⑦ 撄：这里是靠近的意思。
⑧ 攘：这里是捋起、挽起的意思。

【今文意译】

齐国闹饥荒。陈臻说："齐国人都期盼着您再次建议国君打开棠邑的粮仓，赈济灾民，这次恐怕不能那么做了吧。"

孟子说："再那么做，不就成了冯妇嘛。晋国有个叫冯妇的人，善于打虎，后来，他放弃了打虎，成为一名追求共同利益的管理者。然而，有次他到田野里去，正好赶上众人在追逐一只虎,到最后,那只虎背靠山势险峻的地方与众人对峙,没有人敢接近它。这时众人看见冯妇来了,赶紧上前迎接。冯妇也就挽起袖子下了车,众人都为他能帮忙打虎而高兴。但是,管理者们却在嘲笑他。"

【管理解析】

本章从角色规范出发,阐明管理者只有明确自己的角色定位和岗位职责,才能清楚地认识到应该做和必须做的事。

孟子曾在齐国担任过一段时间的高级管理者,时逢齐国闹饥荒,孟子建议国君打开棠邑的粮仓,救济灾民,这事被广泛传颂,几近家喻户晓。后来,当孟子辞去管理职位,准备离开时,齐国再次发生饥荒,人们还记着上次饥荒时孟子建议开仓放粮的事,都期盼着孟子还能像上次一样,建议国君打开棠邑的粮仓,救济灾民。

孟子以隐喻的方式,说明他为什么不能像上次那样做。晋国人冯妇曾是位擅打虎的猎人,后来转行做了管理者。既然做了管理者,就应该恪守和践行管理者的角色规范和岗位职责,不应再去做猎人的事。但遗憾的是,冯妇故技不忘,重操旧业,虽然乘坐着管理者的车驾,却又跃跃欲试,"攘臂下车",加入到打虎者的行列中。冯妇此举当然让猎人们很高兴,高手归来,"负嵎"的猛虎顽抗不了多久了。不过,从管理者的角色和职责来看,冯妇再次打虎的行为,却另当别论,所以,才有"其为士者笑之"一说。

孟子用冯妇的故事,或许意在说明,个体的思想和行为,除了受自己的信念、思维能力和事实根据的影响外,还不能不顾及自己所扮演的社会角色及其规范的影响。人作为"社会人",总是处在特定的社会关系以及由此所确立的社会角色之中,也必然会受到相应的角色规范的制约。人们在想问题、做决策时,如果不考虑角色规范和岗位职责,同样会想不清楚,也无法做出合理决策。尤其是对于管理者而言,角色规范和岗位职责的影响更为重要,而且,管理者不仅要清楚自己的角色规范和岗位职责,同时还肩负着让被管理者的岗位设置、职责分工、合作活动,更明确、更清晰、更有效的责任。难以想象,一个连自己的角色规范和岗位职责都不太清楚的管理者,能让被管理者清楚其所应担负的岗位职责?这难道不同样意味着"以其昏昏",想"使人昭昭"吗?

因此,在孟子看来,冯妇的故事是一个典型的反面案例,揭示的恰是管理者的角色混乱,做了不应该做的事。当然,冯妇作为个人,打虎无可厚非,但作为管理者,则值得商榷,而孟子用这个故事,仅是从管理者角色这个侧面来说明问题,以此隐喻自己若再去向齐国国君建议开仓放粮,那便是无视角色定位,做了不应该做的事,"是为冯妇也"。这也是《论语》第八篇第 14 章中孔子讲"不在其位,不谋其政"⊖所要表达的意思。

7.70 孟子曰:"口之于味也,目之于色也,耳之于声也,鼻之于臭也,四肢之于安佚①也,性也。有命焉,君子不谓性也。仁之于父子也,义之于君臣也,礼之于宾主也,智之于贤者也,圣人之于天道也,命也。有性焉,君子不谓命也。"

【字词注释】

① 佚:这里是安逸、舒适的意思。

【今文意译】

孟子说:"嘴巴对于味道,眼睛对于颜色,耳朵对于声音,鼻子对于气味,四肢对于舒适,这些本能的感性偏好都是人性的组成部分。但是,能否满足这些本能的感性偏好,还要取决于外在环境条件,因此,管理者并不强求一定要满足这些本能的感性偏好。仁对于父子关系,义对于君臣关系,礼对于宾主关系,智对于德才兼备的人,伟大管理者对于理想世界的管理之道,这些都是由人性的深层次德性内涵衍生出来的,决定着社会环境的发展趋势。但是,正因为社会环境的发展趋势根植于深层次德性之中,所以,管理者并不被动地依赖于这种社会环境的发展趋势,而是主动地去开发德性、修养德行。"

【管理解析】

本章全面论述了儒家的"人性"内涵及其与社会环境的互动关系。具体地说,孟子在这里讲了四层含义。

第一,儒家意义上的"人性"是一个立体的、多层次体系,既包括浅层次的生物性或感受性,又包括深层次只能靠思维或"心"来把握的德性。前者的典型表现就是"口之于味也,目之于色也,耳之于声也,鼻之于臭也,四肢之于安佚也"。在孟子看来,这五方面的感受性是"人性"的重要组成部分,但它们同时也为动物所具有,可视为"人性"中源于自然属性的本能感性偏好。后者的典型表现则是"仁

⊖ 张钢,《论语的管理精义》,机械工业出版社,2015 年版,P227.

义礼智"，这构成了德性的基本内涵，也是"人性"的深层次内涵。由这四方面衍生出来的便是父子、君臣、宾主、贤者等的社会关系对象，而这种基于德性内涵所形成的对特定社会关系及其规范的追求，也可以视为"人性"中源自社会属性的本能德性偏好。正是由这种自然本能的感性偏好和社会本能的德性偏好，共同构成了儒家的"人性"内涵。基于"人性"的双层次内涵界定，孟子并不反对"人性"中固有的自然本能的感性偏好，而只是说对于做管理来说，要真正理解人，应立足于社会本能的德性偏好，这也是做管理要"以人为本"的内在要求。

第二，要满足"人性"中浅层次的自然本能的感性偏好，并非完全由个体所能决定，还要受制于外部环境，特别是社会环境，毕竟"口目耳鼻身"所欲求的对象都在外部，没有来自外部环境的饮食、光线、声音等条件，感性偏好无法得到满足，而这些外部环境条件本质上是不依赖于个体的意愿而存在的，其发展变化的趋势，也不由个体所掌控。在孟子看来，这种外部环境条件发展变化的趋势就是"命"，正因为有了这种"命"的制约力量，"人性"中自然本能的感性偏好的满足是难以强求的，尤其考虑到资源的稀缺性和人际的互动性特点，若个体过分强求自然本能的感性偏好满足，则有可能带来灾难性后果。为此，孟子才深刻地指出，"有命焉，君子不谓性也"。这里的"性"，专指"人性"中的自然本能的感性偏好。孟子这句话的意思是，正是因为存在外部环境条件不以个体意愿为转移的发展变化趋势，管理者能清醒地认识到这一点，才不会"任性"，才不会放纵自己的自然本能的感性偏好，更不会企图去强行满足这些感性偏好。

第三，要追求"人性"中深层次的社会本能的德性偏好，却有着不依赖于外部环境条件的特点。这是因为，外部环境条件，尤其是儒家所看重的、在外部环境条件中起主导作用的社会环境条件，其发展变化的趋势是由社会规范决定的，而社会规范不过是"人性"中社会本能的德性偏好的外在化，也即由德性与社会性相统一的"仁义礼智四端"所衍生出来的。正是"仁义礼智四端"决定了人与人之间的社会关系准则，进而决定着社会环境条件发展的趋势；而且，由社会规范及其内在的"人性"德性内涵，也构成了一个理想条件下的理想存在状态，即"天道"，内在地决定着现实世界的发展趋势。面对纷繁复杂的现实世界，人们仅凭感觉器官，无法预见其发展趋势；只有从"人性"的德性前提出发，推导出一个理想世界，借此才能观察纷繁复杂的社会现象，并洞悉现实世界发展趋势。《中庸》秉持这个思路，区分"天道"（即理想世界）与"人道"（即现实世界），然后，借"天道"来预测"人道"，进而把握"天命"㊀。孟子在这里基于"天道"与"人道"的区分，深刻地指出，"仁之于父子也，义之于君臣也，礼之于宾主也，智之于贤者也，圣人之于天道也，命也"。这

㊀ 张钢，《大学·中庸的管理释义》，机械工业出版社，2017年版，PP143-152.

里的"命",便是立足于"天道"所把握住的现实世界的发展趋势。考虑到这种现实世界发展趋势,即"命",不过是来源于"天道"或理想世界,而理想世界又是借助"人性"的德性前提构建出来的,因此,要真正理解和把握"命",就不能被动地向外去强求各种外在的资源条件,而必须向内追求"人性"的德性偏好。管理者只有向内开发出"人性"中深层次的社会本能的德性偏好,并持续修养自己的德行,才能真正做到立足理想世界,遵循社会规范,顺"命"而行。这也就是孟子最后说"有性焉,君子不谓命也"的意义所在。这里的"性",则专指德性偏好而言,正因为德性偏好更根本,且内在于我,不需要向外假借他人,因此,管理者完全可以向内主动追求和着力修养,而不需要被动地等待外部环境条件所给予的机会和资源。

第四,对于个体的成长来说,"人性"与环境具有交互影响。管理者尤其必须清醒地认识到"人性"与环境的互动作用。既然儒家强调做管理要"以人为本",那么,在理解"人性"与环境的交互作用时,更应看重的是"人性"与社会环境而非纯粹自然环境的互动,而且,社会环境本质上是由人与人之间的互动关系构成和决定的,因此,儒家在探讨"人性"与社会环境互动时,也就更侧重于"人性"所具有的根本决定作用,这也是为什么从孔子开始,儒家就致力于坚持由内而外、从自我管理到组织管理的基本管理逻辑的原因。当然,孟子从他所处的特殊时代背景出发,更清晰地认识到社会环境的重要作用以及社会环境与自然环境的交织影响,因此,孟子在强调由内而外的管理逻辑的基础上,又提出了立足于社会环境的治理理念,从而大大拓展了儒家关于"人性"与环境交互作用的观点。

7.71 浩生不害①问曰:"乐正子,何人也?"孟子曰:"善人也,信人也。""何谓善?何谓信?"曰:"可欲之谓善。有诸己之谓信。充实之谓美。充实而有光辉之谓大。大而化之之谓圣。圣而不可知之之谓神。乐正子,二之中,四之下也。"

【字词注释】

① 浩生不害:姓浩生,名不害,齐国人。

【今文意译】

浩生不害问道:"乐正子是一个怎样的人呢?"

孟子说:"乐正子是一个追求共同利益、诚实守信的人。"

浩生不害又问:"什么叫追求共同利益?什么叫诚实守信?"

孟子说:"为别人着想、追求大家共同需要的东西,这就叫作追求共同利益。从自我做起,思言行一致地追求共同利益,这就叫作诚实守信。将对共同利益的追求和对诚实守信的坚守,贯穿于日常生活和工作的方方面面,这就是一个有美好品行的人。不仅自己追求共同利益,诚实守信,还能广泛影响他人,这就能成为一名真正的管理者。若能进一步从现实世界上升到理想世界,那就是伟大管理者的理想类型。伟大管理者总是立足于理想世界,像神一样洞悉现实世界的发展趋势,不过这反倒不能被现实世界中的人所理解了。乐正子是一个处于前两者之中,后四者之下的人。"

【管理解析】

本章承接上章,进一步分析管理者如何从现实世界经不断努力,持续修养,上升到理想世界,然后再立足理想世界来引领现实世界的发展。

《中庸》区分了理想世界或"天道"与现实世界或"人道"之后,接着便提出了管理者要由现实世界上升至理想世界所必须遵循的基本原则,即"择善而固执者也。博学之,审问之,慎思之,明辨之,笃行之"[一]。其中,确立"善"或共同利益的目标是前提,没有"善"的目标定向和牵引,持续努力就会失去方向。在孟子看来,确立"善"的目标,正是解决当时各诸侯国普遍存在的管理问题的根本入手处,这也是为什么孟子在第六篇第33章中认为"乐正子,其为人也好善""好善优于天下,而况鲁国乎"的原因。当然,在本章中,孟子不仅继续强调"好善"的首要性,还提出了基于"好善",由现实世界上升到理想世界的途径和要求。

要从现实世界上升到理想世界,仅有"好善"是不够的,还必须将共同利益的追求,落实到自己日常的思言行之中,并真正立足自我,持之以恒,这便是"信"或诚实守信的要求。

在"信"的基础上,若能进一步推广扩展,让自己的日常生活和工作都充满了"善""信",那么,在"做人"上就达到了一个更高的境界,也就成为在现实世界中被广泛认可的具有美好品行的人,这便是"美"的境界。

在"做人"的基础上,更进一步修养自身,去影响别人,即"充实而有光辉",才能成为一名"大人"或真正的管理者,这也就意味着从"做人"走向了"做管理",即孟子所讲的"大"的境界。这里的"大",对应的是"美"。如果说"美"意味着做一个"美好的人",那么,"大"则意味着做一名"大人"或管理者。这恰是从"做人"到做管理的自我提升过程。

基于"大",再进一步自我修养和提升,便达到了符合理想世界的管理者理想类

[一] 张钢,《大学·中庸的管理释义》,机械工业出版社,2017年版,PP143-152。

型的要求，那便是"圣"或伟大管理者。如果说"大"仅仅意味着一般意义上符合管理之道和管理规范要求的管理者，那么，"圣"则意味着是最能体现管理之道和管理规范的管理者理想类型，这便是儒家将尧、舜等视为这样的"圣人"或伟大管理者的典型代表的原因。

如果能达到"圣"的境界，立足于理想世界，便能更清楚地认识和把握现实世界的发展趋势，对未来的洞察会像"神"一样，这也是《中庸》讲"至诚如神"[一]的意义所在。值得注意的是，"神"并非"圣"之上的另外一种境界或比"圣"更高的境界，而只是达到"圣"这种境界之后所表现出来的一种功能。这种如"神"般对现实世界发展趋势的洞察力，往往是那些仅拘泥于现实世界中的人所无法理解的，所以，孟子才说，"圣而不可知之元谓神"。这意味着，孟子所刻画的、由现实世界上升到理想世界的途径和要求，是由"善""信""美""大""圣"五个境界构成的，"神"不过是"圣"境的一种自然结果或表现出来的功能而已。

孟子提出的这五个境界，也可以视为一位信奉儒家管理之道的管理者，所应致力于自我修养和提升的基本路径及要求，这也是对儒家由内而外的管理逻辑的再确认、再阐述。在孟子展开论述的这五个境界中，确立起共同利益的目标追求，即"善"是根本，离开了这个根本，后续几个境界的展开也就不可能了，而在孟子所处的战国时期，各诸侯国普遍存在的管理问题，是管理者已完全丧失了"善"的根基，更无从谈"信""美""大""圣"了。因此，在孟子看来，乐正子既已达到"善""信"的境界，若有机会在鲁国做管理，恰可以救当时管理之弊，这也是第六篇第33章中讲孟子听到乐正子要在鲁国做管理而"喜不能寐"的原因。当然，如果从做管理的理想要求来说，应该达到"大"的境界，才更合适做一名管理者。也就是说，只有在做一个"美好的人"基础上，进一步去影响别人，带领大家一起追求理想境界，才是一名真正的管理者所应该做的。但遗憾的是，在当时的历史条件下，绝大多数管理者连最基本的"善"的境界还不曾进入，又如何期望他们能达到"大"的境界呢？乐正子能达到"善""信"境界，已是难能可贵了。

7.72 孟子曰："逃墨必归于杨，逃杨必归于儒。归，斯受之而已矣。今之与杨、墨辩者，如追放豚，既入其苙①，又从而招②之。"

【字词注释】

① 苙：指牲畜的圈栏。　② 招：这里是捆绑其足的意思。

[一] 张钢，《大学·中庸的管理释义》，机械工业出版社，2017年版，PP160-161.

【今文意译】

　　孟子说:"如果一个人脱离了墨翟学说,就可能会转到杨朱学说,而如果再脱离了杨朱学说,则可能会转到儒家学说。既然人家都已转到儒家学说,接受就是了。如今那些与杨朱学说、墨翟学说辩论的人,就像追一只跑掉的猪,都已追到并抓进圈里,却还要再用绳子捆绑住猪的四条腿,实在没有必要。"

【管理解析】

　　本章针对当时的现实情况,讲儒家与墨翟、杨朱学说之间的关系。

　　正像孟子在本篇第26章中所指出的那样,墨翟、杨朱两派学说处于两个极端状态,墨翟讲"兼爱"无我,而杨朱却讲"有我"无他,"拔一毛而利天下,不为也",但是,物极必反,两极相通。在现实世界中,一个信奉墨翟学说的人,若放弃原来的立场,就极有可能接受杨朱学说,从一个"兼爱"利他的极端,走向另一个"为我"自私的极端;然后,若再放弃杨朱学说,则相当于否定之否定,便极有可能接受儒家学说。也就是说,一个人从信奉极端的"兼爱"利他的墨翟学说,转到信奉极端的"为我"自私的杨朱学说,再转到信奉"仁爱"的儒家学说,恰是一个将"为我"与"兼爱"在更高层次上统摄起来的过程,但这并不是简单地走中间路线、和稀泥,而是一个否定之否定的自我升华过程。

　　一个人若借助这种自我升华过程接受了儒家学说,也就成了信奉儒家学说的管理者,而不必再追究他原来是否信奉过墨家学说或杨朱学说。孟子举了一个形象的例子,既然已将跑掉的猪抓回圈里,也就行了,何必还要再把猪的四条腿都捆绑起来呢?这充分说明,在当时百家争鸣的大背景下,儒家学说极具开放性,也正因为这种开放性,孟子才能兼容并蓄,将不同学说的有益观点吸收进儒家学说,从而极大地丰富和发展了儒家管理思想。

7.73　孟子曰:"有布缕之征,粟米之征,力役之征。君子用其一,缓其二。用其二而民有殍,用其三而父子离。"

【今文意译】

　　孟子说:"征收税赋有三种方式,即布匹和麻线、粮食、劳役。管理者在征收赋税时,应该只用一种方式,暂缓使用另外两种方式。如果同时使用两种方式,民众就会有饿死的,如果同时使用三种方式,必然就会导致父子离散。"

【管理解析】

本章讲在当时的现实条件下做管理，应如何贯彻儒家管理之道。

孟子曾反复强调，做管理，首先要关心"民生"，而关心"民生"的直接体现就是"薄其税敛"。"薄其税敛"不仅是一个税率问题，同时还涉及收税方式的选择。在当时的现实条件下，诸侯国的赋税征收，无外乎三种方式，即"布缕之征，粟米之征，力役之征"。这三种方式不能同时使用，即便同时使用两种，农民的日常生产和生活也会遭到严重干扰，乃至无以为继。那些真正关心"民生"的管理者，一定会适时地选择一种税赋征收方式，暂缓使用另外两种方式，从而让民众有充分的自由空间，来安排自己的生产和生活。只有在民众的个体利益得到充分保障的前提下，更广大的共同利益才有可能得到实现。相反，若不考虑农业生产的现实情况，一味地从增加诸侯国国君和管理者利益出发来征收税赋，势必导致"用其二而民有殍，用其三而父子离"。若真的到了民众忍饥挨饿、妻离子散的地步，不管是共同利益，还是诸侯国国君和管理者的利益，也都无从实现。

因此，看上去孟子在这里只是讲了赋税征收方式的选择问题，但实际上是以此为例，突显出对共同利益或"善"的追求，应如何内化到管理者的日常管理行为之中，使之真正成为做管理的目标追求。

7.74 孟子曰："诸侯之宝三：土地，人民，政事。宝珠玉者，殃必及身。"

【今文意译】

孟子说："诸侯国国君有三类宝贝：土地、民众、管理事务。那些将珍珠美玉视为宝贝的国君，必将身陷灾祸之中。"

【管理解析】

本章从诸侯国国君视角出发，阐述要追求共同利益目标，必须建立怎样的价值尺度。

《大学》曾引用《楚书》上的话说，"楚国无以为宝，惟善以为宝"，又引用舅犯的话说，"亡人无以为宝，仁亲以为宝"[一]，讲的都是，作为诸侯国的最高管理者，国君应该看重什么，什么才是对诸侯国生存和发展来说最重要的。孟子在这里则更加明确地指出，"诸侯之宝三：土地，人民，政事"。

[一] 张钢，《大学·中庸的管理释义》，机械工业出版社，2017年版，PP57-60.

孟子讲"三宝",是着眼于国君所扮演的诸侯国最高管理者角色,由此出发,国君才能明确诸侯国管理到底要达到的共同利益目标是什么,进而才能合理地设计规则规范,聘用管理者,制定政策方针,实现共同利益目标。从共同利益目标来看,"土地""人民""政事"三者不可分割,构成共同利益目标的三方面内涵。共同利益目标既要体现在物质资源上,又要体现在人上,还要体现在将资源与人整合在一起的管理上。在农业文明条件下,"土地"代表着最重要的物质资源,而"人民"是诸侯国赖以存在的基础,"政事"则是将"土地"与"人民"整合在一起,实现共同利益的重要方式。从共同利益目标出发,国君必须看重"土地,人民,政事",三者缺一不可。

相反,若国君不能自觉地从最高管理者的角色要求出发,来理解共同利益目标及其实现方式,只是从个人立场出发,追求自己的感性偏好满足,那就必然会看重那些能满足个人感性偏好的物质资源,如珍珠美玉等,其结果则是"殃必及身"。由此可见,要把诸侯国管理好,作为最高管理者的国君,首先需要明确自己的信念、价值观和终极目标追求,这正是为什么在第一篇第1章中孟子要告诫梁惠王必须追求"仁义"的原因。

7.75 盆成括①仕于齐。孟子曰:"死矣盆成括!"盆成括见杀,门人问曰:"夫子何以知其将见杀?"曰:"其为人也小有才,未闻君子之大道也,则足以杀其躯而已矣。"

【字词注释】

① 盆成括:人名,姓盆成,名括。

【今文意译】

盆成括在齐国做管理。孟子说:"盆成括将有杀身之祸!"

后来,盆成括果然被杀,学生们问道:"您怎么知道盆成括将被杀?"

孟子说:"盆成括这个人,在做人上爱耍小聪明,又不了解管理者所应遵循的管理之道和管理规范,这就足以招来杀身之祸。"

【管理解析】

本章承接上章,从管理者视角出发,进一步分析在当时的环境条件下,管理者可能面临的严峻挑战。

正像上章所讲的那样，诸侯国国君本应从共同利益出发，看重"土地，人民，政事"，但现实情况却相反，国君们往往都是从个人的感性偏好出发，看重珍珠美玉，这样一来，诸侯国国君不仅让诸侯国面临灾祸，也把管理者拉进了险恶境地。

管理者在诸侯国里做管理，必然要面对国君这位委托人或授权者。如果国君只是追求个人感性偏好的满足，看重珍珠美玉这样的物质财富，那么，管理者将会面临艰难的抉择。倘若管理者追求共同利益，看重"土地，人民，政事"，则会与国君发生价值观冲突，最终难免被逆向选择机制所淘汰。倘若管理者与国君价值观一致，也追求个人感性偏好的满足，看重珍珠美玉，则又可能会与国君发生利益冲突，甚至将面临杀身之祸。珍珠美玉这类财富资源毕竟是非常稀缺的，那些追求个人感性偏好满足的管理者，很有可能与国君在感性偏好满足上处于竞争状态，而大多数情况下，国君在这类竞争中占绝对优势。拥有垄断权力而又"任性"的国君，经常会让那些想投国君所好、爱耍有小聪明的管理者左右为难、无所适从，甚至朝不保夕。齐国管理者盆成括被杀的例子，就很好地说明了这一点。

用孟子的话说，盆成括"其为人也小有才，未闻君子之大道也，则足以杀其躯而已矣"。这里的"为人"即"做人"，"小有才"则指有小聪明或爱耍小聪明，隐含的意思是，盆成括在追求个人利益上爱用套路、耍小技巧。试想，像盆成括这样爱用小聪明去追求个人利益的管理者，在同样热衷于追求个人利益的国君面前，简直就是要与虎谋皮，岂不危险？再加上盆成括"未闻君子之大道"，在做管理上又乏善可陈，那还不是无足轻重，险上加险，"足以杀其躯"吗？难怪孟子早就预见到了盆成括将面临杀身之祸。

这再次表明，做管理，的确需要志同道合，但仅有管理者与委托人或授权者在个人意义上的志同道合远不够，还必须设计出相应的体制机制，让这种志同道合不因个人而改变，成为一种组织意义上的共同追求。

7.76 孟子之滕，馆于上宫。有业屦^①于牖上，馆人求之弗得。或问之曰："若是乎从者之廋^②也？"曰："子以是为窃屦来与？"曰："殆非也。夫子之设科也，往者不追，来者不拒。苟以是心至，斯受之而已矣。"

【字词注释】

① 业屦：指刚编好的草鞋。　　② 廋：这里是隐匿、藏匿的意思。

【今文意译】

孟子到滕国,住在上官馆舍里。馆舍里住的人,有一双刚编好的草鞋放在窗台上,后来找不到了,就问孟子:"像这种情况,该不会是跟着您学习的人把鞋藏起来了吧?"

孟子说:"您认为这些人到这里来,是为了偷草鞋的吗?"

那人说:"那倒不是。但是,您在这里开课,走的人不追查,来的人不拒绝。只要想来学习的,一概都接受。难免鱼龙混杂。"

【管理解析】

本章承接上章,用一个典型事例说明,仅靠个人的意愿和动机,要确保恪守管理规范,追求共同利益,将会面临一定风险。

无论是诸侯国国君,还是一般管理者,虽然可能也都知道做管理要追求共同利益,要恪守管理规范,看重"土地,人民,政事",但是,在现实中,人们又如何才能判断他人也有同样的追求,进而与他人成为志同道合者呢?只是听他人怎么说,那一定是不充分的,但又怎样才能辨别他人所说、所想与所行是一致的呢?从这个意义上说,管理者认识和把握自己固然重要,但认识和理解他人同样重要,而且,认识和理解他人的过程,绝不仅是借助对"人性"的认识就能自动完成的。在当时条件下,诸侯国国君迫切地想要认识和理解管理者,而管理者也同样想要认识和理解国君,但是,这种双向的认识和理解,仅是建立在个人承诺上是远远不够的,必须有一种激励相容的体制机制设计,确保人们在互动合作中的承诺是可信的。这对于形成志同道合的管理氛围、实施有效管理,应该是一种非常重要的制度基础设施。

儒家管理思想中相对缺乏有关各类体制机制设计的内容。有关组织的体制机制设计,既关乎治理,又涉及管理。前者属于治理结构设计,后者属于管理结构设计,而结构本质上就是一系列关于权利和权力安排及运用的规则体系。即便孟子已经有了非常深刻的治理理念,但仍缺少相应的体制机制设计上的考虑;哪怕是涉及管理者和管理过程的丰富思想,也没能匹配上比较具体可行的机制设计。虽然不应该用今天的眼光去强求当时的儒家,但对于当时儒家的反思,恰可以为今天进一步丰富和发展儒家管理思想找到合理且可行的切入点。

不过,或许孟子当时就已认识到了儒家管理思想存在这一不足,所以才在本章非常巧妙地安排了一个案例故事。在这个案例中,主角并不是孟子及其学生,而是孟子在滕国居住的"上宫"馆舍里的人。孟子在案例故事中也只有一句话,即"子以是为窃屦来与"。这句反问,充分表明孟子坚信的是"人性"的德性前提。正因为孟子坚信"人性"的德性前提,他才会推断那些跟着他学习的人不可能有"窃屦"

动机，但是，没有"窃屦"动机，就一定意味着没有"窃屦"行为吗？更何况，动机并非一成不变，临时起意的现象也不是没有；再说，孟子也承认，"人性"除了深层次的德性内涵之外，还有浅层次的生物性或感性内涵，而且，这种浅层次的生物性或感性更容易影响行为。孔子也说，"吾未见好德如好色者也"㊀。由此可见，关键问题也许在于，当某个特定行为发生后，如何才能区分该行为的动机到底是源自感性偏好，还是源自德性偏好，抑或两者的复杂互动。这恐怕也是孟子面临的一个现实挑战。

当馆舍里的人说"殆非也。夫子之设科也，往者不追，来者不拒。苟以是心至。斯受之而已矣"之后，孟子没有再回应，而馆舍里的人之所以说"殆非也"，潜台词或许是，跟从孟子来这里学习的人，恐怕不是为了"窃屦"而来的，但是，孟子在这里开课，是以一种"往者不追，来者不拒。苟以是心至。斯受之而已矣"的态度，来面对所有人的，孟子又如何能保证每个来学习的人，都不会受生物性或感性偏好的影响，临时起意，做出这种"窃屦"的事来呢？孟子之所以没有再回应，很大程度上正在于这个问题的确无法给出明确回答，孟子并没有建立起对来听课者的甄别、筛选、考察、惩罚等一系列制度规则及流程体系，自然也不能保证每个学生都是清白的。

一个值得深入思考的问题是，为什么孟子要将这样的案例故事放在最后一篇中？这是否意味着，孟子已经意识到，仅凭诸侯国国君和管理者的自我修养，是没有办法保证"人性"中的德性偏好一直占上风，超越"人性"中的生物性或感性偏好，来影响和支配行为；更重要的是，现实世界中无数的管理事例都表明，绝大多数诸侯国国君和管理者都还距离理想的管理者要求太遥远，他们好像都是在"人性"的浅层次生物性或感性偏好驱使下做管理。这种情况的存在，虽然不能否定儒家"人性"的德性前提及理想世界的合理性、合法性，但至少可以引发更开放地思考，怎样才能让理想变为实现，而要让理想变为现实，或许同样不能缺失的一环，就在于从德性前提及理想世界出发，同步开展一系列具体可行的体制机制设计。尤其是确保治理理念得以实现的体制机制设计，则更为根本。

7.77 孟子曰："人皆有所不忍，达之于其所忍，仁也；人皆有所不为，达之于其所为，义也。人能充无欲害人之心，而仁不可胜用也；人能充无穿逾①之心，而义不可胜用也。人能充无受尔汝②之实，无所往而不为义也。士未可以言而言，是以言餂③之也；可以言而不言，是以不言餂之也。是皆穿逾之类也。"

㊀ 张钢，《论语的管理精义》，机械工业出版社，2015年版，PP254-255.

【字词注释】

① 穿逾：即钻洞翻墙，意指偷窃行为。
② 尔汝：古代长辈对晚辈的称呼，若平辈间使用这样的称呼，便有轻蔑之嫌。
③ 餂：这里是诱骗的意思。

【今文意译】

孟子说："人都会有克制不住的德性本能，将这种德性本能运用到各种有意识的思考和行动上，就是仁；人都会有不应该做的事，以此为底线，来做那些应该做的事，就是义。换句话说，人只要能扩充那个不愿意害人的想法，他所拥有的仁的潜能就用不完；人只要能扩充那个不愿意偷窃的想法，他所拥有的义的潜能也用不完。人只要能扩充那些不受轻蔑的言行举止，无论走到哪里，都会做应该做的事。管理者在不应该说的时候却说，就是要用说去诱骗别人；在应该说的时候却不说，又是在故意用不说来诱骗别人。这种做法都属于欺世盗名，与偷窃是一样的。"

【管理解析】

本章进一步从表里如一的角度，来探讨思言行的一致性。

孟子不仅用"气"来更形象地刻画"诚"的一致性要求，而且还赋予"思"以实际内涵。在孟子看来，"思"是"心"的主要功能，即"心之官则思"，但"思"又不单纯是空洞的、无内容的思维能力或思维逻辑，而是具有先天的德性内涵，那便是"仁义礼智四端"。"四端"植根于"心"中，成为"思"的先天内容，也即原本就有的"良知"，这是人之为人克制不住的、本能的德性之"思"，不需要意识参与，能自动完成，也是有意识的思维运用的前提或逻辑起点，以此为基础，人们才能更有意识地将思维运用到那些有选择、能控制的对象上。这种由内在德性前提到有选择的具体对象上的思维运用过程，就是孟子所说的"人皆有所不忍，达之于其所忍，仁也"。这也就意味着，从先天的"仁"之"端"，到各种具体对象上的思维或"心"的运用过程。

同样，思维也会转化为行为，在思维向行为的转化过程中，思维里原本就有了不应该做的底线要求，正像第四篇第36章中讲"人有不为也，而后可以有为"一样。"不为"是"有为"的底线，只有内置了不能做什么、不应该做什么的内在底线准则，才能更有效地做什么，因此，孟子又说"人皆有所不为，达之于其所为，义也"。这里的"义"，像"仁"一样，是内置于"心"中的"四端"之一，而"义"指的是广义分配，包括责任、工作、资源、机会、收益及意义或价值的分配，在这种广义分配中，一定离不开"仁"这个根本尺度，"仁"和"义"结合在一起，内在地规定了一个人不应该做什么和应该做什么。

从"人性"的德性与社会性相统一的角度来看，人作为社会人，必然会由己及人，与他人发生社会互动，立足于"仁义"的德性前提，这种人际互动中的底线准则必然是"人能充无欲害人之心，而仁不可胜用也；人能充无穿逾之心，而义不可胜用也。人能充无受尔汝之实，无所往而不为义也"。这表明，只要能让思维之中固有的"恻隐"或"无欲害人"的内涵，推广到各种思维对象上，坚守"无欲害人"这个"仁"的底线要求，德性中的"仁"的潜能就可以得到充分开发，其影响力将是无穷的；只要能让思维之中固有的"羞恶"或"无穿逾"的内涵，推广到各种思维对象上，坚守不偷窃或"无穿逾"这个"义"的底线要求，德性中的"义"的潜能也可以得到充分开发，其影响力同样是无穷的。

这里需要说明的是，既然"义"是做应该做、得应该得，那么，"不义"便是做不应该做、得不应该得。其实，"不义"本质上就是偷窃。因此，"无穿逾"或不偷窃，也就成了"义"的底线要求，就如同不害人是"仁"的底线要求一样。只有在不害人的底线之上，才能更好地爱人，让"仁"得以扩充开来，而只有在不偷窃的底线之上，才能更好地做应该做的事，让"义"得以扩充开来。如果连底线都没有了，又如何能让"仁""义"得以立足和积累？这就像一个根本就没有底座的桶或箱子，还能盛得了什么，又能积累起什么呢？一旦有了底线，只要坚持下去，日积月累，德性的潜能只会增加，不会减少，这就是德性修养的马太效应或收益递增的正反馈效应。由此可见，人们只有恪守了底线，不断开发德性潜能，持续修养德行，才能在与他人的交往中，真正为人们所尊重，不仅在人际互动中自己做正确的事，做应该做的事，而且还能影响他人做应该做的事，这就是孟子用"人能充无受尔汝之实，无所往而不为义也"所要表达的意思，也就是说，人只要能扩展不受别人轻蔑的言行举止，走到哪里都会做应该做的事。

最后，在管理者的语言运用中，要做到如本篇第66章所讲的"以其昭昭，使人昭昭"，就必须在想清楚的前提下说清楚，这样才能让别人明白，并产生有效行为。但是，在现实中，管理者不仅经常有"以其昏昏，使人昭昭"的情况，更常见的情况却是"以其昭昭，使人昏昏"。管理者故意利用信息不对称，玩弄语言游戏，试图蒙骗别人，让别人处于懵懵懂懂的状态，以达到不可告人的目的。这实际上是组织中最常见的管理者"偷窃"，即管理者"偷窃"共同利益、他人利益，以谋求个人私利，而这种管理者"偷窃"，往往又是借助语言来"忽悠"人，以期达到瞒天过海、暗度陈仓的目的。所以，孟子才一针见血地指出，"士未可言而言，是以言餂之也；可以言而不言，是以不言餂之也。是皆穿逾之类也"。

7.78　孟子曰："言近而指①远者，善言也；守约而施②博者，善道③也。君子之言也，不下带④而道存焉。君子之守，修其身而天下平。人病舍其田而芸⑤人之田，所求于人者重，而所以自任者轻。"

【字词注释】

① 指：这里是意思、意义的意思。
② 施：这里是恩惠、好处的意思。
③ 道：这里是治理、整治的意思。
④ 不下带："带"，指腰带。"不下带"，意指日常可见的事物。
⑤ 芸：通"耘"，除草、割草的意思。

【今文意译】

孟子说："用语浅显却意义深远的人，善于讲话；恪守简约而影响广泛的人，善于管理。管理者所讲的，不过都是些平常事，却能把道理说清楚。管理者所恪守的，不过是自我修养，却能让天下太平。如今人们普遍存在的问题是，荒了自家的田，却要去除别人家田里的草；对别人要求很高，却对自己很放纵。"

【管理解析】

本章继续讲管理者要从自我做起，不离人伦日用，却又能让别人清楚明白该怎么做。

做管理，思路和表达非常重要。管理者的表达，既要知道什么该说，什么不该说，不能当讲时不讲，也不能不当讲时乱讲；更要忌讳在讲话中故弄玄虚，人为制造信息不对称。表达的前提是思路，表达不清，首先不是语言问题，而是思路问题。正所谓"思路决定出路"。管理者的思路之所以能决定组织的出路，关键还在于管理者能用简明扼要的语言，把思路恰当地表达出来，成为组织发展的蓝图和组织成员的共识，这才能用思路引领组织走一条健康发展的道路。对管理者而言，思路与表达密不可分，表达的言简意赅，必须依赖于思路的清晰明确；反过来，思路上能化繁为简，表达上才能深入浅出。因此，孟子说，"言近而指远者，善言也；守约而施博者，善道也"。管理者必须同时做到这两点，否则，难免"以其昏昏，使人昭昭"，而更糟糕的情况则是，管理者虽"以其昭昭"，却故意"使人昏昏"。

实际上，当孟子说"君子之言也，不下带而道存焉。君子之守，修其身而天下平"时，就是将上述观点具体运用到管理上，对管理者的思路与表达提出了明确要求。在表达上，管理者的语言应"不下带而道存焉"。根据当时的交往礼仪，人们在交谈时，视线不能看腰带以下，只能及于腰带以上，因此，"不下带"便用来指日常交流中的可见事物，引申为平常的事、身边的事。这意味着，管理者的表达应浅近明白，不离日常生活和工作现实，却又能把蕴藏在背后的道理说清楚。这既是一种表达能力，更体现出一种管理态度。做管理，不只是指挥、命令、激励，更是为下属提供平台、支持、服务，这样才更有利于共同利益创造。从这个意义上说，管理本质上就是服务。既然管理就是服务，哪有让管理的服务对象云里雾里、不知所云的道理？因此，管理者必须成为"善言者"，若能做到言"不下带而道存焉"，也就自然做到了"言近而指远"。

在思路上，管理者思维的出发点和归宿必须是"人性"的德性内涵及其"向善"的倾向性，这也是管理者的内在坚守与外在言行保持一致的真正根基。其实，《大学》讲的"三纲领"，即"明明德，亲民，止于至善"，以及"八条目"，即"格物、致知、诚意、正心、修身、齐家、治国、平天下"[1]，就是儒家对管理者思路的总要求，也可以称为儒家做管理的"大思路"。当孟子说"君子之守，修其身而天下平"时，指的就是这个儒家"大思路"而言。管理者只有真正恪守了这个简明的"大思路"，才能做到在表达上不离人伦日用而又能将深刻的"做人"、做管理的道理阐述清楚。这再次表明，思路决定表达，表达影响出路。

但是，在孟子看来，当时各诸侯国国君和管理者们却没有真正理解思路与表达的关系，不仅舍近求远，而且本末倒置，典型表现就是"舍其田而芸人之田，所求于人者重，而所以自任者轻"。作为管理者，连自我认识、自我管理都没有做好，却整天想着要求别人应该怎样、不应该怎样，这就好比自家田里的杂草都还没除干净，却要去指导别人甚至去别人田里锄草一样，其结果必然是，管理者总是对别人要求高，对自己要求低，总是将责任重担推给别人，自己却想自由放纵。这样的管理者又怎会有说服力，怎能让别人相信他的思路与表达。

的确，现实中有很多管理者错误地认为，只要有了头衔和职权，也就有了话语权，而有了话语权，便能在不断讲话和发布命令中慢慢有思路；甚至还总想着远交近攻，请外来和尚帮着念一通经，狐假虎威，借所谓"外脑"来充实自己的思路与表达。这种舍近求远、本末倒置的做法，不仅于事无补，而且只能让管理者与被管理者的关系更加扭曲，也让管理者的选拔、任用、晋升中的逆向淘汰更加严重。这也是当时各诸侯国的管理为什么日益走向混乱、衰落的根本原因之一。

---

[1] 张钢，《大学·中庸的管理释义》，机械工业出版社，2017年版，PP12-16.

7.79　孟子曰："尧、舜，性者也。汤、武，反之也。动容周旋中礼者，盛德之至也。哭死而哀，非为生者也。经①德不回②，非以干禄也。言语必信，非以正行也。君子行法以俟命而已矣。"

【字词注释】

① 经：这里指以……为依据，遵照……行动。　② 回：这里是违背、绕过的意思。

【今文意译】

孟子说："尧、舜的行为，是本性的自然体现。商汤、周武王的行为，是经过反思后持续自我修养的结果。言谈举止、音容笑貌、互动交往、接人待物，都完全符合社会规范的要求，这就是最高境界的德行表现。在丧礼上痛哭时的悲哀，不是要做给别人看的。修养德行，不违背规范，也不是为了寻求管理职位。言而有信，更不是为了向别人证明自己品行端正。管理者必须遵循规则规范行动，这样才能符合社会发展的大趋势。"

【管理解析】

本章进一步阐明，做管理就是要由内而外，自然而然，不能为了迎合外部要求而扭曲内在德性。

为了解释管理者的思路及其德性前提的优先性，孟子再次列举了尧、舜与汤、武的行为表现。"尧、舜，性者也。汤、武，反之也"，像本篇第 30 章中讲的一样，在于说明，尧、舜是典型的本性使然，而商汤、周武王则是经过"干中学"，在反复实践和持续反思之后，所达到的行为结果，两者殊途同归，都达到了德行的最高境界，即"动容周旋中礼者，盛德之至也"。孟子在这里所说的"盛德之至"境界，实际上就是"中庸之德"境界，也即将"人性"的内在之"中"或德性与社会性统一起来，恰当地运用于各种具体行为情境之中，既不违背社会规范，又能让本性之"中"得到充分发扬，也即"动容周旋中礼"。

虽然"中庸之德"是德行修养的理想目标，在现实中不一定都能达到，但是，如果人们能将"中庸之德"确立为内在目标追求，就会形内部动机，不容易受外部环境条件左右。这样才能有独立人格和独立思考，进而才有可能形成独特的思路和清晰的表达；更重要的是，人们的行为才有可能做到"哭死而哀，非为生者也。经德不回，非以干禄也。言语必信，非以正行也"。这三方面的行为表现，都源于内部动机，而不是为了迎合外部要求。去参加葬礼而痛哭悲伤，并不是要做给别人看，让别人知道你有多么悲伤；同样，坚守德行，不做违反规范和绕过规则的事，也不是为了以此来博取声誉，为谋求管理岗位创造条件；而且，说话讲信用，也不是为了要向别人证明自己的品行有多么端正。这一系列行为表现，都不过是由内而外、自然而然的结果。没有这种内部动机，做事就无法实现自我激励。一个没有内部动机和自我激励的管理者，尤其是组织的最高管理者，要做好管理，是不可想象的。

孟子最后说"君子行法以俟命而已矣"，意在表明，管理者有了对"人性"的正确认识，建立起内部动机，实现自我激励之后，自然就能以身作则、率先垂范，并把握住社会发展变化的大趋势。

7.80　孟子曰："说①大人②则藐之，勿视其巍巍然。堂高数仞，榱题③数尺，我得志弗为也；食前方丈，侍妾数百人，我得志弗为也；般乐饮酒，驱骋田猎，后车千乘，我得志弗为也。在彼者皆我所不为也，在我者皆古之制也，吾何畏彼哉？"

【字词注释】

① 说：这里是劝说、说服的意思。
② 大人：这里专指诸侯国国君。
③ 榱题：指屋檐。

【今文意译】

孟子说："如果想去劝说诸侯国国君，那就要藐视他，不要把他那高高在上的样子放在眼里。宫殿高数仞，房檐宽数尺，我若实现了理想，绝不这样做；满桌子的美味佳肴，还有数百人伺候着，我若实现了理想，绝不这样做；整日饮酒作乐，驰骋打猎，后面还有上千辆车跟着，我若实现了理想，绝不这样做。他所做的，都是我所不屑于做的，而我所做的，都是符合古代制度规则和社会规范的，我为什么要畏惧他呢？"

【管理解析】

本章通过描述当时各诸侯国国君的所作所为，揭示出儒家管理之道难以实行的深刻现实原因。

在当时的历史条件下，管理者要获得各诸侯国的聘用，就必须先与国君面谈，让自己的管理主张得到认可，才能有机会在诸侯国里做管理，而孟子讲的"说大人"，就相当于当时的管理者去诸侯国应聘面试。孟子结合自己在多个诸侯国"说大人"的经历，针对当时各诸侯国的管理现状，总结出"说大人则藐之，勿视其巍巍然"的面试心得。也许有人会说，按这样的方式去面试，还能找到工作吗？其实，孟子之所以"说大人则藐之"，是有原因的。

看看当时各诸侯国国君们所热衷的生活方式，就知道他们与儒家管理者的要求有多么大的反差了。国君们追求的是"堂高数仞，榱题数尺""食前方丈，侍妾数百人""般乐饮酒，驱骋田猎，后车千乘"。这再清楚不过地表明，国君们普遍追求的是生物性或感性偏好的满足，甚至压根儿就不相信还有什么"人性"的德性内涵一说，似乎也不认为人与动物有什么区别，可能唯一的区别就是，人比动物更会用各种巧取豪夺、弱肉强食的方式满足自己的私欲。试想，若国君们信奉的是这种"人性"前提，那么，他们行"霸道"、施"暴政"、过"奢靡"生活，不就完全可以理解了吗？由此也容易理解，为什么孟子会斩钉截铁地说，"我得志弗为也"。当然，更可以想见，孟子要推行"王道""仁政"将是何等困难。

同样需要说明的是，孟子这里说的"古之制"，并非要回到古代的体制，而不过是"托古改制"罢了。实际上，"古之制"，指的就是儒家理想世界中的体制和规范。孟子像孔子一样，穷其一生都在追求这种理想，从来没有动摇过。对孟子而言，有理想在心中，有历史上的伟大管理者相伴，既不孤独，也不寂寞，还能站得高，看得远，不仅有历史纵深，更有现实关切，还不失对未来发展的洞察，以此来面对各诸侯国国君，孟子才会豪迈地说"是何畏彼哉"，其潜台词或许是，胸怀理想，直面现实，我问心无愧。

7.81 孟子曰："养心莫善于寡欲。其为人也寡欲，虽有不存焉者，寡矣；其为人也多欲，虽有存焉者，寡矣。"

【今文意译】

孟子说："要培养和训练思维，关键在于减少私欲。如果一个人在做人上私欲比较少，即便没能有意识地培养和训练思维，最终思维方式也不会偏到哪里去；如果一个人在做人上私欲比较多，即便能有意识地培养和训练思维，最终思维方式也难免偏颇。"

【管理解析】

本章是对上章内容的进一步分析说明。

根据孟子在本篇第 70 章中所表达的观点,"人性"的内涵由两大部分构成,一是位于浅层次的基于自然本能的感性偏好或私欲,二是位于深层次的基于社会本能的德性偏好。"人性"的这两个层次内涵原本无所谓好坏,只不过浅层次的感性偏好或私欲更容易表现出来,影响甚至支配思维和行为罢了。由于外部物质资源的稀缺性,一旦人们的思维和行为主要受感性偏好或私欲支配,便可能会导致人与人之间的竞争乃至冲突,进而产生有害的结果。与主要受感性偏好或私欲驱动的思维和行为不同,德性的"仁义礼智四端"及其"向善"倾向性所支配的思维和行为,更容易引导人们超越物质资源本身,努力创造共同利益,实现和谐共赢。

当然,即便是感性偏好或私欲驱动的思维和行为容易导致冲突,似乎也可以借助良好的外部制度设计来引导和改变行为,避免冲突;但是,外部制度设计需要在怎样的观念指导下进行,又服务于怎样的价值定位,将对谁更有利?要回答并解决这些涉及制度设计的根本问题,又必须回到"人性"所固有的深层次德性内涵。严格来说,"人性"的两个层次内涵是互补支撑的,没有感性偏好或私欲,个体和群体可能无法生存和繁衍,但若没有德性偏好所形成的关于共同利益或"善"的信念和价值观,又如何能演化出社会规范,并设计出为人们所认可的制度规则?更重要的是,若从管理者的思维修养和训练的角度看,立足于"人性"的德性前提又是必须的。

"人性"的两个层次内涵,既是互补支撑的关系,也带有互斥竞争性。毕竟感性偏好或私欲在浅层次,能自动自发地产生作用,并影响甚至支配思维,以至于让人整天想着去满足各种感性偏好或物质欲望。这种感性偏好或私欲对思维的支配,自然就会排斥深层次德性的影响,从而让德性内涵及其"向善"的倾向性被牢牢压在思维的底层,无法有效发挥作用。因此,为了让思维真正立足于德性前提,去努力思考共同利益的实现方式,而不是私欲的满足方法,除了依赖于外部社会环境的引导和激活之外,从自我修养的角度来看,便在于想办法减少感性偏好或私欲对思维的支配作用。

值得注意的是,孟子讲"养心莫善于寡欲",一定是指当事人自我思维培养和训练的内在要求,而不是对别人的要求。遗憾的是,有些管理者往往走向了相反的方向,总在要求别人"寡欲",而自己却"多欲",这正是孟子在本篇第 78 章所批评的现象,即"所求于人者重,而所以自任者轻"。其实,无论是孔子讲"克己复礼"[一]也好,还是后来朱熹、王阳明提"存天理,去人欲"[二]也罢,都不是要求他人

[一] 张钢,《论语的管理精义》,机械工业出版社,2015 年版,PP317-319.
[二] 张钢,《大学·中庸的管理释义》,机械工业出版社,2017 年版,PP12-16.

必须这样做，而是对管理者本人的自我要求。管理者只有自己做到适当"寡欲"，才有可能让德性真正成为自己思维运用的前提，也才能将思维导向共同利益，推动社会规范的涌现和制度规则的设计，进而引领大家追求和创造共同利益。

在孟子看来，做到适当"寡欲"，对于管理者培养和训练正确的思维方式，非常重要，即"其为人也寡欲，虽有不存焉者，寡矣；其为人也多欲，虽有存焉者，寡矣"。这里的"存"与"不存"，都指思维或"心"而言，也就是孟子在第四篇第56章中所讲的"存心"。如果在"做人"上私欲很多，即便能"存心"或有意识地培养和训练思维，那也只能是将思维培养和训练成追逐私欲的工具，到头来思维还是偏颇的，整天只是想着如何满足私欲。如果在"做人"上都难以为人们所接受，又谈何做管理。相反，如果在"做人"上能适当减少私欲，即便没"存心"，或没能有意识地培养和训练思维，思维也会由德性支配，思维方式也不会偏颇到哪里去。"做人"是做管理的前提。如果在"做人"上能做到适当"寡欲"，那么，在做管理时由于还有角色规范、组织规范和制度规则的激励约束作用，则"寡欲"的可能性就更大了。

联系着上章讲到的各诸侯国国君热衷于个人享受，便不难理解，国君们不仅没有适当"寡欲"，而且简直可以说是在不遗余力地"纵欲"，如此一来，还能期望他们把思维和有限的注意力资源运用到追求共同利益上去吗？当思维几乎完全被感性偏好或私欲所支配之后，不管他人的意见和建议多么有理有据，又如何能听得进、理解得了呢？这恰好说明，当时各诸侯国普遍存在的管理问题的根源就在国君们身上。特别是在当时各诸侯国的管理权力高度集中的背景下，国君的思路直接决定着诸侯国的出路，而国君的思路又来自国君的思维方式；当国君的思维完全被感性偏好或私欲所支配，满脑子充斥的想法都是如何去满足感官享受的时候，其思路将会怎样，便不难想象了，到头来其诸侯国走向灭亡，也就成了早晚的事。

7.82　曾晳①嗜羊枣②，而曾子不忍食羊枣。公孙丑问曰："脍炙③与羊枣孰美？"孟子曰："脍炙哉！"公孙丑曰："然则曾子何为食脍炙而不食羊枣？"曰："脍炙所同也，羊枣所独也。讳名④不讳姓，姓所同也，名所独也。"

【字词注释】

① 曾晳：曾子的父亲，也是孔子的学生。

② 羊枣：一种小柿子，俗称牛奶柿。

③ 脍炙：即烤肉。

④ 讳名：古时候对父母、长上的名字要避讳，不能直接写和说。

【今文意译】

曾晳喜欢吃羊枣,在曾晳去世之后,曾子就不忍心再吃羊枣了。公孙丑问道:"烤肉和羊枣哪个更好吃?"

孟子说:"烤肉呀!"

公孙丑又问:"既然这样,那为什么曾子吃烤肉而不吃羊枣呢?"

孟子说:"因为烤肉是人们都喜欢吃的东西,而羊枣只是曾晳个人喜欢吃的东西。这就像父母、长上的名字要避讳,但姓却不用避讳一样,因为姓是共同的,而名才是独特的。"

【管理解析】

本章用具体事例说明,来自德性的力量也可以达到克制生物性或感性偏好的作用,从而进一步阐述了上章的观点。

曾子以"孝"闻名。在第四篇第 9 章中,孟子也讲过曾子"养父之志"的孝行,那是在父亲曾晳还在世的时候,而本章说的则是曾子在父亲曾晳去世后的孝行。由于曾晳生前喜欢吃羊枣,曾子在父亲曾晳去世后就不再吃羊枣了,因为一看到羊枣,便想起父亲。这是一种由"仁"和"孝"所产生的力量,抑制了"口之于味"的欲望,也可以说是德性偏好对生物性或感性偏好的超越。当人们因信念和价值观而赋予特定感性偏好对象以特殊意义之后,一旦这个对象再次出现,它所激活的便不再是浅层次的感性偏好,而是一种深层次的德性偏好。这种德性偏好对感性偏好的抑制和超越,在现实中普遍存在,也充分表明"人性"的深层次德性内涵所具有的潜在力量。人们如果能够通过自我持续修养,努力将这种德性潜能开发出来,便可以超越外部环境条件的限制,战胜各种意想不到的艰难困苦。

德性偏好对感性偏好的超越,也相当于在内部建立起一条底线,即"不忍",也就是孟子在本篇第 77 章所讲的"人皆有所不忍,达之于所忍,仁也",而曾子的"不忍"之一,便在于超越"口之于味"的感官欲望,"不忍食羊枣"。曾子之所以能建立起这样一条"不忍"的底线,就在于"仁"及其行为表现"孝",因为父亲"曾晳嗜羊枣"。这也表明,人们要建立起"做人"、做事的底线,关键还是要赋予"不忍"以特殊意义,而这种特殊意义又必须与更大的意义源泉联系在一起,否则,用不了多久,这种特殊意义也会消失,底线自然也就不复存在了。曾子赋予"不忍食羊枣"的特殊意义,来自于"人性"的德性内涵中的"仁",因而有着极其深厚和丰富的意义源泉,才能经久不衰。

也许正是由于对曾子"不忍"的特殊意义源泉不够清楚，公孙丑才会用"脍炙"与"羊枣"比较，进而问孟子"然则曾子何为食脍炙而不食羊枣"。公孙丑隐含的意思是，相信曾子的父亲曾皙也一定爱吃"脍炙"，既然曾子吃到父亲曾皙喜欢吃的东西就会想到父亲，那么，曾子因父亲曾皙喜欢吃"羊枣"而"不忍食羊枣"，按照同样逻辑，曾子也应该因为父亲曾皙喜欢吃"脍炙"而"不忍食脍炙"才对。公孙丑看似乎合乎逻辑的推理，却忽略了基于"仁""孝"的意义赋予的特殊性。若没有特殊的意义赋予，曾子"不忍"底线的基础就不牢固了。

当孟子回答说"脍炙所同也，羊枣所独也。讳名不讳姓，姓所同也，名所独也"时，意思是说，由于"脍炙"人人都喜欢吃，即便"脍炙"这个对象有意义，那也是普遍意义，而且是指向"脍炙"这个对象本身的普遍意义，并没有基于"亲情之爱"将这个对象与特定人联系起来的特殊意义。可以说，在"脍炙"这个对象上的"爱"，只是指向"脍炙"的，是一种基于"口之于味"的"爱"，正所谓"脍炙人口"；而"羊枣"则不同，由于它所具有的特殊性，对曾子而言，"羊枣"不仅激活的是针对"羊枣"本身的"口之于味"的感性偏好，而且还有针对父亲曾皙的"仁""孝"的德性偏好，由后者所带来的情感力量，远远超越了由前者带来的食欲力量。因此，"羊枣"对于曾子，不仅有一般食物的意义，更有着来自"仁""孝"的特殊意义，正是这种特殊意义，让"不忍食羊枣"成为曾子的一条底线。这就好像对父母、长上的名字避讳一样，"姓"是不需要避讳的，因为它是共同的，带有普遍意义，而只有"名"才是特殊的，专属于父母、长上的，这才需要避讳，变成了"不忍"讲、"不忍"写的一条底线。当人们由于信念和价值观坚守而建立起"不忍"底线之后，就有了一种超越感性偏好的内在力量，从而可以更有效地控制住感性偏好对思维的干扰，以便更自觉地将思维导向共同利益追求。

孟子在这里借"曾子不忍食羊枣"的故事，进一步阐释了上章所讲的"养心莫善于寡欲"，而"寡欲"在很大程度上还要借助于信念和价值观的确立，也即"立志"，这样才能将德性潜能的开发和德行修养作为自己日常生活和工作中最重要的内容。

7.83 万章问曰："孔子在陈，曰：'盍归乎来？吾党之士①狂简②，进取，不忘其初。'③孔子在陈，何思鲁之狂士？"孟子曰："孔子：'不得中道而与之，必也狂獧④乎？狂者进取，獧者有所不为也。'⑤孔子岂不欲中道哉？不可必得，故思其次也。""敢问何如斯可谓狂矣？"曰："如琴张⑥、曾皙、牧皮⑦者，孔子之所谓狂矣。""何以谓之狂也？"曰："其志嘐嘐⑧然，曰：'古之人，古之人！'夷⁹考其行，而不掩焉者也。狂者又不可得，欲得不屑不洁之士而与之，是獧也，是又其次也。"孔子曰："'过我门而不入我室，我不憾焉者，其惟乡原⑩乎！乡原，德之贼也。'"曰："何如斯可谓之乡原矣？"曰："'何以是嘐嘐也？言不顾行，行不顾言，则曰，古之人，古之人。行何为踽踽⑪凉凉？生斯世也，为斯世也，善斯可矣。'阉⑫然媚于世也者，是乡原也。"万章曰："一乡皆称原人焉，无所往而不为原人，孔子以为德之贼，何哉？"曰："非之无举也，刺之无刺也。同乎流俗，合乎污世。居之似忠信，行之似廉洁。众皆悦之，自以为是。而不可与入尧、舜之道，故曰'德之贼'也。孔子曰：'恶似而非者：恶莠⑬，恐其乱苗也；恶佞，恐其乱义也；恶利口，恐其乱信也；恶郑声，恐其乱乐也；恶紫，恐其乱朱也；恶乡原，恐其乱德也。'⑭君子反⑮经而已矣。经正，则庶民兴；庶民兴，斯无邪慝⑯矣。"

【字词注释】

① 吾党之士：这里指孔子那些留在鲁国的学生。当时孔子在周游列国，只带了部分学生，还有一些学生仍在鲁国。

② 狂简：这里是志向远大的意思。

③ 这里引用的是《论语》第五篇第21章中的话，字句有所不同。

④ 狂獧："狂"，这里是任性、不受拘束的意思；"獧"，即"狷"，这里是洁身自好、不屈从于人的意思。

⑤ 这里引用的是《论语》第十三篇第21章中的话，其中，原文用"中行"，这里用"中道"，意思一样，都是指符合管理之道的人。

⑥ 琴张：即子张，孔子的学生。

⑦ 牧皮：人名，已不可考。

⑧ 嘐嘐：是志大而言夸的意思。

⑨ 夷：在这里可能做语助词，无实义。

⑩ 原：通"愿"，谨慎、拘谨的样子。

⑪ 踽踽：指孤独无助的样子。

⑫ 阉：这里是掩蔽、曲意逢迎的意思。

⑬ 莠：指一种似稻而无实的狗尾草。

⑭ 这里引用的是《论语》第十七篇第13章和第17章中的内容，文字略有出入，意思没有改变。

⑮ 反：通"返"，返回的意思。

⑯ 慝：这里是邪恶的意思。

【今文意译】

万章问道："孔子在陈国时说：'为什么不回鲁国去呢？我们那些留在鲁国的学

生志向远大，勇于进取，仍不忘记他们最初确立的信念。'孔子在陈国时，为什么会想念在鲁国那些志向远大的学生呢？"

孟子说："孔子曾讲过：'若找不到仁爱和智慧兼备的人合作，就找那些不拘小节的人和洁身自好的人吧！不拘小节的人，有智慧，志向远大，擅进取；洁身自好的人，讲仁爱，谨慎小心，能坚守。'孔子怎么会不想同那些仁爱和智慧兼备的人合作呢？不一定能找得到，所以才考虑其次的选择。"

万章又问："那么，怎样做才算是不拘小节呢？"

孟子说："像琴张、曾晳、牧皮那样的人，孔子说他们不拘小节。"

万章再问："凭什么说他们不拘小节呢？"

孟子说："他们志向很大、夸夸其谈，又总是说：'古人怎样，古人怎样！'然而，仔细考察他们的行为，又会发现与他们所说的不符合。这就是为什么说他们不拘小节的原因。如果连不拘小节的人也找不到，就要找那些不屑于同流合污的人合作了。这些人就是洁身自好者，这又在其次了。孔子说：'从我门前经过，却不进来和我交流，我也不感到遗憾的人，就只有那种总是小心地迎合别人、以博得好名声的人！小心地迎合别人、以博得好名声，这恰是对德行的损害。'"

万章问："怎样做才算是小心地迎合别人、以博得好名声呢？"

孟子说："这样的人会对那些不拘小节的人说：'为什么总是那么志大言夸呢？讲话不想着能否做到，行为又不考虑能否说得通，还总是说古人怎样，古人怎样？'又对那些洁身自好的人说：'为什么总是那么孤独清高呢？既然生活在这个世界上，就要为这个世界做事，差不多能符合共同利益的要求就可以了！'这种人总是掩藏自己，屈从现实世界，这就是那种小心地迎合别人、以博得好名声的人。"

万章问："整个村子里的人都说他是小心地迎合别人、以博得好名声的人，这样的人不管到哪里，都会这样做。孔子认为这种人对德行的损害很大，这是为什么呢？"

孟子说："对这种人，想要批评，却找不到错误；想要责怪，却也没有什么好责怪的。他们总是追随潮流，迎合当世。看上去好像尽己尽责、诚实守信，做事也似乎很廉洁自律。大家都非常喜欢他们，他们也自我感觉不错。但是，他们与尧、舜的管理之道却格格不入，所以说对德行的损害很大。孔子说：'讨厌似是而非的东西：讨厌狗尾草混淆了禾苗；讨厌能言善辩混淆了社会规范；讨厌伶牙俐齿混淆了诚实守信；讨厌郑国音乐混淆了古典音乐；讨厌紫色混淆了红色；讨厌曲意逢迎混淆了真正德行。'管理者只要回归人性原本就有的德性前提，就可以了。一旦这种不变的德性前提确立了，民众就会有内在坚守，并积极向上；而民众有了内在坚守，并积极向上，也就不会有邪恶的事发生了。"

【管理解析】

本章系统总结了儒家管理之道及其在现实世界中应用的指导原则。具体地说，本章讲了四层含义。

首先，突出了儒家管理之道对现实世界的关切，以及与现实管理密不可分的关系。虽然儒家基于"人性"的德性前提，构建出一个管理的理想世界，但这个理想世界并非脱离现实的"乌托邦"，更不是虚幻的古代世界的重现，而是对现实世界深入体验、探索和分析之后，揭示出来的现实世界管理现象背后所蕴含的原理和原则，特别是关于各种千变万化的管理情境中的人及人际互动背后的理念、原则和方法。儒家管理之道既不是单纯的理想主义，更不是复古主义。儒家的理想世界是关于管理者与管理的理想类型，是用以观察、分析，进而认识、理解现实世界的视角和工具，而儒家对古代伟大管理者及其管理的阐述，不过是用以表达理想世界和理想类型的方式，绝没有让人回到古代的意味。

儒家管理之道肩负的是引领现实世界发展，并不断完善现实世界的重任，儒家的管理研究者、教育者和实践者，无不秉持着这种入世的责任感，努力在现实世界的管理实践中发挥自己的作用，这是一种"以天下为己任"、追求最广大共同利益即"至善"的责任意识。从孔子到孟子，儒家管理之道的信奉者和传播者，都自觉地肩负起这份责任，在现实世界中砥砺前行，从未气馁、灰心，更没有放弃。在本篇临近结尾处，之所以要引用当年孔子在周游列国到达陈国时，听到那些留在鲁国的学生将得到重用而欣喜之情溢于言表，也许就是为了强调指出，儒家管理之道要关切现实，深入现实，影响现实，而非食古不化，迂阔教条。当年留在鲁国的那些学生们，恰如孔子所言，"吾党之士狂简，进取，不忘其初"，他们不仅激情四射，志向高远，勇于变革，更重要的是，还"不忘其初"，能够始终有信念和价值观坚守，这在当时那种动荡巨变的环境之中，尤为难能可贵。在孔子看来，正是这些年轻有为的新生代管理者，代表着现实世界中管理发展的希望。

其次，儒家虽然在理想世界中刻画出像尧、舜、商汤、周武王等的管理者理想类型，但从来没有用这些伟大管理者或"圣人"去剪裁或苛求现实世界中的管理者，更没有想着让现实世界中的每位管理者都达到"圣人"境界，即便孔子自己也说"圣人，吾不得而见之矣；得见君子者，斯可矣"[一]。儒家使用管理者的理想类型，不过是要给现实世界中的管理者提供一面认识自己的镜子，创造一个自我反思的立足点和参照系，并明确自己在现实世界中的榜样和努力方向，这就像孔子频繁在梦里与周公相会、孟子不断去体会舜的内在精神世界一样。

[一] 张钢，《论语的管理精义》，机械工业出版社，2015年版，PP198-199.

对于面向现实世界的管理者选择，儒家更突出的是信念和价值观坚守，无论是不拘小节的"狂者"，抑或洁身自好的"狷者"，都可以成为合格的儒家管理者。虽然"狂者"有时会"志大言夸"，自恃对理想世界的坚守，言必称"古人"，经常会"行不掩言"或"言过其行"，但是，"狂者"不仅有信念和价值观坚守，还能勇于进取，能"有所为"，这是促进现实世界发生变革的创造力源泉。虽然"狷者"不太能融入世俗潮流，显得孤独清高，但是，"狷者"同样能坚守信念和价值观，更重要的是，还能将这种坚守贯彻到生活和工作的方方面面，坚持原则，"有所不为"，这正是让现实世界不过于浮躁、喧嚣的稳定力量。

"狂者"和"狷者"不过是两个极端，儒家用这样两个极端所要表明的是，只要有了信念和价值观坚守，做管理原本就各具特色，那些具有鲜明个性特点的管理者，恰是现实世界所迫切需要的。儒家从没有要求管理者必须符合某种统一标准形象。也正是管理者个性的丰富多彩，才让现实世界的管理活动，既生动又有活力，充分体现出管理也是艺术的鲜明特征。但是，不管"狂者"，还是"狷者"，也不论管理者具有怎样突出的个性，都必须遵从"人性"而不能违背"人性"，尤其不能违背"人性"的深层次德性内涵，更不能用信念和价值观去做交易。这是儒家对管理者的底线要求。

再次，儒家在有关"人性"的德性前提的信念及由此派生出来的价值观上，从不让步，这是儒家管理之道的根本立足点。因此，孔子说，"过我门而不入我室，我不憾焉者，其惟乡原乎！乡原，德之贼也。"从孔子到孟子，一以贯之，对管理者的基本要求就是对"人性"的德性前提的坚定信念及身体力行的德行修养。当然，这并不意味着儒家只看重"德"而不及其余，恰是要说明，当人们有了信念和价值观坚守，其他方面的个性特征和能力特点，才会有内在的一定之规，哪怕像"狂者""狷者"这两种极端情况，也都不会偏颇到哪里去；但是，若没有了这个基本前提，那些个性特征和能力特点便有可能产生意想不到的后果，而这些后果对于共同利益实现来说，很可能是灾难性的。

当然，一个没有确立起"德"这个基本前提坚守的人，还相对比较容易发现或辨别，而现实中最具迷惑性的是那些表面上似有"德"，实则很无"德"的人，即孔子所说的"乡原"，他们对"德"的损害是非常大的，正所谓"假作真时真亦假"。因此，孔子才说，"乡原，德之贼也。"这也是孟子在这里要花大量篇幅予以阐述的。孟子这样做，恰体现出他对现实世界的关切之情。孟子担心，正是由于现实世界中大量"乡原"的存在，让人们认识不到"德"的价值，甚至丧失了对"人性"的德性前提的认同和坚守，那将从根本上危害现实世界的健康和谐可持续发展。试想，若人们在现实世界里都不认同和坚守"人性"的德性前提，任由"人性"的生物性或感性偏好驱动，人与动物的区别又如何体现出来，这个世界还能说是人的现实世界吗？

正因为如此，孟子才要详细分析"乡原"的种种表现。典型地如，"乡原"者既要批评"狂者"，又会批评"狷者"，给人的印象是，只有"乡原"者自己是"中道"的，既不"狂"，也不"狷"，但这恰是"阉然媚于世"的典型行为表现。"乡原"者没有自己的内在坚守，一味地"同乎流俗，合乎污世"，还"居之似忠信，行之似廉洁"，其结果是"众皆悦之，自以为是"。"乡原"者的行径早已偏离了儒家管理之道的要求，而且，正是由于这种行为所具有的欺骗性，还会从根本上混淆人们对"德"的认识，危害管理之道在现实世界的实行。

关于"乡原"对"德"的混淆和危害，孔子曾有过一系列论述，孟子在这里将这些论述综合在一起，用以告诫管理者，既不能自己成为"乡原"者，又要时刻警惕"乡原"者对管理之道和管理模式的危害。这里从不同角度对"乡原"的分析，集中反映了儒家对管理者在现实世界中做管理的底线要求，即最起码不能做一个"乡原"式管理者。

最后，孟子认为，要在现实世界中实行儒家管理之道或"王道"，实施儒家管理模式或"仁政"，其实并不难，只需要抓住根本即可。这也是《大学》所提出的从根本处入手解决问题的儒家管理思路㊀。用孟子的话说就是，"君子反经而已矣。经正，则庶民兴；庶民兴，斯无邪慝矣。"这里的"经"，指的就是儒家所信奉的"人性"的德性前提。这既是儒家管理之道的立足点，也是整个儒家管理思想体系得以展开的逻辑前提，更是儒家理想世界与现实世界由"人"而联通起来的纽带桥梁，还是自尧、舜以降㊁一脉相承的文化传统的核心所在。因此，做管理的根本入手处，便是回归这个"经"，时刻不忘这个"经"。也正因为这个"经"体现的是"人性"的深层次德性内涵，是人之为人的万变不离之"宗"，一旦管理者回归这个"经"或万变不离之"宗"，并用自己的行动，昭示出德性的价值，自然就会实现"经正，则庶民兴；庶民兴，斯无邪慝矣"，而这不正是儒家管理模式下，借助"道之以德""齐之以礼"，最终所要达到的"有耻且格"的目标吗？

7.84 孟子曰："由尧、舜至于汤，五百有馀岁。若禹、皋陶，则见而知之。若汤，则闻而知之。由汤至于文王，五百有馀岁。若伊尹、莱朱①，则见而知之。若文王，则闻而知之。由文王至于孔子，五百有馀岁。若太公望、散宜生②，则见而知之。若孔子，则闻而知之。由孔子而来，至于今，百有馀岁。去圣人之世，若此其未远也。近圣人之居，若此其甚也。然而无有乎尔，则亦无有乎尔！"

㊀ 张钢，《大学·中庸的管理释义》，机械工业出版社，2017年版，PP31-35.
㊁ 尧、舜以降：这里指从尧、舜开始直到孟子所处的时代

【字词注释】

① 莱朱：汤时期的著名管理者。　　② 散宜生：周文王时期的著名管理者。

【今文意译】

孟子说："从尧、舜到商汤，相距五百多年。像禹、皋陶等，都是通过亲眼见识尧、舜的作为，来理解管理之道；像商汤，则由于年代久远，只能靠听说尧、舜的事迹，来理解管理之道。从商汤到周文王，又相距五百多年。像伊尹、莱朱等，都是通过亲眼见识商汤的作为，来理解管理之道；像周文王，同样由于年代久远，只能靠听说商汤的事迹，来理解管理之道。从周文王到孔子，也相距五百多年。像太公望、散宜生等，都是通过亲眼见识周文王的作为，来理解管理之道；像孔子，也是由于年代久远，只能靠听说周文王的事迹，来理解管理之道。从孔子到现在，一百多年过去了。离开孔子的时代还不算太久远，距离孔子的故居，也非常近。既然这样，难道会没有传承和发扬管理之道的人，难道真的就没有传承和发扬管理之道的人了吗！"

【管理解析】

作为全篇，也是全书的总结，本章详细梳理了儒家管理之道的历史发展脉络，建立起儒家管理一以贯之的思想源流，并对后世儒家管理者传承和发扬这一思想传统提出了要求。

《中庸》讲"仲尼祖述尧舜，宪章文武"[一]，而在《论语》第十九篇第22章中，子贡也说，"文、武之道，未坠于地，在人。贤者识其大者，不贤者识其小者，莫不有文、武之道焉"[二]。这都说明，儒家管理之道源远流长，不仅有着悠久的历史，更因在不同时代都深深扎根在现实管理实践之中而有着强大的生命力。到了孟子所处时代，儒家管理之道看似面临巨大挑战，但正由于儒家管理之道遵从并发扬的是"人性"的德性前提，而且从来都扎根于现实管理实践之中，因而，孟子不仅坚信儒家管理之道的"人性"的德性前提不会泯灭，更结合时代特点，在大力弘扬儒家管理之道的同时，清晰梳理出儒家管理之道的历史源流和发展脉络，明确了儒家管理者所应肩负的历史责任，为儒家管理之道的可持续发展奠定了坚实基础。

按照孟子对儒家管理之道历史发展阶段的划分，从尧、舜到商汤的五百年多年时间，可以视为儒家管理之道诞生和成长时期。在这个阶段，像禹、皋陶等一大批

[一] 张钢，《大学·中庸的管理释义》，机械工业出版社，2017年版，PP175-177.
[二] 张钢，《论语的管理精义》，机械工业出版社，2015年版，PP546-547.

杰出管理者，直接见证了管理之道的诞生，并同尧、舜这些伟大管理者一起，将管理之道与管理实践融为一体，为后续管理之道的发展奠定了实践根基，用孟子的话说就是，"若禹、皋陶，则见而知之"。正因为有这样一批杰出管理者的"见而知之"，并有意识地将之融入到管理实践之中，才有可能让后人，像商汤，得以"闻而知之"，并有机会进一步推动管理之道的发展。

第二个阶段也有五百多年，这便是从商汤到周文王的时期。这个时期与上个五百年的最大不同，也许就是周文王在前述管理实践的基础上，结合时代特点，将"仁"与孝悌行为有机统一起来，建立起以"家"为核心的管理体系，《中庸》曾对此有过较为详细的论述㊀。在这个时期，也有像莱朱、伊尹等一大批杰出管理者，亲身参与到商汤的管理实践中，并留下了大量卓越管理案例和典章制度，这才使得周文王能"闻而知之"，并借助实践探索，将"尧、舜之道"发扬光大。

第三个五百年，则是从周文王到孔子这段时间。这个时期的最大成就便是孔子的"集大成"，明确提出了以"为政以德"为核心的儒家管理之道，并将儒家管理之道深深地扎根于尧、舜以降的管理实践之中，既区分出理想世界和现实世界，又让理想世界时刻关切现实世界，以推动现实世界的完善和发展。虽然孔子没有像"太公望、散宜生"那样"见而知之"，但孔子有更宽广的历史视野，不仅能将周文王以来五百多年的管理之道发展与管理实践结合起来，"闻而知之"；而且，还能对尧、舜以降一千五百多年管理之道的发展做出全面总结，建立起儒家管理思想体系，恰如孟子在第五篇第 10 章中说"孔子之谓集大成"一样。正是因为有了孔子的"集大成"，才有了至今一以贯之的儒家管理之道和管理模式。

第四个阶段则是从孔子到孟子的一百多年。这段历史虽然不太长，但时代背景却发生了根本改变。正是在这个千年未有的大变局中，孟子才更深刻地洞悉到，要理解变化，恰要透过变化，去把握那深层次不变的本质；变固然重要，但不变更根本；没有对不变的深刻理解，就会被变牵着鼻子走，让变搅得眼花缭乱，无所适从。正像自然界的千变万化，都离不开背后起支配作用的规律一样，社会环境的发展变化，同样也离不开背后万变不离之"宗"。除了依赖于自然规律之外，社会环境的发展变化，还要依赖于人本身的独特性，也即人区别于自然物的独特之处。人之为人，如果没有区别于自然物的独特性，那么，压根儿就不需要再专门考虑社会环境的发展变化了。正因为有了人之为人的独特性，才会存在一个区别于自然环境的社会环境，而且，随着人之为人的独特性进一步彰显，社会环境的影响力日益增大，甚至不亚于自然环境的影响力。

㊀ 张钢，《大学·中庸的管理释义》，机械工业出版社，2017 年版，PP126-133.

在社会环境的发展变化背后，那个不变的根本恰是"人性"，至少在以千年甚至万年为尺度的历史周期中，"人性"并不会发生根本改变。正像理解自然环境的变化要洞悉自然规律一样，要理解社会环境的变化，则必须洞悉"人性"特征。从孔子到孟子，在讲管理的时候，都经常用自然环境做类比，在他们眼中，自然环境是理解社会环境的参照系和隐喻对象。若能认识到自然环境中的万变不离其宗，也就更容易理解社会环境何尝不是万变不离其宗。只不过社会环境发展变化的根本或根据在"人性"罢了。这也是为什么孔子讲"其或继周者，虽百世可知也"⊖，《中庸》说"百世以俟圣人而不惑"⊜的原因所在。

因此，越是身处巨变时代，越是面对纷繁复杂的变化，越是突显出让思维和认识深潜到变化的现象背后，去把握深层次不变的本质的重要意义。也许正因为置身于当时那个千年未有的巨变时代，孟子才更深刻地认识到儒家管理之道的永恒价值，也才会如此有远见卓识地去追根溯源，将儒家管理之道接续到更悠久的思想传统之上。

孟子对儒家管理之道的历史渊源和发展脉络的梳理，也在于告诫管理者，如何才能做到上章所讲的"进取，不忘其初""君子反经而已矣"？那便是要训练自己的历史思维，只有立足历史，才知道什么是"经典"；基于"经典"，才能理解自然规律和"人性"特征，进而才能认清现实，把握未来。那些热衷于"活在当下""面向未来"的管理者，反而既无法立足当下，也理解不了未来，因为他们不知道，只有现象背后的深层次自然规律和"人性"特征，才是联结自然环境和社会环境发展变化的历史、现在与未来的内在脉络，而这个脉络只能用强大的思维能力或"心力"去认识和理解。

⊖ 张钢，《论语的管理精义》，机械工业出版社，2015年版，PP48-49.
⊜ 张钢，《大学·中庸的管理释义》，机械工业出版社，2017年版，PP172-175.

参考文献

[1] 朱熹. 四书集注 [M]. 南京:凤凰出版社,2016.

[2] 杨伯峻. 孟子译注 [M]. 北京:中华书局,2005.

[3] 孙芝斋. 孟子今译 [M]. 杭州:浙江大学出版社,2010.

[4] 焦循. 孟子正义(上下)[M]. 北京:中华书局,2007.

[5] 南怀瑾. 孟子旁通. 上海:复旦大学出版社,2005.

[6] 周生春编. 经典会读:孟子(上下)[M]. 杭州:浙江大学出版社,2012.

[7] 程俊英. 诗经译注 [M]. 上海:上海古籍出版社,2016.

[8] 程俊英. 蒋见元. 诗经注析(上下)[M]. 北京:中华书局,2015.

[9] 周振甫. 诗经译注 [M]. 北京:中华书局,2015.

[10] 司马迁. 史记(一二三卷)[M]. 北京:中华书局,2000.

[11] 慕平译注. 尚书 [M]. 北京:中华书局,2009.

[12] 刘利. 纪凌云译注. 左传 [M]. 北京:中华书局,2007.

[13] 张钢. 论语的管理精义 [M]. 北京:机械工业出版社,2015.

[14] 张钢. 大学·中庸的管理释义 [M]. 北京:机械工业出版社,2017.

[15] 许慎. 说文解字 [M]. 上海:上海古籍出版社,2007.

[16] 古代汉语字典 [M]. 北京:商务印书馆,2005.

[17] 康熙字典 [M]. 上海:上海辞书出版社,2007.